Wir wollen alles, und zwar subito!

Wir wollen alles, und zwar subito!
Die Achtziger Jugendunruhen in der Schweiz und ihre Folgen

Mit DVD und Website www.sozialarchiv.ch/80

Herausgegeben von Heinz Nigg

Mit Beiträgen von
Felix Aeppli, Paul Bösch, Caroline Bühler, Marianne Fehr, Katrin Hafner, Michael Haller, Christian Hubschmid, Emanuel Hurwitz, Urs Kälin, Werner Kramer, Fredi Lerch, Hanspeter Kriesi, Heinz Nigg, Stephan Ramming, Thomas Ribi, Thomas Rüst, Christian Schmid, André Seidenberg, Thomas Stahel, Juri Steiner, Daniel Suter, Marco Tackenberg, Dominique Wisler, Marianne Zelger-Vogt und Marc Zollinger.

Mitarbeit bei Archivrecherchen, Chronologie und Bibliografie
Beat Cadruvi, Sabine Fischer, Claudia Graf, Frank Hyde-Antwi, Markus P. Kenner, Ruedi Müller, Valérie Périllard, Thomas Stahel und Dominik Straumann

Mitarbeit Website www.sozialarchiv.ch/80
Margreth Stammbach und Thomas O. Maurer

Mitarbeit Video «Stadt in Bewegung» (DVD)
Christoph Burkhard

Limmat Verlag
Zürich

«Wir wollen alles, und zwar subito!» (Buch, Website und DVD) wurde unterstützt von:
Die Post – Markenerlös Pro Patria
Pro Helvetia
Stadt und Kanton Zürich
Kanton Basel Stadt
Stadt und Kanton Bern
Schweizerische Gemeinnützige Gesellschaft (SGG)
Stiftung Ponte
Kirchenrat des Kantons Zürich
Verband der stadtzürcherischen evang.-ref. Kirchgemeinden
Schweizerisches Sozialarchiv
Memoriav, Verein zur Erhaltung des audiovisuellen Kulturgutes der Schweiz
Migros-Kulturprozent
SWiX Internet Services

Lektorat
Marianne Fehr

Gestaltung
Beat Cadruvi und Frank Hyde-Antwi

Im Internet
Informationen zu Autorinnen und Autoren
Materialien zu Büchern
Hinweise auf Veranstaltungen
Schreiben Sie uns Ihre Meinung zu diesem Buch
www.limmatverlag.ch

© 2001 by Limmat Verlag, Zürich und AV-Produktionen Heinz Nigg
ISBN 3 85791 375 4

Vorwort

1980 10
Heinz Nigg

Porträts: Die Achtziger blicken zurück

Als die Jugend Ärger machte – Einleitung 14
Stephan Ramming
Markus P. Kenner: «Jetzt liegt die Macht auf der Gasse» 21
Giovanni «Fashion» Schumacher: «Plötzlich so ein Blues» 27
Stephan Laur: «Schichtweise lag die Scheisse da!» 33
Antonella Martegani: «Wie in Italien, so heiss war die Stimmung» 40
Astrid Spirig: «Singen als Kick – nicht aufgeben, weiter!» 46
Rosa Schwarz: «Von der Sippe zur Interessengemeinschaft» 52
Grazia Pergoletti: «Wir sind die Königskinder» 58
Patrizia Loggia: «Werte vertreten, die nicht im Trend liegen» 64
Alle Interviews: Heinz Nigg
Franz L. Meier: «Ein Geruch wie Sommerregen» 70
Interview: Fredi Lerch
Christian Aebli: «Wir haben auf unseren Rechten beharrt» 75
Gabi Kopp: «Im ‹Widder› machten alle alles» 80
Claude Hentz: «Gegen die Mühlen des Apparats» 86
Richard Wolff: «Zürich wurde Teil vom Rest der Welt» 93
Christine Goll: «Endlich Räume zum Lernen!» 99
Bernard S.: «Lôzane Bouge!» 105
Alle Interviews: Heinz Nigg
Heinz Nigg: «Heisses Material aus einer langen Nacht» 111
Interview: Stephan Ramming

Mails/Zuschriften

11 Beiträge 117

Die Achtziger Bewegung in Dokumenten: Flugblätter

Auswahl aus der Sammlung des Sozialarchivs Zürich 137

Inhalt

Presseberichterstattung zwanzig Jahre danach

Tages-Anzeiger-Serie: Bewegtes Zürich

1980: «Züri brännt» 180
Christian Hubschmid

Der Beginn eines heissen Sommers 181
Thomas Rüst

Delegiert waren alle und niemand 185
Paul Bösch

Achmed von Wartburg, «Bewegter» 189
Aufgezeichnet von Christian Hubschmid

Strassengewalt und Staatsgewalt 191
Daniel Suter

Daniel Wagner, Polizist 196
Aufgezeichnet von Christian Hubschmid

Im AJZ keimte eine neue Gesellschaft 198
Emanuel Hurwitz

Wie die Medien die Krise bewältigten 204
Michael Haller

Christoph Schaub, Filmemacher 207
Aufgezeichnet von Christian Hubschmid

Eine Subkultur auf Müllern und Brechen – Kunst und Kultur der «Bewegung» 209
Juri Steiner

Ein Streitgespräch zeigt auf, dass die alten Fronten immer noch bestehen. 215
Mit: Umberto Blumati, Alfred Gilgen, Emilie Lieberherr und Didi Weidmann
Moderation: Marc Zollinger

Warum brannte Zürich so heftig? 225
Hanspeter Kriesi

Leonhard Fünfschilling, Vermittler 229
Aufgezeichnet von Christian Hubschmid

Kämpfen – wofür? Jugendliche im Gespräch 231
Mit: Jonas, Elia, Dominique, Vepi und Sabrina
Moderation: Katrin Hafner

Zürich wurde bewegt – so oder so 235
Christian Hubschmid

Vom AJZ zum Platzspitz 238
André Seidenberg

Weltwoche

Die Kulturleichen tanzen nach neuen Takten 242
Marianne Fehr

Neue Zürcher Zeitung

«Die Krawalle haben dem Opernhaus geholfen»
Ein Gespräch mit dem ehemaligen Opernhausdirektor Claus Helmut Drese 252
Marianne Zelger-Vogt und Thomas Ribi

Die Achtziger Bewegung in Dokumenten: Zeitungen

Bern
Reithalle – autonom von Anfang an 262
    Drahtzieher Nr. 1. Bern, Dezember 1980
Just another brick in the krawall 263
    Drahtzieher Nr. 1. Bern, Dezember 1980
Um Antwort wird gebeten 263
    Drahtzieher Nr. 8. Bern, Juni 1981

Zürich
Lust oder Frust? 270
    Stilett Nr. 54. Zürich, Januar/Februar 1980
Rock als Revolte – eine Selbstdarstellung (ohne Gewähr) 271
    Stilett Nr. 55. Zürich, April/Mai 1980
Wo bleibt die Moral? – Ein Kommentar zu den Plünderungen und den fliegenden Pflastersteinen 273
    Anna R. Christen/Stilett Nr. 56. Zürich, Juni/Juli 1980
Wir wünschen allen schöne Weihnachten 281
    Eisbrecher Nr 6. Zürich, 6. Dezember 1980
Die autonomen Lemminge 286
    Markus Rüegg/Kamikaze Nr. 1 Zürich, Mai 1981
Privat 296
    AG Renovation, AG Beiz u.a. (Hrsg.). Speisewagengesellschaft.
    Die Zeitung von vis-à-vis. Zürich, 1981

Wissenschaftliche Beiträge

Bewegte Bilder – Eine Art Einleitung 306
    Hanspeter Kriesi
Die Achtziger – Porträt einer Bewegung 336
    Heinz Nigg
Wir wollen die ganze Stadt! – Die Achtziger Bewegung und die urbane Frage 352
    Christian Schmid
Die Massaker von 1932 – und die Folgen
Ein Vergleich des polizeilichen Ordnungsdienstes in Genf und Zürich 369
    Marco Tackenberg und Dominque Wisler
Unangemessene Wünsche und männerfreie Zonen – Die autonome Frauenbewegung in Bern 381
    Caroline Bühler
WO WO WONIGE! – Die Bedeutung des Wohnens für die Zürcher Jugendbewegung 392
    Thomas Stahel
Dienst der Versöhnung – Das Engagement der Kirchen anlässlich der Zürcher Jugendunruhen 1980–82 400
    Werner Kramer
Vom unerreichbaren Ort des unerreichbaren Glücks
Die Achtziger Bewegung im Spiegel des Schweizer Spielfilms 408
    Felix Aeppli

Inhalt

Chronologie

Basel	420
Bern	423
Lausanne	430
Zürich	432
Übrige Schweiz	449
Deutschland	451
Niederlande	458
Italien	460

Materialien

Website www.sozialarchiv.ch/80
Übersicht 466
Zwischen Persönlichkeitsschutz und Recht auf freie Information
Der Zugang zu Akten und Sammlungen von neuen sozialen Bewegungen
am Beispiel des Schweizerischen Sozialarchivs 467
Urs Kälin

Videoarchiv «Stadt in Bewegung»
Übersicht 474
Express yourself
Über das Videoschaffen in der Jugendbewegung der Achtzigerjahre 475
Heinz Nigg
Katalogübersicht 480
Register 496

Kompilationsvideo «Stadt in Bewegung»
Ausschnitte aus Bewegungsvideos CH 1980 bis 1994 499

Anhang

Bildnachweis 518
Bibliografie 520

Beilage

DVD «Stadt in Bewegung»

1980

Scheinbar aus heiterem Himmel brachen in Zürich, Bern, Basel und in anderen Schweizer Städten Jugendkrawalle aus. Die Öffentlichkeit staunte über diese neu entstandene soziale Bewegung, die mit Fantasie verblüffte und mit Gewaltbereitschaft erschreckte. Obwohl ihre Anliegen – neue Wohnformen, kulturelle Freiräume, Legalisierung weicher Drogen, Kampf dem Überwachungsstaat – und ihr Slogan «Wir wollen die ganze Stadt!» damals auf begrenztes Verständnis stiessen, nahm sie viele Themen vorweg, die die Gesellschaft bis heute beschäftigen.

«Wir wollen alles, und zwar subito!» ist ein Referenzbuch mit Website und DVD zur Aufarbeitung der Geschichte der Achtziger. Porträts und Texte von einstigen AktivistInnen, eine reichhaltige Dokumentation von Flugblättern, Bewegungszeitungen, Fotos, Audios und eine Kompilation von Ausschnitten aus Bewegungsvideos sowie Presseberichte, wissenschaftliche Auswertungen und eine Chronologie rekapitulieren den plötzlichen Aufbruch und was aus ihm geworden ist – ein kritischer Blick zurück auf ein aufschlussreiches Kapitel jüngster Sozialgeschichte in der Schweiz. Die Kombination von Buch, Website und DVD ermöglicht eine audiovisuelle Annäherung an eine Bewegung, die es meisterhaft verstand, mit den Mitteln medialer Ästhetik auf ihre Anliegen aufmerksam zu machen.

Anstoss für die Enstehung dieses Werks über die Achtziger Bewegung war ein Rettungsprojekt von Memoriav, der Vereinigung zur Erhaltung des audiovisuellen Kulturgutes in der Schweiz. Mehr als hundert Videos aus den unruhigen Achtzigerjahren konnten vor dem Zerfall bewahrt und zum Videoarchiv «Stadt in Bewegung» zusammengefasst werden. Dieses wurde rechtzeitig für das Erinnerungsjahr 2000 der Öffentlichkeit zugänglich gemacht – sowohl im Bundesarchiv in Bern als auch im Schweizerischen Sozialarchiv in Zürich. Ich danke Katharina Bürgi und Kurt Deggeller von Memoriav für ihre Initiative und ihr Engagement!

Die WochenZeitung WoZ und der WoZ-Recherchierfonds ermöglichten die Herstellung und den Abdruck einer Reihe von biografischen Interviews mit AktivistInnen und SympathisantInnen der Achtziger Bewegung aus der ganzen Schweiz. Diese Interviews führte ich im Frühjahr und Sommer 2000 durch. Ich stiess bei meinen

Vorwort

GesprächspartnerInnen auf grosse Offenheit und Bereitwilligkeit, über die damaligen Ereignisse zu berichten.

Anita Ulrich und Urs Kälin vom Schweizerischen Sozialarchiv verschafften meinen MitarbeiterInnen und mir freien Zugang zu den Archivbeständen der Achtziger Bewegung und halfen tatkräftig mit beim Aufbau der Website www.sozialarchiv.ch/80.

Der «Tages-Anzeiger», die «Weltwoche» und die «Neue Zürcher Zeitung» gaben Zeitungsartikel zum Abdruck frei, die zwanzig Jahre nach Ausbruch der Jugendunruhen erschienen sind und sich mit den damaligen Ereignisse auseinander setzen. Alle VerfasserInnen dieser Artikel waren damit einverstanden und verzichteten auf ihr Honorar.

Eine anregende Zusammenarbeit entwickelte sich mit den AutorInnen der wissenschaftlichen Beiträge. Ihre Analysen der Achtziger Bewegung aus der Optik verschiedener wissenschaftlicher Disziplinen und Fragestellungen ergänzen sich gegenseitig zu einem kulturwissenschaftlichen Diskursfeld, das nun zusammen mit den journalistischen Beiträgen und den Dokumenten Impulse für weitere Forschungen liefert.

Ohne die finanzielle Unterstützung der Stadt- und Kantonsbehörden von Basel, Bern und Zürich sowie gemeinnütziger Stiftungen und von kirchlicher Seite wäre das Projekt nicht realisierbar gewesen.

Ihnen allen und den freien MitarbeiterInnen, die bei den Recherchen für die Chronologie, die Bibliografie, der Sammlung von Dokumenten aus der Achtziger Bewegung und der Gestaltung der Website, des Buches und der Herstellung der DVD mitgewirkt haben – David Böhner, Christoph Burkhard, Beat Cadruvi, Michael Fankhauser, Sabine Fischer, Claudia Graf, Frank Hyde-Antwi, Markus P. Kenner, Thomas O. Maurer, Ruedi Müller, Valérie Perillard, Thomas Stahel und Dominik Straumann – ein herzliches Dankeschön! Ein besonderer Dank geht an alle VerfasserInnen von Zuschriften unter der Rubrik «Mails» auf der Website, an Marianne Fehr für ihre Mitarbeit beim Lektorat, an Jürg Zimmerli vom Limmat Verlag für die freundschaftliche Zusammenarbeit und an die TeilnehmerInnen der Lehrveranstaltung «Cultural Studies» des Ethnologischen Seminars der Universität Zürich für Kritik und Anregungen.

Heinz Nigg

Porträts: Die Achtziger blicken zurück

WochenZeitung-Serie
erschienen vom
13. April bis 23. November 2000

Als die Jugend Ärger machte – Einleitung

Stephan Ramming

Als sich in der Nacht vom 30. auf den 31. Mai 1980 in Zürich der Opernhaus-Krawall ereignet, schlafe ich zufrieden im Haus meiner Eltern. Mit dem Butterbrot in der Hand höre ich in den Frühnachrichten von eingeschlagenen Schaufenstern, Plünderungen und Tränengas. Die Meldung sticht zwischen Wetterbericht und Sportresultaten merkwürdig heraus. Keine Ahnung, ob es an der Ausführlichkeit liegt, am Tonfall der Sprecherstimme, die nicht nur das Ereignis, sondern auch dessen Ungehörigkeit zu rapportieren scheint und zu verstehen gibt, dass etwas Aussergewöhnliches geschehen ist. Eine gewalttätige Strassenschlacht, bei uns, in der Schweiz, in Zürich! Ich beeile mich wie immer, rechtzeitig vom Dorf zur Schule im Kantonshauptort zu kommen. Die erste Stunde ist Deutsch. Der Lehrer kommt in die Klasse, legt das Buch beiseite und fragt, ob wir auch die Nachrichten gehört haben, dass Gewalt wohl das Letzte sei, um den Forderungen nach einem Jugendzentrum Nachdruck zu verleihen, und überhaupt, ob wir, verschlafener GymnasiastInnenhaufen, der wir sind, denn überhaupt eine Meinung haben. Auch mein braver Deutschlehrer hat offenbar das Aussergewöhnliche der Nachrichtenmeldung wahrgenommen. Es folgt für die Verhältnisse des verschlafenen GymnasiastInnenhaufens eine einigermassen angeregte Diskussion; als siebzehnjähriger Schüler ist man vernünftig und gegen Gewalt, aber sechzig Millionen Franken für das Opernhaus sei viel Geld, wenn im Gegenzug den Jungen nichts gegönnt werde, Opern seien zwar berechtigt, aber Rockmusik und Jugendhaus lägen uns halt schon näher. Frisch löst ein Votum das andere ab. Wie alle anderen endet auch diese Deutschstunde mit der Pausenglocke.

Der Sommer kommt, ich rutsche wegen meiner Begeisterung für Punk in die eine oder andere Demo, lande wegen eines Irrtums der Polizei einmal sogar auf der Wache, organisiere in der kleinen Kantonshauptstadt wie bislang Konzerte, probe weiter mit einer Punkband, schreibe für die Schülerzeitung und für Fanzines. In den Sommerferien will ich nach London fahren. Dank familiärer Beziehungen kann ich das Geld für die Reise erstmals nicht beim Gemeindeförster im Wald, sondern mit einem vierwöchigen Job im NZZ-Archiv verdienen. Ich wohne also im Zürcher Seefeld. Tagsüber schneide ich Artikel aus, klebe sie mit Pelikanol auf grosse Bögen,

Porträts: Die Achtziger blicken zurück

ordne, archiviere, stelle von den Redaktoren angeforderte Dossiers zusammen und bringe sie in die Büros. Nach Feierabend setze ich mich ins Tram Nummer 4, fahre zum – unterdessen der bewegten Jugend zur Verfügung gestellten – AJZ hinter dem Hauptbahnhof und hänge dort bis zur letzten Rückfahrt herum. Am nächsten Morgen lese ich dann in der NZZ, was sich jeweils am Vortag ereignet hat. Ich frage meinen Chef, ob ich mir zum Privatgebrauch Kopien von den entsprechenden Artikeln zu den «Unruhen» machen dürfe. Ich darf. Die vier Wochen gehen vorbei, ich sehe in London die Stranglers, Tempole Tudor, Nine Below Zero, werde im Herbst nur provisorisch ins nächste Semester versetzt, die Behörden schliessen das AJZ zum ersten Mal, es gibt wieder Demos, Strassenschlachten, in meinem Dorf wurden auffällig gewordene Freunde psychiatrisiert, einer verschwand für einige Wochen ins AJZ nach Zürich, und so ging alles weiter, schwoll an und ab im Strudel der biografischen Gezeiten – Schnitt: Hier endet die Fiktion einer möglichen autobiografischen Erzählung.

Jubiläum? Jahrestag? Andenken?

Zwanzig Jahre Opernhaus-Krawall: Welche Redeweise ist, nachdem Vor- und Nachteile der autobiografischen Rede als mögliche Erzählvariante vorgestellt sind, dem Ereignis angemessen? Zunächst einmal ist ja nicht der Opernhaus-Krawall das Ereignis, von dem hier die Rede ist, sondern sein zwanzigstes Jubiläum. Bereits das Wort Jubiläum aber ist insofern fragwürdig, als es nach JublerInnen und nach etwas Bejubeltem verlangt, nach Leuten, die sich freuen, die zudem etwas erreicht haben, nämlich wenigstens die Aufnahme in den Kreis der Jubelnden. Deren Applaus liesse den Jubilar nun in noch hellerem Glanz erstrahlen, auf dass etwas von diesem Glanz wiederum zurückfallen möge auf die Jubelnden. Bevor sich dieser Vorgang ereignet und man überhaupt von einem Jubiläum sprechen könnte, müsste aber geklärt sein, wer worüber aus welchen Gründen und Interessen jubelt oder sich bejubeln lässt. Das ist in Bezug auf zwanzig Jahre Opernhaus-Krawall und das allfällige Jubiläum offen. Es gab keinen Maximo Líder, und eine Gedenktafel wird auch nicht enthüllt. Jahres- oder Gedenktag als alternativer Vorschlag für das Wort Jubiläum ist ebenfalls nicht geeignet. Das klingt unpassenderweise zu sehr nach Kriegsende, Pearl Harbour oder Morgarten.

Auch am Wort Opernhaus-Krawall zeigt sich das Problem der angemessenen Redeweise: Zwar ist das Wort in dem Sinne bereits bestens eingeführt, als dass zumindest in der Schweiz die meisten über Dreissigjährigen ungefähr wissen, welches Ereignis damit gemeint ist; wenn aber «Opernhaus-Krawall» das initiale Ereignis für die Jugendbewegung der Achtzigerjahre bezeichnet, die so viel aufgebrochen, ausgelöst und vorweggenommen haben soll, rückt dann das Wort Krawall dieses Ereignis nicht in die Nähe einer ganz und gar apolitischen, gemütlichen Kneipenschlägerei? Verweist das Wort Oper nicht irgendwie gemütvoll aufs Operettenhafte? War der Opernhaus-Krawall also eine inszenierte, kleine Hauerei?

Natürlich nicht, aber diejenigen, die das Wort Opernhaus-Krawall als bedeutungsvolles Zeichen geprägt haben – ich vermute, es war ein NZZ-Redaktor –, waren weitsichtig: Das Unerhörte und Ungehörige der Tatsache, dass sich Jugendliche in einem reichen, zufriedenen, wohlanständigen Land mit der Forderung nach Raum für selbstbestimmte kulturelle Aktivitäten sichtbar machen, dabei Verwirrung stiften und gewaltbereit gegen die Benimmregeln der Macht verstossen, musste mit einem Wort belegt werden, das die Gefahr der Vorgänge erkennt, benennt und bannt – nicht einmal so sehr im Hinblick auf die Gegenwart als vielmehr vorausschauend im Hinblick auf seine mögliche Bedeutung in ferner Zukunft, wenn das Ereignis geschichtlich geworden sein wird.

Diese ferne Zukunft ist heute. Fast zwanzig Jahre sind vergangen, und das rundliche Datum des Geschichte gewordenen Opernhaus-Krawalls fragt nach der Erzählung oder vielmehr nach der Neu-Erzählung der Ereignisse. Wie soll nun aber diese Geschichte erzählt, eingeordnet und bewertet werden? Und von wem? Gerne möchte man naiv ausrufen: von mir! Vom Autor dieses Textes, von der WoZ! Und das nicht nur in der WoZ, sondern mit dieser Ausgabe, den geplanten Artikeln und der Porträtserie über Beteiligte auch von der WoZ. Schliesslich ist die Gründung der WoZ 1981 eng mit der Achtziger Jugendbewegung und mit dem Opernhaus-Krawall verknüpft. Die eigene Geschichte schreiben! Teilhabe am Historisierungsprozess!

Wie gesagt: Das hätte Charme, aber es wäre naiv. Denn im Sinne ihrer politisch definitionsmächtigen Festschreibung ist die Geschichte des Opernhaus-Krawalls und der Achtziger Jugendbewegung längst abgeschlossen. Die Jugend stand auf, rebellierte, der Staat hat die Gefahr erkannt und entsprechend reagiert. Unter diesen Voraussetzungen

Porträts: Die Achtziger blicken zurück

ist das, was geleistet werden kann, Erzählvarianten innerhalb desjenigen historisierenden Diskurses vorzustellen, die allerdings nicht aus dem bereits festgeschriebenen Diskurs der Macht ausbrechen können; ihm untersteht jede historische Neu-Erzählung, indem sie, schon bevor sie überhaupt zu Sprache oder zum Zeichen werden kann, automatisch als subalterne Erzählvariante in Konkurrenz zum Macht-Diskurs tritt, der im Zuge des Opernhaus-Krawalls abschliessend festgeschrieben worden ist. Die Ironie aber, die dieser Mechanik der Vergeblichkeit innewohnt, macht die Erzählung von neuen Varianten dennoch sinnvoll, vielleicht sogar spektakulär. Denn die Ereignisse um die Jugendbewegung sind gerade dafür Beispiel, wie sich die Jugend damals exemplarisch als unsichtbarer Teil der Gesellschaft plötzlich sichtbar machte, sich formierte, formulierte und dieser Vorgang des Protestes vom herausgeforderten Diskurs der Gesellschaft in die Sphäre der Macht absorbiert worden ist.

Denn immerhin: Zwar steht man, wird heute das Wort Opernhaus-Krawall oder Achtziger Jugendbewegung verwendet, in jener typisch helvetischen, eigenartig geschlechtlos-aseptischen Genealogie von Ereignissen wie Globus-Krawall, Generalstreik, Saubannerzug usw. als monströs freundliche Beispiele für die Funktionstüchtigkeit des Konsens- und Konkordanzmolochs Schweiz!, Suisse!, Svizzera!, doch es gab 1980 jenseits vom biografischen Stalingrad an inneren Ostfronten auch Inhalte und Kämpfe an politisch-gesellschaftlichen Bruchlinien, die heute in veränderter Gestalt virulent sind: Das macht den Opernhauskrawall und die Neu-Erzählung von ganz unterschiedlichen Ereignissen, Biografien und Geschichten interessant.

Die Ausdehnung des kulturellen Raumes

Nimmt man die materielle Forderung, an dem sich der Opernhaus-Krawall entzündete, nämlich die Forderung nach Raum für alternative kulturelle Aktivitäten, so wäre das heute vergleichsweise ein Anliegen, mit dem beim Staat wie auch bei der Wirtschaft grundsätzlich offene Türen eingerannt würden. Wenn sich beispielsweise der Zürcher Stadtpräsident Sigmund Widmer 1980 noch die Bemerkung erlaubte, Rockmusik sei keine Kultur, feiert der derzeitige Amtsinhaber Josef Estermann gemeinsam mit dem PR-Boss der Credit Suisse die Neueröffnung des Musikklubs Moods mit einem bunten Pop-Spektakel zur schamlosen Selbstinszenierung. Die Botschaft: Alles, wo Kultur draufsteht, wird von uns umarmt. Man hat also gelernt in den letzten zwanzig Jahren. Dieser Lernprozess nahm am Opernhaus-Krawall seinen Anfang: Die damalige Forderung nach Raum für Kultur war materiell nicht politisch, doch die Form ihrer Artikulation machte sie zum hochexplosiven Sprengsatz, weil im symbolischen Gestus der Forderung die Ahnung mitschwang, dass alles radibutz und subito weggefegt werden muss, um das zu erreichen, was eigentlich verlangt wurde: freie Sicht aufs Mittelmeer – nichts weniger als ein besseres Leben also. Erst mit dieser Art von symbolischen Gesten wurde die Jugendbewegung für den Staat gefährlich und damit politisch. Entsprechend die Reaktion: Die Polizei wurde aufgerüstet und die Kampftechnik so raffiniert, dass keine Frage darüber bestehen konnte, wer als Sieger aus den Strassenkämpfen hervorgeht. Gleichzeitig wurde den materiellen Forderungen Stück für Stück nachgegeben, indem Raum für alternative kulturelle Aktivitäten freigemacht wurde: AJZ, Rote Fabrik, Kanzlei, Drahtschmidli usw. Diese Politik machte Schule in der ganzen Schweiz und brachte, nebenbei bemerkt, den alten Begriff der Provinz zum Verschwinden. Bis in die hintersten Landeszipfel begriff man im Laufe der Achtzigerjahre, dass am billigsten Friede herrscht, wenn für Jugendliche ein im günstigsten Fall subventioniertes Jugendhaus oder Kulturzentrum hingestellt wird. Der Rest – Nachtruhestörung, Drogen, Gang-Schlägereien usw. – erledigte und erledigt sich jeweils von selbst.

Diese Praxis von Politik im weiten Sinne – seine sichtbaren Wiedergänger sind Legion, Estermann ist nur ein marginales Beispiel – materialisiert sich heute im Befund der totalen Kulturalisierung der Politik und umgekehrt in der Depolitisierung der Kultur oder zumindest der Depolitisierung der Debatte um Raum für Kultur. Wer sich heute etwa in Zürich umblickt, muss konstatieren, dass die Politik zwar immer noch eine Rolle spielt, wenn es um die Abschöpfung von Mehrwerten geht oder um die Moderation von Interessen; längst hat aber das Ökonomische das Primat übernommen, wenn die Karten gemischt und verteilt werden. Vereinfacht gesagt: Kultur ist, wenn die Miete bezahlt wird, die Miete wird bezahlt, wenn es KundInnen für das Angebot gibt usw. Die Politik stützt diese Entwicklung, weil damit ein urbanes Ambiente geschaffen wird, das die lautlose Hightech-Wirtschaft als optimale Bedingungen für sich und die Hege ihrer Human Resources braucht. So finden denn die Auseinandersetzungen um kulturelle Räume nicht mehr von unten nach oben, von DemonstrantInnen auf der von Autos und RaverInnen verstopften Strasse hin zur

Porträts: Die Achtziger blicken zurück

Politik im Stadthaus statt, sondern sie werden in horizontalen Richtungen im Kampf um KulturkonsumentInnen ausgetragen: vom Schauspielhaus zur Gessnerallee, von der Roten Fabrik zum Palais Xtra, vom Kunsthaus zum Migros-Museum, vom Jugendhaus zur privat geführten Dorfdisco usw.

Kommunikation, Musik, Symbole

Wenn man fragt, wie sich die angesprochene Praxis der Politik in den letzten zwanzig Jahren formierte, dann zeigt sich also, dass die Ereignisse rund um den Opernhaus-Krawall weniger durch die materiellen Auseinandersetzungen um kulturelle Freiräume als vielmehr durch symbolische Kämpfe exemplarisches Gewicht bekommen. An der Front der symbolischen Auseinandersetzungen fand jene Transgression von Wissen und damit die Absorption von symbolischem Widerstand statt, von dem Öffentlichkeit und Politik bis heute zehrt. Ein Beispiel dafür ist die berühmt gewordene Diskussionssendung im Fernsehen DRS vom Juli 1980 zwischen VertreterInnen der Politik und den Bewegten Hans und Anna Müller. Die beiden nahmen dort die Position der Gegner ein, radikalisierten diese und forderten in den Rollen von SpiessbürgerInnen die konsequente Säuberung Zürichs von KrawallmacherInnen. Diese Gesprächstaktik hatte durchschlagenden Erfolg, weil die Vertreter der Politik das Rollenspiel der beiden Müllers nicht aufbrechen und sichtbar machen konnten. Die Brutalität der Reaktion auf diese Sendung aber, indem die beiden Müllers von der Polizei kriminalisiert wurden, hat ihren Grund in der Tatsache, dass dem Anschlag auf das Kommunikationsmodell «Erwachsene reden vernünftig mit Jugendlichen» exemplarische Bedeutung für einen generellen Anschlag auf die symbolischen Ordnungen in Staat und Gesellschaft zukam.

Dieser damals enorm wirkungsmächtige – in seiner Konsequenz für die beiden Beteiligten indessen blutige – Auftritt, das Spiel mit Verstössen gegen die symbolische Ordnung ist zu einem Prinzip geworden, das heute nicht mehr politisch explosive Verwirrung stiften kann. Im Gegenteil, es ist zum Bestand der symbolischen Ordnung geworden. Keine Werbung, ohne dass Kommunikationsspiele unterlaufen werden, keine Comedy-Show, ohne Verstoss gegen Erwartungshaltungen. Es ist auch eine beliebte Option für Gesprächsverfahren in der offiziellen politischen Rede – dann etwa, wenn sich Bundesrat Moritz Leuenberger in einer Laudatio auf Hugo

Loetscher kokett darüber beschwert, dass er vor der SP-Fraktion die Auswirkungen der Gentechnologie nicht am Beispiel der Gremlins erläutern durfte.

Das Aufbrechen, Neu-Verhandeln und Erproben von symbolischen Modellen und ihre anschliessende Transgression in den Mainstream zeigte sich vielleicht am augenfälligsten in der Musik. Hatte sich in den Siebzigerjahren, nach dem ersten gesellschaftlichen Durchbruch der Rockmusik in den Sechzigern, eine Art ästhetische Staulage gebildet, wurde vor allem mit Punk eine neue subkulturelle Ästhetik ausgehandelt. In diesem Prozess begann sich Musik und ihre Zeichensprache, von der Entdeckung des Reggae in Europa bis hin zur Radikalisierung in der freien Musik, wieder mit sexueller, widerständiger und anarchischer Energie aufzuladen – diese Zündkraft der Musik lag vor dem Opernhaus-Krawall buchstäblich in der Luft. Der Opernhaus-Krawall selbst ist denn auch das beste Beispiel dafür: Ohne die Leute, die in jener Nacht euphorisiert und entzündet vom Bob-Marley-Konzert in die Zürcher Innenstadt gelangten, wäre das Ausmass der Zerstörung und damit das historisch gewordene Zeichen «Opernhaus-Krawall» in dieser Form nicht geprägt worden – ein Zeichen, das den Fixerraum im AJZ zum Heroinabgabeprogramm von heute macht, das illegale Radio von einst zum jetzigen liberalisierten Mediengesetz, den Ethnologiestudenten der Bewegung zum VJ der privaten Fernsehstation, den Koch im AJZ zum Gastrokönig der Neunziger, die BewegungszeitungsmacherInnen zu den WerberInnen und ChefredaktorInnen, die WoZ der GründerInnenjahre zur WoZ der Gegenwart und das Ich von damals zum Ich von heute: Damit wären wir wieder am Anfang einer autobiografischen Erzählung. Denn draussen vor der Tür, da wartet es noch immer, das bessere Leben. Holen wir es uns.

Porträts: Die Achtziger blicken zurück

Jetzt liegt die Macht auf der Gasse

Markus Kenner, bekannt als Punky. Geboren 1956 in Zürich. Ausbildung als kaufmännischer Angestellter. Heute Musikredaktor und freier Kulturveranstalter.

Interview: Heinz Nigg

Als Lehrling ging ich schon an Vietnam-Demos und 1972/73 erlebte ich den Kampf um ein Jugendhaus im Drahtschmidli. Dann ging es ums Jugendhaus Schindlergut. Das war zwar nicht so eine riesige Sache wie das AJZ 1980. Aber es hatten dort doch ein paar hundert Jugendliche vorübergehend eine Heimat gefunden. Im Schigu habe ich als einer der Ersten Platten aufgelegt. Punk kam gerade auf, und weil ich als DJ Punk aufgelegt habe, erhielt ich den Namen Punky, der mir bis heute geblieben ist. Bei mir war alles immer gekoppelt mit meiner Freizeit: Leute treffen, kulturelle Aktivitäten, Disco machen, Konzerte organisieren, Filme zeigen. Und das alles war verbunden mit politischem Engagement. Als Lehrling begann ich andere Lehrlinge zu organisieren. Zusammen mit Trotzkisten und anderen Grüppchen machte ich im KV-Komitee mit. Jugendrevolte, Jugendhäuser: Das interessierte mich brennend!

Mit einigen meiner politischen Freunde begann ich auch vermehrt ins Ausland zu schauen. Wir lasen alles über Punk und Rock against Racism in England. Wir gingen nach Frankfurt an Konzerte von Rock gegen Rechts und hatten dann die Idee, in Zürich auch so etwas zu gründen: Rock als Revolte. Wir begannen nach der Schliessung des Schindlergutes an anderen Orten weiter Konzerte und Discos zu veranstalten, zum Beispiel im Polyfoyer. Dann wurden 1979 alle diese Lokale geschlossen. Und plötzlich kam diese Stimmung auf: Es gibt zu wenig Orte für uns Junge. Wir müssen raus auf die Gasse. Deshalb dieser Name «Rock als Revolte», RAR. Es ging um Musik, aber es ging auch um den Kampf für Freiräume.

Wie habt ihr euch zusammengefunden?

Nach einer Niederlage – nachdem das Schigu geräumt wurde – gibt es immer verschiedene Fraktionen: die Militanten, die Gewaltfreien, die Reformisten und andere. Wir beschimpften uns gegenseitig als Verräter. Plötzlich merkten wir, dass die kleinen Gruppen für sich allein nichts mehr zu Stande brachten und wir wieder zusammenarbeiten mussten. Wir gründeten mit der RAR also etwas Breiteres, Unabhängigeres und vergassen den Detailstreit.

Was machte die Power von Rock als Revolte aus?

Das Besondere daran war eben, dass alle wieder zusammenkamen, die sich vorher bekriegt hatten. Ein Höhepunkt war ein Konzert im Herbst 79 mit der Gruppe Schröders Roadshow, einer deutschen Anarcho-Rockband. Das Konzert hat die Leute wie beflügelt. Es genügte also nicht, Flugblätter an Gleichgesinnte zu verteilen. Wir stürmten dann auch Konzerte von Good News: «Wir wollen billige Konzerte, Gratiskonzerte, wir wollen eigene Räume!» Dies interessierte die Leute, weil die Aktionen im Zusammenhang mit Musik standen und weil es keine Treffpunkte gab. Eine grössere Anzahl von Discos und Partys gab es noch nicht. Die Polizeistunde war auf zwölf angesetzt, und die hat gegolten. Du konntest kaum einen Klub eröffnen. Es war ein Mangel da, den viele Leute gespürt haben.

Ich machte mit bei den Piratenradios. In einer Wohnung im Kreis 4 sassen wir zusammen. Der eine hat Musik mitgenommen, der andere sprach ein Textli ins Mikrofon. Das nahm man auf, und einer sendete das Ganze. Das war unsere Art des Aufrufs zur Rebellion. Die dazu passende Musik war eindeutig Punk, Rock und Reggae.

Viele Leute sind auf den fahrenden Zug aufgesprungen. Wir wussten auch: Mit der Roten Fabrik muss es vorwärts gehen. Dann kam noch die Geschichte mit dem Umbau des Opernhauses, als wir dachten: für die gibt es wieder so viel Geld und für uns nichts. Vor dem Opernhaus-Krawall sind wir schon zweimal nach Veranstaltungen in der Roten Fabrik einfach dringeblieben, haben unsere eigenen Konzerte durchgezogen, hatten Mikrofone auf der Bühne und haben diskutiert. Hunderte von Leuten kamen zusammen: solche, die auf Punk standen, andere auf Blues-Rock, Langhaarige, Kurzhaarige, Freaks. Ein paar ältere 68er schauten auch herein – Unzufriedene von früher. Der 30. Mai 1980, der Opernhaus-Krawall, ist also nicht aus heiterem Himmel gekommen. Wir ahnten aber nicht, welche Ausmasse das Ganze annehmen würde. Dass Bob Marley am gleichen Abend im Hallenstadion spielte, war ein Zufall. Da strömten ja dann Tausende von Jungen in die Stadt. Die Stadtbehörden hätten es eigentlich kommen sehen müssen. Wir waren

Porträts: Die Achtziger blicken zurück

in Briefkontakt mit dem Stadtrat, haben unsere Forderungen deponiert und sind abgewiesen und abgespeist worden. Die merkten nichts. Die dachten: «Was wollen jetzt da die Jungen, und was ist jetzt plötzlich los mit der Roten Fabrik? Nur nöd gsprängt!» Stadtpräsident Sigi Widmer war schon damals nicht mehr auf der Höhe der Zeit.

Wie hast du die erste Nacht erlebt?

Da hatten wir also unsere Demo vor dem Opernhaus, und es knallte wirklich. Ich war überrascht. Aufregung war da. Wir gingen nicht mehr nach Hause. Es war eine ungemeine Wut da, aber auch Stärke. Man spürte, dass die Macht eine Nacht lang auf der Gasse lag. Leute wurden verprügelt und verhaftet, aber die Polizei kam nicht mehr mit. Bei der Polizeiwache neben dem Rathaus wurde das erste Polizeiauto umgekippt. Man rannte im Niederdörfli herum, die einen warfen Scheiben ein, andere schmissen Container um. Am Abend darauf kamen wir wieder vors Opernhaus. Auf der Opernhaus-Wiese hatte es ein Festzelt. Wir gaben durch: «Morgen um 8 Vollversammlung!» Das Medienecho war enorm, und wir merkten: Aha, es bewegt sich etwas. Überall wurde berichtet, im Radio, in der Tagesschau. Der «Sonntagsblick» schrieb: «Toll, wie sie plünderten und prügelten!» Mehr als tausend Jugendliche kamen an die erste VV. Wir forderten: «Gebt uns das AJZ bis in drei Wochen!» Das alles gab uns eine Menge Auftrieb. Diese Aufbruchstimmung hielt den ganzen Sommer über an.

Wie ging es für dich weiter?

Wir diskutierten das im kleinen Kreis, mit den Leuten, die bei den Vorbereitungen der Opernhaus-Demo dabei gewesen waren. Wir hatten an der VV gesehen, dass ganz andere Leute am Mikrofon das Wort ergriffen und dass die Bewegung an Breite zugenommen hatte. Wir beschlossen, unsere Gremien aufzulösen, weil es nun nicht mehr darum gehen konnte, das eigene Zeug durchzupuschen. Es gab neue Allianzen, und jeder musste für sich selbst entscheiden, wo und wie er weitermachen wollte. Ich machte in diesem ersten Sommer, als das AJZ aufging, in mehreren Arbeitsgruppen mit. Wir gaben im AJZ die erste Zeitung der Bewegung heraus – das «Subito». Ich blieb auch weiterhin im Kontakt mit der Roten Fabrik.

Gab es auch Enttäuschungen?

Es kam, wie es kommen musste. Man hatte untereinander Probleme. Das AJZ musste eine Menge soziale Aufgaben wahrnehmen, was eigentlich gar nicht vorgesehen war: die ganze Drogengeschichte, der Fixerraum. Zu viele verschiedene Leute wurstelten an den gleichen Sachen herum. Die zunehmende Repression gab mir schon zu denken, viele in meinem Freundeskreis sind drangekommen – ich auch.

Wie?

Ein Erlebnis vergesse ich nie. Es gab eine Demo gegen die Wohnungsnot. Ich wurde von der Polizei mit hundert anderen in eine Tiefgarage beim Kaufleuten hinabgetrieben. Wir waren in der Falle! Die Schmier kam, völlig aggressiv, die haben gezittert. Es fehlte nicht viel, und die hätten uns alle mit Tränengas eingenebelt und zusammengeknüppelt. Wir wurden alle verhaftet. Ich hatte nachher einen Prozess wegen Landfriedensbruch und wurde zu einer bedingten Gefängnisstrafe verurteilt. Solche Ereignisse, aber auch die Strassenschlachten, das Katz-und-Maus-Spiel mit der Polizei und das Niederknüppeln, beschäftigen mich noch heute manchmal in meinen Angstträumen: ausweglose Situationen, das Gefühl, an die Kasse zu kommen. Dann merkst du im Verlauf der Jahre, du stehst nicht mehr so in dem drin, bist jetzt an einem andern Punkt. Und dann tauchen sie plötzlich doch wieder auf – diese Gewaltszenen, Polizeiszenen. Da merke ich, dass mich das immer noch nicht ganz losgelassen hat.

Wann kam das Ende der Bewegung?

Ich war dabei bis zur zweiten Schliessung des AJZ am 23. März 1982. Dann gab es den Kampf gegen die Wohnungsnot – den Häuserkampf.

Wie ging es für dich beruflich weiter?

Ich arbeitete ein paar Jahre in der Betriebsgruppe der Roten Fabrik, dann im Quartier- und Kulturzentrum Kanzlei. Ich machte auch beim «Lora» mit. Irgendwann kam der Moment, in dem ich genug hatte von den endlosen Diskussionen, vom Immer-wieder-von-vorne-Beginnen und wo niemand dem anderen gute Ideen gönnen mag. Dann stiess ich zu Radio DRS 3, zuerst als Plattenwäscher und später als

Porträts: Die Achtziger blicken zurück

Musikredaktor. Ich konnte also Musik, die ich mochte, ins Programm einbringen und hatte Breitenwirkung.

Parallel zu meiner beruflichen Tätigkeit habe ich mich bis heute immer wieder für kulturelle Freiräume eingesetzt: zum Beispiel in der Kaserne mit dem Disco-Syndikat und später das Organisieren von Bar- und Partyveranstaltungen. Es interessiert mich weiterhin, was mit dem grossen Kasernenareal geschieht. Für mich bedeutet dieses Areal nach wie vor eine Chance für die Kultur und das soziale Leben mitten in dieser Stadt. Die letzte Entscheidung ist da noch nicht gefallen.

Jetzt, da mein Sohn 19 ist, eine Lehre absolviert hat und ausgezogen ist, suche ich eine Neuorientierung in meinem Beruf. Ein neuer Lebensabschnitt hat begonnen.

Wie war die Zeit mit deinem Sohn?

Als Steff auf die Welt kam, gab es in unserem Umfeld nur wenige Leute mit Kindern. Man wohnte in Kommunen und Wohngemeinschaften und dachte: Was soll das, Kinder? No future! Ein Kind zu haben, angesichts der damaligen Lage der Welt – das war gar nicht angesagt. Ich reduzierte dann meine Arbeit und musste mich in der Roten Fabrik noch für Kindergeld und Teilzeitpensen einsetzen. Da hiess es oft: «Ist ja euer Bier, ein Kind zu machen!» Meine Freundin und ich arbeiteten also beide Teilzeit und teilten uns in die Erziehung und Betreuung von Steff – auch später, als unsere Beziehung auseinander gegangen ist.

Wie beurteilst du rückblickend die Auswirkungen der Jugendunruhen auf die Achtzigerjahre?

In Zürich gab es kulturell einen Nachholbedarf. Die Leute sind aktiv und kreativ geworden: im sozialen Bereich, in der Drogenarbeit, in den Schulen, beim Aufbau von sozialen und kulturellen Netzen. Von den Leuten des damaligen Videoladens, die «Züri brännt» gedreht hatten, sind heute viele mit ihren eigenen Projekten beschäftigt oder sind in neuen Zusammenhängen tätig. Ehemalige «Lora»-AktivistInnen sind nun beim Radio, beim Fernsehen und in anderen Medien. In der Kunstszene gab es neben den traditionellen Galerien neue Projekte. Auch in den Quartieren war etwas los. Da und dort wurde ein Haus besetzt: der Häuserkampf in der Schmiede Wiedikon, am Stauffacher. Dann kam der Kampf ums Quartier- und

Kulturzentrum Kanzlei und später in den frühen Neunzigerjahren die Besetzung der Wohlgroth. Immer wieder sind so neue Freiräume entstanden.

Was erwartest du von einer Aufarbeitung der Achtziger Bewegung?

Man vergisst schnell einmal, was diejenigen gedacht haben, die nicht im eigenen Grüppli gewesen sind, und dass es noch ganz andere Ansichten und Analysen gibt. Ich habe diese Bewegung als einer von Hunderten, von Tausenden erlebt. Man verzieht sich dann wieder und weiss gar nicht, an welchen anderen Projekten gearbeitet wurde oder welche Schlüsse andere aus den damaligen Ereignissen zogen.

Welche Schlüsse ziehst du aus deinen Achtziger Erfahrungen?

Dass es sich immer wieder lohnt, sich zu wehren und sich für etwas einzusetzen, ob das nun parlamentarisch, mit Petitionen oder mit Demos sei – ob gewaltfrei oder militant auf der Strasse. Und dass man sich dauernd überlegen soll: Wo kann man etwas erreichen? Ich möchte auch aufzeigen, dass die Tatsache, dass heute einige 68er und Achtziger an den Schalthebeln der Macht sitzen, mit dem zu tun hat, was sich damals auf der Gasse abgespielt hatte, und dass die heutige kulturelle Vielfalt vor allem auf die Achtzigerjahre zurückgeht. Viele, die in den letzten Jahren von auswärts in diese Stadt gezogen sind, wissen davon überhaupt nichts – warum was wie entstanden ist und dass alles erkämpft werden musste, mit Druck und Engagement.

Porträts: Die Achtziger blicken zurück

Plötzlich so ein Blues

Giovanni Schumacher, bekannt als «Fashion». Geboren 1961 in Bern. Autodidakt und Jobber. Heute Geschäftsleiter einer Genossenschaftsbeiz in Thun.

Interview: Heinz Nigg

Ich bin in Bern aufgewachsen. Mit elf haben sich meine Eltern getrennt. Wir sind bei der Mutter aufgewachsen. Ich bin der Älteste von drei Kindern. Mit zwölf hatte ich eine Jugendbande in Rüfenacht, in einem aus dem Boden gestampften Vorort von Bern. Wir waren sechzig Goofen, hatten eine eigene Zeitung, sehr einfach. Mit einem Matrizendrucker schafften wir es auf vier Nummern. Den erhielten wir von der Kirche. Mit der Kirche hatten wir sonst nichts zu tun. Die wollten uns in geordnete Bahnen lenken, weil wir Baustellen geplündert und Bretter geklaut hatten, um einen eigenen Robinson-Spielplatz zu bauen. Damals war natürlich eine allein erziehende Mutter mit drei Kindern, die arbeiten ging, für jedes Sozialamt ein Fall zum Eingreifen. Als ich elf war, kamen mein Bruder und ich für zwei Jahre ins Waisenhaus.

Da fällt mir ein schönes Ereignis ein. Der Pfarrer im Waisenhaus wollte, dass ich meine Stiefel am Samstag putze, weil wir am Mittwoch nicht frei hatten, weil wir den Saustall ausmisten mussten. Er war hässig, aggressiv und drohte mir mit Massnahmen. Ich fand: nein, auf mich warten 25 Goofen – ich war schon als Junger Führer bei den Pfadfindern und hatte eine Übung geplant. «Nein, die Stiefel putze ich nachher», sagte ich. Seine Autorität war gebrochen. Ich habe das Bild noch deutlich vor mir, wie er mir vom Waisenhaus aus nachrennt hinunter zum Schosshalden-Bus. Da kommt ein Taxi. Der Fahrer fragt mich, ob ich es eilig habe. Ich sage Ja und steige ein, der Pfarrer rennt hintendrein, und ich bin schon weg.

Wie war das mit den Pfadfindern?

Das war eine wichtige Zeit für mich. Mein Name Fashion ist eigentlich mein Pfadfindername. Wir hatten Hippies als Führer, so Rand-68er. Die waren Freaks und wollten einfach das Leben geniessen. Sehr schnell habe ich Verantwortung für Kinder übernommen. Wir waren die einzige Pfa, die Knaben und Mädchen aufnahm –

Koedukation. Das war damals noch verboten. Wir wurden deswegen aus der Pfadi ausgeschlossen und gründeten eine gemischte Pfa in Bern.

Welche Erfahrungen hast du mit der Schule gemacht?

Durch den Wohnortswechsel kam ich immer wieder in eine neue Schule. So wurde ich früh zum Einzelgänger. In der zweiten Klasse kam ich zu einer schlimmen Lehrerin. Die fand, wir Schumacher-Kinder seien schulisch nicht präsent. Wir mussten in die Jugendberatung. Da war immer dieses Jugendamt mit der Drohung: Wir nehmen euch die Kinder weg.

Meine Mutter war eine Power-Frau, die sich durchsetzen konnte. Wir Kinder hatten nicht das Gefühl, wir hätten zu wenig. Klar, wir waren nicht reich, doch sahen wir schon, dass andere Kinder zu Ostern ein Velo erhielten und wir nichts. Ich kann mich erinnern an die zweite oder dritte Klasse, wie wir mit ihr am Morgen um vier Uhr das Kino putzen gingen. Sie nahm uns mit, weil sie Angst hatte, wir würden zu Hause Unheil anrichten.

Von der zweiten Klasse an kam ich in eine Kleinklasse für Kinder mit Lernschwierigkeiten. Mich hat das total aus meiner Müdigkeit aufgeweckt. Ich hatte nun jüngere Lehrerinnen, die Energie hatten und kreativ waren. Wir waren auch weniger Schüler.

Wie ging es nach der Schule weiter?

Ich habe viel gejobbt. Eine Ausbildung im eigentlichen Sinn machte ich bis heute nicht.

Wie bist du als Jugendlicher in die Achtziger Bewegung gekommen?

Durch verschiedene Anlässe sind wir von der Pfa mit dem Jugendzentrum Gaskessel in Kontakt gekommen. Das war ein Produkt aus der 68er-Bewegung. Schon bald kam es zu einem Konflikt. Erstens protestierten wir gegen die Eintrittskosten, weil wir kein Geld hatten, und zweitens störten wir uns daran, dass immer ein Securitas-Mann an der Türe stand, denn wir sahen nicht ein, was der da sollte, ausser dass er das Vereinsbudget belastete. So gründeten wir die «Ästhetische Gruppe».

Porträts: Die Achtziger blicken zurück

Wir begannen mit Mitbenützern vom Gaskessel zu diskutieren, Plenen zu organisieren. Dann kamen Studenten von der Uni, die damals einen Vortrag von Jeanne Hersch gestört hatten. Die waren sehr politisiert. Ich habe sie zwar nie richtig verstanden, weil sie halt wie Studenten intellektuell daherredeten. Ich besuchte sie in ihrer Wohngemeinschaft, ass und diskutierte mit ihnen. Das war meine erste politische Schulung.

Ich begann zu organisieren. Ich machte 1977 mit dem Soldatenkomitee eine Veranstaltung zur Militärdienstverweigerung. Dann organisierte ich eine Veranstaltung mit Günter Amendt über sein «Sexbuch». Dann kam eine andere Veranstaltung im Gaskessel zur Cannabis-Legalisierung zu Stande. 1978/79 waren im Gaskessel schon über hundert Leute in der Ästhetischen Gruppe. Im Sommer besetzten wir den Platz vor dem Gaskessel.

Später besetzten wir ein altes Bauernhaus, das vor dem Abbruch stand. Wir organisierten ein erstes Konzert. Ein paar aus unserer Gruppe schrummten auf Gitarren; der eine von ihnen spielt heute bei Züri West. Das war Hippie-Romantik um ein Lagerfeuer herum. Dann vernetzten wir uns mit immer mehr Gruppen. Die AusländerInnen schalteten sich ein. Es waren vor allem Italiener, Secondos. Die hatten auch keine Räumlichkeiten. Da fanden wir: «Machen wir doch alle zusammen eine Demo gegen den Abbruch des Bauernhauses!» Es ist plötzlich ein Blues gekommen, der einfach so eingefahren ist.

Zu fünft gingen wir an eine SP-Sitzung. Ich redete drauflos, ohne Anstand. Traktanden interessierten uns nicht. Das ist denen eingefahren, die Lebendigkeit, die da war. Und so hat es eine immer grössere Vernetzung gegeben.

Zwei Monate später war der Mai-Opernhaus-Krawall in Zürich. Ein Lehrer kam zu uns, der das selbst miterlebt und ein Flugi geschrieben hatte. Dann gab es eine Gruppe mit dem Jazzmusiker David Gattiker, die nannte sich Kulturguerilla; die machten Flugis mit lustigen Comics. Bei dieser Vernetzung ging es immer stärker ums Tramdepot. Wir fanden: Wir machen mit. So fand am Vorabend die Sache beim Tramdepot statt, und am Samstag war die Bauernhaus-Demo, wo recht viele Leute mitmachten: mit Mistgaretten, spontan. Dann ging es los in Bern. Fast jeden Abend war eine Demo.

Warum haben plötzlich so viele Leute mitgemacht?
Rund ums Bauernhaus sind wir immer zahlreicher geworden. Die Ästhetische Gruppe hatte auch Zulauf aus den wohlhabenden Kreisen aus Kehrsatz und Muri bekommen. Ein Familienvater hatte immer Angst, ich würde die Kinder von Muri verführen. Den Bezug zu den Reichen hatte ich ja nie gehabt, aber in diesem Moment hatte ich ihn. Ich lernte auch die bürgerliche Streitkultur kennen und habe bis heute einige dieser Kontakte aufrechterhalten.

Was meinst du mit bürgerlicher Streitkultur?
Ich habe wohlsituierte Leute kennen gelernt, die sozialdemokratisch wählten. Es war eine Offenheit da, und es gab heftige Diskussionen. Ich hatte dort meine ersten AKW-Diskussionen, die mit einem schönen Erlebnis verbunden sind. Ich diskutierte mit Dr. B. Er war voll dafür und ich voll dagegen. Ich war neunzehn und er natürlich älter; ich ein Prolo ohne Ausbildung und er mit Doktortitel. Zwei Welten, die aufeinander prallen. Da kommt ein Professor auf Besuch und verwendet genau die gleichen Argumente, die ich vorher in meiner Einfachheit meinem Gesprächspartner entgegengehalten hatte. Plötzlich hatte ich einen Verbündeten! Das als Jugendlicher zu erleben, die Entlarvung dieser Arroganz, die da vorher im Spiel war, das war ein wahnsinniges Erlebnis. Das gab mir viel Selbstvertrauen für die kommenden Diskussionen.

Wie ist es auf der Strasse weitergegangen?
Unsere Militanz kam aus dem Bauch. Wir klauten zum Beispiel in der Migros Raclette-Käse für Tausende von Franken, immer wieder rein und raus. Und haben nachher mit einer Gulaschkanone auf dem Bärenplatz Gratis-Raclette ans Volk verteilt und unsere Ziele erklärt.

Als dann später während des Kampfes ums AJZ die Schmier hoch aufgerüstet eingefahren ist, haben wir zum ersten Mal die Staatsgewalt erlebt und impulsiv darauf reagiert. Ich war der Erste, der kriminalisiert wurde, weil die Bullen meinen Namen hatten und weil ich für sie schon der Rädelsführer der Ästhetikgruppe gewesen bin. Meistens bin ich vor oder nach den Demos verhaftet worden. Bei mir hat dies keine Radikalisierung bewirkt. Die hatte ich bereits hinter mir. Mein Weltbild wurde also nicht zerstört.

Porträts: Die Achtziger blicken zurück

Wie hat sich die Berner Bewegung organisiert?

Wir haben uns nicht an den Mechanismus von Briefeschreiben und Bittstellen gehalten. Wenn wir mit dem Polizeidirektor reden wollten, sind wir einfach in sein Büro gegangen: Da sind wir, und sie müssen mit uns reden! Dann kam meistens die Schmier. Aber er musste doch Stellung beziehen. Wir liessen uns auch nicht einspannen von all den Politgrüppli, die plötzlich auftauchten, Maoisten und andere. Wir wehrten uns gegen alle Parteistrukturen.

Was hat die Berner Bewegung erreicht?

Sehr prägend für mich war dieses Heimatgefühl. Ich fühlte mich dazugehörig. Ich wurde weiter politisiert durch das, was wir gemacht haben. Wahnsinnig, dieses Gefühl, in so kurzer Zeit so viele Erfahrungen gemacht zu haben. Intellektuell konnte ich das erst später aufarbeiten. Trotz Repression und dem harten politischen Klima, an dem Einzelne zerbrochen sind und in dem andere, die ich kannte, an Drogen gestorben sind, bin ich ungebrochen geblieben.

Wann endete die Berner Bewegung?

Für mich ist sie eigentlich auch heute noch nicht zu Ende, weil wir die Reithalle ja immer noch haben. Jetzt ist eine neue Generation am Werk. Es hat nur noch wenige Achtziger dabei.

Wie ist es für dich persönlich weitergegangen?

Ich war immer wieder in Untersuchungshaft. Alle Urteile, die ich aus dem Jahr 1980 hatte, habe ich bis 1985/86 weitergezogen. Ich hatte sie deshalb noch gar nicht abgesessen ausser in Form von Untersuchungshaft. Ich war also immer wieder tagelang im Knast. 1983 wurde ich offiziell ausgeschrieben, weil ich abgetaucht war. Ich machte politische Arbeit aus dem Untergrund: bei der Anti-AKW-Bewegung und beim Zaff und später beim Zafaraya, oder wir besetzten den Ballenberg. Ich wollte nicht in den Knast, weil meine Freundin ein Kind bekam. Ich war dann vier Jahre Hausmann in dieser illegalen Zeit. Meine Freundin hatte gegen mich einen Vaterschaftsprozess angestrebt als Tarnung, und es hat super funktioniert. Sie kamen nicht auf die Idee, dass wir etwas miteinander zu tun haben könnten.

Ist ein solcher Aufbruch wie die Achtziger Bewegung wieder denkbar?

Hier in Thun haben wir drei Politgruppen, die sich regelmässig treffen und grossen Zulauf haben. Wir haben eine Juso, die überquillt und vielleicht die radikalste in der ganzen Schweiz ist. Sie hat einen schwarzen Stern auf ihrem Juso-Fläggli, distanziert sich immer mehr von der SP, debattiert über Anarchismus und ist bei jeder Demo, auch bei der WTO-Demo in Davos, dabei. Es ist nicht eine Militanz im Sinne von «Wir schlagen alles kurz und klein», sondern es ist eine Militanz im Denken. Ich staune, wie belesen die Jungen sind und wie sie sich klar ausdrücken können.

Wenn man so aktiv lebt wie du, besteht da nicht die Gefahr, dass du zum gestressten Revolutionär wirst?

Ich arbeite hier in der Beiz sechzig Prozent, wenn ich nicht gerade politisch absorbiert bin. Ich muss mich auch zurückziehen können, wenn ich müde bin. 1980 habe ich zum Teil andere Sachen erlebt. Wenn eine Frau Kinder bekam, dann war sie weg vom Fenster. Wenn jemand eine Krise hatte, ist niemand nachfragen gegangen. Solche Ausgrenzungsmechanismen fanden in der Bewegung in den Achtzigerjahren immer wieder statt. Das ändert sich langsam, sodass du Zeit hast, dich zurückzuziehen, und es fragt immer noch jemand nach dir.

Porträts: Die Achtziger blicken zurück

Schichtweise lag die Scheisse da

Stephan Laur. Geboren 1963 in Basel. Jobber. Arbeitet heute als Journalist, Filmemacher und freier Kulturschaffender.

Interview: Heinz Nigg

Stephan Laur: Ich bin das jüngste von vier Kindern und komme aus einer normalen kleinbürgerlichen Familie mit grossbürgerlichem Hintergrund. Alle meine Geschwister haben eine bewegte Geschichte. Meine beiden zwölf und dreizehn Jahre älteren Brüder waren in der 68er-Bewegung aktiv. Meine Schwester erlebte etwas später ihre wilden Zeiten. Mein ältester Bruder ist 1979 an einer Überdosis Heroin gestorben.

Wie war das mit deinen Brüdern?

Ich erinnere mich an ein Sonntagsessen, als die Brüder Lieder von Ton, Steine, Scherben sangen: «Keine Macht für niemand!» Das hat mich elektrisiert. Als ich etwa sechs war, nahmen sie mich zu einem Hippie-Treffpunkt am Barfüsser-Platz mit. Ich sass mit ihnen in einer Runde und wollte auch einen Zug aus der Pfeife nehmen. Meine Eltern waren verunsichert. Aber sie waren offen und liberal.

Welche Werte wurden dir vermittelt?

Mein Vater war ein Mensch ohne Illusionen und hat dies nicht verheimlicht. Meine Mutter kam aus einer sehr katholischen Familie. Sie wurde von ihrer Familie beinahe verstossen, als sie diesen atheistischen Protestanten heiratete. Später haben sie sich wieder versöhnt. Wichtig für meine Eltern war einfach, gute Menschen zu sein und anderen Leuten zu helfen.

Mein Vater war ein Bücherwurm und leidenschaftlicher Buchhändler. Später ist er bei der chemischen Industrie als Korrektor untergekommen. Er hat sich wegen uns Kindern für eine sichere Existenz entschieden. Aber er ist ein Literatur-Freak geblieben. In der Wohnung der Eltern meiner Mutter hingen viele Bilder von Künstlerfreunden meines Grossvaters, der Architekt war. Wir gingen oft ins Museum und in Ausstellungen. Ich war als Kind ein grosser Fan von Klee und Van Gogh.

Habt ihr über Politik geredet?

Ja, im Zusammenhang mit meinen Brüdern, die ja politisch aktiv waren. Sie waren Mitgründer der progressiven Mittelschüler, aus denen später die Poch entstand.

Wie muss ich mir dich als Schüler vorstellen?

In der Primarschule gehörte ich zu den Kleineren und wurde als scheues Kind wahrgenommen. Ich war ein braver und guter Schüler. Im Progymnasium ging es abwärts. Ich hatte Mühe mit den Lehrern, und meine rebellische Seite kam immer mehr zum Vorschein. Ich wollte nicht dazugehören. Ich fühlte mich anders. Aus dem Progymnasium trat ich frühzeitig aus. Ich erlernte keinen Beruf, sondern hielt mich mit Jobben über Wasser.

Hattest du Freunde?

1976 begann ich den Punk zu entdecken. Im Schulhaus hatte es drei weitere Punks. Wir wollten speziell sein, nicht normalen Disco-Sound hören, sondern eben Punk. Zuerst hatte ich noch lange Haare, die behielt ich noch eine Weile, da die Gruppe Ramones ja auch lange Haare hatte. Dann habe ich sie radikal geschnitten und eingefettet. Ich spielte in einer Gruppe Gitarre, und später sang ich auch. Wir übten einmal in einem Jugendhaus, dann in einem Luftschutzkeller, dann in einem besetzten Haus – überall, wo wir gerade unterkommen konnten. Während der Punkzeit lebte ich noch grösstenteils zu Hause und erhielt eine gewisse Unterstützung. Mit sechzehn zog ich von zu Hause aus. Zuerst lebte ich in der Wohnung meiner ersten Freundin, wo wir eine WG einrichteten. Wenn jemand Geld verdient hatte, teilten wir es uns.

Wann und wie kamst du mit der Basler Bewegung in Berührung?

Ich war bei den Vorläufern der Bewegung dabei. Ich hing mit den Autonomen herum und hatte in den von ihnen besetzten Häusern meine ersten Punk-Auftritte. Das eine hiess «Kinderhaus» und wurde von den Roten Steinen zusammen mit der Jugendorganisation der Poch besetzt. 1979 begann ich, mich vom Punk zu distanzieren. Ich begann andere Musik zu hören, zum Beispiel die Doors und Jimmi Hendrix. Ich war immer mehr mit den älteren politischen Leuten aus der autonomen Szene

Porträts: Die Achtziger blicken zurück

zusammen. Mir gefiel ihre Radikalität, wie sie die Gesellschaft ablehnten und wie sie in Kommunen lebten. Dann interessierte mich auch eine Mischung von radikaler Politik und mystischer Literatur. Ich las die Schriften des Indianers Rolling Thunder.

Was bedeutete für dich «radikal»?

Die Ablehnung vom konventionellen politischen Weg. Es war für mich zum Beispiel radikal, wie am 1. Mai 1980 Frauengruppen in Basel das Rednerpodium stürmten, damit eine Frau reden konnte. Wir hatten regen Austausch mit den jungen Autonomen von Zürich, sodass wir auch wussten, was andernorts vorging. Mit meinem Bruder und einem Ex-Punk-Kollegen schaute ich gerade die Tagesschau, als vom Opernhaus-Krawall in Zürich berichtet wurde. Das fanden wir grossartig. Endlich geschah etwas in der Schweiz.

Im bewegten Sommer 1980 war für mich in Basel die Ryffstrasse-Besetzung ganz wichtig. Die wurde von Teilen der SP, der Poch, den Autonomen und verschiedenen linken Jugendorganisationen unterstützt. Das war ein gemischter Haufen, in dem es weiter gärte. In Basel war die Achtziger Bewegung also von Beginn an eine breite Sache, nicht nur eine Jugendbewegung.

Im Februar 1981 fand dann die Grossdemo statt, die zur Besetzung der Hochstrasse – des Basler AJZ – führte. Sie begann am Barfüsserplatz. Ich traf dort alte Bekannte, und wir heckten einen Plan aus, wie wir mit einer Finte das alte Postgebäude besetzen könnten. Mit dem Megafon gaben wir durch: Ab in Richtung Sommerkasino! Die Polizei überholte uns und ging vors Sommerkasino, während unser Demozug sich blitzschnell in Richtung Hochstrasse bewegte. Dort besetzten wir das alte Postgebäude. Wir blieben achtzig Tage. Ich habe keine Nacht auswärts geschlafen.

Wie viele Leute haben im AJZ gelebt?

Zwischen fünfzig und hundert. Es hatte grosse Schlafsäle. Irgendwo in einer Ecke hattest du eine Matratze.

Wie habt ihr den Betrieb organisiert?

Die Leute von der Beiz haben sich immer wieder getroffen. Wir waren etwa ein Dutzend. Es war chaotisch. Wir hatten keine richtige Betriebsstruktur. Es gab die VV

– die Vollversammlung – und ein paar wenige, die immer präsent waren und dafür sorgten, dass es lief.

Was ist dir vom AJZ geblieben?

Highlights waren sicher die guten Konzerte, die wir selbst organisierten. Ansonsten haben wir enorm viel gekifft, sodass ich mich nicht mehr zu erinnern vermag, was eigentlich alles geschah: «If you remember the eighties you haven't really been there!» Das Kiffen war für mich und meinen engeren Umkreis eine wichtige Sache. Es gehörte einfach dazu. Das Ganze war wie ein Rausch. Wir träumten von der grossen Gemeinschaft. Wegen der vielen harten Drogen im AJZ und dem ganzen Siff fand dieser Traum für mich ein abruptes Ende. Zusammen mit einer Frau habe ich nach ein paar Wochen die WCs geputzt. Wir mussten Gasmasken aufsetzen, so schrecklich war der Gestank. Selbst mich, der ich doch durch meine Erfahrungen in besetzten Häusern abgehärtet war, packte der Ekel: Schichtweise lag die Scheisse da, ein unglaublicher Duft! Wir mussten alles desinfizieren. Und dann stürzten immer mehr Leute auf harten Drogen ab. Zur Zeit, als das AJZ offen war, wurden alle wichtigen Treffpunkte für Junkies dicht gemacht, sodass das AJZ ihr einziger Zufluchtsort blieb. Wir mussten zusehen, wie wir langsam im Sumpf erstickten. Wir versuchten, uns dagegen zu wehren – auch gegen den Strich im AJZ –, aber es gab keine verbindlichen Strukturen, und in den einzelnen Arbeitsgruppen gab es einige, die selbst ab und zu junkten. Es war also nie eindeutig, wer harte Drogen konsumierte und wer nicht. Dazu kam der Einfluss von Leuten, die den Heroingenuss und den Strich praktisch als revolutionäre Handlung propagierten. Sie verbreiteten die Illusion, dass man mit Heroin leben und damit umgehen könne. Heroin sei der Ausdruck für eine radikale Verweigerung: sich selber als Arbeitsmaschine verweigern, sich lahm legen und die Umgebung schockieren. Ein radikaler Bruch mit allem. Und so sind einige Junge, die vor dem AJZ nichts mit Heroin zu tun gehabt hatten, Junkies geworden. Im AJZ hast du alles gekriegt, und das hat einfach überbordet.

Hast du nicht ans Aussteigen gedacht?

Ich hatte schon den Anschiss. Aber das AJZ war eine eigene Welt. Hinauszugehen war schon wie ein Abenteuer. Alle wussten gleich, wer du bist.

Porträts: Die Achtziger blicken zurück

Wie siehst du die damalige Zeit im AJZ heute, da du selbst mit Jugendlichen an Kulturprojekten arbeitest?

Wir hatten es gecheckt! Wir waren ja so radikal! Dadurch grenzten wir uns von allen ab. Wenn ich heute die Jungen sehe, läuft es nach den genau gleichen Mustern ab, bei den Hip-Hoppers, bei allen. Wer ausserhalb der eigenen Gruppe ist, steht daneben. Dies hat auch mit den Bedürfnissen in einem gewissen Lebensabschnitt zu tun: Geborgenheit in der Gruppe und Abgrenzung nach aussen, das Gefühl, etwas Besonderes zu sein. Besonders typisch für die damalige Zeit war vielleicht das no-future-Gefühl, das die Sprache der Achtziger Bewegung prägte. Alle diese absurden Parolen wie: «Freie Sicht aufs Mittelmeer» und «Macht aus dem Staat Gurkensalat» aber auch der Song «Eisbär» brachten das Grönland-Gefühl zum Ausdruck, dieses Gefühl der Hoffnungslosigkeit und der Wut darüber.

Hattest du während deiner AJZ-Zeit noch Kontakt zu deinen Eltern?

Ich ging immer wieder mal nach Hause zum Essen. Sie machten sich Sorgen. Sie hatten Angst, dass mir das gleiche Schicksal widerfahren könnte wie meinem ältesten Bruder. Er hat auch gemeint, mit Heroin leben zu können, es im Griff zu haben.

Hattest du keine Angst?

Der Tod meines Bruders war sicher das prägendste Ereignis in meinem Leben. Diese absolute Machtlosigkeit angesichts des Todes! Mit sechzehn Jahren war ich überhaupt nicht darauf vorbereitet. Lange Zeit bildete ich mir ein, dass er gar nicht gestorben sei. Vielleicht verstärkte der Tod meines Bruders meine damaligen Weltuntergangsvisionen. Sicher aber machte er mir grossen Respekt vor harten Drogen.

Welche Rolle spieltest du in der Basler Achtziger Bewegung?

Ich war sicher nicht an vorderster Front, aber ich war konstant dabei. Ich machte in der Beiz mit und entwarf Flugblätter. Es gab Leute, die politisch viel ambitionierter waren. Das Politische war bei mir eher eine Lebenshaltung, die ich mir durch meine beiden Brüder angeeignet hatte.

Wie ging es für dich nach den 80 Tagen Basler AJZ weiter?

Wir zogen in besetzte Häuser um, wo all die Probleme vom AJZ in kleinerem Rahmen weiter bestanden: Drogen, Gassenstrich, Auseinandersetzungen mit der Rockerszene. Als die Bewegung zu Ende war, ging mein Engagement vor allem in Dritte-Welt-Gruppen weiter. Ich interessierte mich für das Zentralamerika-Komitee und fuhr mit der ersten offiziellen Brigade für drei Monate nach Nicaragua.

Dann jobbte ich weiter und studierte Medien und Publizistik an der Schule für Angewandte Linguistik in Zürich. Ich betätigte mich journalistisch in Basel, vor allem anlässlich der Chemiekatastrophe von Schweizerhalle und später rund um die Alte Stadtgärtnerei. Die Stadtgärtnerei war für mich das, was das AJZ wirklich hätte sein können: ein gut organisiertes Experiment. Auch war die Stadtgärtnerei sehr offen: für radikale Autonome ebenso wie für zu absolut unpolitische Kunstschaffende.

Was haben die Achtziger Ereignisse vom AJZ bis zur Stadtgärtnerei der Stadt Basel gebracht?

Man musste die kulturellen Bedürfnissen der Jugendlichen zur Kenntnis nehmen. Heutzutage ist gegenüber den Belangen der Jugendlichen eine grössere Offenheit da. Zu meiner Zeit als Punk gab es nichts! Heute haben wir eher eine Überfütterung.

Du hast heute eine Familie mit drei Kindern und bist neben deiner journalistischen Tätigkeit als Kulturschaffender im Jugendbereich aktiv. Wie hat sich dein Lebensgefühl verändert?

Wut ist etwas, das ich nicht mehr kultiviere. Schon gar nicht als Basis für politisches und gesellschaftliches Handeln. Daran glaube ich einfach nicht mehr. Es gibt aber einen Aspekt von no future, den ich immer noch wichtig finde: keine Luftschlösser bauen, sondern voll im Moment leben und nicht in der Zukunft. Das ist für mich eine positive Umsetzung des no-future-Prinzips.

Trotz des immensen kulturellen Angebots für Jugendliche gibt es immer noch wenig Freiraum, um selber etwas machen zu können; auch Sachen, die vielleicht nicht supergut sind. Ich arbeite in kulturellen Projekten mit Jugendlichen, wo es darum geht, solche Freiräume zu schaffen. Wir organisieren dieses Jahr ein grosses, dreitägiges Jugend-Kultur-Festival in Basel und Freiburg i. Br. Mit professionellem Know-

Porträts: Die Achtziger blicken zurück

how unterstützen wir Jugendliche dabei, ihre Eigenproduktionen zu entwickeln und in den beiden Städten vorzuführen; zum Beispiel Tanzproduktionen. Der Inhalt wird von den Jugendlichen bestimmt.

Die Themen allerdings sind anders als damals. Das Zauberwort heisst «Vielfalt». Es gibt eine Menge von Lifestyles und Lebenshaltungen, mit denen sich Jugendliche heute kritisch auseinander setzen müssen. Dazu kommt, dass die beruflichen Anforderungen an die Jungen gewachsen sind. Die wirtschaftlichen Bedingungen sind härter geworden. Es geht stärker ums Überleben.

Wie in Italien, so heiss war die Stimmung

Antonella Martegani. Geboren 1955 in Zürich. Sekretärin und Sozialpädagogin. Arbeitet heute als Gemeinwesenarbeiterin im Kreis 5 in Zürich.

Interview: Heinz Nigg

Meine Eltern stammen aus benachbarten Dörfern in Italien und emigrierten nach dem Krieg nach Zürich. Als ich geboren wurde, lebten sie in einem Zimmer in Oerlikon. Toilette und Küche teilten sie mit anderen Mietern. Für Arbeiter war es damals nicht leicht, eine Wohnung zu bekommen. Meine Mutter war Kunststopferin, mein Vater Dreher. Als ich ein Jahr alt war, brachten sie mich nach Italien zu meiner Tante. Sie besass eine wunderschöne Gärtnerei – ein Familienbetrieb. Für mich war es paradiesisch, es hatte einen Esel, einen Hund, eine Katze und Hühner. Ich konnte frei herumstreichen.

Mit vier Jahren holten mich meine Eltern wieder nach Zürich. Weil sie ganztags arbeiteten, kam ich in eine Pflegefamilie. Die Erziehung in dieser fremden Familie bestand vor allem im Anschreien der Kinder, und alles war durchstrukturiert nach Schema F. Abends und an den Wochenenden lebte ich bei meinen Eltern. Dieser ständige Wechsel war für mich die Schattenseite der Emigration. Ich wuchs in Zürich auf und fühlte mich doch nicht zu Hause.

Welchen Kontakt hattest du zu den Kindern in deiner Umgebung?

Ich lernte schnell Zürichdeutsch und durfte schon als Vierjährige in den Kindergarten. Über viele Jahre hatte ich einen engen Kontakt zu einem Mädchen aus meiner Klasse. Die Stimmung in dieser Familie erinnerte mich an Italien. Das Radio lief, man sang dazu, die Mutter bügelte oder nähte, man war zusammen zu Hause und hat gearbeitet.

Welches Menschenbild vermittelten dir deine Eltern?

Mein Vater ging jeden Samstag Nachmittag ins Restaurant «Heimat» in Oerlikon, um Karten zu spielen. Manchmal nahm er mich mit. Er traf sich dort mit Kollegen einer katholischen Emigrantenvereinigung. Wenn meine Eltern am Sonntag Freunde zum

Porträts: Die Achtziger blicken zurück

Essen einluden, erzählte er immer wieder von Russland, wohin er im Krieg als 19-Jähriger mit zwei Freunden aus seinem Dorf geschickt wurde. Wichtig war ihm der Mut, den man haben musste, um überleben zu können. Zu dritt waren sie immer zuvorderst an der Front und überlebten. Alle, die hinten blieben, starben.

Die Arbeitsteilung war klassisch, die Männer plauderten im Wohnzimmer, die Frauen räumten die Küche auf. Meine Mutter machte einen mutigen Schritt. Als die Besitzerin der Kunststopferei alt war, nahm sie einen Kredit auf und kaufte das Geschäft, das sich mitten in der Zürcher City befand – ein für sie rasanter Aufstieg. Während der Sekundarschule ging ich jeweils am Mittwochnachmittag zu ihr in den Laden, um auszuhelfen.

Wie warst du als Jugendliche?

Zusammen mit einer Freundin führte ich in meiner Klasse den Minirock und die angemalten Fingernägel ein, zudem motzte ich dauernd. Manchmal gingen wir ins neu eröffnete Migros-Restaurant. Das war ein typischer Bau aus dieser Zeit, mit orangen Kugellampen, olivgrünen Teppichwänden und -sitzen und dunkelbraunen Tischen. Zu zweit teilten wir uns eine Portion Pommes frites. Dafür reichte das Sackgeld gerade. Als Kind habe ich italienische Schlager wie Muttermilch aufgesogen. Das Radio lief den ganzen Tag. Eine Kusine war Elvis-Presley-Fan und hatte eine grosse Plattensammlung. Wann immer ich bei ihr in Italien weilte, hörte ich Elvis. Dann kamen Cliff Richard, die Shocking Blues mit «Venus», später Jimi Hendrix, Janis Joplin, die Stones und die Beatles. Ich hatte ein kleines Transistorradio, mit dem ich nachts unter dem Kissen Radio Luxemburg hörte. Das war damals der Sender mit anderer Musik. Ich mag mich noch gut an das Jahr 1968 erinnern, wie wir Tagesschau schauten und mein Vater entsetzt war, dass die Schweizer Polizei mit Wasserwerfern gegen Demonstranten vorging. Das erinnerte ihn an den Krieg. Er konnte auch die demonstrierenden Jugendlichen nicht verstehen, die hatten doch alles.

Wie ging es für dich nach der Schule weiter?

Ich besuchte die Handelsschule, arbeitete zwei Jahre als Sekretärin in Genf und wurde dann an der Schule für Soziale Arbeit in Zürich aufgenommen. Ich genoss diese drei Jahre sehr. Mir Zeit nehmen zu können, um mit anderen Leuten über ein

Thema zu reflektieren, war für mich Luxus. Das hatte ich weder zu Hause noch in der Schule. Während des letzten Jahres arbeitete ich bei Condiem, einer Frauenberatungsstelle für Emigrantinnen. So begann meine Politisierung. Zum ersten Mal sah ich die Emigration in einem grösseren Zusammenhang.

Wie erlebtest du den heissen Sommer 1980?

Ich weiss nicht mehr genau, wie ich zur Achtziger Bewegung stiess. Eines Tages ging ich an die Demos und kam mitten ins Geschehen. Im AJZ machte ich bei der Spuntengruppe mit. Das waren unkomplizierte Leute. Das Nötigste für meinen Lebensunterhalt verdiente ich mit Hortvikariaten. Für mich war das AJZ wie ein Familienersatz. Ich kannte die Leute, und die Leute kannten mich. Es war egal, wer du warst, das gefiel mir total. Einmal organisierten wir eine Italowoche mit einem wunderschönen Schlussabend. Wir mussten 240 Portionen Lasagne kochen. Die Aktionshalle war rot-weiss-grün geschmückt. Nach dem Essen wurde der Film «Django» gezeigt. Als die Kamera auf seine stahlblauen Augen zoomte, kreischte die Halle. Es kam mir vor wie in Italien, so heiss war die Stimmung.

Was hatte das AJZ mit Italien zu tun?

Es gab Zweit-Generation-Italiener in der Bewegung. Ich war ja nicht die Einzige. Dann waren da Tessiner, die Verbindungen zu den italienischen Autonomen und zu den roten Universitäten in Padova und Bologna hatten. Diese Italowoche war ein Gesamtkunstwerk: Essen, Politik, Kultur und Kitsch – alles, was du wolltest! Im AJZ habe ich das Organisieren von solch grossen Anlässen gelernt. Ich stand mitten im Leben, mit allem, was dazu gehört: Liebe und Herzensbrüche, Auseinandersetzungen über Beziehungen, Emanzipation, Unterdrückung, über Politik, Geburtenkontrolle und Ernährung. Es war fantastisch, hier in Zürich diesen grossen Aktionsraum zu haben, etwas machen zu können, das nicht in starren Strukturen ablief, nicht hierarchisch organisiert war und wo schnell auf Veränderungen reagiert werden konnte.

Wurdest du im AJZ mit Problemen konfrontiert?

Als der zweite Umbau kam, begann es zu kriseln. Es gab Konflikte um die Verteilung des Geldes. Man begann sich innerhalb der Umbaugruppe zu bekämpfen.

Porträts: Die Achtziger blicken zurück

Auch der Drogenraum war für jene Zeit eine Schuhnummer zu gross. Du konntest nicht mehr kontrollieren, was dort drin abging. In der Nacht erlebten wir bedrohliche Situationen. Wenn jemand aufgelöst an die Bar kam und sagte, da draussen sei ein Dealer mit einem Messer, dann sprangen wir alle auf und stellten ihn hinaus.

Als das AJZ zum ersten Mal geschlossen wurde, gingen die Demos und Aktionen wieder los. Auf der Limmatstrasse bauten wir eine Barrikade mit flimmernden Fernsehern. Den Strom bezogen wir aus dem AJZ. Das war eine Provokation. Die Polizei stand ratlos herum. Das Fernsehen war für uns der Inbegriff von Langeweile und allem Kleinkarierten.

Wie seid ihr auf diese Ideen gekommen?

Die Ideen lagen in der Luft. Wir haben daraus etwas gemacht, ohne dass einer davor stand und sagte, das war meine Idee. An den Demos hatte ich Angst vor Gewalt. Anlässlich eines Kinks-Konzerts im Kongresshaus, das wegen der hohen Eintrittspreise gestürmt wurde, kesselte uns die Polizei ein. Wir wurden verhaftet und in Kastenwagen in die Kaserne abtransportiert. Männer und Frauen wurden voneinander getrennt. Wir wurden der Reihe nach verhört, ich immer als Letzte. In einem winzigen Raum flippte ich aus. Ich hatte Platzangst, schrie und polterte an die Tür. Schliesslich wurde mein Hausarzt benachrichtigt. Ich erhielt eine Beruhigungsspritze, und eine halbe Stunde später liessen sie mich gehen. Das brachte mir eine Busse wegen Landfriedensbruch ein. Dieses Erlebnis stösst mir selbst nach zwanzig Jahren noch auf, vor allem weil ich Angst hatte, ich könnte ausgeschafft werden. Ich bin bis heute italienische Staatsangehörige geblieben.

Wie ging es nach der definitiven Schliessung des AJZ weiter?

1982 machte ich beim Houdini mit. Das war eine Kultur- und Aktionsgruppe, die im Kino Walche Konzerte, Theater und Performances veranstaltete. Dann stieg ich bei einem Theaterprojekt ein, dem «Tango Palace». Das war ein Engagement auf Zeit. Ich wusste, ich würde nie Schauspielerin werden, aber ich war am Thema und an der Erfahrung interessiert. Ich hatte Verwandte, die nach Buenos Aires ausgewandert waren und die ich nie kennen gelernt hatte. Das weckte Sehnsüchte in mir, und ich war vom Tango besessen. Beim Stück von J. L. Borges ging es um ein klassisches Macho-Eifersuchtsdrama im Einwanderermilieu von Buenos Aires. Die Premiere der für die damalige Zeit schrägen Inszenierung fand am Theaterspektakel 1983 statt. Wir wurden vom Publikum buchstäblich überrannt und gingen erfolgssicher auf Tournee. So brachten wir den Tango wieder nach Europa, das heisst nach Freiburg i. Br., Hamburg, Köln, Wuppertal, Amsterdam und an den Steirischen Herbst nach Graz. Als wir nach Zürich zurückkamen, hatten wir alle Schulden, weil wir für die grosse Crew von 17 Leuten falsch kalkuliert hatten. In Amsterdam oder Hamburg konntest du eben nicht denselben Eintrittspreis verlangen wie in Zürich. Zu Hause war tote Hose. Die Bewegung war zerstört, das Houdini gab es nicht mehr, und ich hatte keinen Job. Ich fiel in ein Loch.

Wie hast du dich wieder aufgefangen?

Ich erzählte meinem Arzt von meiner Ratlosigkeit, und dass ich nichts mehr mit mir anfangen könne. Er arbeitete an einem Dokumentarfilm über Depressionen und lud mich zur Mitarbeit ein. Das war eine spannende Erfahrung. Ich erinnere mich noch vor allem an einen Satz: dass für mich die Bewegung ein Ausstieg aus dieser Gesellschaft war und ich nicht ein zweites Mal aussteigen konnte. Ich hätte in meinem Zustand durchaus in die Drogen abgleiten können.

Hat dich nicht auch das Theaterprojekt enttäuscht?

Für mich war es zu hierarchisch organisiert. Die künstlerische Leitung und die Stars standen zuoberst, dann kamen die Schauspielerinnen und Schauspieler, zuunterst waren die Techniker. Das war nicht meine Welt.

Gab es solche Unterschiede auch im AJZ?

Ich hatte zum Beispiel Hemmungen, mit den Frauen vom Frauenzimmer zusammenzuarbeiten, weil ich mich ihnen unterlegen fühlte. Sie wussten mehr als ich. Ähnlich war es in der Kultur- und Pressegruppe. Es waren eben doch nicht alle gleich, es gab durchaus Unterschiede. Alle, die bereits politische Erfahrungen hatten, waren von Anfang an in einer besseren Stellung. Für mich war alles neu und musste erst noch gelernt werden.

Porträts: Die Achtziger blicken zurück

Was machst du heute?

Ich bin Mutter von einem neun- und einem dreizehnjährigen Sohn. Seit 1984 bin ich als städtische Gemeinwesenarbeiterin im Kreis 5 in Zürich beschäftigt, einem Stadtteil mit hohem AusländerInnenanteil und vielen sozialen Problemen.

Von meinen Erfahrungen während der Achtziger Bewegung ist mir vor allem das «öppis durezie» geblieben. Ich lernte, wie man zusammen mit Leuten etwas planen und durchführen kann. Nur musste ich mich noch in Geduld üben. Gemeinwesenarbeit reicht vom Aufbau von soziokulturellen Einrichtungen über Kinderarbeit an der Langstrasse bis hin zur Bereitstellung von Räumen für Gruppen aus dem Quartier, seien es tamilische Eltern, die Sprachkurse für ihre Kinder in ihrer Muttersprache machen, oder Kurdinnen und Kurden, die einen Raum für ihre Volkstanzgruppe suchen.

Neu kommt auf die Gemeinwesenarbeit die Stadtentwicklung in Zürich West zu. Wir versuchen mit am Ball zu bleiben, um die Bedürfnisse der Bevölkerung einzubringen. Damit nicht nur Nutzungsziffern und Maximalrenditen die Planung bestimmen, sondern die Leute in den neuen Siedlungen im ehemaligen Industriequartier sich auch wohl fühlen. Es braucht Angebote für Kinder, Jugendliche und Alte. Diese Bedürfnisse müssen in der Planung frühzeitig berücksichtigt werden. Nicht zuerst Wohnsilos hinstellen und dann fünfzehn Jahre später nach Problemlösungen suchen.

Singen als Kick – nicht aufgeben, weiter!

Astrid Spirig. Geboren 1954 in Diepoldsau, Kanton St. Gallen. Kaufmännische Angestellte und Sängerin bei der ersten Schweizer Frauen Punk- und New-Wave-Band «Kleenex»/«Liliput». Arbeitet heute als Anwaltssekretärin in Zürich.

Interview: Heinz Nigg

Mein Vater war Maschinenschlosser, meine Mutter machte Heimarbeit. Als ich in die Schule kam, zügelten wir nach Engi, Kanton Glarus, und ein Jahr später nach Adliswil im Kanton Zürich, wo sich mein Vater zum Betriebsleiter emporarbeitete. Dort blieb ich, bis ich die Lehre fertig hatte.

Ich war ein eigenwilliges Kind. Wenn ich etwas Blaues wollte, musste es wirklich blau sein und nicht etwa hellblau. Später in der Punk-Zeit sagte ich einmal: Ich will alles. Alles musste immer völlig mit mir übereinstimmen. Als Kind träumte ich viel und begann zu schreiben. Einige meiner Texte – Gedichte gegen den Krieg – wurden in der Zeitschrift Beobachter abgedruckt. Ich machte mir Gedanken darüber, wie die Menschen miteinander umgehen und wie die Welt sein sollte. In der Schule war ich die Kleinste und Frechste. Wenn der Lehrer uns mit angemalten Nägeln erwischte, wurden wir nach Hause geschickt. Ich strich den kleinen Fussnagel an, um zu schauen, ob er es bemerken würde. Ich war die Rebellin in meiner Klasse.

Wie verbrachtest du die Freizeit?

Ich machte immer «Lehrerlis». Es gab immer kleine Kinder, die lesen lernen wollten. Ich war eine Leseratte. Am meisten faszinierte mich die «Rote Zora». Dieses Buch las ich sicher hundert Mal. Die Rote Zora war auch ein spezielles Kind. Ich bewunderte sie, wie sie sich gegen die Widerwärtigkeiten in ihrem Leben durchsetzte.

Mit meinem jüngeren Bruder musste ich das Zimmer teilen. Das war für mich ein Horror, weil ich allein sein wollte. Wir hatten das übliche Geknatsche zwischen Bub und Mädchen. Da warf er doch einfach seine Unterhosen auf mein Bett, und ich explodierte natürlich. Überhaupt: Er war ein Bub, der draussen im Freien spielte, und ich war ein Stubenhocker und Bücherwurm. Erst als Erwachsene fanden wir durch die Musik einen Draht zu einander.

Porträts: Die Achtziger blicken zurück

Was gaben dir die Eltern mit auf den Weg?

Meine Mutter hatte etwas Spielerisches an sich. Wenn der Boden geschrubbt werden musste, setzte sie mir einen Papierhut auf den Kopf und befestige zwei Putzlappen an meinen Füssen. Das waren die Schneeschuhe, und ab ging es ins Wintermärchenland. Mit solchen Spielchen brachte sie uns Kinder dazu, die unangenehmen Pflichten zu erledigen. Das war ihre Art von Kreativität, und davon habe ich viel mitbekommen. Mein Vater sprach stets von Gerechtigkeit. Alles musste immer gerecht verteilt werden. Doch politische Diskussionen gab es bei uns nicht. Auch waren meine Eltern keine Kirchgänger. Als kleines Kind suchte ich immer jemanden, der mit mir in die Kirche kam.

Was zog dich in die Kirche?

Die Atmosphäre von Reinheit und Stille. Ich ging in die katholische Kirche und wurde auch gefirmt. Mit sechzehn Jahren trat ich aus, weil ich gegen den Krieg war, und die Kirche die Waffen segnete. Auch dass der Papst gegen die Pille war, trug dazu bei, dass meine positiven religiösen Gefühle in Kirchenhass umschlugen.

Was machtest du nach der Schule?

Ich entschied mich für eine kaufmännische Lehre. Danach arbeitete ich zuerst in einer Bibliothek, darauf sieben Jahre als Korrektorin beim «Tages-Anzeiger». In dieser Zeit begann ich intensiv zu schreiben. Ich machte in der «Werkstatt schreibender Arbeiter» mit. Wir schrieben über politische und gewerkschaftliche Themen, über Drogen und die innere Rebellion gegen die Gesellschaft, über das Frausein/Mannsein und über Geschlechterbeziehungen. Es war die grosse Zeit der Simone de Beauvoir. Wir produzierten kleine Geschichten-Bücher und setzten sie in Umlauf. Gleichzeitig war ich aktiv in der Frauenbefreiungsbewegung. Ich baute dort eine Selbstuntersuchungsgruppe auf. Damit Frauen zum Beispiel selbst herausfinden konnten, ob sie schwanger waren. Eines Tages hörte ich zum ersten Mal die Frauenband «Kleenex», die später «Liliput» hiess. Am Anfang konnten die nicht mehr als drei Griffe auf der Gitarre. Dass Frauen Musik machten, beeindruckte mich so sehr, dass ich mit ein paar anderen Frauen zusammen ebenfalls eine Band gründete. Ich hatte schon immer gerne gesungen. In der Schule musste ich jeweils an den Examen vorsingen oder Gedichte vortragen.

Am nächsten Wochenende mieteten wir Instrumente, begannen unter dem Namen «Neon» zu proben und hatten schon bald unsere ersten Auftritte. Dann gab es bei «Kleenex» einen Wechsel. Die Sängerin ging, und ich wurde gefragt, ob ich zum Vorsingen käme. So bin ich zu ihnen gestossen. Die Band bestand aus der Künstlerin Klaudia Schifferle sowie Marlen Marder. Manchmal war auch Beat Schlatter als Schlagzeuger mit von der Partie. Um meinen Unterhalt zu verdienen, arbeitete ich bei einer Treuhandgesellschaft, die mich als Paradiesvogel «hielt» und stolz auf mich war. Den Kaffee durfte ich den Kunden allerdings nicht servieren.

Was war besonders an «Kleenex»/«Liliput»?
Die Art und Weise, wie unsere Musik entstand. Wir trafen uns im Übungskeller, und los ging es: Vier Stunden Gekreisch und überhaupt keine Musik. Alles nahmen wir auf Band auf. Dann fanden wir plötzlich, wow, dort, nach anderthalb Stunden, hatte es eine wahnsinnig gute Stelle. Wir spulten zurück, hörten uns die Stelle nochmals an und jamten an diesem Punkt weiter. Daraus entwickelte sich ein Stück, und dann schrieben wir den Text dazu. Wir waren immer auf der Suche nach neuen Klängen.

Wir wurdest du von der Band, die vor dir ja schon seit drei Jahren bestanden hatte, akzeptiert?
Die beiden Frauen waren ein festes Team, aber sie nahmen mich mit offenen Armen auf. Doch es existierte bereits ein derartiger Kult um «Kleenex», dass von aussen automatisch angenommen wurde, alles käme immer von Klaudia Schifferle und Marlen Marder und ich würde noch ein bisschen dazu singen. Ich wurde also selten als kreativer Teil von «Kleenex»/«Liliput» wahrgenommen. Das war manchmal schwierig.

Wie entwickelte sich eure Musik weiter?
Wir gingen viel auf Tournee – nach Deutschland und Frankreich. Es war uns egal, wenn wir nicht viel verdienten, Hauptsache es machte Spass. Die Gage teilten wir mit allen, auch wenn wir zu zehnt unterwegs waren. Es ging also nicht um Musik als Beruf, sondern um lustvoll zu leben. Die Leute strahlten, wenn sie uns hörten. Das war für diese Zeit wichtig, auch für die Achtziger Bewegung: Fun. Und etwas von diesem Fun fandest du in der Musik von «Kleenex»/«Liliput».

Porträts: Die Achtziger blicken zurück

Ein Stück hiess «China»; das wurde ohne Schlagzeug gespielt, dafür hämmerte Klaudia den Takt mit Schlagzeugknebeln auf ihren Basssaiten. Ich liess einen Text auf Chinesisch übersetzen und sang ihn selbst. Zwischendurch hatte es Breaks, wo es einfach still war. Das Punk-Publikum sang den Refrain wunderbar in diese Pausen hinein. Diese direkte Kommunikation war schon eine Eigenart von «Kleenex»/«Liliput».

Wie war das Klima in der Zürcher Musikszene?

Wir waren wie eine Familie, und vieles war am Blühen. Unser wichtigster Auftrittsort in Zürich war die Rote Fabrik. Da hatten wir auch unseren Übungsraum, da jamten wir mit anderen Bands wie den Yello, trafen uns mit den Bandmitgliedern von Blue China. Durch Klaudia gab es viele Berührungspunkte zur damaligen Kunst- und Filmszene. Alles ging ineinander über, und jeder half dem anderen, ohne neidisch zu sein. Auch unser Publikum war gemischt, reichte von «älteren» Leuten aus der Kunstszene hin bis zu sechzehnjährigen Punks.

Wie reagierte eure Band auf die Achtziger Unruhen?

Wir sind mit der Achtziger Bewegung gewachsen. Wir fanden es toll, dass es das AJZ gab, traten dort auch auf, aber es war nicht unser Zuhause. In der Roten Fabrik gefiel es uns besser. Ich ging an die Demos. Das war mir vertraut. Ich hatte schon als junges Mädchen in Zürichs erstem AJZ verkehrt, im so genannten Bunker. Das war 1970/71. Ich spürte wieder diesen uralten Groll; der Hass auf das Ganze kam wieder hoch. Nicht wegen mir, denn ich fühlte mich schon zu alt, um im AJZ zu verkehren, sondern eben wegen dieser Jungen, die, wie wir in den Siebzigerjahren, wieder keinen Ort für ihre Kultur hatten. Ich regte mich über die Tränengaseinsätze auf, über die Art und Weise, wie alle aus der Achtziger Bewegung über einen Kamm geschert wurden: «Das sind alles ‹grusigi Sieche›, die nicht arbeiten wollen, und Kriminelle, die draussen mit einer Bierflasche schlafen und nachts Passanten ausrauben».

Für mich war die Achtziger Bewegung mehr als ein Kampf um ein AJZ. Für mich war es ein Aufschrei: Jetzt zeigen wir, wie die Verhältnisse wirklich sind, und die Gesellschaft soll sich subito mit den wahren Problemen auseinander setzen, anstatt jedes Zeichen des Protests zu unterdrücken. Die Punks brachten durch ihr Outfit klar zum

Ausdruck, wie sie die Gesellschaft sahen: als heuchlerisch und verlogen. Sie hatten voll meine Sympathie, auch wenn ich einen Job hatte, genügend Geld verdiente und kein Punk in dieser Bewegung war.

Welcher Zusammenhang bestand zwischen Protest und Musik?

Ich hatte schon 1979, als ich zu «Kleenex»/«Liliput» stiess, die Konsequenzen aus meinen Erfahrungen gezogen: Ich wollte etwas bewegen. Singen war eine Möglichkeit, meinem Publikum einen Kick zu geben, Mut zu machen: Nicht aufgeben, weiter! Auch wenn alles wieder kaputt gemacht wird, weiter! Auch in unseren irren, dadaistischen Texten kam diese Haltung zum Ausdruck: «Ich habe Angst vor Geistern wie dir / Lachen, lachen über mich / Lachen, lachen über dich / in den Fängen des Luxus». Der Inhalt unserer Musik war mir das Wichtigste, und dass es Spass machte. Es war eine Art von lustvoller Belehrung.

Bis wann gab es euch als «Liliput»?

Bis 1983. Dann wollte ich eine Musical-Schule in New York besuchen, weil wir in unseren Bühnenauftritten vermehrt visuelle Elemente einbauen wollten. Ich wurde schwanger und musste mich zwischen New York und dem Kind entscheiden. Die Wahl fiel auf mein Kind, obwohl ich wusste, dass ich es alleine aufziehen würde. Ich arbeitete wieder bei meiner Treuhandgesellschaft. An die Musik knüpfte ich nicht mehr an, weil ich mich voll als Mutter engagieren wollte. Später bildete ich mich zur Körpertherapeutin aus, und heute arbeite ich als Sekretärin bei einer Rechtsanwältin und habe wieder Zeit zum Schreiben gefunden.

Was hat sich in deinen Texten verändert?

In den Siebzigerjahren war ich eine so genannte Betroffene, die gegen die Ungerechtigkeit anschrieb. Heute schreibe ich mehr lustbetont. Von meiner Zeit mit «Kleenex»/«Liliput» ist mir das Vertrauen geblieben, dass es immer weitergeht. Wir hatten manchmal null Stutz und ernährten uns einen Monat lang nur von Käsenudeln. Alles Geld ging in die Musik. Es war ein spielerischer Umgang mit dem Leben. Heute habe ich keine Angst vor nichts. Auch das Gefühl, dass man etwas bewirken kann, ist weiterhin da.

Porträts: Die Achtziger blicken zurück

Was, denkst du, halten die Jungen heute von der Generation der Bewegten?

Es ist sicher schwierig für sie, zu begreifen, aus welchem Stoff unsere Träume waren. Es ging ja nicht nur um kulturelle Freiräume, sondern um unsere Sehnsucht nach einer anderen Welt. Machmal denke ich, dass unser damaliges unkonventionelles Verhalten sie heute in eine konservative Haltung drängt. Keine Generation vor uns hatte das Problem, mit ihren Müttern im selben Discoladen zu tanzen. Mein sechzehnjähriger Sohn möchte vor allem seine beruflichen Chancen optimal nutzen.

Von der Sippe zur Interessengemeinschaft

Rosa Schwarz. Geboren 1957 in St. Gallen. Comestibles-Traiteur Verkäuferin. Arbeitet heute in der Stiftung Suchthilfe in St. Gallen.

Interview: Heinz Nigg

Meine Mutter war die Tochter eines Taglohnknechts. Sie hat ihr ganzes Leben gearbeitet. Mit ihrem Lohn als Putzfrau unterhielt sie unsere Familie. Mein Vater war der Sohn eines Stickereizeichners. Er hatte keine Ausbildung. Er brachte sich mehr schlecht als recht mit einem Buch- und Kunstantiquariat durch. Er hatte den Ruf eines Paradiesvogels. Trotzdem war er ein Fan von Zucht und Ordnung und schwärmte für Hitler. Was aber in Deutschland tatsächlich geschehen war, hätte seinem Freiheitsgeist absolut widerstrebt. Ich wuchs als einziges Kind in einer überbehüteten Atmosphäre auf. Dem Bild der Schönsten und Besten, das mein Vater von mir hatte, konnte ich nie genügen. Meine Mutter gab mir auf jede Frage eine Antwort, egal wie heikel sie war. Sie mochte mich trotz meiner Fehler.

Wie war es in der Schule?

In meiner Klasse hatte es Kinder von gut situierten Gewerbetreibenden, von Metzgern, Bäckern und Besitzern von Kleidergeschäften. Dann waren da auch Kinder vom reichen Rosenberg, den wir nur den Bonzenhügel nannten. Ich und zwei, drei andere Kinder von mittellosen Eltern wurden ausgegrenzt. Auch war ich eine Aussenseiterin, weil ich viel las und viel wusste. Ich machte in der Schule nicht richtig mit, sodass ich für die Lehrerin ein rotes Tuch war.

Und deine Berufswünsche?

Ich wollte ein Sicherheitsoffizier wie Eva Pflug in «Raumpatrouille Orion» werden. Mein Traummann war der Chef der Patrouille, gespielt von Dietmar Schönherr. Dann imponierte mir der Beruf eines Bundesweibels in Bern, und später während meiner Pubertät wollte ich wegen meiner Auflehnung gegen alles nichts mehr werden.

Porträts: Die Achtziger blicken zurück

Wie kamst du in die St. Galler Jugendszene?

Ich wollte Leute kennen lernen, die zeigten, dass sie anders waren. In der St. Galler Innenstadt gab es den so genannten Kreis. Dieser bestand aus dem Jugendhaus, dem Musikklub Africana und dem Gassenspunten Goliath. Im Kreis verkehrten Rocker, Hippies und die ersten Junkies.

Wie verbrachtest du deine Freizeit?

Ich hatte heimlich einen Freund. Ich war vierzehn, er vierundzwanzig. Ich sah ihn nur am Sonntagnachmittag. Ich hörte auf mit ihm, weil er begann, harte Drogen zu konsumieren. Dann hatte ich einen anderen Freund – auch heimlich. Eines Tages verhaftete uns ein Fahnder im Jugendhaus. Mein Freund wehrte sich und wurde an den Haaren durchs Jugendhaus gezogen. Auf dem Posten wurden wir wegen Verführung von Minderjährigen verhört, obwohl er nur ein Jahr älter war. Er wurde als Erster entlassen. Kaum war er weg, wandte sich der Polizist zu mir und sagte:
– «du weisst sicher, dass es um etwas anderes geht.»
– «Um was denn?»
– «Ja, um den Freund, den du vor diesem hattest. Von wo hat er seine Drogen?»

Ich wusste von nichts. Auch wenn ich etwas gewusst hätte, ich hätte nichts gesagt. Es gab eine lange Geschichte daraus. Das war ganz am Schluss der Sekundarschule. Damit es nicht auffiel, musste ich jeweils am Mittwochnachmittag zum Verhör, zu einer Polizistin. Die wollte aber nur wissen, was ich mit einem zehn Jahre älteren Mann im Bett gemacht hatte. Ich verweigerte die Aussage. Mein Vater war natürlich an der Decke und willigte ein, mich durch die Bezirksärztin untersuchen zu lassen, ob ich noch Jungfrau sei. Da mein Vater nie auf ein Amt ging, wurde meine Mutter vor den Untersuchungsrichter zitiert, wo sie aufgefordert wurde, Anzeige wegen Verführung und Missbrauch von Minderjährigen zu erstatten. In meiner Anwesenheit las sie die Gesprächsprotokolle, schaute dann den Untersuchungsrichter an und sagte: «Ich mache diese Anzeige nicht. Ich bringe niemanden hinter Gitter!» Obwohl meine Mutter immer Angst vor meinem Vater hatte, setzte sie sich zum ersten Mal gegen ihn durch. Ich war wütend und begann an diesem System zu zweifeln.

Wie ging es für dich nach der Schule weiter?

Ich wurde Comestibles-Traiteur Verkäuferin. Ich hatte einen despotischen Chef. Wir durften nie lachen. Positiv war, dass ich lernte, verschiedene Arbeiten gleichzeitig zu erledigen. Auch begann ich mit den Leuten zu reden, was ich ja vorher nicht konnte – ausser auf die rebellische Tour.

Nach der Lehre jobbte ich, machte Ferien im Ausland und heiratete früh einen Mann, der auch im Kreis verkehrte. Wir lebten neun Monate in Marokko. Ich wurde schwanger. Kurz nach der Geburt meiner Tochter trennte ich mich von ihm.

Wie konntest du dich alleine durchschlagen?

Ich wohnte bei einer jungen Wirtefamilie, hütete ihre Kinder und half am Buffet aus. Ich arbeitete viel, weil ich möglichst bald wieder unabhängig sein wollte. Ich lernte eine junge Punk-Frau kennen, wohnte mit ihr ein Jahr zusammen und zog dann mit ihr und anderen Leuten in ein Bauernhaus am Rande von St. Gallen. Im Quartier waren wir als Kommune verschrieen. Die wildesten Gerüchte zirkulierten über uns.

War das die Zeit, als es mit der Bewegung losging?

Anfang 1980 gab es in St. Gallen noch das Restaurant Posthalle. Bands aus Zürich traten dort auf, eine hiess Absturz. Dann sollte die Posthalle abgebrochen werden. Zuerst wollten wir das Haus besetzen, aber wir waren zu wenig Leute. Da machten wir eine Scheinbesetzung. Wir rissen die Treppe heraus, die vom Parterre in den ersten Stock führte, vernagelten unten alle Spuntenfenster mit Verschalungsbrettern und hängten Transparente auf: Wir weichen nicht! Am Morgen waren wir pünklich vor Ort – als Gaffer. Der ganze Tag war eine Slapstick-Komödie. Nur schon bis die Polizei merkte, dass gar niemand im Hause drin war! Dann kamen Leute vom Bauamt mit grossen Leitern und stiegen ins Haus ein. Jemand von uns nahm die Leitern weg und versteckte sie. Irgendwann schrie der Chef vom Bauamt wütend aus einem Fenster. Irgendein Privatdetektiv schlich herum und wollte unbedingt einen alten Holzofen aus der Posthalle kaufen. Alles war so schräg. Doch die Posthalle wurde abgerissen.

Porträts: Die Achtziger blicken zurück

Hattest du keine Angst um deine Tochter, falls dir etwas zugestossen wäre?

In St. Gallen lief alles glimpflicher ab als in Zürich. Die Demonstrationen waren weniger militant und die Polizei zurückhaltender. Es war schon aussergewöhnlich, dass es überhaupt eine Bewegung in St. Gallen gab, die sich auf der Strasse zeigte, das Maul aufriss und Forderungen stellte. Meine Tochter war nie dabei. Es war immer jemand bei ihr zu Hause, wenn ich weg war. Mein damaliger Freund übernahm die Vaterrolle. So konnte ich weiterhin nach aussen aktiv sein.

Es gab immer wieder ungemütliche Szenen mit der Polizei. Bei einem Protestumzug gegen den Abbruch der Posthalle gingen wir auf der einen Hälfte der Fahrbahn. Plötzlich fuhr ein Gefangenentransporter vor. Türe auf, Polizisten mit Hunden drängten uns – wir waren etwa dreissig Leute – an einen Zaun, und verhafteten uns. Die Polizisten schienen von ihrer Aktion selbst überrascht zu sein und sperrten uns einfach in eine grosse Putzkammer. Nur mit Tränen und Klagen konnte ich durchsetzen, dass sie mich freiliessen, weil ich zu Hause ein Kind hatte. Zwei junge Basler, die auf Besuch nach St. Gallen gekommen waren, hatten in der Nähe der Posthalle gehört, dass ich verhaftet worden war. Sie gingen ins Bauernhaus, um zu schauen, ob jemand sich um meine Tochter kümmerte. Natürlich war jemand im Haus. Ich fand es lässig, dass die beiden daran gedacht hatten. So half man sich damals aus. Wir waren wie eine Sippe, gaben aufeinander acht und hatten gemeinsame Ziele. In den Zeitungen wurde das damals abschätzig als Polittourismus bezeichnet. Aber wir liessen uns nicht von Leuten aus anderen Städten dreinreden. In St. Gallen hatten wir unseren eigenen Stil.

Warum habt ihr euch Güller Bewegung genannt?

Gülle heisst ja Jauche, Scheisse, und wir nannten St. Gallen immer Gülle; ein Wortspiel, das unsere Unzufriedenheit zum Ausdruck brachte. Bald hatten wir in St. Gallen ein AJZ erkämpft. Es gab aber immer wieder Auseinandersetzungen mit den so genannten Oberstrasslern. Das waren Rabauken, eine Art Halbstarke. Die fuhren ins AJZ ein, schlugen alles kurz und klein und kamen am andern Tag zurück, um uns bei der Instandstellung zu helfen. Wir versuchten, mit ihnen ins Gespräch zu kommen. Dann stellten sie ihre Störaktionen ein. Sie waren völlig frustriert vom Leben in diesem Güllen, waren gleich alt wie wir, hatten kein Geld und waren nirgendwo willkommen.

Wir hatten eine eigene Zeitung. Die hiess «Schleppscheisse». Wir legten Wert auf ein schönes Layout und schrieben Artikel über die Bewegung, Kultur und Politik – zum Beispiel über den Nordirland-Konflikt. Wir konnten die Zeitung in einer Druckerei drucken, wo jemand arbeitete, der mit uns befreundet war, aber nicht zur Bewegung gehörte. Ich hielt auch sonst den Kontakt zu Leuten aufrecht, die ich von früher kannte. Es war ein Schutz für mich, Freunde ausserhalb der Bewegung zu haben.

Welche Erfahrungen hast du mit den Behörden gemacht?

Ich brauchte Jahre, bis ich in der Öffentlichkeit reden konnte. Hingegen war ich dabei, wenn nach den Vollversammlungen im kleineren Kreis mit den Behördenvertretern und den Sozialarbeitern diskutiert wurde. Ich fand es toll, dass wir ein AJZ hatten. Doch für mich war es eine Art Kuhhandel. Wir erhielten einen Raum und hatten nun ruhig zu sein. Wir wollten doch die Gesellschaft ändern, das System aufweichen! Ich musste zur Kenntnis nehmen, dass viele Leute schon mit dem kleinen Finger zufrieden waren. Man war nun mit dem Instandsetzen und Instandhalten dieses Raums beschäftigt. Um Geld zu verdienen, arbeitete ich halbtags als Zimmermädchen.

Habt ihr mehr erreicht als ein Autonomes Jugendzentrum?

Nach kurzer Zeit brannte das AJZ auf mysteriöse Weise ab. Wieder waren wir ohne Raum und begannen, in leerstehenden Liegenschaften Konzerte und Filmvorführungen zu veranstalten. Wir nannten uns Mobile Aktionshalle. Dann zettelten wir einen Kulturgelder-Krieg an und führten einen kommunalen Abstimmungskampf um ein alternatives Kulturzentrum. Wir gewannen, und die Grabenhalle ist für St. Gallen bis heute ein wichtiger Ort.

Die Stadt renovierte die Halle und stellte die Infrastruktur und einen jährlichen Betriebskredit zur Verfügung. Eine Interessengemeinschaft verwaltete die Halle und koordinierte das Programm. Die Veranstalter zahlten keine Miete, aber sie mussten alles selber machen: Werbung, Eintrittskasse, Aufbau der Bühne, Technik organisieren usw. Für mich war die Grabenhalle ein Instrument, um wichtige gesellschaftliche Themen aufzugreifen. Auch war sie der Ort der neuen Kultur. Ich arbeitete sechs Jahre als Koordinatorin im Büro der Grabenhalle.

Porträts: Die Achtziger blicken zurück

Wie kam die bewegte Szene mit dem Kulturkuchen aus?

Im Grossen und Ganzen gut. Es gab immer wieder Ressentiments auf beiden Seiten, aber auch gemeinsame Interessen. Eine mittelgrosse Stadt wie St. Gallen ist wie ein Puppenhaus: Man kennt sich und weiss einiges voneinander. Die Bewegung bestand vor allem aus Leuten aus der Unter- und Mittelschicht mit ein paar wenigen aus der oberen Mittelschicht. Mit denen kam ich nie richtig klar, weil sie einen Dünkel gegenüber uns hatten, die nichts besassen. Es hatte auch einige aus Lehrerfamilien. Die waren auch wieder ein bisschen anders. Es war also ein ziemlich zusammengewürfelter Haufen.

Wie ging es für dich nach dem Ende der Güller Bewegung weiter?

Die Bewegung hatte mich geweckt. Ich wollte nicht aufhören, aktiv zu sein und etwas zu verändern, nur weil aus der Bewegung die Luft raus war. Ich engagierte mich in der Gewerkschaftsarbeit, im 1. Mai-Komittee und für die Anti-Apartheid-Bewegung in Südafrika. Die Arbeit in den Komittees war trocken und machte mir manchmal Mühe. Immer nur reden, und wenig geschieht. Gegenwärtig bin ich politisch nicht tätig. Ich kümmere mich wieder mehr um mein Privatleben. Seit zehn Jahren arbeite ich in der Stiftung Suchthilfe St. Gallen. Aus einer kleinen Organisation entwickelten wir nebst anderen Betrieben die heroingestützte Behandlung. Das war spannende Pionierarbeit unter schwierigsten Bedingungen.

1980 dachten wir nicht, dass die Bewegung solch lange Auswirkungen auf unser Leben haben würde. Es war eine Jetzt-Bewegung. Wir wollten unmittelbar etwas erreichen und nicht erst morgen. Das war das Attraktive daran. Heute braucht es wieder solche Impulse. Von neuen Leuten und auf ihre Art.

Wir sind die Königskinder

Grazia Pergoletti. Geboren 1964 in Basel. Schauspielerin. Co-Leiterin des Theater Club 111 in der Reithalle Bern.

Interview: Heinz Nigg

Meine Mutter war halb Deutsche, halb Schweizerin. Ihre Mutter zog aus dem Badischen nach Basel, kurz nachdem Hitler an die Macht gekommen war. Ihre Familie war sich einig, dass dies eine Katastrophe war. Mein Vater stammte aus Assisi bei Perugia. Er kam Ende der Fünfzigerjahre nach Basel, von Beruf war er Teigwaren-Macher. In Basel arbeitete er in einer Beiz als Koch und lernte dort meine Mutter kennen, die am Buffet beschäftigt war. Zusammen mit meinem Bruder und meiner Grossmutter wohnten wir zu fünft in einer Dreizimmerblockwohnung. Ich schlief im Zimmer meiner Eltern.

Welche Werte haben sie dir vermittelt?

Meine Mutter verschenkte viel und brachte damit meinen Vater fast zur Verzweiflung. Sie vertraute mir in allem. Das war manchmal auch anstrengend, weil ich früh entscheiden musste, was für mich richtig war. Meine Mutter führte einen Kiosk, den schon meine Grossmutter betrieben hatte. Sie war sehr beliebt im Quartier.

Mein Vater war ein überzeugter Kommunist. Deshalb wurde er in Assisi bei einem offiziellen Besuch von Mussolini aus Angst vor einem Attentat präventiv in Haft genommen. Während des Zweiten Weltkriegs war er im Widerstand. In den Fünfzigerjahren liess er sich wie so viele aus Assisi, die keinen Job hatten, anwerben, um im Ausland zu arbeiten. In Basel wurden sie mit einer Blaskapelle empfangen, so froh war man damals um die Gastarbeiter. Mein Vater war verschlossen und verbittert. Einmal während der Achtziger Unruhen, als die Demos in Gang waren, sagte er zu mir: «Es ist schon gut und recht, was die Jungen da machen. Aber wenn man wirklich etwas verändern will, dann muss man mindestens die Hälfte der Leute umlegen, und das kannst du nicht machen. Das geht nicht. Deshalb vergiss es einfach! Es wird immer so bleiben, dass die, die haben, nichts abgeben. Und wir sind die Idioten. Das ist einfach so.» Von seinem Jahrgang hatte er den besten Schulab-

Porträts: Die Achtziger blicken zurück

schluss gemacht. Aber es war klar, dass er arbeiten musste. Er konnte nicht an eine Universität gehen.

Wer stand dir sonst noch nahe?
Da war mein zehn Jahre älterer Bruder mit langen Haaren und einem abgewetzten Militärmantel. Er spielte in einer Band. Einmal stellte er ein Schlagzeug in sein Zimmer und begann zu üben, bis unsere Nachbarn fast durchdrehten. Er nahm mich überall mit, auch zu den Proben. Später hatte ich einen guten Lehrer. Er trug sein Hemd über den Hosen und war ebenfalls ein Langhaariger. Wir arbeiteten in Gruppen. Er schaffte es, zu einem Idol für uns alle zu werden. Auch für die, die nachher auf eine Bank arbeiten gingen. Er hatte keine Angst, weder vor uns noch vor den anderen Lehrern, und trotzdem war er weich und offen.

Was wolltest du werden?
Schon früh träumte ich vom Theater. Meine Grossmutter sagte immer zu mir: «Heirate ja nicht! Ich wäre gescheiter zum Theater gegangen als zu heiraten». Mit Leib und Seele hatte sie in ihrer Jugend Laientheater gespielt. Am Fernsehen schauten wir uns sämtliche Operetten an. Lange wusste ich nicht, dass ich an eine Schauspielschule gehen könnte. Ich dachte, dass man zur Schauspielerin geboren sein müsse. Ich machte in Basel den Vorkurs an der Kunstgewerbeschule und wollte mich in Richtung Bühnenbild entwickeln. Bald sah ich ein, dass ich handwerklich leider vollkommen unbegabt bin. Nach dem Abschluss wusste ich nicht, was machen. Ich stempelte, jobbte, wurde dann ins Basler Jugendtheater aufgenommen und machte bei zwei Produktionen mit. Erst jetzt begann ich zu realisieren, dass ich eine Schauspielschule machen könnte. Wenn du aus der Arbeiterschicht kommst, fehlt dir eine gewisse Selbstverständlichkeit im Umgang mit deinen Möglichkeiten.

Wie bist du mit der Bewegung in Basel in Berührung gekommen?
Ich stiess genau an dem Tag zur Bewegung, als das AJZ an der Hochstrasse besetzt wurde. Da war ich siebzehn. Ein Freund drückte mir ein Flugblatt in die Hand. Zusammen mit meiner Freundin machte ich bei der Besetzung mit und hing dann pausenlos im AJZ herum.

Eines Tages fanden meine Freundin und ich: Jetzt muss einfach einmal aufgeräumt werden. Wir tauchten mit den Kesseln und Besen unserer Mütter im AJZ auf. Da schnauzte mich ein Junkie an: «He du, wir sind da nicht im Hilton!» Wir dachten: Der hat uns nichts zu sagen, wir machen, was wir wollen – das hatten wir schliesslich eben erst gelernt. So putzten wir einen Sonntag lang den ganzen Hof. Eine Zeit lang arbeiteten wir im Teestübli. Die anderen im Team waren allesamt Junkies. Wir, die beiden Schülerinnen, verkauften schön brav Kuchen. Im AJZ war alles möglich.

Unvergesslich ist für mich die 1. Mai Demo. Vor dem Rathaus hiess es, dass jemand von der Bewegung reden dürfe. Aber dann wurde das Mikrofon abgestellt. Da zündeten Leute aus der Bewegung das Rednerpult an. Danach gab es eine Demo durch die Freiestrasse. Vor einem Porzellanwaren-Geschäft standen grosse Blumentöpfe als Dekoration. Ich sehe jetzt noch vor mir, wie zwei Jungs auf einen der Töpfe zugingen, ihn aus der Halterung lösten und mit aller Wucht in das riesige Schaufenster des Porzellanwaren-Geschäfts warfen. Aus sinnloser Freude lachten wir hysterisch. Ich identifizierte mich voll mit dieser Aktion, obwohl ich selbst nie den Mut zu so was gehabt hätte.

Wie ging es für dich weiter?

Kurz darauf zog ich von zu Hause aus. Es war die Zeit der vielen Besetzungen in Basel. Ich wohnte zwei Jahre an der Klingelbergstrasse. Das war damals die längste Besetzung in der Schweiz. Die Leute waren älter als ich und gut organisiert.

Wie haben deine Eltern auf deinen Auszug von zu Hause reagiert?

Mein Vater hatte Angst, ausgewiesen zu werden, wenn ich verhaftet worden wäre. Meine Mutter hatte die Grösse, mich ziehen zu lassen und gab mir nicht zu spüren, wie sehr es sie schmerzte. Sie kam mich auch im besetzten Haus besuchen und brachte stangenweise Zigaretten für uns alle mit.

Später zog ich nach Bern, um an der Theaterwerkstatt 1230 eine Ausbildung zu machen. Es hatte dort auch Leute mit einer ähnlichen Vergangenheit wie ich und ähnliches wollten: Ein anderes, politisches Theater. Nach der Schauspielschule macht ich in zwei, drei freien Produktionen mit – ohne Gage. Um über die Runden zu kommen, arbeitete ich in der Brasserie Lorraine. In dieser Alternativbeiz verdienten

Porträts: Die Achtziger blicken zurück

viele aus der Berner Kulturszene ihr Geld mit Bier herumschleppen. Es hatte dort auch ein paar Leute, die das Arbeiten im Kollektiv und in politischen Gruppen sehr ernst nahmen und nicht so ichbezogen waren, wie wir Theaterleute es sind. Das hat mich weiter politisiert.

Was war für dich der politische Höhepunkt im Bern der Achtzigerjahre?
Natürlich die Eroberung der Reithalle 1987. In der entscheidenden Woche, während des so genannten Berner Kulturstreiks, gab es jeden Tag eine Demo mit 3000 Leuten. Das war sensationell. Auch renommierte Restaurationsbetriebe wie das Lorenzini streikten. Mit vereinten Kräften konnte schliesslich die Forderung nach einem alternativen Kulturzentrum in der Reithalle durchgesetzt werden. Das war ein überwältigendes Erlebnis.

Wie begann eure Theaterarbeit in der Reithalle?
Das erste Stück entstand 1989 und war ein Monolog, ein Beziehungsdrama. Ich schrieb den Text und gab ihn Meret Matter und Rut Schwegler zu lesen. Wir beschlossen, etwas daraus zu machen. Da gab es diesen leeren, schönen Raum in der Reithalle. Dort begannen wir zu proben. Dann waren plötzlich Kinostühle da, jemand machte ein Bühnenbild usw. So entstand das erste Stück – vollkommen unambitiös. Das zweite war ein Landstreicherinnen-Stück. Wir Frauen wollten etwas wie «Warten auf Godot» spielen. Meret inszenierte es. Sie fand mit ihrer Arbeit von Anfang an Beachtung, weil sie Stil und Witz hat und ausgesprochen musikalisch ist. Im dritten Stück «Innenarbeiterinnen» ging es um eine Feministin, die zwei Hausfrauen zu «feminisieren» versuchte. Eine ziemlich schräge Geschichte. Die Hausfrauen emanzipierten sich tatsächlich, aber nicht so wie es sich die Feminstin vorstellte. Es ging also um Frauen wie uns, die meinen zu wissen, was Befreiung heisst und keine Ahnung haben, wie der Alltag von sogenannten «Betroffenen» wirklich aussieht.

Nach zwei Jahren wagten wir uns an eine Science-Fiction-Serie. Für dieses Projekt gab uns die Stadt keinen Franken, aber wir machten es trotzdem. Aus Geldmangel griffen wir in «Spaceboard Galuga» zu den billigsten Tricks. Gebeamt wurde mit Stroboskop und Nebel. Die Serie wurde ein Knüller. Das Fernsehen kam, und wir wurden ans Theaterhaus Gessnerallee in Zürich eingeladen. Seit diesem Erfolg im 1991 werden wir als Theater Club 111 von der Stadt Bern anständig unterstützt. Daneben müssen wir schauen, wie wir die Löcher füllen. Ich spiele in anderen Produktionen mit und lege als DJ auf.

Immer, wenn ich in Bern mit dem Zug einfahre, sehe ich den Spruch an der Reithalle: «Wir sind die Königskinder». Wir haben in dieser Reithalle tatsächlich so viel Raum, um das zu machen, was uns gut dünkt. Das ist richtig so, denn gerade auch in kultureller Hinsicht ist so etwas wie die Reithalle unentbehrlich für das verschlafene Bern. Aber klar, es ist auch eine privilegierte Situation.

Wie war die Zusammenarbeit mit den Politicos von der Reithalle?

Mir wurde immer wieder vorgeworfen, ich sei zu wenig politisch und biete zu wenig Kontinuität. Wenn ich mich dann zusammenriss, und brav an jeder Sitzung erschien, ärgerte ich die Leute wohl öfters mit meiner Albernheit. Aber ich finde, es sollte ein Menschenrecht sein, ab und zu jegliche Verantwortung rigoros abzulehnen.

Innerhalb der IKUR (Interessengemeinschaft Kulturraum Reitschule) gab es Auseinandersetzungen, weil das Theater Club 111 Löhne zahlt. Wir waren immer der Meinung, dass Arbeit bezahlt werden soll. Wenn man das nicht macht, schliesst man von vorneherein Leute aus, die auf ein Einkommen angewiesen sind. Alle bringen verschiedene existenzielle Voraussetzungen mit – auch unter uns Benützerinnen und Benützern der Reithalle.

Welchen Einfluss hatte deine Generation auf das Lebensgefühl in Bern?

Die damaligen Unruhen und Veränderungen waren eine fröhliche Angelegenheit, eine hemmungslose Freude am Unkalkulierbaren und eine verschwenderische Art, mit dem Leben umzugehen. Das wird oft zu wenig betont. In Bern war die Stimmung noch um einiges unbeschwerter als etwa in Basel und Zürich. Man konnte sich hier nicht so stark voneinander abgrenzen, ohne schnell ins Abseits zu geraten. Wir haben den Kulturbegriff erweitert, und viele Leute fanden den Mut, selber etwas anzureissen.

In welche Richtung bewegst du dich heute?

Das Theater hat sich in den letzten zehn Jahren, vor allem in der Schweiz, mehr und mehr dem Unkonkreten oder Hyperprivaten zugewandt. Das war auch gut so und

Porträts: Die Achtziger blicken zurück

befreiend. Es war wohl die Reaktion auf einen strengen, eher deutschen Intellektualismus. Das hat viel freigesetzt und neue Formen entstehen lassen. Aber jetzt ist es wichtig, dass die Kulturschaffenden ihre Panik vor Statements ablegen und wieder wagen, sich zu Wort zu melden. Und ausserdem: Wenn man den Leuten wieder klar machen kann, dass Rebellion sexy ist, dann wird es vielleicht wieder losgehen.

Werte verteten, die nicht im Trend liegen

Patrizia Loggia. Geboren 1959 in Zürich. Matura. Arbeitet heute auf einem Gewerkschaftssekretariat.

Interview: Heinz Nigg

Meine Eltern emigrierten um 1957. Mein Vater ist halb Römer, halb Sizilianer. Meine Mutter stammt aus dem Veneto. Beide kommen aus der unteren Mittelschicht, machten aber in der Schweiz die untersten Jobs. Mein Vater arbeitete jahrelang in einer Autowäscherei, bis sein Rücken kaputt war. Meine Mutter machte Schichtarbeit in einer Grossbäckerei. Mein Bruder ist Bau-Projektleiter im elektrotechnischen Bereich geworden und meine Schwester Chefsekretärin.

Ich wuchs in einer Dreizimmerwohnung im Kreis 4 in Zürich auf. Wir Kinder teilten zunächst zu dritt ein Zimmer. Später gab es für meine Schwester und mich zwei aufklappbare Betten im Wohnzimmer. Als Älteste musste ich viel Verantwortung übernehmen. Jedes von uns Kindern hatte ein Ämtli: bügeln, Betten machen, Staub saugen, abstauben usw. Bananen waren noch etwas Besonderes. Lange hatten wir kein Auto. Einen Fernseher bekamen wir, als ich neun war. Ich liebte Stummfilme.

Wie war der Kontakt zu den Verwandten in Italien?

Wir besuchten sie nicht oft. Die Familienverhältnisse waren eher schwierig. Wir hatten kein Heimatdorf oder ein eigenes Haus. Dafür bereisten wir in den Ferien ganz Italien. In Zürich waren wir nur locker in die italienische Gemeinschaft integriert. Jeden Sonntag traf man sich in der Missione Cattolica. Bevor das Fernsehen aufkam, wurden jeden Sonntagnachmittag Filme gezeigt oder Theater aufgeführt. Alle sassen im grossen Saal, vorne wir Kinder, die Bonbons lutschten, und hinten die Eltern. Wenn der Held siegte oder sich das Liebespaar küsste, trampelten und johlten wir. Später machte ich im katholischen Jugendfoyer mit. Ein engagierter Pfarrer kümmerte sich um uns Junge.

Wie erlebtest du die Schule?

Ich musste mich nicht gross anstrengen und hatte es auch leicht mit den beiden Sprachen. Erst in der Mittelschule bekam ich Mühe mit Lernen, ausser in meinem

Porträts: Die Achtziger blicken zurück

Lieblingsfach Geschichte. Als Ausländerin und Arbeiterkind wurde ich damals noch als Exotin betrachtet. Ich war eine kritische Schülerin und sass nicht auf dem Maul.

Eine Freundin, die malte, brachte mir die moderne Kunst näher. Im Zürcher Kunsthaus schauten wir uns die Werke von Picasso, Braque und den Dadaisten an. Vor allem die Ausstelllung «Monte Verità»[1] berührte mich sehr. Da ging es um eine leidenschaftliche Suche nach neuen Verbindungen zwischen Kunst und Leben.

Über eine Mitschülerin kam ich mit der Zürcher Anarchoszene in Berührung, mit den Autonomen und anderen Freaks. Wir trafen uns in den wenigen Discos, die es damals gab, im «Zabie» und im «Polyfoyer». Schon bald machte ich bei einem literarischen Underground-Heft mit. Im «Babayaga» durfte schreiben und mitgestalten, wer wollte.

Wie war das Lebensgefühl in dieser Szene?

Es kam mir vor, als wenn wir alle in einem Riesenpudding steckten, in einer schwabbligen, konturlosen Masse, aus der wir nicht herauskamen. Wir waren ungeduldig, wollten leben und kreativ sein. Irgendwie entstand immer mehr das Bedürfnis, uns auszubreiten. Dann gingen einige unserer wenigen Treffs zu. Wir begannen, uns für unsere Freiräume zu wehren. Punky organisierte ein Rockfestival auf dem Hönggerberg, und da wurde unsere Gruppe «Rock als Revolte» (RAR) geboren.[2]

Wie ging es nach der Matura weiter?

Ich schrieb mich an der Uni bei den Ethnologen ein und besuchte die Vorlesungen von Mario Erdheim. Sein ethnopsychoanalytischer Ansatz faszinierte mich: Sich selbst und die eigene Kultur durch die Beschäftigung mit anderen Kulturen neu beleuchten und verstehen lernen. Dann stiess ich auf deine Lehrveranstaltung «Community Medien»[3] und war erfreut, wie ihr das für mich damals noch neue Medium Video eingesetzt habt: als Mittel der Dokumentation und der Forschung in der Urbanethnologie und in sozialen Bewegungen. Uni-StudentInnen arbeiteten da partnerschaftlich mit ausseruniversitären Aktionsgruppen zusammen. Das hat mir sehr entsprochen. Aus dieser Lehrveranstaltung entwickelte sich eine Zusammenarbeit mit der RAR; ich war quasi die Go-between. Die RAR nahm das Videoangebot von der Uni überraschend gut auf.

Was hast du dir von der Videoarbeit in «Rock als Revolte» versprochen?
Neben der Dokumentation von Aktivitäten und Aktionen sah ich im Medium Video vor allem ein Mittel zur kritischen Selbstreflexion innerhalb der RAR: Welche Themen und Argumente werden in die Diskussionen eingebracht, wer spricht wie oft, wie ist das Verhältnis zwischen Frauen und Männern.

Dieser Prozess des Dokumentierens mit und über RAR begann im Herbst 1979 und kam im Frühjahr 1980 mit dem Ausbruch der Unruhen vor dem Zürcher Opernhaus zu einem abrupten Ende. Der damalige Erziehungsdirektor Alfred Gilgen, der für die Universität zuständig war, belegte uns mit einem Filmverbot. Ein halbes Jahr später entzog er dir ja sogar den Lehrauftrag.

Genau heute vor zwanzig Jahren, am 30. Mai 1980, waren wir mit unserer Videoausrüstung vor dem Opernhaus, um die Kundgegebung gegen die ungerechte Verteilung der Kulturgelder in der Stadt Zürich zu dokumentieren. Du warst hinter der Kamera. Wie hast du diesen Tag in Erinnerung?
Ich war aufgeregt. Da waren viel mehr Leute vor dem Opernhaus, als ich mir gedacht hatte. Als dann die Schmier aus dem Opernhaus heraus kam und die Demonstranten die Treppe hinunterdrängte, nahm ich das alles durch den Sucher der Kamera wahr. Ein merkwürdiges Gefühl, mitten drin zu stehen und gleichzeitig Fernseh zu schauen!

Was nach dem Filmen geschah, weiss ich nicht mehr genau. Ich weiss nur, dass ich am andern Tag zur Arbeit gehen musste und beim Schnitt des Krawall-Films nicht dabei sein konnte. Und nachher ging es in Zürich so richtig ab, dass mich Video und unser Uni-Projekt nicht mehr sonderlich interessierten.

In der Ethnologie gibt es einen treffenden Ausdruck für deine damalige Situation: To go native. Du hast dich voll mit der Bewegung identifiziert und die wissenschaftliche Distanz aufgegeben. Wie war das für dich?
Ich habe Position bezogen. Es ging für mich nicht mehr um Fragen der Wissenschaftlichkeit unserer Arbeitsmethoden. Gegenüber der Wissenschaft war ich sowieso sehr kritisch eingestellt. In diesem Moment war für mich einfach klar, woher ich kam und wohin ich gehörte – nämlich zur entstehenden Bewegung.

Porträts: Die Achtziger blicken zurück

Wie hat die RAR auf die Eskalation der Ereignisse reagiert?

Wir hatten keine Ahnung, wohin dieser gewaltige Aufbruch führen würde. Wir wurden zum Zentrum von etwas, das wir so gar nie erwartet hatten. Irgendwie fühlten wir uns für das Ganze verantwortlich und organisierten die VVs – die Vollversammlungen. Aber nur so lange, bis die Leute selbst begannen, zu bestimmen und zu entscheiden.

Im AJZ wurde offensichtlich, wie unterschiedlich die verschiedenen Gruppierungen der Bewegung waren: militante Anarchos und Autonome, Aktivisten mit ihren Clans, Bands aus der lokalen Musikszene, Spontis, Studis, Lehrlinge usw. Uns alle verband eine lustvolle Wut auf alle Herrschenden. Du hast laufend neue Leute kennen gelernt und ganze Nächte durchgetanzt. Du bist durch die Strassen von Zürich gegangen, hast den Leuten ins Gesicht geschaut, und bei einigen hat es ganz einfach Klick gemacht. Eine Stimmung von solcher Intensität kannte ich vorher nicht in dieser Stadt.

Wie hast du gelebt?

Ich wohnte allein in einer Art Scheune im Seefeld. Es war ein ständiges Kommen und Gehen von Leuten. Oder ich war auf der Gasse oder zu Besuch. Ab und zu ging ich noch an die Uni, wo wir uns mit den Zensurmassnahmen und mit dem ganzen wissenschaftlichen Apparat auseinander setzen mussten.

Nach dem Filmverbot stieg ich im Videoladen ein.[4] Alle waren Männer und älter als ich. Das war für mich gar nicht einfach. Diese intensive Zeit der Filmens, der gemeinsamen Besuche im AJZ, der Auseinandersetzung mit Medien und Polizei schweisste uns trotz Differenzen zusammen. Wir mussten laufend die Videobänder vor dem Zugriff der Polizei verstecken. Ich kümmerte mich um die Ladenführung, übernahm halt die Frauenjobs. Zum Filmen kam ich immer weniger, weil meine eigenen künstlerischen Ansprüche und die, die durch die Arbeit an «Züri brännt» geweckt wurden, mich schlicht überforderten. Umso mehr nahm ich an den strategischen Diskussionen teil: Welches ist unsere medienpolitische Haltung? Welche Funktion hat der Laden? Wie verteilen wir die Einnahmen unter uns? Ich glaube, für die Männer im Videoladen war ich ein Stück weit sicherlich auch Vorzeigefrau und so eine junge rotzige Exotin, die versuchte, mitzumischeln, aber sich nicht richtig durchsetzen konnte. Nach zwei Jahren stieg ich aus. Ich schaffte es auch später nicht, für mich einen eigenen Ausdruck im Medium Video oder Film zu finden.

Wie ging es für dich nach dem Ende der Bewegung weiter?

Ich arbeitete im studentischen Büchervertrieb und engagierte mich im freien Theater. Später war ich in der Musikgenossenschaft RecRec tätig und machte beim Filmklub «Tsunami» in der Roten Fabrik mit. 1984 begann für mich wieder eine sehr lebendige Zeit mit den Kämpfen um das Quartier- und Kulturzentrum Kanzlei. Ich machte im Kanzlei-Kafi mit und bei der Eroberung der Kanzleiturnhalle. In einer minutiös geplanten Aktion verpackten wir die Turnhalle mit riesigen Stoffbahnen. Sie wurde zu eine Art Kokon, aus dem, begleitet von Ritualen, die Kanzlacken schlüpften: Unsere Vision von einer Aktionshalle für alle – mitten in der Stadt.[5]

Später kam das Bolo-Bolo-Wohnprojekt Karthago am Stauffacher, die Arbeit in der Aids-Hilfe und in einer Tagesklinik. Heute arbeite ich in einem Gewerkschaftssekretariat und bin Mutter eines zweijährigen Mädchens.

Was hattest du von der Achtziger Bewegung erwartet?

Ein Leben im Kollektiv, in einer Sippe, in Netzwerken. Einige versuchen dies heute noch. Visionäre und gesellschaftlich kreative Menschen finden an solchen Orten Zuflucht. Das zieht sich immer wieder durch alle möglichen sozialen Bewegungen. Die alternativen Strukturen, an denen seit den Siebzigerjahren gebaut wird, haben sich verfeinert und ausgedehnt.

Durch den technologischen Fortschritt, den Wohlstand und auch die Liberalisierung hat sich bei uns der Zugang zu den Produktionsmitteln enorm vereinfacht. Davon konnten wir vor zwanzig Jahren nur träumen. Heute kann jede/r zu Hause eine eigene CD brennen, eine Sofware-Firma aufziehen und Partys veranstalten. Aber es erschreckt mich, wie wenig wir mit unseren Möglichkeiten zur Emanzipation und zu einer weltweiten Verbesserung der Lebensqualität beitragen.

Ich habe weder beruflich noch sozial eine Heimat gefunden. Einerseits brauche ich das Alleinsein, andererseits sehne ich mich immer wieder nach Gemeinschaft und Aufbruch. Heute, wo das Reaktionäre als modern verkauft wird, braucht es Mut, Werte zu vertreten, die nicht im Trend liegen.

Porträts: Die Achtziger blicken zurück

(1) In der von Harald Szeemann konzipierten Ausstellung wurde das Leben in der Künstlerkolonie in Ascona Anfang des 20. Jahrhunderts rekonstruiert.
(2) Vgl. dazu das Interview mit Markus Punky Kenner auf S. 21.
(3) Der Interviewer war damals Lehrbeauftragter für Urbanethnologie am Ethnologischen Seminar der Universität Zürich und Leiter der Projektgruppe «Community Medien». Videos der Projektgruppe siehe Katalog des Videoarchivs «Stadt in Bewegung»: www.sozialarchiv.ch/80
(4) Der 1977 gegründete Videoladen Zürich produzierte 1980 den Videofilm ‹Züri brännt›, eines der wichtigsten Dokumente über die Achtziger Bewegung. Siehe Katalog des Videoarchivs «Stadt in Bewegung»: www.sozialarchiv.ch/80
(5) Das Video über diese Aktion – «Kokon» – kann ebenfalls im Videoarchiv «Stadt in Bewegung» eingesehen werden.

Ein Geruch wie Sommerregen

Franz L. Meier. Geboren 1963 in Zürich. Verkäufer.
Interview: Fredi Lerch

Und plötzlich war da etwas, ein Punkt, an dem du dich orientieren konntest, ein Zentrum, wo es Gleichgesinnte gab, die dich verstanden. Damals war ich Stift im Coop von Altstetten, Lebensmittelverkäufer, die beklopteste Lehre, die du machen kannst. Aber sie ging nur zwei Jahre. Nach dem frühen Tod des Vaters musste ich Geld verdienen.

Nach der Arbeit fuhr ich von nun an jeden Abend mit dem Töffli der Limmat entlang in die Stadt hinauf zum AJZ. All die Leute dort, die zu arbeiten begannen, weil sie plötzlich begriffen: Hey, das hat ja einen Sinn, ich zieh hier eine Schraube an und dann hält dieses Geländer wieder. Diese Leute, die so vor sich hin geschafft haben, bewunderte ich mehr als die Schreihälse. Man muss wissen, die Liegenschaft an der Limmatstrasse war abbruchreif. Es hat alles neu gemacht werden müssen. Man hat gebaut, auf der einen Seite eine neue Treppe, der ganze Dachstock ist saniert worden. Gut, das Bauamt hätte bei jedem Treppentritt sagen können: Der ist lebensgefährlich.

Aber für kurze Zeit hatte das Bauamt eben nichts zu sagen. Es wurde eine Bar gebaut, richtig schön mit Theke. Daneben gabs eine Küche, es gab eine Druckerei, ein Stockwerk mit Frauenräumen; einer erteilte Schlagzeugunterricht, ab und zu wurden irgendwelche Kurse erteilt, und fast jeden Abend spielten Musikgruppen. Einmal zum Beispiel Jimmy Cliff. Der war ja damals schon mega bekannt: Nach seinem offiziellen Konzert in der Stadt kam er ins AJZ und machte gleich noch ein zweites. Welcher Künstler befasst sich schon mit der Stadt, in der er auftritt? Doch höchstens mit dem Hotel: Sind die Betten weich genug? Aber Cliff, der hat was geschnallt, der begriff, dass was lief in dieser Stadt. Als er zu spielen begann, standen bloss die Leute vom AJZ da und hörten zu. Dann begann Schawinsky mit seinem Radio live zu übertragen, und aufs Mal war ganz Zürich da, die Leute standen bis hinüber zum Bahnhof. Das war schön: der warme Abend, der Reggae. Eigentlich fast ein bisschen zu romantisch.

Bei den Demos war ich dabei, aber nicht bei denen, die in vorderster Front Steine geschmissen haben. Ich hab immer gedacht: Es muss doch einen anderen Weg, es

Porträts: Die Achtziger blicken zurück

muss doch einen Weg zum Dialog geben. Aber das hat irgendwie nie geklappt. Mit der Zeit kriegtest du einen Hass. Ich bin auch drangekommen, verhaftet und registriert worden. Damals hast du gesehen, wie gefährlich die Gesellschaft sein kann, wie schnell das geht, wie schnell aus dieser Gesellschaft – ich sags mal extrem – eine Nazigesellschaft werden könnte.

Auf der anderen Seite hat das AJZ damals alles aufgesogen, da ist viel zusammengekommen, eine Konzentration von Problemleuten, die Hilfe gebraucht hätten. Manchmal ists eskaliert. Nie vergessen werde ich eine Frau, die durchgedreht hat. Auf jener Seite, wo die WCs waren, gabs auf einmal ein Geschrei. Ich rannte hin und sah eine junge, hübsche Frau, die sich mit einem Messer in den eigenen Unterleib hineinstach. Ich hab sie gekannt, weil sie auch von Altstetten kam. Mag sein, sie hatte einen Trip geschluckt, aber sie muss zuvor viel durchgemacht haben, vielleicht ist sie vergewaltigt worden. Andere haben sie dann hinausgeschleppt. Es war nicht so wie heute, wo du mit dem Handy schnell anrufen kannst, wenn ein Fixer zusammenkracht. Damals ist das fast eine Stunde gegangen, die Sanität hatte sowieso wenig Lust, beim AJZ vorbeizuschauen. Als sie die Frau wegtrugen, ist das Blut nur so herausgelaufen. Davon habe ich später verschiedentlich geträumt.

Klar erinnere ich mich an den Fixerraum. Am Anfang war er kahl. Dann begannen sie zu bauen, genau wie in den anderen Räumen, terrassenartige Stufen, auf denen man sitzen und sich seine Knälle machen konnte. Ich ging dort manchmal reinschauen aus Interesse oder wenn ich meinen Freund suchte, der damals schon gespritzt hat. Das war für mich ein Mysterium: Was machen die? Sich da Nadeln reinstecken – ich hab den Sugar damals lediglich durch die Nase raufgezogen, und er ist mir gut reingekommen. Meistens wars ziemlich dunkel drin, du sahst sie rumsitzen, du sahst das Blut – saubere Spritzen, Alktupfer und Ascorbin, die ganzen Utensilien, die du heute überall beziehen kannst, gabs damals nicht. Das war alles noch nicht sehr hygienisch, Aids war noch kein Thema. Natürlich kamen auch die Junkies an die Demos, die hatten was zu verteidigen. Wo hats ausserhalb des AJZ einen Fixerraum gegeben? Nirgends! Draussen war die totale Leere. Aber dort drin hast du guten pakistanischen Stoff bekommen. Paki ist gut reingekommen, hat lange hingehalten und war billig. Damals konnte nicht einer kommen und linggs Züüg rauslassen. Der Stoff ist von Leuten im Fixerraum kontrolliert worden, bevor einer ihn verkaufen konnte. Hier konntest du in Ruhe reinlassen, den Löffel hast du selber mitgebracht, die Spritze musstest du irgendwie auftreiben. Und du hast gewusst, dass alles hoch illegal ist und dass du dran bist, wenn sie dich draussen reinnehmen. Damals wurde dort allerdings nur grammweise gedealt, nicht wie heute, wo am selben Ort kiloweise eingeführt wird.

Das AJZ war der Ort, von dem ich endlich sagen konnte: Da gehöre ich hin. Es hat einfach alles gepasst. Die Konzerte, die Kultur, du konntest was lernen, wenn du wolltest, jeden Abend hast du deine Leute getroffen. Und dann ist immer klarer geworden, dass das alles nur ein Traum bleiben würde. Dass das gar nicht existieren darf. Dass das Ganze zum Untergang bestimmt ist. Das hat viele an den Anschlag gebracht. Den Bagger mit der Riesenschaufel, der dann das AJZ unter Polizeischutz plattgewalzt hat, kenne ich nur aus der Zeitung. Das war Frühling 1982, damals machte ich die Lehrabschlussprüfung. Die wenigstens wollte ich durchziehen. Ich schaffte es, sogar mit Auszeichnung, was aber bei einer Verkäuferlehre keine Kunst ist. Wegen der guten Noten wollten sie mir sogar eine Filiale anhängen. Aber ich hatte in der Lehre gesehen, was das bedeutet. Als Filialleiter musst du abends noch die Kasse machen bis fast um neun, hast die ganze Verantwortung. Das war mir zu viel. Und verdienen tust du auch nichts.

Ich liess deshalb den Lehrvertrag auslaufen und ging nach Spanien. Die Lehre fertig, das AJZ kaputt, ich dachte nur: weg von hier! In Barcelona bin ich rumgehängt, habe viel gekifft, habe Leute kennen gelernt. Ich lebte vom Ersparten und den tausend Franken, die ich vom Coop für die abgeschlossene Lehre bekommen hatte. Ich suchte mir ein billiges Hotel und lebte so zwei, drei Monate. Die Typen, die ich kennen lernte, kannten Spunten, von denen kein Bulle eine Ahnung hatte, dort ging das Zeug über den Ladentisch. Allerdings kein Sugar. In Spanien habe ich nur gekifft.

An meinen ersten Knall erinnere ich mich nicht mehr, aber daran, wie ich zum ersten Mal mit Fixen aufhören wollte: Das war am Theaterspektakel, draussen am See. Ich fuhr mit meinem Freund hin in einem geklauten Auto, einem geilen MG. Dort haben wir unseren letzten Knall inszeniert. Danach haben wir die Spritzen weggeworfen, sind darauf herumgehüpft und haben behauptet: Das war das letzte Mal! Jetzt gehen wir an das Spektakel und dann ist fertig. Denkste. Am nächsten Tag haben wir uns schon wieder getroffen, und wir waren noch ganz am Anfang.

Porträts: Die Achtziger blicken zurück

Es gibt verschiedene Gründe, um Heroin zu nehmen. Viele nehmen es, um ihren Mind abzustellen, damit sie nicht mehr viel nachdenken müssen über den ganzen Scheissdreck. Zuerst habe ich gemeint, alle anderen, die fixen, seien auch so wie ich, wir seien so etwas wie eine grosse Familie, das war Fixerromantik. Mit der Zeit lernte ich die Leute kennen: Es gibt urmenschliche Instinkte. Sobald es um das Eigene geht, werden alle so – fixen hin oder her. Sobald es um viel Geld geht, oder sobald du weisst: Ich komme grausam auf Entzug, wenn ich das, was ich habe, jetzt nicht nehme, dann teilst du nicht mehr. Das würde jeder Mensch so machen, wenn er in dieser Situation wäre. Die meisten kennen das an sich einfach nicht. Drum schauen sie auf die Junkies hinunter. Dabei machen die nichts anderes als die Leute, die sich schlagen, wenn es um den letzten Helikopter geht, der sie aus dem Krisengebiet herausfliegen kann. Wenn du das einmal wirklich erlebt hast, dann weisst du, was Sache ist. Verstehst du?

Die schlimmste Zeit war die, als ich auf Coci gewesen bin. Platzspitz, daran erinnere ich mich nicht gern. Wenn du Coci schnupfst, ists was anderes, aber wenn dus dir reinlässt, dann machst du pro Tag so viele Knälle, du kannst sie gar nicht mehr zählen, und wenn du schon kein Geld mehr hast, brauchst du Sugar, um vom Coci wieder herunterzukommen, weil du sonst in eine totale Paranoia hineinkommst. Und dann musst du abrechnen gehen mit dem Dealer, und wenn du zu viel reingelassen hast, dann hast du Schulden. Und auch im Kopf: Kokain ist das Schlimmste.

Seit bald zehn Jahren habe ich nun das Methi. Etwas, wogegen ich mich eigentlich immer gewehrt habe: Methadon bedeutete für mich immer Staat und Kontrolle. Aber irgendeinmal ist es nicht mehr gegangen. Wenn dir der Vertrauensarzt einer Bank einmal Löcher im Arm attestiert hat, dann hast du keine Chance mehr: Ich hab keinen Job mehr gefunden, hatte kein Geld mehr. Seit ich jeden Tag mein Methi hole, ist die Zeit nur noch so vorbeigeflutscht. Das gibt so einen Rhythmus, ein Dauerdilemma: Weg kommst du nicht. Methi-Entzug ist noch schlimmer als Sugar-Entzug.

Noch heute, wenn ich von auswärts komme und im Bahnhof Zürich einfahre, ist sofort dieses Feeling wieder da: Jetzt muss ich etwas suchen. Das wirst du nie mehr los. Das hat nicht unbedingt mit dem Dope zu tun, sondern mit der Stadt und den Erlebnissen: Dort habe ich mal einen Knall gemacht und hier ist mal was gelaufen. Du siehst alles wieder vor dem inneren Auge. Für mich ist Zürich Heroin. Wobei

Heroin eben auch etwas Schönes sein kann: Wenn du einen Frust hast und dann an einem schönen Platz am Fluss einen Knall machst: Vielleicht ist das das Schönste, was es gibt.

Mein Freund hat sein Methadon ganz langsam abgebaut. Vor zwei Jahren ist er schliesslich fast sauber gewesen. In dieser Phase hast du ab und zu so eine Anwandlung: Jetzt wieder mal ein richtig geiler Knall. Aber eigentlich kannst du nicht mehr einschätzen, wie stark der Stoff ist. Du denkst, du müsstest wieder so viel reinlassen wie früher. So ist mein Freund gestorben. Ein schöner Tod, aber schade ist es trotzdem – viel zu jung halt.

Ich bin weiter auf Methadon, und ich will es auch gar nicht verteufeln. Es ist ja ein Riesenfortschritt, dass man es heute abgibt. Aber persönlich hätte ich viel lieber sauberen Stoff und nicht wegen jedem Scheiss in die Kiste und nicht wegen einem halben Gramm eine Busse von über tausend Franken. Dann wäre mir der Sugar wirklich lieber als dieses Sirupsäftli. Was soll ich sagen, wir sind alle Patienten geworden, Patientinnen irgendwo, dort und da. Es läuft nichts mehr.

Die AJZ-Zeit war für mich die intensivste, und wenn du mich fragst, was damals das Wichtigste war, so sage ich: die Energie, die Energie, die damals in der Luft gelegen hat. Manchmal frage ich mich: Woher ist die gekommen? Wo ist die hin? Gibts die nicht mehr? Kann man die nicht wieder herausholen aus den Leuten? Damals ist wirklich etwas in der Luft gelegen. Manchmal habe ich sogar das Gefühl gehabt, ich rieche es, wenn ich mit dem Töffli in die Stadt gefahren bin. Es war ein geiles Feeling, ein Geruch wie Sommerregen.

Porträts: Die Achtziger blicken zurück

Wir haben auf unseren Rechten beharrt

Christian Aebli. Geboren 1958 in Glarus. Matura ohne weitere Ausbildung. Arbeitet heute als Gewürz- und Teehändler in Schaffhausen.

Interview: Heinz Nigg

Als ich vier war zügelte meine Familie von Glarus nach Thayngen bei Schaffhausen. Mein Vater konnte sich durch den Umzug beruflich verbessern, und wir wohnten nun in der Nähe meiner Verwandten mütterlicherseits. Als Kind war ich viel auf dem Bauernhof meiner Grosseltern. Das war schon schön, das Leben draussen, mit den Tieren. In der Schule habe ich mich so durchgebracht. Ich strengte mich nicht riesig an. Einmal hatten wir eine gute Fussballmannschaft. Zu Hause hatten wir keinen Fernseher. Ich habe auch heute noch keinen. Für mich als Teenager waren Woodstock und Hair wichtig. Wir haben diese Filme im Kino gesehen.

Mein Vater sagte immer: Man muss eine gute Ausbildung haben. Ihr müsst Akademiker werden, ihr müsst studieren! Im Konfirmationsunterricht wurde uns Liebe und Toleranz gepredigt. Diese Werte deckten sich mit denen der Hippies aus der 68er-Zeit. Zu denen fühlte ich mich damals sehr hingezogen.

Welche Schulen besuchtest du, und wie war dein Leben als Jugendlicher in Schaffhausen?

Ich machte die C-Matura. Während meiner Kantonsschulzeit war ich viel allein unterwegs. Meine Geschwister waren bereits ausgeflogen und meine Eltern hatten genug mit sich selbst zu tun. Meine beiden Schwestern wurden Lehrerinnen und der Bruder Geologe. Ich war oft auf der Gasse, in den Spunten und bei Kollegen. Dort fühlte ich mich wohl, auch in den Discos. Man hörte nur noch die eigene Musik, das war damals vor allem Musik aus England und Amerika. Ich blieb nie länger in einer Gruppe. Ich wollte immer weiter ziehen. Einmal war ich während der Sommerferien bei den Leuten von Longo Mai. Das war eine grosse Landkommune in Frankreich.

Welche Perspektiven hattest du nach der Matura?

Ich begann, in Basel Medizin zu studieren. Je länger ich mich mit der Schulmedizin befasste, desto mehr begann ich sie infrage zu stellen: Warum machen die Universitätsdozenten die Kräuterheilkunde so lächerlich, wenn sie doch selber auf den Stoffen der Natur aufbauen? Der Kampf gegen das Atomkraftwerk in Kaiseraugst verstärkte noch meine kritische Gesinnung: Wir können nicht weiter masslos konsumieren und dabei die Welt zugrunde gehen lassen!

Auch die damaligen politischen Diskussionen in der Schweiz haben Zündstoff geliefert. Wenn du sagtest, dass die Georg Fischer Giesserei in Schaffhausen dem Adolf Hitler während des Kriegs auch Waffen geliefert hatte, wurde das schlichtweg verneint, weil diejenigen, die den Krieg erlebt hatten, noch in der Firma tätig waren. Da wurde man runtergemacht und es hiess: Geht doch nach Russland! Man wurde als Idealist und Weltverbesserer hingestellt. Heute, da die Akten teilweise offen liegen, haben wir Recht bekommen. Die Alten hatten gelogen.

Zurück zu deiner Studienzeit in Basel. Wie hast du da gewohnt?

Ich lebte in einer WG. Da hatte es Leute, die an einer Kunstschule waren und Stipendien erhielten. Ein anderer war ein Freak, der Saxofon spielte. Es waren also wieder Leute, die viel auf der Gasse waren. Im Februar 1980 schmiss ich mein Studium und brachte mich mit Jobben über die Runden. Dann brachen in Zürich die Unruhen aus. In Basel wurde der Szenentreff «Alte Schmitte» geschlossen, und ich machte zum ersten Mal bei etwas Verbotenem mit. Wir sind einfach in die geschlossene Beiz eingebrochen und liessen eine Party steigen. Wir tranken die Schnapsregale leer. Dann kam die Schmier, und ich sagte mir: «So, jetzt musst du dich verkrümeln!» Das ist mir bei allen Demos gelungen. Ich wurde nie verhaftet. Das Leersaufen dieser Beiz war eine geile Sponti-Action. In der gleichen Nacht suchten wir zu vierzig noch einen Nachtklub heim. Wir brachten alles durcheinander und verschwanden wieder.

Ich beteiligte mich auch an Demos in Zürich und Bern. Ich mag mich gut an die Nacktdemo am 1. August 1980 in Zürich erinnern.

Es gibt ein Video «Sobern 1 + 2» vom Videokollektiv Container TV, wo man dich in Bern auf der Strasse heftig über Gewalt diskutieren sieht. Um was ging es da?*

Es war eine grosse Demo, wo auch Bewegte von Zürich dabei waren. Ich kam von Basel per Autostopp. Die Zürcher besetzten zwei Bahnwagen und fuhren schwarz

Porträts: Die Achtziger blicken zurück

nach Bern. Die Schmier hielt den Zug an irgendeinem verlassenen Bahnhof vor Bern an. 60 Leute wurden verhaftet und nach Bern ins Gefängnis gebracht. Ein paar wenige konnten abhauen und berichteten uns vor dem Bundeshaus von der Verhaftung. Die Schmier hatte das Gefängnis abgeriegelt. Doch wir schafften es, mit den Absperrgittern den Hauptharst der Bullen wegzudrängen, sodass wir freien Zugang zu den Gefängnistoren bekamen. Dann wurden uns die Verhafteten herausgegeben. Das war ein kleiner Sieg, den wir an diesem Tag erringen konnten.

Im Video sieht man, wie ihr heftig darüber streitet, wer denn mit der Gewalt begonnen hatte – ihr Demonstranten oder die Polizei.

Es wurde immer wieder darüber diskutiert, wann wir Gewalt anwenden sollen und wann nicht. Da gab es die Love-and-Peace Anhänger, die für Gewaltlosigkeit eintraten, und es gab die, zu denen auch ich gehörte, die Gewalt vor allem als Gewalt gegen Sachen, das heisst als Sachbeschädigung, verstanden. Für mich waren die gewalttätigen Demos eher selten, wie eben die in Bern. Gewalt entstand meistens aus einem Gefühl der Ohnmacht heraus.

Wie war das mit dem Jobben nach dem Abbruch deines Studiums?

Ich begann Rosen zu verkaufen. Eine Kleinbaslerin, deren Gewerbe der Verkauf von Rosen war, zeigte mir wie und gab mir immer wieder ihr Revier. Wenn du an einem Abend einen grossen Busch wegbrachtest, konntest du schon 200 Franken verdienen.

Dann fuhr ich für ein paar Monate nach Berlin. Ich lebte in Kreuzberg bei den Häuserbesetzern. Da gab es viele Dienstverweigerer und Punks. Beim Bahnhof Zoo spielte ich auf meiner Querflöte. Da gaben mir die Omas immer etwas Geld. Aber viel zum Überleben hatte ich natürlich nicht.

Wieder in der Schweiz ging ich einen Sommer lang als Hirt auf eine Alp. Das war im Bündnerland. Als ich von der Alp nach Schaffhausen zurückkehrte, war gerade eine Hausbesetzung im Gang. Das kam mir gerade gelegen, denn da hatte ich schon wieder eine Bleibe. Dann kam es zu einer Vereinbarung mit der Stadt, der Besitzerin der Liegenschaft. Wir durften im Haus bleiben. Das Logi ist ein geräumiges vierstöckiges Haus und bot Wohnraum für zwanzig bis fünfundzwanzig Leute.

Wie konntet ihr eure Forderungen durchsetzen?

Wenn wir im Herbst 1981 nicht etwa fünfzehn Leute gewesen wären, die seit Anfang 1980 in der Bewegung engagiert waren, hätten wir die Schaffhauser nie dazu bringen können, uns dieses Haus zu schenken. Dazu brauchte es Erfahrungen: Wie geht man mit den Bullen um; was sind unsere Rechte; welches sind die Fristen bei Räumungsbefehlen usw. An den Vollversammlungen der Bewegten hatte es immer auch Juristen und Intellektuelle dabei, die Bescheid wussten. Wir haben also auf unseren Rechten beharrt und es verstanden, Druck auszuüben. Auch konnten wir Leute aus Basel, Bern und Zürich mobilisieren. Es gab so etwas wie Polittourismus, um sich gegenseitig zu helfen. Auch bei den Einheimischen gab es Linke und Intellektuelle, die uns unterstützten.

Ich selbst war kein Wortführer. Ich blieb im Hintergrund als eine Art war-chief. Das schnelle Reagieren machte mir Spass. Immer wenn rasche Entscheidungen anstanden, konnte ich führend eingreifen. Das war meine Stärke.

Und die Zeit danach?

Es war schwierig, Arbeit zu finden. Immer hiess es: Aha, du gehörst auch zu denen! So arbeitete ich im Thurgau bei einem Bauer als Knecht, dann als Tankwart und später als Kellner in einer Disco. Dort stürzte ich auf Alkohol ab. Ich wohnte wieder im Logi. Wir waren alle jung, keiner älter als fünfundzwanzig, und wir lebten im Vollchaos. Lange war das Logi dem Sozialamt unterstellt. In der Szene lebten ja auch Sozialfälle und Gassenleute aus den Heimen. Dann stiessen ältere Hippies hinzu. Die wollten mit ihren Familien ein festes Zuhause. Sie sind bis heute geblieben und haben für Kontinuität gesorgt.

Zu welcher sozialen Schicht fühlst du dich zugehörig?

Auf Grund meiner Bildung hätte ich mich in die obere Mittelschicht hinaufarbeiten können, wurde aber zu einem Drop-out. Zu den Gassenleuten kann ich mich auch nicht voll zählen. Ich bin ein Einzelgänger. 1989 wurde ich Vater einer Tochter. Zwei Jahre lang arbeitete ich als Hilfspfleger, dann fuhr ich eine Saison lang auf den Markt. Seitdem arbeite ich in einem Gewürz- und Teeladen, der einem Kollegen von mir gehörte, und den ich seit drei Jahren selbständig führe. Auch dies ist ein idealistisches

Porträts: Die Achtziger blicken zurück

Unternehmen und hängt mit der Förderung der Naturheilkunde zusammen. Es ist schwierig, damit Geld zu verdienen.

Welche Auswirkungen hatte die Achtziger Bewegung in Schaffhausen?

Unsere damaligen Forderungen nach alternativen Kultur- und Lebensräumen sind erfüllt. Wir haben unter anderem das Kulturzentrum Kammgarn, das heute etabliert ist. Dazu gibt es viele Discos und Klubs. Die Politiker haben akzeptiert, dass man die Subkultur nicht verneinen und unterdrücken kann.

Die meisten Opfer forderten die Drogen. Die Leute aus Schaffhausen, die ich kannte und heute nicht mehr am Leben sind, waren alle Drogenopfer. Je unzufriedener man ist, und je weniger einem das Leben wert ist, desto mehr Risiko geht man ein. Viele kamen in die Mühle der Psychiatrie. Diejenigen, die die Psychie überlebten, sind Frührentner geworden.

Welche ideellen Momente der Achtziger Bewegung waren für dich zentral?

«No future» bezog ich damals auf die Gesellschaft: Diese Gesellschaft hat keine Zukunft. Für uns selbst sahen wir schon eine Zukunft. Wir träumten vom Paradies und forderten das Unmögliche. Für mich persönlich bedeutete no future «down and out», das heisst, wenn du einmal in diesem System ganz zuunterst bist, dann kannst du nur wieder hochkommen, indem du etwas Neues suchst. Es ging für mich also um das Finden von neuen Wegen.

(*) Das Video «Sobern 1 + 2» kann vom Schweizerischen Sozialarchiv in Zürich ausgeliehen werden. Weitere Angaben zum Video siehe im Katalog des Videoarchivs «Stadt in Bewegung»: www.sozialarchiv.ch/80

Im «Widder» machten alle alles

Gabi Kopp. Geboren 1958 in Luzern. Kindergärtnerin. Seit 1986 freischaffende Comiczeichnerin und Illustratorin.

Interview: Heinz Nigg

Aufgewachsen bin ich in einer achtköpfigen Familie in Luzern. Mein Vater war Arzt. Wir hatten also keine finanziellen Sorgen. Ich komme aus einem christlich-konservativen Elternhaus. Der Kirchgang war noch wichtig. Ich war jene in unserer Familie, die immer gern zeichnete.

Die Schulen machte ich alle in Luzern. Während der Pubertät war ich eine Zeit lang in Gefahr, in eine Sekte abzudriften, weil ich mich einsam und unverstanden fühlte. Ich hatte Sehnsucht nach anderen Lebensformen, nach einer Gruppe, in der ich mich aufgehoben fühlte. Ich konnte stundenlang die gleichen Songs von Joan Baez, Leonhard Cohen und Bob Dylan hören. Es war auch die Zeit, als wir heimlich rauchten und pafften. Ich las Bücher von Hermann Hesse. Da ging es um Traum und Wirklichkeit, um Flucht aus der Realität und das Erlangen von Erkenntnis.

Mit sechzehn wurde ich in den Vorkurs der Kunstgewerbeschule aufgenommen. Die Achtzehn- und Zwanzigjährigen wirkten auf mich unglaublich erwachsen. Alles war für mich neu, spannend und interessant. Ich führte ein lockereres Leben als meine Schwestern, die im Gymmasium waren.

Wie wurdest du politisiert?

Wichtig waren für mich meine ersten Kontakte in Zürich, wo eine meiner Schwestern studierte und einen Freund hatte, der Kommunist war. Da erlebte ich die ersten linken Diskussionen. Man redete davon, dass alle die gleichen Chancen haben und gleichviel verdienen sollten. Ich hatte ein schlechtes Gewissen, da ich aus einer gut situierten Familie kam. Es wurde damals in linken Kreisen noch nicht akzeptiert, dass es neben der materiellen Armut auch ein emotionales Manko geben kann. Es hiess immer: Ihr seid unglaublich privilegiert. Zu Hause gab es jeweils an Weihnachten grossen Krach wegen politischer Diskussionen.

Porträts: Die Achtziger blicken zurück

Nach dem Vorkurs machte ich das Kindergärtnerinnen-Semiar. Dann hatte ich genug von Schulen und wollte mich beweisen. Ich arbeitete im Kinderhort der Viscose-Fabrik und stiess mit meinen Ideen für eine freiheitliche Erziehung überall auf Beton. Dann arbeitete ich mit mehrfachbehinderten Kindern. Ich war voller Elan, wollte Lager machen mit diesen Kindern, mit ihnen einen Gemüsegarten anstelle von Zierbeeten anpflanzen und sie in den Malunterricht schicken. Auch da stiess ich überall auf Grenzen. Ich wusste nicht, wer ich bin und zu was ich überhaupt fähig war. Das war für mich der entscheidende Grund, zusammen mit anderen eine Alternativbeiz aufzubauen. Dort würde es keinen Chef geben, und es käme auf alle, also auch auf mich an.

So habt ihr den «Widder» gegründet.

Ein paar Leute kamen zusammen und sprachen darüber, dass in Luzern immer mehr Beizen geschlossen wurden, wo wir Junge uns treffen konnten. Es war schon schwierig, überhaupt einen Saal von einem Restaurant für eine politische Veranstaltung zu mieten. Einer rief dann zu einer Sitzung auf, an der beschlossen wurde, eine Alternativbeiz zu gründen. Das «Rössli» in Stäfa und das «Kreuz» in Solothurn waren die Vorbilder. Es existierte eine Studie der Stadt Luzern, die aufzeigte, dass ein grosser Nachholbedarf im Jugendbereich vorhanden war. Es gab zum Beispiel immer noch kein Jugendhaus. In diesem Papier wurde unter anderem auch die Förderung einer Alternativbeiz vorgeschlagen.

Auf diese Studie konnten wir uns abstützen, als wir mit der Stadt zu verhandeln begannen. In dieser Zeit kam eigentlich nur ein Wirteehepaar für die Übernahme eines Restaurants infrage. Wir Jungen hatten null Vertrauensbonus.

Nach langem Suchen und langwierigen Abklärungen konnten wir dann verdeckt über einen Treuhänder eine private Liegenschaft mit dem Restaurant «Widder» kaufen. Wir gründeten eine Stiftung, die steuerfrei war, und erwarben das Haus mit einem Eigenkapital von 20000 Franken, das Luzerner Künstlerinnen und Künstler durch eine Auktion ihrer Werke zusammengebracht hatten und uns schenkten.

Wie habt ihr euch auf dieses Experiment vorbereitet?

Der Kern der Alternativbeiz war eine Gruppe von 22- bis 29-Jährigen. Zuerst wollten wir in bereits bestehenden Alternativbeizen Erfahrungen sammeln. Wir schwärmten aus. Einer von uns machte das Wirtepatent, andere absolvierten ein Praktikum im «Rössli» und im «Kreuz». Ich ging ins «Hirscheneck» nach Basel. Da war 1980 politisch einiges mehr los als in Luzern. Ich erinnere mich an eine Walpurgisnacht, wo wir Frauen loszogen, um in Stripteaselokalen Radau zu machen. Wir überraschten die verdutzten Männer, als wir auf die Bühne stürmten, eine Frau ihren Rock hob und direkt auf die Bühne urinierte. Die Polizei wurde geholt, ein paar Frauen wurden hereingenommen. Wir gingen zum Polizeiposten und forderten ihre Freilassung. In Basel existierte zu dieser Zeit auch bereits ein Frauenkafi. Diese Idee nahmen wir später im «Widder» auf, indem wir an einzelnen Abenden gegen den Widerstand einiger Männer Frauenbeiz machten. Vor allem die emanzipierten Männer konnten nicht verstehen, wie wichtig es damals für die Entwicklung des Selbstvertrauens der Frauen war, nur unter uns zu sein.

Als wir im März 1981 unsere eigene Beiz in Luzern eröffneten, hatten wir noch naive Vorstellungen, wie wir das Restaurant führen wollten: Kein Konsumationszwang, ein möglich durchmischtes Publikum von Jung und Alt, Reich und Arm. Für alle musste es Platz haben. Im Alltag sah es dann etwas anders aus. Im Quartier hatte es Leute, die gegen uns waren. Es gab Probleme wegen unserem Saal, wo wir Konzerte und Discos veranstalteten. Das war den Nachbarn zu laut. Die Polizei und die Lebensmittelkontrolle rückten uns auf die Pelle.

Die Gründung des «Widders» fällt in die unruhigen Achtzigerjahre. Welchen Bezug hattet ihr zur Achtziger Bewegung?

Ich pflegte weiterhin meine Kontakte zu den Leuten vom «Hirscheneck» in Basel. Die traf ich dann wieder an den Treffen des Netzwerks für selbstverwaltete Betriebe aus der ganzen Schweiz. Da gab es spannende Auseinandersetzungen zwischen 68er-VeteranInnen und Achtziger Bewegten. Ich ging mehrmals nach Zürich ins AJZ an Vollversammlungen. Mich beeindruckte die Untergrundzeitschrift «Stilett», wo alle starren Strukturen im Layout aufgebrochen wurden. Alles kam wild daher, mit Aufrasterungen, Vergrösserungen, mit Text-im-Bild Darstellungen. Alles war erlaubt. Das interessierte mich als Zeichnerin. Wir hatten ja im «Widder» auch unsere eigenen Broschüren und Werbematerial, die ich mitgestaltete. Die Zürcher Szene übte auf Grafik und Typografie einen direkten Einfluss aus.

Porträts: Die Achtziger blicken zurück

Aber ich fühlte mich in Zürich immer als Beobachterin. Ich kam nie in den Zürcher Kuchen hinein. Da liefen so viele Sachen nonverbal ab, über die ich gar nicht Bescheid wusste. Und wenn du nicht den richtigen Slang draufhattest, gehörtest du von vornherein nicht dazu.

Und was geschah denn in der Zeit der Bewegung in Luzern?

Bei den so genannten Strassenkultur-Tagen forderten wir die Aufhebung des Verbots von Strassenmusik. Auch Forderungen nach einem Jugendhaus wurden laut. Eine Gruppe von Leuten besetzte das Restaurant «Einhorn», und in Luzern entwickelte sich eine eigentliche Häuserbesetzer-Szene. In den besetzten Häusern gab es auch Vollversammlungen.

In Luzern nahm die Achtziger Bewegung aber nicht weiter an Militanz zu, weil die Behörden geschickt einlenkten. Schon bald stellte die Stadt den «Werkhof» als Jugendhaus zur Verfügung. Das ehemalige Gefängnis «Sedel» wurde als Probelokal für Musikgruppen freigegeben. Niemand konnte also sagen, dass die Stadt nichts für die Jugendkultur tat. Es enstand die Gassenküche, und in späteren Jahren kamen neue kulturelle Einrichtungen hinzu, zum Beispiel die Kulturzentren «BOA» und «Schüür».

Von den alternativen Kulturangeboten machten ja auch immer Jüngere Gebrauch. Wie war bei euch im «Widder» das Verhältnis zu den ganz jungen Gästen?

Wir hatten vor allem die Beiz zu führen und krampften uns ab. Wenn es zu Besäufnissen kam, oder es im Saal Rabatz gab, mussten wir zur Ordnung rufen. Wir waren plötzlich in der Rolle von Eltern. Wir wollten nicht etabliert sein, und gleichwohl mussten wir schauen, dass es rund lief. Wir handelten also immer Kompromisslösungen aus – mit der Polizei, mit den Nachbarn und mit unbequemen Gästen. Das war mit ein Grund, warum ich mich zu den ganz Jungen nicht mehr so richtig dazugehörig fühlte.

Welches waren für dich die wichtigsten Erfahrungen im «Widder»?

Die Verbundenheit unter uns im Kollektiv und die langen Freundschaften. Auch hatte ich das Gefühl, am Puls der Zeit zu sein. Wichtig waren zudem die kulturellen Anlässe, die wir mit unserem Kulturverein «Schwarzes Schaf» im Saal organisierten.

Obwohl wir nur wenig zahlen konnten, gelang es uns immer wieder, namhafte Leute einzuladen, zum Beispiel Schriftsteller wie Guido Bachmann und Niklaus Meienberg. Die junge Politaktivistin Christine Goll berichtete darüber, wie in Zürich gerade ein Wyberrat gegründet worden war, damit Frauen ihre eigenen Sachen besser durchziehen konnten. Der Historiker Jakob Tanner hielt einen Vortrag über die Schweiz der 50er-Jahre, als noch ernsthaft die Entwicklung einer eigenen Atombombe erwogen wurde. Da gab es immer wieder solch spannende Auseinandersetzungen mit Politik und Zeitgeschichte. Der Saal war uns genauso ein zentrales Anliegen wie die Beiz. Alle möglichen Gruppierungen konnten ihn mieten – für Sitzungen, Workshops, Konzerte usw.

Das Projekt Genossenschaftsbeiz verlief nirgendwo konfliktfrei. Mit welchen Schwierigkeiten wurdet ihr konfrontiert?

Wir merkten schnell, dass unser System von «alle machen alles» – von der Küchenarbeit, über den Service bis zur Buchhaltung – auf die Dauer nicht funktionierte. Nicht alle waren gleich geeignet oder machten alle Arbeiten gleich gern. In den Sitzungen, wo alle mitreden konnten, verpufften wir unnötig viel Energie. Auch hatten wir das Problem, dass immer wieder Leute ausstiegen und neue dazukamen. Wegen unserem Demokratieverständnis mussten die immer gleichen Diskussionen geführt werden. Fähige Leute in unserem Kollektiv haben wir blockiert, weil wir Angst hatten, sie könnten zu mächtig werden. Wir haben eher Leute akzeptiert, die nicht so viel zu bieten hatten und sich im Hintergrund hielten. Da machten wir unglaubliche Fehler. Heute wird viel professioneller gearbeitet.

Den alten «Widder» gibt es nicht mehr, die Genossenschaft ist stillgelegt. Das Restaurant ist in neue Hände gegangen. Was ist vom alten «Widder» geblieben?

Die Einsicht, dass ein Kollektiv am besten funktioniert, wenn möglichst viele Leute Eigenverantwortung übernehmen und neben ihren fachlichen Qualifikationen soziale Kompetenz mitbringen. Auch machten wir gute Erfahrungen mit Supervision und Weekends, wo wir uns aussprechen konnten.

Die alternativen Beizen waren Pioniere in verschiedenen Bereichen: Wir arbeiteten mit Bauern zusammen, die eigens für uns biologisch anbauten. Nach Möglichkeit

Porträts: Die Achtziger blicken zurück

kochten wir saisonal. Wenn du heute siehst, wie gross der Biomarkt geworden ist, wird unsere Bedeutung als Vorreiter offensichtlich. Dann hatten wir die Idee, immer wieder Gastköche einzuladen. Das war damals noch wenig bekannt. Wir übten einen direkten Einfluss aufs Gastgewerbe aus, indem Leute, die bei uns einmal gearbeitet hatten, eigene Restaurants eröffneten. Zwar nicht mehr selbstverwaltet, aber mit einem Bewusstsein für eine gute saisonale Küche und einem weniger hierarchischen Arbeitsstil. Wir waren also eigentliche Trendsetter, so wie heute die Jungen mit ihren Events an speziellen Orten.

Wie lange bist du beim «Widder» geblieben, und wo stehst du heute?

Ich kochte im «Widder» vier Jahre und machte gleichzeitig im Kulturverein «Schwarzes Schaf» mit. Schon damals begann ich in meiner Freizeit regelmässig Comics für eine regionale Wochenzeitung zu zeichnen. Nach dem «Widder» habe ich mich als Zeichnerin selbständig gemacht. Was mich immer wieder interessiert sind Alltagsthemen: Das, was ich auf der Strasse beobachte und höre. Im Vergleich zu damals im «Widder» nehme ich viel weniger Urlaub. Als Selbständige bin ich strenger mit mir geworden und habe ein viel grösseres Arbeitspensum. Ich muss weiterhin aufs Geld schauen, weil ich nicht einfach etabliert bin.

Nach wie vor habe ich ein stark ausgeprägtes Unrechtsbewusstsein. Das soziale Gefälle, das heute entsteht, ist völlig ungesund. Unsere Demokratie wird unterhöhlt. Wir müssten in der Schweiz die Steuern harmonisieren und den Börsengewinn besteuern.

Gegen die Mühlen das Apparats

Claude Hentz. Geboren 1956 in St. Paul, Minnesota. Arbeitete als Sekretär im Anwaltskollektiv Zürich und in dessen Rechtsauskunftsstelle. Heute Rechtsanwalt in der Advokatur Gartenhof.

Interview: Heinz Nigg

Mein Vater war Österreicher und stammte aus einer Familie von Berufsmilitärs. Er studierte Ingenieur. Im Krieg wurde er verletzt und verlor einen Arm. Dank seiner Sprachkenntnisse wurde er während des Kriegs von den Amis als Dolmetscher beschäftigt. Dann arbeitete er ein Leben lang als Manager für die amerikanische Firma 3M.

Meine Mutter kommt aus einer streng katholischen Familie aus dem Wallis und wuchs im Tessin auf. Sie lernte meinen Vater in Zürich kennen, wo sie als kaufmännische Angestellte bei einer Bank arbeitete. Sie heirateten, zogen nach St. Paul, Minnesota, wo sich der Hauptsitz von 3M befindet, und hatten drei Kinder. Mit 27 erkrankte meine Mutter an Krebs, und wir kehrten mit ihr in die Schweiz zurück. Als sie starb, war ich gerade 4 Jahre alt. Mein Vater heiratete wieder, und durch ein Entgegenkommen seiner Firma, wurde er nach Europa versetzt, zuerst nach Basel, dann nach Lausanne, Wien und zuletzt nach Zürich.

Wie hattest du dich in Zürich eingelebt?

Wir wohnten zuerst in Seebach in einem modernen Wohnblock, umgeben von vielen Genossenschaftshäusern. Das war ein raueres soziales Umfeld als in Wien, wo ich zuerst die amerikanische Schule besuchte und dann ein von Jesuiten geführtes Knabeninternat. Nun musste ich mich wehren, mich prügeln und den Mädchen imponieren. Mit meinem österreichischen Akzent wurde ich als Ausländer angeschaut. Ich machte die fünfte und sechste Primarklasse in Seebach und ging dann ins Gymnasium Freudenberg. Das war 1969 – während einer sehr aufmüpfigen Zeit! Ein Maturand wurde gerade von der Schule geschmissen. Es ging darum, dass sich die Schüler nicht politisch äussern durften – auf Wandzeitungen und in der Schülerzeitung. Auch wenn ich ein scheuer Erstklässler war, spürte ich diesen Nimbus von Frechheit und vom sich nicht einordnen. Aber auch bei den Lehrern hatte es rebellische Geister. Mein

Porträts: Die Achtziger blicken zurück

Spanischlehrer war zum Beispiel Fritz Zorn, der mit seinem Buch «Mars», einer schonungslosen Abrechnung mit dem Grossbürgertum, berühmt wurde.

Wie war das Klima in deiner Familie?

Die Frau hielt die Familie zusammen, und mein Vater brachte das Geld nach Hause. Meinem Vater waren Leistung und Karriere sehr wichtig. Was er von uns im Hause abverlangte, hat er auch selbst erbracht, obwohl ihm ein Arm fehlte. Er machte alles. Es war aber gegenüber uns Kindern nicht fordernd, sondern eher liebevoll.

Erst während der Pubertät wurde es schwierig. Mein zwei Jahre älterer Bruder hatte überall Lämpen und war von zu Hause ausgerissen. Auch ich zog mit sechzehn von zu Hause aus, weil es immer wieder zu Auseinandersetzungen gekommen war. Meine Eltern fanden für mich ein Zimmer bei einer Schlummermutter mitten in der Stadt. Von dort aus ging ich weiter zur Schule.

Wie war das, so auf dich selbst angewiesen zu sein?

Weil mein Sackgeld nicht reichte, ging ich heimlich auf die Sihlpost als Expressbote arbeiten. Mit dem Velo fuhr ich in der ganzen Stadt herum und verteilte Expressbriefe und Telegramme. Damals bekam man noch einiges Trinkgeld. In die Telegrammcouverts konntest du hineinblasen und den Text lesen. Handelte es sich um eine freudige Nachricht, bist du besonders freundlich gewesen. Bei etwas Dramatischem hast du eher eine ernste Miene aufgesetzt.

Auf der Sihlpost lernte ich ein lustiges Konglomerat von Leuten kennen. Da hatte es Hippies, Freaks, Studenten und Mittelschüler wie ich. Meine erste grosse Liebe war eine Arbeitskollegin. Sie stand kurz vor der Matur, war also etwas älter als ich.

Schon bald lernte ich das Kommunenleben in Zürich kennen. Zusammen mit meiner Freundin und sechs anderen Leuten gründeten wir eine eigene Wohngemeinschaft an der Selnaustrasse. Ich war damals an allem interessiert, was mit neuen Wohnformen zu tun hatte.

Was machtest du nach der Matura?

Ich wollte nicht studieren und fand einen Job als Hauslehrer in der Familie eines Rechtsanwalts. Ich gab den Kindern Nachhilfeunterricht und hütete sie, wenn die

Eltern weg waren. Auch machte ich Putzarbeiten. Ich befreundete mich mit dieser Familie, und im Hause dieses Anwalts roch ich zum ersten Mal an der Juristerei.

Über gemeinsame Wohn- und Arbeitsprojekte lernte ich später die Leute vom linken Anwaltskollektiv in Zürich kennen und begann dort anfang 1980 als Sekretär zu arbeiten. Das heisst, ich erledigte anfänglich Schreibarbeiten für die Anwälte. Das Anwaltskollektiv wurde 1975 gegründet und kam mit seiner täglichen Rechtsauskunft einem grossen Bedürfnis entgegen: Für zwanzig Franken konntest du eine Beratung erhalten, häufig haben sie für dich noch einen Brief geschrieben oder ein Telefongespräch gemacht. Das war gegen alle Tarifstrukturen und Konventionen, sodass du möglichst niederschwellig zu deinem Recht kommen konntest.

Wie hast du auf den Ausbruch der Unruhen im Frühjahr 1980 reagiert?

Schon nach der ersten Krawallnacht wurden wir im Anwaltskollektiv damit konfrontiert, dass unzählige Leute verhaftet worden waren. Wir begannen einen Anwaltspool zu organisieren und Anleitungen herauszugeben, wie man sich verhalten soll, wenn man verhaftet wird: Was sind deine Rechte, und wann soll man Aussagen verweigern. Mein Kontakt zur Achtziger Bewegung war intensiv.

Im Anwaltskollektiv hatten wir noch einen zweiten Stock. Den stellten wir der spontan gebildeten Knastgruppe zur Verfügung. Da war ich von Anfang an dabei. Das war eine spannende und konspirative Tätigkeit. Die Knastgruppe war eine Anlaufstelle für alle, die in die Fänge der Justiz gerieten. Auch bereiteten wir Strafanzeigen gegen Polizisten vor, die wir bei Übergriffen gegen DemonstrantInnen ertappt hatten.

Welches war die Taktik der Verteidigung, wenn DemonstrantInnen vor dem Richter standen?

Wenn jemand die Aussage verweigerte, hatte die Anklage die Beweislast. Sie musste nachweisen, dass der Angeklagte an einem bestimmten Ort gewesen war. Zeugen mussten aufgeboten werden, um bei einer Gegenüberstellung mit dem Angeklagten und einer Gruppe von ähnlich aussehenden Personen richtig zu tippen. Wenn sie daneben tippten, wurde das Verfahren eingestellt. Der Justizapparat investierte allerdings viel, um die Leute verurteilen zu können.

Porträts: Die Achtziger blicken zurück

Wurden bei den Verurteilungen auch mildernde Umstände berücksichtigt?
Ja und nein. Wesentlicher war, dass Exponenten der Bewegung und solche, die sich den Strafverfahren verweigerten, härter bestraft wurden. Es gab etliche, die keine mildernden Umstände für sich geltend machen liessen, oder sich den Prozessen gänzlich verweigerten wie der durch seinen Fernsehauftritt als «Herr Müller» bekannt gewordene Aktivist. An ihm wurde ein Exempel statuiert. Als eine der Symbolfiguren der Bewegung deckten sie ihn mit einer Strafe von vierzehn Monaten unbedingt ein.

Welche psychischen Auswirkungen hatten die Strafverfahren auf die Verurteilten?
Es kam ganz drauf an, wie gut jemand in eine Szene eingebettet war. Wenn jemand verhaftet wurde, der zum Beispiel in einer Kommune oder in einer Wohngemeinschaft lebte, kümmerten sich die MitbewohnerInnen natürlich um ihn und holten Rechtshilfe. Wenn dann jemand wegen eines Vergehens drei oder vier Wochen Gefängnis erhielt, war dies für jemanden aus einer solchen Szene einigermassen verkraftbar. Ganz anders war das zum Beispiel für einen Lehrling, der bei einer Demonstration mitmachte und verhaftet wurde. Natürlich war er vielleicht auch mit Kollegen dort. Aber den ganzen Konflikt, den er nachher hatte – mit den Eltern, dem Lehrmeister und mit der Frage, wie es für ihn weiterging –, den musste er alleine austragen. Viele, die nicht gut vernetzt waren, sind abgestürzt und aus der Bewegung wieder herausgespült worden. Die haben wirklich einen Schuh voll herausgezogen. Etliche Drogenkarrieren nahmen damals ihren Anfang.

Auch darf man nicht unterschätzen, welche Wirkung die Länge der Untersuchungshaft hatte. Am Anfang der Unruhen, als ich einmal verhaftet wurde, war ich nach zwanzig Stunden wieder draussen. Aber manche sassen viel länger in U-Haft, zwei Wochen und mehr. Das war ein Instrument, um Druck auf die Bewegung zu machen und uns zu verstehen zu geben: Jetzt lassen wir nichts mehr durch.

Wie ging es für dich und das Anwaltskollektiv nach dem Ende der Bewegung weiter?
Etwa tausend Leute wurden allein in Zürich in Strafverfahren verwickelt, kamen also in die Mühlen des Apparats hinein. Viele wurden verurteilt, auch wenn es kleinere Strafen waren. Auch das zeigte seine Wirkung. Charakteristisch für die Achtziger

Bewegung war ja die Vielfalt der Ausdrucksformen – von militant bis dadaistisch witzig. Jetzt blieben die Fronten verhärtet, und die Militanz durch einzelne Gruppen nahm zu.

Es kamen die Winterthurer Prozesse. Da ging es um militante Jugendliche, die durch einen Sprengstoffanschlag auf den Fensterladen von Altbundesrat Friedrich sowie durch eine Reihe von Brandschlägen und Sprayereien in der Stadt Winterthur aufgefallen waren. Das ganze Umfeld des harten Kerns wurde eingesackt. Meine Aufgabe war es, Anwälte für diese dreissig Leute aufzubieten und eine Gruppe von betroffenen Eltern zu koordinieren. Mit der Knastgruppe wurde eine Demo organisiert. Das war dringend notwendig, weil in Winterthur die Repression unerbittlich zugeschlagen hatte, ungeachtet des Alters der Verhafteten, ihrer Lebensumstände und ihrer Rolle in dieser Szene. Das Umfeld und die Freundinnen wurden zum Beispiel in Untersuchungshaft gesetzt, um mit Druck Informationen über den harten Kern, die «bösen Buben» zu kriegen In dieser Situation änderten wir im Anwaltskollektiv unsere Taktik. Es war eine Abkehr vom Klandestinen. Mit Witz stellten wir uns öffentlich hinter die Jugendlichen. Während zehn Tagen kochten wir in einer Szenenbeiz von Winterthur. Das machte Spass und zeigte allen, wie wichtig die Solidarität mit den Anliegen der Jugendlichen war, auch wenn man mit ihrer Politik und ihrem Vorgehen nicht immer einverstanden war.

Auch später bei den Häuserbesetzungen am Stauffacher in Zürich setzte sich die Abkehr vom Klandestinen zum öffentlich-witzigen Agieren durch.

Wie konntet ihr den Andrang in eurer Rechsberatung bewältigen?

Wir konnten das alles nicht mehr alleine machen. Wir schufen ein neues Gebilde: den Verein Rechtsauskunftsstelle Anwaltskollektiv. Diese Beratungsstelle gliederten wir aus unserem Kollektiv aus. Sie blieb zwar am gleichen Ort, aber die Arbeit wurde auf mehr Anwältinnen und Anwälte verteilt. Heute sind es etwa siebzig AnwältInnen, die die Rechtsauskunft mit einem monatlichen Beitrag unterstützen und im Turnus Beratungen erteilen.[1]

Zehn Jahre war ich Generalsekretär dieses Vereins, baute diesen auf und aus. Ich machte das sehr gerne, und nebenbei waren die Rechtsauskunftsstelle und ich an mehreren politischen Kampagnen beteiligt: Gegen den Neubau von Gefängnissen,

Porträts: Die Achtziger blicken zurück

gegen das Polizeigesetz oder für die Initiative «Rechtsschutz in Strafsachen». Auch initiierten wir das Pikett «Strafverteidigung». Das ist ein Pikettdienst, der im Falle von Verhaftungen Anwälte organisiert.[2]

Nach zehn Jahren machte ich einen Unterbruch von einem halben Jahr, fuhr nach Südamerika und lebte auf einem Segelboot, um mir den Kopf zu verlüften. Dann entschloss ich mich, nach so vielen Erfahrungen mit der Justiz neben meiner Arbeit das Jus-Studium nachzuholen und das Anwaltspatent zu erwerben. Seither praktiziere ich als Anwalt im gleichen Umfeld, wo ich nun seit zwanzig Jahren tätig bin, allerdings mit einer neuen Crew.[3] Unser Büro ist vor allem im Strafbereich engagiert. Wir organisieren jährlich einen Strafverteidiger-Kongress, um dem gegenwärtigen Rollback im Strafrecht und im Strafvollzugsrecht etwas entgegenzusetzen. Wir sind dagegen, dass gesellschaftliche Probleme primär mit strafrechtlichen Mitteln angegangen werden oder mit dem Mittel der Psychiatrisierung.

Lohnt es sich, gegen Unrecht einzustehen?
Ich komme aus der linken Traditon der Siebzigerjahre, angefangen vom Gefängniskritiker Foucault bis hin zur Auseinandersetzung um Baader/Meinhof und die RAF. Aus dieser Tradition der radikalen Staatskritik heraus stellt das Strafen im Grunde einen Unsinn dar. Der Repressionsapparat wird immer dann eingesetzt, wenn eigentlich gesellschaftliche Konflikte gelöst werden müssten. Gerade die Achtziger setzten demgegenüber alles auf die Autonomie, das heisst auf das eigene Lösen von Problemen. Der Staat hätte die hohen Kosten der Repression im Drogenbereich durchaus sparen können, wenn dem Experiment der kontrollierten Drogenabgabe im AJZ mehr Beachtung geschenkt worden wäre.

Die Idealvorstellungen einer repressionsfreien Gesellschaft liegen heute am Boden. Bis weit in linke und feministische Kreise hat sich das Primat der Strafverfolgung durchgesetzt. Beim Umweltschutz, bei den Sexualstraftätern – überall wird auf Bestrafung gepocht. Mit diesem Selbstverständnis werden wichtige Instrumente der Prävention, des gesellschaftlichen Diskurses und der Selbsthilfe geopfert: In Zürich die Gassenarbeit der ZAGJP, das Frauenhaus, ein Treffpunkt für Kosov-Albaner usw. Das hat einen grossen Flurschaden gegeben.

Die Gesellschaft muss fähig sein, sich zu verändern und neue Ansätze der Konfliktlösung zu finden, ohne auf die repressiven Instrumente zurückzugreifen und im Strafen zu verharren.

(1) Rechtsauskunftsstelle Anwaltskollektiv: www.beratungsnetz.ch/rechtsauskunftsstelle
(2) Pikett Strafverteidigung: www.beratungsnetz.ch/pikett
(3) Advokatur Gartenhof: www.advokatur-gartenhof.ch

Porträts: Die Achtziger blicken zurück

Zürich wurde Teil vom Rest der Welt

Richard Wolff. Geboren 1957 in Erlenbach bei Zürich. Geograf. Experte für Fragen der Stadtentwicklung und Organisationsberater.

Interview: Heinz Nigg

Mein Vater stammt aus einer Fabrikantenfamilie aus Norddeutschland. Er kam 1936 in die Schweiz, in ein Internat in St. Gallen. Als Jude konnte er in Deutschland nicht mehr zur Schule gehen. Nach dem Krieg studierte er in Deutschland Betriebswirtschaft und war darauf sein ganzes Leben lang in verschiedenen Grossfirmen tätig. Bis zwölf wusste ich nicht, dass mein Vater jüdisch war und mein Grossvater und andere Verwandte von den Nazis ermordet worden waren. Meine Mutter kommt ebenfalls aus Deutschland, stammt aber aus einer christlichen Familie. Ihr Vater war Oberregierungsrat. Natürlich fragte ich mich, was er während des Krieges gemacht hatte. Ich weiss, dass er kein Nazi-Freund war, und seine Frau aus einem streng katholisch-konservativen Haus kam und die Nazis hasste. Meine Eltern lernten sich in den Fünfzigerjahren in Deutschland kennen, heirateten und zogen in die Schweiz.

Was gaben dir die Eltern mit auf deinen Weg?

Bildung ist das Einzige, das dir niemand wegnehmen kann. Das haben mir sowohl meine Eltern als auch mein christlicher Grossvater immer wieder gesagt. Er hatte sein gesamtes Vermögen zweimal verloren, durch die Geldentwertung in den Zwanzigerjahren und durch den Krieg. So hiess es bei mir zu Hause: «Lern etwas Gescheites! Das ist die beste Versicherung fürs Leben.»

Wie warst du als Kind?

Ich war ein Einzelkind und habe deshalb immer Freunde gesucht. Weil wir aber viel zügelten, war ich im Grunde immer einer «von aussen». Zuerst ging es von Erlenbach nach Schwamendingen, dann nach Venezuela, wo wir zweieinhalb Jahre blieben, und dann wieder zurück nach Zürich, wo ich nach einem halben Jahr Sekundarschule in die Mittelschule kam. Durch einen Schulfreund wurde ich in den jüdischen Jugendbund eingeführt. Es war eine lässige Clique. Wir trafen uns auch ausserhalb des Jugendbundes. Wir zogen miteinander herum: in die Jugendhäuser, ins Café «Maroc» oder im Sommer an die «Riviera» beim Bellevue.

Wie wurdest du politisiert?

Zu Hause lief immer der Fernseher, auch beim Abendessen. Da kam jeweils die «Tagesschau» mit Nachrichten und Bildern aus Vietnam: Kampfhelikopter, Schiessereien und Bombardierungen. Auch verfolgten wir die Berichterstattung über die 68er-Unruhen in Paris und Deutschland. In Venezuela lernte ich die Armut kennen: Die Slums von Caracas mit all den Hütten und Bettlern. Da durften wir aus der Oberschicht nicht hingehen. Das nahm ich zur Kenntnis und machte mir meine Gedanken.

Welchen Einfluss auf dein Weltbild hatte die Zugehörigkeit zum Jugendbund?

Zu Hause war die Religion kein Thema. Mein Vater sprach eigentlich nie über jüdische Traditionen oder Geschichte. Ich habe mich erst im Umgang mit meinen KollegInnen aus dem Jugendbund mit jüdischer Geschichte, mit den Verfolgungen und der heutigen Stellung der Juden auseinander gesetzt.

Wie hast du als Jugendlicher Zürich wahrgenommen?

Die «Alten» waren mürrische und saturierte Leute. Sie hatten alles und waren doch verknöchert. Kein Vergleich zur Fröhlichkeit und Ausgelassenheit, die ich in Venezuela kennen gelernt hatte. Und doch lachten mich die Jungen hier am Anfang aus, weil ich so brav aussah. Hier in Zürich hatte sich die 68er-Zeit auf die Jugendlichen ausgewirkt. Sie waren freakiger als in Venezuela, und sie hatten schon früh mit Kiffen begonnen und mit Mädchen herumgeschmust. In Venezuela hatte es kein 68 gegeben. Das Grösste dort war Carlos Santana und der Film «Woodstock». In Zürich war es für mich als Jugendlicher spannender: Die Musik und die neuen Ideen von Freiheit und Rebellion, die Erfahrungen im Umgang mit weichen Drogen. Das war für mich auch eine Art von Politisierung.

Wie meinst du das?

Ich merkte, dass es auch noch eine andere Welt gibt, als die, die man wahrnimmt, auch dass nicht alles so geregelt und langweilig sein muss, wie das bei unseren Eltern

Porträts: Die Achtziger blicken zurück

der Fall war. Der Alltag, die materiellen Güter – alles wurde relativiert. Wenn ich in Venezuela geblieben wäre, hätte ich diesen Aufbruch trotz Salsa und Fiesta wahrscheinlich nicht erlebt. Ich hätte vielleicht in den USA studiert und nachher bei einer Firma wie IBM gearbeitet.

Wie ging es nach der Matura weiter?

Ich begann, Geografie und Ethnologie zu studieren, und ich war ein absoluter Bob-Marley-Fan. Er verkörperte alle meine Themen und Interessen: Er kam aus einem Dritte-Welt-Land, machte heisse Musik, setzte sich für Gerechtigkeit ein und kiffte auf der Bühne. Er war lustig und intelligent – einfach alles! Da ging ich natürlich zusammen mit meinen Ethno-Freunden am 30. Mai 1980 ans Bob-Marley-Konzert im Hallenstadion. Am andern Tag erfuhr ich, dass in Zürich in der gleichen Nacht Strassenschlachten getobt hatten. Am gleichen Tag ging ich vors Opernhaus, und da lief es wieder genau gleich ab wie am Vorabend. Von da an ging ich an alle Demos. Du musstest mit niemandem abmachen. Du wusstest einfach: Am Mittwoch oder am Samstag, meistens sogar an beiden Tagen, war Demo. Dort hast du immer mehr Leute kennen gelernt, und es herrschte eine gute Stimmung.

Für mich war der Ausbruch der Achtziger Unruhen eine Zäsur. Ich konnte das, was in Zürich geschah, mit der Dritten Welt und mit Bob Marley verbinden: Zürich wurde Teil vom Rest der Welt. Ich sah, dass es auch hier viele Leute gab, die etwas nicht gut fanden und dies verändern wollten. Zürich lebte! Dass ich mich in dieser Stadt zu engagieren begann, war für mich die persönliche Quintessenz aus der Achtziger Revolte. Und da gab es eine Menge konkreter Forderungen: Wir wollen die Rote Fabrik und ein AJZ – und LSD im Trinkwasser der Stadt! Dann ging es auch gegen die Bullen, gegen den Stadtrat, gegen das Establishment, gegen die Bonzen, gegen die Unterdrückung. Das gab eine gemeinsame Basis. Und es war lustig!

Gleichzeitig hast du an der Uni studiert. Wie war das Verhältnis der Bewegung zu den Studenten?

Die Studenten waren in der Bewegung verpönt. Es herrschte eine intellektuellenfeindliche Stimmung. Das hat mich immer gestört. Die Studenten wurden nur als die Privilegierten gesehen. An der Universität gründeten wir den FFU: Für eine Freie

Uni! Der konkrete Anlass dazu waren die Zensurmassnahmen rund um den Opernhaus-Krawall-Film.[1] Wir verkauften tausende von Protestbuttons: «Gilgen hau ab!» Gilgen war der damalige Regierungsrat, der mit schwerem Geschütz gegen die Ethnologen aufgefahren war. So hatten wir etwas Geld und konnten Aktionen organisieren. Nach einigen Demos und einem misslungenen Streik versandete aber der Aufstand an der Uni.

Warst du enttäuscht?

Ja schon. Doch viele der radikaleren Studentinnen und Studenten hatten sich sowieso schon längst an der Bewegung beteiligt, und die Geschichte mit dem Verbot des Videofilms konnte die Leute nun mal nicht monatelang mobilisieren. Hingegen hat uns, die wir weiter an der Uni studierten, die ganze universitäre Auseinandersetzung um die Fragen der Wissenschaftlichkeit der von der Ethno-Filmgruppe «Community Medien» angewandten Methoden der Aktionsforschung viel gebracht. Wir sagten uns, okay, wir sind Studis, aber wir wollen wie diese Projektgruppe «Community Medien» und wie der «Wissenschaftsladen» in Holland eine Wissenschaft mit und für die Leute machen.

Ich konzentrierte mich auf das Fach Geografie und zusammen mit anderen Geografen begannen wir uns im Rahmen der Gruppe SAU – «Senter for Applied Urbanism» – mit allen Aspekten der Stadtforschung und der Stadtentwicklung in Zürich auseinander zu setzen: Mit einer Multimedia-Show über den Aufstieg von Zürich zur Finanzmetropole, mit Konzeptveranstaltungen in der Roten Fabrik, mit Seminaren, Vortragsreihen und Buchpublikationen. Wir beschränkten uns nicht auf die theoretische Arbeit, sondern beteiligten uns ausserhalb der Universität überall dort, wo in dieser Stadt während der Achtzigerjahre etwas lief: Bei den autonomen Aussersihlern, die den Stauffacher besetzt hielten und von neuartigen Wohn- und Lebenszusammenhängen träumten,[2] bei der «Allianz alli gäge d'Brugg», die eine Autobahnbrücke mitten in den Kreis 5 verhinderte, und vielen anderen Aktionsgruppen, die sich von der Achtziger Bewegung inspirieren liessen.

An der Uni machten uns die Professoren das Leben schwer. Mit Ach und Krach konnten wir zu viert eine Diplomarbeit abschliessen. Anderen Aufmüpfigen erging es ähnlich.

Porträts: Die Achtziger blicken zurück

Ihr Geografen habt durch die Bewegung euer zentrales Thema – die Stadt – gefunden. Wie beurteilst du im Nachhinein, wie die damalige Stadtregierung mit der Bewegung umgegangen ist?

Vor 1980 konntest du dir nicht vorstellen, dass in der Schweiz eine Stadtregierung die Polizei so hemmungslos auf Demonstrantinnen und Demonstranten loslassen würde. Während der heissen Phase der Unruhen – von 1980 bis 1982 – wurde zwar nicht scharf geschossen, doch mit dem systematischen Einsatz von Gummigeschossen und Tränengaspetarden wurden schlimme Kopf- und Augenverletzungen in Kauf genommen. Ein Freund von mir verlor ein Auge. Andere wurden in Sackgassen hineingetrieben und zusammengeschlagen. Leute wurden in Polizeiwagen gesperrt, die dann mit Tränengas vollgesprüht wurden. Von der Tendenz her waren das «südamerikanische Zustände». Wir haben Angsterfahrungen gemacht, die für die heute Jungen nur schwer nachvollziehbar sind, weil sie so etwas noch nie erlebt haben. Viele von uns haben damals den Glauben an die Demokratie verloren.

Hat der Staat aus den damaligen Ereignissen gelernt?

Heute wird von den Medien der kulturelle Aufschwung in Zürich gefeiert, der als ein Produkt der unruhigen Achtzigerjahre gesehen wird. Doch von Seiten der Behörden ist diese Anerkennung grösstenteils ausgeblieben. Es wäre nützlich, wenn die Behörden die damalige physische Gewalt gegen die Bewegung aufarbeiten würden. Auch müsste die psychische Repression untersucht werden, die als Reaktion auf die Bewegung an der Universität, an den Mittelschulen und an den Arbeitsplätzen massiv eingesetzt hatte. Auch dass man das AJZ scheitern und am Schluss sogar abbrechen liess, gehörte zu einer solchen Untersuchung. Aus dieser Geschichte müssten die Behörden lernen, sonst schlagen sie das nächste Mal genau gleich drein.

Seit Jahren kenne ich dich als unermüdlichen Stadtforscher und Aktivisten. Welche Praxisfelder stehen dir in Zukunft offen?

Ich lebe als freischaffender Experte von Forschungs- und Lehraufträgen im Bereich Stadtentwicklung. Nach dem Studium habe ich mehrere Jahre im Kulturzentrum Rote Fabrik gearbeitet, sodass ich heute auch in der Kulturarbeit und in der Organisationsberatung ein Standbein habe.

Zudem haben wir von der SAU vor zehn Jahren das internationale Netzwerk INURA gegründet, wo der Meinungsaustausch über Probleme der urbanen Entwicklung viel intensiver und breiter stattfindet, als wenn wir uns auf Zürich beschränkt hätten.[3] Da lernte ich Leute aus anderen Städten kennen und sah, dass Opposition in der urbanen Gesellschaft notwendig und an vielen Orten selbstverständlich ist. Opposition braucht es in jedem System! In der Schweiz hat man jedoch häufig das Gefühl, als Oppositioneller geächtet zu werden. Wir müssen diese Grundangst vor Systemkritik überwinden. Nur wenn die Gedanken frei sind, kann Neues entstehen. Das haben die Achtziger bewiesen.

(1) Vgl. dazu das Interview-Porträt mit Patrizia Loggia auf S. 64 und mit Heinz Nigg auf S. 111.
(2) Eine Utopie für urbane Lebensformen hatte der Schriftsteller P.M. in seinem Roman «Bolo'bolo» formuliert. Aus der Stauffacher-Besetzung enstand das Wohnprojekt Karthago und später das Siedlungsprojekt Kraftwerk 1, das heute in Zürich West steht.
P. M. Bolo'bolo. 201 S. Paranoia City Verlag. 5. Auflage Zürich 1990.
(3) Siehe zu INURA die Publikation: INURA. Possible Urban Worlds. Urban Strategies at the End of the 20th Century. 268 S. Birkhäuser. Basel, Boston und Berlin 1998.

Porträts: Die Achtziger blicken zurück

Endlich Räume zum Lernen!

Christine Goll. Geboren 1956 in Zürich. Realschullehrerin und Journalistin. Heute freiberuflich in der Erwachsenenbildung tätig und Geschäftsleiterin «Dachverband Schuldenberatung». SP-Nationalrätin und Vize-Präsidentin der SP Schweiz.

Interview: Heinz Nigg

Mit meinen beiden jüngeren Geschwistern bin ich in Zürich aufgewachsen und fühle mich durch und durch als Stadtzürcherin. Meine Mutter ist Italienerin. Als Arbeitsmigrantin kam sie nach dem Krieg in die Schweiz, arbeitete im Gastgewerbe und lernte hier meinen Vater kennen. Er war Drucker. Da beide erwerbstätig waren, mussten wir Kinder schon früh auf uns selber abstellen. Das war eigentlich ganz gut so: Ich lernte zu verantworten, was ich selber machte.

Dadurch, dass meine Mutter arbeiten ging, zeigte sie mir, wie wichtig es ist, finanziell unabhängig zu sein. Obwohl sie nicht viel vediente, war sie stolz darauf, einen materiellen Beitrag an die Familie zu leisten.

Hast du auch etwas von ihrer «Italianità» mitbekommen?

Sie hat keine Hemmungen, beim Streiten laut zu werden. Das ist vielleicht ein Klischee, aber bei ihr ist das so, und ich fand das nie negativ. Hingegen fand ich es mühsam, wenn ich in Familien von Schulkolleginnen und Schulkollegen sah, wie Emotionen einfach unterdrückt wurden. In unserer Familie konnte es Streit geben, aber nachher war es wieder gut.

Welche Rolle spielten Religion und Politik in eurer Familie?

Die Religion war kein Thema. Die Tatsache, dass ich aus einfachen Verhältnissen komme, hat mich geprägt. Das fing schon beim Sackgeld an: zu sehen, wie viel andere Kinder zur Verfügung hatten, deren Eltern mehr verdienten; zu hören, wie mein Vater als Jugendlicher darunter gelitten hatte, dass er nicht studieren konnte, weil es damals noch keine Stipendien gab. Und dann in der Schule zu merken, dass es nicht nur darauf ankommt, wie gescheit du bist, sondern ob du auch gefördert wirst. Die soziale Frage war für meine Entwicklung entscheidend.

Du hast die Sekundarschule gemacht und danach die Mittelschule absolviert. Wie hast du diesen sozialen Aufstieg erlebt?

«Ein Kind aus der Arbeiterklasse gehört nicht ins Gmynasium!» hiess es nach der sechsten Klasse trotz bester Schulnoten. Aber meine Primarlehrerin machte mir Mut: «Versuch den Übertritt in die Mittelschule nach der Sek. Das ist vielleicht sogar besser für dich.» Da hatte sie nicht Unrecht. Ich hätte das fremde soziale Umfeld im Gymi vielleicht gar nicht ertragen. Während der Mittelschule hielt ich den Kontakt zu meinen Freundinnen und Freunden aus der Sekundarschule weiterhin aufrecht. Die meisten machten eine Lehre. Da konnte ich gut den Unterschied zu uns Mittelschülerinnen sehen: Während die StiftInnen bereits im Arbeitsleben standen, konnte ich mich noch voll aufs Lernen konzentrieren. Ich fühlte mich privilegiert. Nach der Matura machte ich das LehrerInnen-Seminar. Mein erster Lohn als Reallehrerin war höher als das Einkommen, das mein Vater zur gleichen Zeit kurz vor seiner Pensionierung verdient hatte.

Wie wurdest du politisiert?

In der Sekundarschule hatten wir zum Teil repressive Lehrer, die uns mit Kleidervorschriften einengten: Du durftest nicht mit Plateauschuhen, Minirock oder mit kurzen Hosen, den so genannten Hotpants, in die Schule kommen. Natürlich hielten wir uns nicht an ihre Verbote, um sie erst recht zu nerven.

In der Mittelschule boykottierten wir die sogenannte Rüebli-RS. Das war die Hauswirtschaftsschule, die «Husi», die damals für alle Mädchen noch obligatorisch war. Ich hatte Kontakt zur «Meitli-Gruppe» der «Frauenbefreiungsbewegung» (FBB), die eine Broschüre über den Husi-Boykott herausgab. Ausserhalb der Schule machte ich beim Maulwurf mit. Das war die Jugendorganisation der RML, der Revolutionären Marxistischen Liga. Wichtiger als die so genannten Schulungskurse mit stinklangweiligen Frontalmonologen der Gurus und der ideologische Schlagabtausch mit den anderen damaligen Linksgruppen war für mich der soziale Zusammenhalt: Miteinander an einem Wochenende wegfahren, während der Schulferien eine Hütte mieten und nächtelange Diskussionen über Politik, Beziehungen und unsere Träume.

Noch während ich im LehrerInnen-Seminar war, begann ich, mich in den Gewerkschaften zu engagieren. Mich interessierte der Aufbau von Frauenstrukturen. Mit anderen Gewerkschafterinnen initiierte ich Ende der Siebzigerjahre die «Gewerkschaftliche

Porträts: Die Achtziger blicken zurück

Kontakt- und Informationsstelle für Frauen». Im Zürcher Kreis 4 eröffneten wir ein Ladenlokal und machten konkrete Beratungs- und Bildungsarbeit für Frauen. Damit wollten wir einerseits mehr Frauen für die Gewerkschaften gewinnen und andererseits die Gewerkschaften mehr dazu verpflichten, sich stärker frauenpolitisch zu engagieren.

Du stecktest also schon fest in der politischen Basisarbeit, als in Zürich 1980 die Unruhen ausbrachen. Wie hast du darauf reagiert?

Am 30. Mai war ich mit Freunden in der Stadt am Limmatquai unterwegs, als ich plötzlich sah, wie eine Gruppe von Leuten, die ich zum Teil kannte, damit beschäftigt waren, Pflastersteine auszugraben. Ich erinnere mich noch, wie ich sie erstaunt fragte, was sie da machten. Am andern Tag erfuhr ich dann aus der Presse, wie es vor dem Opernhaus zu Krawallen gekommen war.

Hatte dich diese Welle von Demos überrascht?

Ja schon. Gleichzeitig war für mich dieser Aufruhr erklärbar. Die etablierte Kultur in dieser Stadt verfügte über viel mehr Mittel als die alternative Kulturszene. Die Jungen und die oppositionellen Kulturschaffenden hatten das gleiche Problem wie die Frauenprojekte: Kein Geld und keine Räume.

Aber ich war ambivalent. Einerseits fand ich es gut, sich zu wehren. Manchmal braucht es Provokationen gegen die Arroganz der Mächtigen, um etwas zu erreichen. Andererseits wusste ich, dass du mit Einwerfen von Scheiben keine Überzeugungsarbeit in breiten Bevölkerungskreisen machen kannst. Ich habe mich nie mit der Achtziger Bewegung identisch gefühlt, und doch hatte ich viele Berührungspunkte mit Leuten, die in der Bewegung aktiv waren. Mit der Bewegung verband mich vor allem die Raumfrage: Orte zu finden, die als soziale Knotenpunkte dienen, als Treffpunkte für Kultur- und Bildungsarbeit.

1984 wurde das Kultur- und Quartierzentrum Kanzlei erobert. Damit kam Zürich doch noch zu seinem autonomen Zentrum. Was bedeutete das Kanzlei für dich und deine Bildungsarbeit?

Für mich war das Kanzlei enorm wichtig. Ich erinnere mich, wie die verschiedensten Gruppen aus dem Quartier und aus der versprengten Achtziger Bewegung die Räume des alten Schulhauses einfach belegten. Ich stand da drin und war begeistert: «Läck wie heiss! Endlich haben wir Räume zum Lernen!» Die Frauen eroberten eine ganze Etage für sich. Zusammen mit anderen begann ich, im obersten Stock des Kanzlei das Büro für die «Zürcher Volksuni» einzurichten.

Die Volksuni fand zwischen 1984 und 87 dreimal statt und war ein Versuch, alle bestehenden sozialen Bewegungen wie die Frauenbewegung, die Gewerkschaften, die ökologischen Gruppierungen, die Gesundheitsbewegten, die Friedensbewegung und die kritischen WissenschafterInnen und ChristInnen zu einem Erfahrungsaustausch, zu einem Lernfest zusammenzubringen. Es war ein Bedürfnis da, zu reflektieren, was wir eigentlich machten, da die Politszene stark zersplittert war. Exemplarisch für diese Situation war die alte Frauenbewegung, die sich in eine Frauenprojekte-Bewegung aufgespalten hatte. Aus der FBB waren viele Projekte von Frauen in Gratisarbeit entstanden: Frauenhäuser, Nottelefone und andere Beratungsstellen. Die Lernfeste der Volksuni hatten eine unglaubliche Anziehungskraft. Es kamen auch Leute, die ich noch nie im Kanzlei oder an einer Demo gesehen hatte. Das Kanzlei wurde immer mehr zu einem Treffpunkt für verschiedenste Gruppen. Es gab unter anderem ein Kafi, das Kino Xenix, die Frauenetage, einen Kindergarten, den historischen Verein Aussersihl, verschiedene AusländerInnen-Gruppen, eine Videowerkstatt und eine Frauen-Mitfahr-Zentrale. Ich selbst verdiente mein Geld im Impuls, einem Treffpunkt für Erwerbslose, den wir bewusst im Kanzlei einbetten wollten. Diese Durchmischung des Kanzlei fand ich äusserst spannend.

Was hat die Vernetzungsarbeit der Volksuni bewirkt? Zum Beispiel bei den Frauenprojekten?

Auf der Frauenetage organisierten wir regelmässige Kurse mit zum Teil über fünfzig Teilnehmerinnen, um aus der Geschichte der Frauenbewegung zu lernen. Wir gründeten den «Wyberrat». Er entstand direkt aus der Volksuni und war eine Vernetzung von verschiedensten Frauenorganisationen und Frauenprojekten in Zürich. Um die Vielfalt dieser Aktivitäten aufzuzeigen, gaben wir eine Broschüre mit allen Kontaktadressen heraus. Aus dem «Wyberrat» starteten wir unkonventionelle Aktionen. Unter dem Motto «Denk' mal an Frau!» verwandelten wir beispielsweise in einer Nacht- und Nebelaktion alle Männerdenkmäler der Stadt Zürich in Frauen. Damit eröffneten wir

Porträts: Die Achtziger blicken zurück

den Kampf um das Frauenkulturzentrum in den Zeughäusern der Kaserne, gleich neben dem Kanzlei.

Die interessanten politischen Projekte und Aktionen der Achtzigerjahre waren vorwiegend ausserhalb der politischen Institutionen angesiedelt. Wie und warum machtest du den Schritt ins Parlament?

Im «Wyberrat» wurde die Diskussion über parlamentarische oder ausserparlamentarische Politik sehr heftig geführt. Ich konnte dem entweder/oder nicht viel abgewinnen. Deshalb beteiligte ich mich 1986 an der Gründung von «Frauen macht Politik!» (FraP!) und wurde prompt in den Zürcher Kantonsrat gewählt.

Ich bin auch heute, da ich nun seit mehreren Jahren in der SP und im Nationalrat politisiere, weiterhin der Überzeugung, dass es eine Vernetzung aller fortschrittlichen Kräfte in- und ausserhalb der politischen Institutionen braucht, um in diesem Land etwas bewegen zu können. Es genügt nicht, auf der Strasse für Forderungen zu demonstrieren. Es braucht die Vernetzung mit PolitikerInnen. Umgekehrt ist es mir ein Anliegen, die SP bewegungspolitisch zu stärken. Die SP ist eine grosse Partei und hat zusammen mit ihrem Umfeld ein unglaubliches Potenzial an kompetenten und motivierten Fachleuten aus den verschiedensten Bereichen. Aber diese Leute musst du auch holen und einbeziehen.

Ich politisiere also nicht nur in der Partei und im Parlament. Genauso wichtig ist für mich weiterhin die Bildungsarbeit an der Basis. Das gibt mir Bodenkontakt. 1987 machte ich mich beruflich selbständig und gebe seither die verschiedensten Kurse: in den Gewerkschaften und für sozial Tätige, unter anderem auch für Frauen- und Behindertenorganisationen. Ich unterstütze die Leute beim politischen Lobbying: Wie kann ich meine Anliegen besser durchsetzen? Wie trete ich vor den Medien auf? Es geht mir dabei in erster Linie um die Stärkung des Selbstvertrauens.

Welches sind die Folgen und Auswirkungen der aktions- und basisorientierten Bewegungspolitik der Achtzigerjahre?

Wenn ich sehe, dass uns das Kanzlei durch eine Volksabstimmung Anfang der Neunzigerjahre wieder weggenommen wurde, dann haben wir in Zürich verloren. Aber auf der realpolitischen Ebene hat doch ein Umdenken stattgefunden. Zum Beispiel in der Drogenpolitik. Eine Mehrheit der Stimmbürgerinnen und Stimmbürger hat eingesehen, dass die ärztlich kontrollierte Drogenabgabe ein gangbarer Weg ist. Da nimmt nun die Schweiz eine Pionierrolle ein. Das ist zwar bescheiden, aber nicht selbstverständlich, wenn du bedenkst, wie in dieser Frage die Fronten jahrelang verhärtet waren.

Was können die Jungen von den unruhigen Achtzigerjahren lernen?

Die Raumeroberung für soziale, politische und kulturelle Projekte war damals eine wichtige Sache. Damit verbunden war das Entstehen eines neuen Selbstbewusstseins: Es ist wichtig, sich konkrete Ziele zu setzen und diese dann auch durchzuziehen.

Porträts: Die Achtziger blicken zurück

Lôzane Bouge!

Bernard S. Geboren 1959 in Lausanne. Soziologe. Heute als Sozialarbeiter tätig.

Interview: Heinz Nigg

Meine Eltern kommen beide aus bescheidenen Verhältnissen aus der Deutschschweiz. Sie zogen nach dem Krieg in die Romandie, um zu arbeiten und Französisch zu lernen. Mein Vater war kaufmännischer Angestellter und meine Mutter Schneiderin in der Haute Couture. Sie lernten sich in Lausanne kennen, heirateten und hatten zwei Kinder. Mit meinem älteren Bruder wuchs ich in einer Blocksiedlung auf. Obwohl wir nicht so gut Französisch sprachen, hatten wir keine Probleme, uns zu integrieren, weil in unserer Umgebung viele Kinder wohnten.

Später zogen wir in ein kleines Einfamilienhaus etwas ausserhalb von Lausanne. Ich verlor den Kontakt zu meinen Freunden. Und in meiner Klasse im Vorgymnasium mit Latein war ich der Einzige aus der Unterschicht.

Deine Eltern legten Wert darauf, dass ihre Kinder den sozialen Aufstieg schaffen. Was war ihnen ausserdem wichtig?

Mein Vater war ein richtiger Protestant: arbeiten und sparen. Seine positiven Seiten lernte ich erst später schätzen. Gemeinsame Vergnügungen waren selten. Wir gingen nie in ein Bistro oder Restaurant. Das war für ihn Geldverschwendung. Jeden Sonntag besuchten wir die protestantische Deutschschweizer-Kirche in Lausanne. Die Kirchengemeinde war unser soziales Netz. Meine Mutter lebte uns die christlichen Werte vor: alles teilen, immer liebevoll sein und auf der Seite der Schwächeren stehen. In unserer Familie wurde nicht viel diskutiert. Vater setzte uns starre Grenzen, während Mutter, mit der ich mich gut unterhalten konnte, immer mit allem einverstanden war, was ihre Söhne dachten und fühlten.

Wie war für dich die Schule?

Ich ging nie gerne in die Schule, weil man da immer ruhig sitzen musste. Ich hielt das fast nicht aus. Im Gymnasium war mir unwohl, weil ich immer einer der Letzten war. Von den Römern und Griechen hatte ich null Ahnung. Geschichte waren für mich die letzten fünf Jahre und vielleicht noch der Zweite Weltkrieg.

Wie wurdest du politisiert?

Mein Bruder war mein grosses Vorbild. Er dachte viel nach und wollte sich für die Benachteiligten und Entrechteten dieser Welt einsetzen. Früh fühlten wir uns von Baader/Meinhof und der RAF (Rote-Armee-Fraktion) in Deutschland angezogen. Wir sahen, wie sich die deutschen Terroristen für die Befreiungskämpfe in der Dritten Welt aufopferten. Ich erinnere mich an Fahndungsbilder am Fernsehen. 1972 wurden sie verhaftet: Meinhof, Baader, Raspe und Ensslin. Mein Bruder und ich sahen auch, wie der Staat knallhart gegen alle vorging, die gegen die Macht der Reichen aufgestanden waren.

Der eigentliche Auslöser für unsere Radikalisierung war aber ein Buch von Klaus Croissant, einem der Anwälte der RAF. Wir erfuhren, wie die Gefangenen isoliert wurden und wie Holger Meins an seinem Hungerstreik starb.

Mein Bruder und ich waren überzeugt, dass wir gegen die Staatswillkür etwas unternehmen mussten. Wir lebten wie auf einem Trip und sprachen nur mit ein paar wenigen Eingeweihten über unsere Pläne. Einige Jugendliche schlossen sich uns an.

Im Keller unseres Hauses rührten wir in Kesseln und Büchsen Farbe an. Wie Guerilleros schlichen wir nachts mit unserem Gepäck durch die Strassen von Lausanne und malten anarchistische Slogans auf die Wände. Da in Lausanne die Polizei überall sehr präsent war, war es ein Kunststück, unbehelligt wieder nach Hause zu kommen. Einmal wurden wir verwarnt, als jemand aus unserer Gruppe beim Besprayen einer Kirche erwischt wurde. Wir mussten die Fassade putzen.

Ihr seid damals Teenager gewesen. Wie wurde euch begegnet?

Eines Tages wurde mein Bruder von der Polizei aufgegriffen. Er gehörte zur Gruppe «Action prison», die mit einer Sprayaktion auf die unhaltbaren Haftbedingungen in den Gefängnissen der Romandie aufmerksam gemacht hatte. Alle wurden verhaftet und für mehrere Tage in Untersuchungshaft genommen. Unsere Eltern fielen aus allen Wolken und konnten uns nicht verstehen. Mein Vater war wütend: «Ihr seid ver-

Porträts: Die Achtziger blicken zurück

wöhnt und habt keine Ahnung vom Leben! Mit solchen Kindereien setzt ihr eure berufliche Zukunft aufs Spiel!»

Wie habt ihr auf die Verhaftung reagiert?

Ich denke, die Verhaftung hatte auf meinen Bruder eine abschreckende Wirkung. Er sah wohl auch ein, dass er bis zu einem gewissen Grad manipuliert worden war. Seine Verhaftung war für mich ein Grund mehr, voll weiterzumachen. Alles, was mit Action und Auflehnung gegen die Autoritäten zu tun hatte, zog mich magisch an. Meine letzten beiden Jahre am Gymnasium waren ein Kleinkrieg gegen «die da oben». Eine Klassenkollege und ich nervten alle mit unserem ständigen Diskutieren und Kritisieren.

Als ich 1979 die Matura hatte, stand ich plötzlich vor einer Leere. Zuerst versuchte ich, mich am Seminar als Lehrer ausbilden zu lassen. Doch mein antiautoritärer Unterricht stiess bei der Schuldirektion nicht auf Gegenliebe. Als ich in die Rekrutenschule einrücken musste, wusste ich bereits am ersten Tag: Nur weg von hier! Das gelang mir auch. Ich blieb der «exclu de tous» – der von allem Ausgeschlossene. Ein paar Monate später ging es los mit Lôzane Bouge.

An der ersten Versammlung von Jugendlichen am 28. Juni 1980 wurde viel Unmut über die Lebenssituation der Jungen in Lausanne geäussert.[1] Dann im September kam es zu Unruhen. Was bedeutete für dich diese Zeit des Revoltierens?

Die ganze Bewegung gab meinem Rebellieren plötzlich einen Sinn. Ich wusste nun, was ich tun musste. Jeden Samstag gab es eine Demo. Ich traf immer wieder die gleichen Leute und lernte laufend neue kennen, die – wie ich – am Revoltieren waren. Während der Demos wurden Flyer verteilt und Slogans gesprayt. Der Sachschaden hielt sich im Vergleich zu Zürich in Grenzen. Lausanne war klein und gut überwacht. Die Passanten auf der Strasse warteten nur darauf, zupacken zu können, wenn sich jemand etwas zuschulden kommen liess.

Einmal wurden 300 bis 400 DemonstrantInnen verhaftet, weil die Behörden herausfinden wollten, wer zu Lôzane Bouge gehörte. Niemand konnte verstehen, woher diese Bewegung kam. Es waren junge Gassenleute, die da plötzlich revoltierten. Sie kannten sich von den Bistros und nicht aus der neulinken Szene der Marxisten-Leninisten, der Trotzkisten, Maoisten und Anarchisten.[2]

Erzähl mir etwas über diese jungen Leute, die du durch Lôzane Bouge kennen gelernt hast.

Stark vertreten waren die Punks. Dann gab es einzelne spontane Typen, die ein eigenwilliges und rebellisches Leben führten. Ich fühlte mich durch diese Leute sehr angezogen. Sie hatten keine Hemmungen, zu revoltieren und Sachen zu beschädigen. Der Respekt vor den Autoritäten war bei mir viel tiefer eingeprägt, auch wenn ich die ganze Zeit gegen sie angekämpft hatte.

Die Forderungen von Lôzane Bouge spiegelten die heterogene Zusammensetzung der Bewegung wider.[3] Die wichtigste Forderung für mich war sicher die nach einem Autonomen Jugendzentrum. Ich wünschte mir in Lausanne ein Zentrum, von dem aus politische Arbeit möglich war.

Doch es kam anders. Die meisten Jugendlichen waren nicht an politischer Arbeit interessiert. Sie wollten einfach einen Ort, um sich frei zu bewegen – an dem niemand von aussen das Sagen hatte. Am Anfang besuchte ich das von uns eroberte AJZ. Als ich sah, was abging, hatte ich bald genug davon. Es herrschten die Gesetze des Dschungels. Der Drogendeal breitete sich aus, und die Repression zeigte Wirkung. Immer mehr junge Leute wurden verhaftet und gebüsst. Die meisten konnten sich nicht dagegen wehren. Für mich hatte das nichts mehr mit Lôzane Bouge zu tun.

Welche Folgen hatte Lôzane Bouge für dein weiteres Leben?

Zwei Jahre später wurde mir zusammen mit etwa einem Dutzend so genannter Drahtzieher von Lôzane Bouge der Prozess gemacht. Die Medien standen mehrheitlich auf unserer Seite. Sie waren dagegen, dass mit einer harten Bestrafung allenfalls der Bewegung neuer Auftrieb gegeben werden könnte. Doch der Richter wollte ein Exempel statuieren: Als Unruhestifter wurden wir zu mehreren Monaten Gefängnis bedingt und zu saftigen Geldbussen verurteilt.

Ein Jahr zuvor hatte ich ein Psychologie-Studium begonnen, schloss dann aber in Soziologie ab. Den Kontakt zu den militanten Jugendlichen, die ich durch Lôzane Bouge kennen gelernt hatte, hielt ich aufrecht. Zusammen mit meiner damaligen Freundin und anderen «Anciens Combattants» zogen wir in eine WG. Bei uns trafen sich vor allem Leute von der Gasse. Unsere «schwarze Zelle» war mir lange Zeit

Porträts: Die Achtziger blicken zurück

wichtiger als der abgehobene Betrieb an der Universität. Wir lebten in den Tag hinein und waren mit uns selbst beschäftigt – ohne an die Zukunft zu denken.

Politisch ging es bei mir 1984 einen Schritt weiter, als ich in der Zeitung von der Gründung der Gruppe Schweiz ohne Armee (GSoA) las. Mit der Hilfe meines Bruders baute ich in der Romandie eine GSoA-Gruppe auf. Wir organisierten Veranstaltungen und Aktionen. Einmal packten wir unten am See in Lausanne das Denkmal von General Henri Guisan ein.

Nach dem Studium arbeitete ich in einem Zentrum für Dienstverweigerer und war Redaktor eines Heftes über «Non Violence». Meinen Unterhalt verdiente ich als Aushilfslehrer. Ich arbeitete gerade so viel, wie ich zum Leben brauchte. So konnte ich jahrelang immer wieder an interessanten Projekten in der Alternativ- und Politszene mitwirken. Heute arbeite ich als Sozialarbeiter und bin Vater von drei Kindern.

Wie haben die unruhigen frühen Achtzigerjahre die Stadt Lausanne verändert?

Lôzane Bouge zeigte uns Jungen, dass eine Revolte eine Möglichkeit sein kann, um aus der Isolierung und Einsamkeit herauszukommen und die Verhältnisse radikal infrage zu stellen. Seit Lôzane Bouge werden in dieser Stadt auch Gelder für die Alternativkultur gesprochen. Die Punks machten ihre Konzerte im «Cabaret Orwell» neben dem Centre Autonome. Später durften sie in ein ausgedientes Tramdepot der Stadt. Daraus entstand das «Dolce Vita» – ein lebendiges Konzertlokal für Punk- und Rockmusik. Wenn du «Dolce Vita» sagst, kommt auch heute oft spontan die Reaktion: «Ah! C'est Lôzane Bouge!»

Wer wie ich aktiv an Lôzane Bouge beteiligt war, konnte sein Erfahrungsspektrum erweitern. Lôzane Bouge war für mich eine Lebensschule, besser als jeder Staatskundeunterricht.

Wie gingen die Stadtbehörden mit Lôzane Bouge um?

Damals waren die Radikalen – das sind bei uns die Freisinnigen – an der Macht. Der spätere Bundesrat Delamuraz war Stadtpräsident. Sie haben uns als Abschaum betrachtet – als «petits merdeux». Der Staatsanwalt war überzeugt, dass ein Teil des harten Kerns von Lôzane Bouge zum bewaffneten Kampf übergehen würde. Deshalb wollten sie totale Kontrolle über die Szene.

Sieben Jahre nach meiner Verurteilung meldete ich mich für eine offene Stelle beim Kanton Waadt. Ich lag sehr gut im Rennen, bis ich zuletzt gefragt wurde, ob ich etwas mit der Polizei zu tun gehabt hätte. Ich sagte Ja, und sie meinten, sie müssten das überprüfen. Ich erhielt dann einen Brief, in dem es hiess: «Auf Grund ihrer Vorstrafe werden Sie nie beim Kanton Waadt arbeiten können». Heute bin ich Staatsangestellter. Hoffentlich sind meine Sünden nun verjährt.

(1) An der ersten Assemblée générale in der Salle des Vignerons wurde das Opernhaus-Krawall-Video der Zürcher Ethnologen gezeigt. Es wurde über die Repression sowie über die allgemeine Situation der Jugendlichen in Lausanne, Yverdon und Morges diskutiert. Beschlossen wurde, dass die Solidarität mit der Bewegung in Zürich nicht genüge. Auch in Lausanne müsse etwas geschehen. Es gäbe genug Gründe für die Jugendlichen, auf die Strasse zu gehen.
(2) Über die Hintergründe der Lausanner Bewegung: Anne-Catherine Menétrey et le «Collectif de défense». La vie ... vite. Lôzane Bouge 1980–1981: une chronique. Editions d'en bas. Lausanne 1982.
(3) 1. Ein autonomes Jugendzentrum (AJZ); 2. Affichage libre (Der Aushang und das Kleben von Plakaten darf nicht bestraft werden); 3. Freies Demonstrationsrecht; 4. Abschaffung des Homosexuellen-Registers; 5. Entkriminalisierung des Anbaus und des Genusses von Cannabis; 6. Abschaffung des Patentzwangs für StrassenmusikerInnen.

Porträts: Die Achtziger blicken zurück

Heisses Material aus einer langen Nacht

Heinz Nigg. Geboren 1949. Ethnologe und Videoschaffender.

Interview: Stephan Ramming

Wie hast du deine Jugend erlebt?

Heinz Nigg: Ich wuchs in Zürich, in der Nähe des Hegibachplatzes auf. Das war damals eine sozial gemischte Gegend, es gab Arbeiter, Kleinbürger, Mittelstand. Meine Eltern – die Mutter aus einer grossen Bauernfamilie, der Vater Sohn eines Facharbeiters – sind nach dem Krieg auf der Suche nach Arbeit aus dem Bündnerland nach Zürich gezogen. Sie blieben aber eng mit ihrer Heimat verbunden. Mein Bruder und ich waren in den Ferien oft auf dem Bauernhof des Grossvaters. Meine Eltern unterstützten und förderten mich, so gut sie konnten. Meine Mutter ist ein offener und praktischer Mensch und behauptete sich gut in den für sie neuen städtischen Verhältnissen. Mein Vater arbeitete fast sein ganzes Leben als Vermieter bei einer Stiftung, die in der Stadt Zürich günstigen Wohnraum für Leute mit geringem bis mittlerem Einkommen anbietet. Am Mittagstisch beriet er sich oft mit meiner Mutter über Probleme und Sorgen seiner MieterInnen. So hatte ich früh eine Art ethnographischen Zugang zum Zürcher Alltag. Er war der Typ «alte Schule», Aktivdienstler, geradlinig, sein Wort hatte Geltung. Das hatte etwas Rigides, Striktes. Dagegen lehnte ich mich auf.

Gab es ein Schlüsselerlebnis, das dich politisiert hat?

Ich bin in der Jugendkultur der Sechzigerjahre aufgewachsen – mit Rockmusik, Tanzfeten in Beatschuppen und tollen Klamotten. Ich besuchte eine mathematisch-naturwissenschaftliche Mittelschule und begann, mich immer mehr für deutsche Literatur, Geschichte und Kunst zu interessieren. Ich war ein begeisterter Pleinair Maler. Die Malerei war für mich eine Möglichkeit, dem geistigen Korsett meiner Schule zu entfliehen. Entscheidend für die Politisierung war mein Austauschjahr in den USA 1967/68. Dort bekam ich die Hippiebewegung in San Francisco und Chicago mit, verfolgte die Protestbewegung gegen den Krieg in Vietnam und die Bürgerrechtsbewegung der Afroamerikaner. Etwa zwei Wochen nach dem Globus-Krawall kam ich ziemlich verändert nach Zürich zurück. Das äusserte sich etwa so, dass ich in der Schule auf eine Frage des Lehrers nicht mehr wie vorgeschrieben aufstand, die Antwort gab und mich wieder setzte, sondern einfach stehen blieb und zu diskutieren anfing. Ich machte in einer Arbeitsgruppe des Zürcher Manifests mit, lernte die Ethnologen und Psychoanalytiker Mario Erdheim, Fritz Morgenthaler und Paul Parin kennen und agitierte an der Schule. Als eine Wandzeitung verboten wurde, kam es zu einem bösen Krach mit dem Rektor – mein erster Zusammenstoss mit den Autoritäten. Der zweite grosse Clash erfolgte gut zehn Jahre später, nachdem ich als Lehrbeauftragter des Ethnologischen Seminars zusammen mit meinen StudentInnen den Videofilm zum Opernhaus-Krawall[1] gedreht hatte und dieser vom damaligen Erziehungsdirektor Alfred Gilgen verboten wurde. Herr Gilgen sass an einem langen Tisch, eine Schreibkraft zu seiner Rechten, auf der anderen Seite sassen Professor Löffler und ich. Der Erziehungsdirektor stauchte den Leiter des Ethnologischen Seminars «wie einen Schulbuben» zusammen und fragte am Ende, ob ich noch etwas zu sagen hätte. Ich stand auf und verliess den Raum. Mein Lehrauftrag wurde nicht verlängert. Erst seit den Neunzigerjahren kann ich wieder an der Uni Zürich unterrichten.

Du warst 1980 nach einem zweijährigen Feldforschungsaufenthalt in England frisch zum Doktor der Ethnologie promoviert worden. Wie wurdest du vom teilnehmenden Beobachter zum Aktivisten der Jugendbewegung?

In der Nacht nach dem Opernhaus-Krawall wurde mir klar, dass wir mit den Videoaufnahmen heisses Material besassen. Als wir andertags die Aufnahmen zu einem neunminütigen Film geschnitten hatten, mussten wir aufpassen, in wessen Hände der Film gelangte. Die Tagesschau bot tausend Franken, wir lehnten ab, denn unser Film zeigte den Krawall aus der Optik der jugendlichen DemonstrantInnen. Den Film als News-Material für einem Fernsehbeitrag zu verkaufen, hätte unsere Sicht natürlich verzerrt. Wir zeigten den Film erstmals zwei Tage später an der Pressekonferenz der Gruppierung «Rock als Revolte»,[2] die zur Demo vor dem Opernhaus aufgerufen hatte. Wegen der Brutalität und Unverhältnismässigkeit des Polizeieinsatzes verursachte der Videofilm einen Riesenwirbel. Er wurde dann in vielen anderen Städten gezeigt und war wichtig für das Übergreifen der Revolte auf die ganze Schweiz und auf Deutschland. Sehr schnell wurde mir bewusst, dass nun nichts mehr war wie zuvor,

Porträts: Die Achtziger blicken zurück

auch für mich persönlich. Ich tauchte ab. Eine geregelte Existenz in der etablierten Gesellschaft schien mir weder möglich noch wünschenswert.

Was heisst «abtauchen»?

Zuerst gab es eine Solidaritätswelle aus dem In- und Ausland, weil die Freiheit von Lehre und Forschung bedroht war. Professoren von der Royal Academy of Anthropology in London, aber auch Professoren aus Deutschland und von anderen Schweizer Universitäten, SchriftstellerInnen und PsychoanalytikerInnen unterstützten das Ethnologische Seminar im Kampf gegen die Erziehungsdirektion. Mit einer Geldsammlung konnten wir sogar den Lehrauftrag eine Weile weiterfinanzieren. Nach der ersten Euphorie wurde spätestens nach der Beschlagnahmung der Originalvideobänder durch die Zürcher Staatsanwaltschaft deutlich, dass sich die Verhältnisse gegen mich gewendet hatten, und dass ich mich neu orientieren musste. Ich setzte meine Arbeit als «Community Video Worker» fort und baute auf dem auf, was ich in England gelernt hatte: Verschiedenen sozialen Gruppen den Zugang zum damals immer noch neuen Medium Video zu ermöglichen. Partizipatorische Videoarbeit gab den Leuten ein Sprachrohr für ihre Anliegen in die Hand, die in den Medien nur wenig Beachtung fanden. Ich realisierte Projekte mit Kindern, Jugendlichen, in Quartieren, in alternativen Kulturzentren und in der Erwachsenenbildung. So genannte Politvideos, wie sie damals die Video-BewegungsaktivistInnen in Zürich, Bern und Basel machten, waren für mich, der auf die Zuwendungen von Stiftungen, den Kirchen und der Stadt Zürich angewiesen war, keine Option.

Doch blieb ich weiterhin in regem Kontakt mit den Leuten, die ich durch die Achtziger Bewegung kennen gelernt hatte. Mit grossem Interesse verfolgte ich die Eroberung und den Aufbau des Quartier- und Kulturzentrums Kanzlei. Da entstand mitten in der Stadt ein Treffpunkt, wo ich all meine jugendlichen Sehnsüchte verwirklicht fand: Ein Ort mit Kaffeehaus- und Grosstadtatmosphäre wie im Roman Berlin-Alexanderplatz von Alfred Döblin, ein Ort der urbanen Verdichtung, wo die Interessen, Werte und Neigungen verschiedenster sozialer Gruppen und Individuen sich kreuzten und in einem produktiven Wettstreit lagen. Die Zürcher Bewegung bot mir ein soziales Netz, ohne das ich damals als freier Kulturschaffender kaum über die Runden gekommen wäre.

Machen wir den Sprung in die Gegenwart. Die dreizehn in der WoZ publizierten Interviews von dir sind Teil eines grösseren Projektes, die Jugendbewegung der Achtzigerjahre aufzuarbeiten. Was hat dich dazu motiviert?

Im Laufe der Jahre wurde ich zum Archivar des Videomaterials der Jugendunruhen in Basel, Bern, Zürich und der übrigen Schweiz. Ab und zu führte ich Ausschnitte aus dem Material vor, etwa an der Viper in Luzern, in der Roten Fabrik und im Xenix in Zürich sowie in der Reithalle Bern. Vor allem jüngere Leute sassen wie gebannt vor der Leinwand, weil sie die Revolten der Achtzigerjahre nur vom Hören her kannten. Im Auftrag von «Memoriav»[3] begann ich mit Stöff Burkhard und Mathias Gallati die Tapes systematisch zu sammeln: Polit- und Actiontapes aber auch Kunst- und Musiktapes aus dem Umfeld der Bewegung. Das Bundesarchiv in Bern und das Schweizerische Sozialarchiv in Zürich beherbergen nun mehr als hundert Tapes. Sie sind der Öffentlichkeit zugänglich. Es war nur logisch, aus Anlass des Gedenkjahres «20 Jahre Bewegung» ein Oral-History-Projekt zu initiieren und Beteiligte zu Wort kommen zu lassen. Mich interessiert vor allem die Frage, wie sich die damaligen Ereignisse auf ihr weiteres Leben ausgewirkt haben und wo sie heute stehen. Es geht mir auch um die Bereitstellung von weiteren Materialien – Chronologie der Ereignisse, Medienberichterstattung über die Achtziger Bewegung, Fachartikel – sowohl auf dem Internet als auch in Buchform, um Jüngeren einen attraktiven Zugang zur Aufarbeitung der Geschichte der urbanen Revolten der Achtzigerjahre zu ermöglichen. Diese Geschichte ist unentbehrlich für das Verständnis vom sozialen und kulturellen Wandel der Schweiz der letzten zwanzig Jahre.

In den Interviews hast du dich zwangsläufig auch mit deiner eigenen Geschichte konfrontiert. Wie bist du damit umgegangen – persönlich und als Wissenschafter?

Die Klärung des eigenen Standpunkts ist für diese Art von biografischer Sozialforschung ein Muss. Seit Jahren führe ich beispielsweise Tagebuch und mache Notizen zu meinen laufenden Arbeiten. Die introspektive Beschäftigung macht mich wiederum neugierig auf die Lebensgeschichten von anderen. Ich bin ein leidenschaftlicher Zuhörer.

Porträts: Die Achtziger blicken zurück

Wollen die Leute überhaupt über ihre Vergangenheit nachdenken? Ich hatte den Eindruck, dass nach zwei, drei Wochen starker Medienpräsenz das Thema der Achtziger Jugendbewegung abgehakt war.

Meine Interview-PartnerInnen waren äusserst offen und bereit, sich über die damaligen Ereignisse zu äussern und sich gleichsam auf eine eigene Sozioanalyse einzulassen. Sich öffentlich über persönliche Aspekte des eigenen politischen Engagements zu äussern und sich nicht einfach nur über Gott und die Welt auszulassen, braucht Mut. Dass sich die Berichterstattung auf den Gedenkmonat Mai konzentrierte, entspricht den Gesetzmässigkeiten des Medienbusiness. Mich hat ausserordentlich gefreut, dass doch viele Medienschaffende zum Schluss gekommen sind, dass die Erfahrungen mit der Achtziger Bewegung ein Gewinn ist für unsere Gesellschaft. Vor allem das heutige offenere Kulturklima wird als Produkt der wilden Achtzigerjahre gesehen. Das ist für mich ein Ansporn, die Erinnerungen an die Achtziger Bewegung lebendig zu halten.[4]

---

(1) Vgl. dazu das Interview mit Patrizia Loggia auf S. 64 und Richard Wolff auf S. 93.
(2) Vgl. dazu das Interview mit Markus P. Kenner auf S. 21.
(3) Der Katalog zum Videoarchiv «Stadt in Bewegung» und weitere Informationen über dessen Initiierung durch «Memoriav», den «Verein zur Erhaltung des audiovisuellen Kulturgutes der Schweiz», ist einsehbar auf www.sozialarchiv.ch/80 unter der Rubrik Dokumente/Videos.
(4) Heinz Niggs Analyse der Porträts siehe S. 336.

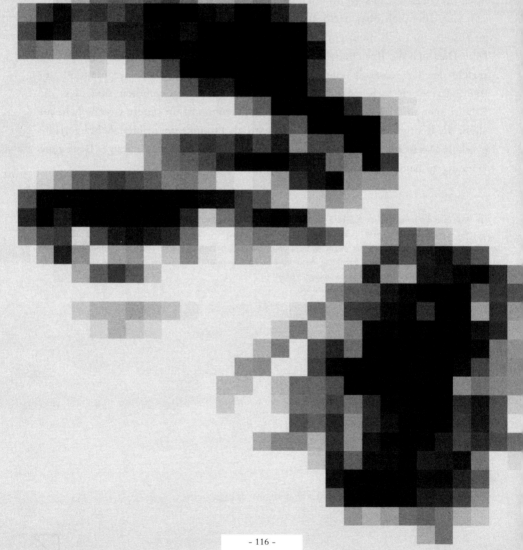

Mails/Zuschriften

Benno Luthiger, Zürich
Anlässlich einer Semesterarbeit innerhalb des wirtschaftsgeschichtlichen Seminarzyklus «Institutionen, Ideologie und Wirtschaftswachstum in der Schweiz» habe ich mich vor fünf Jahren vertieft mit der Zürcher Bewegung auseinander gesetzt. Ich habe die damaligen Vorkommnisse im Wesentlichen unter dem Aspekt der Frustrationen untersucht, die sich aus unerfüllten Erwartungen in einer urbanen Wohlstandsgesellschaft ergeben und sich beispielsweise in Langeweile ausdrücken und in Aggressionen entladen können.

Ich kam zum Schluss, dass die Achtziger Bewegung in Zürich, zumindest explizit, keine politische Bewegung war. Entsprechend war es nicht statthaft, sie a priori dem linken Lager innerhalb des damals noch bestimmenden Links-Rechts-Schemas zuzuordnen. Es ist nicht abwegig, eine Bewegungsparole wie «Macht aus dem Staat Gurkensalat» (1980) als radikales und jugendlich-ungestümes Gegenstück zur FDP-Parole «Mehr Freiheit, weniger Staat» (1982) zu interpretieren, kommt doch in diesem Satz eine Haltung zum Ausdruck, die mit einer unverdrossenen Staatsgläubigkeit, wie sie die Positionen der SP auch heute noch kennzeichnet, herzlich wenig am Hut hat. Allerdings wurde die Zürcher Bewegung rasch politisch vereinnahmt und musste als Projektionsfläche herhalten im Kampf gegen die jeweiligen politischen Gegner. Diese Missinterpretation verstellte damals wie heute den Blick auf die Bewegung.

Auf einen interessanten Ansatz, die Zürcher Bewegung zu untersuchen, bin ich leider erst nach meiner Semesterarbeit gestossen. Eine soziale Bewegung muss, damit sie Zulauf erhält, auf irgendeine Weise auffallen, sich Gehör verschaffen. Das Mittel der Provokation ist eine geeignete Möglichkeit, Aufsehen zu erregen. Eine Provokation besteht darin, dass mehr oder weniger bewusst eine tief im gesellschaftlichen Unterbewusstsein verankerte Grenze überschritten wird. Solche Grenzüberschreitungen führen in einem ersten Schritt zu irrationalen Reaktionen der Gesellschaft, was wiederum zum gesellschaftlichen Mythos der Provokateure beiträgt. Im weiteren Verlauf werden die Grenzverletzungen zu einer Gewohnheit, bis sie schliesslich gesellschaftlich akzeptiert sind. Auf diese Weise führen gesellschaftliche Provokationen längerfristig zu neuen gesellschaftlichen Möglichkeiten. Allerdings verschwindet damit das Potenzial zur Provokation in diesem Bereich. Die Perpetuierung einer bestimmten Art von Provokation ist ein Zeichen, dass das kreative Potential einer Bewegung ausgeschöpft ist.

Zweifellos holte die Bewegung ihre Stärke aus ihrer Potenz, die Gesellschaft provozieren zu können. So sind die famosen Auftritte der Bewegung im Fernsehen hervorragende Bei-

Mails/Zuschriften

spiele von gesellschaftlicher Provokation. Das Überhandnehmen von Sachbeschädigungen andrerseits führte mit der Zeit bloss noch zu einer Provokation der Polizei und war damit ein deutliches Zeichen für den Niedergang der Bewegung.

Emilio Modena, Zürich
Als die Bewegung («d'Bewegig») mit dem Opernhaus-Krawall im Sommer 1980 und danach während zwei Jahren das Stadtbild veränderte, war ich bereits ein «Alt-68er». Mit Bewunderung und nicht ohne Neid verfolgte ich die überraschenden Wendungen der neuen Jugendpolitik. Ob ich mich einmischen sollte?

Die Gelegenheit bot sich, als mir eine Einladung der «Älteren Unzufriedenen» ins Haus flatterte. An der Versammlung hörte ich mir zunächst mit steigendem Unmut die Klagen etlicher wohlbestallter Mittelschichtler an, die ich zum Teil von weitem kannte. Es war offensichtlich, dass sie als «Trittbrettfahrer» die Gelegenheit für sich nutzen wollten, die ihnen die Jugendbewegten bot. Sie klagten beredt über ihr Unbehagen in «Zureich»* und über ihren Weltschmerz überhaupt. Etliche Jugendliche beobachteten schweigend die Inszenierung. Schliesslich platzte mir der Kragen: Ich meldete mich zu Wort, erklärte, dass es mir persönlich gut gehe, meine psychoanalytische Praxis voll sei, und ich eine liebe Freundin hätte – ich könne mich also nicht beklagen. Ich sei vielmehr gekommen, um in Erfahrung zu bringen, ob wir als ältere den jüngeren Unzufriedenen in irgendeiner Hinsicht behilflich sein könnten.

Wie von der Tarantel gestochen sprangen zwei, drei Jugendliche auf und erklärten, aber ja, was sie von uns erwarteten, sei Geld und allenfalls politische Schützenhilfe ... Zu Hause setzte ich mich ans Telefon, und innert weniger Tage waren einige progressive PsychoanalytikerInnen und SchriftstellerInnen mobilisiert, die ohne viel Aufhebens den «Verein Pro AJZ» gründeten. Paul Parin, Jürg Meier und Clemens Mettler waren im Vorstand. Die politische Arbeit war sehr erfreulich, weil wir völlig unbürokratisch funktionierten und in der Bevölkerung auf sehr viele Sympathien für die Jugendbewegung stiessen. So hatten wir bald einige zehntausend Franken gesammelt, die wir ebenso unkompliziert, wie wir sie erhalten hatten, an die verschiedenen aktiven Gruppen weiterleiteten (sicher ist von diesem Geld auch einiges für private Zwecke abgezweigt worden, was uns damals nicht weiter störte; das meiste erreichte schon seine Bestimmung und stärkte die Infrastrukturen der Bewegung).

Unvergesslich ist mir auch das Schauspiel, das einige Vertreter offizieller Jugendorganisationen – der Zagjp und der Pro Juventute vor allem – in den wöchentlich stattfindenden Vollversammlungen boten. Obschon sie betont jugendlich auftraten und wie alle anderen vor dem Mikrofon anstanden, wurden sie durchschaut und kamen mit ihren Appeasement-Versuchen nicht durch. Als ich kurze Zeit später von der Bewegung unförmlich aufgefordert worden war, als ihr Vertreter an den Sitzungen der stadträtlichen Krisengruppe teilzunehmen, fehlte es nicht an Anbiederungsversuchen. Für mich waren diese Sitzungen, an denen ausser einer Stadtratsdelegation auch die VertreterInnen der erwähnten Jugendorganisationen und der Kirchen teilnahmen, die schönste Illustration des Konzeptes von den «ideologischen Staatsapparaten» (Althusser). Es war eine Freude zu erleben, wie die verschiedenen Wölfe im Schafspelz immer wieder ins Leere tappten und es ihnen lange Zeit nicht gelingen wollte, ihren Einfluss auf die «wild» gewordenen Schutzbefohlenen zurückzugewinnen. Das änderte sich erst, als die Bewegung abzubröckeln begann. Da wurde ich auch nicht mehr eingeladen ... Als ich für eine bürokratische Demarche in meinem Heimatland Italien kurze Zeit später das genaue Datum meiner in der Kindheit erfolgten Einreise in die Schweiz in Erfahrung bringen sollte, waren meine Akten im Stadthaus nicht auffindbar. Der Gemeindekanzlei Hausen a. A. wurde bedeutet, mein Dossier werde gerade bearbeitet. Das war noch lange vor der Fichen-Affäre!

Da ich wegen einer aus der 68er-Zeit stammenden fremdenpolizeilichen «Androhung der Ausweisung» (die vom Regierungsrat und vom Bundesgericht geschützt worden war) nicht an unbewilligten Demonstrationen teilnehmen konnte und sich «d'Bewegig» in der Regel nicht mit solchen Kleinigkeiten wie einer Demonstrationsbewilligung aufhielt, war mein persönlicher politischer Höhepunkt im Zusammenhang mit den Achtzigern die vom Verein Pro AJZ im Volkshaus organisierte Grosskundgebung «Bewegung ist gut – aber gefährlich», an welcher das Sündenregister des Establishments als eine Art Monstertribunal von den Betroffenen in Szene gesetzt wurde. Die Gemassregelten traten als Zeugen so weit nötig hinter Masken auf, so dass ein eindrückliches Bild der staatlichen und gesellschaftlichen Repression entstehen konnte. Und der als Sammelbüchse umfunktionierte Putzkübel unserer WG war am Abend randvoll mit Knete. Allerdings hatten wir es als antiautoritäre Kundgebungsleiter ziemlich schwer, Auseinandersetzungen zwischen rivalisierenden Gruppen und Individuen zu verhindern. Schockierend war insbesondere die Intoleranz der verschiedenen Musik-Fans untereinander.

Kurze Zeit später wurde das AJZ abgebrochen und eingeebnet. Heute wird das Areal als

Mails/Zuschriften

Bus-Parkplatz genutzt. Wie es 1980/81 dort aussah, daran erinnert mich nur noch das Bild des Hauses auf einem Briefmarkenblock «20 + 10», einer künstlerisch gelungenen Fälschung, bzw. perfekten Nachahmung von Pro Juventute-Marken.

(*) «Zureich» ist allerdings eine spätere Wortschöpfung der Wohlgroth-Leute

Gabriel Magos, Zürich
Mir hat es völlig unerwartet den Ärmel hereingenommen, obwohl wir ja mit unserem Strassentheater völlig aktuell waren, ohne es zu wissen: Wir strichen dann allerdings die grauen Karton-Betonwände zu einer Roten Ziegelwand um. Ich war im Zunfthaus schräg vis-a-vis des Polizeipostens Marktbrücke an der Premierenfeier des Films «Sprung ins Leere». Michel Piccoli war gerade am Referieren, als alle wegen des Krachs von draussen ans Fenster rannten. Fünf Minuten später war ich zuvorderst und ab sofort wirkte für einige Monate (oder war's ein Jahr?) Adrenalin pur. Bis zum Moment, als einem Mädchen neben mir vor dem Landesmuseum das eine Auge ausgeschossen wurde und ich nachher vier Stunden lang die drei Lieder, die ich konnte, auf meiner Handharmonika spielte, bis wir endlich nach Hause durften.

Koni Frei, Zürich
Ob dieser wunderbare Freitagabend am 30. Mai 1980 anders herausgekommen wäre, wenn sich die Polizei vor dem Opernhaus etwas schlauer verhalten hätte, ist schwierig zu beurteilen. Das Bier, das die Polizisten vor ihrem Einsatz tranken, hat sie wohl eher beruhigt; wie früher die Radprofis vor der Abfahrt in die Tremola. Ich auf jeden Fall hatte eine Schachtel Eier im Sack, als ich zum Bellevue spazierte, und das habe ich nicht jeden Abend. Ich hatte kein Bier getrunken.

Bewegungen fallen weder vom Himmel, noch lassen sie sich gründen, wie Politiker verschiedenster Couleur das immer wieder vergebens versuchen. Sie sind rar. Die Bilder der Achtziger Bewegung beruhen auf dem Gegensatz von Festem und Flüssigem, von Packeis und Wärme. Die Bewegung war in ihrem Kern gewaltlos. Dahinter verbarg sich ein Bedürfnis nach Echtheit der Gefühle, nach Erlebnissen und Auseinandersetzungen. Sie nahmen auch das Risiko des Echtheitswahns in Kauf. Denn zur Überraschung aller Beteiligten kam von beiden Seiten Gewalt mit ins Spiel. Was aber die Bewegung zusammenhielt, war weniger die Gewalt als die Schadenfreude gut schweizerischer Tradition und das Erleben der eigenen Stärke. Es war die Schlagkraft und Medienwirksamkeit der leichten Krawallerie, die die Teilnehmenden faszinierte und ihnen Spass machte. Auf jeden Fall aber herrschte ein hohes Bewusstsein für die Verletzbarkeit von Menschen, und das hielt sich bis zum Schluss. Die Anlässe waren eher Abhaltungen, Installationen. So herrschte etwa das Prinzip der automatischen Demo und der obligatorischen Mittwochsvollversammlung. Das war einfach so. Und passierte nichts, dann war es eine Finten-Demo.

Die Forderungen betrafen auch nicht nur mehr Lohn und weniger Arbeit, sondern kristallisierten sich im Wunsch nach einem Zentrum. Wie übrigens auch im Burghof in diesem Frühling im Jahr 2000. Schon die Jesuiten bauten im Südamerika des 18. Jahrhunderts mit den Ureinwohnern solche Zentren, bevor der Papst sie zurückbefahl, weil sie zu erfolgreich wurden. Sie nannten sie Reduktionen und sprachen von Freiheit in der Geborgenheit. Dieser Wunsch nach Geborgenheit, ohne die eigene Freizeit zu verlieren, gibt eine unheimliche Kraft des Wohlwollens und der Solidarität. Die immer noch mögliche kleine Utopie ohne Familiengründung.

Im Zentrum des Zentrums ist das Zentrum. Das Zentrum ist ein runder, weisser, leerer Raum. In diesem Raum herrscht Stille. Um diese zu erhalten, ist um den Raum herum ein runder Gang angelegt. Wer in den runden, weissen, leeren Raum gelangen will, hat vor dem Betreten des Ganges die Schuhe auszuziehen und zu schweigen. So stand es im «Eisbrecher», der Zeitung der Bewegung im Winter 1980/81.

Ein klösterlicher Ort, mit viel Lebensfreude, zum Schlafen, Essen, Lieben, Tanzen. Auch ein Ort der erotischen Begegnungen. Frei von allen Zwängen. Die Gefühle leben und spüren, autonom. Dazu gehört auch, dass die Leute draussen nicht genau wissen, was drinnen passiert, und die drinnen fühlen sich stark, autonom und wohl. Diese Autonomie enthält logischerweise auch den Konflikt mit der Aussenwelt. Und zwar jenseits des Schemas von links nach rechts.

24-Stunden-Betrieb, fehlendes Wirtepatent: Das waren Sachen von draussen. Und gerade dieser Konflikt, plus die vielen Leute, die aus allen Ecken der Schweiz in diesen «rechtsfreien Raum» hineindrängten, war schliesslich der Grund der eigenen Implosion. Als die Küchengruppe den definitiven Verleider hatte und das Areal verliess, wurde das Desaster sichtbar, und es blieb nichts anderes als permanente Schadensbegrenzung. Die Ansprüche waren zu hoch. Aber die Idee, die bescheidene Vision blieb, frei und geborgen, gleichberechtigt in einem Zentrum leben zu können. Und sie wird wohl wieder verstärkt auftauchen. Gerade in unserer Zeit des verbreiteten Singletums und der Fussballdemos, bei denen einem das Gesicht einschläft.

Jede Kultur und Kunst braucht diese Konflikte und Auseinandersetzungen. Auch Pro-

Mails/Zuschriften

vokation. Braucht Erneuerung, Aufbruch, Offenheit. Die Frage ist nur, wie die etablierten Verantwortungsträger damit umgehen, ohne dass sie im Kreis herumlaufen. Interessanterweise sind es heute gerade die mittlerweile etablierten, alternativen Institute, die Gefahr laufen, durch die zunehmende Professionalisierung jedes Pioniertum zu überfahren, zu normieren und so zur Erstarrung zu bringen: «Stelleli»-Mentalität. Und nicht gemerkt haben, dass heute die eigene Schliessung ansteht.

Heute ist alles anders, aber es geht alles schnell. An einer Konzertveranstaltung der UBS in einer Zürcher Nobeldisko werden Texte von Ulrike Meinhof gelesen, und die Zusammenarbeit mit den Medien klappt prima und ist toll. Der Paradeplatz wird zuasphaltiert und saniert, weil er komplett kaputt war, es gibt zu wenig Golfplätze, alle Verkehrsampeln werden ausgewechselt und weiss umrandet, und die urbanen Detektive wollen streiken. Was bleibt, ist die Frage, ob die Sittenpolizei die streikenden Detektive observiert und den harten Kern isoliert.

Noch ein Wort zur Drahtziehertheorie: Die Drahtzieher existieren nicht als Drahtzieher, sondern als Initiativ- und Arbeitsgruppen. Darum liess sich auch der harte Kern nie isolieren. Im «Stilett» konnte man damals lesen: Der harte Kern ist ungeniessbar, aber daraus wachsen Bäume.

Die Leute, die an der sonntäglichen Hauptausgabe der «Tagesschau» damals ungefragt mehr Sonnenschein für ihren inhaftierten Freund verlangten, lenkten Leon Huber und die Techniker mit tanzenden Mäusen ab. Niemand wurde berührt. Später verhafteten sie sich selber und entkamen ungestraft und ungefilmt. Die Rolle der Tanzmäuse bleibt historisch unbestimmt.

(aus: Neue Zürcher Zeitung 20.6.2000)

PMH, Zürich

1980 war ich als 26-Jähriger schon zu alt, um noch aktiv in der Bewegung mitzutun. Zum Besuch der VVs und zu Demoteilnahmen reichte es gerade noch. Uns, der «lost Generation» zwischen den 68ern und den Achtzigern, gab die Bewegung aber einen Kick, der auch zwanzig Jahre später noch prägend nachwirkt. Anders als die elitären und kopflastigen Aktivitäten von «1968» führte «1980» zu einem viel direkteren Politisierungsschub.

Damals war ich ein Anhänger von Jerry Rubin und Abbie Hofmann (Yippies), ihre anarchische «Do-it»-Philosophie hatten mich schon als 16-Jähriger mehr berauscht und inspiriert als die abgehobenen ML-Kurse und Kopfwichsereien der Linken. 1980 schien diese «Do-it»-Haltung mit dem Schlachtruf «Subito» plötzlich ein Pendant in Zentraleuropa gefunden zu haben.

Wie im Rausch wurde das wohlgeordnete zwinglianische Zürich an seinen Rändern aufgebrochen und längerfristig in seinen Grundfesten erschüttert. Zürich «lebte» auf einmal. Wie spannend! Die kalten Krieger (Sigi Widmer und Co.) mussten bald einmal abtreten und wurden durch smarte Kulturmanager wie Wagner, Hobi und Co. ersetzt. Der Wechsel war aber nur vordergründig: Bezeichnenderweise konnte sich Krieger Alfred Gilgen noch lange halten und wurde erst vor ein paar Jahren durch den Deregulierer Buschor ersetzt. Bezeichnenderweise würde Gilgen heute noch alles so machen wie vor zwanzig Jahren, wie er kürzlich in einem Interview sagte.

War in Zürich 1980 der Mangel an Freiräumen das Problem, ist es heute vielleicht das Überangebot. Es gibt wohl nur wenige Städte dieser Grösse, welche über ein so reichhaltiges kulturelles Angebot verfügen. Das ist zwar sehr erfreulich, gibt aber doch zu denken. Frage an die heutige Jugend: Welches Neuland gibt es in Zürich noch zu erobern, welche Mauern sind noch einzureissen, welche Türen zu öffnen, wofür lohnt es sich noch einzustehen, zu kämpfen in dieser Stadt? Wo doch alle so happy sind?

Die Kämpfe finden heute globalisiert statt, vereinfacht gesagt zwischen dem reichen Norden und dem armen Süden, dem reichen Westen und dem armen Osten. 1980 war deshalb auch die letzte Gelegenheit für einen Luxuskampf der verwöhnten Bürgerkids. Heute wird an freien Samstagen auf Zürcher Strassen nur noch in Massen getanzt. Wie passend.

Punk, Basel

War schon in der Schule politisch immer sehr interessiert, als einer der wenigen. Eher konservativ-traditionelles Elternhaus. Sportverein war okay, aber sich politisch zu engagieren, fiel aus dem Rahmen. Deshalb immer irgendwie das schwarze Schaf der Familie. Ging regelmässig mit Schulfreunden an 1. Mai-Demos. Die traditionellen Gewerkschafter konnten uns nie leiden, wir waren nicht einzuordnen und nicht zu kontrollieren.

Geprägt hat mich unter anderem eine Besetzung der Tramschienen in Basel, die ich als Jugendlicher rein zufällig beobachtet habe. Der Polizeieinsatz ist mir ziemlich eingefahren damals und hat wesentlich dazu beigetragen, mich nachher zu engagieren. Als ich von den Zürcher Opernhaus-Krawallen hörte, war ich begeistert! War in Basel von Anfang an dabei. Mir ging es in erster Linie um Kreativität, wollte zeigen, dass die Jugend nicht nur aus Pfadi und Sportverein besteht.

Habe geholfen im Ur-AJZ Konzerte zu organisieren. Fand gut, wie stark der Zu-

Mails/Zuschriften

sammenhalt war, trotz vieler Widerwärtigkeiten. Bin irgendwie immer davongekommen, manchmal ganz knapp. Die Polizeigewalt und die Ohnmacht des Staates uns gegenüber hat mich bis heute geprägt. Habe in dieser Zeit trotz allem meine Lehre abgeschlossen, führte quasi ein Doppelleben. Das eine ging von 8 bis 18 Uhr, das andere fing um 18 Uhr an.

Die Bewegung schien mehrmals zu Ende zu sein. An der Hochstrasse nahmen irgendwann die Drogen überhand, nichts ging mehr. Doch es ging immer weiter, es kamen immer neue Demos, Besetzungen und vor allem neue Ideen. Zuletzt waren die Stadtgärtnerei und das Union für eine gewisse Zeit Mittelpunkt meines Lebens, das war toll.

Geblieben sind Gesichter von damals. Die einen sieht man heute noch auf der Strasse, in der Kneipe, an Konzerten. Die anderen sind an Drogen gestorben. Geblieben sind Erinnerungen an Tränengas und Gummigeschosse, an Faschos und Spitzel. Angst war da, aber vor allem eine immense Wut auch. Ich erinnere mich an die Grossdemo mit 10 000 Leuten in Basel, an die Besetzung der Kleinen Bühne des Theaters, an die Partynacht nach der Besetzung des Spital-AJZs, an unzählige VVs mit endlosen Diskussionen. Es gab während meiner Lehre in der gleichen Schulklasse Leute, die auf der Seite der Faschos gegen uns gekämpft haben, das war eine merkwürdige Erfahrung. Ich blieb das schwarze Schaf in der Familie, aber das war mir egal.

Roland Heer, Zürich

Dass die Achtziger Bewegung viel mehr eine Bewegung der Formen als der Inhalte waren, zeigt mir ein Gedicht, das ich als 20-Jähriger im Szenemagazin Bulwar geschrieben habe. Die Inhalte hatten schon weitgehend abgedankt, sie entlockten uns nur noch ein höhnisches Lachen. So etwas wie ein Inhalt konnte jedenfalls, wenn überhaupt, nur noch verkleidet in neuen Formen geäussert werden.

Wir explodierten in neue Gestaltungsweisen, in neue Darstellungsarten hinein. Da waberte und wucherte es denn rhizomisch, wir suchten neue Sprachen, andere Formen des Ausdrucks, der Lebensgestaltung, des Zusammenlebens, mein Gott, tönt das pathetisch.

Über diese neuen Formen ist Zürich in einem länger dauernden Prozess erst zu dem geworden, was es heute ist. Zu überwinden gab es allerdings zuerst Jahre der versandenden Energie, der Depression. Aber natürlich hat sich's gelohnt. Ich bin jedenfalls erst mit den Achtzigern erwacht und erwachsen geworden, zu so etwas wie einem halbwegs bewussten Wesen und einer Art Dichter.

Erinnerungen an vorher, an die 60er, die 70er hab ich schon: an verendende Meerschweinchen, an die erste Mondlandung, als ich noch in Adliswil lebte. Zürich muss damals ein schrecklich verbohrtes Kaff gewesen sein, die Schweiz, Europa, die Welt ein unerträglich biederer Ort.

Zürich ist in den Achtzigern entzweigebrochen, wahrhaftig wie ein Eisberg aufgebrochen, losgedriftet, mein Gott, wie das tönt. Und das Bild ist natürlich falsch. Zürich ist nirgendwo hingegangen. Wir sind noch immer da, wo wir sind, und das ist ja nicht immer lustig. Aber Zürich ist zu einer urbanen Fläche, zu einem erträglichen Stück Erde geworden. Es lässt sich hier doch so ungefähr leben, stimmt doch, oder?

Widmer Sigmund (Pseudonym), Zürich
Toll war's schon, die vielen Spez und dazwischen die Gratisjoints der Sozis. Die SVP brachten Hürlimann-Bier ins AJZ, der Hatt-Haller Pflastersteine in Mulden, und die Polizisten mussten zur Strafe die Strassen mit den Besen aufwischen.

Dass sich die Intellektuellen anbiederten, ist keine Erfindung von heute. Händchenhalten gilt nicht. Die Bewegung ist tot, genauso wie Max nicht mehr lebt (totgeschlagen) und Dani und Michi zu Tode gehetzt wurden (verbotene Fahrtrichtung).

Was von der Uni kam, war Scheisse. Am heutigen Revival geilen sich die Angsthasen von damals auf. Täter gibt es keine mehr, depressiv, heimatlos haben sie verloren, rennen im Kreis 5 dem Crack nach oder haben sich von der Marktwirtschaft verabschiedet und flechten lieber Körbe, als sich noch mehr geistig verkrüppeln zu lassen.

Verschont uns mit den Alibi-Bewegten, die irgendwie doch Karriere gemacht haben. Die Schweine von damals schleimen sich an und versuchen die Ereignisse aus ihrer Perspektive zu monopolisieren. Jetzt wird Geschichte neu geschrieben.

Wer meint, Bern oder Basel habe irgendetwas mit der Zürcher «Bewegig» zu tun gehabt, soll sich lieber einen Alzheimer diagnostizieren lassen und einfach das Maul halten.

The winner takes it all. Die Jugendunruhen sollen die Zukunft vorweggenommen haben, nur nicht laut sagen, sonst fallen Vögel tot von den Bäumen.

Solidarität mit der RAF. Gegen das imperialistische Kapital. Friede den Hütten, Student power what a shower.

Stefan Müller, Zürich
Was sie uns wirklich wert war, wurde uns erst bewusst, als sie nicht mehr war, die «Habi»: nämlich eine Oase inmitten des mit Packeis überzogenen Zürichs. Kern dieser Oase war eine abgewirtschaftete Dreizimmerwohnung in einem sanierungsbedürftigen Mehrfamilienhaus, eingegliedert in eine typische Zür-

Mails/Zuschriften

cher Blockrandbebauung. Das Objekt der Erinnerung lag an der Habsburgstrasse in Zürich-Wipkingen, daher der Name «Habi». Da lebten wir zu dritt, zeitweilig sogar zu viert. Von dieser Warte erlebten wir die ominösen Achtzigerjahre, die so genannten Jugendunruhen, die Wohnungsnotbewegung und den dazugehörigen Häuserkampf. Das AJZ war damals schon eingestampft und zu einem Busparkplatz umfunktioniert; viele Hoffnungen, Wünsche, Ideale waren bereits eingedampft, eingemottet oder vollends zerschlagen.

Ich indessen freute mich, endlich der familiären Enge und vor allem dem ungnädigen Zwangskorsett meiner vierjährigen Fabriklehre entkommen zu sein. So zog ich 1983 zusammen mit einem Freund an die Habsburgstrasse.

Das Haus steht zu diesem Zeitpunkt ganz im Zeichen eines Generationenwechsels. Ältere Menschen sterben oder ziehen weg, jüngere kommen nach. Wir sind, vor allem nachdem sich der jüngere Bruder meines Freundes dazu gesellt hat, weitaus die Jüngsten. Im Haus nennen sie uns bald «die Jungen». Mit der Zeit wächst ein dichtes Geflecht von Kontakten und Beziehungen quer durch das ganze Haus. Einladungen, Feste, gemeinsame Unternehmungen sind die Folge. Zentraler Treffpunkt ist dabei unsere Wohnung, im Sommer verlagert sich das Geschehen allerdings häufig in unsere «erweiterte Stube», der begrünten Dachterrasse. Für die hitzigen Gemüter (zum Beispiel nach einer jener zahlreichen Demos, die wir kaum jemals versäumen) gibt es eine Badewanne und für die SternenanbeterInnen Matratzen, von denen rege Gebrauch gemacht wird. Einmal nistet sich sogar ein quartierbekannter Clochard fest im Dachstock ein, was selbst uns, «Leuten mit losen Sitten», nicht ganz behagt.

Nach dem erfolgreichen Lehrabschluss scheint mir nun eine Zeit angebrochen, in der nicht eine solide Berufskarriere ansteht – wie es sich gehört –, sondern eine Zeit der grossen Sehnsüchte; Ideen und Pläne zuhauf, diffus, aber lustvoll. Nach Jahren des Müssens, des Fremdbestimmtseins will ich endlich tun und lassen, was mir hundertprozentig beliebt. Ich will in den Tag hineinleben und das Sein mit Hingebung geniessen. Dieses Gefühl teile ich mit meinen FreundInnen, «Tagedieben» wie ich.

Der Lebensunterhalt verdient sich in dieser Zeit relativ leicht, abgesehen davon, dass Arbeiten, insbesondere geregeltes, in unseren Kreisen verpönt ist, «eine Sache der Bürgis». Wir wollen nicht möglichst viel Freizeit, sondern möglichst viel Zeit zum Leben abseits der Lohnarbeit. Mit Gelegenheitsjobs von wenigen Monaten Dauer bringen wir uns komfortabel übers Jahr. Die günstige Wohnung und das weitgehende Teilen der Kosten in der WG und ein nach gängigen Massstäben äusserst genügsamer Lebensstil tragen das Ihrige dazu bei.

Viele Beannte und Unbekannte fragen uns immer wieder verständnislos, was wir denn den ganzen Tag über tun, wenn wir nicht arbeiten: Zunächst einmal tüchtig ausschlafen, dauern doch die Nächte zuweilen sehr lange. Es folgt ein ausgiebiges Frühstück, Haushalten, die Wohnung besser oder praktischer einrichten (selfmade ist en vogue). Das Wohnen ist uns sehr wichtig.

Das Wohnen wird zum eigentlichen Zentrum unseres Lebens, umso mehr Wert legen wir auf die Gestaltung der Wohnung. Punk ist dabei nicht nur die tägliche Begleitmusik, sondern vielmehr eine Lebensphilosophie – Punk als Synonym für Anarchie. Diese Philosophie findet auch ihren Ausdruck in unserem Wohnstil. Wir verhalten uns mehr als Hauseigentümer denn als Mieter. Wir streichen die Wohnung nach unserem Geschmack: Fenster- und Türrahmen in allen Farben des Regenbogens, das Badezimmer zu einem Südseeparadies, wo einzig das Meeresrauschen fehlt. Auch die Schlafzimmer erhalten einen gründlichen Aufputz. Das eine Zimmer verwandelt sich mit seinen Schwartenhölzern zu einem Rustico, während das andere Zimmer mit seinem gigantischen Hochbett zu einer Blockhütte wird. Eines Tages kommt die Schwester der Vermieterin zu einem Kontrollbesuch. Sie tritt unangekündigt in die Wohnung ein, ihr Blick fällt auf das frisch gesprayte UDSSR-Emblem, Hammer und Sichel, an der Küchenwand. Wie vom Schlag getroffen, macht die Frau rechtsumkehrt und seit diesem Tag ward die gute Fee in unserer Wohnung nimmer gesehen.

Wenn die Sonne scheint, gehen wir der Sonne nach oder Leute besuchen. Abends drängen wir zu mehrt – Gäste sind regelmässig zugegen – um den grossen, abgewetzten Holztisch in der engen Küche und führen uns ein gepflegtes Nachtmahl zu. Gekocht wird nämlich viel und gerne und nicht selten opulent. Anschliessend veranstalten wir vielleicht eine Spielrunde bei Bier und Joint, die bis in die Morgenstunden dauern kann. Oder wir pilgern an ein Konzert, um uns unser Lebenselexier, den Punk, in der Roten Fabrik oder woanders einzuverleiben. Für solche Konzerte reisen wir auch im voll gestopften Auto durch die halbe Schweiz, manchmal sogar ins nahe Ausland. Pogotanzend und biertrinkend rauschen wir ab ins Morgengrauen, das abgetakelte Outfit durch und durch schweissgetränkt.

Musik ist uns sehr wichtig: morgens zum Aufwachen, tagsüber und nachts zum Einschlafen, meist Punk oder irgendwelchen Undergroundsound. Natürlich machen wir alle auch selbst Musik. Denn die Punk-Philosophie verschafft jeder oder jedem die Möglichkeit, ein Musikinstrument in die Hand zu

Mails/Zuschriften

nehmen und damit anzustellen, was sie oder er will. Egal, wie das Ergebnis klingt. Hauptsache es macht Spass. Einen regnerischen Nachmittag oder eine halbe Nacht verbringen wir allemal in der miefigen Betongruft eines Luftschutzraumes und bearbeiten abwechslungsweise ein Instrument, so lange, bis uns die ersten Blasen an den Fingern, gereizte Stimmbänder und ein Krampf im Arm zwingen aufzuhören.

Das Lebenskünstlertum an der Habi nahm 1990 ein jähes Ende, das Ende des Biotops Habi war eingeläutet. Über Bekannte im Quartier erfuhren wir, dass unser Haus zum Verkauf ausgeschrieben sei. Nach einem ersten Schock reagierten wir: Wir boten uns als KäuferInnen des Hauses an. Doch wir machten die Rechnung ohne die Wirtin. Wir hatten vergessen, dass uns die Hausbesitzerin gar nicht wohl gesonnen war und ohnehin nur dem Meistbietenden zu verkaufen gedachte – es herrschte die Blütezeit der Zürcher Immobilienspekulation. Rasch wechselte dann das Haus die Hand, nachdem selbst die Stadt Zürich als Interessentin durch ein astronomisches Angebot ausgebootet wurde. Der neue Besitzer war ein Spekulant aus dem Prostitutionsmilieu, stadtbekannt für seine rüden Methoden. Dank Mieterstreckung erhielten wir zwar einen einjährigen Aufschub bis zum endgültigen Auszug. Innerhalb dieser Periode entwickelte sich indes ein regelrechter Kleinkrieg zwischen MieterInnen und Vermieter. Dieser schreckte bisweilen selbst vor Gewalt nicht zurück. Er engagierte «schwere Jungs» aus seinem lichtscheuen Umfeld, die den BewohnerInnen einheizen sollten. Des Vermieters Taktik zeitigte tatsächlich einigen Erfolg, denn die Mehrheit der MieterInnen hielt es nicht mehr aus, den ständigen Terror zu erdulden und auf einer monatelangen Baustelle leben zu müssen.

Schon kurz nach dem Besitzerwechsel liess der Vermieter das Haus einrüsten und begann mit der Renovierung. Im Treppenhaus wurden umgehend die Aussenwände entfernt, die Waschmaschine abtransportiert sowie die Telefon- und Gasleitungen gekappt; ungeachtet der Tatsache, dass wir weiterhin rechtmässige MieterInnen waren. Wir setzten alle Hebel in Bewegung. Vergeblich. Unsere bereits gehegten Zweifel am Rechtsstaat wurden vollends bestätigt. Noch mehr, als wir auch noch um Strom und Wasser bangen mussten. Am Ende schalteten wir die Medien ein, die fleissig über unseren Fall berichteten. Ohne Erfolg.

So endete, was so verheissungsvoll begonnen hatte, in einer grossen Enttäuschung. Das Biotop Habi war am 30. September 1990 definitiv zu Ende und lebt einzig fort in der Erinnerung zahlreicher BewohnerInnen, die über eine kürzere oder längere Zeit dort wohnten.

Urs P., Zürich

Ich bin als ältestes von fünf Geschwistern auf einem kleinen Bauernhof im Zürcher Unterland aufgewachsen. Der Hof, das war der Mittelpunkt der Welt; alles drehte sich nur um den Hof und sein Überleben. Für dieses Ziel trieben die Eltern die Selbstausbeutung bis an die physischen Grenzen – Mitarbeit der Kinder von klein auf inbegriffen.

Obwohl ich die besten Noten in meiner Primarklasse hatte, war die Lehrerin der Meinung, dass ein Bauernsohn nicht aufs Gymnasium gehöre. Nachbarn sahen das etwas anders und setzten durch, dass ich angemeldet wurde – mir war das eigentlich egal, da ich keine Ahnung vom Gymnasium hatte. Das war wohl auch besser so, denn was folgte, war in etwa das Schlimmste, das einem mit 12 Jahren passieren kann. Die schulischen Anforderungen waren weiterhin kein Problem. Bald aber war klar, dass das Gymnasium auf einem anderen Planeten lag; da wurde eine andere Sprache gesprochen, da galten ganz andere Werte. Schlimmer noch: Was ich zu Hause gelernt hatte (und das war eine ganze Menge), war nicht nur nichts wert, sondern genau das, was es mit «Bildung» zu überwinden galt. In dieser neuen Welt kamen meine Eltern nur noch als ungebildete Bauerntrottel vor. Diese völlige Umkehrung der alten Werte bewirkte das Gefühl, den Boden unter den Füssen, jeglichen Halt zu verlieren. Die Folge war eine völlige Verunsicherung und ein grenzenloser Hass – Hass auf diese primitive, stinkende, dunkle Welt zu Hause; Hass auch auf diese eingebildete Welt der Vornehmen, die alles für sich gepachtet haben: Schönheit, Reichtum, Selbstbewusstsein, Macht – vor allem auch die Macht, «meine» Welt (heute würde ich sagen: die bäuerliche Kultur) zu zerstören. Hätte es damals eine Organisation gegeben, die dazu aufgerufen hätte, den «Züriberg» in die Luft zu jagen, hätte ich wahrscheinlich mitgemacht. Statt «roter Khmer» bin ich dann Arzt geworden.

Politik war zu Hause kein Thema oder wurde in unbestimmten Nebensätzen abgehandelt – wer ums wirtschaftliche Überleben strampelt, hat keine Zeit für Politik. Während der Gymi-Zeit bin ich über Nachbarn (ehemalige Kommunisten, die dann in der SP gestrandet sind) in die Anti-AKW-Bewegung gekommen. Wir hatten eine eigene Gruppe in unserem Dorf und waren eine Zeit lang sehr aktiv, inklusive Teilnahme an allen grossen Anti-AKW-Demonstrationen jener Zeit. Die folgenden Abstimmungsniederlagen waren sehr ernüchternd und hinterliessen bei mir das Gefühl, dass man in der Schweiz nie und nimmer etwas ändern könne.

Nach der Matur hatte ich 1979 ein Studium in Geschichte und Ethnologie angefangen und war Anfang 1980 nach Zürich gezogen. Das Erste, was ich von der Achtziger Bewe-

Mails/Zuschriften

gung mitbekam, war die Besetzung der Langstrassenunterführung durch die Gruppe ‹Luft und Lärm› Anfang Mai. In unserer WG direkt bei der Unterführung hörte ich es zwar knallen, beachtete das Geschehen aber nicht weiter. Am nächsten Tag konnte ich in der Zeitung lesen, was sich vor meiner Haustür so ereignet hatte! An der Uni waren wir eine Gruppe von 5 Leuten, die viel zusammen waren. Eine aus der Gruppe wohnte damals mit F. M. (alias «Herr Müller») in einer besetzten Villa am Züriberg. Sie überredete mich, sie Ende Mai an eine Demo vors Opernhaus zu begleiten. Eigentlich hatte ich gar keine Lust dazu, da es ja sowieso nur eine dieser langweiligen Latschdemos werden würde. Vor dem Opernhaus blieben wir in den hinteren Reihen und bekamen von den Ereignissen vorne zunächst sehr wenig mit. Nach dem ersten Tränengaseinsatz dachte ich mir, dass sei's dann wohl gewesen. Aber nach der ersten Panik blieben die Leute auf dem Bellevue, standen herum und einige fingen an, Barrikaden zu bauen. So ging es dann einfach weiter.

Allen war klar, dass sich da etwas Unerhörtes ereignete, etwas, das es gar nicht geben dürfte: Die kollektive Demontage der gutbürgerlichen Werte, und zwar auf eine sehr lustvolle Art. Krawall tönt nach Gewalt und Krieg. Dieser Abend aber war ein Fest. Was ebenso klar war: Wer die Macht hat, reagiert auf die Umkehrung der eigenen Werte nicht mit Selbstzweifeln und Hass, sondern schlägt zurück. Die Bedrohung der eigenen Welt rechtfertigt alle Mittel.

Ich brauchte kein AJZ, und die Militanz der Bewegung war nicht meine Sprache – dafür war ich wahrscheinlich schon zu «alt». Die Militanz der Bewegung schaufelte aber ein Feld frei von den Zwängen und Normen der Gesellschaft; auf diesem Feld konnte wachsen und gedeihen, was und wie es wollte: Alle waren aufgerufen, ihrer Kraft und Fantasie freien Lauf zu lassen; alles war erlaubt, solange es niemandem schadete. Was vorher so starr und unverrückbar schien, hatte plötzlich Risse bekommen, war ins Fliessen geraten.

In Erinnerung geblieben ist mir zum Beispiel eine der ersten Vollversammlungen im Volkshaus (der einzigen, an der ich dabei war): Beraten oder diskutiert wurde eigentlich gar nichts. Die Stimmung war dennoch unbeschreiblich: Allen war klar, dass WIR am Drücker sind, dass WIR sagen, wo's langgeht. Das also war sie, die MACHT, die dieser verrückte – und eigentlich verschwindend kleine – Haufen von Bewegten gesucht hatte!

Zum Beispiel das Auto, das während einer Demo brüsk neben uns bremst; Türen werden aufgerissen und eine Gruppe Zivilpolizisten spurtet gezielt auf eine Gruppe zu, um ohne Hemmungen loszuprügeln. Wer gab diesen Polizisten welche Befehle? Wurden die überhaupt noch kontrolliert?

Zum Beispiel der Polizist, der aus einer Distanz von vielleicht 5 Metern sein Gummischrotgewehr auf mich richtet, es sich dann noch anders überlegt und die ganze Ladung knapp an meinem Kopf vorbei ins Schaufenster jagt. Letzte Grenzen wurden offenbar (meistens) respektiert. Was aber, wenn der «Züriberg» – heute wohl eher das Züri-See-Ufer – einmal nicht nur symbolisch sondern real in seiner Macht herausgefordert werden sollte?

Die Bewegung hat in mir sehr viel bewegt. Da waren zunächst zwei Ideen, die ohne die Bewegung wohl Ideen geblieben wären: Ab 1982 bis zu meinem Wegzug aus Zürich kaufte ich jedes Frühjahr ein Schweinchen, das ich mit Abfällen aus dem Quartier mästete und im Dezember jeweils schlachtete – wie es bei den Eltern immer gewesen war. Zuhause hatten alle Nachbarn immer einen Teil der Metzgete bekommen, jetzt gab es jeweils ein Fest für die Besucher des Quartierhauses im Kreis 5. Für die meisten war diese Sache mit dem Schwein ganz einfach ein «Gag», für mich natürlich viel mehr: Der bewusste Rückgriff auf das Wissen der Eltern war auch eine Rückeroberung der Vergangenheit.

In den Sommerferien 1982 hatte ich das Openair-Kino im Circo Massimo in Rom gesehen. Da ich inzwischen am Röntgenplatz wohnte, wollte ich das unbedingt auch bei uns machen. Noch Anfang der achtziger Jahre machte mit Beginn der Sommerferien das kulturelle Leben in Zürich ebenfalls Pause: Keine Kinopremieren, keine Konzerte, einfach nichts – obwohl der Sommer doch die schönste Zeit in Zürich ist. Die Leute an einem warmen Sommerabend auf einem Platz mitten in der Stadt zusammenbringen, essen und trinken und dann noch einen Film ansehen, das war die Idee hinter dem Sommerkino auf dem Röntgenplatz. Im Stadtrat war als Folge der Unruhen Thomas Wagner gewählt worden, der neu eine offene Kulturpolitik betrieb und deshalb (eigentlich gegen alle Erwartungen) die Bewilligung für das Sommerkino gab. Im dritten Jahr machte der «Tages-Anzeiger» daraus eine Titelgeschichte im Veranstaltungskalender und statt 200–300 Leute sassen plötzlich tausend Leute vor und hinter der Leinwand. Damit war bewiesen, dass das Openair-Kino massenhaft Leute anziehen kann. Im folgenden Jahr kam das Kino am See (gleiche Idee, nur monetarisiert), und inzwischen hat schon bald jedes Dorf sein Openair-Kino. Ideen lassen sich also nicht nur verwirklichen, sondern können auch weit reichende Folgen haben.

Schliesslich ist es das, was die Bewegung gezeigt hat: Man ist dieser Welt nicht (nur) ausgeliefert; man kann eingreifen, man kann sie verändern – weil die Bewegung auch einen selber verändert hat. Für mich war die Bewegung eine Revolution, meine Revolution.

Mails/Zuschriften

Markus Rüegg, Zürich
Vom Lemming zum Schmetterling – Meine Lehren aus der Achtziger Bewegung

Die Achtziger Bewegung kritisieren ist einfach, aber es heute besser machen ist einiges anspruchsvoller. Ich arbeite zurzeit in der immer breiter werdenden Anti-Globalisierungsbewegung und finde es wichtig, dass wir unsere Lehren aus unserer Vergangenheit ziehen. Die Gegenseite macht das ständig. Da werden teure Studien in Auftrag gegeben, Think tanks gegründet und ganze Universitäten voll «Wissenschaffender» stehen zur Verfügung, um darüber zu brüten, wie solche chaotischen Tendenzen eingedämmt, systemgefährdende Entwicklungen eliminiert und missliebige Ideen am elegantesten ausgemerzt werden können. Umso wichtiger ist unsere eigene «Geschichtsschreibung von unten», die sich nicht mit Systemerhaltung beschäftigt, wie die offiziellen Historiker, sondern damit, was es braucht, um das System aus den Angeln zu heben, zu transformieren.

Die Achtziger Bewegung war für mich ein Schlüsselerlebnis. Was ich vorher nur aus der Theorie kannte, erlebte ich plötzlich hautnah am eigenen Leib – die Revolution frisst ihre Kinder. Sobald die Projektionsfläche des äusseren Feindes nicht mehr zur Verfügung stand, wurde der bewegungsinterne Prozess der Selbstzerfleischung immer extremer. Mit der Sturheit der Betonköpfe, mit der Repression von Polizei und Justiz, auch mit dem Abflauen der Bewegung konnte ich umgehen. Damit hatte ich gerechnet. Doch diese gruppendynamischen Prozesse der Selbstzerstörung, der Degeneration trafen mich völlig unvorbereitet. Sie stürzten mich in schwere Depressionen. «Mein Kind» war damals, wie für viele AktivistInnen, die Bewegung: Es hatte sich über Nacht in ein Monster verwandelt!

Dieser Schock war gross genug, dass ich damit begann, mich tiefer mit den Hintergründen dieser Mechanismen zu befassen. Ich realisierte schon im AJZ, dass es in erster Linie Menschen mit einer schwachen Persönlichkeitsstruktur waren, die sich einer fixen Ideologie, einer autoritären Gruppe anschlossen, die ihnen einen imaginären Halt suggerierte, ihnen ein Fundament vorgaukelte, das sie sich so sehr wünschten, ohne dass sie sich dessen bewusst waren, geschweige denn zu artikulieren vermochten. Dieser Sachverhalt war und ist auch der Grund, warum Menschen mit dieser Persönlichkeitsstruktur sich auch immer gleich persönlich angegriffen und in ihrer Identität in Frage gestellt fühlen, wenn jemand in einer Auseinandersetzung eine andere Meinung vertritt. Ich machte die schmerzliche, aber auch ernüchternde Erfahrung, dass es im grossen Ganzen nur mit AktivistInnen möglich ist, über diese Mechanismen zu reden, die nicht nur die äussere Welt verändern wollen, sondern auch ihre innere Welt – die bereit sind, auch vor der eigenen Türe zu wischen.

Die Quintessenz, die ich aus all diesen Erfahrungen gezogen habe, lautet: Bei wichtigen Sachen arbeite ich nur noch mit Menschen zusammen, die in irgendeiner Form aussen und innen arbeiten. Vor allem auf der Beziehungsebene und besonders in Konfliktsituationen zeigt sich immer wieder deutlich, dass soziale Kompetenz und emotionale Intelligenz, um es einmal mit den gegenwärtigen Modebegriffen zu sagen, oft über sein oder nicht sein entscheiden. Deshalb arbeite ich auch bei «i21» mit, einem Projekt für eine Volks-Universalinitiative für eine solidarische, zukunftsfähige Schweiz, die weltverträglich ist. Und im Rahmen von Holon, einem sozial, ökologisch, politisch und spirituell kreativen Netzwerk veranstalte ich periodisch Netzwerkessen. Sie sollen vor allem der Beziehungspflege zwischen AktivistInnen von NGO's, aber auch engagierten Einzelpersonen dienen.

Ich möchte lernen, in meinem politischen Engagement ganzheitlicher zu arbeiten. Die Jungen wollen mehr Spass haben, den Frauen sind unsere Sitzungen zu trocken, den Bauchmenschen zu kopflastig, den Herzmenschen zu kalt, den Sinnlichen zu wenig erotisch. Was ich suche, ist eine Synthese aus all diesen Ebenen. Starhawk, die Wicca-Hexe und eine der Organisatorinnen von Seattle formuliert es so: «Die Aktion umfasste Kunst, Tanz, Feiern, Singen, Rituale und Magie. Sie war mehr als nur ein Protest, sondern die Errichtung einer Vision wirklicher Fülle, eine Feier des Lebens, der Kreativität und Verbundenheit, die auch angesichts der Brutalität fröhlich blieb, und schöpferische Kräfte zum Vorschein brachte ...» (Holon-Journal 11/2000) Die Veranstaltungsreihe dieser Netzwerkessen soll auch eine Zukunftswerkstatt sein, um uns gegenseitig Spiegel zu sein beim Lernen, diese hoch gesteckten Ziele in die Tat umzusetzen.

Ungekürzte Versionen aller Zuschriften auf dem Web unter der Rubrik Mails.

Mails/Zuschriften

Die Achtziger Bewegung in Dokumenten

Flugblätter

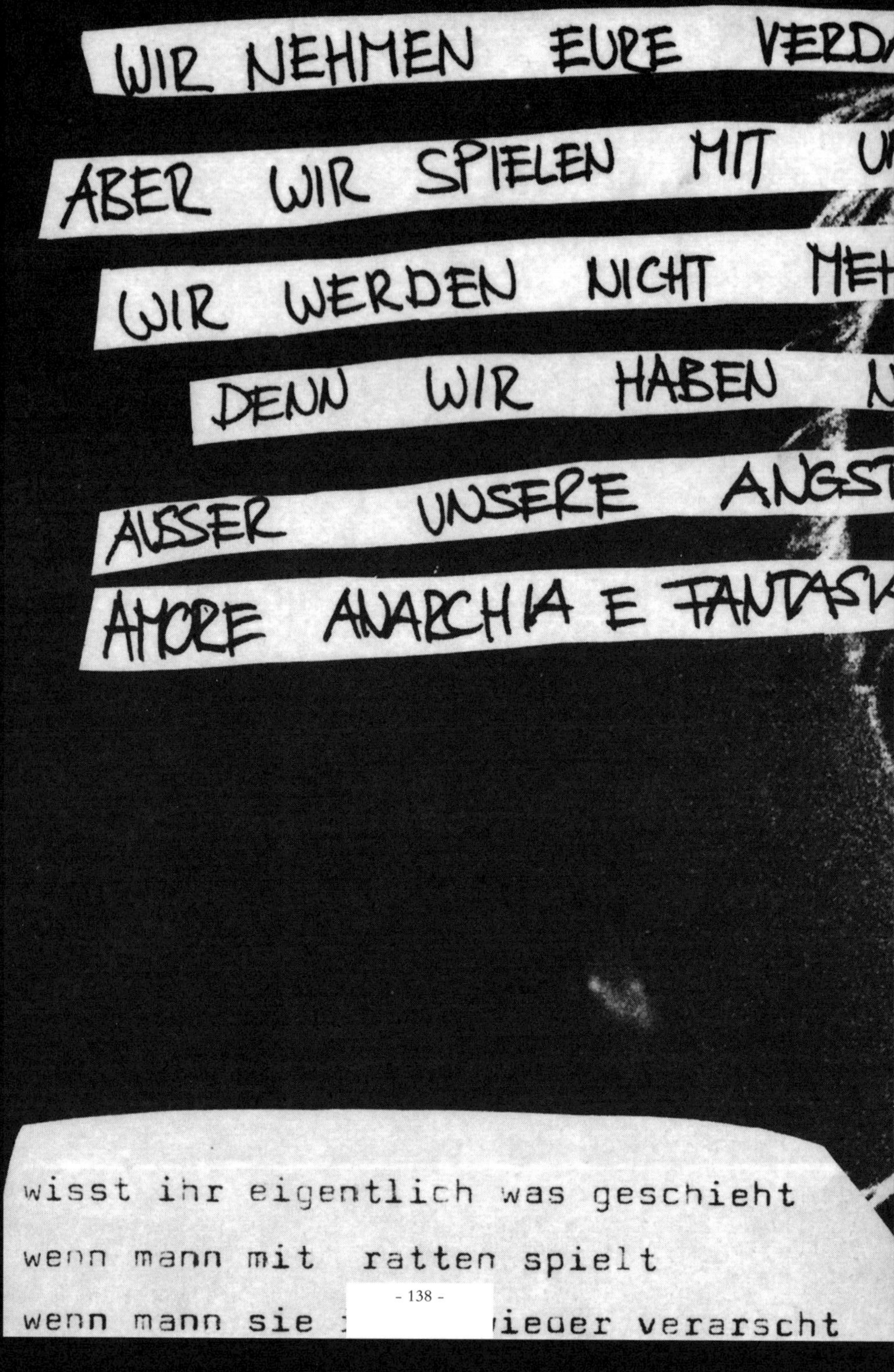

WIR NEHMEN EURE VERD[...]
ABER WIR SPIELEN MIT U[...]
WIR WERDEN NICHT MEH[...]
DENN WIR HABEN N[...]
AUSSER UNSERE ANGST
AMORE ANARCHIA E FANTASI[A]

wisst ihr eigentlich was geschieht
wenn mann mit ratten spielt
wenn mann sie [...] ieuer verarscht

ITE KRIEGSERKLÄRUNG AN
EREN REGELN DASS H SST
SPIELEN WIR MACHEN ERNST
TS MEHR ZU VERLIE

1; 2; 3
4; 5; 6
7; 8

1 Basel, 1982
2 Basel, 1988
3 Basel, 1989
4 Basel, o.D.
5 Basel, o.D.
6 Basel, o.D.
7 Basel, o.D.
8 Basel, o.D.

Die Achtziger Bewegung in Dokumenten

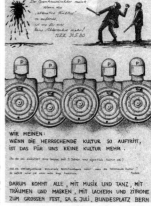

1; 2; 3
4; 5; 6
7; 8

1 Basel, o.D.
2 Basel, o.D.
3 Bern, 1980
4 Bern, 1980
5 Bern, 1980
6 Bern, 1980
7 Bern, 1980
8 Bern, 1980

1; 2; 3
4; 5; 6
7; 8

1 Bern, 1980
2 Bern, 1980
3 Bern, 1980
4 Bern, 1980
5 Bern, 1980
6 Bern, 1981
7 Bern, 1981
8 Bern, 1981

Die Achtziger Bewegung in Dokumenten

1; 2; 3
4; 5; 6
7; 8

1 Bern, o.D.
2 Bern, o.D.
3 Bern, o.D.
4 Bern, o.D.
5 Bern, o.D.
6 Bern, o.D.
7 Zürich, 1980
8 Zürich, 1980

1; 2; 3
4; 5; 6
7; 8

1 Zürich, 1980
2 Zürich, 1980
3 Zürich, 1980
4 Zürich, 1980
5 Zürich, 1980
6 Zürich, 1980
7 Zürich, 1980
8 Zürich, 1980

Die Achtziger Bewegung in Dokumenten

1; 2; 3
4; 5; 6
7; 8

1 Zürich, 1980
2 Zürich, 1980
3 Zürich, 1980
4 Zürich, 1980
5 Zürich, 1980
6 Zürich, 1980
7 Zürich, 1980
8 Zürich, 1980

1; 2; 3
4; 5; 6
7; 8

1 Zürich, 1980
2 Zürich, 1980
3 Zürich, 1981
4 Zürich, 1981
5 Zürich, 1981
6 Zürich, 1981
7 Zürich, 1981
8 Zürich, 1981

Die Achtziger Bewegung in Dokumenten

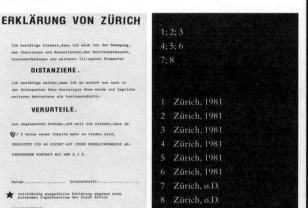

ERKLÄRUNG VON ZÜRICH

Ich bestätige hiermit,dass ich mich von der Bewegung,
den Chaotinnen und Randalierern,den Barrikadenbauern,
Steinewerferinnen und weiteren ill-egalen Elementen

DISTANZIERE.

Ich bestätige weiter,dass ich ab sofort nur noch in
den Sinnepunkten 80er Nostalgie üben werde und jegliche
weiteren Aektschens als kontraproduktiv

VERURTEILE.

Aus obgenannten Gründen,und weil ich einsehe,dass im
♥ J Z keine neuen Inhalte mehr zu finden sind,
VERZICHTE ICH AB SOFORT AUF JEDEN MOEGLICHERWEISE AN-
STECKENDEN KONTAKT MIT DEM A J Z.

Datum:................. Unterschrift:..................

★ vollständig ausgefüllte Erklärung abgeben beim
Autonomen Jugendzentrum der Stadt Zürich

verantwortlich:
Intressengemeinschaft Neutrale Zürcher Zürichs (IG-NZZ)

1; 2; 3
4; 5; 6
7; 8

1 Zürich, 1981
2 Zürich, 1981
3 Zürich, 1981
4 Zürich, 1981
5 Zürich, 1981
6 Zürich, 1981
7 Zürich, o.D.
8 Zürich, o.D.

1; 2; 3
4; 5; 6
7; 8

1 Zürich, o.D.
2 Zürich, o.D.
3 Zürich, o.D.
4 Zürich (?), o.D.
5 o.O, o.D.
6 o.O, o.D.
7 o.O, o.D.
8 o.O, o.D.

Die Achtziger Bewegung in Dokumenten

friede den ...
- chaoten
- kommunen
- steinwerfern
- homos
- frauen
- windmühlen
- AJZs
- sprayern
- anarchos
- ACHMED
- autonomen

krieg den ...
- militaristen
- spekulanten
- waffenschiebern
- päpsten
- sexisten
- AKWs
- knästen
- patriarchen
- faschos
- wagner
- chefs

DRAHTZIEHER PROZESS

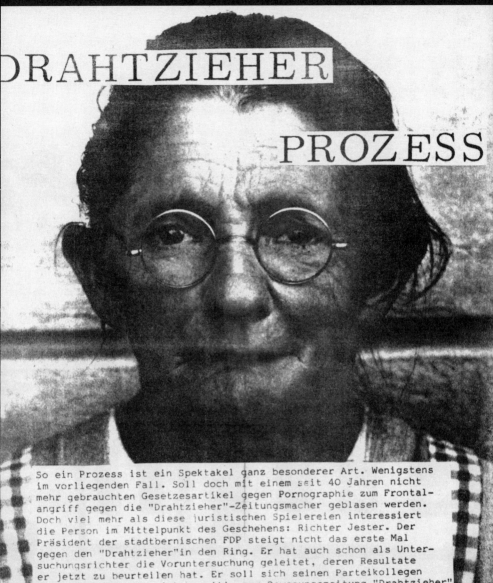

So ein Prozess ist ein Spektakel ganz besonderer Art. Wenigstens im vorliegenden Fall. Soll doch mit einem seit 40 Jahren nicht mehr gebrauchten Gesetzesartikel gegen Pornographie zum Frontalangriff gegen die "Drahtzieher"-Zeitungsmacher geblasen werden. Doch viel mehr als diese juristischen Spielereien interessiert die Person im Mittelpunkt des Geschehens: Richter Jester. Der Präsident der stadtbernischen FDP steigt nicht das erste Mal gegen den "Drahtzieher" in den Ring. Er hat auch schon als Untersuchungsrichter die Voruntersuchung geleitet, deren Resultate er jetzt zu beurteilen hat. Er soll sich seinen Parteikollegen gegenüber auch gar nicht positiv zur Bewegungszeitung "Drahtzieher" geäussert haben.

Der Bewegung sollte Herr Jester nicht ganz unbekannt sein. Als die Polizei am 28. Juni 1980 auf brutalste Art eine friedliche Ansammlung von Beweglern vor dem Stadttheater mit Tränengas und Wasserstrahl versah, erhoben einige Strafklage gegen die Polizei-Drahtzieher Christen, Amherd und Konsorten. Mit der Untersuchung wurde unser Herr Jester betraut und er hat sie bis heute noch nicht zum Abschluss gebracht. Aehnlich erging es denen, die am 15. November 1980 im und vor dem Radiostudio mit Tränengas eingedeckt und festgenommen wurden und deswegen eine Anzeige erstatteten, welche in Jesters Aktenberg versank. Statt mit den schwerwiegenden Vorwürfen gegen hohe Polizeibeamte befasste dieser sich mit Vergleichen von "Dra... d Gesetzesartikeln und als er zwei seiner Meinun... enpassende Artikel fand, konnte es nicht schnell ... bis zum Prozess.

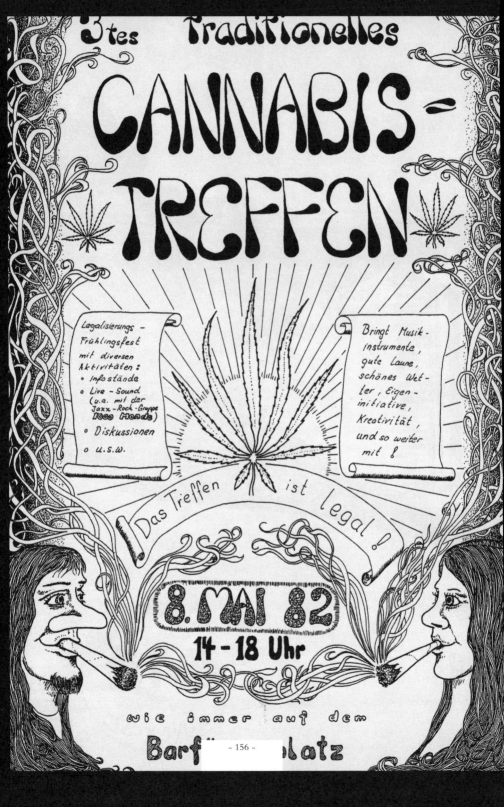

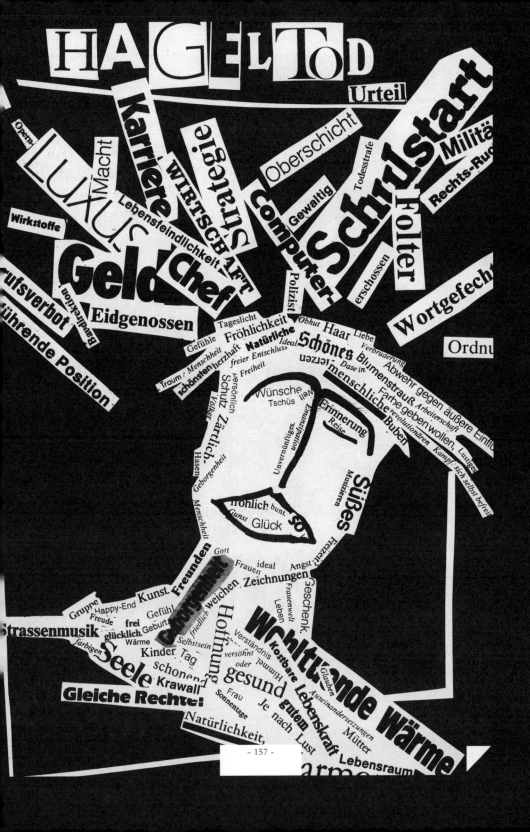

ROCK GEGEN RÜSTUNG

Motz 24

SA. 7. MÄRZ
ROTE FABRIK
AKTIONSHALLE

MIT NILP BELLEVUE

19.00 Uhr, Rote Fabrik, Aktionshal
Neuester Film über El Salvador und Diskussion in
Gegenwart eines Vertreters des El Salvador Nica
ragua-Komittees.
Film und Tonbildschau über Militär und Auf
tung, anschliessend Diskussionsmöglichkeit
alle Interessiert

Musikgruppen: "Nilp" (frecher Zürcher Ro
"Bellevue" (New Wa

ZENTRALKOMITEE DER UMHERSCHWEIFENDEN EIERDIEBE	**BERLIN**

17. Februar 1981

Wir begrüssen den Zürcher Mob der Strasse aufs Schärfste!

Wir haben in den letzten Wochen Schwierigkeiten mit unserem Zentralbüro bei der Abrechnung der Demo-Gelder. Wie ja schon aus der Zürcher Presse bekannt wurde, haben wir uns an das Prinzip des Einheits-Lohns (40.– für jeden Demonstranten) gehalten. Das geht jetzt nicht mehr. Wir haben deswegen einen Schlüssel ausgearbeitet, der nach jeder Demo ausgefüllt wird. Der Schlüssel wurde aus Gründen der Effektivität nach dem Leistungsprinzip gestaltet.

Merke: Ohne Abrechnung kein Demogeld...!

Abrechnungsschlüssel:

0 Normaler Mitläufer	DM 10.–	Prämien:	
0 Anheizer	DM 20.–	kaputte Scheiben	
0 Rädelsführer	DM 25.–	0 1 - 3 m2	DM 5.–
0 Kopf der Bewegung	DM 50.–	0 3 - 7 m2	DM 7.50
0 Randalierer ohne Ausbild.	DM 30.–	0 7 u. mehr	DM 15.–
		Pflastersteine	
		0 auf Bullen geworfen	DM 10.–
		0 Bullen getroffen	DM 20.–

Sonderprämien
0 Hausbesetzung   DM 30.–
0 Mollies (werden je nach Wirkung bezahlt)
0 Fahrtkosten für Schulung in Berlin werden
   selbstverständlich gedeckt.

*Abrechnungen nur in doppelter Ausführung. Das Geld wird zum jeweiligen Tageskurs auch in SFr. ausbezahlt. Das Büro Amsterdam zahlt mit Dope.
Diese Regelung tritt zum erstenmal auf der DEMONSTRATION am SAMSTAG, dem 21.–2.–1981, in Kraft.*

Beschlossen und verkündet
ZK der Umherschweifenden Eierdiebe Berlin 18.2.81

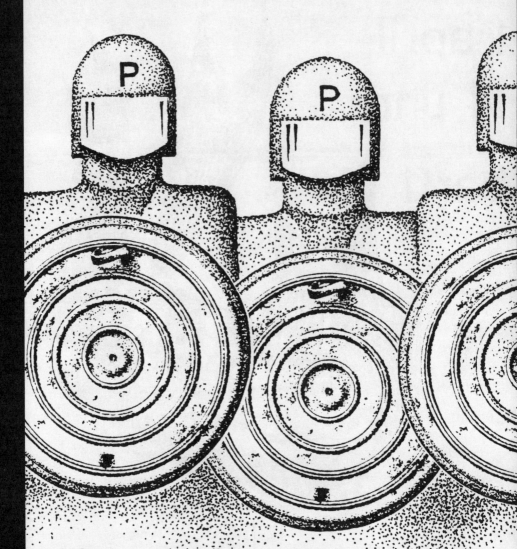

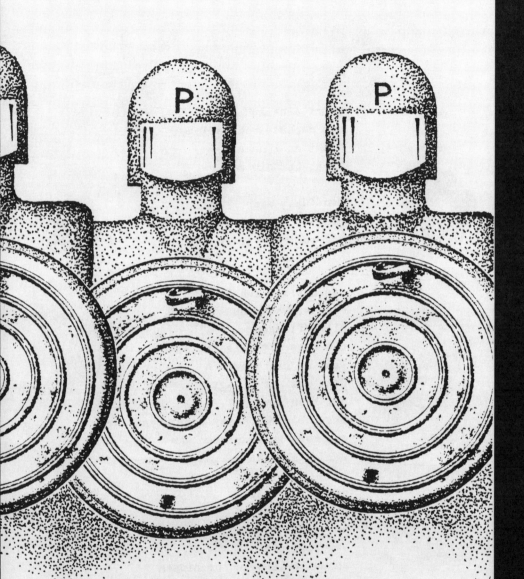

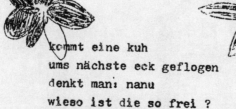

kommt eine kuh
ums nächste eck geflogen
denkt man: nanu
wieso ist die so frei ?

man fühlt sich
eingeschüchtert und betrogen
und ruft auf jeden fall
die polizei

die heilige kuh
die darf bei uns
nicht fliegen
die muss mit allen beinen
fest im grabe steh'n
denn was nur fliegt
hat kein gewicht
egal ob's schön ist oder nicht
man muss punkt sieben uhn
zur arbeit geh'n

man hat vom leben
nichts gehabt
nur seine rechnungen berappt
was soll ein
schmetterling und orchideen ?

       georg kreisler

amstag, 8.4.89, 21.00 Uhr ; Kasern

Willi Wahnsinn's

FEUERTHEATER

ZEIGT ;

"Die Hinrichtung der bösen Stadtgärtner auf dem Scheiterhaufe

Nur ein toter Stadtgärtner ist ein guter STadTGärtneR

Demokratie braucht viel Zeit

PACKEN WIRS AN

ag, 1.August 1980 Nr.2 VERMISCHTE MELDUNGEN Neue Zürcher

Na kommt schon!
FundGlobus City
Der billigste Globus der Welt ist eröffnet!
Forum der Unzufriedenen

MANIFEST FÜR SPITZEL

UNSER ERKLÄRTES ZIEL IST DIE KASTEIUNG, ZERTRETUNG, ZERMÜRBUNG, ZERSTÖRUNG, BEMALUNG ERMORDUNG, ÜBERWINDUNG DIESES RECHTSTAATES. DAZU SIND UNS ALLE MITTEL RECHT: VERGASUNG, ERSCHIESSUNG NACKTER MÜTTER UND HILFLOSER KINDER, VIERTEILUNG, SADISTISCHES ABTRENNEN DER GESCHLECHTSTEILE UND AUSLIEFERUNGS-HINDERUNG VON NZZ, TAGI UND BLICK!
i.A. Müller

Die Neue Zürcher Zeit

hat leider auch Trauriges

mitzuteilen

TROTZ GRÖSSTER BEMÜHUNG IST ES DER REDAKTION BIS ZUR STUNDE NICHT GELUNGEN, DEN BÜRGERLICHEN RECHTSSTAAT FÜR TOT ZU ERKLÄREN. DIE ANSTRENGUNGEN IN DIESER RICHTUNG DAUERN UNVERMINDERT AN!

(VORANZEIGE)

Der Pflasterstein

Zürich's neues aktuelles Pflasterblatt handlich schmissig

r Redaktionsschluss erreichte uns noch folgende Mitteilung der Partei der Füdlibürger-Deppen:

FDP-Klartext

Mehr Freiheit - weniger Staat

Ohne uns

h: Euch brauchen wir nicht!

BUCHTIP DER WOCHE:

- DER PERFEKTE MORD
- SPUREN (VERWISCHUNG)
- SIGI THE PIGI
- ARSCHLÖCHER DER NEUZEIT
- SUBITO - GESAMTWERK IN 10 BÄNDEN

BESTSELLER

- SEIFENBLASE UND GURKENSA...

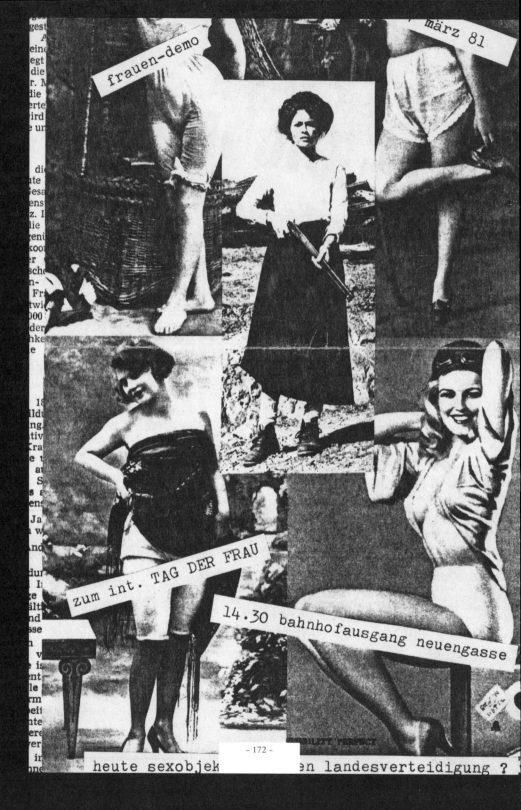

An alle Sadisten in Zürich

Ziehen Sie Nutzen aus Ihrer abartigen Veranlagung!

Der Unterzeichnete garantiert allen Sadisten eine gut bezahlte Lebensstellung mit Pensionsberechtigung.

Sadisten meldet Euch als Polizisten

Anmeldung: Bei jeder Polizeistelle.

Der Polizeikommandant

Flic

...MMER GEWARNT WURDE!

plausch
Äckschen
Film
Infos
sounds
und

eigni
Idee

Aktionstage

AJZ
8.-12.
Sept.

Psychi.

Chinderknast

Zuckerwatte

Chindernami

lenggstrassprojekt
öck.pyhui tote gwir19

Druck: AJZ Zürich

ERKLÄRUNG VON ZÜRICH

Ich bestätige hiermit, dass ich mich von der Bewegung, den Chaotinnen und Randalierern, den Barrikadenbauern, Steinwerferinnen und weiteren ill-egalen Elementen

DISTANZIERE.

Ich bestätige weiter, dass ich ab sofort nur noch in den Siinspunten 80er Nostallgie üben werde und jegliche weiteren Aektschens als kontraproduktiv

VERURTEILE.

Aus obgenannten Gründen, und weil ich einsehe, dass im J Z keine neuen Inhalte mehr zu finden sind, VERZICHTE ICH AB SOFORT AUF JEDEN MOEGLICHERWEISE AN-STECKENDEN KONTAKT MIT DEM A J Z.

Datum:................. Unterschrift:..................

★ vollständig ausgefüllte Erklärung abgeben beim Autonomen Jugendzentrum der Stadt Zürich

verantwortlich:
Intressengemeinschaft Neu   er Zürichs (IG-NZZ)

Presseberichterstattung 20 Jahre danach

Tages-Anzeiger-Serie «Bewegtes Zürich»
erschienen vom
25. April bis 30. Mai 2000

Weltwoche
erschienen am
11. Mai 2000

Neue Zürcher Zeitung
erschienen am
30. Mai 2000

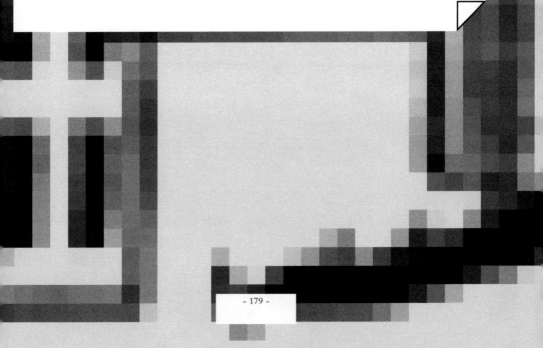

1980: «Züri brännt»

Vorwort von Christian Hubschmid, TA vom 25.4.00

Im Jahr 2000 erinnert nichts mehr an das, was sich vor 20 Jahren auf den Strassen Zürichs abgespielt hat: Massendemonstrationen praktisch jedes Wochenende, Kämpfe zwischen Jugendlichen und der Polizei, brennende Barrikaden, zertrümmerte Schaufenster, hunderte von Verhaftungen. Die Behörden reagierten mit Repression auf die Krawallserie, die mit dem so genannten Opernhaus-Krawall am 30. Mai 1980 begonnen hatte. Die daraus entstehende «Bewegung» verweigerte sich je länger, je mehr dem Gespräch, und die verständnisvollen Vermittler gerieten im Lauf der Auseinandersetzungen um das Autonome Jugendzentrum (AJZ) zwischen die Fronten.

Seither wurde kaum mehr öffentlich über das Thema diskutiert; hin und wieder wird noch der Film «Züri brännt» von damals gezeigt. Der «Tages-Anzeiger» nimmt das «Jubiläum» zum Anlass, um in einer mehrwöchigen Serie die Ereignisse aufzuarbeiten. Wir analysieren die Ursachen, bringen damalige Kontrahenten an einen Tisch, zeichnen die kreativen Seiten der «Bewegung» nach und diskutieren die Folgen für Zürich.

Presseberichterstattung 20 Jahre danach

Der Beginn eines heissen Sommers

Die Jugendunruhen kamen 1980 wie ein Naturereignis über Zürich: unerwartet, aber mit einschneidenden Folgen. Zwanzig Jahre danach analysieren wir in einer mehrwöchigen Serie die Ursachen, porträtieren die «Bewegung» und fragen nach den Wirkungen. Zum Anfang erinnert sich ein TA-Redaktor.
Thomas Rüst, TA vom 25.4.00

Als ich am 30. Mai 1980, einem milden Freitagabend, nach 18 Uhr mit dem Tram zum Bellevue fuhr, erwartete ich nichts Ungewöhnliches; Demonstrationen waren in den späten Siebzigerjahren zwar nicht gerade an der Tagesordnung, aber auch nicht selten. Als sich um 19 Uhr ein Demonstrationszug von nur 200 Personen vom Bellevue her Richtung Opernhaus bewegte, war diese Kundgebung für mich deshalb noch durchaus im Rahmen des Normalen.

Schlagartige Eskalation
In der Folge stellten sich die Demonstranten mit ihren Transparenten vor dem verglasten Haupteingang auf, wo die ersten Opernhausgäste eintrafen. Wenn ich mich richtig erinnere, kam es beim Zusammentreffen mit den Demonstrierenden zu Rangeleien. Die Szene änderte sich schlagartig, als plötzlich Polizisten in Kampfmontur aus dem Haupteingang traten: ein Augenblick der Eskalation, der mir in beinahe körperlicher Erinnerung geblieben ist.

Doch nicht die folgenden Scharmützel bedeuteten den eigentlichen Beginn der Unruhen. Erst als sich nach 23 Uhr das Geschehen Richtung Bellevue/Limmatquai verlagerte, Niederdorf-Passanten und in die Stadt zurückkehrende Besucher eines Bob-Marley-Konzerts auf die Auseinandersetzung aufmerksam wurden, ging es richtig los. Bis ins Morgengrauen lieferten sich unorganisiert und spontan agierende Gruppen und die Polizei Gefechte, welche sich in der Nacht auf den Sonntag – als Vermittlungsbemühungen an einer neuen Spontandemo vor dem Opernhaus scheiterten – wiederholten.

Fassungslos

Besonders schockiert zeigten sich die Zürcher Stadtbehörden am Sonntagnachmittag an einer Medienkonferenz nicht nur über die entfesselte Gewalt gegen die Polizei und über die zerschlagenen Scheiben des Opernhauses, sondern auch über die Plünderung von Geschäften, deren Schaufenster eingeschlagen worden waren – ein neues Phänomen für Zürich.

Der Kommentar in der Montagausgabe des «Tages-Anzeiger» nahm das Thema allgemeiner Fassungslosigkeit ebenfalls auf: «Kaum jemand hatte damit gerechnet, dass Zürich am ersten Juniwochenende die schwersten Krawalle seit 12 Jahren erleben würde. Die Jugend der Stadt hatte längst den Stempel ‹angepasst› und ‹brav› aufgedrückt bekommen, als sich ein Teil von ihr völlig überraschend mit Vehemenz Gehör verschaffte und aus der Vergessenheit hervortrat», schrieb ich damals.

Konfliktpotenzial übersehen

Worum ging es bei dem Protest? Auch aus der Rückschau lässt sich das Entstehen des Konflikts nur mit Mühe nachzeichnen. Das sich heranbildende Spannungspotenzial des Jahres 1980 wurde vor den ersten Unruhen oft nur zwischen den Zeilen ersichtlich. Vielleicht ist es kennzeichnend für das damalige Klima in der Stadt, dass die Vorboten des sich anbahnenden Konflikts so geflissentlich übersehen wurden.

Dass das Opernhaus als Ziel der ersten Demonstration ausersehen wurde, war durch eine Abstimmungsvorlage für einen Teilneubau bedingt, der 35 Millionen Franken kosten sollte (und der schliesslich gutgeheissen wurde). Zum (umstrittenen) Neubauprojekt kam hinzu, dass das Opernhaus auch in der Roten Fabrik eingemietet war, wo sich eine (noch) kleine Szene unzufriedener Jugendlicher gebildet hatte.

Sie verlangten Anfang Mai Räume für nicht kommerzielle Veranstaltungen. Denn mit der Einrichtung eines Zentrums für alternative Kultur war es – trotz einer Volksabstimmung 1977 – nicht vorwärts gegangen, vielmehr hatte das Opernhaus (als Teil der etablierten Kultur) in der Roten Fabrik Raum bekommen.

«Leben in der toten Fabrik»

Das Datum des offenen Ausbruchs des Konflikts muss deshalb auf das Wochenende vom 17./18. Mai gelegt werden, als über 2000 Personen an einem Fest in der Roten

Presseberichterstattung 20 Jahre danach

Fabrik teilnahmen, das der Stadtrat nicht verboten, aber auch nicht bewilligt hatte, sondern «tolerierte». In einem plakatartigen Brief verlangten die Anwesenden von der Stadt Zürich «Freiräume für uns und unsere Kultur». «Leben in der toten Fabrik» stand auf einem Transparent zu lesen in einem witzigen Wortspiel, wie es in den kommenden Monaten noch viele geben sollte. Über den von einer «Aktionsgruppe Rote Fabrik» organisierten Anlass, der bis in den frühen Morgen dauerte, schrieb damals mein Kollege Peter Fürst: «Was bleibt, ist der Eindruck, dass Zürichs Jugendliche und viele Kulturschaffende ihre Anliegen in naher Zukunft wieder beherzter vertreten werden.»

Die offizielle Politik zeigte sich von der Voraussage wenig beeindruckt. In einem Interview mit dem TA sagte der damalige Zürcher Stadtpräsident Sigmund Widmer noch eine Woche vor dem Opernhaus-Krawall selbstbewusst, in Zürich werde «mit Abstand am meisten gemacht» für die alternative Kultur. Immerhin sah sich jedoch die Stadt veranlasst, am Dienstag vor der freitäglichen Krawallnacht eine Medienkonferenz in der Roten Fabrik einzuberufen. Der damalige Finanzvorstand Max Koller stellte in Aussicht, dass die «Interessengemeinschaft Rote Fabrik» bis zum September ein «Belegungskonzept» ausarbeiten werde.

Eine Bewegung ohne Namen

Das war zu wenig und zu spät. Bereits in den Tagen nach dem ersten Krawallwochenende begann sich eine neue politische Kraft in Zürich zu bilden, die Jugendbewegung, kurz und ohne eigentlichen Namen «Bewegung» genannt. Schon am Mittwoch danach war an einer ersten Vollversammlung (VV) im überfüllten Volkshaus-Saal von jenem Haus die Rede, das das Kürzel AJZ (für Autonomes Jugendzentrum) bekommen und fortan im Zentrum der Auseinandersetzungen stehen sollte. Widmer und Stadträtin Emilie Lieberherr waren an dem Anlass vor allem zum Zuhören verurteilt; interessant war, dass auch Vertreter linker Gruppen und Organisationen ausgepfiffen bzw. – noch schlimmer – ausgelacht wurden, ein Indiz dafür, dass die «Bewegung» zu den um einiges älteren 68ern ein distanziertes Verhältnis hatte.

Nach dem ersten Krawallwochenende fand dann bereits am nächsten Samstag eine «Besichtigung» des in Aussicht gestellten Jugendzentrums an der Limmatstrasse (auf dem Areal des heutigen Carparkplatzes) statt, und an einer weiteren Vollversammlung der rasch wachsenden «Bewegung» wurde ein Brief an den Stadtrat verabschiedet mit der ultimativen Forderung, eine autonome Trägerschaft für das geplante Jugendhaus einzurichten. Als dann Tage später der kantonale Erziehungsdirektor Alfred Gilgen die Vorführung eines Videofilms über den Opernhaus-Krawall verbot, begann sich auch an der Universität der Protest zu regen.

Kein Ausweg aus der Gewaltspirale

In der Woche danach kam es dann erneut zu dem, was sich im Laufe des Sommers noch oft wiederholen sollte: zu neuen Demonstrationen und neuer Gewalt. Dem Unmut der «Bewegung» über den Stadtrat und die Polizei stand zunehmend der Unmut jener gegenüber, die mit den Zielen der Jugendlichen und den Demonstrationen nichts anfangen konnten und die sich über die Gewalt der Demonstranten masslos ärgerten. Und wer nicht über die Ereignisse auf der Strasse in Zorn geriet, empörte sich mindestens über Berichte und Kommentare in Zeitungen oder Sendungen des damals einzigen Deutschschweizer Fernsehkanals. In dem Klima von Hass verengte sich der politische Spielraum der Stadtbehörden. Und im Sommer 1980 war deshalb kein Ausweg aus der Spirale von Gewalt und Gegengewalt zu erkennen.

Presseberichterstattung 20 Jahre danach

Delegiert waren alle und niemand

Die Achtziger Bewegung ist nicht von Drahtziehern organisiert und gesteuert worden. Wohl aber haben einzelne Aktivisten sich hervorgetan und die Massen mitgerissen.
Paul Bösch, TA vom 28.4.00

«Wir sind alle delegiert», riefen die Jugendlichen im Theatersaal des Volkshauses. Es war am 4. Juni 1980, vier Tage nach dem Opernhaus-Krawall. Zum ersten direkten Gespräch zwischen der rebellierenden Jugend und dem Stadtrat waren Stadtpräsident Sigmund Widmer und Sozialvorsteherin Emilie Lieberherr erschienen. Der Saal war voll von Jugendlichen, und es war unklar, wer hier wirklich das Sagen hatte.

Als die Versammlung ein Autonomes Jugendzentrum (AJZ) forderte, pochten die Stadträte darauf, dass die Jugendlichen eine Verhandlungsdelegation bestimmen. «Wir sind alle delegiert», tönte es zurück. Man wolle sich nicht spalten lassen, sondern nur gemeinsam auftreten, als «die Zürcher Jugend». «Wenn wir eine Delegation bestimmen, beginnen die Machtkämpfe», meinte ein Mädchen.

Stucki: «Organisierter harter Kern»

Zahlreiche Politiker und die Polizei vermuteten in der Weigerung, Wortführer zu ernennen, ein Vertuschungsmanöver. Der damalige Regierungspräsident Jakob Stucki etwa sagte vor dem Kantonsrat: «Von einer spontanen Unmutsäusserung kann keine Rede sein.» Viel eher spreche der Verlauf der Krawalle dafür, dass «ein organisierter harter Kern von Randalierern die Herausforderung und Beeinträchtigung der staatlichen Autorität und der gesellschaftlichen Ordnung bewusst mit kriminellen Mitteln gesucht hat». Der Basler Polizeichef Markus Mohler glaubte gar, dass die Krawalle von einer internationalen Zentrale gesteuert werden.

Walter Gehriger, der schon 1980 in der Informationsstelle der Zürcher Stadtpolizei tätig war, ist auch heute noch der Ansicht, dass die Unruhen von bestimmten Personen «organisiert» waren. Er erinnert sich heute aber nicht mehr daran, welches die Rädelsführer waren. «Wir haben immer ungefähr die Gleichen an vorderster Front gesehen» sagt er und fügt hinzu: «So völlig spontan trifft man sich nicht zu Demonstrationen.» Gehriger räumt aber ein, dass es keinen so eindeutigen Anführer wie den deutschen Studentenführer Rudi Dutschke von 1968 gegeben habe. Sogar das Stapo-Staatsschutzkommissariat kam 1982 zum Schluss, die Bewegung habe nicht den Eindruck gemacht, «im Stile einer geschlossenen Gruppe oder Organisation agieren zu können».

Am 20. Juni 1980 versuchte die Polizei, eine verbotene Demonstration zu verhindern, indem sie sechs mutmassliche Rädelsführer präventiv verhaftete – auf rechtswidrige Art, wie sich nachträglich herausstellte. Die Verhafteten waren laut Polizeivorstand Hans Frick «durch spezielle agitatorische Tätigkeit aufgefallen». Frick bezeichnet sie als «Drahtzieher», musste aber zugeben, dass er keine Anhaltspunkte dafür habe, dass die sechs die verkappten Führer der Bewegung seien.

«Bereits ab 1978 brodelte es»

Zu den sechs Präventivverhafteten gehörte Umberto Blumati. Der 50-Jährige ist heute Benediktinermönch, damals war er Gassenarbeiter. Er sei «neben der Bewegung gestanden», habe sich aber «bewegen lassen», umreisst er seine Position. Tatsache ist, dass er für die Bewegung Säle und Pressekonferenzen organisierte. Auch bei jener ersten Vollversammlung nach dem Opernhaus-Krawall war es Blumati gewesen, der die 1300 Franken für die Miete des Volkshaussaals vorgeschossen und die Stadträte eingeladen hatte. Für den Gassenarbeiter waren dies blosse Handreichungen. Weder er noch sonst eine Einzelperson hätten die spontanen Prozesse steuern können: «Es gab keine Drahtzieher, das Potenzial der Bewegung ging nicht von einzelnen Leuten aus, sondern von Gruppierungen. Bereits ab 1978 brodelte es in der Jugend; die Bewegung entstand aus der Kumulierung sich emanzipierender Gruppen.»

Einige dieser Gruppen entstanden aus Hausbesetzungen, andere politisierten (so etwa «Luft und Lärm») oder betätigten sich kulturell. Zu den Kulturorganisationen gehörten die Freaks am Friitig, Rock als Revolte und die Aktionsgruppe Rote Fabrik (ARF), deren Demonstration vom 30. Mai 1980 die Initialzündung für die Unruhen gab.

Die ARF war zwei Wochen lang Sprachrohr der Bewegung, dann wurde sie abgesetzt. Rund 1500 Jugendliche beschlossen an einer Vollversammlung, Entscheide nur noch an der VV zu fällen und Arbeitsgruppen für die verschiedenen Themen einzusetzen. Einer der ARF-Exponenten war der heute 43-jährige Markus Kenner, Musikredaktor bei Radio DRS 3. «Wir von der ARF empfanden diesen VV-Beschluss

Presseberichterstattung 20 Jahre danach

nicht als Absetzung», sagt «DJ Punky» heute. Man habe erkannt, dass eine Basisbewegung keiner Organisation und keines steuernden «Kadergrüppchens» bedurfte.

«Natürlich gab es faktisch Leader»

«Natürlich taten sich jene an der VV hervor, die besser reden konnten. Natürlich gab es faktisch Leader», sagt Koni Frei, der wie Blumati zu den Präventivverhafteten vom 20. Juni 1980 gehörte. Doch er schwächt sofort ab: «Man kann nicht einfach sagen, diese oder jene seien die Leader gewesen.»

Koni Frei (52) ist heute Mitbetreiber des «Kanzlei». Gemäss seiner Staatsschutzfiche hat er in den Siebzger- und Achtzigerjahren 256 Demonstrationen organisiert: «Ich war immer dabei.» Während der Achtziger Unruhen hat er in Arbeitsgruppen der Bewegung mitgemacht und Beiträge für das Bewegungsblatt «Eisbrecher» geschrieben. Als Drahtzieher der Bewegung empfindet er sich deshalb noch lange nicht: «Rädelsführer gab es nur in den Köpfen der Polizei, es war tatsächlich eine unkoordinierte Bewegung.»

Untergrund-Redaktion als Treffpunkt

Auch Dietrich Weidmann war einer der Präventivverhafteten. Heute ist er 40-jährig und unterhält einen Telefondienst für Übersetzungen. 1980 gehörte der Maturand zweifellos zu den Aktiven. Bei den polizeilich zugelassenen Demonstrationen war es meistens «Didi», der die Bewilligung eingeholt hatte.

Nach Weidmanns Meinung erfüllte am ehesten die Redaktion des Bewegungsblatts «Eisbrecher» (später «Brecheisen») die Funktion einer Wortführerschaft; die Untergrundzeitung erschien allerdings erst ab Oktober 1980.

«Wer ein Medium in der Hand hat, hat Einfluss, über dieses Sprachrohr haben wir Demos ansagen können», sagt Weidmann und fügt hinzu, dass die Demos «eben auch in der Luft lagen und gar nicht eigentlich organisiert werden mussten». Die der Vollversammlung untergordneten Arbeitsgruppen waren in den Augen von Weidmann von weniger zentraler Bedeutung: «Sie funktionierten autonom, ohne Kontrolle, und am Schluss trafen sich doch alle wieder auf der Redaktion des ‹Eisbrechers›.» Kurz: «Wir waren ein zusammengewürfelter Haufen von Individualisten, es gab keine Führer, wohl aber Leute, die mit ihrer Power andere mitrissen.»

Vor allem Männer

Trotz der programmatischen Unstrukturiertheit der Achtziger Bewegung lassen sich durchaus Leute ausmachen, die mehr als andere in irgendeiner Art und Weise hervortaten. Neben den im Hauptartikel erwähnten Insidern (Umberto Blumati, Koni Frei, Markus Kenner und Didi Weidmann) seien die Folgenden genannt: Der «Autonomist» Giorgio Bellini, dem man im Nachhinein verschiedentlich und erfolglos terroristische Aktivitäten nachzuweisen versuchte; der Gassenarbeiter Theo Bünzli, der 1995 Zürich verliess und im Val-de-Travers eine Lebens- und Arbeitsgemeinschaft für drogengefährdete Jugendliche gründete; Steff Fischer, der zu den Präventivverhafteten gehörte und heute als Initiant der Genossenschaft Karthago an der Zentralstrasse 156, dem ersten Grosshaushalt der Schweiz, bekannt ist; der damals 19-jährige Stefan Flüeler («Flouflou»), der ebenfalls zu den Präventivverhafteten gehörte und heute im Elektronikbereich tätig ist; der Journalist und Schriftsteller Nicolas Lindt, der sich neuerdings auch als «Hochzeitspriester» betätigt; der spätere Jugendarbeiter Fredi Meier, der in einer denkwürdigen Fernsehsendung als «Herr Müller» Stadträtin Emilie Lieberherr veralberte; der Journalist und Fotograf Klaus Rosza, auch er einer der sechs Präventivverhafteten; Achmed von Wartburg, der 1982 für den Stadtrat kandidierte (mit dem Postulat, dem Trinkwasser LSD beizumischen) und in neuerer Zeit als Tangomusiker Furore machte. In der Aufzählung figurieren nicht ganz zufälligerweise bloss Männer. Natürlich taten sich in der Bewegung auch Frauen hervor (so etwa die heutige Dokumentarfilmerin Josy Meier oder die Krankenschwester und zeitweilige AL-Gemeinderätin Christine Renner), doch sie standen eindeutig nicht an zentraler Stelle.

Presseberichterstattung 20 Jahre danach

Achmed von Wartburg, «Bewegter»
Aufgezeichnet von Christian Hubschmid, TA vom 28.4.00

Die häufigen Störungsdurchsagen in den Trams waren das Erste, was ich von den Demos hörte. Ich war 21, wohnte in einem möblierten Appartement und arbeitete in der Fabrik, um das Arabisch-Studium in Kairo zu verdienen. Erst im Herbst ging ich an meine erste Demo, aber von da an an jede weitere, denn ich amüsierte mich bestens. Zum ersten Mal hatte ich das Gefühl, in der Schweiz könne man leben. Die «Bewegung» war etwas anderes als der übliche organisierte Trott. Es ging um Widerstand, ums Anderssein, ums Ausprobieren von Neuem.

Meine Form von Widerstand bestand darin, private Sachbeschädigungen zu begehen. Nachts Scheiben einzuschlagen, wurde für mich, wie für Dutzende andere auch, zum Hobby. Vom Streetfighting, also vom Steinewerfen gegen die Bullen, habe ich mich fern gehalten. Nicht, weil ich etwas dagegen hatte, sondern weil ich nicht schnell rennen konnte.

Gewalt war unser Stilmittel. Damit erregten wir Aufmerksamkeit. Dass die Gewaltbereitschaft der «Bewegung» derart mythologisiert wurde, machte auch ihren Reiz aus. Dabei waren es bloss etwa 10 Prozent, die in nächtlichen Blitzaktionen die Bahnhofstrasse in Scherben legten.

Ich zog in eine WG; Leute kennen zu lernen, war ja kein Problem. Es gehörte mit zum spannenden Spiel, dass wir uns als Terroristen vorkamen. In einer Mischung aus Paranoia und Eitelkeit fühlten wir uns von der Polizei überwacht. Nie besprachen wir etwas am Telefon, weil wir überzeugt waren, dass es abgehört wurde.

Zweimal wurde ich verhaftet, und zwar, als ich gar nichts getan hatte. Aber genau dann hatte ich eben nicht aufgepasst. Normalerweise wusste ich immer, wann es Puff geben würde, da ich an den Demos immer ganz vorne lief, um die Übersicht zu behalten. Verurteilt wurde ich wegen einer Performance, die wir an einer Jungbürgerfeier zeigten: einen Massen-Strip. Das wurde als «öffentliche unzüchtige Handlung» eingestuft. 1982 kandidierte ich nackt für den Stadtrat unter dem Motto «Wählt den Schönsten», was alle lustig fanden. Die Verständnisvollen hatten uns aufgefordert, den demokratischen Weg zu beschreiten. Man würde ja noch so gerne auf uns hören, sagten diese, «aber all diese schrecklichen Demos» würden uns diskreditieren.

Also machte ich halt beides. In meiner Kampagne versprach ich zwölf krawallfreie Wochenenden im Jahr. Sie kam gut an, ich erhielt 7000 Stimmen. Wenn ich später in die Werbung statt in die Kunst gegangen wäre, hätte ich heute bestimmt eine Agentur mit 50 Angestellten. Aber das interessiert mich nicht. Ich bin Maler und Musiker geworden, Tangomusiker.

Presseberichterstattung 20 Jahre danach

Strassengewalt und Staatsgewalt

Bereits der Auftakt vor dem Opernhaus enthielt alle Szenarien, die in den folgenden zwei Jahren unzählige Male nachgespielt wurden und als Zürcher Jugendunruhen weltweite Medienbeachtung fanden.
Daniel Suter, TA vom 8.5.00

Erklärte Absicht der Demonstranten am 30. Mai vor dem Opernhaus war, die Zugänge während einer halben Stunde zu blockieren. Einige Teilnehmer wollten noch ein bisschen mehr Action und hatten Farbbeutel und Eier mitgebracht. Als aus dem Foyer des Opernhauses überraschend 30 Mann der Stadtpolizei in voller Kampfmontur traten und den Opernhausgästen eine Gasse bahnten, flogen erste Eier. Kurze Zeit später erhielt die Polizei Verstärkung durch zwei Einsatzzüge. Nun wurden auch Steine und Flaschen gegen die Beamten geschleudert.

Nachdem die Demonstranten ein Ultimatum zum Abzug nicht befolgt hatten, setzte die Polizei Tränengas und Gummigeschosse ein. Sie vertrieb damit zwar die Gegner, heizte jedoch deren Wut an. Im Raum Bellevue und Limmatquai tobten bis ins Morgengrauen Strassenkämpfe mit Barrikaden, Zerstörungen und Plünderungen, wie sie Zürich bisher nie erlebt hatte. In dieser Nacht starb der Kreischef 1 der Stadtpolizei an einem Herzinfarkt, 10 Beamte und eine unbekannte Anzahl Demonstranten wurden verletzt, 17 Personen wurden verhaftet.

In der Nacht zum Sonntag wiederholten sich die Zusammenstösse, wieder gingen Schaufenster in die Brüche. Die Polizei verhaftete 28 Personen.

Die Stadtpolizei zog am 29. Juni eine Monatsbilanz: 140 Zivilpersonen und 36 Polizisten verletzt, 1,2 Mio. Franken Lohnkosten für Überstunden bei der Stadtpolizei (und knapp 500 000 Franken bei der Kantonspolizei), Sachschäden im Betrag von 1 Mio. Franken an öffentlichen und privaten Gebäuden (ohne die zertrümmerten Glasfenster der Wasserkirche), Schäden von 93 000 Franken an polizeilicher Ausrüstung und an Verkehrsanlagen, Schäden von 300 000 Franken durch Plünderungen und Diebstähle.

Anschliessend an die beiden Nächte des Opernhaus-Krawalls hatte der Stadtrat nicht bewilligte Demonstrationen weitgehend geduldet, am 21. Juni sogar im letzten Moment vor einer Konfrontation auf der Quaibrücke die Polizei zurückgezogen. Die

Umzüge mit bis zu 5000 Teilnehmern verliefen weitgehend ruhig, was in der «Bewegung» wie auch bei vielen Sozialdemokraten als Beweis galt für die These «Ohne Polizei kein Krawall». Von bürgerlicher Seite und vom Gewerbe wurde der Stadtregierung Lavieren und eine zu weiche Haltung vorgeworfen.

Am 9. Juli änderte der Stadtrat seine Doktrin: Man werde von nun an unbewilligte Kundgebungen «mit absoluter Entschlossenheit und angemessenen Mitteln» im Keim auflösen.

Die Gelegenheit bot sich drei Tage später: Wie einst im Mai waren es nicht mehr als 200 Demonstrierende, die am Samstagnachmittag vom AJZ aus durch die Innenstadt ziehen wollten. Die mit zwei Wasserwerfern und starken Kräften vor dem Jugendhaus aufmarschierte Polizei gab ihnen eine Minute Zeit, um die Strasse zu räumen. Nach Ablauf der sehr kurzen Frist kamen die Wasserwerfer, Gummigeschosse und Tränengasgranaten zum Einsatz. Die Auseinandersetzungen übertrafen an Härte und Zerstörungen den Opernhaus-Krawall. Bei der Verfolgung der in kleine Grüppchen aufgesplitterten Manifestanten nebelte die Polizei ganze Gassen im Niederdorf mit Tränengas ein und zog damit viele Anwohner und Gäste in Mitleidenschaft. 124 Personen wurden verhaftet.

Erst Duldung, dann Durchgreifen

Der 12. Juli und die Unruhen nach der ersten Schliessung des AJZ am 4. September radikalisierten die «Bewegung» und gaben ihr neuen Zulauf. Die eigene Gewalt betrachteten viele als legitime Antwort auf die Gewalt der Behörden. «Zuerst Polizeiprügel, dann Randalieren als Reaktion, so ging das Schlag auf Schlag», sagte eine junge Zürcherin Ende Dezember 1980 im «Spiegel». «Da schnappte sich zum Beispiel ein Polizist ein Mädchen. Er riss es brutal an den Haaren. Das Mädchen schrie. Nur wenige Minuten später konnte man hören, wie in den Nachbarstrassen zig Schaufenster in die Brüche gingen.» Ein Mitstreiter sagte dem Interviewer: «Du kennst eben dies erlösende Gefühl nicht, wenn die Fenster einer Pelz-Boutique oder einer Bank zerknallen.» Und ein Dritter sagte: «Zuerst fand ich es verfehlt, dass Pflastersteine flogen. Zwei Abende später hab ich selber beim Barrikadenbau mitgemacht. Wir waren alle enorm in Stimmung. Als wir ein Auto auf die Strasse schleppten, habe ich mir die Hand zerschnitten, ohne es zu merken.»

Presseberichterstattung 20 Jahre danach

Flugblätter, die in der Szene zirkulierten, gaben in launigen Worten Tipps für Sabotage in Warenhäusern, falsche Feueralarme und Beschädigung von Autos missliebiger Personen. Mitte November 1980 wurden nachts die Privatwagen von drei Bezirksanwälten durch Brandbomben zerstört, unter einem vierten versagte der Brandsatz. Im März 1981 kam es zu einer ganzen Serie von Brandanschlägen, ein Molotowcocktail richtete im Modehaus Modissa am Limmatquai Millionenschaden an. Vom 30. Mai 1980 bis Ende 1981 wurden der Polizei Sachbeschädigungen in Höhe von 7,2 Mio. Franken gemeldet.

Der Stadtpolizei machten die Demonstrationen viel zu schaffen: 1980 musste sie 88-, 1981 gar 140-mal für kleinere und grössere Aufgebote zu Extradiensten ausrücken. Die 1150 Beamten leisteten in den beiden Jahren 244000 Überstunden. Allein bis Ende 1980 wurden 104 Polizisten bei Demonstrationen verletzt, 33 davon blieben insgesamt 385 Tage arbeitsunfähig. Auch der Tod des Kreischefs stand für das Polizeikorps in direktem Zusammenhang mit den Demonstrationen. Vor diesem Hintergrund lässt sich erahnen, wie gross die Wut vieler Polizisten auf die Leute der «Bewegung» gewesen sein muss.

Die Kampfmethoden der «Bewegung» waren neu. Kleine Gruppen, die in den Gassen der Innenstadt und der Altstadt blitzschnell auftauchten und verschwanden, waren mobiler als die Polizisten in ihren schweren Monturen und Helmen. Taktik der Polizei war, jeweils so viele Demonstranten als möglich einzukesseln und zu verhaften.

Schon nach den ersten Unruhen wurden Vorwürfe laut, dass einzelne Polizeibeamte Verhaftete misshandelt hätten. Je länger die Auseinandersetzungen dauerten und je härter sie wurden, desto häufiger wurden auch diese Klagen. Nicht nur Leute aus der «Bewegung» waren betroffen, immer wieder gab es glaubwürdige Berichte – etwa jenen des Schriftstellers Reto Hänny – in denen Aussenstehende Opfer solcher Übergriffe wurden. Die Täter in Uniform konnten nur selten überhaupt identifiziert werden. Bis Mitte Oktober 1981 waren 164 Strafanzeigen gegen Polizisten eingereicht worden. Nur in 12 Fällen erhob die Bezirksanwaltschaft Anklage – alle endeten mit Freisprüchen nach dem Grundsatz «im Zweifel für den Angeklagten».

Glimpflich kam auch ein Bezirksanwalt weg, der am 6. September 1980 einen Demonstranten für einen Molotowcocktail-Werfer hielt und diesen mit einem Schuss am rechten Ohr streifte: Der Erste Staatsanwalt stellte das Strafverfahren ohne eine einzige Zeugenbefragung nach 18 Tagen ein.

«Die Stunde der Justiz»

Im Herbst 1980 begann die «Stunde der Justiz», wie die NZZ einen Kommentar vor den ersten Prozessen gegen Demonstranten überschrieb. Die Anklagen lauteten meistens auf Landfriedensbruch sowie auf Gewalt und Drohung gegen Beamte. Die Bezirksanwaltschaft Zürich hatte eigens eine «Krawallgruppe» eingerichtet, in der sich bis zu 16 Bezirksanwälte ausschliesslich mit den Unruhen befassten.

Es gibt heute weder bei der Bezirksanwaltschaft Zürich noch bei der Justizdirektion eine abschliessende Bilanz über die Anzahl der Krawall-Strafverfahren. Die letzten genauen Zahlen stammen aus der Antwort, welche die Justizdirektion am 16. September 1981 auf eine Anfrage im Kantonsrat erteilte. Demnach waren zwischen dem 30. Mai 1980 und dem 31. August 1981 3874 Personen festgenommen worden. Von diesen wurden 2294 nach Kontrolle der Personalien «ohne Weiterungen wieder entlassen» – was als Indiz dafür gedeutet werden kann, dass in grosser Zahl auch Leute verhaftet wurden, denen man keine Teilnahme an unbewilligten Kundgebungen nachweisen konnte.

Von den Verhafteten wurden 776 der Bezirksanwaltschaft Zürich überwiesen (die 169 Personen in Untersuchungshaft nahm), 195 der Jugendanwaltschaft (Untersuchungshaft für 19 Personen) und 255 an andere, meist ausserkantonale Amtsstellen. Ausserhalb von Demonstrationen wurden 73 Personen der Bezirksanwaltschaft Zürich, 13 der Jugendanwaltschaft zugeführt und 267 bloss kontrolliert.

354 Untersuchungen stellte die Bezirksanwaltschaft ein, in 200 dieser Fälle erlegte sie allerdings die Kosten den Betroffenen auf. 54 Verfahren wurden mit Strafbefehl mit meist bedingten Gefängnisstrafen zwischen 4 und 30 Tagen erledigt.

14 Monate für «Herr Müller»

Vor Gericht mussten bis zum 31. August 1981 rund 200 Angeklagte erscheinen. 145 Anklagen behandelten die Einzelrichter des Bezirksgerichts Zürich. In 10 Fällen gab es einen Freispruch, 17-mal gab es eine Busse zwischen 50 und 1000 Franken, und 59 Angeklagte erhielten Freiheitsstrafen zwischen 5 und 60 Tagen

Presseberichterstattung 20 Jahre danach

Gefängnis. In der Dreierbesetzung der Kollegialgerichte hatte das Bezirksgericht 28 Fälle zu beurteilen. In 15 Prozessen verhängte es eine Gefängnisstrafe zwischen 14 Tagen und 7 Monaten, der Rest war am Stichtag noch unerledigt. Auch diese Gefängnisstrafen wurden in der Regel bedingt ausgesprochen, ausser wenn Vorstrafen dies nicht erlaubten. Einige Fälle wurden 1982 vor einem Geschworenengericht verhandelt; dieses sprach auch die höchste Strafe im Zusammenhang mit den Unruhen aus: 14 Monate Gefängnis unbedingt für jenen Mann, der als «Herr Müller» berühmt geworden war.

Die Bezirksanwaltschaft und die Gerichte hatten eine Art Tarif: Blosser Landfriedensbruch wurde mit 21 Tagen Gefängnis bestraft, wer einen Stein geworfen hatte, musste mit 4 Monaten rechnen.

Der Tatbestand des Landfriedensbruchs wurde in dieser Zeit stark ausgeweitet. Allein schon die Teilnahme an einer nicht bewilligten Kundgebung genügte. Der TA zitierte den für seine harten Urteile berüchtigten Präsidenten der II. Strafkammer des Obergerichts mit folgenden Worten: «Man steche die Zirkelspitze ins mutmassliche Zentrum der Unruhen und ziehe einen Kreis mit dem Radius von 150 Metern. Täter ist, wer sich innerhalb dieses Kreises befindet.» Das Bundesgericht stützte im März 1982 diese Zürcher Praxis, was den liberalen Strafrechtsprofessor Peter Noll zu scharfer Kritik veranlasste: «Das ist ein verschleierter Staatsnotstand mit lokalem Ausgehverbot.»

Daniel Wagner, Polizist
Aufgezeichnet von Christian Hubschmid, TA vom 8.5.00

Als die Krawalle losgingen, war ich noch in der Polizeischule und wurde als unfertiger Polizist in den Einsatz der Ordnungsdienst-Truppen geschickt. Im blauen Kombi, mit Schutzschild, Gamaschen, Tiefschutz, Ellbogen- und Knieschonern hatte ich Einsätze, um Ausschreitungen zu verhindern. Oftmals musste ich dazu Tränengas und Gummigeschosse einsetzen. Das war nicht, was ich mir unter Polizeiarbeit vorgestellt hatte. Als junger Polizist hat man gerne Action, aber nicht so. Lieber hätte ich eine Verbrecherjagd gehabt.

Die Krawalle liessen mich nachdenklich werden. Das waren ja keine Verbrecher auf der anderen Seite, das waren Gleichaltrige. Die hatten teilweise die gleichen Interessen wie ich, gingen an die gleichen Konzerte: Rolling Stones, Dire Straits. Aber auf der Strasse gingen die Emotionen hoch. Manchmal wurde ich aggressiv. Gerade das empfand ich als so unangenehm. Aber ich rastete nie aus.

Manchmal hatte ich Angst. Einmal mussten wir an der Rämistrasse unter einer Brücke durch, und von oben hagelte es Pflastersteine. Verletzt wurde ich jedoch nie, höchstens bekam ich ein paar Schrammen ab. Und dann natürlich viel Tränengas, das haben auch wir Polizisten eingeatmet.

Wochenende für Wochenende war ich im Einsatz. Monatelang opferte ich die ganze Freizeit. Die Stimmung unter uns Polizisten wurde immer schlechter, je länger die Unruhen dauerten. Wir wurden immer gereizter. Die Bewegten schlugen immer wahlloser Sachen zusammen. Für diese Sinnlosigkeit hatte ich kein Verständnis. Es war einfach falsch. Wenn es noch lange weitergegangen wäre, hätte ich mir überlegt, den Polizeidienst zu quittieren.

Viele hatten sicher gute Ansichten, aber initiative Jugendliche brauchten kein AJZ. Ich selber habe viel Sport getrieben, Eishockey. Ich hatte null Probleme, meine Freizeit sinnvoll zu gestalten. Wenn man sich beschäftigen wollte, dann konnte man das. Mir war es sicher nie langweilig. So etwas wie das AJZ lässt sich gar nicht verwirklichen. Da wurden Drogen verkauft wie beim Beck die Weggli. Für viele Jugendliche war das der Absturz.

An den Demos waren immer dieselben Leute ganz vorne und heizten die Stimmung an. Wenn dann Steine flogen, standen sie an die Seite. Verhaftet wurden dann

Presseberichterstattung 20 Jahre danach

oftmals diejenigen, die gar nicht wussten, worum es ging. Da waren anständige Jugendliche darunter, die gingen ein bisschen nach Zürich, um Räuber und Poli zu spielen. Die fanden es lässig, in Zürich Action zu haben, hatten jedoch keine Ahnung, worum es ging. In ihren Dörfern gab es oft kein grosses Unterhaltungsangebot für Jugendliche. Das ist heute am 1. Mai nicht anders.

Im AJZ keimte eine neue Gesellschaft

Das Experiment AJZ scheiterte, weil es von der Gesellschaft zu wenig Unterstützung bekam. Der Arzt Emanuel Hurwitz hat zwischen Benutzern und Behörden vermittelt.

Emanuel Hurwitz, TA vom 9.5.00

Es gab keine offizielle Eröffnung des Autonomen Jugendzentrums. Am Vormittag des 28. Juni 1980 waren die Tore einfach offen, und die Jugend strömte hinein. Sie begann sofort, die Räume zu leeren, zu reinigen und instand zu stellen. Kaputte Scheiben wurden herausgebrochen, neue Scheiben eingesetzt, Bretter weggetragen, Böden ausgeglichen. Schon am Mittag bot das AJZ das für die nächsten Monate typische Bild einer riesigen Baustelle mit sozialem Touch, indem dort gleichzeitig die verschiedensten Gruppen ihre Versammlungen abhielten.

Das Neben- und Durcheinander von Baubetrieb und Sozialbetrieb zwang uns als verantwortliche Träger, rasch gewisse Strukturen aufzubauen. Schliesslich musste man mit Unfällen rechnen, bei denen erste Hilfe zu leisten wäre. Eine kleine Sanitätsstelle entstand. Bald rissen sich die Besucher des AJZ darum, dabei zu sein, wenn verarztet wurde. Alle waren sie natürlich Sachverständige. Bald entstanden die bittersten Rivalitäten zwischen mehreren sich autonom nennenden Sanitätsgruppen. Diese Konflikte konnten nur durch eine Trennung des Reviers gelöst werden: Die eine Gruppe sollte innerhalb des AJZ wirken, die andere ausserhalb bei Demonstrationen und Kundgebungen. Doch die «Aussengruppe» erhielt viel mehr Prestige und Anerkennung, weil sie mit ihren T-Shirts mit rotem Kreuz im weissen Feld Aufsehen erregte. Die Innengruppe, die sich in der Stadt keine Lorbeeren holen konnte, musste irgendwie entschädigt und aufgewertet werden. So wurde aus dem kleinen Sanitätsposten eine sich stetig vergrössernde Krankenstation, welche die Innengruppe am liebsten zum Spital hochstilisiert hätte. Sie wurde von einem seltsamen Trio passionierter Oberpfleger geleitet.

Samas, der Chinese, eher Kung-Fu-Boxer als Sanitäter, gab sich als diplomierter Masseur aus. Wer während seiner Präsenzzeit – die Gruppe brachte es immerhin fertig, einen Präsenzdienst rund um die Uhr zu organisieren – mit welchem Leiden auch

Presseberichterstattung 20 Jahre danach

immer die Sanitätsstelle aufsuchte, wurde erst einmal tüchtig massiert. Danach waren die meisten «Patienten» so gründlich geheilt, dass sie fluchtartig die Krankenstation verliessen. Wer weiter ausharrte, bekam von Samas Kamillosan, Schnaps und feuchte Wickel verabreicht.

Gut gemeinte «Notoperationen»

Uwe, ein junger Mann aus Düsseldorf, hielt sich illegal in der Schweiz auf und wurde immer wieder ausgewiesen. Die Ausweisungen hinderten ihn jedoch nicht daran, wenige Tage später unbehelligt in die Schweiz wieder einzureisen, um seinen «Dienst» in der Sanitätsstelle sofort wieder aufzunehmen. Und schliesslich war da noch Toni, ein älterer, liebenswerter, etwas vergesslicher, aber, wie er behauptete, geheilter, also ehemaliger Alkoholiker. Von ihm ging das Gerücht, er sei bei jeder Hausbesetzung dabei und richte jeweils sofort und als erstes eine Sanitätsstelle ein. Er war also ein alter Profi. Er achtete strikte darauf, dass über jeden Patienten Buch geführt wurde. Die täglichen Journaleinträge in die als «Krankengeschichten» bezeichneten heiligen Bücher wurden zu andächtigen Ritualen. Diese «Krankengeschichten» wurden mir jeweils am Abend zur Einsicht und Unterschrift vorgelegt. Nachdem Toni sie mir vorgelesen hatte. Um sicher zu sein, dass ich keine Fehler machte beim Lesen.

Das Vertrauen war gross. Ich erfuhr wirklich alles. Ernsthafte bedrohliche Situationen gab es nie. Ein paar Mal konnte ich die Jugendlichen überzeugen, einen Verletzten an ein Spital zu überweisen. Meine Besuche hatten überhaupt den Stellenwert einer Chefvisite und gaben mir, abgesehen von der Freude, die mir die rührenden Aufzeichnungen verschafften, Gelegenheit, mir ein Bild über die Tätigkeit dieser engagierten Mitarbeiter und über die täglichen Probleme im AJZ zu machen. Es war unglaublich, was dieses Trio – assistiert von weiteren Helferinnen und Helfern – alles unternahm. Da wurden eingewachsene Zehennägel herausoperiert, Wunden mit Schere und Pinzette gesäubert oder Augen von Splittern befreit. Nicht selten befiel mich ein ziemliches Erschrecken, wenn ich von diesen «Notoperationen» hörte. Doch was blieb mir anderes, als jedes Mal zu betonen, es gebe Spitäler zur Genüge in der Stadt, wir müssten im AJZ keine autonome Intensivstation mit septischem und aseptischem Operationssaal einrichten.

Ziemlich belastend – vor allem durch ihre grosse Zahl – waren die Alkoholiker. Da sie wussten, dass Verletzungen jederzeit behandelt werden konnten, liessen sie sich unbesorgt in die schrecklichsten Schlägereien ein. Nicht selten landeten Bierflaschen unsanft auf Köpfen und hinterliessen ausgedehnte Platzwunden.

Doch das war alles harmlos im Vergleich zu den Problemen, mit denen uns die Drogenabhängigen konfrontierten. Kurz nach Eröffnung des AJZ waren sie schon da, und ihre Zahl wurde von Tag zu Tag grösser. Es gab Drogenabhängige, die nichts anderes taten als kiffen, paffen und schnupfen oder ständig an der Nadel hängen, und es gab schwer abhängige Drogenkonsumenten unter den aktivsten und militantesten Teilnehmern der «Bewegung», unter denen, die im AJZ am tatkräftigsten mitarbeiteten. Die Unterscheidung zwischen süchtigen Krawallanten und gewaltlosen Arbeitswilligen war eine Fiktion. Ich musste das einst erlernte Bild von Sucht und Süchtigen gründlich revidieren. Nach Lehrbuch hatte ich stumpfe, passive, sozial, körperlich und psychisch abgebaute, verkommene Menschen erwartet. Hier traf ich zwar solche menschlichen Elendsfiguren schon, und auch in grosser Zahl, aber daneben gab es langjährige, geordnete Drogenkonsumenten, die sozial engagiert und keineswegs verwahrlost waren.

Liberaler Umgang mit Drogen

Dass in einem Jugendzentrum Drogenprobleme auftreten würden, war uns von Anfang an klar. Unerwartet war, dass sie sich so rasch und in diesem unglaublichen Ausmass stellten. Die Jugendlichen, die mit Drogen mehr Erfahrungen hatten als ich, nahmen sich dieser Probleme selber an. Gleich in den ersten Tagen wurde eine Drogengruppe gebildet, um ein Konzept zu erarbeiten, wie man im AJZ mit harten, wie mit weichen Drogen und wie mit Drogenhändlern umgehen wollte. Die Gruppe war der Ansicht, gegen weiche Drogen, das Rauchen von Haschisch etwa, sei nichts einzuwenden. Man müsse lediglich dafür sorgen, dass Händler saubere Ware zu reellen Preisen anböten. Diskutiert wurde die Möglichkeit, den Handel mit weichen Drogen im AJZ selber zu übernehmen – eine Vorstellung, die mich ziemlich erschreckte. Das AJZ als Zentrum des Haschischhandels?

Ebenfalls belastend waren die unzähligen völlig passiven Nur-Konsumenten, die Schwerstsüchtigen, die den ganzen Tag auf Matratzen herumlagen, pafften, schnupften, fixten und Musik hörten, meist ohrenbetäubend. Sie waren das ei-

Presseberichterstattung 20 Jahre danach

gentliche grosse Problem des AJZ, an dem es zugrunde gehen sollte. Nicht alle dieser «Matratzen-People» waren Drogenkonsumenten, es gab auch einfache «Penner», die das AJZ als Notunterkunft betrachteten, und «Hänger», die mit ihrem Leben nichts anzufangen wussten und nur apathisch und untätig herumvegetierten. Diese «Hänger» und «Penner» breiteten sich so rasch aus und nahmen bald so viel Platz in Anspruch, dass es in kurzer Zeit zu Spannungen mit den Bewegungsaktivisten und den übrigen Besuchern des AJZ kam. Während diese täglich unter vollem Einsatz arbeiteten, liessen jene die Ordnung wieder verwahrlosen. Während diese mit grosser Mühe die Liegenschaft in Stand stellten, die Räumlichkeiten herrichteten und die Umgebung verschönerten, brachten jene es nicht einmal fertig, die Toiletten auch nur einigermassen sauber zu halten. Die Toiletten waren mit der Zeit so grauenhaft verdreckt, dass viele – auch ich – sich gar nicht mehr hineinwagten. Dass aber die Aktivisten für andere die Toiletten reinigen sollten, überschritt die Grenze ihres Langmuts.

Alle diese schwierigen sozialen Probleme entstanden natürlich nicht im AJZ. Sie konzentrierten sich nur dort. Niemand wurde im AJZ zum Drogensüchtigen, keine neuen Fixer wurden dort gewonnen, es fanden sich nur alle dort ein und fielen durch ihre grosse Zahl auf. Das AJZ konfrontierte die Stadt und die Gesellschaft ungeschminkter und brutaler mit der sonst viel diskreteren, weil verborgenen sozialen Not.

Probleme – vor allem mit der Justiz – machten auch die Jugendlichen, die von zu Hause oder aus einem Heim ausgerissen waren und nun von Eltern, Vormündern oder von der Polizei gesucht wurden. Auch sie fanden im AJZ Unterschlupf. Darunter waren Verhaltensgestörte, psychisch Kranke, Kleinkriminelle, Anstaltszöglinge und Patienten psychiatrischer Kliniken. Sollten diese Menschen vom AJZ aus der Polizei ausgeliefert werden? Jede Trägerschaft hätte sich sofort unglaubwürdig gemacht. Wir gaben stattdessen der Polizei ein paar sozial kompetente Fachleute aus der sozialdemokratischen Partei bekannt, damit die Probleme zusammen mit ihnen gelöst werden könnten. Es ging ja nicht nur um die Bedürfnisse der Ausgerissenen, sondern um ein komplexes Zusammenspiel der Verantwortung von Eltern, Vormündern, Fürsorgebehörden, Heimen und anderen Institutionen. Die Polizei machte auffallend wenig Gebrauch von der angebotenen Zusammenarbeit.

Jugendliche «auf Kurve»

Ich selber erhielt jedoch mehrere Anrufe. Eine Mutter aus einer Gemeinde am rechten Seeufer suchte ihre minderjährige Tochter. In ihrer Verzweiflung hatte sie die Polizei um Hilfe gebeten. Was sollte ich tun? Was konnte ich tun? Als Hilfspolizist ins AJZ fahren und das Mädchen herausholen? Das Töchterchen wäre am andern Tag wieder dort gewesen. Also musste ich mir Helfer organisieren. Zuerst musste Vertrauen geschaffen werden – vor allem bei den Jugendlichen, und die vertrauten am ehesten Gleichaltrigen. Wir bauten eine kleine Selbsthilfegruppe auf, die sich der Jungen «auf Kurve» annahm. Roni, ein Mitglied der Drogengruppe, erklärte sich bereit, die «Kurvengruppe» zu organisieren, doch die Mitglieder der Drogengruppe wurden eifersüchtig und fanden, sie alle zusammen müssten diese Aufgabe übernehmen. Die Folge war, dass sich niemand darum kümmerte, und am Ende war es doch Roni, der die «Kurvengruppe» aufbaute. Es gelang ihm in kürzester Zeit, hoch motivierte und engagierte Mitarbeiterinnen zu gewinnen. Roni fand schnell und unkompliziert den Zugang zu den Jugendlichen. Seine warme, liebenswerte und doch bestimmte und direkte, keinesfalls nur verwöhnende Art, war nahezu ideal für die oft alles andere als leichte Aufgabe.

Experimentelle Sozialhilfe

Diese Gruppenarbeiten waren ausgesprochen befriedigend. Mit grossem Interesse verfolgte ich die Prozesse dieser Selbsthilfegruppen, in denen ein unglaubliches therapeutisches Potenzial steckte. Wie heilsam solche Selbsthilfeorganisationen sein können, ist an sich bekannt. Das Konzept hat sich bei den Anonymen Alkoholikern, den Anonymen Drogenabhängigen und anderen Gruppen schon seit langem bewährt. Im AJZ, wo der Zusammenhalt unter den Jugendlichen einen hohen Stellenwert einnahm, waren die Selbsthilfegruppen die grosse Chance zur Bewältigung all der schweren, ungelösten Probleme. Diese neuen Experimente der Sozialhilfe stimmten mich – neben aller Skepsis – immer wieder optimistisch.

Andere Aktionsgruppen bildeten sich ausserdem: Für den Betrieb des Restaurants entstand die «Spuntengruppe». Für die Gestaltung der Kino-Programme war eine Kino-Gruppe verantwortlich. Es gab eine Gruppe für den Hauswartdienst, eine für den Nachtwachedienst, eine Pressegruppe, eine Informationsgruppe und viele mehr.

Presseberichterstattung 20 Jahre danach

Und während all dieser Gruppensitzungen wurde weiter gebaut, wofür die Renovierungsgruppe, zusammen mit Fachleuten aus einem Handwerkerkollektiv, zuständig war. Die Gesamtheit der Gruppen traf sich wöchentlich in der Koordinationsgruppe, die so ausgezeichnete Arbeit leistete, dass viele hofften, sie könnte später einmal die Funktion einer Trägerschaft für das AJZ übernehmen.

Im Keim entstand also eine neue Gesellschaft, die auf Hilfsbereitschaft, Zusammenarbeit und Solidarität bei der Lösung all der schweren Probleme aufbaute. Sie hätte Modellcharakter haben können und hätte es verdient, von aussen, von der etablierten Gesellschaft, mehr Unterstützung zu bekommen.

Der obige Text ist ein Ausschnitt aus einem unveröffentlichten Buchmanuskript.

Wie die Medien die Krise bewältigten

Zur Zeit der Jugendunruhen bezichtigten die Behörden die Medien der Aufwiegelung. Und die Wirtschaft setzte die Presse unter Druck, insbesondere den «Tages-Anzeiger».
Michael Haller*, TA vom 15.5.00

Erinnern Sie sich noch an die johlenden Chaos-Typen, die damals, im Juni 1980, in der Livesendung «Telebühne» Radau machten? Ich habe noch jenes irre Gelächter eines «Autonomen» im Ohr, als einer der Magistraten das Wort ergriff. «Stadtrat – pack die Badehose ein – ab gehts nach Mallorca» hiess es auf einem Plakat, das ein paar Jugendliche vor der Kamera entrollten. Ein anderes zeigte ein grosses Herz, durchbohrt von einem Amorpfeil, das die Namen «Sigi & Emili» umschloss: Stadträtin Emilie Lieberherr und Stadtpräsident Sigmund Widmer als Liebespaar – da sahen viele die Autorität des Staats in aller Öffentlichkeit ins Lächerliche gezogen: ein Skandal.

Keine Frage, die Jugendunruhen waren auch ein gewaltiges Medienspektakel. Da konnte die ganze Deutschschweiz am Bildschirm mitverfolgen, wie sich vermummte Jugendliche mit martialisch gepanzerten Polizisten Strassenschlachten lieferten. In Nahaufnahme wurden die Verletzungen gezeigt, die jene knallharten Gummigeschosse in den Gesichtern unbeteiligter Passanten hinterliessen. Eine halbe Million Tagi-Leser blickte allmorgendlich auf die neuesten Bilder, die Zürich verbarrikadiert zeigten, als befinde sich die Limmatstadt im Kriegszustand. Und schon am Mittag konnten Jugendliche in den Radionachrichten erfahren, wann und wo sich die Massen zusammenrotten. Kein Wunder, dass die Demos am Nachmittag schnell auf ein paar Tausend Mitläufer anschwollen.

Im Wechselspiel zwischen Reiz und Reaktion gewannen die Jugendunruhen eine nicht mehr steuerbare Eigendynamik. Und wenn das Heft des Handelns der Hand entgleitet, werden Schuldige gesucht. Kein Wunder also, dass viele Leute – Unternehmer, Politiker, Behördenvertreter – den Medien die Schuld an der Eskalation zuschoben. Haben die Medien tatsächlich versagt?

Die Presse als Sensor

Diese Frage interessierte mich damals aus medienwissenschaftlicher Perspektive. Im Rahmen eines Forschungsprojekts des Schweizerischen Nationalfonds untersuchte

Presseberichterstattung 20 Jahre danach

ich Mitte der Achtzigerjahre – gemeinsam mit drei Medienwissenschaftlern aus Zürich – die Rolle der Lokalpresse. Hier ein paar unserer Befunde:

Es stimmt, an jenem lauen Maiabend kam es vor dem Zürcher Opernhaus völlig überraschend zu den Krawallen. Und doch brachen die Jugendunruhen nicht aus wie ein Feuer. Soziale und/oder kulturelle Konflikte haben ihre Entstehungsgeschichte. So konnten wir feststellen, dass in den zwölf Monaten, die den Unruhen vorausgegangen waren, eine intensive Subkultur mit einer starken Gegenöffentlichkeit entstanden war – mit einem klaren Aggressionspotenzial. Hauptpunkte waren Wohnprobleme und die offizielle Veranstaltungspolitik Zürichs, die den Jugendlichen keine Freiräume zur experimentellen Entfaltung nichtkommerzieller Kultur liess. Es war demnach ein brodelnder Kessel, über den die Tageszeitungen («Tages-Anzeiger», NZZ, «Volksrecht») berichten sollten. Taten sie es?

Wir haben für das Jahr 1979 und das erste Quartal 1980 alle Artikel ausgewertet, in denen Worte rund um den Begriff Jugend vorkamen. Das Ergebnis: «In ereignisbezogener Hinsicht erfüllten alle drei Zürcher Tageszeitungen die Sensorfunktion (...) Es wurden keine bemerkenswerten Informationen unterdrückt, sondern die erstaunlich markante Ereignishäufung im Vorfeld der Unruhen publizistisch sehr deutlich vermittelt. Insbesondere der ‹Tages-Anzeiger› leistete in beachtlicher Breite für mehrere Anliegen der betroffenen Jugendgruppen Artikulationshilfe.» Was publizistische Eigenleistung der Zeitungen anbetraf, waren sie allerdings eher schwach. Kaum eigene Recherchen, praktisch keine Kommentare oder Interviews. Die Zeitungen haben ihre «Sensorfunktion» zwar wahrgenommen, sich aber nicht als Kassandren betätigt. Der von Stadtpräsident Sigmund Widmer im Juni 1980 erhobene Vorwurf, die Medien hätten die «Vorzeichen bewusst ignoriert» und darum «einen beträchtlichen Anteil an den Ursachen der Unruhen», ist also unzutreffend. Die Stadtregierung hätte aufmerksam die Zeitungen lesen und die richtigen Schlüsse ziehen sollen.

Die Presse als Aufwiegler

In der letzten Juniwoche 1980, also vier Wochen nach Ausbruch der Unruhen, zitierte der Stadtpräsident die Chefredaktion des «Tages-Anzeiger» ins Stadthaus und überhäufte die Journalisten wegen ihrer «Krawallberichterstattung» mit Beschwerden. «Konkret ging es um die Titelgebung, einzelne Bildlegenden und den Zeilenumfang einzelner Berichte», notierte sich einer der Tagi-Leute. Einen Monat später schrieb die «Schweizerische Arbeitgeber-Zeitung» in einem Kommentar über den «Tages-Anzeiger»: «Wie lange noch machen sich eigentlich Leser und Inserenten, vor allem Werbe- und Personalchefs, Illusionen über Haltung und Standort dieser Zeitung, die (…) mit ihren Sympathien für die angebliche Jugendbewegung nicht zurückhält?» Damit wurde zum Inserateboykott aufgerufen.

Traf diese Medienschelte zu? Die Analyse der Unruhe-Berichterstattung der Zürcher Presse ergab folgenden Befund: In den ersten Wochen der Unruhen unterliefen allen Zeitungen Gewichtungs- und Bewertungsfehler. Doch «gemessen an der Ereignisdichte, dem emotional aufgeladenen Meinungsklima und dem Auskunftsverweigerungsverhalten der Konfliktparteien blieben die journalistischen Pannen und Fehlleistungen vergleichsweise marginal. Sie reichen nicht hin, um den Sekundärkonflikt (Beschwerden der Wirtschaft und Stadtregierung, M. H.) zu begründen. Seine Ursachen liegen vielmehr im gestörten Beziehungsfeld Behörden-Medien.» So konnte zum Beispiel ein eklatanter Verstoss gegen den Grundsatz der Gleichbehandlung der Medien und Berichterstatter durch die städtische Exekutive nachgewiesen werden. Alle reagierten panisch.

Die Boykottdrohung der Wirtschaft erzielte die erwünschte Wirkung. In einer Sitzung Ende August 1980 malte die Geschäftsleitung des TA-Verlags die Gefahr einer «verhängnisvollen Talfahrt» für den Tagi an die Wand. Sogleich wurden Konsequenzen gezogen. Alle Redaktionsmitglieder hatten nun eine «strikte Fairness» zu pflegen, sich einem «Textmanagement» der Chefredaktion zu unterziehen und die «Dosierung von Kritik» einzuüben.

Soweit mir bekannt, gab es von da an keine Beschwerden mehr, weder vonseiten der Wirtschaft noch aus dem Stadthaus. Die Medienkrise schien bewältigt.

(*) Prof. Dr. Michael Haller hat den Lehrstuhl für Journalistik an der Universität Leipzig inne. Er lebte zur Zeit der Jugendunruhen in Zürich und leitete von 1984 bis 1987 das Forschungsprojekt «Medien im Konflikt», das beim Schweizerischen Nationalfonds in Bern einzusehen ist.

Presseberichterstattung 20 Jahre danach

Christoph Schaub*, Filmemacher

Die «Bewegung» hatte im Videoladen ihre eigene Dokumentationsabteilung. Der Film «Züri brännt» und so genannte politische Interventionsvideos setzten ästhetisch Massstäbe.

Im Gespräch mit Christian Hubschmid, TA vom 15.5.00

Wozu hat die «Bewegung» ihre eigenen Aktionen gefilmt?

Einerseits haben wir die Geschichtsschreibung selber in die Hand genommen, um sie nicht dem Fernsehen zu überlassen. An Demos und bei Aktionen filmten wir, schnitten die Filme und zeigten sie am selben Abend im AJZ. Wir waren sozusagen die ersten VJs. Andererseits war der Narzissmus eine starke Energie in der «Bewegung». Man spiegelte sich in den eigenen Bildern, in den eigenen Filmen.

War es nicht sogar so, dass das Fernsehen am Drehen gehindert wurde?

Doch. Man hat dem Fernsehen nur ganz gezielt erlaubt zu filmen. Auch die Presse wurde benutzt, indem man gewisse Journalisten bevorzugt und andere benachteiligt hat. Die «Bewegung» betrieb auf eine intuitive Art moderne Medienarbeit. Das ging bis zur Okkupierung von Fernsehsendungen.

Gab es auch Propaganda im Innern der «Bewegung»?

Ja, ganz stark. Videofilme zeigen war eine Art, Adrenalin zu verabreichen: Wir haben uns über die Bilder aufgeladen. Es war wie Familienkino, wo man sich selber Steine werfen sieht. Später jedoch, als die «Bewegung» einzuknicken begann, haben wir nicht mehr nur Bestätigungsfilme gemacht, sondern auch kritische Beiträge, die von einem Teil der «Bewegung» überhaupt nicht goutiert wurden. Filme sollten doch Euphorie verbreiten, hiess es.

Durfte der Videoladen stets filmen?

In der Regel schon. Die «Bewegung» hatte Vertrauen zu uns, dass wir die Bilder nicht weitergeben. Wir schauten darauf, dass Aktivisten bei illegalen Aktionen anonym blieben.

Haben Sie den Eindruck, dass die «Bewegung» im Wesentlichen eine kulturelle Bewegung war?

Eindeutig. Sie hat sich mit starken Bildern ausgedrückt und damit politisch gearbeitet – man denke etwa an die Nacktdemo, an das Bemalen des italienischen Konsulates, an die Fesselung eines US-Kamerateams an den Marterpfahl. Die Kraft war eine kulturelle, wobei man die Kultur schon politisch und gesellschaftlich verstanden hat.

Hat diese Bildsprache einen Einfluss auf die heutige Kunstszene?

Es gibt einen Einfluss, aber man sollte ihn nicht überbewerten. Ästhetisch etwa haben die Bewegungsvideos die Trennung von Fernsehen und Kino, auch von Werbung und Kino aufgeweicht. Wir haben halt die Möglichkeiten der elektronischen Bildverarbeitung und -manipulation erzählerisch genutzt. Die Macher von «Züri brännt» haben in ihrer Montagearbeit nicht mehr analytisch, sondern assoziativ argumentiert. Die Filme suchten für die politischen Zusammenhänge eine emotionale Aussage, die beim Betrachter ein Wohlbefinden und dadurch Akzeptanz auslösten. Ähnlich wie heute Werbefilme ...

Warum haben Sie nach dem Abriss des AJZ aufgehört, «politische Interventionsvideos» zu drehen?

Ich begann danach, eigene Geschichten zu erzählen, die atmosphärisch auch den Kater nach der «Bewegung» verarbeiteten. Geblieben sind dabei der Witz und auch eine gewisse Distanz zu sich selber. Man sollte sich auch über die eigene Melancholie und Trauer lustig machen können.

Würden Sie sich noch heute als einen Achtziger bezeichnen?

Ich weiss nicht. Das ist alles weit weg. Aber ich habe viel gelernt, etwa, dass das Machen entscheidender ist als das Darüberreden, die Aktion wichtiger als die Theorie. Die «Bewegung» hat sehr gefühlsmässig funktioniert, ohne Überbau. Wie bei der Nacktdemo: Man springt einfach mal in die Limmat, ohne sich darum zu kümmern, wie man wieder zu seinen Kleidern kommt.

(*) Christoph Schaub war Mitglied des Videoladens und an verschiedenen Interventionsvideos beteiligt. Heute ist er unabhängiger Filmemacher (u.a. «Dreissig Jahre», «Die Reisen des Santiago Calatrava») und mitverantwortlich für die Kinos RiffRaff und Morgental in Zürich.

Presseberichterstattung 20 Jahre danach

Eine Subkultur auf Müllern und Brechen – Kunst und Kultur der «Bewegung»

Trotz, Hohn, Satire und Abbruch: Das waren die Stilmittel, deren sich die Achtziger Bewegung bediente. Auch in Kunst und Kultur.
Juri Steiner, TA vom 18.5.00*

Im Frühsommer 1980 mutierte Zürichs Pflaster zur fliegenden Freilichtbühne. Zwischen Kreativität und Krawall schossen die Nachtschattengewächse giftiger Satire und halluzinogener Utopie ins Kraut. Die Erfolgsgeschichte der Zürcher Gegenwartskunst startet 1980 vor diesem bewegten Dekor. Für die meisten Künstlerinnen und Künstler jedoch, die damals in die Geschehnisse involviert waren, bedeutet Zürich im Jahre 80 das letztlich tragische Zentrum einer flüchtigen Autonomie, die ebenso manifest wieder verschwand wie die eigene Jugend.

Die Stilmerkmale der Zürcher Jugendbewegung, an die man sich gerne zurückerinnert, sind der vorlaute Spott und der anmassende Hohn, welche die bewusst nicht studentische Subkultur in breitem Dialekt über die biedere Monotonie der Stadt ausgoss. An den Krawallen allerdings war die Kreativität eher peripher beteiligt. Von den rund 4000 Personen, die im Zusammenhang mit den Zürcher Unruhen polizeilich registriert wurden, wiesen sich nur gerade zwei Prozent als Künstler aus. Selbst das Zertrümmern der Chagall-Fenster im Fraumünster-Chor wurde nicht als Performance deklariert, welche die offene Frage zwischen Kunst- und Antikunst hätte klären sollen. Erst in den Neunzigerjahren fand ein New-Yorker U-Bahn-Sprayer die passende Formel: «Ein Vandale ist jemand, der einen Ziegelstein durch eine Fensterscheibe wirft. Ein Künstler ist jemand, der ein Bild auf die Fensterscheibe malt. Ein grosser Künstler ist jemand, der ein Bild auf das Fenster malt und dann einen Ziegelstein durch die Scheibe wirft.» Solch praktische Kunsttheorie war nicht die Stärke der Bewegung.

Mehr Bauch!

Ihre Devise lautete «mee Buuch», und alles, was dieser Bauch verlangte, fanden die Aktivisten auf der Strasse: den Sound, den Stil, die Bilder. Das nötigste Wissen um die urbanen Taktiken der Kunst-Avantgarden holte man sich am Sihlquai bei Serge Stauffer in der Privatschule für experimentelle Gestaltung «F & F». Berühmtheiten wie Stephan Eicher sind aus der «F & F» hervorgegangen. Und das ist symptomatisch. Die frühen Achtziger waren nicht die Zeit der offiziellen Künstler. Die, die sich damals so nannten, hiessen Bill oder hockten in der «Bodega». Die Jungen der Punkgeneration aber verliessen das Atelier, um in irgendeiner Band zu spielen. Es waren Künstler, die sich nicht mehr so nennen wollten, und sie erklärten die ganze Stadt zu ihrem Arbeitsfeld. Erstaunlich ist die Zielgenauigkeit, mit der die diversen im urbanen Raum umherschweifenden Zürcher Jugendbewegungen zwischen 1968 und 1995 immer wieder die Nähe zum Landesmuseum gefunden haben. Es scheint, als ob die Hellebarden, Trachten und Porzellanteller in Gustav Gulls Beton gewordenem Schweizerpsalm die Jugend immer wieder von neuem zur Belagerung und Besetzung herausgefordert hätten. Der Hort helvetischen Ahnenkults besitzt einen Genius Loci, selbst dann, wenn er als sozialer Lokus dient. So gesehen, war die Drogenszene am Platzspitz die 00-Lösung zwischen der Schweizer Gesellschaft und ihrer Jugendkultur. Das AJZ aber hätte mehr sein können als das, was die NZZ damals in ihm hat sehen wollen: Gewalt als ästhetischer Genuss, Zerstörung als abgründig-schaurige Schönheit. Das AJZ wurde geschleift, die Wolgroth abgebrochen, der Platzspitz geräumt. Alleine schon, weil die rotzige Jugend und ihre Kulturen aus dem Archipel hinter dem HB verschwunden sind, war die kurze Idee des Jahres 1999, nun auch das Landesmuseum getrost abzureissen, nicht ganz ohne Reiz.

Bedeutete das kreative Potenzial des Jugendprotests Trotz, Satire, Kunst oder lediglich pubertäre Pöbelei gegen harmlose Biederkeit? Diese Frage ist ebenso rhetorisch wie alt in der Geburtsstadt von Dada. Schon 1916 haben Richard Huelsenbeck und Tristan Tzara auf der Bahnhofstrasse eine Dame nach dem nächsten Bordell gefragt. Zu Ehren der Antikunst strichen die beiden das Entsetzen der Frau und die Stockhiebe der Passanten ein. Zum ersten Mal brachten diese Rastas den Bürgerschreck mit Kunst in Verbindung. Sie nannten es: «Epater le bourgeois», eine Tätigkeit, die sich dann im Zuge der politischen Sit-ins der Enragés von 1968 zum Happening wandelte. Bereits der offizielle Auftakt der Bewegung, der «Opernhaus-Krawall» vom

Presseberichterstattung 20 Jahre danach

30./31. Mai 1980, besass eindeutigen Happening-Charakter. Politisch ging es um den Protest gegen den Renovierungskredit für das Opernhaus. Musikalisch war der Abend das ungebremste Aufeinanderprallen von Vincenzo Bellinis Melodram «La Somnambula» im Opernhaus und Bob Marleys Reggae im Hallenstadion. Was mit buntem Eierwerfen auf lange Abendroben seinen Anfang genommen hatte, eskalierte in einem nie gesehenen Pflasterstein- und Tränengas-Derby. Die Situation geriet ausser Kontrolle, als die Besucher des Marley-Konzerts in die Stadt zurückpulsierten. Während die einen am Sternen Oerlikon noch friedlich «I shot the sheriff» summten, schrien die anderen in der City schon lauthals: «Haut die Bullen flach wie Stullen.»

War diese Mainacht die Geburtsstunde eines neuen Zürcher Kunststils, der mittels provokativen Aktionismus die betonierten gesellschaftlichen Strukturen aufbrach und die Poesie im Alltagsleben verwirklichte? Seit dem 19. Jahrhundert haben moderne Künstler immer wieder damit geliebäugelt, Lunte zu zünden oder zur Bombe zu greifen. Einer der Ersten, der in der anarchistischen Gewaltbereitschaft Kunstpotenzial erkannte, war Emile Zola. Hundert Jahre vor der Zürcher Jugendbewegung, die sich gerne mit dem anarchistischen A im Kreis schmückte, notierte er: «Anarchisten sind Poeten. Es ist die ewig schwarze Poesie, so alt wie die Menschheit, wie alles Übel, wie der Schmerz. Der schwarze Traum der Zerstörer wird ewig neben dem blauen Traum der Idealisten fortbestehen.»

«Züri brännt»

Obwohl die Jugend von 1980 ihren Traum vom freien Leben weder blau noch schwarz verwirklichen konnte, führte sie die Konzeption der Revolte als Fest der Fantasie und der Verausgabung vor. Sieht man sich den 1980 von den Aktivistinnen und Aktivisten des Videoladens Zürich gedrehten Film «Züri brännt» an, merkt man schnell, dass das kreative Feuer des Streifens vor allem in der alternativen und subjektiven Montage liegt, die die Power der Bewegung zum Ausdruck bringt. Kaum etwas erinnert an herkömmliche Fernseh-Ästhetik. Der Videoaktivismus jener Tage sollte bald danach schon zur Videokunst einer Muda Mathis und Pipilotti Rist heranwachsen, welche die Portapack-Videokameras packten, um sich neuen hedonistischen Rollenspielen zuzuwenden.

Stilbildende «Müller-Sendung»

Das ursprüngliche Ungestüm der Freude am Kaputtmachen machte im Lauf des Frühsommers 80 immer mehr der Aggression und Verzweiflung Platz. Auf dem Höhepunkt der Gewalt kam es am 15. Juli zur legendär gewordenen «Müller-Sendung» des Schweizer Fernsehens DRS. Zwei zur Diskussionsrunde eingeladene Aktivisten forderten darin, als bünzliges Ehepaar Müller zurechtgemacht, massivstes Vorgehen der Ordnungskräfte: «Ooni Armee chömed mer dere Jugendbewegig nüme, und dänn staat morn d Revolution vor de Tüür, und dänn hämmer de Dräck!» Polizeichef, Moderator und Mutter Courage des Zürcher Stadtrats begriffen zwar, dass die Müllers ein Spiel mit ihnen trieben, waren aber unfähig, unverkrampft zu reagieren. Emilie Lieberherr: «Ich weiss natürlich ganz genau, was Sii demit händ welle bezwäcke, aber trotzdem chönd Sii eus nöd irr mache.» Und wie sie es konnten! Weil klar war, dass man als Jugendlicher den Honoratioren nicht mit Vernunft und geschliffener Rhetorik beikommen konnte, griffen die Bewegten zu einer der wirksamsten Methoden rhetorischer Sabotage: der Gesprächsverweigerung via Karikatur und Satire der Gegenposition. In legendären TV-Augenblicken wurde das «Müllern» zum Stilbegriff der Bewegung, zum Stil notabene, der über die Talkshows der Neunzigerjahre wieder ins Leutschenbach zurückgefunden hat. Auch die ungezählten Flyer und die Bewegungszeitungen «Eisbrecher», «Brächise» und «Stilett» funktionierten nach dem Müller-Prinzip. Zum Credo ihrer Redaktionen gehörte: beliebiges Herbeizitieren, Zweckentfremdung der Sprache, aber auch das Übermalen, Auseinanderschneiden und Zusammenkleben von Druckerzeugnissen, die Zweckentfremdung von Comicstrips durch das Einsetzen kämpferischer Inhalte in die Sprechblasen. Hugo Bütler hat das Stilett damals als ein «Gemisch von gauklerisch-unheimlichen Einfällen, halbernsten Abhandlungen, hedonistischer Lebensfeier, Selbstverherrlichung und –ironie» charakterisiert. Doch wie ehedem bei den Dadaisten, drohte auch hinter den Collagen und Sinnverdrehungen der Achtziger Aktionisten der Verlust der Aussage bis hin zum Verlust irgendeines Sinnes. Keine wirklich amüsante Perspektive.

Der Stapi fleht die Musen an

Während der Zürcher Saison der Provokationen wurde die Ausstellung «Saus und Braus» mit junger «Stadtkunst» im «Strauhof» eröffnet. Es war kein Zufall, dass sich

Presseberichterstattung 20 Jahre danach

der Untertitel auch «statt Kunst» aussprechen liess. Ein vom Tauziehen mit der Jugend mürbe gewordener Stadtpräsident Widmer schrieb in einem ziemlich gezwungen progressiv wirkenden Geleitwort: «Avantgarde bedeutet für uns das Risiko, dass die Kunst, die wir nun zeigen, ihre Bewährungsprobe nicht besteht, aber auch die Chance von echten Entdeckungen.» Der Satz war flehentlich an die Musen gerichtet und ging doch eigentlich an die Adresse der Bewegung, die in der Zwischenzeit das AJZ am 28. Juni in Betrieb nehmen konnte. Organisatorin von «Saus und Braus» war Bice Curiger, die bis heute noch mit einem Mona-Lisa-Lächeln für Zürcher Kunstverschwörungen den Kopf hinhält. Neben den bildenden Künstlern der Stadt, lud die Punk-Pädagogin Curiger auch den kreativen AJZ-Flügel sowie Musikerinnen und Musiker zum «Saus und Braus» ein: Klaudia Schifferle, die in der Gruppe Kleenex, später Liliput, den Bass zupfte und textete; die Klangkünstler der Gruppe Yello, die, heute weltberühmt, von der Technojugend als Rolls-Royce fahrende Väter verehrt und wieder verwertet werden. Dieter Meier, Stimme von Yello, der es bereits 1976 zu einer Einzelausstellung im Zürcher Kunsthaus gebracht hatte, machte auf Edel-Happening. Schliesslich tauchen in der Zürcher Kunstszene des Jahres 1980 Peter Fischli und David Weiss auf. Fragt man die beiden rückblickend nach ihrem Engagement in der Bewegung, winken sie ab. David steckte in seiner Hippie-Phase und zog als Dave mit langem Haar durch Kalifornien. Er hörte in den Abendnachrichten von den «riots in Zurich». Fischli machte Plattencovers, liebte und hörte Musik. Beide aber haben ihn gekostet, den «Saus und Braus» des Jahrgangs Achtzig, als mit dem Spruch «Die Maler dieser Stadt, die habens immer glatt» der Aufbruch in einen heimlifeissen Neodadaismus dokumentiert wurde. Alltag und Banalität wurden dabei zum Sujet künstlerischer Freakshows. Vor allem aber war man es leid, seine Verletzlichkeit zu zeigen. Die Ausnahme machten die Sigmar-Polke-Fraktion und die Splittergruppen um Dieter Roth respektive Martin Disler, die mit schwarzen Pinseln und Super-8-Kameras das Geschehen mit Hang zum Apokalyptischen einfingen. Die neue Kunst drückte sich in ungewohnten Medien aus, die mehr in einen Kindergarten für Hochbegabte zu passen schienen als in die Welt der Galerien und Museen. Die Antwort von Fischli und Weiss auf die schwarzen Gummigeschosse des Jahrgangs 80 waren Möbelstücke, die sie in schwarzes Gummi gossen – ein unheimlicher Mix aus Strassenkrieg und Kleinbürgeridyll.

Wo stehen die Partisanen der Bewegungs-Kunst heute? Als lebender Restwert nachdadaistischen Aufbegehrens spukt bis in unsere Tage KraSKA-Rex durch hohle Gassen. Auf seiner endlosen Reise durch Zürich hat er sich die Stadt Untertan gemacht, auf den öffentlichen Verkehrsmitteln den Nulltarif verkündet und für sein Schwarzfahren schon im freundeidgenössischen Gefängnis eingesessen. Achmed von Wartburg, der ehemalige Stadtpräsidentschaftskandidat, der aus der Bewegung kam, singt sich mit Charme und Tangoklängen in die Herzen seiner Auserwählten. Packt die Achtziger Veteranen der Blues, gehen sie an die Konzerte von Anton Bruhin, der ihnen auf der Maulorgel, dem so genannten Trümpi, stoisch sein nostalgisches Lied vorwummert.

Natürlich machte sich nach dem Abbruch des AJZ 1982 allenthalben grosse Enttäuschung breit. Es war nicht die Rückkehr in den behüteten Mutterschoss der Swissair-Schweiz, wie sie Dominique Grandjean 1977 ironisch halbwach im Song «Campari Soda» besungen hat. Eine grosse Hart-Alk- und Junkie-Szene blieb verwaist zurück. Viele Künstler liessen den Kopf hängen, wurden mürbe. Der Winterthurer Maler Aleks Weber wurde wegen terroristischer Aktivitäten zu acht Jahren Gefängnis verurteilt, da er unter anderem für den Sprengstoffanschlag auf eine Bundesratsvilla mitverantwortlich gewesen sein soll. Harald Nägeli, der legendäre Sprayer von Zürich, der im Vorfeld der Bewegung mit seinen Strichfigurinen im öffentlichen Raum gegen die Trostlosigkeit schattenboxte, ging für Jahre nach Deutschland ins Exil.

Derweil hat Zürich seine Bewegung am Platzspitz und später definitiv am Letten begraben. Die Wohlgroth zur Mitte der Neunzigerjahre war eine Art letzte Trutzburg «ZUREICHER» Gegenkultur. Und längst gibt es in Zürich mehr Ausgestossene als Aussteiger. Diejenigen, die nicht mitmachen können oder wollen, begnügen sich allerdings damit, sich selbst zu zerstören oder den Rest der Welt via Spraydose im Futurum zu grüssen: «Wir werden uns in dieser Scheiss-Stadt nicht zivilisiert benehmen.»

(*) Juri Steiner ist Kunsthistoriker und Ausstellungsmacher.

Presseberichterstattung 20 Jahre danach

Ein Streitgespräch zeigt auf, dass die alten Fronten immer noch bestehen

Was waren die Ursachen, dass die Jugendbewegung entstehen konnte, was lief schief, was ist daraus entstanden? Vier Beteiligte erinnern sich.
Moderation: Marc Zollinger, TA vom 19.5.00

Bruder Umberto, Sie arbeiteten während der Achtziger Unruhen als Gassenarbeiter, befanden sich also mitten im Geschehen. Wer hat Schuld, dass es zu derart heftigen Auseinandersetzungen kam?

Bruder Umberto: Ich möchte nicht von Schuld sprechen, lieber von Ursachen. Damals manifestierte sich eine kulturelle Bewegung, die eigene Räume forderte und vehement unter Druck kam. So gesehen muss man sagen, dass die gesamte Jugendpolitik der Stadt Zürich ein grosses Problem war. Es war eine Jugendpolitik, die keine Politik war. Und wahrscheinlich ist alles daran gescheitert. Das Übel geht viel weiter zurück als nur bis 1980. Als zum Beispiel 1978 im Schindlergut ein Jugendzentrum entstand, hat es Frau Lieberherr schon bald wieder schliessen lassen. Die Achtziger Bewegung hatte Utopien. Sie forderte Emanzipation, aber auch Partizipation an Entscheidungen. Man formulierte Wünsche und versuchte sie zu realisieren. Man wollte nicht nur etwas für das Hier und Jetzt machen, sondern auch etwas, das auf die Zukunft hingewiesen hätte.

Emilie Lieberherr: Es ist eigenartig, dass Sie gerade das Schindlergut anvisiert haben. Ich war es doch, die das Haus vor dem Abbruch bewahrte und den Jugendlichen zur Verfügung stellte. Ich schaute auch, dass sie Geld bekamen. Sie durften sogar ein Fotolabor und solche Sachen einrichten. Es ist doch ein Witz: Die Jungen meinten immer, dass wir nichts für sie unternehmen. Wenn ich etwas machte – und ich machte vieles –, konnten die Jungen das nicht richtig annehmen. Sie durften nicht sagen: «Es ist wunderbar, dass die Emilie Lieberherr uns das Schindlergut gibt.» Sie hätten sonst bei ihren eigenen Leuten den Rückhalt verloren. Sie mussten stets zeigen, dass sie alles hart erkämpfen müssen, weil die blöden Behörden nichts für sie machen.

Bruder Umberto: Man blickt auf jede Geschichte von seinem eigenen Standpunkt zurück. Ich war damals als Berater tätig, bekam also hautnah mit, wie das mit der Übernahme des Schindlerguts ablief. Wir arbeiteten ein Konzept aus, an dem sehr viele Leute mitarbeiteten. Die Mittel waren vorhanden, das stimmt. Gar nicht gefallen hat Ihnen aber das Betriebskonzept. Vielleicht war die Presse auch mitbeteiligt: Sie meldete, es werde im Schindlergut gewohnt. Darauf liessen Sie es relativ schnell schliessen.

Lieberherr: Das stimmt doch nicht. Geschlossen wurde es, weil es die «Bewegung» besetzt hatte.

Diedrich Weidmann: Im Schindlergut – ich war damals 17 oder 18 Jahre alt – war ich vermutlich einer der Hauptmotoren. Ich war bei denen, die es, wie Frau Lieberherr sagt, «besetzt» hatten. Wenn Frau Lieberherr aber reklamiert, wir hätten nie «Danke» gesagt, dann stimmt das nicht. Am Anfang freuten wir uns sehr und sagten das auch. Hingegen sprach man damals sehr stark aneinander vorbei. Das war wohl eines der Hauptübel: Die Kommunikation klappte nicht. Wenn ich heute, 20 Jahre später, zurückblicke, muss ich konstatieren, dass viele der Auseinandersetzungen nicht notwendig gewesen wären, wenn man sich verstanden hätte. Das Einander-nicht-Verstehen und das Nichtkommunizieren gingen ja bis in die Familie. Selbst die Familie von Stadtrat Kaufmann war davon betroffen. Seine Kinder machten in der «Bewegung» mit.

Lieberherr: Aber Herr Weidmann, ich erinnere mich, Sie waren einmal bei mir im Sitzungszimmer. Wir sprachen miteinander. Der Fluch war doch, dass ihr immer eine Vollversammlung abhalten wolltet. Wenn ich mit euch sprach, habt ihr gesagt: «Wir wollen nicht mit nur einem Mitglied des Stadtrats sprechen, sondern mit *dem* Stadtrat.»

Herr Gilgen, was sagen Sie dazu: Eskalierte die Auseinandersetzung, weil man nicht miteinander kommunizieren konnte?

Alfred Gilgen: Dazu möchte ich nichts sagen, lieber möchte ich zur Eingangsfrage zurückkehren. Wer hat Schuld? Das ist im Grunde genommen keine Frage, weil es eindeutig ist. Ich möchte das Geschehen dieser Zeit in aller Kürze so zusammen-

Presseberichterstattung 20 Jahre danach

fassen: Mit dem Jugendhaus lag ein an sich berechtigtes oder zumindest vertretbares Anliegen vor. Mit der Zeit hat aber die ausserparlamentarische Linke hinter den Kulissen die Führung übernommen und die Jugendbewegung missbraucht.

Lieberherr: Zu den Ursachen: Wir sprachen vorher vom Schindlergut, aber das geschah erst in der weiteren Folge. Angefangen hat alles mit dem Globus-Krawall von 1968. Dann kam die unselige Republik Bunker, die mir überhaupt nicht passte. Später lag eine grosse Vorlage vor für ein Jugendhaus an der Limmat, das Drahtschmidli. Ein riesiges Haus für 45 Millionen Franken. Als ich in den Stadtrat kam, musste ich das Projekt bei der Volksabstimmung durchbringen.

Bruder Umberto: Ein Projekt, das niemand wollte.

Lieberherr: Ja. Die Jugend sagte, wir brauchen doch nicht so einen teuren Klotz. Aber ich musste es durchbringen. Die bürgerlichen Parteien waren dafür, die linken dagegen. Und als es durchfiel ...

Bruder Umberto: ... wenn wir so weiterdiskutieren, dann bleiben wir in der Froschperspektive. Wir sehen nämlich genau bis zum nächsten Schritt. Es gäbe viele einzelne Episödli zu erzählen. Das wäre aber falsch, wird der Sache nicht gerecht. Ich möchte es in einem grösseren Zusammenhang sehen. Wie man die Angelegenheit anschaut, ist eine Frage der Perspektive: diejenige der «Bewegten», der Behörden ...

Lieberherr: ... oder der Bevölkerung.

Bruder Umberto: Ja. Was passierte in der Bevölkerung? Damals fand eine Art Exodus aus der Stadt statt. Das daraus entstandene Vakuum versuchten unter anderem Gruppen auszufüllen, die sich von ihrem Zuhause befreit haben. Das sind vielleicht Nachwirkungen von 1968 – wie auch die ganze Achtziger Bewegung wohl eine Spätreaktion von 1968 und gar nicht so einzigartig ist.

Gilgen: Da bin ich ganz dezidiert anderer Meinung. 1968 war eine marxistisch-leninistische Bewegung mit ganz klarer Zielsetzung – ich denke da an die Uni, deren Lichthof voller Fahnen mit Hammer und Sichel behangen war. 1980 waren die politischen Parteien zumindest nicht beteiligt. Und das Thema war anfänglich auch nicht die politische Revolution.

Weidmann: Ich glaube nicht, dass irgendeine politische Bewegung – etwa die Ausserparlamentarische Opposition (Apo) – eine wesentliche Rolle gespielt hat. Im Gegenteil, die Apo hat sich in den Achtzigerjahren aufgelöst.

Gilgen: Die Leute kamen ja nahtlos zu euch rüber.

Lieberherr: Bei euch sind alle untergeschloffen.

Weidmann: Es war aber nicht so, dass diese Leute die Jugendbewegung umfunktionierten. Die Jugendbewegung hat sie vielmehr geschluckt. Das ist ein Unterschied.

Bruder Umberto: Man müsste jetzt fragen: Was ist überhaupt eine Jugendbewegung? Die Jugend ist ja dauernd in Bewegung. Wie sie sich sammelt und miteinander in Kontakt kommt, das ist die Frage. Damals ging das ja nicht mehr via die traditionellen Formen wie Gesangs- oder Turnverein. Gefragt waren auch nicht mehr die Laubsägeli-Nachmittage im Pro-Juventute-Treffpunkt. Man wollte ein Kulturzentrum. Und wie reagierte die Behörde? Sie erschrak, sah, dass da ein Problem vorhanden ist, und schlug zu. Das hat wie ein Deckel auf die Zürcher Jugend gedrückt.

Lieberherr: Sie sprechen von einer Minderheit. Der grösste Teil der Bevölkerung war entsetzt von dem, was passierte. Ich war damals Vorsteherin des Sozialamtes, musste meiner Partei, der SP, immer sagen: Ihr wollt alle Rechte der scheinbaren Jugendbewegung geben. Aber für die Tausenden von einfachen jungen Leuten, die Lehrlinge und Lehrtöchter, für die macht ihr überhaupt nichts. Bruder Umberto, Sie können sich noch lange als der grosse Sozialreformator hinstellen, aber eines sage ich Ihnen: Unsere Kinder liefen aus den Jugendheimen davon, und die habt ihr in eurer Vollversammlung aufgesaugt und fallen gelassen. Später mussten wir die Leute wieder in die Gesellschaft reintegrieren und schauen, dass sie eine Ausbildung machen können.

Gilgen: Ich spreche Sie, Bruder Umberto und Herr Weidmann, überhaupt nicht frei von dieser Sache. Ihr liesst euch von linken Drahtziehern missbrauchen. Ihr konntet nicht zwischen Opposition in einem demokratischen Land und Revolution unterscheiden. Das ist meiner Meinung nach das Schlimmste.

Lieberherr: Man kann junge Menschen immer sehr gut mit romantischen Vorstellungen über die Sozialrevolution fangen. Es braucht natürlich immer Revolutionen. Es fragt sich nur, was man damit bewirkt und ob die Leute unter die Räder kommen. Da sage ich ganz klar: Es gab sehr viele Leute aus einfachen Verhältnissen, die wegen des Chaotentums böse abstürzten. Und wenn ich Sie beide heute sehe: Sie, Herr Weidmann, sind Geschäftsbesitzer, und Sie, Bruder Umberto, leben in einem Kloster, können sich schöngeistig betätigen. Sie haben keine Sorgen.

Presseberichterstattung 20 Jahre danach

Bruder Umberto: Sie, Frau Lieberherr, sind ja sicher auch sorgenfrei. Gehen wir aber der Sache nochmals auf den Grund. Der Rechtsstaat kennt Legalitäts- und Opportunitätsprinzipien. Man kann von einer Position des Rechtsstaates ausgehen, wie es Herr Gilgen macht. Er sagt: Wir haben ein Legalitätsprinzip, das muss eingehalten werden, und da gibt es keine revolutionären Bewegungen.

Gilgen: Veränderungen sind möglich, aber keine Revolutionen.

Weidmann: Wenn Herr Gilgen sagt, dass wir Verantwortung tragen, muss ich ihm zustimmen. Die Verantwortung kann man nicht ablegen. Aber er selber trägt auch Verantwortung. Die Frage nach der Schuld ist falsch. Es bringt doch nichts, zurückzublicken und zu sagen, das war falsch, das war richtig. Gestern war gestern, heute ist heute. Und im Jahr 2000 haben wir ganz andere Bedingungen, ein anderes Umfeld als früher. Eine Bewegung wie die von 1980 würde sich heute nicht mehr wiederholen. Allein schon dadurch zeigt sich, dass sich einiges geändert hat.

Lieberherr: Aber nicht dank der «Bewegung». Ihr habt doch nicht allein die Welt auf den Kopf gestellt.

Gilgen: Von diesem Gedanken sind sie schon lange abgekommen. Herr Weidmann, etwas interessiert mich: Was war denn Ihre Funktion in der Bewegung?

Weidmann: Nur so viel: Es hat Leute gegeben, die jeweils an den Vollversammlungen gesprochen haben mit dem Megafon in der Hand. Das waren mehr oder weniger die ungewählten Stadträte der «Bewegung». Gesprochen haben mehr oder weniger immer die Gleichen.

Dennoch hielten Sie gegen aussen stets daran fest, dass es in der «Bewegung» keine Leader gäbe.

Weidmann: Das ist natürlich ein Widerspruch, das stimmt. Wir sagten, dass wir keine Chefs wollen, aber genau diejenigen, die das sagten, waren ein wenig die Chefs der «Bewegung».

Lagen dahinter taktische Überlegungen? Dass man sich so nicht exponierte und nicht herausgegriffen werden konnte?

Weidmann: Eher mangelnde Reflexion.
Gilgen: Nein. Mangelnde Organisation.

Der 30. Mai 1980 gilt allgemein als Ausgangspunkt der Zürcher Jugendunruhen. Wie haben Sie den so genannten Opernhaus-Krawall erlebt?

Gilgen: Ich verbrachte den Abend zusammen mit meiner Frau im Muraltengut. Weshalb, weiss ich nicht mehr. Dort wurde uns per Telefon mitgeteilt, in der Stadt sei etwas im Gang. Das Limmatquai brenne. Darauf sagte ich zu meiner Frau: «Du, jetzt fahren wir auf dem Nachhauseweg noch über das Limmatquai. Mal schauen, wie das aussieht.» Dort war es dann richtig gespenstisch. Überall brannte es, überall hatte es Barrikaden. Und ich Löli kurbelte noch das Fenster runter. Einer erkannte mich und rief «Der Gilgen, der Gilgen». Das halbe Limmatquai herunter tönte es so. Wir versuchten den Ort so schnell wie möglich zu verlassen. Es war dramatisch. Immerhin hat der Krawall geholfen, dass das Volk dem Opernhaus-Kredit zustimmte.

Bruder Umberto: Wenn man vom Beginn der «Bewegung» spricht, muss man weiter zurückgehen als nur bis zum Opernhaus-Krawall. Die legendäre Vollversammlung in der Roten Fabrik beispielsweise fand schon Monate vorher statt. Eine Bewegung kann ja nicht plötzlich aus dem Nichts kommen. Dann kann man den Bogen auch noch weiter spannen. Aus der Vogelperspektive würde ich das Ganze so betrachten: 1968 wollten die Leute die ganze Welt verändern. Veränderung war auch 1980 das Thema. Bloss wurde dies nicht mehr für alle proklamiert, sondern nur für sich und sein nahes Umfeld. Was die anderen machten, war egal. Und heute ist das nochmals anders: Heute kämpft jeder nur für sich alleine.

Presseberichterstattung 20 Jahre danach

Mit dem Opernhaus-Krawall wurde auf einen Schlag Gewalt zu einem viel diskutierten Thema. Sind Sie auch erschrocken?

Gilgen: Ja. Für mich ist das unverständlich. Man kann doch nicht in einer demokratischen Gesellschaft aufwachsen und sagen: Wir wollen etwas, und um das zu erreichen, ist Gewalt durchaus ein zulässiges Mittel. Das demokratische System hatte bei den Jungen keinen Boden. Das war für die politische Erziehung eine grosse Niederlage.

Weidmann: Mir ist heute auch klar, dass wir mit der Art, mit der wir unsere Ziele verfolgten, keine Chance hatten, sie auch zu erreichen. Umgekehrt muss man aber sagen: Wir suchten nicht einfach Gewalt. Mit Gewalt wurden wir konfrontiert.

Lieberherr: Ihr habt doch an der Gewalt Spass gehabt. Äxgüsi. Ihr habt Gewalt richtiggehend inszeniert. Das hat mich damals am meisten bewegt. Das war grauenhaft. Okay: Es hat auch Gewalt der Polizei gegeben. Aber ihr habt sie meistens ausgelöst.

Bruder Umberto: Ich hätte gerne präzisiert: Was verstehen Sie unter Gewalt?

Lieberherr: Gewalt gegen Sachen, kleine Ladenbesitzer, denen die Scheiben eingeschlagen wurden. Und es gab auch Gewalt gegen Menschen.

Bruder Umberto: Zum Beispiel?

Lieberherr: Bei mir zum Beispiel lag einmal in der Laube ein Sprengsatz. Ich lebte gefährlich. Aber auch die Bevölkerung. Jeden Samstag waren Demonstrationen an der Bahnhofstrasse. Die Leute wurden in Angst und Schrecken versetzt. Sie fühlten sich nicht mehr sicher und hatten Angst vor unseren Jungen.

Gilgen: Ich wurde zweimal körperlich attackiert, einmal im Niederdorf und einmal am Paradeplatz.

Weidmann: Ich könnte auch von Vorfällen erzählen. Zum Beispiel, wie in einem Polizeiposten vor meinen Augen zwei Polizisten einem Freund den Arm brachen. Einfach so. Ohne dass ein Grund vorgelegen hätte. Es gab bei uns selbstverständlich auch Leute, die gerne randalierten. Heute würden sie vermutlich an ein ZSC-Spiel gehen. Doch diese Leute haben ebenso wenig mit Eishockey am Hut wie die von 1980 etwas mit der «Bewegung».

Bruder Umberto: Es wird jetzt nur eine Form von Gewalt diskutiert. Klar: Es gab damals so etwas wie einen Tabubruch. Doch das Einschlagen von Schaufenstern und

Klauen von Gegenständen war eine Form des Protests, die dann auch sehr schnell verschwand. Es gab damals auf der anderen Seite auch eine strukturelle Gewalt.

Lieberherr: Gehen Sie als Mönch eigentlich auch gegen die strukturelle Gewalt der katholischen Kirche vor?

Bruder Umberto: Sie machen jetzt ein Ablenkungsmanöver. Ich will ein Beispiel für strukturelle Gewalt erwähnen: 1977 wurde an einer Abstimmung entschieden, dass die Rote Fabrik der alternativen Kultur, der Gegenkultur zur Verfügung gestellt wird. 1980 sagt der Stadtrat plötzlich: «Wir geben die Rote Fabrik zuerst den Leuten vom Opernhaus, damit sie dort während des Umbaus ihre Sachen einlagern können.» Das ist strukturelle Gewalt.

Herr Gilgen, in diesem Rahmen könnte man auch Ihr Videoverbot am Ethnologischen Seminar erwähnen.

Gilgen: Wenn Sie das strukturelle Gewalt nennen wollen, bitte. Aber für das Verbot gab es klare Gründe.

Würden Sie heute wieder so handeln?

Gilgen: Selbstverständlich. Ich bewillige doch keine Mittel für so genannte Wissenschaft, die aber klar Propaganda einer politischen Bewegung ist. Und ich sage es nochmals: Nicht eine Oppositionsbewegung stand dahinter, sondern eine Revolutionsbewegung. So etwas kommt nach wie vor nicht infrage.

Weidmann: Das Verbot war für Sie aber kontraproduktiv: Das war die beste Propaganda für unsere Sache. Nur deshalb weitete sich die «Bewegung» auch an die Universität aus. Eine ähnliche Wirkung hatte auch die Beschlagnahmung unserer Zeitung «Brächise». Heute kann ich das verstehen. Man kann ja nicht den Slogan «Macht aus dem Staat Gurkensalat» propagieren und verlangen, dass der Staat so einen Film finanziert.

Lieberherr: Also heute müsstet ihr ja alle Blocher-Anhänger sein. Er ist gegen den Staat.

Weidmann: Nun, wir haben uns alle gewandelt.

Gilgen: Ich nicht. Meine Meinung ist immer noch die gleiche.

Presseberichterstattung 20 Jahre danach

Was hat die Achtziger Bewegung ausgelöst? Was hat sie verändert?

Weidmann: Im Gegensatz zur 68er-Bewegung, die in Paris ihren Anfang nahm, hatte die Achtziger Bewegung ihren Ursprung in Zürich und wirkte sich in europäischen Städten wie Berlin oder Amsterdam aus. Ich glaube, die «Bewegung» hat einiges verändert. Allein in der Kultur kam vieles in Fluss. So erfanden wir zum Beispiel für den «Eisbrecher» eine völlig neue Art von Lay-out. Heute können Sie jede Zeitung aufmachen, diese Elemente kommen überall vor. Es wurde dann auch immer mehr Usus, das Gespräch zu suchen und sich über die Parteigrenzen zu treffen und zu verständigen. Viele von den Leuten, die damals «Revolution» machten, wie es Herr Gilgen bezeichnet, haben eine aktive Rolle in der Gesellschaft übernommen. Wahrscheinlich will von ihnen heute niemand mehr Gurkensalat aus dem Staat machen.

Gilgen: Von mir aus gesehen ist die Wirkung wesentlich magerer. Ich weiss nicht, was geblieben ist. Ich habe allergrösste Mühe, etwas Positives aus dieser Sache zu gewinnen. Wie viele Millionen Franken an Sachschaden haben Sie in zwei Jahren angerichtet?

Bruder Umberto: Ich sehe verschiedene Auswirkungen. Zuerst das Negative: Wir erlebten in den Jahren danach eine grosse Drogenwelle, die zum Platzspitz führte. Es gab tausende von Strafverfahren. Junge Menschen wurden kriminalisiert. Inwieweit das Auswirkungen auf die Leute hatte, weiss ich nicht. Es gab Tote. Zu den positiven Seiten: Aus der «Bewegung» wurden Utopien weitergeleitet. Nicht nur in die Grafik und Werbung, auch in den Film wurden neue Formen und Elemente eingebracht. Nachhaltig hat sich zudem ausgewirkt, dass man sich mit Wohnexperimenten auseinander setzte. Daraus entstanden Karthago und das sich derzeit im Bau befindende Kraftwerk in Zürich-West. Auch der gesamte Bereich der Soziokultur nahm in der «Bewegung» seinen Anfang. Nicht zuletzt liess auch das Ausschliessen von Andersdenkenden nach. Man begann zu akzeptieren, dass verschiedene Gruppen, verschieden sein dürfen. Wichtig sind auch die Veränderungen in der Drogenpolitik. Im AJZ führte ich zusammen mit Ärzten ein Projekt durch, in dem wir Spritzen abgaben. Deswegen wurde gegen mich eine Strafanzeige eingereicht. Heute ist die Abgabe selbstverständlich.

Lieberherr: Wenn ich vorhin im Gespräch vielleicht etwas hart der «Bewegung» gegenüber war, will ich doch sagen: Es ist viel daraus entstanden. Wenn ich mir zum Beispiel vorstelle, was ich alles darauf im Sozialamt reorganisierte. Erwähnen möchte ich auch die Drogenpolitik. Ich sage es ganz offen: Ich wäre sehr wahrscheinlich nicht eine derart militante Kämpferin geworden für einen modernen Umgang in der Drogenpolitik, etwa die ärztliche Abgabe von Heroin, wenn nicht die «Bewegung» gewesen wäre. Ich habe dort eine Wandlung gemacht – weil ich sah, was im AJZ geschah. Ich habe gelernt, dass man bereit sein muss, Neues anzupacken. Und dass man auch dafür kämpfen kann.

Gilgen: Liebe Emilie, dann möchte ich noch etwas anfügen: Ich bin der Meinung, die Auswirkungen der «Bewegung» seien ausserordentlich mager. Mit der Ausnahme, dass du persönlich etwas gelernt hast.

Umberto Blumati arbeitete zur Zeit der Jugendunruhen als Gassenarbeiter. Später war er Dozent an der Schule für Sozialarbeit in Solothurn. Heute lebt er als Benediktinermönch im Kloster Disentis.

Didi Weidmann war als Maturand ein aktiver «Bewegter» und arbeitete an der Untergrundzeitung «Brächise» mit. Heute führt er einen Telefondienst für Übersetzungen und Rechtschreibefragen.

Emilie Lieberherr war von 1970 bis 1994 Sozialvorsteherin der Stadt Zürich und verantwortlich für Jugendfragen. Zur Zeit der Jugendunruhen distanzierte sie sich von ihrer Partei, der SP.

Alfred Gilgen war von 1971 bis 1995 Erziehungsdirektor des Kantons Zürich. Kurz nach Ausbruch der Unruhen verbot er die Aufführung eines «Bewegungs»-freundlichen Videofilms an der Universität.

Presseberichterstattung 20 Jahre danach

Warum brannte Zürich so heftig?

Die mangelnde Dialogbereitschaft der Zürcher Behörden erweist sich im Nachhinein als massgeblich verantwortlich für die Heftigkeit der Jugendunruhen.
Hanspeter Kriesi[*], TA vom 23.5.00

Je nach Standpunkt hat man sich die Jugendunruhen damals unterschiedlich erklärt. In ihrem eigenen Selbstverständnis trat die Jugendbewegung gegen die selbst auferlegte Beschränkung der Wünsche in der schweizerischen Einöde an. Sie lehnte sich auf gegen die Kälte der Gesellschaft, gegen das «Packeis», gegen «Grönland» in Zürich. Sie versuchte, dem geschlossenen System der modernen Gesellschaft, der «Machtmaschinerie» des Staates und der Wirtschaftsapparate, zu entrinnen. Ihr Ziel war es, sich einen kulturellen Freiraum zu schaffen, eine Insel, auf die sie sich zurückziehen und in der sie ihre eigene Kultur ausleben konnte.

Diffuser Aufschrei

Die verständnisvollen Interpreten knüpften mit ihren Erklärungsansätzen bei diesem Selbstverständnis der «Bewegung» an. Aus ihrer Sicht artikulierte diese eine allgemeine Zukunftsangst («no future»). Mit dem Ende des goldenen Zeitalters der Nachkriegszeit war Mitte der Siebzigerjahre der Zukunftsoptimismus geschwunden. Den verständnisvollen Interpreten galten die Jugendlichen als Seismografen, die eine allgemeine Befindlichkeit der Gesellschaft mit dem «Mut der Verzweiflung» und mit «Galgenhumor» auszudrücken verstanden. Sie diagnostizierten ein weit verbreitetes Grundgefühl der Bürgerinnen und Bürger in den westlichen Gesellschaften: ein Gefühl der Verlorenheit, der Heimatlosigkeit, der Entfremdung und Entäusserung in einer undurchschaubaren, verwalteten, unpersönlichen, scheinbar funktionalen Sachzwängen gehorchenden Welt. Aus ihrer Sicht drückten die jugendlichen Rebellen dieselben Anliegen aus wie die Umweltbewegung, die Friedensbewegung, die neu aufgekommenen religiösen Strömungen, die Psychoszene mit ihren Lebenshilfegruppen und selbst wie die Reprivatisierungsforderungen von rechts: Sie waren alle eine Reaktion auf die Kolonisierung der Lebenswelt durch die grossen Apparate im privaten und öffentlichen Bereich. So drückte die «Bewegung» in der ihr eigenen

Sprache («Macht aus dem Staat Gurkensalat») damals nichts anderes aus als der Slogan der Freisinnigen Partei («Mehr Freiheit – weniger Staat»).

Wachsende Gegenkultur

Wieso manifestierte sich diese Grundbefindlichkeit aber auf so radikale Weise gerade zu Beginn der Achtzigerjahre, und wieso gerade in Zürich? Ich habe das damals mit zwei Ansätzen zu erklären versucht. Zum einen gab es in Zürich zu Beginn der Achtzigerjahre ein grosses Potenzial für kulturellen Protest: Im Laufe der Siebzigerjahre hatte sich eine breite gegenkulturelle «Szene» entwickelt. Hier fanden sich Protagonisten der 68er-Protestgeneration, die inzwischen eine «Wende nach innen» vollzogen hatten, und jüngere Aussteiger, die sich am Aufbau einer gegenkulturellen Infrastruktur beteiligten. Der Aufbau dieser Infrastruktur wurde durch den Umstand begünstigt, dass in den City-nahen Stadtkreisen 3, 4 und 5 im Laufe der Krise der Siebzigerjahre durch die Rückwanderung ausländischer Arbeitskräfte und ihrer Familien billiger Wohnraum für die gegenkulturellen Wohngemeinschaften frei geworden war. Die «Szene» in Zürich profitierte auch von der vergleichsweise günstigen Wirtschaftslage. Sie stiess hier weniger an materielle als an kulturelle Grenzen. Der Freiraum für eine eigene Kultur war gerade in der Schweiz, und insbesondere in Zürich, wo die städtische Kulturpolitik die Anliegen jugendlicher Subkulturen seit Jahren ignoriert hatte, besonders eingeschränkt. Hinzu kommt, dass sich die City zu Beginn der Achtzigerjahre in Richtung der von der «Szene» bevorzugten Stadtkreise auszudehnen begann und ihren Lebensraum auf noch grundsätzlichere Weise bedrohte. Schon vor dem Ausbruch der Jugendunruhen haben einzelne Ereignisse wie die Stürmung von Rockkonzerten oder die Besetzung der Unterführung der Langstrasse die Explosivität der Lage in der «Szene» angezeigt, die sich dann am «unvergesslichen Opernabend» vom 30. Mai entlud.

Zum anderen habe ich damals grosses Gewicht auf die Eigendynamik der Interaktion zwischen der «Bewegung» und ihren Gegnern gelegt. Einmal in Gang gesetzt, entwickelte sich der jugendliche kulturelle Protest sehr schnell zu einer Auseinandersetzung zwischen den Zürcher Behörden und der Polizei auf der einen Seite und der «Bewegung» und ihren Sympathisanten auf der anderen Seite. Dabei spielte die Verständnislosigkeit der Gegner der «Bewegung» einerseits und die Ver-

Presseberichterstattung 20 Jahre danach

weigerungsstrategie der «Bewegung» andererseits eine entscheidende Rolle. Die Gegner erklärten sich das Phänomen als die Tat von einigen wenigen Drahtziehern, welche, irregeleitet durch irreführende Theorien, eine Horde von Mitläufern zu sinnlosen Gewalttätigkeiten anstifteten. Bedienten sich die verständnisvollen Interpreten vorab der Sprache der Psychologie, so sprachen die Gegner in erster Linie die Sprache des Rechts. Die Forderungen der «Bewegung» nach einem kulturellen Freiraum stellte für sie den demokratischen Rechtsstaat infrage, und unter Freiraum verstanden sie nichts anderes als einen «rechtsfreien Raum». Die Antwort der Behörden ging kaum auf die Anliegen der «Bewegung» ein und beschäftigte sich fast ausschliesslich mit den von ihr gewählten unkonventionellen und gewalttätigen Formen der Auseinandersetzung – und auch dies wiederum nur in moralisierender, juristischer oder polizeilicher Gestalt. Auf der anderen Seite praktizierte die «Bewegung» eine Verweigerungsstrategie, welche der repressiven Strategie der Behörden in die Hände arbeitete. Die Gewalttätigkeit der «Bewegung» entsprang unter anderem auch ihrer Verweigerungshaltung und ihrer Angst vor Vereinnahmung. Beide Seiten liessen sich bald einmal auf die unmittelbare Ebene der Auseinandersetzung fixieren, die repressiven Schritte der Behörden und ihre Hinhaltetaktik provozierten gewalttätige Reaktionen, die ihrerseits die Repression und Verständnislosigkeit auf Seiten der Behörden verstärkten. Aus der damaligen Sicht war die Geschichte der Zürcher «Bewegung» die Geschichte des Aufbrechens kreativer Kräfte einer neuen jugendlichen Rebellengeneration und ihres Zusammenbruchs unter dem übermächtigen äusseren Druck, ihrer Zerstörung und Selbstzerstörung.

Repressive Tradition

Aus heutiger Sicht würde ich den Akzent noch stärker auf den politischen Kontext setzen als damals. Die Politik der damaligen Behörden und die Reaktion eines wichtigen Teils der Öffentlichkeit auf die jugendlichen Herausforderer erklärt aus meiner heutigen Sicht zu einem grossen Teil, weshalb die «Bewegung» derartige Proportionen annehmen konnte. Vergleiche der Zürcher Erfahrungen mit Protestbewegungen Genfs sind in dieser Hinsicht sehr erhellend. In Genf war die Dialogbereitschaft seitens der Behörden mit jugendlichen Protestbewegungen stets wesentlich höher als in Zürich, Demonstrationen sind in Genf legitimer als in Zürich, und die Behörden haben dort auch einen breiteren Verhandlungsspielraum. Diese Unterschiede haben ihre Wurzeln zum einen in unterschiedlichen historischen Erfahrungen, die bis zu den «Massakern» von 1932 zurückgehen. Auf Grund dieser Erfahrungen, auf die ich hier raumeshalber nicht im Detail eingehen kann,[1] hat sich in Genf eine Dialogkultur, eine opportunistische Definition der öffentlichen Ordnung und ein zurückhaltender Einsatz harter Polizeimethoden (wie Tränengas und Gummigeschosse) durchgesetzt, während in Zürich Repression Tradition hat, eine legalistische Definition der öffentlichen Ordnung («Wehret den Anfängen») dominiert und harte Polizeimethoden gewohnheitsmässig zum Einsatz kommen.

Zum anderen sind die Unterschiede zwischen Zürich und Genf aber auch institutionell begründet: Der stärkere Ausbau der direkten Demokratie und die damit verbundene grössere institutionelle Öffnung in Zürich lassen Demonstrationen hier weniger legitim erscheinen. Die Tatsache, dass den Herausforderern direkt-demokratische Mittel zur Verfügung stehen, vermindert das Verständnis für unkonventionellere Protestformen bei den Behörden und beim breiteren Publikum. Gleichzeitig bindet die grössere direkt-demokratische Öffnung des politischen Systems in Zürich auch die Hände der Behörden stärker als in Genf. So wurden die Vorlagen eines verständnisvolleren Zürcher Stadtrats für ein autonomes Kanzleizentrum in den frühen Neunzigerjahren zweimal auf Grund von Referenden abgelehnt. In einem ähnlichen Fall (der «Usine») konnten die Genfer Behörden in den Achtzigerjahren viel freier mit den Forderungen der Autonomen umgehen, weil der entsprechende Kredit keinem obligatorischen Referendum unterstellt war und weil die Bedingungen für die Lancierung eines freiwilligen Referendums in Genf ziemlich restriktiv waren. Aus diesen Gründen ist es denn auch nicht erstaunlich, dass sich der kulturelle jugendliche Protest seit den Sechzigerjahren in Genf weit weniger dramatisch manifestiert hat als in Zürich.

(*) Hanspeter Kriesi ist Professor für Politologie an der Universität Genf.
(1) Mehr dazu in Marco Tackenberg und Dominique Wisler, 1998. «Die Massaker von 1932: Protest, Diskurs und Öffentlichkeit», Schweizerische Zeitschrift für politische Wissenschaft 4, 2: 51–79.

Presseberichterstattung 20 Jahre danach

Leonhard Fünfschilling, Vermittler

Aufgezeichnet von Christian Hubschmid, TA vom 23.5.00

Als die Unruhen losgingen, war ich 43 Jahre alt, Kantonsrat und vor kurzem Präsident der SP der Stadt Zürich geworden. Ich war der Meinung, dass man versuchen musste, mit der «Bewegung» einen Umgang zu finden. Aus zwei Gründen übernahm ich eine Vermittlerrolle: Erstens hatte ich Verständnis für die kulturellen Forderungen, die sich langsam aus dieser Jugendbewegung herausschälten. Zweitens zeichnete sich eine Eskalation der Gewalt ab. Die Kommunikationsbasis zwischen den Behörden und den Jugendlichen zerbröckelte. Man konnte zuschauen, wie unbeholfen, um nicht zu sagen unfähig die Politiker und die Polizei mit dem Phänomen umgingen.

Der Stadtrat unternahm immer nur unter Druck etwas. Man muss sich nur vorstellen, was alles möglich gewesen wäre, wenn er rasch einen Krisenstab gebildet hätte, der das AJZ-Management übernommen hätte. Aber die «Bewegung» war etwas absolut Neues. Es gab keine Erfahrungsgrundlage, um zu reagieren, man verstand diese Sprache nicht, diese Kleidung nicht, nichts, darum reagierte man mit Angst und Abwehr oder mit Drahtzieher-Projektionen.

Die Stadt erklärte sich schliesslich bereit, den Jugendlichen das AJZ zu geben, aber nur, falls eine Trägerschaft die Verantwortung für den Betrieb übernähme. In dieser Situation – mit einer aufgebrachten Jugend, die nicht mehr daran dachte, sich konventionell zu verhalten – bot sich die SP an, die Trägerschaft zu übernehmen. Und zwar so lange, bis sich eine Struktur entwickelt hätte, dass die «Bewegung» das Haus selber übernehmen könnte.

Das Engagement der SP beurteile ich noch heute als richtig, aber mit der Erfahrung von damals würde ich versuchen, es anders zu machen. Es wäre eine andere Auffangorganisation zwischen der «Bewegung» und dem Stadtrat nötig gewesen, ein breiter abgestütztes Forum, wie etwa das Zürcher Manifest 1968. Dann wären wir nicht so in den Hammer gelaufen. Im Gegensatz zur 68er-Bewegung, die von Intellektuellen getragen worden war, hatte die Achtziger Bewegung wenig Drähte zum Establishment oder zur Kultur. Die Achtziger faszinierten mich mit ihrem hohen Anspruch ans Leben, auch wenn ihr intellektueller Anspruch gering zu sein schien. Von ihnen Dankbarkeit für unsere Vermittlungsbemühungen zu erwarten, wäre allerdings naiv gewesen.

Von einem bestimmten Zeitpunkt an war ich für einen Teil der Öffentlichkeit und die Medien zur Reizfigur geworden. Ich bekam je länger, je mehr massive anonyme Drohungen. Telefonanrufe, Briefe, die mir drohten, ich käme schon noch dran, die nächste Hausecke sei meine letzte und so weiter. Vorübergehend übernachteten meine Frau und ich auswärts. Eines Tages lag unsere Katze mit aufgeschlitztem Bauch vor unserer Haustüre. Wir mussten in unserem Haus eine neue Telefonlinie einrichten.

Die Drohungen bestätigten mich darin, wie schlimm es werden könnte, wenn die liberalen Geister sich zurückziehen würden. Dann wäre es zu noch extremeren Gewalteskalationen gekommen. Ich erwartete ein Abflauen und Erlahmen, eine Normalisierung und Strukturierung der «Bewegung».

Mit unseren Vermittlungsbemühungen waren keine Lorbeeren zu holen. Aber wiederholt verhinderten wir das Ausbrechen von Gewalt. Etwa, wenn wir an der Spitze von Demonstrationen mitliefen. Das AJZ kam zustande, was viele interessante Erfahrungen ermöglichte. Auf der andern Seite scheiterte unsere Vermittlungstätigkeit insofern, als die Befriedung nicht vollständig war.

Das Engagement führte zu einer politischen Polarisierung. Die SP war ja im Stadtrat, die SP-Stadträte und der Gewerkschaftsflügel distanzierten sich aber von der Partei. Bei den Wahlen 1982 musste die SP eine Niederlage einstecken. Die Attacken auf meine Person wurden unerträglich. 1983 trat ich als SP-Präsident zurück.

Presseberichterstattung 20 Jahre danach

Kämpfen – wofür?

Sie warfen höchstens den Nuggi – sicher aber keine Steine – durch die Gegend, als vor 20 Jahren die Jugendunruhen stattfanden: Fünf heutige Jugendliche reden über die damaligen Auseinandersetzungen und ihre eigenen Anliegen.

Moderation: Katrin Hafner, TA vom 24.5.00

Woran denkt ihr, wenn das Stichwort «Achtziger Jugendunruhen» fällt?

Jonas: Für mich stehen diese Unruhen in Verbindung mit Frustration. Die Ziele der Jugendlichen erwiesen sich als Utopie, die Ideen konnten nicht umgesetzt werden.

Elia: Ich denke in erster Linie an das grosse Engagement dieser Jugendlichen, an die Euphorie, die Aufbruchstimmung von damals, gleichzeitig aber auch an die Aussenwelt, die versuchte, die Bewegung zu unterdrücken.

Dominique: Was mich beeindruckt, ist die Kraft der damaligen Bewegung, der Zusammenhalt unter den Jugendlichen. Das zeigt mir: Gemeinsam kämpfend erreicht man ein Ziel!

Vepi: Das glaube ich auch. Die Jugendlichen haben 1980/1981 ganz neue Ausdrucksmittel gewählt, um ihre Unzufriedenheit kundzutun. Sie versuchten, ihr eigenes Leben zu gestalten, und schafften dies zum Teil auch.

Sabrina: Ich habe vor der Anfrage, ob ich bei dieser Gruppendiskussion mitmachen will, noch nie etwas von den Achtziger Jugendunruhen gehört. Das war in meinem Umkreis kein Thema. Das wenige, das ich nun darüber gelesen habe, hat mich aber sehr fasziniert. Vor allem die Idee eines Autonomen Jugendzentrums (AJZ) gefällt mir. Sympathisch finde ich, dass im AJZ alle akzeptiert waren – auch Junkies.

Du sagst, du wüsstest nur wenig über die Achtziger Jugendunruhen. Glaubst du, es geht anderen jungen Frauen auch so? Ist dies vielleicht die Erklärung, warum sich kaum weibliche Jugendliche zu diesem Thema äussern wollen?

Sabrina: Ja, das glaube ich. Zudem diskutieren Frauen lieber unter sich und haben vielleicht darum keine Lust, bei Gruppengesprächen mitzumachen. Aber es ist schon so: Was damals geschah, ist für viele heutige Jugendliche kein Thema mehr. Zumindest unter meinen Kolleginnen beschäftigt sich niemand mit den Achtziger Jugendunruhen. Auch über aktuelle gesellschaftliche Probleme reden wir nicht häufig. Es fehlen oft Energie und Lust, über solche Dinge zu diskutieren.

Dominique: Wir haben heute natürlich auch nicht mehr die gleichen Probleme wie die damaligen Jugendlichen. Ich glaube, wir sind recht verwöhnt, haben eigentlich alles.

Gibt es für euch heute also keine Gründe mehr, auf der Strasse zu protestieren?

Jonas: Ich denke, uns fehlen konkrete Feindbilder. Ich wüsste nicht genau, gegen was ich ankämpfen sollte. Zudem glaube ich, die heutige Gesellschaft ist offener und toleranter gegenüber verschiedenen Lebensstilen, als dies noch vor 20 Jahren der Fall war. Damals wurden die Probleme der Jungen verschwiegen. Als die Jugendlichen 1980 ihre Ansichten vertraten, wurden sie von der Gesellschaft scharf kritisiert und krass behandelt.

Vepi: Du musst auch sehen, dass die Jugendlichen damals recht radikal waren. Sie gingen beispielsweise nicht auf die Kompromissvorschläge der Stadtbehörden ein und wendeten Gewalt als Mittel an, um ihre Forderungen durchzusetzen.

Elia: Stimmt, das machte wahrscheinlich auch die Faszination der Bewegung aus. Diese Gruppendynamik, wenn alle zusammenhalten und auf der Strasse krawallieren, das gibt natürlich ein Gefühl der Stärke.

Wie ist das denn heute? Könnt ihr euch vorstellen, für eure Anliegen gemeinsam auf die Strasse zu gehen und zu kämpfen?

Sabrina: Ich glaube nicht, dass eine ähnliche Bewegung entstehen könnte wie 1980. Heute gibts zu viele verschiedene Gruppen von Jugendlichen, die nicht unbedingt zusammenhalten.

Elia: Die Zeit der grossen Umstürze ist vorbei. Jetzt läufts mehr auf der individuellen Ebene. Und trotzdem haben wir Jugendlichen einen Einfluss auf unsere Mitwelt. Wenn nämlich jeder bewusst lebt, seine Ideen verwirklicht, einen Weg zwischen Anpassung und Widerstand einschlägt, können wir Jungen auf eine neue Art zu gesellschaftlichen

Presseberichterstattung 20 Jahre danach

Veränderungen beitragen. Ich lehne aber grundsätzlich jede Form von Gewalt ab.
Jonas: Ich bin auch nicht für gewalttätige Aktionen. Anderseits kann ich verstehen, wenn gewisse Jugendliche dazu neigen, weil sies satt haben, zu diskutieren. Irgendwann ist alles totgesagt – dann brauchts vielleicht radikale Handlungen, um die grosse Menschenmasse wieder in Bewegung zu bringen.

Aktionen wie etwa die traditionelle Nachdemo am 1. Mai?

Dominique: Nein, für mich wäre dies nicht der richtige Weg. Diese Aktivisten findens doch einfach geil, Radau zu veranstalten und Dinge zu zerstören.
Sabrina: Vielleicht gehts ihnen darum, Aufmerksamkeit zu erheischen. Ich glaube aber, Krawalle sind letzten Endes eher kontraproduktiv; mit Gewalt kann man nichts erreichen.
Vepi: Ich denke, es gibt verschiedene Formen der Kommunikation, um etwas zu erreichen. Eine Variante wäre sicher, Leute mit Argumenten von unseren Jugendanliegen zu überzeugen. Das versuche ich zu tun – auch als Mitglied der Juso.
Elia: Solche Überredungskunst ist mir persönlich zuwider. Ich will mich nicht beeinflussen lassen von Kirche, Schule oder sonstigen Institutionen, sondern will mein Urteil selbst bilden.

Wie beurteilst du persönlich denn die Forderungen der damaligen Jugendlichen nach alternativen Freiräumen im symbolischen und wörtlichen Sinne?

Elia: Den Wunsch nach einem Freiraum kann ich absolut verstehen. Ich plädiere dafür, dass es in jedem Ort, jeder Stadt solche Freiräume für Jugendliche geben sollte.
Vepi: Natürlich fände jede und jeder ein Haus für Jugendliche cool. Aber niemand will es anpacken – das ist doch das Problem. Wir sind seit der Kindheit in einem Unterhaltungssystem eingebunden. Inspirationen und Eigeninitiative fehlen total.
Dominique: Das hängt auch mit dem Trott zusammen, in dem wir leben müssen. Unser Alltag ist verreglementiert, unsere Welt geprägt von Normen und Verboten. Nach einem längeren Aufenthalt in Südamerika wurde mir das so richtig bewusst. Ich litt damals unter schweren Depressionen. Irgendwann sagte ich mir: Ich gehe

nicht auf die Strasse protestieren, sondern schaffe mir persönlich gewisse Freiräume; ich versuche, im Alltags- und Arbeitstrott nicht völlig zu stagnieren.

Vepi: Warum probierst du nicht, das Gesellschaftssystem zu verändern, wenn du es so schlecht findest?

Dominique: Die Frage ist vielmehr: Was fordern wir genau? Wie können wir diese Gesellschaft verändern?

Ich könnte auch fragen: Schafften es die Jugendlichen vor 20 Jahren, die Gesellschaft zu verändern? Hat ihr Kampf etwas gebracht?

Dominique: Ja, die Achtziger Bewegung war sicher auf eine Art ein Erfolg. Ein Beispiel: Die Existenz der Roten Fabrik als Kulturlokal haben wir der Jugendbewegung zu verdanken.

Jonas: Dazu kommt, dass sich auf der ideologischen Ebene einiges verändert hat: Zwar reagierte die Gesellschaft schockiert auf die rebellierenden Jugendlichen, und letztlich scheiterte das AJZ, langfristig aber haben die damaligen Ereignisse zu einer grösseren Offenheit gegenüber Jugendanliegen geführt.

Sabrina: Darum gibts für uns heute viele Ausgangs- und Treffmöglichkeiten.

Was fehlt den Jugendlichen denn heute, was wünscht ihr euch?

Vepi: Ich wünsche mir mehr Freiräume, die nicht verkommerzialisiert sind. Ein erster Schritt in diese Richtung wäre beispielsweise möglich mit einer parkplatzfreien Innenstadt – nach dem Motto: Rückeroberung von Lebensraum.

Dominique: Mir fehlt in Zürich etwas anderes: das Lachen. Die Leute sind so cool, so abgelöscht. Und wenn du mal mit einem Smile rumläufst, meinen alle, du spinnst oder seist auf Drogen.

Sabrina: Das fällt mir auch auf. Die Menschen wirken nicht glücklich. Die Spontaneität fehlt ...

Dominique: ... und die Bereitschaft unter Jugendlichen, für Anliegen auf der Strasse zu kämpfen. Ich hoffe, dass wir uns zusammen wehren, wenns einen Anlass dazu gibt. Denn gemeinsam sind wir stark.

Presseberichterstattung 20 Jahre danach

Zürich wurde bewegt – so oder so

Zürich hat langfristig von den Jugendunruhen profitiert. Ohne «Eisbrecher» steckte «Grönland» womöglich noch immer im Packeis fest.
Christian Hubschmid, TA vom 30.5.00

Zwei Jahre lang haben sie Zürich in den Ausnahmezustand versetzt und zeitweilig die ganze Nation in Atem gehalten. Doch mit dem Abbruch des AJZ war es mit der «Bewegung» zu Ende. So explosiv und heftig die «Party» sich austobte, so endgültig war sie dann auch vorbei. Seither hat kein «Bewegter» mehr von sich reden gemacht, und es stellt sich die Frage, wo sie eigentlich alle geblieben sind. Was ist aus den nackten Chaoten geworden? Was machen die Kapitäne des «Eisbrechers», die mit ihrer dadaistischen Zeitung die Politiker verhöhnten und in Rage versetzten? Was machen die Stadtindianer, die im AJZ ein amerikanisches Fernsehteam an den Marterpfahl gefesselt haben? Was machen die Fernsehpiraten, die in der «Tagesschau» hinter Leon Hubers Rücken ein Transparent aufspannten: «Freedom and Sunshine for Giorgio Bellini»?

Stillstand der «Bewegten»

Dass man sie regelrecht ausgraben muss, wenn man sie für eine Rückschau befragen will, ist aufschlussreich. Es gibt keinen Daniel Cohn-Bendit der Achtziger. Auch keinen Thomas Held. Ein Stadtrat, eine Expo-Direktorin, ein steinreicher Software-Unternehmer ist aus der «Bewegung» nicht hervorgegangen. Die phasenweise mehreren Tausend «Bewegten» treten in der Öffentlichkeit nicht mehr auf, auch die wenigen damaligen Repräsentanten nicht.

Das kann kein Zufall sein. Dass die «Bewegung» als Ganzes sich auflösen würde, erstaunt nicht, denn das war in ihrem Anti-Programm angelegt. Ohnehin eher Gurkensalat als von Moskau ferngesteuerter Kern von Drahtziehern, ist konsequenterweise aus ihr keine Partei hervorgegangen, die heute etwa im Gemeinderat vertreten sein könnte. «Züri 1990» war ein Versuch dazu, der wenig Wirkung entfaltete. Aber dass die einzelnen «Bewegten» verstummt sind, erstaunt. Es wäre doch für ehemalige Anarchisten ein Leichtes gewesen, zu Kapitalisten, Managern oder Künstlern zu mutieren, denn wo es kein Programm gibt, kann es ja auch keine Verräter geben. Warum haben sie es nicht gemacht?

Der Griff in die psychologische Trickkiste mag oft allzu billig sein, hier bietet er sich an. Im Sommer 1980 hatten viele Jugendliche das Gefühl, die Welt aus den Angeln heben zu können. Alles schien möglich, was vorher undenkbar war. Nackt durch die Strassen zu gehen, ohne als verrückt zu gelten; Teil einer Bewegung zu sein, die Macht ausübt. Doch auf die Euphorie folgte die Depression. Die Jahre nach dem Abriss des AJZ waren in Zürich geprägt von Melancholie und Selbstmitleid. Die Protagonisten der «Bewegung» leckten sich die Wunden, die ihnen die Polizei und Justiz zugefügt hatten, und zogen sich in alternative Kulturbetriebe und die Medien zurück. Bei vielen anderen blieb von der Revolte nur die Verweigerungshaltung zurück.

Eine Generation geprägt

Doch die «Bewegung» strahlte aus, sie hat eine ganze Generation von Stadtmenschen geprägt, auch solche, die selber gar nicht dabei waren, so genannte Sympathisanten, deren Sprachrohr sie war. Obwohl sie für sich selber und unmittelbar nichts erreicht hat, ist ihre Wirkung heute, zwanzig Jahre später, unübersehbar. Zürich hat von den Jugendunruhen profitiert. Mehr noch: Ohne «Bewegung» wäre die Stadt nicht so kulturfreundlich, liberal und lebenslustig geworden, wie sie es heute ist. Denn ohne das Feuer der Jugendunruhen wäre das Packeis nicht geschmolzen. In den Siebzigerjahren war Zürich konservativ, verklemmt und repressiv. Die Heftigkeit der Auseinandersetzungen, die Gewalt, deuten darum nur auf eines hin: dass Zürich einen solchen Ausbruch nötig hatte, um sich aus der Erstarrung zu lösen.

So gesehen hat die «Bewegung» ihre Ziele langfristig sogar erreicht: Die Alternativkultur ist heute anerkannt. Es gibt die Rote Fabrik, das Xenix, die Gessnerallee, das Theaterspektakel. Ein AJZ gibt es zwar nicht, braucht es aber auch nicht. Die Jugendlichen finden genug Räume, wo sie ihre Partys abhalten können, sie haben gelernt, sich zu nehmen, was sie wollen, ohne beim Staat betteln zu gehen.

Der Erfolg der «Bewegung» geht aber weit über die Institutionen hinaus. Er scheint sich in der Mentalität der Zürcher niedergeschlagen zu haben. Die Achtziger kehrten etwa den Trend zur Landflucht um. Sie suchten ihr Glück nicht wie die Aussteiger im

Presseberichterstattung 20 Jahre danach

Gefolge der 68er-Generation beim Wolle färben in den Tessiner Tälern, sondern wollten es hier und jetzt verwirklichen. Sie entschieden sich für die Stadt. Weil Zürich damals eher provinziell als urban war, musste das Territorium erst erobert werden. Häuser wurden besetzt, in diesen besetzten Häusern wurden illegale Bars eingerichtet, die in den Achtzigerjahren für ausgehfreudige Zürcher unentbehrlich waren. Sie sind aus heutiger Sicht die Vorläufer der Liberalisierung des Gastgewerbegesetzes.

Experimente weitergeführt

Nicht nur die Wohnhäuser, auch die Fabriken wurden in den Achtzigerjahren von Architekten, Grafikern und Künstlern für Ateliers umgenutzt und zu neuem Leben erweckt. Die in besetzten Liegenschaften ausprobierten Wohnformen werden heute partiell Realität, etwa im Grosshaushalt Karthago in Wiedikon oder in der Überbauung Kraftwerk in Zürich-West, die sich zurzeit im Bau befindet. Aus den illegalen Kellerbars wurden später Parties, und die Technogeneration hat ebenso subversiv wie die Punks nicht nach Bewilligungen gefragt, sondern dort ihre Partys veranstaltet, wo es sich eben anbot, in halbfertigen Neubauten und Tunnels. Die Raver teilen mit den nackten Chaoten auch den Sitz ihrer Steuerung: den Bauch. Und eine Vorliebe dafür, ihre Lust auf der Strasse auszuleben. In dieser Hinsicht steht sogar noch die Street Parade in der Tradition der – nunmehr halb nackten – Zürcher Jugend.

Auf politischer Ebene haben die Jugendunruhen einen Lernprozess in Gang gesetzt. Die Behörden haben realisiert, dass man Dissidenten und Aussenseitern nicht mit Repression begegnen kann, sondern dass der Umgang mit ihnen – seien es Chaoten, Fixer oder Alkoholiker – nach komplexen Lösungen verlangt. Einige der im AJZ durchgeführten Experimente gehören heute sogar ins gängige politische Sortiment: Fixerräume, Spritzenabgabe, Legalisierung gewisser Drogen.

Soziale Probleme werden nicht mehr mit pauschalen Rezepten gelöst. So gesehen haben die «Bewegten» mit ihrer Verabschiedung des ideologischen Denkens in Zürich eine Revolution in Gang gesetzt, die 1968 noch ein Rohrkrepierer gewesen war.

Vom AJZ zum Platzspitz

Nach der Zerschlagung der «Bewegung» bestanden deren Reste bald vorwiegend aus Junkies. Sie wurden verprügelt und vertrieben.
André Seidenberg*, TA vom 30.5.00

Seit 1968 waren die Drögeler überall und immer wieder vertrieben worden: aus dem «Odeon», von der Riviera, 1973 aus dem Bunker und auch schon in den 70er-Jahren vom Hirschenplatz. 1980 sammelten sich die damals fast durchwegs fixenden Junkies im Schutze der «Bewegung». Um die revolutionäre Stimmung im AJZ zu schützen, wurde der Fixerraum eingerichtet, und die «Autonome Sanität» sorgte für Spritzen, Toilettenpapier und eine notdürftige medizinische Versorgung.

Der Fixerraum war dunkel, stank und verbreitete eine No-Future-Stimmung. Aber er war erfolgreich. Es gab keine Drogentoten im AJZ. Hilfe konnte sofort geleistet werden. Allerdings hat sich damals unerkannt der Aidserreger unter den Konsumenten von intravenös zu spritzenden Drogen ausbreiten können.

Doch wie nach jeder Revolte gerieten die Schwachen unter die Räder der rachsüchtigen Reaktion. Die «Bewegung» hinterliess Opfer. Ein Joint etwa war noch immer Anlass genug, jemanden polizeilich und juristisch oder auch physisch zu plagen. Wer sich berauschte, galt offensichtlich als Staatsfeind. Viele suchten nach 1980 stärkere Mittel, um dem Elend von Zürich zu entkommen, und viele sind daran zugrunde gegangen.

Sie nannten sich Frösche

Die Reste der Achtziger Revolte bestand bald vorwiegend aus Junkies. Ungeschützt durch die Elite der «Bewegung», die nun auf anderen Partys feierte, wurden sie verprügelt und vertrieben aus der Umgebung des AJZ, von den Ufern des Platzspitz und aus der Nähe des Jugendzentrums Dynamo, welches nicht ein AJZ, sondern eine geschützte Festung für staatlichen Soziokulturbetrieb geworden war. Sie nannten sich Frösche, quakten kaum noch hörbar und wurden nachts – randvoll mit Drogen, krank und wehrlos – aus ihren Zelten und Bretterverschlägen an der Sihl und von der Allmend Brunau gejagt.

Presseberichterstattung 20 Jahre danach

Medizinische oder soziale Hilfe gab es kaum. Die Gassenarbeiter der ZAGJP und der Drogenhilfe konnten die zunehmende Zahl der Fixer kaum noch erreichen und waren oft selber Zielscheibe staatlicher Repression. Die Polizei vertrieb die Szene wieder einmal von der Riviera, vom Bellevue, vom Hirschenplatz. Der Zürcher Kantonsarzt Gonzague Kistler wollte Mitte der Achtziger Jahre sogar die Abgabe von sterilen Spritzen verbieten. Damals wurde öffentlich bekannt, dass sich die Mehrheit der Fixer durch gemeinsam benützte Heroinspritzen mit dem Aidserreger angesteckt hatten.

Polizei resignierte am Platzspitz

Ab 1986 sammelten sich die Drögeler im Platzspitz-Park. Zuerst waren es Dutzende, dann Hunderte und Anfang der 90er-Jahre täglich über tausend. Die staatliche Ordnungsmacht hatte resigniert im Kampf gegen eine offensichtlich elende und kaum gefährliche Bande. Sie liess die Junkies quasi in Ruhe. Die Polizei weigerte sich, überhaupt noch für Ordnung zu sorgen. Sollte sich dieser menschliche Dreck und Abschaum doch zu Tode fixen oder gegenseitig erledigen.

Pragmatismus durchgesetzt

Dagegen wurde die medizinische Versorgung auf dem Platzspitz besser. Die Verteilung von sterilen Injektionsutensilien, die gassennahen Sanitätseinrichtungen und die Verbreiterung des Methadonangebots zeigten Wirkung. Die HIV-Durchseuchung konnte beispielsweise von über 70 Prozent auf weniger als 15 Prozent vermindert werden.

Das Fehlen der polizeilichen Ordnung machte den Platzspitz zum allgemeinen Basar für illegale Güter und Dienstleistungen. In einer Notaktion wurde der Park im Februar 1992 geschlossen. Das Ende des Horrors in der Zürcher City war aber erst 1994 mit der Absperrung und Zerstreuung der Szene am Lettensteg erreicht.

Was ist geblieben? Nach 1980 hat sich eine pragmatische Sicht der öffentlichen Probleme langsam durchgesetzt. Drögeler oder gar Sozialarbeiter sind nicht mehr die Staatsfeinde von einst. Allerdings wurden die damaligen Notmassnahmen – wie die Fixerräume – zu medizinisch fragwürdigen Dauereinrichtungen. Und noch immer kommt es regelmässig zu Übergriffen von Polizisten gegenüber Drogenabhängigen. Drögeler werden auf offener Strasse nackt ausgezogen. Das Methadon wird ihnen weggenommen. Aus Angst vor dem Entzug nehmen sie unangenehmste Vorschläge der Polizei an.

Heute noch Notmassnahmen

Die Notmassnahmen im Drogenbereich wurden nie beendet. In Zürich wird seit zehn Jahren das Rückführungszentrum als polizeilich geführtes Spital für Drogenabhängige betrieben. Drogenkonsum ist ein Bagatelldelikt und eine Übertretung; es dient verfassungswidrig als Vorwand, um missliebige Elemente zu deportieren.

... 1968, 1980, 1992: Was kommt 2004? Ich wünsche mir endlich eine legale Marktordnung für Drogen und die Respektierung des geltenden Rechts auch gegenüber den Schwächsten dieser Gesellschaft.

(*) André Seidenberg ist praktizierender Arzt in Zürich.

Presseberichterstattung 20 Jahre danach

Die Kulturleichen tanzen nach neuen Takten

Marianne Fehr, Weltwoche vom 11.5.00

«Alles, aber subito», wollten die Zürcher Bewegten vor zwanzig Jahren. Was ist aus ihnen und ihren Ideen geworden? Vier Aktive, einer davon Polizist, erzählen.

Ein unscheinbares Flugblatt klebt an einer Mauer. Der «Klub G'stört», ein «selbstverwalteter und antikommerzieller Begegnungsort», zu Beginn des Jahres 2000 von Besetzern aufgebaut, werde geräumt, das Haus abgebrochen: «In städtisch subventioniert-sanierte Kulturzentren wird viel Geld investiert, aber sie bieten keine neuen Perspektiven und geben keinen Raum für Kreativität», beklagen die Verfasser.

Die Forderung ist dieselbe wie diejenige der «Bewegung» vor zwanzig Jahren. Doch im Unterschied zum Frühling 1980, als der Stadtpräsident von Zürich noch ungeniert sagen konnte, Rock sei keine Kultur, als die wenigen Lokale, wo die Jugendlichen ihre Musik spielen konnten, der Reihe nach geschlossen wurden und die höflichen Bitten um eigene Räume in den Amtsstuben verstaubten, gibt es heute in der grössten Stadt der Schweiz unzählige Party-Orte und Klubs. 1998 wurde das Gastgewerbegesetz liberalisiert, nachdem sich die Erkenntnis, dass mit den Freizeitbedürfnissen der Jugendlichen Geld zu verdienen ist, längst durchgesetzt hatte. Wer sich daran stört, fängt wieder vorne an.

«Schwerste Ausschreitungen nach Opernhaus-Krawall», «Sinnlose Brutalität und Plünderungen», «Chaoten am Werk», «Radau-Unkultur», «Basses Erstaunen über Ausmass der Plünderungen», schrieben die Zeitungen einhellig nach dem Wochenende vom 30. Mai 1980. Kurz vor der Abstimmung über den sechzig-Millionen-Kredit für den Opernhaus-Umbau hatten rund 300 Jugendliche vor der Kulturstätte, die derart fürstlich alimentiert werden sollte, demonstriert, in der Innenstadt Barrikaden errichtet, Schaufenster eingeschlagen und nicht nur sich, sondern auch die Passanten grosszügig aus den Warenlagern bedient. Aus dem Schaufenster der Firma Kurz reichten sie Alkoholika aller Art. «Kurz hat Werbeaktion», erklärten sie den Beschenkten. Das war die Ouvertüre der «Kulturleichen der Stadt» zu einer neuen, bösen Oper.

«Ich weigere mich anzunehmen, dass das unsere jungen Leute gewesen sind», meinte Stadtpräsident Sigmund Widmer. Unter den Pseudonymen O-the-Punk und Redshoe liessen der nachmalige WoZ-Redaktor Oskar Scheiben und der heutige

Presseberichterstattung 20 Jahre danach

stellvertretende Chefredaktor der NZZ, Kenneth Angst, in einträchtigem Schreibkollektiv wissen: «Die Stimmung war grossartig. Zürich war einfach herrlich unordentlich ... Hinter den Schleusen pragmatischer Geduldsübungen wartete eine lang behinderte Ungeduld des Momentes auf ihren Auftritt; an die Stelle ‹überschüssigen Bewusstseins› vieler der für diese Gesellschaft zu vernünftigen Leute trat endlich die ‹Rebellion des Bauches› und theoriebefreite Hemmungslosigkeit.»

Der damals 29-jährige Zürcher Stadtpolizist Peter Mäder absolvierte gerade einen Weiterbildungskurs in Walenstadt, als er von den Ausschreitungen hörte. Zurück in Zürich, fasste er das Aufgebot für den Extradienst und stieg sofort in die blaue Kampfmontur, die «Reizwäsche», wie sie im Jargon der Bewegung bald schon heissen sollte. Die Sicherheitspolizei sei von diesem Aufmarsch überrascht worden, und ihn, den Polizisten auf der Gasse, hätte es erstaunt, dass so viele Aktivitäten entwickelt wurden, sagt Peter Mäder. Vor der Polizeiausbildung hatte er die Textil- und Modefachschule in St. Gallen absolviert und stand während seiner Lehrjahre «dem Gedankengut der 68er nahe». Auch er habe 1968 längere Haare und Koteletten sowie Kaplan Flurys Peacezeichen um den Hals getragen: «Man war schöngeistig und träumte von einer besseren Welt. Aber ich war kein Krawallist, der auf die Strasse ging. Die Krawalle der Achzigerjahre unterschieden sich von der 68er-Zeit insofern, als die Bewegung kein einheitliches Ziel formulierte. Sie wollte das Vorhandene demontieren, ohne eine bessere Lösung vorzuschlagen.»

Christian Egger, 1980 27 Jahre alt, sagt, er sei nicht zur Bewegung gestossen, sondern alles sei in Bewegung gewesen. Da man in engen Wohngemeinschaften lebte, hielt man sich ohnehin oft auf der Gasse auf. Der gelernte Koch betrieb zusammen mit andern ein Putzinstitut, träumte aber von einem eigenen Restaurant. Als junger Mensch und ohne Geld sei das jedoch unmöglich gewesen. In einer WG-Stube klebte er schon Ende der Siebzigerjahre das Szeneheft «Stilett» zusammen, nicht einmal ein Fotokopierer stand zur Verfügung. Das innovative «Stilett» nahm bereits die typische Bewegungsgrafik – bildintensiv, schräg platzierte Texte, freie Verwendung von Fremdmaterial zum Beispiel aus der Werbung, Persiflagen und Collagen – der nachfolgenden Blätter «Subito», «Eisbrecher» oder «Brächise» vorweg.

Stefan Flüeler, dazumal 18-jährig, meint rückblickend: «Die Demonstration vor dem Opernhaus war nicht der Anfang des Unbehagens, sondern der daraus resultierende Rülpser.» Vor 1980 hatte sich der Modellbaulehrling zwei Jahre lang im Jugendhaus Schindlergut engagiert. Auch das «Schigu» wurde geschlossen. Andere machten sich vor den Unruhen in Gruppen wie «Rock als Revolte», «Freaks am Friitig» bemerkbar und stürmten Konzerte des Veranstalters Good News. Im Umfeld der Roten Fabrik, die vom Opernhaus als Lager- und Proberaum genutzt wurde, fanden sie sich zusammen: Die Rote Fabrik sollte endlich von den Jugendlichen als Kulturzentrum genutzt werden können, eine leer stehende Liegenschaft im Kreis 5 ihnen überdies als autonomes Jugendzentrum (AJZ) zur Verfügung gestellt werden.

«Nieder mit dem Packeis»

Nach dem 30. Mai war nichts mehr wie vorher. Die Bewegung wuchs an, wurde selbstbewusst und forderte «alles, aber subito». Kaum ein Wochenende ohne Scharmützel auf der Strasse, wo die Polizei Gummigeschosse, Wasserwerfer und Tränengas einsetzte. Linksintellektuelle Kulturschaffende unterstützten die Anliegen der Demonstranten in Zeitungsinseraten, und wir, die 68er und Nach-68er, trotteten nach der ersten Verblüffung sympathisierend in den hinteren Dritteln der Demonstrationszüge mit.

Die Sprache von Politikern und Bewegten hätte nicht gegensätzlicher sein können. Hier das hilflose Bemühen, mit rationalen Überlegungen ein Lebensgefühl zu begreifen, dort eine dadaistisch anmutende Kreativität, die an Häuserwänden, auf Transparenten, in Publikationen und auf Flugblättern ihren Ausdruck fand: «Alle Macht den Amöben», «Nur Stämme werden überleben», «Macht aus dem Staat Gurkensalat», «Meh Rahm fürs Volk», «Nieder mit dem Packeis», «Freie Sicht aufs Mittelmeer». Video went public: Die Unmittelbarkeit und Beweglichkeit dieses Mediums prädestinierte es zum Träger der Chronik der Bewegung. Es rauchte und knallte in den Strassen, kein Ausgang ohne eine Zitrone gegen das Tränengas in der Tasche. An Vollversammlungen wurde Basisdemokratie bis zum Gehtnichtmehr geübt, jeder Schwätzer konnte seinen Frust stundenlang ins Mikrofon stottern, und ein anschliessender kurzer Schlagabtausch mit der Polizei gehörte unabdingbar zum sportlichen Ausklang eines gelungenen Abends.

Einen Monat nach dem Opernhausabend hat sich die Zürcher Jugend ihr AJZ auf der Strasse erstritten. Arbeitsgruppen bilden sich, um das baufällige Gebäude hinter

Presseberichterstattung 20 Jahre danach

dem Bahnhof optimal zu nutzen. Christian Egger betätigt sich in der Beizengruppe, die allabendlich zu einem Spottpreis ein Menü von unterschiedlicher Qualität offeriert. Stefan Flüeler arbeitet in der Renovierungsgruppe, das spätere Sofakino «Xenix» wird hier geboren, Punkbands geben ihren Einstand, und es herrscht für kurze Zeit Freude, Friede, Eierkuchen. Wie es im Kommentar des Filmes «Züri brännt» heisst: «Um jedes nötige und unnötige Problem bildet sich eine Arbeitsgruppe. Im gleichen Mass, wie die Theke des Restaurants Form annimmt, verdichtet sich bei jedem einzelnen ein kribbliges Gefühl der Zusammengehörigkeit. Nie gekannte Formen der Übereinstimmung ...»

Währenddessen wird fleissig weiter protestiert, manchmal nackt, meistens in vermummtem Zustand. Die Berner erobern die Reithalle, die Basler die Kulturkaserne, die Sankt-Galler die Grabenhalle. Themen wie Wohnungsnot und Repression treten in den Vordergrund: Mitte Juli sind in Zürich bereits 250 Strafverfahren hängig. «Genug!», titelt der «Blick», als erneut die Scheiben klirren. Die Presse verschärft ihre Tonart, und Auftritte der Jugendlichen am Fernsehen schüren die öffentliche Empörung. Die Sendung «Telebühne» wird abgebrochen, nachdem die Teilnehmer Nationalrat Ernst Cincera Seifenblasen um die Ohren pusteten. In einer Diskussionsrunde mit Angehörigen des Zürcher Stadtrates treten zwei Bewegte als Herr und Frau Müller auf und argumentieren wie aufgehetzte Kleinbürger. Die Polizeieinsätze seien viel zu wenig massiv, und überhaupt solle man die Kinder der Stadt mit Salzsäure dezimieren. Auf die Parodie reagieren die Anwesenden verdattert, ein Aufschrei geht durch die Medien, und auf der andern Seite wird das «Müllern» zu einem stehenden Begriff. Eine Zeitung publiziert die Adresse von Frau Müller, einer irakstämmigen Schweizerin. Morddrohungen und Gewehrpatronen werden ihr zugeschickt. Frau Müller ist seither psychisch krank. Herr Müller wird später «als Drahtzieher der Bewegung» zu 14 Monaten Gefängnis ohne Bewährung verurteilt. An der Universität demonstrieren Studenten für die Freiheit der Wissenschaft und gegen die Verschulung des Studiums, nachdem Erziehungsdirektor Gilgen die Aufführung eines Videos von Ethnologen über den Opernhaus-Krawall verboten und das Material der Polizei ausgeliefert hat. Die Ausschreitungen auf Zürichs Strassen trüben das Weihnachtsgeschäft. Nach einem Brandbombenanschlag auf das Modehaus Modissa an der Bahnhofstrasse stehen die Kundinnen anderntags vier Stunden Schlange, um bis zu siebzig Prozent verbilligte angesengte Kleider zu ergattern. Auch so trägt die Bewegung zur Eleganz im Zürcher Strassenbild bei.

Peter Mäder ist ständig im Einsatz. Bis Ende 1980 macht die Polizei 160 962 Überstunden. Sicher habe es auch komische Seiten gegeben. Die negativen Seiten hätten aber weit überwogen. «Da griff man zum Beispiel beim AJZ ein 13-jähriges Mädchen auf, das von zu Hause weggelaufen war. Wir riefen am Samstagmittag den Vater an, welcher mir sagte: ‹Behaltet sie nur noch ein Weilchen, ich habe heute nachmittag eine Golfpartie, ich kann sie erst abends holen.› An ihrer Stelle wäre ich auch ausgerückt. Heutzutage werden die Verantwortungen noch stärker delegiert – die Kranken ins Krankenheim, die Alten ins Altersheim, die Behinderten ins Behindertenheim, für die Vögel ist die Vogelwarte Sempach zuständig, für den Naturschutz der WWF, aber der einzelne Mensch ist für nichts verantwortlich. Der Güsel wie die Alten werden ent- und versorgt, damit sich der Einzelne nicht damit belasten muss.»

Am 4. September wird das AJZ nach einer Razzia geschlossen. Wiedereröffnung ist am 3. April 1981. Die 25-jährige Barbara Ellmerer kommt aus Meiringen nach Zürich, um an der Schule für experimentelle Gestaltung F+F eine Kunstausbildung zu absolvieren. Sie hätte auch nach Basel gehen können, doch die Ereignisse locken sie nach Zürich. In einer Buchhandlung hat sie sich seit einigen Jahren schon politische Literatur beschafft. «Ich wollte nun die Leute suchen gehen, die solche Bücher schreiben, die mussten ja irgendwo existieren», erzählt sie. Während die meisten ihre Ausbildungen unter- oder abbrechen, sieht Barbara Ellmerer eine Chance darin, Ausbildung und Bewegung zu kombinieren. Sie erteilt sich selbst den Auftrag, ihren Genossen und Genossinnen die Kunst näher zu bringen, stellt ihre Arbeit auch in den Dienst der politischen Sache. Sie macht in der Kulturgruppe sowie in der Frauengruppe des AJZ mit.

«Ich glaubte an den Umsturz»

Die Kulturgruppe ist eher eine lustbetonte, lockere Angelegenheit, die Frauengruppe ist über längere Zeit ein Diskussionsforum zu wichtigen feministischen Themen und verfasst auch eine viel beachtete Broschüre zum Thema Pornografie. Auf der Gasse ist die junge Frau vom Lande schon bald in der ersten Reihe dabei, schafft es jedoch trickreich, nie verhaftet zu werden. Unter der Demonstrationskluft trägt sie

Presseberichterstattung 20 Jahre danach

beispielsweise einen biederen Rock. Im Moment des Angriffs streift sie blitzschnell die äussere Kleiderschicht ab und geht den schilderbewehrten Polizisten als bass erstaunte Passantin entgegen. «Ich wollte die Anarchie. Wir studierten Bakunin und die weiblichen Exponentinnen der anarchistischen Bewegung. Ich glaube an den politischen Umsturz, war ungeduldig, denn ich hielt die Ungerechtigkeit auf der Welt nicht mehr aus», sagt sie. Inmitten der Massen auf der Strasse habe man die realen Verhältnisse nicht mehr gesehen und dass man trotz allem eine Minderheit gewesen sei. In Illusionen habe einen auch das grosse Medienecho gewiegt: «Man machte pieps, ein kleines Anschlägli, und schon waren die Zeitungen voll davon.»

Im Frühling 1982 wird das AJZ erneut geschlossen und schliesslich abgebrochen. Stefan Flüeler, der mehrmals inhaftiert worden ist und Jahre später zu 18 Monaten bedingt verurteilt wird, weil er einen Polizisten in die Limmat gestossen hat: «Mir war schon nach einem halben Jahr klar, dass das Projekt scheitern würde. Die Bürgerlichen vertragen das nicht, für sie muss alles klar geordnet sein. Mit der Zeit hat es sich ohnehin totgelaufen. Sich mit der Polizei anzulegen, wurde zum Ritual. Überdies versiffte das AJZ immer mehr. Sachen kamen weg, und die Infrastruktur, Strom und Wasser etwa, funktionierte nie richtig. Es gab in der Bewegung auch eine Spaltung: Die einen fanden, wir würden unsere Kräfte unnütz binden mit dem AJZ, das zermürbe nur, und ich fand, wenn wir nur auf der Strasse herumhöseln, zermürbe uns das weit mehr. Beides bekam man nicht unter einen Hut.»

Mit ein Grund ist auch der Fixerraum im AJZ, der Dealer und Abgestürzte anzog. Der in der Bewegung engagierte Koni Frei, heute Mitbetreiber der Kanzleidisco, des Lokals «UG» und der «Central»-Bar im Kreis 4: «Die Illusion war, dass man sagte: ‹Wir sind alle eine Familie.› Aber mit den sozialen Problemen, mit den Drogensüchtigen und Alkoholikern kamen wir nicht zurande. Am Schluss wurde dort gedealt, es war die Hölle. Kaum jemand traute sich noch ins AJZ, ich ging stattdessen ins Karate.» Im späteren Quartierzentrum Kanzlei und in den besetzten Liegenschaften auf dem Wohlgroth-Areal habe man aus diesen Erfahrungen gelernt und die Fixer und Betrunkenen weggeschickt. Zeitweise hätten sich im AJZ «mehr Kriminelle» aufgehalten als im Regensdorfer Gefängnis Pöschwies, meint Peter Mäder: «Die AJZ-Leute schützten sich selber nicht. Die Drogenszene verkehrte dort. Dadurch wurden die Aktivisten immer mit dem übelsten Part ihrer Anhängerschaft identifiziert.»

Und was bleibt?

Bis Ende 1981 wurden 3874 Leute festgenommen. Es gab über 500 Verletzte, fünf Demonstranten verloren bei Gummigeschosseinsätzen ein Auge oder die Sehkraft eines Auges, eine junge Frau hatte sich auf dem Bellevue angezündet und tödlich verletzt, ein Polizist starb nach einer Herzattacke beim ersten Polizeieinsatz, ein Jugendlicher Jahre später an den Folgen einer Gehirnblutung nach einem Knüppelschlag eines Polizisten. Ein Bezirksanwalt schoss mit einem Revolver aus nächster Nähe auf einen Demonstranten und zerfetzte zufälligerweise nur sein Ohrläppchen. Hunderte von Strafverfahren und Verurteilungen wegen Landfriedensbruch, Gewalt und Drohung gegen Beamte, als es längst nicht mehr lustig war, sondern Katerstimmung einkehrte. Fast alle Polizisten, die wegen Übergriffen angeklagt waren, wurden freigesprochen.

Was blieb aus dieser Zeit? «Unsere Kultur ist heute akzeptiert», meint Koni Frei und verweist auf den Rock-Pop-Kredit der Stadt Zürich, die lebendige Musik- und Beizenszene mit vielen Räumen oder die Bewegungsgrafik, die später von der Werbung kopiert wurde. Illegale Partys würden mehr oder weniger toleriert. Koni Frei, der mit einem Partner die Kanzleiturnhalle gemietet hat, veranstaltet dort Diskos, die jede Woche 3000 Leute anziehen.

Während viele der ehemaligen 68er den Marsch durch die Institutionen unter die Füsse genommen haben und jetzt in Verwaltung und Medien an Machtpositionen sitzen, haben die meisten Achtziger keine traditionelle Karriere angestrebt. Viele betätigen sich in einem kulturellen Umfeld, sind in Theatern anzutreffen, als Filmemacher, Schreibende, Malende, Artisten oder Kulturveranstalter tätig oder in Nischenbereichen untergekommen. Einige sind an den Drogen gestorben.

Christian Egger, der Koch, zog nach den Achtzigern den Partyservice «Levante» auf, der die spätere Häuserbesetzerszene belieferte. Er reiste in der Welt herum und führte einige Jahre als Mieter das Zürcher Szenenlokal «Café Boy». Nun ist er Familienvater und Inhaber des Restaurants «Tessinerkeller» im Zürcher Kreis 4. Die Bioprodukte kauft er bei Bauern ein, die er persönlich kennt. In die eroberten Kulturstätten wie die Rote Fabrik geht er nicht mehr, aus Zeitnot und weil die Leute jetzt zu ihm kommen. Er käme sich seltsam vor, mit hunderten von anderen ein Konzert zu besuchen und auf die Bühne zu starren.

Presseberichterstattung 20 Jahre danach

Barbara Ellmerer ist eine gefragte Malerin, die den Durchbruch geschafft hat, an immer neuen Ausdrucksformen arbeitet und ihre Bilder im In- und Ausland ausstellt. Sie war noch bis Mitte der Achtziger Jahre in der Szene aktiv, doch nach und nach habe sie erkannt, dass ihre Möglichkeiten, politisch etwas zu verändern, gleich null seien. «Mir wurde immer klarer, dass sich Kunst und Politik ausschliessen. Wenn Leute ihre Kunst in den Dienst der Politik stellen, ist die Kunst immer schlecht und die Politik auch.» Obwohl sie ihre Gesinnung immer noch als «links aussen» bezeichnet, hat sie sich von der aktiven Politarbeit verabschiedet, geht aus der Erkenntnis, dass es nichts nützt, kaum mehr an Demonstrationen: «Das hat einerseits mit meinen persönlichen Ressourcen zu tun, dem zunehmenden Arbeitspensum und der Konzentration auf die Lösung von Aufgaben, die ich mir selber stelle, ist aber auch eine Folge der Einsicht, dass ein politisches Engagement gerade in Zeiten eines politischen Rechtsrutsches in keinem Verhältnis zu seinem Nutzen steht.» Nach einer Zusatzausbildung in Berlin und einigen Auslandaufenthalten hat sie sich für die Kunst entschieden. Sie stellte sich anfangs auf ein mausarmes Leben ein. Seit sie sich dem Markt nicht mehr verweigert, werden ihre Ausstellungen rezipiert und ihre Bilder gekauft und gesammelt. Von früher geblieben sind einige Freundschaften. An den Kunstschulen konstatiert sie heute eine gegenteilige Haltung zur Achtziger Zeit. Jeder wolle mit der Kunst möglichst schnell verdienen und sei bestrebt, seine Arbeiten mediengerecht aufzubereiten. Stefan Flüeler wohnte noch eine Weile in einer Wohngemeinschaft, bis das Haus abgebrochen wurde. Heute lebt er allein, geht selten aus und verbringt viel Zeit im Internet. Sein soziales Netz sei dort zu finden, sagt er. Eine Zeit lang machte er bei den Jungsozialisten mit, fand «ihre Widersprüche aber bald unerträglich». Der Techniker «möchte möglichst nichts mehr machen, was das System in irgendeiner Art unterstützt. Wenn man es ein wenig geschickt anstellt, geht das: alles, was man macht, denen zugute kommen zu lassen, die man gern hat. Ohne die Bewegungszeit würde ich vieles nicht durchschauen. Ich hatte danach einen Rahmen. Wenn etwas passiert, weiss ich, wo es hingehört.» Würde es heute wieder knallen auf der Gasse, dann ohne ihn: «Mit fast 38 Jahren bin ich zu alt, um noch auf der Strasse herumzusprinten. Ich käme mir kindisch vor. Ich würde am Strassenrand stehen und zuschauen, aber es würde mich sehr belustigen. Ich bin ein sehr zurückgezogener Mensch. Heute habe ich andere Mittel und Strategien, die weiter reichen, als ein Pflasterstein je fliegen könnte.»

Auch bei Peter Mäder haben die frühen Achtziger Jahre Spuren hinterlassen: «Sie führten dazu, dass ich mich entschloss, mehr im Bereich der Prävention denn im Bereich der Repression zu arbeiten. Ein paar Jahre später leitete ich die Abteilung Unfallverhütung.» Bei der Stadtpolizei baute er anschliessend den Rückführungsdienst von Drogenabhängigen in ihre Heimatgemeinden auf. Im Moment lässt er sich zum Polizeipressesprecher umschulen. Der Fan der nordamerikanischen Indianer fühlt sich jetzt nicht mehr als Krieger, sondern hält sich lieber «im Klub der weisen alten Männer auf». Er ist froh, etwa bei den «ermüdenden» Nachdemonstrationen am 1. Mai, deren Sinn ohnehin niemand mehr verstehe, nicht mehr dabei sein zu müssen: «Die Polizei wird beschäftigt, die Putzmaschinen der Leute vom Bauamt laufen nachher auf vollen Touren, die Versicherungen werden aktiv, die Glaser haben Arbeit: Die Ausschreitungen sind einzig vom marktwirtschaftlichen Standpunkt her einigermassen interessant.» Es gibt aber auch Kundgebungen, beispielsweise zu Umweltfragen, bei denen er als Polizist ungern im Einsatz wäre. Diese Anliegen zu vertreten, erscheint ihm sinnvoll.

Presseberichterstattung 20 Jahre danach

«Die Krawalle haben dem Opernhaus geholfen»

Marianne Zelgler-Vogt und Thomas Ribi, NZZ vom 30.5.00

Gespräch mit dem ehemaligen Opernhausdirektor Claus Helmut Drese.
In der letzten Mai- und der ersten Juni-Woche 1980 erlebte Claus Helmut Drese, Direktor des Opernhauses von 1975 bis 1986, die hektischste Zeit seiner Zürcher Jahre: Schlussphase im Abstimmungskampf um die Renovierung und Erweiterung des Fellner-&-Helmer-Baus, Endproben seiner «Tristan»-Inszenierung zu den Juni-Festspielen und dazu am 30. Mai die Krawallnacht, die das Opernhaus in einen Belagerungszustand versetzte. Im Gespräch mit Marianne Zelger-Vogt und Thomas Ribi erinnert sich Drese an diese dramatischen Tage.

Warum ist gerade das Opernhaus zur Zielscheibe der Protestbewegung geworden?

Der Kampf ging eigentlich um die Rote Fabrik, wo wir unseren Proberaum und ein grosses Kulissenmagazin hatten. So kamen wir in unmittelbaren Kontakt mit dieser Rockszene. Die Jugendlichen wollten die Rote Fabrik ganz für sich. So gab es dann plötzlich Konfrontationen. Die Aktivisten drangen bei uns ein und machten einiges kaputt. Nach dem 30. Mai ordnete der damalige Stadtpräsident Widmer an, dass das Opernhaus die Rote Fabrik sofort zu räumen habe. Es war ein Notstand für uns, denn wir hatten ja sonst nur noch den kleinen Proberaum im «Esplanade»-Gebäude. Es war also unsere Beteiligung an der Roten Fabrik, die uns zum Gegner der Protestierer machte. Sie argumentierten: Die Oper will 61 Millionen für den Umbau, und wir bekommen nicht einmal die Rote Fabrik. Aus dieser Konfrontation heraus richtete sich die Aktion gegen das Opernhaus und im Weiteren gegen das Bildungsbürgertum, die traditionelle Musik und alles, was dahinter steckt. Die Opernhaus-Krawalle heissen so, weil sie hier stattgefunden haben, aber das Opernhaus war nicht der eigentliche Anlass des Protestes. Das war vielmehr die – meiner Meinung nach – falsche Kultur- und Sozialpolitik des damaligen Stadtrates.

Sie hatten also Verständnis für die Forderungen der Jugendbewegung?

Ja. Die damalige Stadtregierung hat sich nicht zu einer klaren Haltung gegenüber der Forderung «Rote Fabrik» durchringen können. Ihre Hinhaltetaktik, die Hü-und-Hott-

Presseberichterstattung 20 Jahre danach

Politik hat die Aktivisten des Rote-Fabrik-Komitees natürlich provoziert und sehr dazu beigetragen, dass sie auf die Strasse gingen. Der Stadtrat wollte diese Bewegung verdrängen, unter den Tisch wischen. «Rock als Revolte» gab es ja damals auch anderswo, in Hamburg, in Berlin, in anderen Schweizer Städten. Und es war stets mit Ausschreitungen und Radau verbunden. Hier sagte man sich: «Bloss keinen Radau.» Es ist ja interessant zu sehen, wie sich die Bewegung weiterentwickelt hat. Die Rote Fabrik war, nachdem man sie den Jugendlichen zugestanden hatte, schon bald kein Thema mehr, nun ging es um das Jugendzentrum, und die Opernsache war längst vergessen.

Provozierender Polizei-Auftritt

Kehren wir noch einmal zurück zu jenem 30. Mai, der «Somnambula»-Vorstellung im Opernhaus. Waren Sie davor gewarnt worden, dass es zu Ausschreitungen kommen könnte?

Ja. Es stand vor dem Opernhaus ein grosses Werbezelt, wo dauernd Veranstaltungen für die Abstimmung über den Umbau stattfanden. Das animierte natürlich auch die Leute von der Gegenseite, sich zu präsentieren. Wir waren davor gewarnt worden, dass an diesem Abend eine Gruppe Demonstrierender komme, aber man rechnete mit einer friedlichen Demonstration, bloss mit Spruchbändern. Die Polizei wusste jedoch, dass Gefahr drohte, und schickte eine Bereitschaftstruppe von etwa dreissig Mann ins Opernhaus. Ich habe diese Stadtpolizisten im Chorsaal begrüsst, brave Familienväter, die ihr Bier tranken, es war ganz harmlos. Doch dann sperrten die Demonstranten den Zugang zur Oper ab, das Publikum wollte herein, plötzlich gab es Rempeleien, die Demonstranten hatten Eier und Farbbeutel, es wurde handgreiflich.

Da kam die Polizei aus dem Innern des Hauses und stellte sich in Kampfanzügen und mit Schilden auf, wie in einer modernen «Lohengrin»-Inszenierung. Das führte zum grossen Eklat. Es wäre wahrscheinlich nicht so schnell eskaliert, wenn nicht die Polizei ihre Macht demonstriert hätte. Nun ging ein Gejohle und Geheul los, sofort wurde die ganze autonome Szene in der Stadt alarmiert. Am Anfang waren es vielleicht achtzig bis hundert Demonstranten, eine halbe Stunde später waren es tausend. Die Polizei verkündete über Lautsprecher, dass der Platz innerhalb einer Viertelstunde geräumt werde. Da holten sie sich Steine, und es wurde chaotisch. Die Vorstellung konnte nicht pünktlich beginnen. Die Polizei setzte dann Tränengas und Gummigeschosse ein und räumte den Platz. Der Krawall verlagerte sich Richtung Bellevue und Niederdorf, später kam nochmals eine Welle zurück. Als die Vorstellung zu Ende war, musste ich vor den Vorhang und das Publikum bitten, das Haus auf der Seeseite zu verlassen und sich gegen die Tränengasspuren mit Taschentüchern zu schützen.

Normaler Vorstellungsbetrieb

Wie haben denn das Publikum und die Künstler reagiert?
Gab es Retournierungen von Karten oder Absagen von Sängern?
Nein, die Vorstellungen waren ausverkauft, das Publikum liess sich überhaupt nicht irritieren, der Betrieb lief ganz normal weiter, die Krawalle drangen nicht ins Haus herein. Aber das Glashaus-Entrée war von einem Bretterverschlag umgeben, die Fassade hatte Farbbeutel und diese bekannten A im Kreis abgekriegt. Es gab auch am Sonntag und am folgenden Samstag nochmals Demonstrationen, nicht mehr so gewaltsame, aber es waren viel mehr Leute. Ich musste drei- oder viermal vor den Vorhang und das Publikum über die Situation draussen informieren. Am zweiten Samstag drangen die Demonstranten sogar ins Foyer ein. Und perfiderweise wusste das Schweizer Fernsehen das im Voraus. Die Kamerateams standen schon im Foyer, um zu filmen, als die Autonomisten ins Haus stürmten, und wollten jedermann interviewen. Nur mich nicht, ich konnte nichts zu den Vorgängen sagen. Die Berichterstattung des Fernsehens war sehr einseitig.

Wie beurteilen Sie das Vorgehen der Polizei aus heutiger Sicht?
Ich fand immer, Kunst und Polizei sollten möglichst wenig miteinander zu tun haben. Ich hatte da Erfahrung. In Köln war mein Theater mehrmals von Demonstranten besetzt worden, das war die Zeit der Vietnam-Proteste. Sobald die Polizei eingreift, eskaliert ein solcher Konflikt. Meine Taktik war stets, mit den Leuten zu reden, auf ihre Anliegen einzugehen. Das versuchten wir auch in Zürich. Das Problem war, dass es keinen Anführer gab, mit dem man hätte diskutieren können. Diese Sprüche, die im Sprechchor skandiert wurden, waren blosse Phraseologie. Es gab eigentlich keine Willensbildung in dieser Gruppe, es war eine eigentliche Eruption. Aber

Presseberichterstattung 20 Jahre danach

sie hatte natürlich ein Vorbild, die grossen Demonstrationen, die seit 1976 bei der «Inaugurazione» der Mailänder Scala am 7. Dezember stattfinden. Da stehen sich jeweils wirklich «oben» und «unten», das Kapital und das Volk, gegenüber. Aber in Zürich waren die Verhältnisse doch anders, obwohl zum Opernhaus-Publikum natürlich auch einige wohlhabende Bürger zählten.

Da sollte man vielleicht noch anmerken, dass die teuersten Plätze für «La Somnambula» damals 55 Franken kosteten, für die Festspielpremiere von «Tristan und Isolde» mit Hildegard Behrens und René Kollo 125 Franken. Und auch der Spielplan war mit seinen erfolgreichen Musical-Aufführungen keineswegs elitär.

Ich habe mich stets um eine kulturpolitische Balance und um den Kontakt zu einem breiten Publikum bemüht. – Wenn diese Protestbewegung heute wäre, würde ich auch sagen: Wir brauchen Polizei, vielleicht zehn bis zwanzig Polizisten in Zivil, damit die Demonstranten nicht ins Haus gelangen. Aber diese Zurschaustellung der geballten Staatsmacht damals, das war überflüssig und brachte das Fass zum Überlaufen.

Die Stimmberechtigten haben dem Umbaukredit eine Woche nach der Krawallnacht mit klarem Mehr zugestimmt.

Die Krawalle haben uns de facto geholfen, die Abstimmung zu gewinnen, denn die bürgerliche Seite wurde mobilisiert und ging zahlreicher zur Urne, als man erwartet hatte. Wir verdankten den Abstimmungserfolg also indirekt den Krawallen. Der eigentliche Triumph kam vier Jahre später, bei der Wiedereröffnung: Kein Farbbeutel flog, alles war Glanz und Gloria. Unser Reflex auf die aufregenden Nächte vom Mai 1980 war, dass wir die Prügelszene in den «Meistersingern von Nürnberg» nach Zürich verlegten.

Opernhauskrawall und Jugendbewegung

Inzwischen gab es ja auch die Angebote für die Jugend- und Alternativkultur.

Die Erfahrung der Opernhaus-Krawalle hat sicher zum Umdenken in der städtischen Kulturpolitik beigetragen. Umgekehrt hatten wir in der Opera-Mobile-Zeit, als das Haus geschlossen war und wir an den verschiedensten Orten in der

Stadt spielten – vom Hallenstadion bis zum Grossmünster –, viel Goodwill gewonnen, weil wir zum Publikum in den verschiedenen Quartieren hingingen und die Schwellenangst abbauten. Ich glaube, das hat auch dazu beigetragen, dass die Krawalle schnell vergessen wurden.

Die konkrete Forderung der Zürcher Aktivisten war die Rote Fabrik. Dennoch müssen die Krawalle auch im Kontext der damaligen Jugendbewegung gesehen werden.

Wir haben die Opernhaus-Krawalle natürlich auch soziologisch zu erfassen versucht. Wer waren die Demonstranten, wo kamen sie her? Es waren keine Studenten, die sind erst viel später auf diesen Wagen aufgestiegen. Im Gegensatz zu 1968, das war eine Studentensache gewesen und viel konkreter in der Zielrichtung: Vietnam, die CDU-Politik in Deutschland. Das Phänomen war, dass sich die Protestbewegung plötzlich in die Musik verlagerte: Rock als Revolte. Meines Erachtens ist die Politisierung der Rock-Musik um 1976 durch die repressive Reaktion auf die 68er-Bewegung entstanden. Auf einmal gab es diese Massenauditorien mit einem fanatisierten Publikum. Und über die Rock-Konzerte kam es zum Protest gegen die konventionelle, die bürgerliche Kultur. Das Stichwort für die Opernhaus-Krawalle war «Rock als Revolte».

Presseberichterstattung 20 Jahre danach

Brächige

Die Achtziger Bewegung in Dokumenten

Bewegungszeitungen

Reithalle – autonom von Anfang an

Drahtzieher Nr. 1. Bern, Dezember 1980

Wer wie wann als erster auf sie kam, weiss ich nicht. Auf einmal war sie einfach da, die Idee, in der Reithalle ein autonomes Kultur- und Bewegungszentrum einzurichten. Fortan wurde dieses Zentrum zur zentralen Forderung der Bewegung. Wir veranstalteten Demonstrationen, lancierten eine Petition, die mit über 4000 Unterschriften eingereicht wurde, führten ein Fest durch, organisierten eine Besichtigung, und in unzähligen Gesprächen vertraten und konkretisierten wir die Idee. Seit den Anfängen der Bewegung steht die Forderung nach Freiräumen im Vordergrund: Orte, an denen jeder etwas dazu geben kann und nicht nur als Rad in einer grossen Maschine, sondern frei, spontan, autonom. In der Reithalle nahm diese Forderung feste Gestalt an.

In der Zwischenzeit haben sich in der Bewegung die Vorstellungen über die Reithalle weiter konkretisiert: Renovation und Einrichten sollen soweit wie möglich von Leuten der Bewegung vorgenommen werden. Als Trägerschaft sieht die Bewegung die Vollversammlung der Benützer. Es soll jeder mitarbeiten und mitbestimmen können. Die Nutzung erfolgt nach den Bedürfnissen der Benützer und nicht nach einem zuvor aufgestellten Konzept.

Folgende Punkte scheinen mir wichtig zu sein: Es ist klar, dass das Projekt Reithalle sehr viele Probleme aufwirft, z. B. Drogenproblem oder Kriminalität. Es stimmt nicht, dass die Bewegung diese Probleme einfach übersieht. Sie sind ja versteckt seit langem überall um uns vorhanden. Wird ein autonomes Zentrum im Sinn der Bewegung eröffnet, so kommen sie natürlich sehr offen zum Vorschein. Aber gerade dies ist eine Voraussetzung, um sie lösen zu können, und der Wille, sie zu lösen, durch Diskussion, durch gegenseitige Hilfe, durch Einbezug aller, ist in der Bewegung vorhanden. Dagegen könnte ein Zentrum mit unzähligen Auflagen, von aussen verwaltet und überwacht, diese Probleme höchstens verdrängen oder verstecken, dadurch wären sie aber noch lange nicht gelöst.

Weiter ist klar, dass ein autonomes Zentrum nicht von Anfang an reibungslos funktionieren kann. Es muss dazu noch viel experimentiert, Erfahrung gesammelt und gelernt werden. Die Reitschule ist genau der richtige Ort dafür. Zumindest in

Die Achtziger Bewegung in Dokumenten

der Anfangsphase ist darum vor allem von Seiten der Behörden ein grosses Mass an Toleranz nötig.

In der nächsten Zeit wird sich in Sachen Reithalle einiges entscheiden. Die Bewegung muss entscheiden, ob und in welcher Weise sie auf das Projekt des Gemeinderates einsteigen will, und auch der Stadtrat muss entscheiden, wieweit er sich hinter dieses Projekt stellt. Sicher ist aber, dass wir auch weiterhin mit Phantasie und Spontaneität, in Strassen- und anderen Aktionen, auf die zentrale Forderung der Bewegung, ein autonomes Zentrum in der Reithalle, aufmerksam machen werden.

Just another brick in the krawall

Drahtzieher Nr. 1. Bern, Dezember 1980

Immer wieder wird uns Unzufriedenen vorgeworfen, bei uns habe es gewalttätige «Elemente», die Scheiben zerschlagen. Man rät uns, sie hinauszuwerfen. Nein. Sie gehören zu uns. Die Gesellschaft verurteilt diese Leute, ohne zu fragen warum. Wir wollen nicht das gleiche tun wie die Gesellschaft. Wir versuchen untereinander tolerant zu sein. Wir haben alle dasselbe Ziel. Wir wollen nicht wegen ein paar Scheiben das Gemeinsame in der Bewegung in Scherben gehen lassen. Ich selber finde es weniger schlimm, eine Scheibe zu zerschlagen, als Menschen zusammenzuschlagen. Manche Berner unterstützen das Zusammenschlagen von Demonstranten durch Grenadiere oder Schläger. Ich glaube, diesen Bernern sind Scheiben wichtiger als Menschen.

Um Antwort wird gebeten

Drahtzieher Nr. 8. Bern, Juni 1981

An unserer Demonstration vom 30. April haben wir in einer Resolution konkrete und auch zu realisierende Forderungen gestellt, aber bis jetzt noch keine Antwort erhalten. In altbekannter Manier drückt und windet sich der Gemeinderat um eine

Mai 1980 - Mai 1982:

2 Jahre Dialog mit der Jugend

Die Achtziger Bewegung in Dokumenten

Stellungnahme. Statt auf unsere Forderungen einzugehen, droht er an einer VV mit einer Razzia im PAJZ, sofern wir nicht bereit sind, gesuchte AJZler der Schmier auszuliefern. Wie nahe Razzia und Schliessung beieinander liegen, haben zuerst Zürich und dann Basel gezeigt. Beide Male war die Razzia nur ein Vorwand, eine reine Alibiübung, und die Schliessung eine im voraus geplante Sache. Wir haben also keinen Grund, uns auszuruhen und abzusumpfen. Die Resolution wartet auf die Antwort und das PAJZ auf die Bestätigung der Autonomie.

Es gibt wenig zu feiern. Die Existenz des PAJZ ist lediglich ein Tropfen auf einen heissen Stein, angesichts der willkürlichen, politischen Justiz, wie die letzten Prozesse bewiesen haben, angesichts der zu erwartenden Strafgesetzrevision, welche die Repression noch verschärfen wird, angesichts der nach wie vor bestehenden Demobewilligungspflicht, angesichts der AKWs, der Wohnungsnot und dem Elend der Dritten Welt. Wir wollen deshalb den Jahrestag der Bewegung nicht in ein Saufgelage oder einen alternativen Folkloreumzug umfunktionieren, wie das auf ihre Art die Gewerkschaften mit dem 1. Mai getan haben! (handschriftlich eingefügte Bemerkung der Layouter: Es lebe das alternative Saufgelage!)

Das AJZ ist nicht der einzige Erfolg aus einem Jahr Bewegung. Zwar hat sich an der Demobewilligungspflicht juristisch nichts geändert, seit einem Jahr aber wagt es der Gemeinderat nicht mehr, eine Demo mit Polizeigewalt aufzulösen, nur weil sie unbewilligt ist. Wir meinen, dass heute die Diskussion um die Demobewilligungspraxis derart fortgeschritten und die Behörden derart verunsichert sind, dass jede Bewegung und jede Partei, die die ordentliche Bewilligungspflicht respektiert, einer weiteren Demokratisierung des Demorechts in den Rücken fällt.

Es gibt noch mehr indirekt auf die Bewegung zurückzuführende Erfolge, wie zum Beispiel die Quartiertreffs, die neuerdings (warum so plötzlich?) wie Pilze aus dem Boden schiessen, oder die in Gang gekommene Diskussion um den Konsumterror oder den allen menschlichen Grundsätzen zuwiderlaufenden Strafvollzug. Wollen wir, dass all dies nicht bei Kritik und Diskussionen bleibt, sondern sich konkret in positiven Änderungen niederschlägt, kommen wir nicht umhin, ständig wieder Druck zu erzeugen.

Was die Bewegung in einem Jahr an Kultur und *Spontaneität* entwickelte, wollen wir am 20. Juni mit viel *Phantasie* und Power auf die Strasse bringen, um den noch längst nicht erfüllten Forderungen Nachdruck zu verschaffen.

tanzeite

NUMMER 21 **1.-FR.**

BERN, JUNI 82 **GIFTKLASSE**

grosser

HAUSBESETZUNG - EIN WEG

...s Gefühl, auf dem Dach des AJZ's zu stehen und den "anderen" unten vor der Reithalle zuzu... SOLIDARITÄT. Eine Stunde Besetzung und dieses Hochgefühl dazu: das schönste Pfingstgesch... ...erdings auf uns mit Tränengaspetarden und Gummigeschossen geschossen wurde, grenz... ...ersuch. Jetzt (Freitag, 4.Juni) haben sie die "saubere" Lösung rund ums AJZ ...AHT. Dieser Draht kann unsere Gedanken und Gefühle nicht bannen. Im ... ...en dadurch provoziert und unsere Gehirnwindungen fangen an zu ...

DES EIDG. AMTES FÜR STRAHLENSCHUTZ:

DIESE ZEITUNG HAT EINE GEFÄHRLICHE AUSSTRAHLUNG. LESEN AUF EIGENE GEFAHR!

VeTtBEweRb

Preisfrage

auf

welcher seite dieses

ahtzieher

findeT sich die strafbare

Jahrgang
...mmer 5
...bruar 1982

Einzelnummer Fr. 3.-
Abonnement
Erscheint

PC 50-9270
Postfach 5000 Aarau
Tel. 064/64 19 58 & 064/2

Den
Aargau sehen..

FUSSGÄNGER

Lust oder Frust?

Stilett Nr. 54. Zürich, Januar/Februar 1980

Letztes Jahr gab es eine ganze Reihe Aktionen, die auf die Wohnungsnot in Zürich aufmerksam machen sollten. Der Erfolg war jeweils sehr unterschiedlich. Die Besetzer an der Wasserwerk- und Kreuzbühlstrasse flogen schon nach relativ kurzer Zeit wieder raus, die «Mischler» von «Luft & Lärm» an der Hellmuthstrasse konnten sich 7 Wohnungen unter den Nagel reissen. Das hängt einerseits mit den äusseren Umständen zusammen (privater + öffentlicher Hauseigentümer), anderseits aber auch mit der Art und Weise wie die Aktionen abliefen, mit dem taktischen Geschick, letztlich mit dem politischen Selbstverständnis, das dahinter steht.

Ich will hier nicht die eine Aktionsform gegen die andere ausspielen. Ich finde auch Hausbesetzungen gut. Ich persönlich habe nur keine grosse Lust mehr auf Besetzungen – im Moment jedenfalls. Diese Unlust hängt z.T. noch mit Erfahrungen zusammen (ständige Zankereien über die «politische Linie»; der Dogmatismus, den viele dieser Polit-Fritzen drauf haben; das arrogante, kaltschnäuzige Runtermachen von anderen Meinungen, überhaupt das ganze Macho-Gehabe). Anderseits glaube ich nicht an eine erfolgreiche Hausbesetzung in Zürich. Wir sind hier nicht in Berlin und schon gar nicht in Italien ...

Damit ich an einer Aktion mitmache, muss mindestens die Chance eines Erfolges bestehen, sonst finde ich die ganze Sache langsam zu masochistisch. Diese ganze Konfrontationspolitik läuft doch letztlich DARAUF hinaus. Wir, als kleines Grüppchen aufrechter Heroen, kämpfen einsam und (von allen guten Geistern) verlassen gegen das übermächtige böse Monstrum «Kapitalismus», «Staat» oder «Schmier». Wir wissen zwar zum Voraus, dass wir verlieren, aber wir kämpfen weiter, märtyrerhaft bis zum letzten Tropfen. Eines Tages werden wir erlöst werden. Wir wissen zwar nicht wann, aber sie wird kommen – die REVOLUTION. Ich habe keine Lust, mich zu opfern, weder für die Revolution noch für die politische Arbeit.

Und genau dieses Gefühl habe ich bei gewissen Leuten, wenn sie zu guter letzt noch «mehr revolutionäre Disziplin» fordern. Wenn jemand ein masochistisches Politikverständnis hat, ist mir das egal, im Gegenteil; wenn er eine gute Aktion macht, finde ich das gut. Aber wenn er das Gefühl hat, ich müsste jetzt auch so Politik machen, und mir das aufzwingen will (wie z. B. im Schigu), werde ich sauer und wehre mich.

Rock als Revolte – eine Selbstdarstellung (ohne Gewähr)

Stilett Nr. 55. Zürich, April/Mai 1980

Unsere Unzufriedenheit in Sachen Musikscene drückte sich vor etwa zwei Jahren konkret aus, als kleine Gruppen von uns begannen, spontan Punkgigs zu stürmen. Die beiden Go-ins (stürmen) beim Jimmy-Cliff-Gig (im Limmathaus anfangs 79) und dem Nina-Hagen-Konzert im Volkshaus waren bereits geplante Actions. Bei diesen beiden Go-ins wurden wir von der Presse als begeisterte Fans diffamiert, die kein Billett mehr erhalten hätten.

Als Reaktion auf die beschönigenden «Mitteilungen» der Presse und um auf die Monopolstellung der Konzertagentur «Good News» aufmerksam zu machen, bereiteten sich einige Leute intensiver als bisher auf den Tosh-Gig vor. Um möglichst viele Leute zu erreichen und zu aktivieren und nicht zuletzt um unsere Motivationen klarzustellen, wurde ein Flugblatt mit dem Titel «Rock als Revolte» verteilt. Im Flugblatt wurde neben der Bedeutung des Reggae, auch auf die Rolle der «Good News» aufmerksam gemacht. Beim Teach-In (ca. 500 Leute) auf dem Helvetiaplatz versuchten wir vor dem Tosh-Gig eine Abmachung zwischen den «Good News», dem Ordnungsdienst (Hell's Angels) und uns zu erzielen, was nicht gelang. Aus Horror vor dem Entladen der brenzligen Stimmung, und nicht etwa aus Solidarität, forderte der Big-Star Tosh die «Good News» schlussendlich auf, die 500 Leute ohne Billett gratis reinzulassen. Doch wenn wir Tosh und seine Bande vorher besser gekannt hätten, so wären wir wahrscheinlich auf diesen Akt der Freundlichkeit nie eingegangen!

Jetzt wurde klar, dass diese Actions in der Big-Business-Musig-Scene isoliert sind, aber in der nichtkommerziellen Musig-Scene und der autonomen Bewegung ihren Ursprung haben.

Am Hönggerbergfestival riefen einige Leute andere Interessierte zu einem Treffen auf, um in der Musikscene gemeinsam aktiv zu sein. Nach einigen Sitzungen im Polyfoyer einigte man sich darauf, nicht mehr hauptsächlich gegen die «Good News» vorzugehen, weil sich diese nämlich nicht als unbedingt korrupte Gangster herausgestellt haben, sondern selbst was auf die Beine zu stellen. Geeignete Konzerthallen, genügend Räume für Treffpunkte und hauptsächlich ein autonomes Jugendzentrum sind nach wie vor die Ziele. Nach langen Debatten und mit einigen jetzt noch anhaltenden Zweifeln einigte man sich vorläufig auf den Namen RAR (Rock als Revolte). Um die Ideen des RAR bekannter zu machen und um mehr Leute zu aktivieren, wurde am 7./8. Dezember 79 im Polyfoyer ein Riesenfest veranstaltet. Darauf bereitete sich eine Arbeitsgruppe des RAR auf ein Fest am Silvester vor.

Das Silvesterfest hatten wir uns als grossen politischen Anlass mit vielen Bands, Wandzeitungen, Theater, Teach-In, Discussions, Infos ... für eine breite Masse der Jugend vorgestellt. Wir besetzten zu diesem Zweck eine leerstehende Fabrikhalle und richteten sie provisorisch ein. Bei den Vorbereitungen wurden etliche Fehler gemacht, deshalb war dann einmal mehr nur die altbekannte Fester-Scene anwesend. Viele unserer Vorstellungen wurden leider nicht verwirklicht, und es blieb so bei einer ziemlich unspektakulären Angelegenheit im Vergleich zu dem, was wir uns vorgenommen hatten. Es war aber nicht etwa ein Frust, es war sogar ein aufgestelltes Fest mit guten Gigs von NACHT und NEBEL, ANIMALS und PACK. Wir hatten uns einfach mehr vorgenommen. Es fühlte sich dadurch aber niemand daran gehindert, trotzdem aufgestellt zu sein mit dem, was vorhanden war. Wir riefen zur nächsten Vollversammlung auf, die dann anfangs Januar stattfand. Mehr als 50 Leute drängten sich in ein kleines verqualmtes Sitzungszimmer, was das ziemliche Chaos schon vorbestimmte.

Viele äusserten ihre Meinungen, ihre Erwartungen zum/ans RAR, gingen aber nicht auf andere ein und/oder blieben unkonkret. Wir beschlossen schlussendlich, eine Gruppe zu gründen, die die nächste VV gründlich vorbereiten sollte, um sinnvolle Diskussionen zu ermöglichen, was sich als richtig erwies.

Nach diesem, wie nach dem Fest im Poly-Foyer hatten viele Leute das Bedürfnis, sich zu engagieren und kamen an die nächste Sitzung. Seither stabilisiert sich das RAR auf ca. 40 Leute. Am Anfang waren wir zu stark fixiert auf das Finden einer

Die Achtziger Bewegung in Dokumenten

gemeinsamen politischen Linie (Background) oder die Herstellung eines Zusammenhangs zwischen Rock und unserer Arbeit. Anderseits wollten wir nicht dogmatisch sein, weder Programm noch Statuten aufstellen. Deshalb beschränken wir das RAR auf ein Plenum von autonomen Arbeitsgruppen, die sich an der RAR-VV gegenseitig orientieren, informieren und koordinieren. Es bestehen zur Zeit folgende Arbeitsgruppen: CLUB (Crème Schnaps, die Red.), INFO und PRESSE, FEST, FRAUEN, MISTRAG (Mischler und Strategen ... die einzige Gruppe, die wirklich was auf die Beine stellt, Chr.), JUGENDKNAST, VIDEO, SYNDIKALISTEN (wa isch das? – der Sätzer).

Wo bleibt die Moral?

Ein Kommentar zu den Plünderungen und den fliegenden Pflastersteinen
Anna R. Christen/Stilett Nr. 56. Zürich, Juni/Juli 1980

Erhebt euch, ihr Darniederliegenden, ihr Vertrampten und stets Übergangenen! riefen wir einer losen Vereinigung von Pflastersteinen zu, und siehe, sie erhoben sich und flogen.

Nehmen wir uns, was uns gehört! rief mir eine leise zirpende Stimme zu, als wir mit dem Rücken zu einer Schaufensterauslage bewaffnete Bullen anvisierten, und siehe, kaum hatten wir uns auf dem Absatz gedreht, donnerte und klirrte es gar hohl alsbald, und vor unseren Augen lag der ganze freie Markt dieser Wirtschaft.

Frag ich meinen Freund Oskar: Na was soll denn diese Stradivari-Geige auf dem Tisch? Sagt er: Erbstück. Seither gibt's wieder mehr Hausmusik bei uns. Wenn nur der Suff-Vorrat von Kurz nicht schon längst ausgegangen wäre ... Wolln wir wieder mal shopping gehn?

Wer nun erwartet, dass ich von den «Plünderungen» detailliert berichte, der soll sich mal in den Arsch beissen. Erfahrungen solcher Art können nicht einfach so «vermittelt» werden; man muss sie schon selber «erleben». Durch die Bildung von «Selbsterfahrungs»-Gruppen hat aber schon mancher gelernt, den Situationen des Lebens gewachsen zu sein. Der Austausch von Erfahrungen liegt im Interesse eines jeden

Die Achtziger Bewegung in Dokumenten

einzelnen selber, der unter den eminent hohen Unkosten des Alltags leidet. Und warum sollen all die teuren Läden nicht auch mal auf Discount umstellen? Schliesslich soll, wer zu Discount-Löhnen schuften gehen muss, auch zu Discount-Preisen einkaufen können. In Italien z.B. gehören Plünderer-Equipen schon seit eh zum festen Zubehör einer jeden anständigen Demo. Und weil diese Demos nicht immer im Rhythmus der Nachfrage der Leute stattfinden, werden die Bullen auch mal durch organisierten Blind-Alarm schachmatt gesetzt: Während das Polizeiquartier für drei gleichzeitige, strategisch gut gewählte Einsatzorte den letzten Bullen ausspeien muss, bedienen sich die Leute mit dem Allernötigsten.

Aber auch Luxus wird nicht verpönt, ein Pelzchen, eine Ladung Schmuck und andere Dukaten darf's schon mal sein. «Darf's auch ein bisschen mehr sein?» Na bitteschön!

Inzwischen frage ich mich aber auch – wie die unverständigen, birneschüttelnden «Linken» von der RML –, ob das denn wohl eine «politische Jugendbewegung» sei. Nur habe ich da eine andere Vorstellung von «Bewegung» als diese Parteifritzen. Mir gefällt eine «Bewegung», die sich NICHT durch den Kakao parteidisziplinierten Anstandes und kleinbürgerlich-vorsichtiger Tändelei ziehen lässt. (...) Mir gefällt viel mehr eine unkontrollierbare «Bewegung», die eben ohne das inzüchtige und lähmende Organisations-Prinzip der traditionellen (Partei-)Linken auskommt und dafür ihre Power unmittelbar und aus dem (gegebenen) Moment heraus entfalten und umsetzen kann. Dabei scheint mir unerheblich, ob es dazumal bei Angriffen auf die Provokation der Bullen bleibt oder ob noch mehr Glas in Brüche geht. Selbst die herzigen Jusos (wieder stark im Kommen!) befürworten «originelle und phantasievolle Aktionen», wenn auch nicht unbedingt so gemeint ...

Aber wo bleibt die Moral? Müssen die armen kleinen Lädelis an der Bahnhof-, Löwen- und Uraniastrasse, am Limmatquai, Central und Bahnhofplatz «mit der Gefahr leben»? Sie müssen. Bereits machen sich einige Versicherungen für Schaden-Deckungen bei «inneren Unruhen» stark. Hoffentlich machen sich die hohen Prämien für die Luxusläden auch bezahlt!

ZÜRICH
hat für jeden eine Kugel

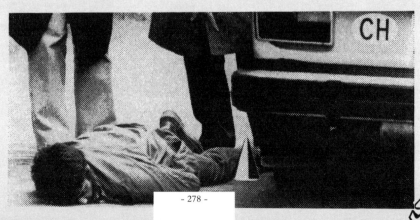

VERKAUFSTELLEN

ERICH:

TSKOLLEKTIV	- BADENERSTRASSE
ILLO	- BAECKERSTRASSE
ECORDS	- BADENERSTRASSE
ER	- STUESSIHOFSTATT
ANDLUNG	- WAFFENPLATZ
ADEN	- RATHAUSBRUECKE
NLILADEN	- MILITAERSTRASSE
MARKT	- WEINBERBSTRASSE
UK	- FROSCHAUGASSE
ZZ	- OBERE ZAEUNE
LAND	- STUESSIHOFSTATT
KIOSK OERLIKON	- TRAMSTRASSE
S JAZZ & BLUES	- FROSCHAUGASSE
OIA CITY LADEN	- ANWANDSTRASSE
S	- FROSCHAUGASSE
ON	- ZOLLIKERSTRASSE
RZER LADEN	- GOTTHARDSTRASSE
LADEN	- TELLSTRASSE
P	- STAUFFACHERSTRASSE
	- STORCHENHANDLUNG
	- BUECHLADE OBERI GASS
	- BUECHLADEGNOSSESCHAFT
	- BUCHHANDLUNG DER FUNKE
	- BE-BOP
	- BUCHHANDLUNG FUER SOZIOLOGIE
	- KRITISCHER BUCHDIENST
URG	- BUCHHANDLUNG LINDWURM
AL	- BUCHHANDLUNG LIBERIX
FHAUSEN	- BUCHHANDLUNG IM FASS
	- RAINBOW MUSIC
ALLEN	- BUCHHANDLUNG KAKTUS
HURN	- TRIBE PRODUCTIONS
KON	- LP-SHOP

aber am sichersten ist ein **Stilett-Abo.**

Name:
Adresse:

POP JAZZ NEW WAVE reggae FOU

WEINBERGSTR. 31 8006 ZÜR
TEL. 251 17 35

Wir, Peter und Tschügges, suchen zwei Frauen, die mit uns zusammenwohnen möchten, auf Ende April und Mai, oder auch ev. per sofort.

Komm doch mal vorbei an der A 14 oder telephoniere 242 24 69
Zimmer ca. Fr. 170.-

INSERAT **PREISKNÜLLER** Der Name verp

*LP-SHO

AKTUALITÄTEN POP ROCK REGGAE PUNK JAZZ BLUES SKA

Die Regierung ist zuversichtlich

-anzeige-

Grösste Auswahl im Zürcher Oberland!

Zürcherstrsse
8620

EISBRECHER

[Nr. 1] 25. Okt. 1980

Flu Flu sieben Tage im Hungerstreik (Seit...)

...röffnungsfest oder Schliessungsfest?

...ibt Türen, die gleichzeitig offen und geschlossen sind.
...ie Geschichte der langen Fabrik ist rot und verworren, par-
..., die Geschichte der Roten Fabrik ist lang.

...Volk weiss nur noch eins, irgend-
... wurde abgestimmt. Worüber ist
...auch nicht mehr bekannt. Wir er-
...ern uns nur: Das Volk kaufte die
...rik dem Volke ab, obschon das
...rik dem Volke gehörte und dadurch
...de des Volks beschloss. Gleich-
...g machte die ITT aber auch ei-
... Spekulationsgewinn. So ist das
... mit dem Volk. Wer soll da die
...rik noch begreifen. Ein Märchen-
...el wurde das etwa so erzählten:
...r über hundert Jahren schüttete
... Stadt den Seegrund auf und er-
...te einigen initiativen Grundher-
... den Bau einer Fabrik auf diesem
...zessionsland. Ein Servitut besag-
... dass die Stadt eine Grünanla-
...lane, das Land ans Volk zurück-
... Der gehätschelte Arbeitsplatz
...eh so gut, dass er auch für einen
... Multi angenehm war. Zuletzt
...rte die staubfreie Transistoren-
... der ITT. Bald aber wurden die-
... die heiligen Hallen zu klein, die
... wollte ausziehen. Die Stadt woll-
...as Gebäude verkachen. Kurzer-
... kaufte sich das Land an-
...rück. Die Rote Fabrik war in
...Hände des Volkes gefallen (Rein-
...nn für die ITT: 20 Mio.).
...ige Leute aus dem Quartier, die
... Gebäude sehr gut kannten, weil
...dort am Rad waren, liebten ihre
...weilige Behausung so sehr, dass
...anden, das Gebäude gehöre unter
...kmalschutz, sei ein Zeugnis der
...einheit des Arbeitsplatzes. (NZZ:
... Fabrik heisst sie wegen ihren

roten Backsteinen). Sie starteten eine
Initiative: wir wollen ein Kulturzentrum. Und die Überraschung war
gross, das Volk genehmigte sich diesen runden Kredit. Das ging etwa so
zu und her, wie wenn jemand eine
gute, teure Flasche entkorkt, in einem Anfall von übermässigem Selbstvertrauen.
Nach kaufem krämpfeln, drängeln,
schubseln, waffeln und Verhandlungen kam die Stadt auf die Idee, die
SP endgültig zu versohlen, indem sie
für den Umbau einen horrend hohen
Kredit verlangt, in der Hoffnung, die
Übung würde endgültig bachab gehen. Szenario: Hoher Kredit, Resultat: Volk lehnt ab. Der gleiche alte
Trick, wie er auch beim Neubau des
Drahtschmidli angewendet wurde.

Darum wartete männiglich und die
SP piepst: warte, warte, susch hämmer gar nüt (Wer hat denn überhaupt
etwas, Herren von der Pfinanz...).
Und seit diesen Tagen ging nichts
mehr. Ruhe herrschte an den Gesta-
den (Lediglich das Gartenbauamt
sorgt für etwas Zündstoff. Es will
nämlich immer noch abreissen und
promenieren lassen. Diese Prome-
nade ähnelt aber eher einem Parkplatz).
Wir sind mittlerweilen am 30. Mai
1980 angelangt und spätestens hier
räuspert sich der Onkel. Alle grauen
Katzen wurden schwarz und die Rote Fabrik grün. Wurde gar durch
verdopte und alkoholisierte Augen
betrachtet, von innen und von aussen und der Erörterungen darüber
wollten kein Ende nehmen.

Jetzt also endlich etwas *Eindeuti-
ges*, das *Eröffnungsfest*. Wieviele Ver-
eine, Personen, Initiativen, Kulturveranstalter an diesem denkwürdigen Ereignis teilnehmen, wissen wir nicht.
Trotz intensiven Recherchen ist es
uns nicht gelungen, den genauen
Durch- und Überblick zu gewinnen.
Wir wissen nur eines, sie befinden
sich alle zusammen auf dem

KULTURMARSCH

Besammlung 25. 10., 15 Uhr
Münsterhof. Aktschen und ...
gramm (inkl. pers. Schr...
zeug) mitnehmen.

glückwunsch
wir alle wünschen jedem alles gute:
dass er gezielte schlag ihn just verfehle...
dass er, getroffen zwar, sichtbar nicht blute...
blutend wohl, er keinesfalls verhut...
falls verblutend, er nicht schmerz empf...
dass er, von schmerz zerfetzt, zurück zur stelle f...
wo er den ersten falschen schritt noch nicht ges...
wir jeder wünschen allen alles...

Auf + Zu FABRIK
ROTE Auf + Zu

Das ZK der ver-
einten Bewegungsdele-
gierten hat an einer Sit-
zung Mitte Oktober beschlossen,
zuhanden aller kleineren und
grösseren Drahtzieher folgende
Direktiven in allen Gremien
durchzusetzen:

– Verhandlungen nur mit dem
Stadtrat, nicht besser, mit seinen Laufburschen und Vertrauens-
personen.
– Nichts läuft, bevor die gesetzli-
chen Rahmenbedingungen festgelegt
werden, auf denen dann herumgerit-
ten werden kann.
– Jedes Bewegungsmitglied (BMgl.)
wird in einer breit abgestützten Kampagne dazu angehalten, seinen inneren Polizisten zu mobilisieren. Angesichts der vielen Feinde braucht es
Wachsamkeit.
– Wirtschaftliche Einheiten und
Dienstleistungsbetriebe müssen nach
der Devise 'klein aber mein' genüss-
nätscht werden, Sicherung der Ar-
beitsplätze der Genossen ist ober-
ster Leitsatz. Aufbauend auf den
reichhaltigen Erfahrungen der alt. Betriebe, der WG's und Netzwerkunter-
nehmen sowie der Instandbesetzer
muss nur mit Leuten zusammengear-
beitet werden, die ihren Papyrus regelmässig wässern und die Rohmilch
beim Milchmann beziehen. Nur solche Genossen können als zuverlässig
und kooperativ gelten und kommen
als Nutzniesser der verschiedenen
Seilschaften in Frage, die den Zü-

Klein aber mein? Nein

– Der öff. Arbeit muss absolute
Priorität eingeräumt werden. Deshalb
müssen alle brav sein, die Wohnung
gut heizen vor jeder Demo und ich
tüchtig der Arbeiterschaft kulturell
anbiedern, und Das alles ohne das
man sich spalten lässt.
– Ein Problem bleibt allerdings zu
lösen. Wie kann man endlich die lär-
mige hard-rock-musik mit Ärnscht
Born von der Bühne fegen, ohne jemanden zu verärgern. Überhaupt:
Der Lernprozess sollte die Leute dazu bringen, dass sie den Wunsch nicht
mehr verspüren, mit Pflastersteinen
und Brättli die Landschaft zu ver-
schandeln und die Weihnachtseinkäu-
fer zu verärgern. Leute, die vorwitzige
Sprüche klopfen, muss man auf
Distanz halten. Der Leitspruch muss
sein: *sind vernünftig, nume nöd pro-
vozière, auch hämmer gar nüt*.
– Das Alkoholproblem wird mit einer vernünftigen Preispolitik gelöst
(1 dl. Weisswein Fr. 3.-). Leider haben wir keinen Einfluss auf die Dro-
genpreise. Dieses Problem überlassen
wir grosszügig den Behörden.
– Jeder verdächtige Vorfall muss sofort den Verantwortlichen gemeldet
werden, damit man auch die nötige
Paranoya aufrechterhalten kann.
Kleinkarrierte haben Vortritt. Lieber
frieren als mit Kostümen des Opernhauses Unfug treiben. Von einer Demo mit hunderten von Opern-Fun-
dus-Kleidern distanzieren wir uns von
vorn herein.
– Bewilligungen, Öffnungszeiten,
Preisabsprache, Verträge und Verbot
müssen unbedingt beachtet werden.
Ansonsten entsteht sofort der satt-
sam bekannte chaotische Höhenflug,
wo gerauft, geprasst, gehascht, ge-
soffen und ein bisschen zu sehr
gefreut wird. Wir wollen nicht mit ge-

nagelten Schuhen in der Roten
brik umhergehen.
– Das leuchtende Beispiel
versch. Ballettgruppen, Altern...
spunten, Graukämpfer, Kultur...
Volksvereinen, Lehmkneter und...
geflügelzüchtbartler soll die Leit...
abgeben für die Arbeitsatmosp...
die sich auf die langjährige Trad...
der schw. Arbeiterschaft abstü...
kann. Chaoten sollen sich gefäll...
im AJZ verdrücken. Die Rote F...
soll zu einem Nationalpark...
schrittlicher Kulturpolitik werd...

Die Vollversammlung und...
Bewegungsbeweger haben in...
ner chaotisch verlaufenen...
zung, von der man nicht n...
weiss, wann sie stattgefun...
hat, folgendes beschlossen:
1. Es kann einfach nicht ...
so weitergehen.
2. Es läuft zu wenig.
3. Es wird zu wenig diskutiert,
4. Uns fehlt nicht nur das O...
sondern auch die Zeit für...
Kulturarbeit.
5. Die Rote Fabrik ist in ...
tenhaus, es fehlt ihr das...
tische Fundament.

Und mit dem AJZ ist es auch n...
besser. Die Stadt wendet ihr Re...
an: Türe öffnen, kurze Leine, le...
ren und dann schliessen lassen.

Doch diese Suppe essen wir nicht...

**Wir haben heute ein
Eröffnungsfest**

Geehrt – entlassen

...och nicht lange ist's her, wurde Walter Fröhlich von Modehausdirektor
...spengler ausgezeichnet - für seine erfolgreiche Tätigkeit als Leiter der Fil-
...le Zürich. Nun hat Spengler den Filialleiter fristlos entlassen. Fröhlich
...ritisierte in einem Leserbrief an den Tagi das brutale Vorgehen der Poli-
...ei am 6.September. Für Spengler willkommener Anlass, den unbeque-
...en Filialleiter loszuwerden. Fröhlich über seinen früheren Chef: "Ein
...ehr konservativer Unternehmer, ein Patriarch..." - Ein Portrait von Wal-
...er Fröhlich und Exklusivdokumente zu seinem "Fall" auf Seite 3.

– 280 –

Die Achtziger Bewegung in Dokumenten

Wir wünschen allen schöne Weihnachten

Eisbrecher Nr 6. Zürich, 6. Dezember 1980

Es steht bereits auf den Mauern der Stadt: An Weihnachten wird demonstriert. Diese Aktion soll ein voller Erfolg werden. Darum machen wir vom Eisbrecher den folgenden Vorschlag an alle Interessierten, an die Bewegung, an alle Unzufriedenen, an Demokraten und Sozialdemokraten, an die Gafferinnen und Gaffer, an die Ladenbesitzer, an den Stadtrat, die Polizei und die Presse, kurz – an alle Menschen mit gutem Willen. Alle sollen ihre Meinung äussern.

An die Bewegung

Es soll möglich sein, dass sehr viele Leute an dieser Demo teilnehmen können. Erste Bedingung dazu: Es muss eine friedliche Demo werden. Wir schlagen das in diesem Sinn vor, wissen aber, dass das nicht von uns abhängt: ohne Polizei kein Krawall. Zweite Bedingung: Wir wollen den Stadtrat nicht demütigen, sondern ihm die Möglichkeit geben, einige seiner Irrtümer zu korrigieren. Deshalb werden wir das AJZ nur für einen Tag benützen, für ein grosses Fest und eine VV. Vom Stadtrat wünschen wir, dass er dieses Fest erlaubt und öffentlich erklärt, dass er anfangs Januar die Verhandlungen über die Wiedereröffnung mit der alten Trägerschaft wieder aufnimmt. Wir denken, dass diese Verhandlungen Ende Januar abgeschlossen sein werden. Wenn der Stadtrat diese Vorschläge akzeptiert, werden wir sofort daran gehen, das Fest zu organisieren. Im anderen Fall trägt er die ganze Verantwortung für alle Ereignisse. Dann werden wir diskutieren müssen über andere Möglichkeiten unserer Präsenz auf der Strasse. Auf jeden Fall: Wir werden uns auf beide Möglichkeiten vorbereiten.

Der 24. Dezember wird für uns ein wichtiger Tag. Das heisst aber nicht, dass wir uns jetzt zu Hause einschliessen und Transparente malen. Im Gegenteil: alles was wir seit dem 4. September gemacht haben, war schön und gut. Wir konnten unseren Druck und unsere Präsenz aufrecht erhalten in einer Situation, in der durch die Besetzungen der Polizei jede Diskussion fast verunmöglicht wurde. So oder so, wir wollen so weiterfahren, mit Kreativität und Phantasie. Am 24. sind wir alle dabei.

ROT

uferstehung der Kulturleiche

nem Eröffnungsfest in der Ro-
abrik ist das ganze Kapitel
cher Kulturpolitik noch lange
abgeschlossen. Während der
IGRF (Interessengemein-
Rote Fabrik) vom Stadtrat im
akt Räume für einen Teilbe-
bekommen hat, geht das Seil-
um entscheidende Punkte wei-

haus contra Alternativ-

n funktionierendes Kulturzen-
aufzubauen, sind auch grosse
notwendig. Doch genau diese
ichkeiten (Shedhallen und Ak-
alle) werden laut Weisung des
ates an den Gemeinderat dem
haus als Kulissenlager und Pro-
e zur Verfügung gestellt — bis
Abschluss des Opernhaus-Um-
984! Der IGRF wird die Ak-
alle, welche sich als einzige für
re Fester eignet, bis zum 15.
ber überlassen. Da eine baldi-
edereröffnung des AJZ immer
rscheinlicher wird, stehen wir
ieder einmal auf der Strasse.

bruch als bürokratischer

er Weisung sieht der Stadtrat
Teilabbruch von über 1000 m2
war stellt sich die IGRF vehe-
gegen dieses Vorhaben (Hun-
von Kulturschaffenden und
ern stehen in Zürich vor Raum-
men, (wir Jungen brauchen
nd Freiräume), aber der Stadt-
t stur an seinem Projekt fest,
s vom Garten- und Hochbau-
nmal entworfen wurde. Wieder
also soll dringend benötigter

Präsidialabteilung, U.P. Müller, kreuz-
te höchstpersönlich in der Fabrik
auf, um die Organisatoren des Konzerts und die IGRF mit perfiden Drohungen unter Druck zu setzen. Diese
liessen sich jedoch (noch) nicht unter
Druck setzen. Auch Sigi, welcher per
Telephon versuchte, die Durchfüh-
rung einer VV zu verhindern, blitzte

die Rote
werden. D
hin eine K
sich am 1.
trifft.

Jetzt erst
Wir dürfer
ten auf ke
sen. Es ist
die Rote
Gründen b
Kultur si
nicht den
Spielregeln
dern sich e
Seite stellt
gegen diese
zur Wehr
Rote Fabr
sind erst d
Die Arbeit
che sich ak
setzte, hat
aufgestellt,
vielen Org
sonen unte
he Kasten)
einsetzen
des Opern
muss verhi
an einer S
Rote Fab
Spitzel sin
jeden eine
*Die AGRF
abend um 2
post (Saal),
PS: In ein
folgt ein
der nichte
den.

Die Achtziger Bewegung in Dokumenten

An die Unzufriedenen, die Demokraten, an die Gaffer und an alle Menschen mit gutem Willen

Ihr seid diesen Sommer mit uns auf der Strasse gewesen. Als der Kampf etwas härter wurde, seid ihr verschwunden. Einige von euch haben sogar dem Kauf eines neuen Wasserwerfers zugestimmt und andere haben sich der Stimme enthalten, als die Forderung der Amnestie erhoben wurde. Wo blieb eure Zivilcourage? Konsequenterweise wurde unser Kampf immer militanter. Vielleicht habt ihr euch darüber empört. Aber für uns ging es darum, zu verschwinden oder Widerstand zu leisten, und wir haben entschieden, uns zu wehren, auch alleine. Die Verantwortung liegt aber auch bei euch. Das Ziel bleibt, uns für ein besseres Leben in dieser Stadt einzusetzen. Wenn ihr das immer noch unterstützt – am 24. können wir zusammen demonstrieren. Wir möchten eine friedliche Demo (sofern die Polizei das ermöglicht), und das hängt nicht zuletzt auch von euch ab.

An den Stadtrat

Seit dem 4. September habt ihr einen riesigen Berg von schlimmen Irrtümern begangen. Wir sind bereit, für heute, dies zu vergessen. Aber auch das hat seinen Preis (pardon, für die Präsentation der Rechnung genau an Weihnachten). Ihr kennt jetzt die Pläne der Bewegung für den 24. Ihr kennt unsere Wünsche. Akzeptiert sie.

Das, was am 24. passiert, hängt auch von euch ab. Es sind eben noch andere Sachen im Spiel der Politik als die Wahlen von 1982. Dies ist nicht ein Ultimatum, sondern eine viel seriösere Angelegenheit.

An die Ladenbesitzer

Wir waren eigentlich nie vor allem gegen eure Läden. Uns geht es um viel wichtigere Sachen. Deshalb fordern wir euch auf, geht zum Stadtrat, verlangt die Wiedereröffnung des AJZ, kommt mit uns auf die Strasse. Das ist die beste Versicherung für eure lieben Schaufenster, etc.

An die Polizisten

Auch wenn ihr gut bezahlt seid, ihr habt nicht den schönsten Beruf. Wir sind sicher, dass nach den Ereignissen dieses Sommers viele von euch eine neue Arbeit suchen.

Die Achtziger Bewegung in Dokumenten

Einige haben sie ja schon gefunden. Eure Chefs suchen für den 24. Dezember Freiwillige. Ihr sollt auch an der Weihnacht gegen uns eingesetzt werden. Verweigert das, auch wenn ihr gezwungen werdet. Ihr habt das Recht, an Weihnachten bei euren Familien zu sein, wie wir das Recht haben, unser Fest zu machen. Wir auf der Strasse und im AJZ wollen und brauchen euch nicht. Es ist der Stadtrat, der euch aufbietet.

An die Presse

Ihr habt geschwiegen, wenn ihr hättet reden sollen, und wenn ihr geschrieben habt, so häufig falsch und einseitig. Wir bitten euch, wenigstens für dieses Mal, erklärt euren Lesern, was wir eigentlich wollen.

Grosse Vollversammlung über Weihnachtsdemo
Donnerstag, 11. Dezember – 20 Uhr – Volkshaus – Theatersaal

Die autonomen Lemminge

Markus Rüegg / KAMIKAZE Nr. 1. Zürich, Mai 81

Manchmal ist für mich die Bewegung wie eine Herde Lemminge, die rennt und rennt, anstatt einem Leithammel einer imaginären Ideologie hinterher. Autonomie, aber niemand weiss so genau, was das für UNS, UNTER UNS heisst; darum rennen wir mal weiter von Action zu Action, von Demo zu Demo, und wenn wir nicht mehr weiter wissen, stellen wir eine neue Forderung auf, die noch grösser und noch schöner ist als alle bisherigen, und vielleicht mal wieder ein Ultimatum dazu – und rennen weiter – weiter bis zur Klippe hinaus ins Meer, in den kollektiven Selbstmord der Selbstzerfleischung und Selbstzerstümmelung. Die Lust am Sterben ist ja so schön, und wenn wir's alle zusammen machen, ist's schon fast orgastisch.

Die Erfahrungen des letzten Sommers haben meine politische Identität ziemlich in Frage gestellt: Früher träumte ich davon, wie schön es wäre, wenn es eine neue Bewegung geben würde. Ich hatte all die Ideale von Anarchismus, Autonomie, Selbstverwaltung und direkter Demokratie ohne hierarchische Strukturen.

Aber es kam ganz anders. Es gab ein riesiges Gerangel um Macht und Einfluss, um Positionen in der Hackordnung der Aktiven. Man löste z. B. die ARF (Aktionsgruppe Rote Fabrik) auf, mit der Begründung, man wolle die Bewegung nicht dominieren. In Wirklichkeit änderte sich aber nichts. Im Gegenteil! Als die formellen Strukturen aufgelöst wurden, traten die informellen an ihre Stelle, und informelle Strukturen (persönliche Kontakte, Sitzungen, an die nur Leute eingeladen werden, die sich dem Verhaltens- und Moralkodex des inneren Klüngels anpassen, kriechen) sind für die grosse Mehrheit noch schwieriger zu durchschauen und zu kontrollieren.

Noch schlimmer finde ich es aber, wie die Sache auf der persönlichen Ebene abläuft. Ich habe das Gefühl, die Atmosphäre wird immer aggressiver, die Wortführer und Mikrofonlutscher immer dogmatischer, die VV immer intoleranter. Es braucht, wie in der bürgerlichen Gesellschaft, unheimlich viel Energie, Durchsetzunsvermögen und Ellbogen, um z. B. an der VV oder an der Ko-Sitzung etwas zu melden.

Es kommt mir manchmal vor, als befände ich mich mitten in einem Wettschreien. – Oft hätte ich Lust, diesen Schreihälsen die Kehle durchzuschneiden: Immer diese

Die Achtziger Bewegung in Dokumenten

Ohnmacht, die brutale Schmier, der arrogante Stadtrat – aber am meisten nervt mich die Ohnmacht gegenüber den Mechanismen, die unter uns ablaufen, dass wir unter uns kein anderes Verhalten hinkriegen als dieses chaotische, selbstzerfleischende Gehacke.

Die heile Welt der Frau-Vau

Die meisten Männer werden von solchen Mechanismen genauso blockiert und unterdrückt (oder lassen sich unterdrücken) wie die Frauen. Auch ein Grund, weshalb ich es falsch finde, sich parallel zur VV in eine seperate VV zurückzuziehen. Für mich ist das einfach eine etwas andere Form von Resignation. Frau zieht sich ins Schneckenloch zurück, weil die Welt so böse ist.

Frau muss sich mal vorstellen, die Schwulen, die Wohnungssuchenden, die autonomen Haschischraucher, die Softies und die Chaotengruppe «Zündet das AJZ an» machen alle ihre seperat-VV neben der normalen am Mittwoch …

Ein offensives Vorgehen, das aber auch mehr Mut voraussetzen würde, wäre z. B. eine normale VV in eine Frauen-VV umzufunktionieren, so dass eine VV lang (oder von mir aus mehrere oder periodisch) nur Frauen ans Mik gelassen werden. So etwas wäre Frauen-Power, aber das was jetzt läuft, ist Sektierertum.

VV: Ritual einer Sekte

Aber die Sache mit der Frau-Vau ist eigentlich nur die Spitze des Eisbergs. Diese Frauen waren sicher nicht die einzigen, die die VV angeschissen hat. Mir und vielen anderen ging's auch so, und wir alle haben zugeschaut, wie die VV immer mehr zu einem «birnenweichen» Ritual degeneriert ist. Die zehn immergleichen Mikrofongeilen drehen ihre Leier runter wie der Mann mit der Drehorgel an der «Chilbi»: «Woher kommt unsere Power – unsere Power kommt schliesslich von der Strasse – wir müssen mal wieder heavy Action machen – Demo Demo Demo!» Je nachdem, wie «gut» der Typ (zum Glück sind die Frauen nicht so «bireweich») es bringt, fahren soundso viele Leute auf diese leeren Formel ab, klatschen und und schreien und rufen im Chor: Sieg Heil! Sieg Heil! Sieg Heil! – Manchmal finde ich die Bewegung wirklich bekloppt. Wir degenerieren immer mehr zur Sekte. Die Bewegung ist auf dem besten Weg, sich von innen her aufzulösen. Die Mächtigen werden sich ins

Fäustchen lachen: So einfach werden sie uns los. Dabei ist es mir aber zu einfach, die Schuld den bösen mikgeilen Männern zuzuschieben. Für mich sind das weniger Chauvis, sondern eher Typen, die ihr mangelhaftes Selbstbewusstsein dadurch aufzupolieren versuchen, in der Hoffnung auf möglichst viel Streicheleinheiten, Applaus.

Mir ist diese Kritik der Frau-Vau-Frauen zu oberflächlich. Das riecht mir zu sehr nach blosser Ideologie, nach Identitätsersatz, nach Legitimation für den Rückzug, weil das einfacher ist, als in der Bewegung oder an der VV etwas durchzuziehen. Im Gegensatz zur Frau-Vau und ihren Träumen im Modeblatt hat mir das Lavabo sehr gefallen. In einigen Texten sind persönliche Sachen, Mechanismen, die unter uns ablaufen, Feelings und Frusts, die ich auch so empfinde, sehr treffend formuliert/dargestellt.

Es hat wohl nichts die Bewegung so sehr geschlissen, wie diese 1/2 Millionen, die für's AJZ zur Verfügung stehen. Kaum war das AJZ wieder offen, ging auch schon das grosse Gerangel ums Geld los. Es sind eine Menge Leute eingefahren, in der Renogruppe und anderswo, denen es einfach oder vor allem um den Stutz geht, denen das AJZ nicht sehr am Herzen liegt, die sich möglichst einfach ein grosses Stück vom Kuchen abschneiden wollen.

Die Art und Weise, wie mit solchen Problemen an der VV umgegangen wird, finde ich unehrlich und verlogen, erinnert mich wieder an das dogmatische Verhalten einer Sekte, in der nicht ist, was nicht sein darf.

Konkret: Es lief so, dass ein riesiges Chaos herrscht und in den letzten Wochen, seit das AJZ jetzt wieder offen ist, erschreckend wenig gelaufen ist. Die Stimmung an den KO-Gruppensitzungen ist jeweils so aggressiv, dass es einen ganzen Monat dauerte, bis wir fähig waren, einen Stellenplan der AG's zusammenzustellen.

Von Anfang an stellte sich die Trägerschaft auf den Standpunkt, solange es keinen VV-Beschluss darüber gebe, welche AG wieviel bekommt, würden sie keinen Stutz auszahlen – und das völlig zu Recht, wie ich finde.

Wie reagiert die VV darauf? Es ist doch allewil klar, dass die Trägerschaft die Schuld trägt, dass die AG's keinen Stutz kriegen und jetzt streiken. Die sollen sich nicht so aufspielen (dass sich diese AG der Trägerschaft mit einem 23er die Stunde bezahlen will, finde ich im übrigen auch völlig daneben) und endlich den Stutz rausrücken, am besten alles auf einmal. Und wenn die erste Million durch ist, gehen wir auf die Strasse und fordern die Zweite. Und überhaupt, wir lassen uns von der Stadt

Die Achtziger Bewegung in Dokumenten

und der Trägerschaft nicht gegeneinander ausspielen und spalten! Wir von der autonomen Paffer- und Alkifraktion fordern eine Million für unsere AG!

Wir haben's wieder einmal geschafft: Das Feindbild ist wieder einmal intakt, und von der Trägerschaft ist zum Glück auch meistens jemand da, auf dem man herumhacken kann/darf. Alles schön nach dem Schema: Es braucht ein Feindbild, der Sündenbock muss klar sein – so kann die hohle Einheit wiederhergestelltwerden, jetzt ist die Welt wieder in Ordnung.

Jeder ist sich selbst der Nächste – im AJZ

In der Zwischenzeit hört man aber immer wieder Geschichten, was alles krumm läuft und was mit «unserem» Stutz alles so passiert, der für das Rote Kreuz oder die Entwicklungshilfe gesammelt wird und dann als goldenes Bett im Schlafzimmer irgendeines Königs im Urwald oder als Schneepflug im Urwald endet.

Da spitze einer ein riesiges Loch, das für eine Tür gedacht ist, in die Kinowand, doch leider von der falschen Seite und deshalb auch am falschen Ort. Der Nächste mauert das Loch dann wieder zu.

Ein paar «Maler» kratzen in tagelanger Arbeit die Farbe von den Wänden, spachteln diese aus und grundieren. Dann meint einer fälschlicherweise, der Gips sei ja faul und spitzt alles weg bis auf die Backsteine.

Ein paar Leute vom Spunten finden, die Bar brauche eine neue Theke aus Marmor. Soweit so gut – ich war schon immer für eine Marmortheke. Aber man kann nicht einfach ins Brockenhaus gehen und Marmorplatten von ein paar alten Kommoden holen und zuschneiden lassen. Es muss unbedingt teurer rosaroter Marmor sein. Ohne abzuklären, was das ganze kostet, gibt man ein paar Leuten 5000.– in bar auf die Hand, damit diese nach Italien fahren, um Marmor zu kaufen.

Im übrigen fordert die Spuntengruppe 250 000 von Fr. 500 000, die für den Betrieb zur Verfügung stehen, für ihre Löhne, geben aber auch zu, dass sie diese Forderung auch nicht für sehr realistisch halten.

Da hat sich wohl die Wohnungsgruppe gedacht, dass es an der Zeit wäre, auch zuzuschlagen und fordert als Versuchsballon gleich mal 50 000 Fr.

Nicht schlecht abgesahnt haben auch die ehemaligen Dachdecker. Dabei regt es mich weniger auf, dass sie in drei bis vier Wochen erst die Hälfte des Bürohausdaches renovieren. Ein Dachdecker, der sich das Dach einmal angeschaut hat, meinte, dass zwei routinierte Dachdecker das Dach in 3–4 Tagen umgedeckt hätten, mit einem neuen Unterdach vielleicht in einer Woche oder zwei. Bei den Dachdeckern arbeiten aber so etwa 14 Leute.

Aber was ich daneben finde und mir die Galle hochkommen lässt, ist, dass die Kids genau die Leute waren, die letzten Sommer am meisten gegen die Renogruppe und die Mischler ausgerufen haben. Kaum sind sie jedoch in der Renogruppe, sind sie die grössten Schlitzohren.

Da wurde an einer VV beschlossen, dass von den 15 Stutz Stundenlohn deren zwei für die Knastgruppe abgezweigt werden sollen. Als der Bauleiter bei der nächsten Lohnauszahlung 13 Fr. auszahlen wollte, gingen die Kids mit dem Bielihammer auf den Typ los. Er solle den ganzen Stutz rausrücken, denn dieser VV-Beschluss interessiere sie nicht, das sei Selbstausbeutung. (Sie waren nicht an jener VV.) Dass der Bauleiter nach diesem Vorfall für eine gewisse Zeit die Nase voll hatte, versteht sich da fast von selbst.

Was ich aber am schlimmsten finde, ist, dass durch dieses aggressive Auftreten einer kleinen Gruppe ein grosser Teil der Leute überfahren wird, weil sie nicht so laut schreien können oder wollen, dass durch dieses schlitzohrige Verhalten die ganze Atmosphäre vergiftet wird.

Schlussendlich läuft das darauf hinaus, dass sich der durchsetzt, der die stärksten Ellbogen hat, der am aggressivsten ausruft, der das grösste Schlitzohr ist – genau wie in der bürgerlichen Gesellschaft!

Und dabei ist gerade die Renovation des AJZ eine Möglichkeit, wo die Leute einmal andere Erfahrungen machen könnten als auf einer normalen Baustelle, wo irgend etwas wie ein Gruppenfeeling entstehen könnte, wo die herkömmlichen hierarchischen Strukturen anders gestaltet und vielleicht teilweise durchbrochen werden könnten, wo positive Erfahrungen und Bewusstseinsprozesse gemacht werden könnten.

Aber so werden die meisten nach einiger Zeit zum Schluss kommen:
Es läuft ja sowieso überall gleich, man kann halt doch nichts machen (!), um nach einiger Zeit enttäuscht auszusteigen. «Ja, ja, als ich jung war, da war ich auch mal autonom, aber das lief dort genauso – jetzt habe ich meine Familie und andere Probleme.»

Die Achtziger Bewegung in Dokumenten

Von allen diesen Problemen spürte man an den letzten VV's kaum etwas. Das sind unsere lieben, kleinen Tabus, die niemand anzusprechen wagt. Selbstkritik ist Ketzerei, und Ketzer gehören aufgehängt, mindestens verbal.

Noch was zum Argument, jetzt lassen wir mal diese Million durch und fordern die nächste.

Das ganze Renovationsprogramm wurde nach bürgerlichen Massstäben kalkuliert, also zu den gängigen Auftragsstundenlöhnen von 40–50 Stutz pro Stunde. Wenn wir diese Million nun durch haben, wird die Stadt natürlich überprüfen, was aus dem Geld gemacht wurde. Dadurch, dass wir nun anstatt 40–50.– nur 15.– (das heisst brutto etwa 20.–) berechnet haben, haben wir einen Spielraum, können also für dieselbe Arbeit doppelt oder dreimal so lange haben wie eine kommerzielle Firma. So wie die Renoarbeiten aber im Moment laufen, haben wir fünf- bis zehnmal so lange.

Die Mauer bei den WC's kostete etwa 2500 Stutz, eine kommerzielle Bude hätte für dasselbe aber nur etwa 500 verrechnet.

Die Stadt wird das natürlich gross ausschlachten und als Beweis verwenden, dass ein autonomes Jugendhaus eben nicht funktionieren kann. Wir werden ganz bestimmt das Argument zu hören bekommen, dass es sich die Politiker nicht leisten können, weitere Steuergelder in ein Fass ohne Boden zu werfen … Dass das für den Stadtrat ein gefundenes Fressen sein wird, kann sich jeder ausmalen.

Aber stören kann mich das eigentlich nicht sonderlich. Das werden sie immer sagen, solange aus dem AJZ noch kein Drahtschmidli geworden ist.

Mein Problem liegt nicht darin, dass ich den Kids die schönen Tage und der Beiz die rosarote Marmortheke nicht gönnen mag. Ein bisschen chaotisch werden wir ja immer bleiben. Mein Problem liegt darin, dass es mich anscheisst, wenn im AJZ nur noch Leerläufe passieren, wenn wir mit dieser Million nicht so viel renovieren können, wie wir brauchen, damit die notwendigen Infrastrukturen vorhanden sind, dass ein Betrieb überhaupt laufen kann.

Unser Ziel als Kulturgruppe ist es, dass ein gutes Gruppenfeeling entsteht und dass die Leute positive Erfahrungen machen können. Damit wir aber z.B. was Aufgestelltes machen können, brauchen wir eine Bühne, einen abschliessbaren Raum und Lichtanlagen.

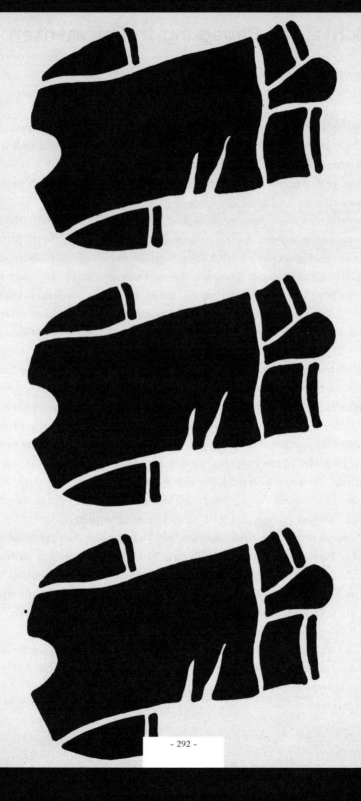

Die Achtziger Bewegung in Dokumenten

Den anderen AG's wird es wohl ganz ähnlich ergehen. Wenn wir aber nichts unternehmen, haben wir so etwa in den Sommerferien keinen Stutz mehr, und wenn's hoch kommt, sind dann etwa 20–30 % der Infrastruktur da, die wir benötigen.

In der Zwischenzeit wird aber auch die Hängerscene immer erdrückender werden, und dann können wir wirklich all unsere schönen Träume von all unseren schönen Inhalten, die wir im AJZ hätten verwirklichen wollen, ganz und gar vergessen.

Ich habe schon jetzt den Horror vor dem Gehustle und der Anmache an der ersten VV nach Erscheinen dieser Zeitung. Ich habe mir überlegt, ob ich die ganze Sache nicht besser in eine schön allgemeine Form verpacken solle, damit sich niemand angegriffen fühlt.

Ich hab's nicht gemacht, weil genau das auf dieselbe Selbstzensur herauslaufen würde, die wir der bürgerlichen Presse immer vorwerfen.

Ich hoffe, dass auch die Kids oder die Leute vom Spunten nun nicht völlig ausflippen und mir persönliche Rache schwören (ich möchte nicht gelyncht werden), weil ich sie als Beispiele genommen habe.

Ziel dieses Artikels ist weder jemanden anzumachen, noch jemanden als Person zu denunzieren.

Ich wollte endlich diese Verlogenheit und Tabuisierung durchbrechen, Püffer unter uns aufgreifen und angreifen, nicht um jemanden zu verurteilen oder die Schuldfrage zu «klären», sondern um ein offenes, produktives und ehrliches Chaos in unseren Köpfen anzuzetteln.

PS: Im Moment sieht es so aus, als ob sich in der Renogruppe einiges gebessert hätte. Es sind z.T. neue Leute dazugekommen und andere gegangen. Es wurden auch vermehrt AG's gebildet, was die Koordination erleichtert. Da es in diesem Artikel aber um eine allgemeine Problematik geht, drucken wir ihn trotzdem ab.

Hans Frick
Die blaue Stunde

Roman — Fischer

HURRANIA

uni 81
1.50

...astag, 27.6. 14.00 Uhr
Winterthur HB

DEMO:
W81
...RHINDERN

Waffenbonzen eins in die Fresse,
ganz gewaltlos & sachlich

Privat

AG Renovation, AG Beiz u.a. (Hrsg.). Speisewagengesellschaft. Die Zeitung von vis-à-vis. Zürich, 1981.

Verschiedene Gründe zwingen mich dazu, mich mit meiner verlorengegangenen Beziehung zur Bewegung und zum AJZ auseinanderzusetzen. Während der Zeit der Demo-Hochkonjunktur in Zürichs Strassen war es relativ einfach, meinen Teil zur Bewegung beizutragen. Ich wusste, was zu tun war: meine Gefühle und Aggressionen auf der Strasse manifestieren. Doch jetzt, da die Demos teilweise zu Alibi-Übungen ausarten, was bleibt? Ein AJZ, in dem eine Stimmung herrscht, die mich oft zurückschlägt. VV's, die mich mehr als nur langweilen: Man referiert Stunden über dasselbe Thema wie irgendwelche bürgerlichen Interessengemeinschaften und die Turnvereine von Nieder- und Obergösgen: den Stutz. Was da sonst noch betratscht wird, ist immer derselbe alte Kaffee, der sporadisch aufgewärmt und dadurch auch nicht besser wird.

Dass sich verschiedenste Gruppen gebildet haben, ist unbestritten notwendig. Was mir jedoch einen Dämpfer aufsetzt, ist die Tatsache, dass sich diese Gruppen nach aussen verschliessen und dass diejenigen, welche sich auch engagieren wollen, nicht etwa spontan aufgenommen werden, sondern das – echte oder hochgezüchtete? – Gruppen-Zusammengehörigkeitsgefühl unangenehm zu spüren bekommen. Ich bin eine Aussenseiterin. Ich sehe hier dieselben Schemen ablaufen wie in der, ach so verpönten, bürgerlichen Gesellschaft: Bevor ich in der Gruppe XYZ akzeptiert werde und mich auch einigermassen wohl fühlen kann, muss ich zuerst etwelche Hemmschwellen und Aussenseiter-Gefühle überwinden. Dazu kommt, dass die Leute, welche in verschiedenen Gruppen – und dadurch auch an vielen Sitzungen – dabei sind, über mehr Informationen verfügen, die sie aber teilweise nur mühsam und sich zierend «preisgeben». Wer weiss, die eigene Machtstellung könnte ja angekratzt werden. Ich empfinde diese Szene und die darin ablaufenden Spielchen als elitär. Ich spüre kein Vertrauen, im Gegenteil. Doch ist es leider eine alte Tatsache, dass sich Minderheiten paradoxerweise nicht zusammenschliessen, sondern sich gegenseitig kaputtmachen. Der Riese, den man eigentlich bekämpfen will, braucht nichts zum Untergang

Die Achtziger Bewegung in Dokumenten

dieser Minderheiten beizutragen; er kann bequem im Lehnstuhl sitzen und grinsend zuschauen, wie sich seine Gegner, die zwar ideologisch und individuell verschieden sind, aber dasselbe Ziel haben – sich gegenseitig das Leben bis zur Zermürbung schwermachen.

Ich will mich nicht von der katastrophalen Stimmung, die über dem AJZ schwebt, vertreiben lassen, ich will auch nicht beliebig viele Machtspiele mitmachen. Ich will und kann meinen nicht vorhandenen Schwanz nicht einziehen vor denselben Leuten, die mit mir auf der Strasse waren und mit denselben Ängsten gekämpft haben. Ich verlange auch nicht, dass sich die Aktiveren, vielleicht Selbstbewussteren, mit ihren Ideen und Aktivitäten zurückhalten, um mir mehr Raum zu lassen. Ich erwarte aber, dass die Gruppen ihr elitäres Denken zurückschrauben und sich mehr öffnen und jene mehr einbeziehen, deren Mundwerk nicht gut geschmiert ist oder deren Ellbogen schon anderswo abgenutzt wurden.

extrem

nur 50. Rp

(acht) *Zürcher Nachtanzeiger* 28. Juli 81

Strassenmusiker an die Westtangente!

Als es gestern Abend zu regnen aufhörte und sich ein fahler Mond am nächtigen Zürcher Himmel auftat wagten sich auch drei Zürcher Strassenmusikanten auf die Gasse. An der Züri-Bar Ecke im Niederdorf packten sie ihre Instrumente aus und gaben den Vorübergehenden und Umherstehenden ein Ständchen. Plötzlich öffneten sich im dritten Stock zwei Fenster und die Musikanten wurden mit Flaschenwürfen bedacht. Es ist dies eine weitere Provokation und Belästigung für das Strassenleben in der Zürcher Altstadt.

Seit Monaten nun geben einige doch so geplagte Bewohner des Niederdorfs keine Ruhe mehr: Anzeigen bei der Polizei, Leserbriefe, Communiques zu Handen der Presse sollen dem Leben in den Strassen den Garaus machen und der Altstadt die Ruhe geben, die der Zürichichberg eh schon hat. Sollen doch die Vergnügungs-

suchenden aus dem Grünen die Musiker zu sich kommen lassen, liessen sie letzthin in "Tagesanzeiger" verlautbaren. Der "Nachtanzeiger" macht nun einen konkreten Vorschlag: Musikanten macht Euch auf und spielt an der Rosengartenstrasse (Westtangente). Mit ihren vier Spuren ist diese sowieso viel besser geeignet für Euer Vorhaben als die enge Niederdorfstrasse. Zudem können alle Musikbegeisterten aus dem Grünen bequem mit dem Auto anfahren. Für alle Anwohner die in Ruhe schlafen wollen sorgen zudem die bereits installierten dreifachverglasten Lärmschutzfenster.

Sollten die Musikanten allerdings nicht willens sein, unserem Vorschlag zu folgen gäbe es allenfalls auch noch eine andere Lösung für das leidige Problem: Die geplagten Niederdorfbewohner könnten ihre Wohnung mit den Familien an der Westtangente abtauschen.

etter

onnig
warm!

zeiger von der Wirklichkeit

remde Sitten, fremde Bräuche

ans A.Traber, Tierfreund
weizer Fernsehen dem verehrten
s die (neu)artigen Tierlein
" und "Punk" in einer Direkt-
 aus dem Biotop des Zürcher
rstellte war natürlich ein
es sich für einmal nicht ver-
nsere liebe Leserschaft mit
"Zeitungsente" oder einem
hund" - wie wir das unter
isten nennen - zu beglücken.
tz dagegen sind die "Herbst-
en 81" mit denen der Berner
 Verlag sein Programm er-
. Wer kennt sie nicht, die
ssanten Büchelchen über Natur,
ie, fremde Völker, wilde
nd andere wissenswerten
Neben so vielversprechenden
wie "Die Wälder der Erde",
nstrumente im Sinfonieor-
","Aquariumfische" oder etwa
ierungslaufen - Jogging mit
n" wartet er nun mit dem
narchie ist machbar Frau
 - Jugendkrawalle" auf. Die-
 die Fachwelt doch eher
ungewöhnlich mutigen und nota
ussergewöhnlich mutigen (die
chritt lässt der renommierte
vom Autor des Buches, Marcel
 selbst so begründen: "Wich-
 das Buch scheint mir zu
ass ich mit Leuten aus der
 Welt zu tun hatte, vor allem
t solchen aus aussereuropä-
Kulturkreisen - mit Mohamme-
, Hindus und der eigenen pe-
chen Verwandtschaft und Be-
chaft (mit viel Indianerblut).

F i l m

FLYING HIGH, Blödelstück über ein havariertes Fligzeug (Apollo Studio)

AGUIRRE DER ZORN GOTTES mit K Kinski als wilder Eroberer (Frosch Studio)

LE RETOUR D'AFRIQUE von Alain Tanner im Rahmen der Retrospektive (Walche)

DER GLOECKNER VON NOTRE-DAME Romantische Schauermärchen als Filmklassiker (Studio 4)

S h o w

CLONNEY im Rote Ziegel spielt man Irish Folk (Rote Fabrik, 20

Varieté-Zirkus ALADIN am Zürich horn (20h15)

T V

22.05 MOURIR D'AIMER Liebesgeschichte zwischen einer reifen Frau und einem Jugendlichen, di traurig endet (ZDF)

21.15 CH-INTERNATIONAL über Wal und seinen Prinzen (SRG)

R a d i

19.30 De Jugendhuusleiter. Dialekthörspiel von Jürgmeier (DRS

M e n u

Heute abend im Restaurant Rech
berg am Predigerplatz:
Hühnerbouillon mit Fideli
Schweinskotlett mit Kräuterbutt
Pommes frites, Gedämpfte Tomat
oder
Zürcher Geschnetzeltes
Nüdeli, Gemischter Salat

pervers

Nr. 5 Zürcher Nachtanzeiger -.50

Abgestellt

vier des Zürcher Nachtanzeiger ist gestern nicht erschienen. Nachtanzeiger: Verwunderung im bestätigte Ahnungen in der Brust bei den Sammlern. Der Konsum stieg sprungshaft an (ar als letzter Trost), die gen wieder ziellos rum htanzeiger-Verkäufer, der Abend auflockert), vor büros bildeten sich heute hlangen (es gibt keinen noch dazubleiben).

s ist ssiert?

orgen, Nachtanzeiger-. Zwei Leute vor Schreib-. (in Zahlen:2). Eine ige, zwei Artikel.
Wir haben nichts, rein gar . Berta: "Doch, das da." "Aber so einen gugus können nicht bringen." Berta auch." Alfons: "Man sollte emotionelles bringen, ganz Gefühl her, stark gesobrie-ta: "Bringet du das fertig?" . "Ich weiss doch nicht." lau ich mach mal den Tages-

den später, gleiche Situa-oben, plus ein Tagessteller. Gespräch, dann Alfons: machen sie heute nicht." an Carl, der zuhause mit. Carl bleibt dabei: "Doch " machen sie. Ich hab noch en. Bis zwölf Uhr beim Tschau." Also gut. Wir h den Börsenbericht rein. Uhr, in der Druckerei. Kein n Uhr, kein Mensch. Um nach eins der erste, um , der zweite. In einer Stun-t eine Zeitung leiauten,

in der nichts drinsteht?

Heute abend gibt es Nachtanzeiger-entzug.

Und jetzt?

Heute sind wir wieder drei in der Redaktion. Und vielleicht drei um zwölf im Umbruch. Und vielleicht sechs beim Verkaufen. Ja, aber... all die Leute, mit denen wir schon über die Zeitung geredet haben.

He!
Jan, Christina, grosser schöner Schwarzer aus dem Kontiki, Hannes, Andy, kleine blonde Comixzeichnerin, Ruth, Matthias, Martin

kommt Ihr jetzt mal vorbei? Macht Ihr mal mit? Und Ihr alle andern, mit einer fixen Idee, mit einem klaren Gedanken, mit einem Puff in der Bire, mit dem totalen Ueber-blick, mit einem starken Gefühl im Herzen: schreibt Artikel, erzählt Träume, macht Berichte, schickt Tagebücher, klebt Collagen, zeichnet Comix, malt Bilder. Schickt Kleininserate, wenn Ihr Mitfahrgelegenheiten, Kontakte, Jobs, etc. sucht, wenn Ihr was mitteilen, verkaufen, tauschen wollt. Verkauft mal einen Stoss Nachtanzeiger bei einem Abendspaziergang durch die Stadt. Wer darauf angewiesen ist, kann dabei auch was verdienen.

1899 Ruhige Zeiten - Markt an der oberen Bahnhofstrasse in Zürich

SHOW:

19.30 Uhr — Protestversammlung im Weissen Saal des Volkshauses gegen Entlassungen - für gewerkschaftliche Rechte in Betrieb im Tagi und Jean Frey AG

20.15 Uhr ZIRKUS ALADIN (Zürihorn)

20.30 Uhr ENTLASSEN (Stock-Theater) alle Jahre wieder ein Stück zur Sommerszeit von Ziegler

20.Uhr FUSION BAND (Bazillus) na, dann wollen wir mal fusionieren.

RADIO

DRS I 20.30 SPRECHSTUNDE Es geht ums reklamieren und dem ganzen Drum und Dran.

TELEVISION

DRS 22 Uhr DER SCHOCK DER MODERNE lasst euch heute Abend am Kasten schocken mit "Landschaften der Lust"

ARD 22.05 Uhr LETZTE LIEBE wer es lieber mit einer merkwürdigen düsteren Geschichte zu tun hat, mit Angela Winkler.

KINO:

9 Uhr TAXI ZUM KLO (Movie 1) auch sehenswert für all jene, die sich so überhaupt nicht vorstellen können, was 2 Männer miteinander im Bett machen.

9 Uhr EXCALIBUR (Corso 3) die scheusslich-grauenhafte Geschichte von König Arturs Schwert und seiner Tafelrunde. Mit unheimlich viel Tomatensauce angereichert.

9 Uhr LA SALAMANDRE (Walche) "Si vous me donnez vo tre no. de téléphone, je vous donne le mien."

8.45 Uhr DER GLÖCKNER VON NOTRE DAME Der schöne, grausige Quasimodo und seine Horrorgeschicht

9.30 Uhr DEPRISA, DEPRISA (Movie 2) der wichtigste und wahrste von Carlos Saura, und grad für die Zürcher Jugend.

Blick präsentiert
Bob Dylan IN CONCERT
g, 23. Juli 1981, 20.00 Uhr

Tribüne Block D
Reihe 19
Platz 16

Sporthalle St. Jakob Basel
Donnerstag, 23. Juli 1981, 20.00 Uhr

Fr. 35.-

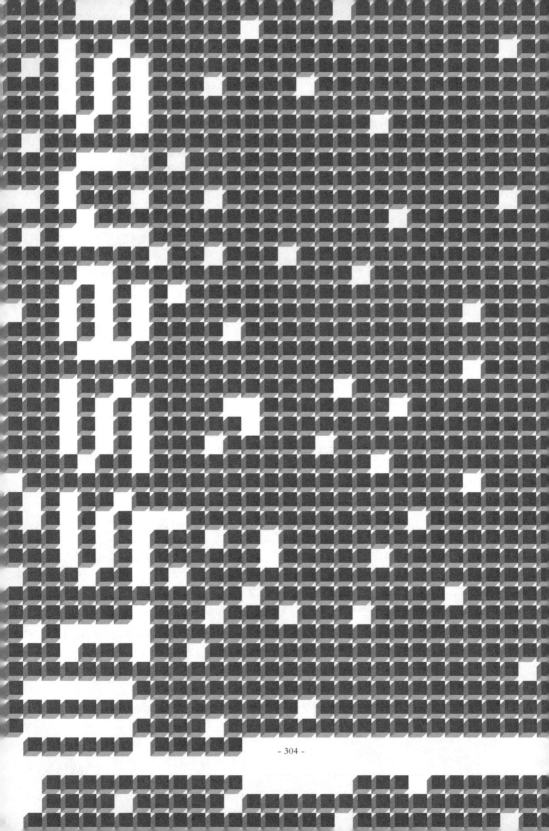

Wissenschaftliche Beiträge

Bewegte Bilder

Die Achtziger

Wir wollen die ganze Stadt!

Die Massaker von 1932

Unangemessene Wünsche und männerfreie Zonen

WO WO WONIGE!

Dienst der Versöhnung

Vom unerreichbaren Ort des unerreichbaren Glücks

Bewegte Bilder – Eine Art Einleitung

«Bewegte Bilder – eine Art Einleitung» ist Teil einer Studie über die Zürcher Bewegung, die der Autor 1984 im Campus Verlag publizierte (Kriesi 1984) und mittlerweile zum Klassiker über die Achtziger Jugendunruhen in Zürich geworden ist. Der Abdruck des Textes erfolgte mit freundlicher Genehmigung des Autors und des Campus Verlags. Wie Hanspeter Kriesi die Zürcher Bewegung zwanzig Jahre danach einschätzt, vgl. dazu: Kriesi, Hanspeter. Warum brannte Zürich so heftig?, S. 225 in diesem Buch.

Hanspeter Kriesi[*]

«Alles, was Menschen in Bewegung setzt, muss durch ihren Kopf hindurch, aber wie das geschieht, hängt sehr von den Umständen ab.» *Friedrich Engels*

Die Zürcher Ereignisse der Jahre 1980–1982 haben viele Interpreten gefunden. Einleitend versuche ich, idealtypische Bilder, welche sich diese Interpreten von der Bewegung, ihrem Verhältnis zur schweizerischen Gesellschaft, ihren Zielen und Mitteln gemacht haben, anhand ihrer Texte herauszuarbeiten. Um die Bilder möglichst plastisch werden zu lassen, habe ich dazu besonders prägnante Aussagen aus den verschiedenen Texten herausgenommen und zu einer Collage zusammengesetzt. Dadurch mögen die einzelnen Aussagen im neuen Kontext zum Teil überzogener erscheinen, als sie ursprünglich gemeint waren. Der Vorteil dieser Technik ist jedoch, dass die entstehenden idealtypischen Bilder die Grundzüge der einzelnen Argumentationslinien sichtbar machen und die enormen Unterschiede in den Sichtweisen der verschiedenen Interpreten an den Tag bringen.

Dies kann von Nutzen sein, wenn man sich an die vielen Aufforderungen zum Gespräch, zum «echten» Gespräch, zum Dialog und zum «echten» Dialog in Erinnerung ruft, die im Zusammenhang mit der «Verarbeitung» dieser Ereignisse gefallen sind. Es wird so auch besser möglich, die gemeinsamen Grenzen und allenfalls den gemeinsamen Nenner der verschiedenen Sichtweisen zu identifizieren. Darauf werde ich in der zusammenfassenden Diskussion zu sprechen kommen. Zunächst versuche ich aber, drei Typen von Bildern zusammenzusetzen:

Wissenschaftliche Beiträge

Bilder – aus der Bewegung,
– von verständnisvollen Sympathisanten,
– von verständnislosen Gegnern.

Keine der drei betrachteten Gruppen lässt sich klar abgrenzen und keine ist intern homogen zusammengesetzt. Die im folgenden beschriebenen Bilder sind deshalb nur als Varianten von typischen Sichtweisen in diesen drei Kreisen zu verstehen. In jedem der drei Kreise wurde zudem eine sehr grosse Zahl von Interpretationen produziert. Die folgenden Collagen basieren auf einer mehr oder weniger informierten Auswahl schriftlicher Produkte aus diesen Kreisen.

Die Art und Weise, wie ich die Bilder zusammengesetzt habe, ist zweifellos geprägt durch meine eigenen Bilder – Bilder eines verständnisvollen Sympathisanten (in dieser Terminologie). Meine Bewertungen werden spätestens bei der Darstellung der Bilder der verständnislosen Gegner offensichtlich.

Bilder aus der Bewegung

Die schweizerische Gesellschaft und die Bewegung

Die herrschenden Verhältnisse in der Schweiz tragen in der Sicht der Bewegung Züge eines geschlossenen Systems, das gemäss einer immanenten Sachzwanglogik funktioniert, normiert und steril, in Routine und Wiederholung des Immer-Gleichen erstarrt. Die schweizerische Gesellschaft erscheint als «Maschinengesellschaft», lebloses Gehäuse, das alles Leben, das sich zu rühren wagt, erstickt:

«... es sind nicht die Menschen, die in dieser Gesellschaft bestimmen, sondern es sind Strukturen, Mechanismen, Sachzwänge, die über die Menschen bestimmen. Die toten Sachen dominieren über die lebendigen, anstatt umgekehrt ...» (Felix, 27, in: Lindt, 1981, S. 127)

«Mein Leben wird gemacht von dieser Stadt ... durch den ganzen Stress jeden Tag ...» (Barbara, 20, in: Lindt, 1981, S. 154)

«Ihr bietet Routinearbeit, immer dieselben Handgriffe, im besten Fall stehen uns genormte Laufbahnen offen.» (Urs, in: TAM 21/1981)

«In der Sauschwiz isch's wie ds Auschwitz.»

Packeis, Grönland in Zürich. Die «Machtmaschinerie des Staates» (Hänny, 1981) ergänzt und vervollkommnet die erstarrte Maschinengesellschaft, die «Maschinen des Kapitals und der Staatlichkeit» (O-the-punk/Redshoe, 1981) werden oft zusammengesehen, es sind «Behörden, Wirtschaftsapparate, Staatsmaschinen», die «Zürich mit einer neuen Eiszeit überziehen» (Niggli, 1980). Die Polizei im Kampfanzug mit Maske und Helm wird zum Symbol für die Anonymität dieser Gesellschafts- und Staatsmaschinerie. Hinter Helm und Maske sind die Menschen nicht mehr erkennbar, werden so zu «Bullen» und zu «Schmier». Kaum mehr erkennbar sind auch die Mächtigen. In Texten älterer Bewegter werden sie noch sichtbar, so etwa, wenn in einer Affiche der Gruppe Luft und Lärm davon die Rede ist, Zürich werde von «Politikern und Spekulanten» zu einer brutalen «Profitmaschine» degradiert. Aber die Anspielungen bleiben vage auch hier. Die eigengesetzliche Maschinerie dominiert das Bild.

Zur Maschinengesellschaft gehört die «schweigende Mehrheit» der Menschen, die «robotermässig funktionieren, wenn sie gebraucht werden, sich sonst aber als gefrorene Leichen stillhalten» (Jürgmeier, 1981, S. 164), gehören die «Werkzeuge und Opfer etwelcher unpersönlicher Funktions- und Sachzwänge» (Marco Camenisch, in: Brechise, Nr. 8). «Die unheimlichen Zukunftsmaschinen wollen den agilen, gesinnungs- und identitätslosen ROBOTER heranzüchten ...» (O-the-punk/Redshoe). Zur Maschinengesellschaft gehört das Funktionieren und Schweigen der Mehrheit.

«Krebsartig breitet sich auch hierzulande das SCHWEIGEN aus, die schweigende Mehrheit, die Implosion der Wünsche und des Willens, das Versickern der Hoffnung und der Leidenschaft nach innen, ins Nichts, das stumme Schreien von verletzten, verwirrten, überforderten und immer mehr eingekerkerten Menschen, die keine Roboter sein wollen, keine Vandalen werden können und keine Bürger mehr sind. Alles ist unendlich langweilig, nichts hat Zukunft, alles ist vorbei, Leerheit als das umfassend Gegenwärtige.» (O-the-punk/Redshoe, 1981, S. 17)

Denise (18jährig) teilt die Gesellschaft «mal in zwei Schichten»,

«die Roboter und die Tiere. Roboter sind programmierte Automaten, Tiere handeln nach Instinkt, Trieb und Gefühl. Ist also sicher besser, ein Tier zu sein als eine Maschine. Roboter sind die ‹andern›: ‹Wir haben unsere Prinzipien, das geht doch nicht, selbst wenn wir wollten, und schliesslich gibt es Gesetze, die für Recht und Ordnung sorgen. Wo kämen wir denn hin, wenn jeder machen würde, was er wollte ... › (und päng wird jemand verurteilt). Ihr Tagesablauf ist für ihr ganzes Leben vorprogrammiert und abgesichert gegen jede Abweichung.» (in: Züfle/Jürgmeier, 1982, S. 131)

Wissenschaftliche Beiträge

Die Bewegung ist nicht unempfindlich gegenüber dem Mitleiden der schweigenden Mehrheit, aber sie nimmt darauf keine Rücksicht:

«... die (schweigende Mehrheit, H.K.) ist mir eigentlich egal ... Natürlich werden die Leute eines Tages aufwachen, wenn sie die Zerstörung am eigenen Leib immer mehr spüren, aber ich erwarte keine Unterstützung von ihnen und ich will sie auch von nichts überzeugen. Ich bin sicher, die schweigende Mehrheit wird allmählich zerfallen, je schärfer die Widersprüche werden. Aber das wird auch nicht viel nützen.» (Max, 35, in: Lindt, 1981, S. 23)

«Wir versuchten früher, die Bevölkerung von unseren Ideen zu überzeugen ... Die Bewegung dagegen schert sich einen Dreck darum, was der Bünzli in der Fabrik denkt, sondern geht radikal von den eigenen Bedürfnissen aus und versucht diese Bedürfnisse auszuleben» (Felix, 27, in: Lindt, 1981, S. 129)

«Der Widerstand muss heute beginnen, wir müssen damit anfangen und es bringt nichts, wenn wir uns darum kümmern, was Hans Meier darüber denkt, fünfzigjähriger Büezer, Familienvater und so, der nun mal in seiner verdammten Rolle festsitzt.» (Richi, 24, in: Lindt, 1981, S. 168)

«Eigentlich müsste ich ihm (dem Büezer, H.K.) sagen, bisch en tumme Siech, wenn er über die Bewegung ausruft, aber ich sage mir, er isch en arme Siech, er weiss es nicht besser.» (Salomon, 22, in: Lindt, 1981, S. 68)

Die Bewegung sagt der «abgrundtiefen reaktionären Sau, die naturgemäss in jedem Bullen, in jedem Beamten, in jedem integrierten Kleinbürger hockt» (Subito Nr. 3) den Kampf an, nachdem sie erkannt hat, dass es dem organisierten «Bullen/Justiz-Stadtrat/Presse-Apparat» gelungen ist, das «in jedem Bürger vorhandene Psycho-Potential an Zerstörungs-Ambitionen auf ihre Mühle umzupolen». Verachtung und Hass gegen die Schweigenden kommen hoch, je mehr die Bewegung in die Enge getrieben wird:

«... statt dass sie hingehört hätten, schrien jene friedlichen Bürger, die vor dem Fernsehen dahindämmernd, ihre Angst nicht einzugestehen wagen und sich lieber in pelzige Sattheit verkriechen, angesichts ein paar zerschlagener Schaufenster plötzlich auf, als ob jeder einzelne von ihnen tief getroffen worden wäre, ihre Haut nicht mehr spürend ist ihnen die Spiegelung fremder Geschäfte und nobler Cafes teurer Ersatz geworden, zu schützende Hülle.» (Hänny, 1981, S. 141)

Die Bewegung setzt sich und grenzt sich vor allem von diesen «Bieder- und Sau(ber)männern und -frauen» (Subito Nr. 3) ab. Sie karikiert und verulkt die «Müllers», hält ihnen damit einen unerträglichen Spiegel vor (die «Müller»-Show als brillante Abrechnung mit dem «Füdlibürger»). Für sie ist das Proletariat nicht mehr die mystifizierte Kraft, welche einstmals die Revolution bringen wird. Dafür steht sie selbst dem Proletariat viel zu nahe:

«Dominierend war der eher proletarische bzw. subproletarische Typus jüngeren Alters mit wenig gesicherten Lebenschancen, fehlenden Wohlstands- und Aufstiegsaspirationen, pessimistischen Zukunftserwartungen ... Despektierliche Beziehungen zu Eigentum und Arbeitsethos ... korrespondieren mit der sozialen Lage der Aktivisten». (Angst/Scheiben, 1980)

Weder reine Jugend-, noch reine Kulturbewegung, ist sie – aus der Sicht ihr sehr nahestehender Interpreten – eher «proletarische Bewegung» (Modena, 1981, S. 10). Aber eine proletarische Bewegung, die sich «einen Dreck» um die Ansichten der Bünzlis schert, die auch Büezer sind (man vergleiche dazu den 1. Mai 1981), sondern

«radikal von den eigenen Bedürfnissen» ausgeht. Eine Bewegung von Aussenseitern, die alle Unzufriedenen umfasst, «vom Gassenfreak über Arbeiter zu Punks, von Schülern über Spontis zu Angestellten und Studenten ... Sie besteht aus Leuten, deren Wertsystem nicht im Anhäufen materieller Güter endet.» (Subito Nr. 1)

Aussenseiter, die es in dieser Maschinengesellschaft nicht mehr ausgehalten haben, die nicht mehr schweigen konnten. Aussenseiter, die einem «Hohlspiegel unserer Gesellschaft» gleich, Tendenzen sichtbar gemacht und getan haben, was andere nur träumen oder verdrängen konnten (Jürgmeier, 1981, S. 181). Eine Bewegung von Aussenseitern, die spontan aus dem Schweigen aufgebrochen ist.

«BEWEGUNG, die Ausdruck, besser: die Eruption jahrelang falsch gelebten oder nicht gelebten oder abgemurksten Lebens, jahrelang angestauten Schweinemuts, ein altes Wort für Schwermut, unserer Zeit ist; gleichzeitig aber, weg von fremdgewordenen Vätern und der Sprache dieser Väter, die Suche nach Möglichkeiten zu dessen Überwindung, von der LEIDENSCHAFT DER MITLEIDENDEN GLUT getragener Wille, endlich selber zu leben, statt weiterhin nur gelebt zu werden, ...» (Hänny, 1981, S. 138)

Eine Bewegung aus Leiden an der geschlossenen Gesellschaft geboren:

«Die ganze Bewegung ist nicht einfach Ausdruck von Lebensfreude und so, sie ist viel eher eine Konsequenz daraus, dass wir sagen, eigentlich ist doch alles sinnlos, aber fuck off, versuchen wir damit fertig zu werden, versuchen wir zu leben ... « (Richi, 24, in: Lindt, 1981, S. 179)

«Wir sind die Kulturleichen dieser Stadt.»

«Wir haben genug Grund zum Weinen, auch ohne Euer Tränengas.»

Wissenschaftliche Beiträge

«Ich möchte weinen, doch ich kann bloss kotzen.»

Traurige, verzweifelte Aussenseiter:

«Nur ein Aussenseiter!
Ich bin traurig.
Die anderen sind fröhlich.
Ich weine
Die anderen lachen
Ich schreie
Die anderen flüstern
Ich friere.
Die anderen haben warm.
Ich bin allein.
Die anderen sind zusammen
Aber ich bin ehrlich
und die anderen
sind feige.
Ich sei krank
und die anderen seien gesund,
behaupten die anderen.»
(Silvia, 16.Okt.1979. Aus: Eisbrecher Nr.9)

Zornige Aussenseiter, ohne Illusionen:

«Wir sind der Misthaufen der bürgerlichen Geschichte und das ist gut so, weil Mist einerseits natürlich ist und ohne das würde nichts Neues gedeihen, andererseits aber den biederen Bürgern wegen dem Gestank sehen und hören vergeht.» (Köbi, 20, in: Lindt, 1981, S. 82)

«Wir sind die, vor denen ihr uns gewarnt habt.»

«Die warten nicht, bis wir sie reizen, die reizen wir, weil es uns gibt.» (Subito Nr. 3)

Keine im traditionellen Sinn politische Bewegung, sondern eine Bewegung als «Ausdruck einer bestimmten Lebenseinstellung und Lebensweise», in der die frühere Trennung in Alltagsleben und politisches Engagement weitgehend aufgehoben, Politik und Leben eins geworden sind (Lindt, 1981, S. 9).

Ziele der Bewegung und ihre Mittel

Die Bewegung will Bewegung, damit sich etwas ändert. Ausbrechen aus dem Immer-Gleichen:

«Selber leben, statt weiterhin nur gelebt zu werden.» (Hänny, 1981, S. 138)

«Ich will jetzt leben, und zu neunt in einer Dreizimmerwohnung, das ist ein Hundeleben, der gemeinsame Power, die Solidarität, die Hoffnung auf eine weniger beschissene Zukunft – das ist das Einzige, was uns hier noch zusammenhält, aber das genügt mir nicht, ich will Freiräume.» (Richi, 24, in: Lindt, 1981, S. 176)

«Zuerst kommt bei mir, wie ich leben will, wie ich mich verwirklichen will, denn ich bin mir selbst das wichtigste im Leben.» (Suzanne, 27, in: Lindt, 1981, S. 216)

«Ich will Mensch sein können, das heisst, ich will mich selbst sein können. Denn ich bin in erster Linie ich selbst, Nick, ein Mensch, den es nur einmal auf dieser Welt gibt, wie jeder andere Mensch auch ...» (Nick, 27, in: Lindt, 1981, S. 270 und S. 277)

«... ich habe nicht genug vom Leben, ich habe noch viel zu wenig gelebt.»

«Es geht darum, dass wir akzeptiert werden, dass man uns leben lässt.» (Francesca, 16, in: Lindt, 1981, S. 44)

Selbstbezogenheit, Selbstfindung, Überwindung der Entfremdung von sich selbst in einer total verwalteten Welt, in einer anonymen Maschinengesellschaft – Ziel der Bewegten. Ein Kampf in eigener Sache, als «Ausdruck von Ich-Stärke» (Modena, 1981, S. 11), ein «kollektiver Selbstheilungsprozess». Die Bewegung tritt an gegen das Schweigen, die selbstauferlegte Beschränkung der Wünsche in der schweizerischen Einöde:

«Autonomie heisst auch, was anfangen wollen mit den eigenen Wünschen ... Lachen wir denen frech ins Gesicht, lassen wir die hohen Tiere in ihren Lederpolstern erzittern, feiern wir rauschende Feste, verlieren wir uns in ekstatischen Umarmungen, dass wir uns den Vorwurf, wir leiden, gleich unseren Eltern, an der ewig schweizerischen Blutarmut, nicht mehr länger gefallen lassen müssen.» (Hol' dir den Kuss. Lavabo, Sommer, 1981)

«Sicher, das Meer der Wünsche ist uferlos. Meine Lust ist unersättlich. Alles will ich, und zwar subito. Die Zukunft habt ihr ja schon längst verspielt.» (Urs, in: TAM, 21/81)

Man fürchtet offenbar den Rückfall in die Blutarmut immer noch, und gibt sich um so massloser. Hier und jetzt. Die Zukunft ist ohnehin schwarz. «No future». «Du hast keine Chance, aber nütze sie.» 1984 steht vor der Tür. «Wenn wir jetzt nichts anreissen können, gehen wir unter.» (Eisbrecher Nr. 6) Die Bewegung als Versuch auszubrechen, zu leben, aber auch als – verzweifelter – Versuch, die Entwicklung aufzuhalten, als Versuch, die Fassade, die Illusion zu zerstören, welche die Schweigenden blendet. Ein Kampf «wider die Dekorateure, die unsere Augen trüben und uns die Sinne verwirren»

Wissenschaftliche Beiträge

(Eisbrecher Nr. 4). Schaufenster als Symbol für die «geheimen Verführer». «Es würde mich aufstellen, wenn es so weiterginge und das Einkaufsparadies Zürich endgültig kaputt ginge» (Eisbrecher Nr. 6: Wie man in der Bewegung denkt).

Ziele der Bewegung?

«Ich sehe kein Ziel. Und es muss doch weitergehen.» (Huber's Modeblatt-Fallenstellerinnen, Spätherbst 1981)

Im Sommer 1980 hatte man noch das «Power-Feeling». Selbstbewusst hat man sich geweigert, die akzeptierten Dialog- und Konfliktmuster zurückgewiesen, hat eine eigene Sprache gefunden.

«Wir reden nicht dieselbe Sprache, Verständigung ist unmöglich. Sie dürfen uns ja gar nicht verstehen, es wäre ja das Ende des Staates.» (Stilett)

«Wir ‹Unzufriedenen› sind ‹mächtig› und immer noch tonangebend. Es darf festgestellt werden, dass breite gesellschaftliche Kreise gefühlsmässig hinter uns stehen. Es entspricht einem kolossalen Bedürfnis, wenn die Bahnhofstrasse ‹saniert› wird; es löst dominierendes Entzücken aus, wenn die Fibesta Spekulantenfirma ausgeräuchert wird und Zehntausende warten im Grunde nur darauf, dass der Paradeplatz ‹umgebaut› wird ... Die Leute wollen, dass man die Zentren angreift – und sei es nur symbolischer Art. Noch nie zuvor konnte eine derart krasse Destruktionsfreude beobachtet werden, so nach dem Motto ‹Macht kaputt, was uns kaputt macht›.» (Subito Nr. 3)

Die Bewegung fühlt sich stark und überschätzt sich. Sie ist in jeder Beziehung masslos. Sie hat Gewalt ausgeübt gegen die Maschinengesellschaft, von der sie sich vergewaltigt fühlt. Gewalt gegen Sachen, denn «es waren immer Sachen, die uns jahrelang kaputtgemacht haben» (Eisbrecher Nr. 6). Angesichts der von ihr erfahrenen Gewalt fühlte sie sich berechtigt zur Gewaltanwendung:

«Unsere Gewalt ist eine andere Gewalt ... siehst du, jetzt fehlen mir wieder die Worte, vom Gefühl her weiss ich genau, dass es stimmt, dass unsere Gewalt berechtigt ist ... Gegen Gewalt kannst du nicht mit Worten kämpfen, weil ja unsere Worte gar nicht akzeptiert werden.» (Francesca, 16, in: Lindt, 1981, S. 45)

«Wer von uns wäre nicht gegen Gewalt? Die andere Seite diskutiert nicht über Gewalt, sie übt sie aus und giesst sie in Gesetze.» (Köbi, 20, in: Lindt, 1981, S. 83)

«Es ist eine harmlose Gewalt, die von uns ausgeht, im Vergleich zu der, die vom Staat aus kommt.» (Eisbrecher Nr. 6)

Die Gesellschaft wird als strukturell gewalttätig erfahren:

«Gewalt unterworfen sind die nunmehr 18 Millionen Arbeitslosen in der ‹frei› genannten Welt.»

«Gewalt ist der Bau von Kernkraftwerken in diesem eng besiedelten Land.»

«Gewalt liegt vor, wenn die Hälfte aller Rentner Frühinvalide sind.»

«Gewalt ist das ungeheuer verschärfte Leistungssystem in unseren Schulen, das immer mehr Kinder und Jugendliche in Selbstmord, Verzweiflung, Alkoholismus, Kriminalität und Ächtung treibt.» (Brechise Nr. 6)

Anfänglich, getragen vom Power-Feeling der Bewegung, hat ihre Gewalt fast spielerische Züge, wirkt befreiend. Mit zunehmender Unterdrückung wird ihr Umgang mit Gewalt aber rigider, fixierter auf die unmittelbaren Gegner: Polizei («Schmier») und eventuell noch Stadtrat. Zerstörung von Sachen wird zur Ersatzhandlung, weil man die direkten – vermeintlichen – Gegner nicht treffen kann:

«Direkt gegen die Schmier können wir sie (die Emotionen, H. K.) ja nicht richten, an die kommen wir gar nicht ran – ich habe den ganzen Sommer nie einen Schmier berührt. Die zerbrochenen Scheiben gelten der Schmier und dem Stadtrat – irgendwo müssen wir unsere Wut gegen sie rauslassen, also müssen halt die Schaufenster dafür herhalten, das ist eigentlich logisch.» (Barbara, 20, in: Lindt, 1981, S. 150)

Militanz wird zum Fetisch. Man liebäugelt – «gesprächsweise jedenfalls» – mit dem Terrorismus, solidarisiert sich mit seinen Exponenten (Bobby Sands, IRA, RAF):

«... noch bevor der Terrorismus zu einer politischen Tendenz wird, ist er ein stets vorhandenes Laster der Bewegung, ein Fehler, der immer wieder auftaucht – gesprächsweise jedenfalls,

Wissenschaftliche Beiträge

auch wenn er nicht die Fähigkeit findet, sich in die Praxis umzusetzen (und dann endet er nahezu immer im Heroin).» (Bellini, 1981)

Doch diese Tendenz bleibt nicht unwidersprochen in der Bewegung. Selbstkritische Stimmen melden sich. Schon früh, im Spätsommer 1980, Peter Niggli, immer zahlreichere Stimmen im Frühling und Sommer 1981. Niggli (1981) kritisierte die Militarisierung der Phantasie, die Fixierung auf die Polizei als Gegner, allgemein die diffuse Vorstellung vom Gegner und das unrealistische «Power-Feeling», das die zunehmende eigene Isolierung nicht wahrhaben wollte. Kamikaze One wandte sich im Frühling 1981 gegen die Militanz als reinem Selbstzweck, und gegen die inquisitorische Verfolgung von Ketzern in der Bewegung («Ketzer gehören aufgehängt, mindestens verbal»). In einem letzten Aufschrei erkennen einige im Sommer 1981, dass die Maschinengesellschaft sie wieder eingeholt hat:

«Bürgerlich waren nicht nur die Alki-Stände, bürgerlich sind auch wir in unserer moralischen Keimfreiheit, bürgerlich sind wir mit unseren Führungs- und Machtgelüsten, mit unserem Institutionalisierungs- und Verstaatlichungswahn. Und bürgerlich sind wir u. a. dann, wenn wir uns zu inquisitorischen Sittenrichtern aufplustern, zur fanatischen Justizbehörde, zur strafenden Staatsgewalt, wenn wir uns zu pingeligen Racheakten und Vergeltungsschlägen hinreissen lassen ...» (Flugblatt: Kristallnacht im AJZ)

«Nichts ist anders, alles steht still ... Die selben leblosen Gesichter, die gleiche Beziehungs- und Rücksichtslosigkeit untereinander ... Sperrt Augen, Ohren, Nasen und Herzen auf, realisiert endlich, was hier abläuft und BEWEGT euch, damit sich was verändert!!!» (Flugblatt: Auto-nonie?)

«Wer A sagt, muss auch A machen.»

Bilder der verständnisvollen Sympathisanten

Die verständnisvollen Sympathisanten versuchen, den Ausbruch der Bewegung in ihren eigenen Worten, in ihrer eigenen Gedankenwelt nachzuvollziehen. Sie treffen die Stimmungslage innerhalb der Bewegung oft ziemlich genau – und das verwundert keineswegs, sind doch die Grenzen zwischen den Bewegten und ihren Sympathisanten sehr fliessend. Oft ist es schwierig, einen Interpreten der Bewegung oder ihrem Sympathisantenkreis zuzuordnen. Verschiedene Interpreten bewegen sich leichtfüssig vom einen zum andern Kreis.

Die schweizerische Gesellschaft und die Bewegung

Genauso wie die Bilder, welche sich die Bewegten von sich selber machen, auf die Bilder, die sie von der schweizerischen Gesellschaft haben, verweisen, so sind auch die Bilder der verständnisvollen Sympathisanten von der Bewegung auf ihre Bilder von der schweizerischen Gesellschaft bezogen – und umgekehrt. Aus ihrer Sichtweise haben die Bewegten sichtbar gemacht, was offiziell verdrängt und verhüllt worden ist, haben – einem Seismographen gleich – das unterirdische Rumoren und Beben angezeigt, stellvertretend für die Schweigenden gesprochen.

Aus der Sicht der Sympathisanten bilden die Bewegten nicht nur einen «Gradmesser für die seelische Not der jungen Generation», sondern für die «Not der Gesellschaft» überhaupt (Mattmüller, 1980), denn «die meisten Probleme der Jugendlichen sind im Grunde genommen die Probleme von uns allen» (Stichworte, 1981). Es sind «unsere Ängste, ... die die Jugendlichen umtreiben» (Haesler, 1981). Den Hintergrund der Jugendproteste bildet ein «verbreitetes Malaise» (Ribi, 1980), die tiefgreifende Krise, in der sich unsere Gesellschaft heute befindet (Bopp, 1981; Hollstein, 1981a). Diese Krise wird in erster Linie als «Kulturkrise» gesehen. Man diagnostiziert eine «Kulturkrise der nachindustriellen Zivilisation» (Pro Juventute, 1980), in welcher die bürgerliche Gesellschaft «ihren Vorrat an konstruktiven Ideen aufgebraucht zu haben» scheint (Hollstein, 1981a). Säkulare Prozesse der Entideologisierung und Entpolitisierung sowie der allgemeinen Relativierung bürgerlicher Normen und Werte werden identifiziert; als Folge dieser Prozesse hätten die Ideologien als geschlossene Symbolsysteme ihre Bedeutung verloren und die mit ihnen verknüpften konventionellen Normen und Werte hätten im Alltagsleben an Überzeugungskraft eingebüsst (Angst/Scheiben). Die Zürcher Ereignisse werden deshalb nicht als «Zürcher» und auch nicht als reines «Jugend-Phänomen» gesehen, sondern als Folge der «Unruhe über zunehmende Kälte aus dem Innern der technischen Zivilisation» (Muschg, 1981a): «In Zürich ist nur die Spitze des Eisbergs sichtbar geworden, der ganz andere, wahrhaft kulturelle Dimensionen hat.»

Die Krise wird von vielen unterschwellig gespürt, aber – so meinen die Verständnisvollen – von den meisten verdrängt. Man will nicht wahrhaben, was passiert: Die Schweizer tragen Sorge zur Idylle, zur Legende, deren Zusammenbruch sie wie nichts anderes fürchten (Bichsel, 1981): Ein «Land von Unschuldigen», wo die «Unschuld

Wissenschaftliche Beiträge

institutionalisiert» worden ist, wo man sich keine «Rechenschaft über Veränderungen» gibt und geben will. Bichsel vermutet noch, dass die Schweizer die Unschuldigen nicht etwa «mit perfider Genialität», sondern «mit Überzeugung» spielten. Die selbstgerechte Überzeugung von der eigenen Unschuld kann allerdings, so scheint es, nur noch um den Preis immer massiverer Verdrängungsleistungen aufrechterhalten werden, denn irgendwo ahnt «man» doch, dass es so idyllisch hierzulande nicht ist. Dieses Verdrängungsgeschäft betreibt denn auch die offizielle Politik, die versucht, den «ungetrübten Harmoniehimmel» (Amendt, 1980) zu sichern (Wirth, 1981; Richter, 1981). Interessengegensätze werden von ihr rundweg geleugnet:

«Dieses Sauberkeitsbedürfnis, dieser zwanghafte Drang nach hygienischer Politik und politischer Hygiene leugnet rundweg die Existenz politischer und sozialer Interessengegensätze.» (Amendt, 1980, S. 18)

Man betreibt «Pseudooptimismus» (Frey, 1980) und greift auch zu schlichter Unterdrückung. Die soziale Kontrolle in dieser rigiden Gesellschaft ist total – und oft genug brutal (Stumm, 1980). «In der Schweiz kann jeder sagen, was er will, aber er muss die wirtschaftlichen Folgen tragen können» (Der Schriftsteller Jörg Steiner, 1969). Pluralismus und Toleranz in diesem Land sind Schein, der Druck ist echt (Eidgenössische Kommission für Jugendfragen, 1980, S. 15). Der Druck führt nur zu oft zur Selbstzerstörung von Individuen (Mars, Heroin). Noch häufiger aber zu Resignation, Privatismus, Stillschweigen. Die Verständnisvollen sehen, wie die Bewegten selbst, einen Zusammenhang zwischen dem Schweigen der Mehrheit und dem Aufschrei der «radikalen Minderheit» (Eidgenössische Kommission für Jugendfragen). Für einmal haben hier, aus ihrer Sicht, die offiziellen Verdrängungsmechanismen nicht gegriffen (Muschg). Eine «radikale Minderheit» ist zum Bewusstsein ihrer selbst gelangt (Stumm), hat eine eigene Sprache gefunden (Eidgenössische Kommission für Jugendfragen), «ehrliche, ausdrucksstarke Bonmots» (Weibel, 1981), «ein Stammeln, aber voller Leben» (Hänny). Eine eigene Sprache, die ein anderes, eigenes Lebensgefühl ausdrückt (Hurwitz, 1980a). Die Minderheit spricht ihre eigene Sprache und verweigert sich den akzeptierten Dialog- und Konfliktmustern, für die sie nichts als Verachtung übrig hat. «Kaum einer der Politiker», so meint ein verständnisvoller Beobachter der Szene in der BRD (Bahr, 1981), «scheint das Ausmass der Verachtung zu ahnen, das ihnen von den Jüngeren entgegengebracht wird.» Er diagnostiziert nicht «Staatsverdrossenheit», sondern «Funktionärsverachtung».

In der Verweigerung drücken sich aber auch die Ohnmachtsgefühle der Jugend aus, das allgemeine Gefühl, vergewaltigt zu werden (Hurwitz, 1980a). Das Leiden am Packeis gibt diesem allgemeinen Lebensgefühl der Bewegten auch etwas Depressives. Sie sind oft Desperados, die nichts mehr zu verlieren haben (Hurwitz, 1980), traurige Clowns. «Was bleibt», meint Muschg (1981), «ist das Pathos der Geschädigten, die auch das grüne Leben (Körnerfressen genannt) verweigern.»

Ziele der Bewegung und ihre Mittel

Aus der Sicht der Sympathisanten ist es eine allgemeine Zukunftsangst, die von den Bewegten artikuliert wird. Zukunftslosigkeit als treibendes Motiv (Bahr). «Eine Jugend ohne Zukunft» (Eggimann, 1981). Verschwunden ist der Optimismus der Nachkriegszeit (Frey). Vergangenheitsbewältigung ist nicht mehr Thema, sondern eine düstere Zukunft. Für die verständnisvollen Interpreten hat diese Zukunftsangst einen realen Kern. Die jugendlichen Ängste widerspiegeln reale Probleme, sind mindestens teilweise Realängste, die von namhaften Expertengremien (z. B. Global 2000) geteilt werden (Richter).

«Die jugendlichen Ängste drücken aus, was die Gesellschaft verdrängt. Sie sind ein Seismograph, der gegenwärtige Missstände und zukünftige Gefährdung anzeigt. Indem jugendliche Protestler sich offen mit ihrer Realangst auseinandersetzen, gelingt ihnen eher eine Angstbewältigung als jenen Politikern, die ihre Ängste durch Schönfärberei, Stammtischparolen und platte Beschwichtigungsversuche vor sich selbst und vor der Öffentlichkeit unter den Teppich kehren. Politisch gefährlich sind nicht die jugendlichen Versuche der Angstbewältigung, sondern die Angstverleugnung bei der Mehrzahl der Politiker und bei grossen Teilen der Öffentlichkeit.» (Bopp, 1981, S. 160)

«Unsere Zukunft ist nicht von randalierenden Jugendlichen gefährdet, sondern von Krankheitserscheinungen unserer Gesellschaft, die Jugendliche zur Auflehnung veranlassen.» (Eidgenössische Kommission für Jugendfragen, 1980, S. 31f.)

Die Gewalt der Bewegten wird von verständnisvollen Interpreten oft als Ausdruck der Verzweiflung in einer geschlossenen, zukunftslosen Gesellschaft gesehen: Sie ist «Indikator für die Tiefe der Verzweiflung» (Hurwitz, 1980), «Ausdruck einer verzweifelten

Wissenschaftliche Beiträge

Situation und einer bedrängten Gefühlslage», «für viele die wirksamste und radikalste Gegensprache» (Eidgenössische Kommission für Jugendfragen). Verzweiflung auch ob der täglich selbst erfahrenen Gewalt. Gewalt der Jugend als «Reproduktion der täglich erfahrenen Gewalt» (Rentsch).

«Lebensgeschichte und Äusserungen gewalttätiger Jugendlicher zeigen, dass sie, und zwar als Opfer, in besonderem Mass Gewalt erlebt und dabei erfahren haben, dass man damit etwas erreicht.» (Eidgenössische Kommission für Jugendfragen, 1980, S. 17)

Man hat Angst in der Bewegung. Aber man wehrt sich. Mit dem «Mut der Verzweiflung» (Gschwend, 1981) und mit «Galgenhumor» (Bopp): «In einer Situation, die nicht zum Lachen ist, bilden sie (die Bewegten, H.K.) die Wirklichkeit bisweilen noch so ab, dass man über sie lachen kann.» In der Bewegung lebt auch ein ausgeprägter Humor, Sprachwitz und spielerischer Einfallsreichtum, der oft verwirrt. Bahr: «Die Jüngeren gehen heute weitgehend ironisch mit der Realität um, witzig, ohne die Larmoyanz der Vielbeschäftigten.» Ein Fehlschluss, so Bopp, wäre es allerdings, wenn man deshalb glaubte, die Angst könne nicht so stark sein. Der spielerische Umgang mit der Realität ist auch ein Ausdruck davon, dass man mit dieser Realität nichts mehr zu tun hat oder aber noch nichts zu tun hat. Dass man die wirtschaftlichen Folgen seiner Sprache und seines Tuns wieder bzw. noch tragen kann (Stumm). Diese Realität ist nicht mehr oder noch nicht (wird es auch nie sein) die Realität der Ohnmächtigen.

Zur Zukunftsangst gehört auch ein «kämpferischer Pragmatismus», «Hier-und jetzt-Denken» (Bopp), Illusionslosigkeit. Es geht nicht mehr um die grosse Utopie, sondern um die aktuelle Praxis, Selbstbestimmung ist das Losungswort, Autonomie (Hollstein), verzweifelte Suche nach Identität (Wirth). Zur Katastrophenstimmung gehört die Verkürzung der Perspektive. Dieser Unterschied zur 1968er Linken wird allenthalben hervorgehoben. Die neue Bewegung wird als a-theoretisch und «rabiat pragmatisch» gesehen (Spengler, 1981): «... im Handeln liegt das Wesen der Dinge». Der eigene Körper wird wiederentdeckt (Bopp), die «Politik des Bauches» (Spengler) zelebriert. Die verständnisvollen Interpreten – selbst oft 1968er – bedauern das zwischen den Zeilen, vermissen die deutlichen Zielsetzungen. Dennoch:

«Die Bewegung mag um eine genaue Bezeichnung ihrer Ziele verlegen sein. Aber sie bezeichnet aufs Schärfste den Ort, wo die Unbewegten stehen, und sie führt vor Augen, dass Bewegungslosigkeit lebensgefährlich geworden ist.» (Muschg, 1981b)

Aus der Sicht dieser Interpreten ist Entlarvung die zentrale Funktion dieser Bewegung. «Eine Gesellschaft wurde hier in Zürich getestet» (Walter, 1980) und sie hat den Test nicht bestanden: Die Bewegung hat «die riesige Distanz zwischen dem, was wir verkünden, und dem, was wir praktizieren» offenkundig gemacht.

Die Entlarvten haben aber – aus der Sicht der Verständnisvollen – noch einmal mit Verdrängung reagiert, die Jugendlichen zu Sündenböcken gestempelt (Hurwitz, Wirth) und den Eisberg geflissentlich übersehen. Zwei Reaktionen sind geläufig:

Die eine: Angst vor dem Konflikt, Unfähigkeit oder Unwille, Widerspruch zu akzeptieren, auszuhalten oder Differenzen auszutragen, führen zu einem mehr oder weniger bewussten Totstellreflex ...

Die andere Interpretation: «Die ‹Bewegung› hat mit ihren Aktionen auch in ihren Gegnern den inneren Rebellen geweckt, den diese aber nicht mehr zulassen können und wollen. Das ist schmerzhaft, und dafür müssen die Auslöser büssen, das heisst, sie müssen aus dem Blickfeld verschwinden.» (Gschwend; vgl. dazu auch Stichworte)

Die Jugend hat unter der Last der Sündenbockrolle schwer zu tragen (Wirth). Anstatt Vereinfachung, Selbstbetrug, Bagatellisierung, Repression, Ghettoisierung und Verdrängung fordern die Verständnisvollen zur Entlastung der Jugend «Offenheit zum Gespräch» (Pro Juventute), «Dialog» (Stichworte), Mitleiden:

«Im Augenblick geht es wohl in erster Linie darum, die Leere mit den Jungen auszuhalten. Mit aufmunternden Ratschlägen ist überhaupt nichts gewonnen. Wir müssen merken, dass die Leere, die den Jungen zu schaffen macht, die unsrige ist, und dass wir sie bis jetzt überdeckt haben.» (Eggimann, 1981, S. 97)

Bilder der verständnislosen Gegner

Die verständnislosen Gegner gehen von denselben Ereignissen aus, haben, zum Teil wenigstens, dieselben Texte der Bewegten gelesen, leben auch in dieser Gesellschaft. Dennoch haben sie ganz etwas anderes gesehen – auf Grund ihrer Bilder von dieser Gesellschaft, die wiederum von ihrer ganz anderen strukturellen Situation geprägt

Wissenschaftliche Beiträge

sind –, und sie haben ganz andere Bilder produziert. Sie sprechen auch eine ganz andere Sprache. War die Sprache der Verständnisvollen eine Sprache der Psychologie, allenfalls der Pädagogik, so sprechen die Verständnislosen die Sprache des Rechts, auf dem sie beharren.

Die schweizerische Gesellschaft und die Bewegung

Den inneren Zusammenhang zwischen der Rebellion der Bewegten und dem Schweigen der Mehrheit, sehen sie nicht, wollen sie nicht sehen. Erschrocken und fasziniert zugleich starren die Verständnislosen auf die Protagonisten im gespielten Drama und bekommen so die zugrundeliegenden Probleme nicht ins Blickfeld: Hurwitz (1980a, S. 48) kritisiert sie in diesem grundlegenden Punkt:

«Die Diskussion, wer eigentlich den ersten Stein geworfen hat, ist sinnlos, denn sie führt am Problem vorbei. Nur wer daran interessiert ist, dem Problem selber möglichst auszuweichen, wird zwangsläufig an dieser Fragestellung haften bleiben.»

Die Verständnislosen sind weitgehend an dieser Fragestellung haften geblieben. Dabei haben sie vor allem mit Zahlen argumentiert: Aus ihrer Sicht ist es eine Mehrheit, die schweigt, und nur eine kleine Minderheit, die rebelliert. Das Schweigen beunruhigt nicht, da es doch mehrheitlich betrieben wird; und hinter der Rebellion kann ja nicht viel stecken, wenn es nur eine Minderheit ist, die sich daran beteiligt. Es ist eine «verschwindend kleine Minderheit», meint der Stadtpräsident Widmer, die «da ihre Anliegen in unzulässiger Weise den Anliegen der Jugend insgesamt» gleichsetzt. Die Anliegen der Bewegten sind also nicht einmal die Anliegen der Jugend, geschweige denn die Anliegen aller Schweigenden. Der Eisberg existiert nicht. Der Zürcher Regierungsrat doppelt nach: Eine «relative kleine Gruppe von Randalierern» hat zu Unrecht den Anspruch erhoben, «die Zürcher Jugend zu vertreten» (Regierungspräsident Stucki). Die Verständnislosen sind davon überzeugt, dass der kleinen Zahl «irregeleiteter Chaoten» die «überwältigende Mehrheit junger Menschen» gegenübersteht, die sich «solidarisch mit allen Bevölkerungsschichten ernsthaft und besonnen am Weiterausbau unseres Staatswesens mit legalen Mitteln beteiligen» wird (Sprüngli, 1980). Ganz genau gerechnet hat Knobel (1981), der, obwohl er im übrigen die Probleme nicht einfach leugnet, nicht vergessen hat, «dass es z. B. in der Stadt Zürich nur rund 250 Chaoten gab (und davon erst noch einen guten Haufen Demotouristen), dass es daneben aber über 23 000 Jugendliche zwischen 15 und 19 sowie über 33 000 zwischen 20 und 24 gibt.»

Da nur eine Minderheit beunruhigt ist und die Mehrheit schweigt, gibt es keine Probleme, und folglich muss die beunruhigte Minderheit «irregeleitet» sein. Irregeleitet durch «irreführende Theorien», die «zur ‹Substanz› der modernen Varianten des Marxismus» zählen (Geiser, 1981). Unter solch «irreführenden Theorien» muss man sich etwa «antiautoritäre Erziehungstheorien» oder «das Märchen vom Konsumszwang» vorstellen, welch letzteres «von amerikanischen Intellektuellen konstruiert wurde und seit Jahrzehnten herumgeboten wird» (Geiser). Man fragt sich, ob diese «Theorien und Illusionen nicht weit mehr zu den Krawallen beigetragen haben als die behauptete ‹Inhumanität›, ‹mangelnde Gesprächsbereitschaft› und ‹Leistungswut› der älteren Generation» (Geiser). Für die Leserbriefschreiber ist auch klar, wer hinter diesen Theorien steckt:

«Es gibt zu viele Psycho-, Sozio- und Parapsychologen, die die Jugendlichen unzufrieden machen.» (Herr H.E. in O., in der Zeitlupe)

«Solange Psychologen und Soziologen in den Massenmedien im bisherigen Umfang ihr Verständnis für die Krawalle verbreiten dürfen, wird dieses Verständnis der Katalysator für eine unheilvolle Eskalation der kriminellen Angriffe einiger weniger Jugendlicher auf unsere Gesellschaftsordnung.» (Herr Peter Balzer, aus Rafz, im «Tages-Anzeiger»)

Und selbst die berühmte Philosophin stösst ins selbe Horn: Nicht den Jugendlichen lastet sie die Schuld an, sondern:

«Schuldig sind vor allem jene, die ihre Erziehung und ihre Kultur gemacht haben, jene, die ihnen ein unerträgliches Bild ihrer Gesellschaft, ihres Landes, ihrer Zukunft und sogar von sich selbst zeichnen.» (Hersch, 1981, S. 58)

Der Gedanke, dass dieses «unerträgliche Bild» dieser Gesellschaft angemessen sein könnte, kommt nicht auf. Schuldig sind die Bilder und ihre Produzenten, die Realität ist unproblematisch. Konsequenterweise geht es jetzt darum, «die Miesmacher zu entlarven und den Revolution spielenden alten und jungen Kindsköpfen die Rechnung für die Scherbenhaufen zu präsentieren» (Geiser).

Entlarvung ist auch das Ziel der Verständnislosen. Ihre Bemühungen richten sich aber nicht darauf, die herrschenden Gesellschaftsstrukturen zu entlarven, sondern sie

Wissenschaftliche Beiträge

wollen die wahren Übeltäter im Hintergrund der Zürcher Unruhen blosstellen und belangen. Medien- und Sozialwissenschafter gehören in diesem Zusammenhang an den Pranger. Letztlich geht es aber um die «eigentlichen Kerngruppen». Entscheidend für die Unruhen ist für diese Interpreten die Existenz und Aktivität kleiner Kerngruppen, «die vom Willen zur Provokation und zu gewalttätigem Protest in den nachgerade unverwechselbaren Formen beseelt sind und den Demonstrationen der ‹Unzufriedenen›, die sie in Gang brachten, auch ihren Stempel aufprägten» (Bütler, 1981, S. 10f.) Das Modell ist klar und eindeutig: Es gibt einige wenige Anstifter, ein paar hundert Mitläufer und Tausende von Mitgerissenen. Spitzel Bob (im Interview mit Messerli/Morgenthaler, 1981, S. 68): «Ein Heer von Mitläufern wird von den Drahtziehern manipuliert und missbraucht.» Die wenigen Anstifter haben alles von langer Hand geplant, in zehnjähriger Kleinarbeit in der Versenkung vorbereitet. Nichts war spontan, sondern die kleine Gruppe der Drahtzieher war von Anfang an auf Gewalt aus und hat ihre Strategie wirksam durchgesetzt (Bütler, 1980).

«Nach eingehender Beobachtung des Verhaltens einiger Anführer», ist auch Jeanne Hersch (1981, S. 14), «davon überzeugt, dass sie (die Drahtzieher, H.K.) eine Ausbildung hinter sich haben. Wo, wann und wie, weiss ich nicht, und ich kann es auch nicht beweisen. Ihre Taktik, ihre Technik, ihre Art, die anderen anzuführen, ihre ungewöhnlich schroffen Bewegungen, ihre kalkulierte Schlagfertigkeit verraten aber eine auf Drill beruhende Schulung. Es wäre aufschlussreich zu erfahren, wo sie in den letzten Jahren ihre Ferien verbracht haben.»

Müller (1980) spricht davon, dass die theoretische Verherrlichung der Gewalt «in wohlvorbereiteten und -organisierten, per Funk fortlaufend geleiteten Aktionen wie jener vom 12. Juni Gestalt angenommen» habe. In Piratensendern und «Telefonziitig» identifiziert er die wichtigsten «Führungsinstrumente» des harten Kerns. Ein anderer Interpret (Sprüngli) weiss von «Reisespesen und Taggeldern» zu berichten, die von Agitatoren offenbar an Demonstranten ausbezahlt würden. Die Kerngruppe, so meinen diese Interpreten, habe auf Grund der 68er-Erfahrungen bewusst klare programmatische Aussagen vermieden, um die Bewegung nicht zu spalten:

«Gefühl und praktische Veränderung ist alles. Theorie gilt, vordergründig mindestens, nichts. ‹Handelt nur nach dem Gefühl›, empfahl das ‹Stilett› nach dem Opernhauskrawall der ‹Bewegten›, und seine Autoren sagten von sich selber, sie seien dazu da, ‹Verwirrung zu stiften, denn nur Verwirrung kann Veränderung bewirken›. Solche Empfehlung kam nicht aus Gefühlsschwärmerei oder intellektueller Verwirrtheit, viel mehr und viel eher aus listiger Berechnung.» (Bütler, 1981, S. 17)

Man kann es einfach nicht glauben, dass Theorie nichts mehr gelten soll. Noch immer sieht man eine «revolutionäre Kerngruppe», die mit dialektischem Geschick «die Menge demagogisch aufzuwiegeln weiss» (Im Oberdorf, 1980). Man kommt vom alten Schema nicht los: Einige wenige «Massenmanipulatoren» sind darauf aus, die Jugendlichen «einzukassieren» (Maurer, 1980); «Jugendliche und Schüler werden durch diese Agitatoren zu Straftaten aufgestachelt» (Leserbrief von H. Werner, Zürich, im «Tages-Anzeiger»), «die Jugend wird bewusst für politische Ziele missbraucht» (Sprüngli).

Ziele und Mittel der Bewegung

Um welche Ziele handelt es sich dabei? Um nichts geringeres als um «die Zerschlagung unseres demokratischen Rechtsstaates» (Müller, 1980). Die Ziele der «kleinen, vom Ausland gesteuerten Minderheiten, die mit Schlagworten kämpfen», sind darauf ausgerichtet, «unsere Gesellschaftsordnung zu zerstören und durch eine undefinierbare, neue zu ersetzen!» (Sprüngli) Der Vertreter der Kantonsregierung sieht «keine tragende konstruktive Idee ..., wohl aber eine zerstörerische, chaotische und anarchistische Grundhaltung». Im Oberdorf diagnostiziert «Wertnihilismus» und auch für Jeanne Hersch heisst der Feind Nihilismus. Fasziniert-entsetzt sieht Bütler (1980) hier «die Welt der ‹Schwarzen›, eine schwarze Welt ist hier am Werk, von vielen ringsum kaum bemerkt, aber gerade in ihrer Unauffälligkeit wirksam.» Leserbriefe sprechen von der «tierischen Zerstörungswut» (Peter Balzer, aus Rafz, im «Tages-Anzeiger») dieser «wütenden Horden» (Ed. Wyss, aus Volketswil, im «Tages-Anzeiger»), dieser «Rechtsbrecherkreise», deren Ziel die «Anarchie, blindwütige und sinnlose Zerstörung» ist (R. Landolt aus Zürich, im «Tages-Anzeiger»). Die Kerngruppe – das personifizierte Böse, schwarze Teufel direkt aus der Hölle (des Auslands).

Auch bei der Polizei teilt man das Drahtziehermodell, bringt aber noch einen weiteren Aspekt ins Spiel: Paul Gerber, Präsident des Stadtzürcher Polizeibeamtenverbandes:

«Bevor man mir nicht das Gegenteil belegt, bleibe ich dabei, dass die Bewegung vor allem aus Arbeitsscheuen besteht. Vor allem der harte Kern, das sind Leute, die vom Sozialamt leben und nicht

Wissenschaftliche Beiträge

arbeiten wollen. Wenn man diese 60, 70 Leute eliminieren (!) könnte, hätte man in Zürich wieder Ruhe. Aber das ist zu schwierig. Die übrigen sind Mitläufer, Wankelmütige, nichtssagende Typen, die sich an jemandem festhalten müssen, weil sie sonst niemand sind.» (WoZ vom 9. Oktober 1981)

Arbeitsscheu, faul und bequem, das ist die Bewegung, die heutige Jugend: Der Wunsch nach einem autonomen Jugendzentrum ist lediglich der Wunsch, «faul und bequem auf verlausten Matratzen herumzuliegen» (Leserbrief von Rudolf Schweizer, Zürich, im «Tages-Anzeiger»). Es handelt sich um eine «Jugend ..., die einfach fordert» (Leserbrief von H. Hörler, Zürich, im «Tages-Anzeiger»). Niemande, die nichts leisten und alles haben wollen («wir wollen alles»), die ein «ins Unendliche entrücktes Anspruchsniveau» (Im Oberdorf), «ins Unersättliche» gesteigerte Bedürfnisse (Müller) haben und mit ihren «dreisten und frechen Erpressereien» (Leserbrief von Ed. Wyss aus Volketswil) ihre masslosen Bedürfnisse «subito» befriedigen wollen.

Derartiger Zerstörungswut und Masslosigkeit gilt es – aus der Sicht der Verständnislosen – entschlossen entgegenzutreten. Gegen die gewollte und gezielte Verletzung der Rechtsordnung durch die Bewegung (Jagmetti, 1980) ist einzuschreiten. Es darf keine «exterritorialen Inseln» (Jagmetti) oder, wie man bald darauf zu sagen pflegte, keine «rechtsfreien Räume» in unserer Gesellschaft geben.

«Nur eine konsequente Beachtung der Rechtsordnung und eine ebenso konsequente Ahndung von Rechtsverletzungen können den Zustand der öffentlichen Ruhe und Ordnung wiederherstellen, in dem allein die Bürger vor Tätlichkeiten und Plünderungen geschützt sind.» (Regierungspräsident Stucki; NZZ vom 19. August 1980)

Man darf auf keinen Fall der Gefahr des «tout pardonner» erliegen, wie das nach Ansicht der NZZ der Fall gewesen ist. Und auf einen Dialog mit Rechtsbrechern darf man sich niemals einlassen.

«Aber nichts wäre falscher und verhängnisvoller als mit denen, die das Faustrecht predigen und praktizieren und erklärtermassen jeden Dialog verweigern oder verulken, über Beharren bzw. Nichtbeharren auf dem geltenden Recht ‹dialogisieren› zu wollen.» (Bütler, 1980a)

«Wehret den Anfängen» hat dieselbe Zeitung schon 1968 geschrieben. Hans Bucher, Präsident des Stadtzürcher Detektivverbandes:

«Wenn das um sich greift, dass man sich wie die Bewegung über unsere Rechtsordnung einfach hinwegsetzt, dann geht unser Staat unter.» (WoZ vom 9. Oktober 1981)

Ganz so sicher scheint man sich nicht zu sein, dass «das» nicht um sich greifen könnte. Wenn den Anfängen nicht «gewehrt» würde, könnte die Entwicklung eventuell aus der Hand geraten, Dämme könnten brechen. Man traut offenbar den Schweigenden doch nicht so ganz. Ahnt etwelche Probleme, das Verdrängte meldet sich. Wie die verständnisvollen Sympathisanten vermutet man die Probleme – wenn schon – vor allem im kulturellen Bereich. Jeanne Hersch (1981, S. 45) identifiziert einen «Substanzverlust des zeitgenössischen Liberalismus», der ihrer Ansicht nach zu «Scheintoleranz und Permissivität» verkommen ist. Was fehlt, ist die starke Hand, die unerschütterliche Autorität (S. 47):

«Ein richtiger Vater, eine richtige Mutter, deren Liebe und Schutz bedingungslos und deren Autorität unerschütterlich ist.»

Was fehlt ist Geborgenheit in einer geschlossenen Familie. Was fehlt ist Ordnung im kulturellen Chaos. Gerettet werden müssen die traditionellen Werte. Die Gefährdung der traditionellen Werte wird aber nicht rückverbunden mit strukturellen Entwicklungen – allenfalls sieht man noch eine Bedrohung der Familie, darüber hinaus will man aber nicht sehen, sondern hält unsere Welt noch immer für die beste aller möglichen. Man vergleicht die heutige Situation mit dem eigenen Erfahrungshorizont und kommt zum Schluss:

Sprüngli: «Noch nie genoss die Jugend so viele Freiheiten wie heute, und man will uns glauben machen, unser Nachwuchs werde unterdrückt.»

Hersch (1981, S. 16): «Soweit ich sehe, war man noch nie so bedacht darauf zu erfahren, was die Jungen denken, erleben und wollen. Noch nie hat man sie so wie heute zum Reden, Schreiben und Mitwirken aufgefordert. Noch nie war man so begierig darauf zu erfahren, wie sie die Probleme lösen würden, mit denen wir uns auseinandersetzen.»

und (S. 19/20) : «Noch nie hatten sie schon so früh die Möglichkeit, sich von der Schutzherrschaft der Familie freizumachen und ihren eigenen Lebensstil zu wählen. Noch nie verfügten sie über so viel Freizeit – man sagt ihnen nicht, dass der Ausdruck ‹Ferien› vor etwa vierzig Jahren nur für eine verschwindend kleine Minderheit etwas bedeutete – und so viele Möglichkeiten, sie zu gestalten.»

Das «Noch nie» ist verräterisch, gerade in Verbindung mit den «etwa vierzig Jahren»: Der eigene Erfahrungshorizont wird absolut gesetzt. Frau Hersch ist denn auch der Ansicht, die eidgenössische Jugendkommission sei bei ihrer Analyse aus-

Wissenschaftliche Beiträge

schliesslich «auf Konstanten des Menschseins und jeder bisher bekannten menschlichen Gesellschaft gestossen» (S. 25). Strukturelle Entwicklungen und damit verbundene neue Probleme gibt es für sie nicht. So leicht machen es sich viele der verständnislosen Interpreten, wenn auch nicht alle. Einzelne sind sich neuer Problematiken bewusst und rufen zum Suchen nach «konstruktiven Lösungen» auf. So meint Müller (1981), dass wir uns «insgesamt und gemeinsam, als Volks- und Schicksalsgemeinschaft auf die Suche nach akzeptablen Lösungen zur allmählichen Verwirklichung einer industriellen Gesellschaft im ökologischen Gleichgewicht machen» müssen. Dazu empfiehlt er Bescheidenheit, Verzicht, Rücksichtnahme und Beschränkung – das Gespräch. Gleichzeitig spricht er aber wie der bereits zitierte Regierungspräsident Stucki der Bewegung konstruktive Ideen zum vornherein ab: «An der konstruktiven geistigen Aufgabe ist die ‹Bewegung› bisher gescheitert – Pflastersteine können nun einmal nicht als Denkersatz dienen». Das «insgesamt und gemeinsam» schliesst die Bewegten nicht ein. Welten trennen sie von den Verständnislosen.

«Die Bewegten stehen auf der anderen Seite … auf der Seite des Unrechts. Der Polizist steht auf der Seite des Rechts, das ist weit voneinander entfernt.» (Polizist Bucher)

In der Tat ist man weit voneinander entfernt. Von «Volks- und Schicksalsgemeinschaft» kann keine Rede sein. Von Gespräch auch nicht, solange man sich im Recht glaubt, auf dieses Recht pocht und der Gegenseite allenfalls wohlmeinend-arrogant empfiehlt, ihre «Stummheit» zu «überwinden» (Frey-Wettstein, 1980).

Diskussion

Bilder der beschriebenen Art geben auch Anleitungen zu politischem Handeln. Sie definieren Handlungsmöglichkeiten und identifizieren Handlungsgrenzen. Unter diesem Gesichtspunkt möchte ich im folgenden die drei idealtypisch rekonstruierten Bilder kurz diskutieren. Dabei fällt zunächst auf, dass sowohl die Bilder aus der Bewegung, wie auch jene ihrer verständnislosen Gegner auf einer Ebene ansetzen, auf der die strukturell gegebenen Handlungsmöglichkeiten und Handlungsgrenzen nicht sichtbar werden können.

Das Maschinenmodell von der Gesellschaft, das die Bewegten vor Augen haben, lässt für das Handeln innerhalb der Gesellschaft keinen Spielraum mehr, lässt nur noch die totale Verweigerung zu. Handeln kann nur noch ausserhalb und gegen diese Gesellschaft möglich sein. Wer sich auf die Maschinerie einlässt, wird durch sie verschlungen, korrumpiert, integriert. Die Erfahrungen der 68er-Generation auf ihrem «langen Marsch durch die Institutionen» sind den Bewegten Beweis genug dafür. Die Maschinerie der Gesellschaft nimmt ihren selbstzerstörerischen Lauf, auf dem sie auch ihre Umwelt zerstört – wenn sie nicht rechtzeitig (viele glauben, es sei bereits zu spät) angehalten wird, von aussen zerstört wird. Es kann nur noch darum gehen, die Maschine zu «Gurkensalat» zu machen.

Nur Aussenseiter, die von der Gesellschaftsmaschinerie noch nicht bzw. nicht mehr erfasst werden, können die Maschine noch stoppen. Die Bewegten fühlen sich dazu nicht nur berufen, sondern zeitweise auch in der Lage (vgl. ihr «power-feeling»), fühlen sich gleichzeitig aber auch dauernd von der integrierenden Wirkung der Maschinerie bedroht, gegen die sie sich mit massloser Radikalität abzusichern versuchen, um dann der ebenso masslosen Repression des Systems anheimzufallen.

Das Bild vom alles verschlingenden Maschinen-Moloch der Bewegten ist geprägt von ihren eigenen Lebenserfahrungen in dieser rigiden schweizerischen Gesellschaft, in der «nichts mehr geht» (Dora Koster), geprägt von Erfahrungen von Aussenseitern und Opfern dieses Systems. Das innere Getriebe dieser Maschine war für sie stets undurchsichtig – und so soll es auch bleiben: Die Bewegten lassen sich nicht nur auf keine Verhandlungen ein, sie weigern sich auch, das Getriebe und dessen Funktionsweise näher zu analysieren, Theorien dazu zu entwickeln – aus Angst, ihr Widerstand könnte in der Auseinandersetzung mit dem System partialisiert, integriert, gebrochen werden. Denkverbot, man weiss, wo man steht; inquisitorisches Verhalten, Ketzer müssen angeprangert werden. In der Folge hat man in der Bewegung auch keine klaren Vorstellungen vom politischen Gegner, sondern schiesst sich auf diejenigen Akteure ein, mit denen man in unmittelbaren Kontakt gerät: Auf Polizei und Justiz einerseits, Sympathisanten (Sozialarbeiter, Sozialwissenschafter, Gewerkschafter u.ä.) andererseits. Ins Blickfeld gerät allenfalls noch der Stadtrat, im Hintergrund ahnt man eventuell allmächtige Computer (KIS u.ä.), welche die Aktionen der integrierten Roboter steuern. Weder die strukturell gegebenen Grenzen der eigenen Handlungsmöglichkeiten

Wissenschaftliche Beiträge

ausserhalb des Systems, noch der Spielraum und die Grenzen der Gegner innerhalb des Systems werden sichtbar – mit für die Bewegeung verheerenden Konsequenzen.

Das Drahtziehermodell der verständnislosen Gegner überschätzt andererseits in geradezu grotesker Weise die strukturell gegebenen Handlungsmöglichkeiten in dieser Gesellschaft im allgemeinen und der Bewegten im besonderen. Gemäss diesem Modell hat eine kleine, revolutionäre Gruppe, militärisch ausgebildet und theoretisch geschult, die Zürcher Ereignisse von langer Hand vorbereitet und zum Zwecke der Zerstörung unserer Rechtsordnung inszeniert. Unterstützt durch Medien und Sozialwissenschafter haben diese Drahtzieher eine Masse von nichtssagenden Mitläufern, die nichts als die unmittelbare Befriedigung ihrer unersättlichen Bedürfnisse im Auge haben, irregeleitet und zu verbrecherischem Handeln angestiftet. In diesem Modell steckt ein radikal individualistisches Gesellschaftsbild, nachdem die Gesellschaft allein aus vereinzelten, isolierten Individuen besteht, die von ihren höchst persönlichen, letztlich naturgegebenen Bedürfnissen getrieben werden. Die Natur dieser Bedürfnisse ist zudem grundsätzlich schlecht, der Mensch ist zerstörerisch, unersättlich und faul. Individuelle Drahtzieher und atomisierte Masse von mitlaufenden Niemanden gehören zusammen; beide können sie abgezählt und ihre Summe der erdrückenden Menge der rechtgläubigen Schweigenden gegenübergestellt werden.

Auch dieses Modell ist zweifellos geprägt durch die Lebenserfahrungen ihrer Anhänger, die im Zentrum des Systems stehend, bis zu einem gewissen Grade diesem Modell gemäss agieren, gewohnt sind, Entscheidungen zu fällen, Führungsinstrumente einzusetzen und Gehorsam zu finden. Die Art ihrer Reaktionsweise auf die Zürcher Ereignisse – der Einsatz von Polizei und Justiz hat genau diesem Modell entsprochen, war für die Anhänger dieses Modells durchaus folgerichtig und offenbart auch gleichzeitig die Funktion dieses Modells sehr klar: Legitimation der Unterdrückung der Bewegung und ihrer Anliegen im Namen der Herrschenden.

Die Schuld muss individuell zugerechnet werden – und zwar individuell Bewegten. Es darf nicht sein, dass es strukturell angelegte Probleme gibt. Fatal wäre es, so meint die NZZ (th, vom 5. Juli 1980), wenn «einmal mehr versucht würde, der ‹Gesellschaft› die Schuld zuzuschieben.» Die Funktion dieser individuellen Zurechnung ist ebenso klar: Legitimation der herrschenden Struktur, des Strukturkonservatismus der Herrschenden. «Noch nie» hatte es die Jugend so gut wie heute – nur Irregeleitete können daran zweifeln. Diese Argumentation kann allerdings nicht einmal modell-immanent aufgehen: Bereits der liberale Theoretiker De Toqueville (1966, S. 169ff.) hat in seiner Erklärung der französischen Revolution gezeigt, dass revolutionäre Situationen gerade dann entstehen, wenn es den Leuten allgemein besser geht – l'appétit vient en mangeant, oder, die Frustration gestiegener Erwartungen ist für eine bestehende Gesellschaftsordnung besonders kritisch. Relative, nicht absolute Deprivation führt zu revolutionären Situationen, die dann allenfalls von «Drahtziehern» ausgenützt werden können.

Das Drahtziehermodell ist aber vor allem deshalb völlig unzulänglich, weil es strukturblind ist, unterstellt, dass mehr oder weniger revolutionäre Situationen von einzelnen Individuen selbst geschaffen werden können. Man überschätzt dabei nicht nur die Handlungsmöglichkeiten der Rebellen, sondern auch die eigenen, indem man glaubt, Probleme mit der Unterdrückung von Protest aus der Welt schaffen zu können. Man muss die Handlungsmöglichkeiten derart überschätzen, damit die eigene Welt nicht in sich zusammenstürzt. Dem Denkverbot der Bewegten entspricht das Denkverbot ihrer Gegner. Wie den Bewegten fehlt auch den Herrschenden eine Konzeption vom Getriebe dieser Gesellschaft, das dessen aktuellem Stand auch nur annäherungsweise angemessen wäre. Verleugnung statt Analyse heisst die Devise. In morgensternscher Manier schliesst man messerscharf, dass nicht sein kann, was nicht sein darf, macht man das AJZ dem Erdboden gleich, lässt Wandsprüche in Windeseile übermalen – aus den Augen, aus dem Sinn. Nur so ist es erklärbar, wieso die Herrschenden ihren Wertkonservatismus mit blindwütiger Strukturerhaltung realisieren zu können glauben.

Im Gegensatz zu den Bewegten und ihren verständnislosen Gegnern setzen, so meine ich, die verständnisvollen Sympathisanten auf einer Ebene an, auf der die strukturelle Bedingtheit der Ereignisse und damit Handlungsgrenzen und -möglichkeiten sichtbar werden können. Das Eisberg- oder Seismographenmodell der Sympathisanten geht davon aus, dass Bewegte und Schweigende von denselben Problemen betroffen sind, dass die Rebellion der Bewegten nur der sichtbare Ausdruck einer grundlegenden Krise ist. Anders als die Bewegten und ihre Gegner, welche – aus unterschiedlichen Gründen – beide die Besonderheit der Rebellen betonen, heben die Sympathisanten deren strukturell angelegten Gemeinsamkeiten mit den Schweigenden hervor, im

Wissenschaftliche Beiträge

Bestreben, die Aktionen der Bewegten in den Augen der Unbewegten zu legitimieren und auch die Schweigenden zum Reden zu bringen.

Da die Sympathisanten selbst unter diesen stukturellen Problemen leiden, ist ihre Distanz zu den Bewegten ganz allgemein gering. Von den Verständnislosen, die sich gegen die Entlarvungsbemühungen der Sympathisanten ebenso wehren wie gegen die Aktionen der Bewegung, werden sie weiter in deren Nähe gerückt. Die geringe Distanz zur Bewegung, die Bewunderung ihrer spontanen Kreativität und Ausdruckskraft sowie die oft gegebene Notwendigkeit, unmittelbar auf Ereignisse mit Interpretationen reagieren zu müssen, machen die Sympathisanten für die Verdrängungsmechanismen, die in der Bewegung spielen, aber unempfänglich. Während sie die offizielle Vogel-Strauss-Politik eindrücklich aufs Korn nehmen, bleibt weitgehend unthematisiert, dass die Bewegten selbst von diesem System geprägt und in vielfältiger Weise von ihm abhängig sind. Die strukturelle Sichtweise der Sympathisanten macht in der Regel Halt vor der Thematisierung der Handlungsmöglichkeiten und -grenzen der Bewegung.

Damit zusammenhängend fehlt bei den Sympathisanten weitgehend auch eine Thematisierung der herrschenden Minderheit und ihrem Verhältnis zu Bewegten einerseits und Schweigenden andererseits. Man ist fixiert auf die gemeinsame Betroffenheit von Bewegten und Schweigenden und vergisst, dass es nicht nur Opfer struktureller Probleme gibt, sondern auch Urheber, oder dass mindestens nicht alle im selben Masse Opfer sind. Damit soll nicht gleich einer Drahtziehertheorie mit umgekehrten Vorzeichen das Wort geredet, wohl aber hervorgehoben werden, dass innerhalb der strukturell gegebenen Grenzen von Handlungsspielräumen die Handlungsmöglichkeiten sehr ungleich verteilt sind.

(*) Hanspeter Kriesi ist Professor für Politologie an der Universität Genf.

Literatur

Amendt, Günter
   Leichte Krawallerie. In: *Konkret,* Nr. 8, 1980, S. 17–21.
Angst, K. und O. Scheiben
   Jugendprotest und Krise der politischen Kultur. In: *NZZ,* 3.9.1980.
Bahr, H.E.
   Du hast keine Chance, aber nutze sie. Die Alternativen und der republikanische Friede. In: *Die Zeit* Nr. 16, 10.4.1981, S. 43f.

Bellini, G.
    Terrorismus und Bewegung. In: *WoZ,* 5.11.1982.
Bichsel, Peter
    Das Ende der Schweizer Unschuld. In: Gruppe Olten (Hrsg.). *Die Zürcher Unruhen. Band 2. Analysen, Reportagen, Berichte.* Zürich 1980, S. 88–93.
Bopp, J.
    Trauer-Power. Zur Jugendrevolte 1981. In: *Kursbuch 65* (1981), S. 151–168.
Bütler, H.
    Anarchie, Aktion und Amusement. In: *NZZ* Nr. 130, 7./8.6.1980, S. 35f.
Bütler, H.
    Zu enge und einseitige Optik. Die «Unruhe»-Thesen der Eidg. Jugendkommission. In: *NZZ* Nr. 285, 6./7.12.1980, S. 33.
Bütler, H.
    Propheten der Verhöhnung. In: Bütler, H./T. Häberling (Hrsg.). *Die neuen Verweigerer. Unruhe in Zürich und anderen Städten.* Zürich 1981, S. 9–22.
Eidgenössische Kommission für Jugendfragen (Hrsg.)
    Thesen zu den Jugendunruhen 1980. Bern 1980.
Eggimann, E.
    Frust und Wut – Wo sind Begeisterung und Idealismus? In: Gruppe Olten (Hrsg.). *Die Zürcher Unruhen. Band 2. Analysen, Reportagen, Berichte.* Zürich 1980, S. 94–98.
Frey, P.
    Junge gewesen sein 1945 – Jungsein 1980. In: *Tages-Anzeiger,* 1.10.1980.
Frey-Wettstein, F.
    Bewegung muss Stummheit überwinden. In: *Tages-Anzeiger,* 1.10.1980.
Geiser, M.
    Thesen zu den Jugendunruhen 1980 – weshalb und wozu? In: *Schweiz. Ärztezeitung,* Heft 7 (1981), S. 456–59.
Hänny, Reto
    Zürich, Anfang September. Frankfurt a.M. 1981.
Häsler, A.A.
    Nachdenken über Zürich. In: *Kirchenbote,* 16.1.1981.
Hersch, Jeanne
    Antithesen zu den «Thesen zu den Jugendunruhen 1980» der Eidgenössischen Kommission für Jugendfragen. Schaffhausen 1981.
Hollstein, W.
    Autonome Lebensformen. In: Haller, Michael (Hrsg.). *Aussteigen oder rebellieren. Jugendliche gegen Staat und Gesellschaft.* Hamburg 1981, S. 197–216.
Hurwitz, E.
    Mehr Freiräume für Experimente. In: SP der Stadt Zürich (Hrsg.). *Eine Stadt in Bewegung.* Zürich 1980, S. 138–40.
Hurwitz, E.
    Gefühl von Ohnmacht und Vergewaltigung artikuliert. In: *Tages-Anzeiger,* 19.6.1980, S. 47f.
Jagmetti, R.
    Erstaunen, Empörung und Fragen. Gedanken zu den Zürcher Krawallen. In: *NZZ,* 15.10.1980.
Jürgmeier
    Die Angst der Mächtigen vor der Autonomie. Eine Streitschrift zu den Zürcher Unruhen und ihren Hintergründen. In: Howald, Regula u.a. *Die Angst der Mächtigen vor der Autonomie. Aufgezeigt am Beispiel Zürich.* Horgen 1981, S. 119–206.

Wissenschaftliche Beiträge

Knobel. B.
    Jugendunruhen – Mutmassungen über Mitursachen. In: *Schweiz. Lehrerzeitung* 1/2, 8.1.1981, S. 5f.
Lindt, Nicolas
    Nur tote Fische schwimmen gegen den Strom. 12 bewegte Portraits aus Zürich. Zürich 1981.
Mattmüller, H.P.
    Zur Lage der Jugend von Heute. In: *Basler Zeitung,* 30./31.12.1980.
Maurer, Y.
    Massendemonstrationen machen passiv. In: *Tages-Anzeiger,* 21.6.1980.
Messerli, Alfred/Morgenthaler, Marco
    «*Als Spitzel bist du autonomer*». In: *Kursbuch 65. Der grosse Bruch – Revolte 81.* Berlin 1981, S. 63–74.
Modena, E.
    Risse im Packeis. In: Gruppe Olten (Hrsg.). *Die Zürcher Unruhen 2.* Zürich 1981, S. 7–12.
Müller, K.
    Ziele und Methoden des harten Kerns der «Jugendbewegung». In: *NZZ,* 23.7.1980.
Müller, K.
    Pflastersteine als Denkersatz. In: *NZZ* Nr. 164, 18./19.7.1981, S. 23.
Muschg, A.
    Die Macht der Fantasie. In: Haller, Michael (Hrsg.). *Aussteigen oder rebellieren. Jugendliche gegen Staat und Gesellschaft.* Hamburg 1981.
Muschg, A.
    Bordpredigt auf der «Titanic». In: *Tages-Anzeiger,* 3.1.1981.
Niggli, P.
    Packeis in Sicht? In: *Tell Extrablatt,* Herbst 1980.
O-the-punk and Redshoe.
    Zerfall und Rekonstruktion des Politischen – ein Nachruf aufs Abendland. In: *Kulturmagazin,* Sep./Okt. 1981, S. 17–25.
Pro Juventute
    Was bewegt die Bewegung? Info Pro Juventute, Sep./Okt. 1980.
Rentsch, C.
    Plädoyer für die Unzufriedenen. In: SP der Stadt Zürich (Hrsg.). *Eine Stadt in Bewegung.* Zürich 1980, S. 29f.
Ribi, A.
    Psychologische Aspekte der Jugendunruhen. Ein Diskussionsbeitrag. In: *NZZ,* 22.7.1980.
Richter, H.E.
    Die neue Sensibilität. In: Haller, Michael (Hrsg.). *Aussteigen oder rebellieren. Jugendliche gegen Staat und Gesellschaft.* Hamburg 1981, S. 238–242.
Spengler, T.
    Der Bauch als Avantgarde – über den aufrechten Niedergang der Theorie. In: *Kursbuch 65* (1981), S. 179–188.
Sprüngli, R.
    Unrast der «Jugend». In: *Tages-Anzeiger,* 18.12.1980.
Stumm, R.
    Die Unzufriedenen suchen ihre Sprache. In: SP der Stadt Zürich (Hrsg.). *Eine Stadt in Bewegung.* Zürich 1980, S. 41–44.
Toqueville, A.
    The Old Regime and the French Revolution. New York 1955.

Walter, O.F.
 Aus Beton wird Gras. In: SP der Stadt Zürich (Hrsg.). *Eine Stadt in Bewegung.* Zürich 1980, S. 116f.
Weibel J.
 Jeder Goliath findet seinen David. In: Gruppe Olten (Hrsg.). *Die Zürcher Unruhen. Band 2. Analysen, Reportagen, Berichte.* Zürich 1980, S. 65–70.
Wirth, H-J.
 Verweigerungswünsche. In: Haller, Michael (Hrsg.). *Aussteigen oder rebellieren. Jugendliche gegen Staat und Gesellschaft.* Hamburg 1981, S. 217–37.
Züfle, Manfred und Jürgmeier
 Paranoia City oder Zürich ist überall. Hamburg 1982.

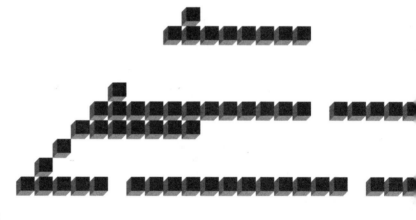

Wissenschaftliche Beiträge

Die Achtziger – Porträt einer Bewegung
Heinz Nigg

Die Achtziger Bewegung in der Schweiz ist bis heute ein schillerndes und nicht ganz zu fassendes Phänomen geblieben. An ihr lässt sich aufzeigen, was den spezifischen Charakter einer autonomen Bewegung ausmacht und sie unterscheidet von traditionellem politischem Handeln in Parteien, Parlamenten und Verbänden. Aufgrund der vorliegenden Ergebnisse der Erforschung neuer sozialer Bewegungen sowie einer Reihe von Gesprächen mit Leuten, die an der Achtziger Bewegung in der Schweiz aktiv teilnahmen oder ihr nahe standen, ist aufzuzeigen, wie eine autonome Bewegung entsteht, wie sie von den AktivistInnen vorangetrieben und von den Behörden bekämpft wird und welch nachhaltige Wirkung sie sowohl auf die AktivistInnen selbst als auch auf Gesellschaft und Politik ausüben kann.[1] Meine persönliche Einschätzung der Achtziger Bewegung ist zudem geprägt von meinen Erfahrungen mit Action Research in der Gruppe «Rock als Revolte» in Zürich 1979/80 sowie von meinem kulturellen und politischen Engagement in den Achtzigerjahren.

Adoleszenz und Rebellion in den Siebzigerjahren

Schichtzugehörigkeit, Familienverhältnisse und die von Eltern und Geschwistern vermittelten Werteinstellungen könnten bei den von mir befragten Bewegungsaktivistinnen nicht unterschiedlicher sein. Vertreten sind Kinder von ArbeiterInnen, kaufmännischen Angestellten, mittelständischen Berufsleuten und AkademikerInnen. Die sozialen Verhältnisse, in denen man aufgewachsen ist, können als beengend empfunden werden, weil der Wohnraum knapp ist oder beide Eltern oder der alleinerziehende Elternteil durch ihre Berufstätigkeit absorbiert werden und dadurch zu wenig Zeit für ihre Kinder haben. Die Berufstätigkeit der Eltern kann aber auch positiv bewertet werden in Bezug auf die Entwicklung eigener Selbstständigkeit, da früh im Haushalt und bei der Betreuung der Geschwister mitangepackt werden muss – die berufstätige Mutter als Vorbild für die Unabhängigkeit der Frau. Die Beziehungen zu den Geschwistern werden oft als prägend wahrgenommen. Ältere Geschwister können wie Eltern eine Vorbildfunktion übernehmen. Einzelkinder müssen sich vermehrt nach aussen orientieren, um FreundInnen zu finden.[2] Auch

Wissenschaftliche Beiträge

die Erfahrung mit Migration ist ein wichtiges Thema. Viele bewerten die Geborgenheit im sozialen Netz des Herkunftslandes und der Diaspora – oder im Falle der Binnenmigration der Herkunftsregion – als positiven Aspekt. Entwurzelung und ein fehlendes soziales Zugehörigkeitsgefühl nehmen sie als Belastung wahr. Am Rand der Gesellschaft Lebende müssen sich mit harten psychischen und materiellen Existenzbedingungen auseinander setzen.

Verlusterfahrungen, Verunsicherungen und die Wahrnehmung von Nachteilen und Ungerechtigkeiten sind also wichtige Vorbedingungen für Unzufriedenheit. Ob jedoch aus Unzufriedenheit ein Veränderungsbewusstsein entsteht und sich daraus eine Bereitschaft für politisches Engagement in einer sozialen Bewegung entwickelt, hängt doch wesentlich davon ab, ob Eltern, Geschwister oder andere Bezugspersonen den Betroffenen psychischen Halt geben und soziale Orientierung vermitteln können.

Erst im späteren Schulalter werden die gesellschaftlichen Ungleichheiten und Ungerechtigkeiten bewusst wahrgenommen. Begehrt ein Jugendlicher während und nach der Pubertät auf oder zieht sich in die eigene Fantasiewelt zurück, leistet er möglicherweise zum erstenmal Widerstand.[3] Die eigentliche Politisierung der Achtziger findet jedoch im Übergang von der Schule ins Jugendalter statt: im subkulturellen Milieu der ersten Jugendhäuser der Siebzigerjahre, im Rahmen von politischen Kampagnen, durch das Ausbrechen aus dem Elternhaus oder einem Kirchenaustritt. Bildungserlebnisse oder ein Auslandsaufenthalt, der den Blick auf andere Lebenszusammenhänge öffnet, werden genauso als politisierend wahrgenommen wie der Konflikt mit staatlichen Autoritäten. Politik bedeutet in den Siebzigerjahren alles, was mit der Emanzipation der Gesellschaft zu tun hat und hängt eng zusammen mit den Lebens- und Entwicklungschancen, die dem modernen Individuum von der Gesellschaft zugebilligt oder verweigert werden.[4] Erste Erfahrungen mit der Aneignung und Mitgestaltung von politischen Wissens- und Handlungszusammenhängen beeinflussen das weitere Handeln und sind von entscheidender Bedeutung für die Entwicklung politischen Engagements. Das Handlungsspektrum auf dem Weg der Politisierung ist vielfältig und widersprüchlich.[5]

Durch die Verlängerung der Ausbildungszeit entsteht eine neue soziale Gruppe – die Kategorie der «Jugendlichen» – abseits von der Berufswelt der Erwachsenen. In der jugendlichen Subkultur bildet sich durch die Praxis von individueller Auflehnung und Gruppenbildung eine kollektive Identität heraus.[6] Das doppelte Bedürfnis nach Selbstentfaltung und Gruppenzugehörigkeit drückt sich aus in einem zeitspezifischen Lebensstil, in Frisur und Kleidung, in der Umgangssprache, in neuen Wohnformen und vor allem in der Musik. Von Anfang an spielen die Trends und Marktgesetze des Musik- und Modebusiness eine wichtige Rolle bei der Wahl von Identifikationsfiguren (Bob Marley, Johnny Rotten). Die subversiven Botschaften der Idole werden auf Ton- und Bildträgern und dem damit verbundenen Merchandising massenhaft verbreitet.

Der verlängerte Übergang zwischen Schule und Erwerbsleben wird von vielen Jugendlichen als prekärer Zustand erlebt. Die Adoleszenz verspricht nicht nur eine noch nie gekannte Freiheit, sondern sie bedeutet ebenso sehr Orientierungslosigkeit, Mangel an ökonomischer Unabhängigkeit, Erfahrung mit Arbeitslosigkeit oder sozialer Randständigkeit.[7] Die Jugendlichen werden hin- und hergerissen zwischen ihren individuellen Glückserwartungen und den von aussen auferlegten Definitionen von Identität. Sie siedeln sich im Unvollendeten und Provisorischen an, wollen eine eigene Existenz kreieren anstatt in einer als normiert empfundenen Erwachsenenwelt aufzugehen. Sie fordern das Recht, selbst über ihr Leben zu bestimmen, und sie fordern dieses Recht nicht nur für sich selbst sondern für alle. Die Jugendkultur der Siebzigerjahre lenkt die Aufmerksamkeit der Gesellschaft auf die Bedeutung des Gegenwärtigen, eines Lebens im Hier und Jetzt. Alle diese Merkmale der neuen Jugendkultur sind äusserst ambivalent. Sie können Konflikte auslösen oder duch den Markt und die Massenkultur integriert werden.

Von der Revolte zur Bewegung

Eine Reihe von Ereignissen und Anlässen sind ausschlaggebend für den Ausbruch der Achtziger Jugendunruhen in der Schweiz: Immer mehr Lokale für Jugendliche werden geschlossen und es herrscht ein Mangel an Räumen, um eigene Clubs zu eröffnen. Anlässlich des Hönggerberg Musikfestivals in Zürich wird im Sommer 1979 zur Gründung von «Rock als Revolte» aufgerufen. In Bern findet Anfang 1980 eine Demo gegen den Abbruch eines Bauernhauses statt, wo mehrere Jugendszenen ein gemeinsames kulturelles Zentrum einrichten wollen. Ebenfalls Anfang 1980 protestieren Junge in St. Gallen gegen den Abbruch eines alten Restaurants, das ihnen als

Wissenschaftliche Beiträge

Treffpunkt gedient hat. Am 1. Mai 1980 stürmen Frauen in Basel das Rednerpult und wollen sich Gehör für ihre Anliegen verschaffen. Die Situation wird für viele Jugendliche, die sich in subkulturellen und politischen Zusammenhängen bewegen, eruptiv. Sie lassen sich nicht mehr auf langwierige Verhandlungen mit den lokalen Behörden ein und greifen zum Mittel der direkten Aktion, um Mitstreitende zu mobilisieren und die Behörden unter Zugzwang zu stellen. Ungeduld und Wut paaren sich mit Lebensfreude und Zuversicht.[8]

Jugendprotest entsteht also nicht aus heiterem Himmel, er wird inszeniert und ist zugleich das Produkt mehrerer Umstände.[9] Versäumnisse der Behörden werden angeprangert, skandalöse Verhältnisse im Bereich der Jugend- und Kulturpolitik aufgedeckt, Forderungen erhoben und mögliche Verbündete angesprochen. Verschiedene Gruppierungen, die sich früher feindlich gegenüberstanden, finden plötzlich zusammen im gemeinsamen Kampf gegen denselben Gegner. Ungeschickt operierende Behörden lösen gewalttätige Auseinandersetzungen zwischen Polizei und DemonstrantInnen auf der Strasse aus. Die Medien beeinflussen die öffentliche Stimmung – manchmal heizen sie an, dann wieder versuchen sie zu beschwichtigen oder die Bewegung totzuschweigen.

Die Jugendunruhen 1980–82 in der Schweiz sind nicht nur ein Sammelbecken von verschiedenen Gruppen aus den lokalen Jugend- und Politszenen, sie entstehen auch aus dem Zusammenspiel zweier Generationen. Der ideelle Braintrust der sich formierenden Achtziger Bewegung besteht aus älteren AktivistInnen, die in den politischen Auseinandersetzungen der Siebzigerjahre ihre ersten Erfahrungen in der ausserparlamentarischen Opposition und in der Subkultur der Autonomen sammeln konnten. Dazu stösst eine Masse von Jugendlichen, die ohne Scheu vor Risiken ihre angestaute Unzufriedenheit explodieren lassen.[10] Subkulturelle Anliegen, konkrete Forderungen im Jugend- und Kulturbereich sowie eine fundamentale Opposition gegen den Obrigkeitsstaat und die verkrustete Gesellschaft verschmelzen in der Bewegung zu einer Einheit, die nur mehr schwer auseinander zu dividieren ist. Das Zusammenwirken verschiedener Anliegen, Interessen und Strategien machen den Erfolg der Achtziger Bewegung aus. Die Frage, ob und wann die Anwendung von Gewalt gegen Sachen berechtigt sei, führt zwar immer wieder zu heftigen Auseinandersetzungen, vermag jedoch die Bewegung nie gänzlich zu spalten. Unterstützung erhalten die Bewegten von den Politgruppen der Siebzigerjahre, vom progressiven Flügel der SozialdemokratInnen, von den Kirchen und von der Pro Juventute – der Stiftung für die Jugend in der Schweiz – sowie von liberalen und linksliberalen Persönlichkeiten aus dem öffentlichen Leben.[11]

Die Bewegung wird nicht von einer einheitlichen Handlungslogik geprägt, sondern ist alles in einem: pragmatisch in der Verfolgung ihrer unmittelbaren Ziele, utopisch in ihrem gesellschaftlichen Veränderungsanspruch und fundamental antistaatlich in ihrem Politikverständnis. Es gelingt ihr immer wieder, die verschiedenen sich konkurrierenden und auseinander strebenden Tendenzen auf ein Ziel hin auszurichten. Damit wird das interne Chaos unter Kontrolle gebracht. Die gemeinsame Sprache und die gemeinsam ausgeheckten und durchgeführten Aktionen fördern ein Bewusstsein der Zusammengehörigkeit. Die eroberten Treffpunkte ermöglichen den Austausch von Erfahrung, und die eigenen Medien kommentieren laufend die Ereignisse. Vor allem die Bewegungszeitungen erfüllen eine wichtige Orientierungsfunktion. Sie betten die Geschehnisse in weitere gesellschaftliche Zusammenhänge ein, ermöglichen AktivistInnen von ihren Erfahrungen mit Polizei und Justiz zu berichten, ihre eigene Lebenssituation wahrzunehmen und zu reflektieren. Auch in den Videos der Bewegung werden die Ereignisse verarbeitet und an eine breitere Öffentlichkeit getragen.

Das grösste Mobilisierungspotenzial liegt in den Aktionen und Demonstrationen der Bewegung selbst. Als Träger und Übermittler von widerständischen Botschaften dienen Piratenradios, Flugblätter, Comics, Protestbuttons, Videos, Bewegungszeitungen, Magazine, aber auch Livekonzerte von der Bewegung nahe stehenden Bands. Das Outfit der AktivistInnen ist nicht einheitlich. Ein wildes Durcheinander von Punk-, Hippie-, Freak- und StudentInnen-Look spiegelt die soziale und kulturelle Vielfalt der Bewegung wider. Ebenso vielfältig sind ihre Aktionsformen: Warnbesetzungen von umstrittenen Objekten, Polithappenings, Grossdemos, Stürmen von Konzerten als Protest gegen den Kommerz in der Rockmusik, Streitgespräche mit den Behörden, Sponti-Actions, Nacht- und Nebelaktionen, Nacktdemos, Scheinbesetzungen, Scheiben einwerfen und andere Sachbeschädigungen, Robin-Hood-Aktionen, Strassenbarrikaden mit Fernsehapparaten, Stören von Veranstaltungen des Gegners, Verpackungsaktionen usw. In der Euphorie des Aufbruchs werden Aktionen realisiert, deren Vorbereitung sonst Wochen oder Monate dauern.

Wissenschaftliche Beiträge

Sowohl die intensivierte Medienberichterstattung als auch die zunehmend brutaler werdenden Polizeieinsätze in den grösseren Schweizer Städten verstärken die Mobilisierung. Die externen Verbündeten solidarisieren sich weiterhin mit den Zielen der Bewegung und erhöhen damit deren Legitimität. Der Rückhalt in der progressiven Linke wächst.

Mehrere Faktoren sind für die Entstehung einer rasch wachsenden Bewegung ausschlaggebend: Die Bewegung ist flexibel; Gruppen tauchen auf und verschwinden wieder – an unvorhergesehenen Orten und zu unbestimmten Zeiten. Die Neuartigkeit des Protests verunsichert die Behörden und trifft sie unvorbereitet. Je grösser die Zahl der Mobilisierten desto mehr wird die Legitimität der Behörden und deren Politik infrage gestellt. Die Behörden fühlen sich gezwungen zu handeln, da sie ihr Gewaltmonopol bedroht sehen. Die Militanz auf der Strasse hält solange an, bis die Proteste zu Erfolgen führen. Unberechenbarkeit, Flexibilität und Innovation sind also die hauptsächlichen Merkmale der Achtziger Bewegung.[12]

Ausbreitung und Resonanz

Die Jugendprotestwelle der frühen Achtzigerjahre begann in Amsterdam. Im März und April 1980 liefern sich hier Militär und Polizei auf der einen Seite und die so genannten Kraaker (HäuserbesetzerInnen) auf der andern Seite Strassenschlachten. Danach folgt der Ausbruch der Jugendunruhen in Zürich, die sich schnell in der Schweiz ausbreiten. Gleichzeitig springt ein Funken über die deutsche Grenze ins benachbarte Freiburg i. Br., wo es im Juni 1980 zur ersten grossen Konfrontation zwischen HäuserbesetzerInnen und der Polizei kommt. Es ist anzunehmen, dass die zeitlich etwas später einsetzenden Unruhen in weiteren deutschen Städten – Göttingen, Berlin,

Nürnberg, Bremen u. a. – ebenfalls zur gleichen Protestwelle gehören. Die Kraaker in den Niederlanden und die AJZ-Bewegung in der Schweiz sind also gewissermassen Vorbilder für die Bewegungen in Deutschland.[13]

Dieses Dominomodell geht aber zu sehr davon aus, dass sich Protest wie ein Diffusionsprozess ausbreitet und bedarf der Differenzierung[14]: AktivistInnen sind sich zwar bewusst, dass ihr Handeln in einem interregionalen und internationalen Zusammenhang steht, doch sie sehen die Verbreitung von widerständischen Botschaften nicht als linearen sondern als wechselseitigen Prozess zwischen den verschiedenen bewegten Städten. Ereignisse stossen durch die Vermittlung der Medien auf regionale, nationale und internationale Beachtung. Handlungsrelevant kann die Medienberichterstattung aber nur dann werden, wenn in einer Stadt die Mobilisierung von Protest kurz bevorsteht oder bereits im Gang ist. Impulse von aussen können dann eine auslösende oder verstärkende Wirkung auf den Mobilisierungsprozess haben. Umgekehrt werden die Mobilisierungsprozesse in den Epizentren des Protests durch die Ereignisse an deren Peripherie beeinflusst. Persönliche Kontakte zwischen den verschiedenen Bewegungen und die Vermittlungsarbeit der Medien begünstigen dann die Entstehung von informellen interregionalen und transnationalen Netzwerken.[15] Jede Stadt hat einen anderen politischen und subkulturellen Hintergrund, vor dem sich die lokale Bewegung entfaltet. Jede Bewegung entwickelt eine eigene Identität, die sie auf keinen Fall durch den Zustrom von PolitaktivistInnen aus anderen Städten aufgeben will. Hilfsangebote aus anderen Städten sind solange willkommen, als die eigene Autonomie gewahrt bleibt. Wichtig für die Mobilisierung von Protest ist vor allem der Austausch von Erfahrungen auf den Ebenen der Ziele und Ideen, der Slogans sowie der Organisations- und Handlungsformen.[16]

Erfahrungen mit Militanz und Repression

Durch die Bewegung politisierte Jugendliche realisieren, dass eine Aufbruchstimmung lange anhalten und ein Gefühl der Zugehörigkeit und der Neuorientierung vermitteln kann. Angehörige der zweiten Generation von italienischen EinwandererInnen lernen sich durch die Bewegung besser kennen. Die Bewegung stellt eine gesellschaftliche Praxis dar, die den AktivistInnen eine Palette von Entfaltungsmöglichkeiten bietet: Sie können eine Bar oder eine Beiz betreiben, in Arbeitsgruppen

Wissenschaftliche Beiträge

mitarbeiten und bei Entscheidungen mitreden. Viele vertreten zum ersten Mal in der Öffentlichkeit ihre Anliegen, werden ihrer Rechte im Umgang mit Polizei und Justiz bewusst und sammeln Erfahrungen, wie mit Behörden und anderen VertreterInnen von staatlichen Institutionen am besten zu verhandeln ist. Der Umgang mit eigenen Medien, die Kommunikation nach aussen und die Vernetzung mit Gruppen in anderen Städten vermittelt das so sehnlich herbeigewünschte Gefühl von einem Leben im Hier und Jetzt.[17]

Zwiespältig sind die Erfahrungen in den autonomen Jugendzentren (AJZ), wo es oft ruppig zu und her geht. Viele werden desillusioniert und wenden sich von ihren idealistischen Positionen ab. In den AJZs gibt es keine gut funktionierenden Betriebsstrukturen, die Verantwortung ruht auf einigen wenigen AktivistInnen. Es gibt plötzlich unlösbare Konflikte: Wie werden die spärlichen Betriebsgelder verteilt? Wie begegnet man den bewaffneten Dealern von harten Drogen? Wie ist die Gewalt gegen Frauen zu verhindern? Immer wieder machen Frauen in der Achtziger Bewegung die Erfahrung, dass sie typische Frauenjobs übernehmen oder in diese von den Männern hineingedrängt werden. Zudem wird beklagt, dass immer mehr AktivistInnen von der Instandstellung und dem Betrieb der AJZs so sehr absorbiert werden, dass die weiteren Ziele der Bewegung aus den Augen verloren gehen. Das Prinzip «Alle machen alles» ist auf die Dauer wenig effizient; fähige Leute werden zurückgebunden und Mittelmässigkeit setzt sich durch. Ebenfalls als negativ wahrgenommen werden Machtgames, die Verschleierung von sozialen Unterschieden zwischen den verschiedenen Gruppen und Clans sowie eine tendenziell feindliche Haltung gegenüber StudentInnen und Intellektuellen. Nach dem Ende der Achtziger Bewegung im Jahr 1982 fallen viele in ein Loch, haben Mühe im Umgang mit der allgegenwärtigen Repression, sehen ihr soziales Netz zerstört und verlieren ihre politische Perspektive.

Den Jugendunruhen wird in allen Schweizer Städten mit scharfer Repression begegnet, da die Behörden Ruhe und Ordnung sowie den Schutz des Privateigentums bedroht sehen. Allein zwischen Mai 1980 und August 1981 sind in Zürich mehr als 3800 Personen festgenommen worden. Von den Verhafteten müssen schliesslich 200 als Angeklagte vor Gericht erscheinen. Neben einigen Freisprüchen werden Bussen zwischen 50 und 1000 Franken und vorwiegend bedingte Freiheitsstrafen zwischen 14 Tagen und 7 Monaten verhängt. Die Höchststrafe von 14 Monaten Gefängnis muss ein Aktivist absitzen, der als «Herr Müller» auf witzige Art und Weise eine Fernseh-Talkshow gesprengt hat und in der Zürcher Bewegung sehr populär geworden ist. Mit ihren Urteilen will die Justiz eine abschreckende Wirkung erzielen. Nur schon die Teilnahme an einer nichtbewilligten Kundgebung genügt, um den Tatbestand des Landfriedensbruchs zu erfüllen.[18]

Wie nehmen AktivistInnen ihr damaliges persönliches und gesellschaftliches Umfeld wahr und welche Erfahrungen machen sie mit den Medien, der Polizei und der Justiz? Positiv bewertet wird die direkte Unterstützung durch die eigene Familie, durch FreundInnen und Bekannte. Eltern machen sich Sorgen um das Wohlergehen ihrer Kinder, andere lehnen die Revolte ihrer Kinder radikal ab oder setzen sich kritisch mit ihnen auseinander. Eltern ohne Schweizerpass leben in Angst, da sie wegen der politischen und zum Teil illegalen Aktivitäten ihrer Kinder befürchten, ausgewiesen zu werden. Die öffentliche Meinung wird vorwiegend als verständnislos erlebt und für Jobber ist es schwierig, Arbeit zu finden.[19] Auch die politischen Behörden werden als ablehnend wahrgenommen. Ihnen wird mangelndes Fingerspitzengefühl im Umgang mit der schwer fassbaren Bewegung vorgeworfen.[20]

Die Offenheit des politischen Systems gegenüber den Forderungen der Achtziger Bewegung ist von Stadt zu Stadt verschieden.[21] Generell findet die Achtziger Bewegung aufgrund ihres unkonventionellen und militanten Auftretens nur wenige Verbündete im etablierten Politikbetrieb. Der gemässigte Flügel der Bewegung wird von den Behörden als Verhandlungspartner für die Nutzung von staatlichen Ressourcen halbwegs anerkannt, der sich radikalisierende militante Flügel hingegen erfährt wegen seiner Fundamentalopposition gegen Staat und Gesellschaft die volle Repression. Das politische System selbst bleibt trotz Rochaden zwischen sozialdemokratischen und bürgerlichen PolitkerInnen in den Lokalbehörden grundsätzlich stabil.

Die Zusammenstösse mit der Staatsgewalt sind traumatisch. Physische Verletzungen, Einkesselungen, Tränengas- und Gummigeschossangriffe, Verurteilungen und Zensur werden nicht so leicht vergessen gehen.[22] Die Bewegung in den verschiedenen Schweizer Städten reagiert auf die zunehmende Gewalt und wachsende Ohnmacht mit Wut und Militanz. In den Vollversammlungen geht es immer wieder um die Frage, ob und wenn ja, in welcher Form gewalttätiger Widerstand gegen die Staatsgewalt berechtigt sei. Generell wird Gewalt gegen Personen abgelehnt und

Wissenschaftliche Beiträge

Sachbeschädigung in jenen Fällen als legitim erachtet, wo staatliche Autorität den letzten Spielraum für friedliche Aktionen und Demonstrationen aufhebt.[23] Als die Repression obsiegt und die Bewegung ihre Mobilisierungskraft verloren hat, setzen sich in der Häuserkampfbewegung und im weiteren Kampf um autonome Kulturzentren in den verschiedenen Schweizer Städten wieder vermehrt witzige dadaistische Aktionsformen durch. Obwohl der militante Strassenkampf nach dem Niedergang der Bewegung deutlich an Anziehungskraft und Bedeutung verloren hat, gibt es vor allem im Umfeld des Häuserkampfs immer wieder kleine klandestin operierende Gruppen, die mit Anschlägen gegen Sachen die Aufmerksamkeit der Öffentlichkeit auf ihre Ziele erregen.

Die bewegten Achtzigerjahre

Die Achtziger Bewegung war insofern erfolgreich, als aus ihr eine Reihe von Nachfolgebewegungen entstanden, denen es während der Achtzigerjahre in mehreren Schweizer Städten gelang, selbstverwaltete Kulturzentren zu erobern und zu betreiben – einige auf Zeit und andere bis heute. Diese Zentren waren und sind Orte einer alternativen Kulturpraxis und stellen – wenn auch in bescheidenem Umfang – Arbeitsräume, Probe- und Auftrittsmöglichkeiten für freie Kulturschaffende sowie für politische Veranstaltungen zur Verfügung. Die Häuserbesetzerbewegung wurde ebenfalls durch die Achtziger Bewegung belebt und war ein wichtiger Teil von ihr. Die Einsicht, dass besetzte Häuser nicht einfach eine Nische für subkulturelle Lebensformen boten, sondern mit dem Kampf gegen die Zerstörung von städtischem Lebensraum durch Bodenspekulation und technokratische Grossprojekte zusammenhingen, geht wesentlich auf die Achtziger Bewegung zurück. Ebenfalls von der Achtziger Bewegung übernahmen die HäuserbesetzerInnen ihr unkonventionelles Handlungsrepertoire.

Auch das Lebensgefühl in der Alternativkultur der Schweiz der Achtzigerjahre wurde durch die Erfahrungen mit der Achtziger Bewegung und deren Niedergang geprägt: Festhalten an den eigenen Lebensentwürfen trotz widriger Umstände und Niederlagen, sich mit anderen Gruppen und Szenen vernetzen, um die eigenen Ziele doch noch zu verwirklichen.[24] Die freie Assoziation von autonomen Gruppen in losen Bewegungszusammenhängen bewährte sich, um nach der Auflösung der Achtziger

Bewegung die Niederlage zu verarbeiten. Viele, die keinen Rückhalt in einem sozialen Netz fanden, wurden drogensüchtig und stürzten ab oder gerieten in die Mühlen der Justiz und Psychiatrie.[25] Auch der Aufbau von Kulturzentren, unabhängigen Medienprojekten, freien Kulturgruppen und selbstverwalteten Betrieben war nur auf der Basis eines autonomen Handlungsverständnisses möglich, das durch die Achtziger Bewegung propagiert und eingeübt wurde. Gruppen und Projekte mussten bereit sein, Eigenverantwortung zu übernehmen. Der Umgang mit basisdemokratischen Arbeitsstrukturen setzte Ausdauer und Bereitschaft voraus, Widersprüche nicht nur auszuhalten sondern sich mit ihnen produktiv auseinander zu setzen.[26]

Äusserst wirksam war die Achtziger Bewegung in der Sensibilisierung der Gesellschaft für die Bedürfnisse und Anliegen einer neuen Generation von Jugendlichen. Lange nach 1968 wurden jugend- und gesellschaftspolitische Fragen wieder öffentlich diskutiert und auf die politische Agenda gesetzt: Wem dient Kultur, und wer bezahlt sie? Welchen Platz nehmen Jugendliche in der Gesellschaft ein? Wie soll die Gesellschaft auf die durch Protest und Krawall zum Ausdruck gebrachten, neuen Wohn- und Lebensbedürfnisse reagieren? Was trägt die Gesellschaft zur Marginalisierung von sozialen Gruppen bei, und wie kann dieser begegnet werden? Die Drogendebatte beschäftigte die schweizerische Öffentlichkeit während Jahren und beruhigte sich erst Mitte der Neunzigerjahre, als die politischen Behörden von Bund, Kantonen und Gemeinden neue Lösungen in der Drogenpolitik umzusetzen begannen.

Lebensläufe und Perspektiven

Viele AktivistInnen suchten nach ihren Lehr- und Wanderjahren im Bereich der Alternativkultur und der politischen Basisarbeit neue Positionen in der Privatwirtschaft, beim Staat, in den Gewerkschaften oder in den etablierten Organisationen, die aus den neuen sozialen Bewegungen der Siebzigerjahre entstanden waren (Umwelt-, Friedens- und Frauenpolitik). Diese schienen ihnen bessere Arbeitsbedingungen und berufliche Herausforderungen zu bieten und weniger zermürbende Gruppenprozesse. Andere jobbten, bildeten sich weiter oder gründeten eigene Unternehmen im kulturellen, sozialen und wirtschaftlichen Bereich. Nicht wenige der alternativen Kulturschaffenden professionalisierten sich und wurden anerkannte Filmemacher, Theaterschaffende, MusikerInnen und KünstlerInnen. Einen ähnlichen Weg sind viele Medienschaffende

Wissenschaftliche Beiträge

gegangen. Andere eröffneten Läden, wurden Gewerbetreibende oder sind in der Gastronomie tätig. Eine weitere Gruppe von AktivistInnen aus den Achtzigerjahren setzte das Projekt einer basisorientierten politischen Kultur- und Bildungsarbeit fort und nutzte dabei die damals eroberten Freiräume.

Welches Fazit ziehen ehemals Bewegte aus ihren Erfahrungen? Auf der persönlichen Ebene sind Ängste und Resignation zu spüren.[27] In jungen Jahren daran gewöhnt, sich in einem subkulturellen Netz zu bewegen, in dem sie sich geborgen fühlten, sehen sich viele der heute 35- bis 50-Jährigen mit der Vereinzelung und ungewissen Zukunftsaussichten konfrontiert. Diejenigen, die weiterhin in verschiedenen kulturellen und politischen Zusammenhängen engagiert sind, interpretieren die damalige bewegte Zeit als ein kreatives Lernfeld, von dem sie bis heute profitieren.[28] Opposition in der Gesellschaft verstehen sie als eine Haltung, die nicht nur geduldet sondern aktiv gefördert werden muss, damit sich die Gesellschaft verändert und offen auf neue Probleme und die damit verbundenen Konflikte reagiert.

Anmerkungen und Stichworte aus der Interviewserie

(1) Zur Bewegungsforschung vgl. Kriesi et al 1995, Melucci 1996 und Klein et al 1999.
Alle 15 Interviews (inkl. ein Interview mit dem Autor dieses Aufsatzes) ab S. 14.

(2) Interviewserie Stichwort «Wertevermittlung durch Eltern und Geschwister»:
Frauen sollen selbständig und unabhängig sein; sich keinen Illusionen im Leben hingeben; ein guter Mensch sein; Hilfsbereitschaft; Offenheit und Liberalität; die Bedeutung der Auseinandersetzung mit Kunst; Warnung vor einem Leben mit Drogen; eine leichte und spielerische Haltung im Leben; Gerechtigkeit; sich mit seinen Fehlern akzeptiert fühlen; Vertrauen erfahren und Vertrauen schenken; früh selbständig werden; eine gute Ausbildung; politische Diskussionen am Familientisch; Toleranz; ein gutes Vorbild sein; Einfühlungsvermögen; sich in einer fremden Umgebung zurechtfinden und durchsetzen können; Geradlinigkeit und Ehrlichkeit.
Negative Erinnerungen: eine schwierige Trennung der Eltern; Isolationserfahrungen durch Migration; schmerzliche Erfahrung mit einem autoritären Erziehungsstil der Eltern oder eines Elternteils.

(3) Interviewserie Stichwort «Rebellion in der Schule»:
Ich hatte eine schlimme Lehrerin; meine Familie erhielt Drohungen vom Jugendamt; ich wurde als Ausländer angeschaut; mir wurde bedeutet, dass ein Kind aus der Arbeiterschicht nicht ans Gymnasium gehört; es kommt nicht auf gute Noten an, sondern ob du gefördert wirst; ich hatte einen repressiven Lehrer; es gab sinnlose Kleidervorschriften; ich entwickelte eine rebellische Seite; ich wollte nicht mehr dazugehören; ich führte den Minirock und angemalte Fingernägel ein; ich war Ausseinseiterin und las viel; ich machte in der Schule nicht richtig mit; ich war eine kritische Schülerin; ich sass nicht auf dem Maul; ich habe mich so durchgebracht; ich musste mich wehren; ich erlebte im Gymnasium eine aufmüpfige Zeit; wir hielten uns nicht an die Verbote, sondern nervten die Lehrer; ich ging nicht gern zur Schule; ich hatte kein Verständnis für die Geschichte der Römer und Griechen; Ausbruch aus dem engen geistigen Korsett der Schule durch Malerei und Literatur.

(4) Interviewserie Stichwort «Politisierung»:
Demonstrantionen gegen den Vietnamkrieg; eine Kampagne für die Legalisierung von Cannabis; der Song «Keine Macht für niemand!» von der Gruppe «Ton, Steine, Scherben»; Fernsehbilder über die 68er-Ereignisse; ein Praktikum an einer Frauenberatungsstelle für MigrantInnen; die Frauenbefreiungsbewegung; Simone de Beauvoir; die solidarische Unterstützung durch die eigene Mutter in einem Gerichtsfall; Kontakte in die Anarchoszene; Mitwirkung an einer Underground-Publikation; Musik von Baez, Cohen und Dylan; Bücher von Hesse; heimliches Paffen; in Venezuela die Armut kennen lernen; Auseinandersetzung mit der Stellung der Juden in der Welt; ein Boykott gegen die Hauswirtschaftsschule; ein Buch über die Isolierung der Gefangenen der RAF in Deutschland; der Hungertod von RAF-Mitglied Holger Meins, die Armut der Schwarzen in den USA; Bob Marley.

(5) Interviewserie Stichwort «Politisierung» (Fortsetzung):
Gründung einer eigenen Gruppe in einem Jugendhaus; ich wurde von Studenten über Bücher politisiert; ich begann, den Punk zu entdecken; ich zog von zu Hause aus; Leben in einer WG: mein Geld mit anderen teilen; als junge Hortnerin stiess ich mit meinen Ideen auf Beton; ich lernte ein lustiges Konglomerat von Leuten kennen; Kommunenleben; ich begann, mich für neue Wohnformen zu interessieren; Leben in einer Clique; in der Jugendszene herumziehen; Kiffen, Erotik entdecken; ich begann, die materiellen Güter zu relativieren; Aufbau einer Mädchen-Gruppe in der Frauenbefreiungsbewegung; Mitarbeit im «Maulwurf», der Jugendorganisation der Revolutionären Marxistischen Liga; wichtig war mir nicht die Ideologie, sondern der Zusammenhalt in der Gruppe; Engagement für Benachteiligte und Entrechtete; Nacht-und-Nebel-Sprayaktionen gegen die Staatswillkür; Kampf gegen Autoritäten; Kleinkrieg gegen «die-da-oben»; ich wurde zu einem Ausgestossenen; antiautoritäres Verhalten und Agitation an der Mittelschule.

(6) Melucci 1996: 118ff.

(7) Hall et al: 1976.

(8) Interviewserie Stichwort «Motive für Jugendprotest»:
Kampf für Freiräume; Sehnsucht nach einer anderen Welt; lustvoll leben; das System aufweichen; unmittelbar heute etwas erreichen und nicht erst morgen; ein Leben im Kollektiv, in einer Sippe, in Netzwerken; keine Chefs, es kommt auf alle an; jeder soll zu seinem Recht kommen; autonome Jugendzentren, wo nicht nur konsumiert wird, sondern von denen aus politische Arbeit möglich ist; für eine freie Universität.

(9) Über die Inszenierung von Protest siehe «Framing-Ansatz» bei Snow et al 1988: 197–217.

(10) Dies ist eine persönliche Einschätzung aufgrund meiner Arbeit als Action Researcher in der Gruppe «Rock als Revolte» in Zürich und meiner Rolle als Sympathisant und teilnehmender Beobachter während der Jugendunruhen. (Vgl. das Interview von Stephan Ramming auf S. 111)

(11) Eine Interpretation aus politologischer Sicht gibt Hanspeter Kriesi über die Achtziger Bewegung in Zürich: Kriesi:1984. Vgl. in diesem Buch auf S. 306.

(12) Kriesi et al 1995: 135.

(13) Kriesi et al 1995: 181ff.

(14) Melucci 1980: 183.

(15) Interviewserie Stichwort «Interregionale und internationale Mobilisierung»:
Einfluss vom Zürcher Opernhaus-Krawall (Bern); ich schaute gerade Tagesschau, als vom Opernhaus-Krawall in Zürich berichtet wurde (Basel); wir hatten Kontakte mit Bewegten aus anderen Städten (St. Gallen); die Tessiner hatten Kontakt zu den italienischen Autonomen, zu den roten Universitäten in Padova und Bologna; ich fuhr für ein paar Monate nach Berlin und lebte in Kreuzberg bei den HäuserbesetzerInnen (Schaffhausen); ich pflegte weiterhin Kontakt zu den Leuten vom «Hirscheneck» in Basel (Luzern); der Videofilm über den Opernhaus-Krawall wurde in mehreren Schweizer Städten und in Deutschland gezeigt.

Wissenschaftliche Beiträge

(16) Interviewserie Stichwort «Erfahrungsaustausch zwischen den Bewegungen»:
Wir waren wie eine Sippe und halfen einander aus, aber es war kein «Polittourismus»; in St. Gallen hatten wir unseren eigenen Stil; in Bern war die Stimmung unbeschwerter als in Basel und Zürich – man musste mehr zusammenarbeiten, weil die Szene kleiner war; im Herbst 1981 besetzten wir in Schaffhausen ein Haus, wenn wir nicht fünfzehn Leute gewesen wären, die seit 1980 in der Bewegung engagiert waren, hätten wir die Schaffhauser nie dazubringen können, uns dieses Haus zu geben; in Basel existierte bereits ein Frauenkafi, diese Idee nahmen wir später im Widder in Luzern auf; im Netzwerk für selbstverwaltete Betriebe gab es spannende Auseinandersetzungen zwischen 68er-Veteranen und 80er Bewegten; aus Zürich beeindruckte mich die Untergrundzeitschrift ‹Stilet›; in Zürich fühlte ich mich als Beobachterin. Ich kam nicht in den Kuchen hinein, du musstest den richtigen Slang haben, vieles lief nonverbal ab; in Luzern entwickelte sich eine eigene HäuserbesetzerInnen-Szene.

(17) Interviewserie Stichwort «Positive Erfahrungen mit der Bewegung»:
Traum von der grossen Gemeinschaft; das AJZ als Familienersatz; ich lernte viele Zweit-Generation-ItalienerInnen wie ich kennen; das Kiffen war wichtig; das AJZ als Ort, wo man mitten im Leben stand; das AJZ als Aktionsraum ohne starre hierarchische Strukturen; die Bewegung brachte meinen uralten Groll und Hass aufs Ganze zum Ausdruck, sie war ein Aufschrei; ich war bei Verhandlungen mit Behördevertretern und Sozialarbeitern dabei; Auseinandersetzung mit Halbstarken, die im AJZ alles kurz und klein schlugen, aber wir redeten mit ihnen und sie stellten ihre Störaktionen ein; wir putzten im AJZ und liessen uns das von den Junkies nicht verbieten – wir machten was wir wollten; ich lernte Leute kennen; ich tanzte ganze Nächte durch; die Auseinandersetzungen mit der Polizei schweissten uns zusammen; bei den Hausbesetzungen sammelte ich viele Erfahrungen: Umgang mit den Bullen; welches sind die Fristen bei Räumungsbefehlen; Vollversammlungen als Mittel, um uns zu organisieren und Entscheide zu fällen; mobilisieren von Unterstützung (Juristen, Intellektuelle, Aktivisten aus anderen Städten).

(18) «Tages-Anzeiger». Zürich 8.5.2000. In diesem Buch S. 191.

(19) Interviewserie Stichwort «Reaktionen aus dem familialen und gesellschaftlichen Umfeld»:
Meine Mutter liess mich ziehen und unterstützte uns im besetzten Haus mit Zigaretten; ich ging immer wieder nach Hause zum Essen; mein Vater hatte Angst, ausgewiesen zu werden, wenn ich verhaftet worden wäre; zu Hause gab es Krach wegen politischer Diskussionen; die Eltern machten sich Sorgen; in der Öffentlichkeit wurden wir über einen Kamm geschert: grusigi Sieche, Kriminelle, Clochards; im Quartier waren wir als Kommune verschrien; im Quartier hatte es Leute, die gegen uns waren wegen des Lärms; Passanten auf der Strasse warteten nur, um zupacken zu können, wenn sich jemand was zuschulden kommen liess; es war schwierig, Arbeit zu finden: «Aha! Du gehörst auch zu denen!»

(20) Interviewserie Stichwort «Reaktionen von den politischen Behörden»:
Die Stadtbehörden hätten es kommen sehen müssen; das Verhandlungsergebnis mit den Behörden war ein Kuhhandel; wir erhielten einen Raum und hatten nun ruhig zu sein; wir Jungen hatten null Vertrauensbonus; der Regierungsrat fuhr mit schwerem Geschütz gegen die Ethnologen auf; die Stadtregierung liess die Polizei hemmungslos auf DemonstrantInnen los; einmal gab es eine Verhaftung von 300 bis 400 DemonstrantInnen, weil die Behörden herausfinden wollten, woher diese Bewegung kam; die Radikalen (Freisinnigen) waren bei uns in Lausanne an der Macht und betrachteten uns als Abschaum – als petits merdeux.

(21) Vgl. dazu den Aufsatz von Tackenberg/Wisler auf S. 369.

(22) Interviewserie Stichwort «Repression»:
Ich erhielt eine bedingte Gefängnisstrafe; ich habe heute noch Angstträume; ich sass immer wieder in Präventivhaft; Einkesselung durch die Polizei, Verhaftungen, Ängste, Busse wegen Landfriedensbruch; als Italienerin hatte ich Angst vor Ausschaffung; der Justizapparat investierte viel, um die Leute verurteilen zu können; die, welche sich den Prozessen

verweigerten, wurden härter bestraft; systematischer Einsatz von Tränengas und Gummigeschossen; schlimme Kopf- und Augenverletzungen; südamerikanische Zustände; Beschlagnahmung von Videoaufnahmen durch die Staatsanwaltschaft; Berufsverbote; an den Mittelschulen und an der Uni herrschte ein repressives Klima.

(23) Exkurs: Die Diskussion um das Widerstandsrecht hat in Europa eine lange Tradition. Die Stellung der Reformatoren zum Widerstandsrecht war uneinheitlich: Während Calvin, Melanchthon und Zwingli ein aktives Widerstandsrecht in engen Grenzen und mit unterschiedlicher Begründung und Abstufung anerkannten, lehnte Luther es anfangs grundsätzlich ab und liess es später nur ausnahmsweise zu. Mit der amerikanischen Declaration of Independance und der Französischen Revolution mündete das Widerstandsrecht in die Bewegung der Menschen- und Grundrechte. Der deutsche Rechtspositivismus des 19. Jahrhunderts liess für ein Widerstandsrecht keinen Raum, da dessen Geltung über dem gesetzten Recht stehender Normen abgelehnt wurde. Die Rechtssysteme in den USA, Frankreich, Grossbritannien hielten hingegen am Widerstandsrecht grundsätzlich fest, begrenzten es aber unterschiedlich. Politische Bedeutung gewann das Widerstandsrecht wieder im 20. Jahrhundert, einerseits vor allem durch die neuartigen Phänomene des Unrechtsstaats und des Totalitarismus, die dem Gedanken des ethisch berechtigten Widerstands zu neuer Geltung verhalfen (Vgl. dazu Meyers Enzyklopädisches Lexikon 1979; Stichwort «Widerstandsrecht»). Seit 1968 wird in den neuen sozialen Bewegungen das Widerstandsrecht gegen alle Formen von Diskriminierung immer wieder neu diskutiert. Die Frage der dabei angewandten Mittel bleibt umstritten.

(24) Interviewserie Stichwort «Positive Auswirkungen der Achtziger Bewegung»:
Prägend war dieses Heimatgefühl, mich dazuzugehörig zu fühlen; trotz Repression blieb ich ungebrochen; Verbundenheit und lange Freundschaften waren für mich wichtig; das Gefühl am Puls der Zeit zu sein; ich erlebte spannende Auseinandersetzungen mit Politik und Zeitgeschehen; die Unruhen und Veränderungen hatten auch eine fröhliche Seite; ich hatte Freude am Unkalkulierbaren; es war eine genüsslich-verschwenderische Art, mit dem Leben umzugehen; in den Tag hineinleben; nur so viel arbeiten, wie ich zum Leben brauchte.

(25) Vgl. dazu das Interview von Fredi Lerch mit Franz L. Meier in diesem Buch auf S. 70 und die beiden Interviews mit Christian Aebli (S. 75) und Claude Hentz (S. 86).

(26) Interviewserie Stichwort «Kollektiv»:
Ich hatte schliesslich genug von den immer gleichen Diskussionen; am Anfang hatten wir in unserer Beiz naive Vorstellungen: kein Konsumationszwang und durchmischtes Publikum; Einsicht, dass ein Kollektiv am besten funktioniert, wenn Eigenverantwortung des einzelnen ermöglicht wird; gute Erfahrungen mit Supervision; wir wollten nicht etabliert sein und mussten doch schauen, dass alles rund lief; von Zeit zu Zeit musste ich jegliche Verantwortung einfach abstreifen können; das macht es schwierig: alle bringen verschiedene existenzielle Voraussetzungen mit; visionäre und gesellschaftlich kreative Menschen überleben in Netzwerken.

(27) Interviewserie Stichwort «Fazit»:
Angst, das soziale Netz zu verlieren, falls ich mich einmal zurückziehen sollte; Wut ist etwas, das ich nicht mehr kultiviere; weiterhin keine Luftschlösser bauen, sondern im Moment leben; meinen Sohn mit meinem unkonventionellen Verhalten nicht in eine konservative Haltung drängen; es ist weiterhin schwierig, mit idealistischen Unternehmungen Geld zu verdienen; je unzufriedener man ist, desto gefährlichere Riskien geht man ein; ich muss weiterhin aufs Geld schauen, weil ich nicht etabliert bin; ich arbeite viel mehr als früher.

(28) Interviewserie Stichwort «Fazit» (Fortsetzung):
Das Gefühl, dass man etwas bewirken kann; es lohnt sich, sich zu wehren, sich für etwas einzusetzen; ich konnte mein Erfahrungsspektrum erweitern; die Bewegung war besser als jeder Staatskundeunterricht; ich dachte nicht, dass diese Bewegung solch lange Auswirkungen auf mein Leben haben sollte; mit anderen etwas durchziehen, das ist mir geblieben; heute braucht es wieder solche Impulse, von neuen Leuten und auf ihre Art; Widerstand ist heute

Wissenschaftliche Beiträge

notwendig, weil Reaktionäres als modern verkauft wird; die Grundangst vor Systemkritik überwinden, damit Neues entstehen kann; es ist wichtig, sich konkrete Ziele zu setzen und diese durchzuziehen; die Gesellschaft muss fähig sein, sich zu verändern.

Literatur

Hall, Stuart und Jefferson, Tony (Ed.)
Resistance Through Rituals. Youth Sub-Cultures in Post-War Britain. London 1976.

Klein, Ansgar/Legrand, Hans-Josef/Leif, Thomas (Hrsg.)
Neue Soziale Bewegungen. Impulse, Bilanzen und Perspektiven. Opladen/Wiesbaden 1999.

Kriesi, Hanspeter.
Die Zürcher Bewegung. Bilder, Interaktionen, Zusammenhänge. Frankfurt/Main 1984.

Kriesi, Hans-Peter/Koopmans, Ruud/Duyvendak, Jan Willem/Giugni, Marco G.
New Social Movements in Western Europe. A comparative Analysis. Minneapolis 1995.

Melucci, Alberto
Challenging codes: collective action in the information age. Cambridge University Press 1996.

Snow, David A./Benford, Robert D.
Ideology, Frame Resonance, and Participant Mobilization. In: Klandermans, Bert (Ed.). *International Social Movement Research.* Vol. 1. 1988. S. 197–217.

Wisler, Dominique/Tackenberg, Marco
The Role of the Police. Image or Reality? In: Bessel, Richard/Emsley, Clive. *Patterns of Provocation. Police and Public Disorder.* New York und Oxford 2000. S. 121–143.

Wir wollen die ganze Stadt!
Die Achtziger Bewegung und die urbane Frage
*Christian Schmid**

Die Entwicklung heutiger Weltstädte ist ein widersprüchlicher Prozess. Auf der einen Seite transformieren sie sich zu globalen Macht- und Entscheidungszentren. Auf der anderen Seite sind sie Orte, an denen die Möglichkeiten und die Kreativität einer Gesellschaft zusammenkommen, wo gesellschaftliche und kulturelle Differenzen sich erkennen, anerkennen und auf diese Weise fruchtbar werden (Lefebvre 1968, 1972). Städte bilden also eine gesellschaftliche Ressource, sie ermöglichen den Zugang zu den wirtschaftlichen, sozialen und kulturellen Reichtümern einer Gesellschaft. Die urbane Frage besteht nun darin, welche sozialen Gruppen Zugang zu den Ressourcen einer Stadt haben und welche von diesen Ressourcen ausgeschlossen bleiben. Die Achtziger Bewegung in Zürich ist das Beispiel einer urbanen Bewegung, die mit Vehemenz für ihr «Recht auf die Stadt» gekämpft hat.

Metropolenträume

Während mehr als einem Jahrhundert war der Urbanisierungsprozess in der Schweiz durch eine stadtfeindliche Haltung gekennzeichnet (Marco et al. 1997, Hofer 1998). Bis heute bedeuten grosse Städte und urbanes Leben für breite Kreise der Bevölkerung eine Gefährdung ihrer regionalen und lokalen Interessen oder gar eine Bedrohung ihrer nationalen Identität. In Zürich wirkte diese stadtfeindliche Haltung besonders in den Nachkriegsjahrzehnten prägend: Während sich die Limmatstadt zum dominierenden wirtschaftlichen Zentrum der Schweiz entwickelte, versuchten Behörden und Bevölkerung von Stadt und Kanton, die Ausdehnung der Stadt zu begrenzen und ihren kleinstädtischen Charakter zu bewahren. In der Folge verlagerte sich der Urbanisierungsprozess in die Agglomeration, wo verstreut und kaum koordiniert Wohnsiedlungen und Einfamilienhauszonen entstanden.

Erst gegen Ende der Sechzigerjahre wurde diese Haltung durchbrochen: Eine Wachstumskoalition, die von Wirtschaftskreisen bis hin zur Sozialdemokratie reichte, wollte aus Zürich eine «moderne» Metropole machen. Die damaligen Pläne umfassten ein dichtes Netz von Schnellstrassen und innerstädtischen Autobahnen[1], ein U- und

Wissenschaftliche Beiträge

S-Bahn-System sowie ein städtebauliches Projekt für eine moderne City-Erweiterung. Angrenzend an die bestehende City zwischen Bahnhofstrasse und Sihl sollte im Kreis 4, rund um die Kaserne, eine Art Klein-Manhattan entstehen (Blanc 1993, Hitz/Schmid/Wolff 1995a). Doch als diese Pläne in ihre Realisierungsphase traten, wurden sie durch veränderte soziale und politische Verhältnisse bereits wieder infrage gestellt.

Der Kampf gegen die Stadtzerstörung

In den Sechzigerjahren waren die Schattenseiten der Urbanisierung bereits an vielen Orten erfahrbar geworden: Die Städte entwickelten sich zu funktional entmischten, rational durchorganisierten «Reproduktionsmaschinen» (Hitz/Schmid/Wolff 1995b), der öffentliche Raum wurde vom Verkehr überflutet, die Wohnbevölkerung der Innenstädte aus ihren angestammten Quartieren verdrängt, und in den Vorstädten und Agglomerationsgemeinden – mit ihren Einfamilienhauszonen und Blocksiedlungen – machte sich Langeweile und Entfremdung breit. Kritische Intellektuelle diagnostizierten eine «Krise der Stadt»: In den USA stellte Jane Jacobs (1961) den modernen Städtebau an den Pranger, und in Deutschland prägte Alexander Mitscherlich den Begriff der «Unwirtlichkeit unserer Städte» (Mitscherlich 1965).

Die städtische Krise bildete einen wichtigen, wenn auch selten thematisierten Ausgangspunkt der 68er-Bewegung. Diese Bewegung beschränkte sich nicht auf eine Kritik der allgemeinen gesellschaftlichen Verhältnisse, sondern kämpfte auch gegen die rigide und repressive soziale Kontrolle im städtischen Alltagsleben und setzte sich für die Schaffung von nichtkommerziellen Treffpunkten und Kulturräumen ein. Das spektakulärste Beispiel für eine «Rückeroberung» der Stadt war der Mai 68 in Paris, der von Henri Lefebvre (1968) bereits damals als eine urbane Revolte bezeichnet und analysiert wurde.

Auch in Zürich bildete der Kampf für eine «andere Stadt» einen wichtigen Aspekt der 68er-Bewegung. Bezeichnenderweise wurde die Forderung nach einem Autonomen Jugendzentrum im leer stehenden ehemaligen Provisorium des Warenhauses Globus an der Bahnhofbrücke – im Herzen der Stadt – zum lokalpolitischen Ausgangspunkt der Auseinandersetzungen. Als die Polizei versuchte, eine Demonstration vor dem Globus-Provisorium gewaltsam aufzulösen, kam es am 29. Mai 1968 zum

«Globus-Krawall», den schwersten Strassenschlachten in Zürich seit den Dreissigerjahren. Zwei Jahre später besetzten AktivistInnen der Bewegung einen leer stehenden militärischen Verteidigungsbunker unter dem Lindenhof – ebenfalls im Zentrum der Stadt – und betrieben für kurze Zeit das erste autonome Jugendzentrum Zürichs, die sogenannte «Autonome Republik Bunker».

In den folgenden Jahren verbreitete sich das Unbehagen, und verschiedenste Aspekte der Stadtentwicklung und des städtischen Lebens kamen ins Kreuzfeuer der Kritik. Mit spektakulären Hausbesetzungen an der Venedigstrasse (1971) und am Hegibachplatz (1974) kämpfte die autonome Linke nicht nur gegen Wohnungsnot und

Spekulation, sondern auch gegen die City-Ausdehnung und die Verödung der städtischen Kultur. Linksliberale und universitäre Kreise nahmen die geplanten innerstädtischen Autobahnen (das «Expressstrassen-Ypsilon») unter Beschuss und machten das im Bau befindliche Teilstück der Sihlhochstrasse zwischen Brunau und Sihlhölzli – deren Stützpfeiler gerade in den Flussschotter gerammt wurden – zum Symbol von Stadtzerstörung. An der Architekturabteilung der Eidgenössischen Technischen Hochschule (ETH) begannen die StudentInnen, Marx zu lesen und den fordistischen Massenwohnungsbau zu analysieren (Autorenkollektiv 1972). Der neue Schweizer Film entdeckte die Wohnfrage und den Städtebau[2]. Mitglieder der «Zürcher Arbeitsgruppe für Städtebau» (ZAS) organisierten im Kunstgewerbemuseum (heute: Museum für Gestaltung Zürich) die Ausstellung «Zürich plant – plant Zürich?», an der sich auch das städtische Tiefbauamt beteiligte (Schilling 1971, 1986). Im neu gegründeten «Tages-Anzeiger-Magazin», der Wochenendbeilage der grössten Zürcher

Wissenschaftliche Beiträge

Tageszeitung, kritisierten junge JournalistInnen, PlanerInnen und ArchitektInnen die unterschiedlichsten Aspekte der Stadtentwicklung.

Durch das System der direkten Demokratie wirkte sich dieses Unbehagen unmittelbar auf die realpolitische Ebene aus. Zwischen 1970 und 1974 scheiterten praktisch alle Projekte für den Bau von Strassen und Parkhäusern an den Urnen, und einige Grossprojekte wurden aufgrund der negativen Stimmungslage bereits vor der Abstimmung zurückgezogen.[3] Zum Waterloo für die Wachstumskoalition wurde schliesslich die Volksabstimmung über den Bau einer U- und S-Bahn von 1973, die noch wenige Monate vor dem Abstimmungstermin als unbestritten galt. Mit starker Mehrheit wurde die Vorlage in Stadt und Kanton verworfen. Diese Abstimmung markierte eine Trendwende in der Stadtentwicklung Zürichs. Da die U-Bahn das Rückgrat der Modernisierungspläne gebildet hatte, war mit ihrem Scheitern der bisherigen Politik die Grundlage entzogen. Im politischen Establishment machte sich Verunsicherung über den weiteren Kurs der Stadtentwicklung breit (Blanc 1993).

Ein territorialer Kompromiss

Mitte der Siebzigerjahre setzte eine Wirtschaftskrise ein, die eine tiefgreifende ökonomische Restrukturierung nach sich zog. Im Zuge der Internationalisierung der Finanzmärkte entwickelte sich in Zürich eine «Headquarter Economy», die sich auf die Verwaltung und Kontrolle globaler Finanzströme spezialisierte. Damit stieg Zürich in die Liga der «Global Cities» auf. Mit diesem Begriff bezeichnet die Stadtforscherin Saskia Sassen (1996) diejenigen Städte, die innerhalb der globalisierten Ökonomie spezifische Steuerungs- und Kontrollaufgaben erfüllen. Die Kontrolle der globalen Ökonomie ist nicht eine abstrakte Grösse, sondern ein konkreter Produktionsprozess, der an ganz bestimmten Orten stattfindet: den Global Cities als strategischen Knoten eines global vernetzten Produktionssystems.

Mit dem Aufstieg Zürichs zur «Global City» zeichnete sich in der Frage der Stadtentwicklung eine Polarisierung ab: Der Bedarf des Finanzplatzes nach zusätzlichen, zentral gelegenen Büroflächen und nach dem weiteren Ausbau der Verkehrsinfrastruktur kollidierte mit den Bedürfnissen von breiten Kreisen der Stadtzücher Bevölkerung nach günstigen Mietzinsen und besserer Wohnqualität. In der Folge kristallisierten sich in der Stadtentwicklungspolitik zwei gegnerische Lager heraus:

Auf der einen Seite bildete sich eine neue Modernisierungskoalition aus Vertretern der bürgerlichen Parteien, der Wirtschaft, dem Gewerbe und Teilen der Gewerkschaften. Auf der anderen Seite formierte sich eine brüchige Allianz, die eine Stabilisierung der Stadtentwicklung anstrebte. Sie reichte von der Sozialdemokratie, die sich unter dem Einfluss der 68er-Generation von den früheren Modernisierungskonzepten abgewandt hatte, bis zu MieterInnen- und Umweltorganisationen, Quartiergruppen und Abstimmungskommittees. Interessanterweise deckten sich die Anliegen der Stabilisierungsallianz in manchen Punkten mit den Interessen konservativer Kreise, die sich mit heimatschützerischen und ordnungspolitischen Argumenten ebenfalls gegen zu einschneidende Modernisierungspläne wandten (Kipfer 1995).

Die Auseinandersetzung zwischen den beiden Lagern blieb für die Stadtentwicklung Zürichs bis in die Neunzigerjahre bestimmend. Beide Seiten konnten Erfolge vorweisen, doch keine vermochte sich durchzusetzen.[4] Das Resultat der jahrelangen Auseinandersetzungen kann als ein «territorialer Kompromiss» interpretiert werden: Er bedeutete eine Abkehr von den radikalen Modernisierungsstrategien der Sechzigerjahre, ohne jedoch die Globalisierung Zürichs und die wirtschaftliche Dynamik der Stadtentwicklung grundsätzlich infrage zu stellen (Hitz/Schmid/Wolff 1995a, Schmid 1996).

Da den Expansionsmöglichkeiten in der City Grenzen gesetzt wurden, begannen Dienstleistungsunternehmen und Banken ihre Büros an anderen Standorten zu errichten, zunächst in frei werdenden Industriezonen innerhalb der Stadt, in den Achtzigerjahren zunehmend auch in der urbanen Peripherie.[5] An den verschiedensten Orten der Agglomeration entstanden neue City-Satelliten – strategische Knoten der Headquarter Economy. Auf diese Weise bildete sich eine neue Konfiguration des Städtischen heraus: die «urbane Region». Die urbane Region entspricht nicht mehr den klassischen Formen von «Stadt» oder «Agglomeration» und stellt keine kohärente Einheit dar; sie ist ein fragmentiertes, polyzentrisches Gebilde, das durch ausgedehnte Verkehrs- und Kommunikationsnetze zu einem übergreifenden Ganzen verknüpft wird (Hitz/Schmid/Wolff 1995b, Lehrer 1995).

Im Licht dieser Entwicklung erwies sich der territoriale Kompromiss als zweischneidig. Einerseits gelang es teilweise, in den innerstädtischen Wohnvierteln einen vielfältigen Alltagsraum zu erhalten, ein urbanes Refugium mit sozialen Netzen und

Wissenschaftliche Beiträge

Treffpunkten; anderseits etablierte sich eine enge, defensive Konzeption des Städtischen, die an die stadtfeindliche Haltung der Nachkriegszeit anknüpfte und sich auf Erhaltung und Bewahrung beschränkte. Gerade diese Haltung sollte zum Ausgangspunkt eines neuen, ungleich heftigeren Konfliktes werden.

Die urbane Revolte

Die Politik des territorialen Kompromisses enthielt keine visionären Perspektiven. Alternativkultur galt als subversiv und wurde praktisch nicht gefördert. Wie ein roter Faden zieht sich durch die Siebzigerjahre die Eliminierung von subkulturellen Freiräumen und der behördlich angeordneten Schliessung von Treffpunkten und Restaurants – meist unter dem Vorwand, dass an diesen Orten Drogen konsumiert würden (vgl. Altherr/Stemmle 1980). So kollidierten der wirtschaftliche Aufschwung und die damit verbundene ökonomische Globalisierung mit dem provinziellen politischen und kulturellen Klima Zürichs, mit kleinstädtischer Enge und einem eklatanten Mangel an städtischen Lebensformen. Als im Herbst 1979 das Polyfoyer, einer der letzten Orte für nichtkommerzielle Rockkonzerte, geschlossen wurde, war im kulturellen und sozialen Leben der wirtschaftlich prosperierenden Limmatmetropole der Tiefpunkt erreicht.

Diese Situation wurde zum Auslöser der urbanen Revolte: Als die Polizei am 30. Mai 1980 eine Demonstration vor dem Opernhaus, die sich gegen die städtische Kulturpolitik richtete, gewaltsam auflösen wollte, kam es zum «Opernhaus-Krawall».[6] Die während Jahren aufgestaute Unzufriedenheit brach plötzlich auf, die «Kulturleichen dieser Stadt»[7] forderten tatkräftig die Einlösung des «urbanen Versprechens», das die aufstrebende Wirtschaftsmetropole laufend abgab, aber nie einlöste. (Lüscher/Makropoulos 1984.)[8] Zwei Jahre lang wurde Zürich von Strassenschlachten von bis dahin nie gekannter Heftigkeit erschüttert.

Die Achtziger Bewegung wird oft als «Jugendbewegung» bezeichnet. Diese Zuschreibung übersieht indessen die breite Front der damaligen Unzufriedenen und die grosse Vielfalt von Gruppen und Personen, die an der Achtziger Bewegung in der einen oder anderen Form beteiligt waren. Eine wichtige Rolle spielte die Gruppe «Rock als Revolte», die sich für nichtkommerzielle Punk- und Rockkonzerte einsetzte. Eine relativ heterogene Gruppe von mehr oder weniger etablierten KünstlerInnen und KulturarbeiterInnen forderte Kulturräume und einen angemessenen Anteil an den städtischen Kultursubventionen. Politische Erfahrung und organisatorisches Know-how brachten politische AktivistInnen ein, die bereits in den städtischen Auseinandersetzungen der Siebzigerjahre oder der Anti-Atomkraftwerk-Bewegung beteiligt waren. Dazu kamen Jugendliche, die ein Jugendzentrum forderten; bereits 1978 hatten sie das Schindlergut besetzt und für einige Monate als provisorisches Jugendhaus geführt. Viele andere stiessen spontan zur Bewegung: Studierende, Lehrlinge, Wohnungssuchende, bis hin zu Leuten von der Gasse.

Die Radikalität der Revolte, die Wiederaneignung des öffentlichen Raumes, die Explosion von Kreativität in all ihren Ausdrucksformen, von Happenings über Graffitis bis zu Grafik und Video, zielte direkt ins Herz des öffentlichen Lebens, der städtischen Politik und Kultur: «Wir wollen die ganze Stadt!» Mit diesem Leitspruch formulierte die Achtziger Bewegung offensiv den Anspruch auf eine für alle zugängliche städtische Öffentlichkeit. In letzter Konsequenz forderte die Bewegung nichts weniger als eine neue urbane Kultur.

Vom Lauf der Ereignisse völlig überrollt, stellten die Stadtbehörden Ende Juni 1980 ein leerstehendes Fabrikgebäude hinter dem Bahnhof für ein Autonomes Jugendzentrum (AJZ) zur Verfügung. Sogleich wurde das AJZ zum Treff- und Stützpunkt der Bewegung, zum Schauplatz von turbulenten und tumultuösen Vollversammlungen, von legendären Highlights und fürchterlichen Abstürzen, zum Schreckgespenst der bürgerlichen Öffentlichkeit. Im September 1980 von den Stadtbehörden unter nichtigem Vorwand geschlossen, im April 1981 unter dem Druck der Strasse erneut eröffnet, gelang es noch einmal für einen kurzen Sommer, das AJZ zum Leben zu erwecken, bis es an den internen und externen Problemen zerbrach, in Agonie und Drogenelend versank, von der Bewegung aufgegeben und schliesslich im März 1982 auf Anordnung der Stadtbehörden abgebrochen wurde.

Nach knapp zwei Jahren war die Revolte zusammengebrochen, zerrieben zwischen inneren Widersprüchen und einer repressiven Antwort des Staates, die sich kaum von der Politik in anderen europäischen Städten wie Amsterdam oder Frankfurt unterschied. In den Lokalwahlen von 1982 wurde diese Politik mit der Festigung der bürgerlichen Hegemonie honoriert.

Wissenschaftliche Beiträge

Zürich als Weltstadt

Das Ende des AJZ und der Zusammenbruch der Revolte bedeuteten für viele Bewegte eine bittere Niederlage. Doch in den folgenden Jahren zeigten sich die Früchte der Achtziger Bewegung: in der Kulturpolitik, im Alltagsleben und im öffentlichen Raum. Die Breite der Bewegung und nicht zuletzt die gravierenden Auswirkungen der Strassenkrawalle auf das Image des Finanzplatzes Zürich bewogen die Stadtbehörden nach der Zerschlagung der Revolte zu einer Integrationspolitik, die insbesondere auf jährlich steigenden Subvention für «Alternativkultur» basierte. Auf staatlicher und privater Basis entstanden in den Achtzigerjahren die unterschiedlichsten Kulturprojekte.[9]

Weniger spektakulär, doch nicht weniger tiefgreifend waren die Transformationen im Alltag und im öffentlichen Raum. Die Achtziger Bewegung hatte die andere, urbane Seite Zürichs, die lange in den Untergrund verbannt war, ins Zentrum der Öffentlichkeit katapultiert. Ihre Aktionen und Happenings hatten plastisch vor Augen geführt, dass der öffentliche Raum nicht nur dem Verkehr und dem Einkaufen dienen könnte, sondern auch dem Spiel, dem Vergnügen, der Begegnung. Im puritanischen Zürich begann sich, so etwas wie mediterrane Lebenskultur auszubreiten.

Solche Veränderungen sind schwierig zu erfassen, weil sie in kleinen Schritten und über einen grösseren Zeitraum stattfinden. Als Beispiel mögen hier die Parkanlagen am Zürichsee dienen, deren Benützung noch in den Siebzigerjahren streng reglementiert war. Das Spielen auf dem Rasen war verboten, in Badekleidern zeigte man sich nur in den von den Parkanlagen säuberlich abgetrennten Badeanstalten. Die Parks dienten in erster Linie der Repräsentation. Sie bildeten den Schauplatz für intakte Kleinfamilien, die sich im Sonntagsstaat der Öffentlichkeit präsentierten. Während der Achtzigerjahre erhielten diese Parkanlagen eine völlig neue Bedeutung. Sie wurden zu einem heterotopischen Ort, zum Freiraum und Treffpunkt verschiedenster Gruppen und Szenen. Bis heute ist die Seeanlage einer der lebendigsten und urbansten Orte von Zürich geblieben.

Auf ähnliche Weise infiltrierte das Urbane das zuvor sorgsam gepflegte Stadtbild. Strassencafés entstanden, im Zürich der Siebzigerjahre eine absolute Rarität, Treffpunkte und Discos, illegale Bars, Strassenfeste und Openair-Kinos. Auf Dachzinnen gediehen Hanfkulturen, und in Festzelten und alternativen Restaurants pflegten ehemalige BewegungsaktivistInnen eine neue Esskultur. Aus heutiger Sicht mögen solche Praktiken nur als Vorboten einer unverbindlichen «Spassgesellschaft» erscheinen. Doch sie waren noch lange mit subversiver Bedeutung aufgeladen: Es ging nicht um Konsum, sondern um die Aneignung der Stadt – eine Haltung, die mit provokativer Selbstverständlichkeit in der Öffentlichkeit zur Schau gestellt wurde.

Die kulturelle und soziale Öffnung hatte indessen auch eine andere Seite. Mit der Integration wurden die kreativen Energien der urbanen Revolte domestiziert und in eingezonte, befriedete kulturelle «Freiräume» kanalisiert. Oppositionelle Kultur wandelte sich zu einem konsumierbaren «kulturellen Angebot», das die wirtschaftliche Attraktivität Zürichs weiter erhöhte (Hartmann/Hitz/Schmid/Wolff 1986). Zugleich bildete sie die Basis für einen teilweise informellen Sektor der Kulturproduktion, der bis zu Design, Marketing und Image-Produktion reicht. Dieser Sektor spielt heute eine Schlüsselrolle im globalen Standortwettbewerb (Klaus 1998). Die von der Achtziger Bewegung geforderte und gelebte kulturelle Öffnung machte Zürich erst zur «Weltstadt», die sie allein mit der distinguierten Monokultur von Banken und Konzernen nie geworden wäre: Indem die urbane Revolte letztlich erfolgreich die alltagsweltliche und kulturelle Seite der Globalisierung einforderte, bildete sie selbst einen konstituierenden Faktor der Global City Zürich.

Junky Town

Zu Beginn der Neunzigerjahre änderte sich die ökonomische und soziale Situation Zürichs erneut: Wiederum setzte eine wirtschaftliche Krise ein, die öffentlichen Haushalte gerieten in Finanznot, neoliberale Politiken begannen, sich durchzusetzen. Zugleich zeigten sich, als Folge der Globalisierung Zürichs, neue kulturelle und soziale Bruchlinien und Verwerfungen.[10] Zum ersten Mal seit den Dreissigerjahren wurde Zürich in grösserem Ausmass mit Arbeitslosigkeit und Armut konfrontiert, und – wie in vielen anderen Orten Europas – machten sich rechtspopulistische und fremdenfeindliche Tendenzen breit.

In dieser Situation wurde 1990 erstmals seit dem Roten Zürich der Dreissigerjahre eine nichtbürgerliche (rot-grüne) Mehrheit ins Stadtparlament gewählt, und im Stadtrat (Exekutive) bildete sich eine Mitte-Links-Koalition.[11] Der Wechsel der politischen Mehrheit hatte den unmittelbaren Effekt, dass die bürgerlichen Parteien ihre

Wissenschaftliche Beiträge

Reihen schlossen und eine aggressive politische Kampagne gegen die kulturelle und soziale Öffnung der Achtzigerjahre lancierten. Als erstes Ziel wählten sie das Quartierzentrum Kanzlei, das 1984 aus der Achtziger Bewegung heraus entstanden war und als politischer, kultureller und sozialer Treffpunkt weit über das Quartier hinaus ausstrahlte. Nach zwei erbitterten und polemisch geführten Abstimmungskampagnen musste das Quartierzentrum Ende 1991 geschlossen werden.

Danach lancierten rechtsbürgerliche Kreise eine aggressive Kampagne zum Drogenproblem. Nachdem die harte Drogenszene jahrelang von einem Ort zum andern vertrieben worden war (vgl. Vogler/Bänziger 1990), hatte sie sich Ende der Achtzigerjahre an zentraler Lage auf dem Platzspitz hinter dem Hauptbahnhof installiert, der in der Folge als «Needle Park» internationale Schlagzeilen machte und zum Symbol für die ungelöste Drogenfrage in ganz Europa wurde. Unter massivem politischem und institutionellem Druck ordnete die Stadtregierung 1992 überstürzt und ohne alternative Strategie die Räumung des Platzspitzes an. In der Folge setzte sich die Drogenszene im angrenzenden Wohnviertel, dem Kreis 5, fest. Viele BewohnerInnen und lokale Geschäftsleute empfanden die Präsenz von Junkies und Dealern vor der eigenen Haustür, auf Treppen und in Hinterhöfen als Bedrohung. Die Boulevardpresse beschwor die «Schrecken der Stadt» und verglich die Situation mit den von Alkoholprohibition und Mafiakriegen geprägten Verhältnissen im Chicago der Dreissigerjahre.

Die rot-grüne Regierung, die sich zunehmend in die Enge getrieben sah, machte «ausländische Dorgendealer» und «kriminelle Asylanten» für das Drogenproblem verantwortlich (Stern 1994). Um die Lage unter Kontrolle zu bringen, errichteten Bund, Kanton und Stadt ein umfassendes Dispositiv, das von verschärften «Zwangsmassnahmen im Ausländerrecht» (dies der Name des Bundesgesetzes, das 1994 in der Volksabstimmung genehmigt wurde) bis zum Bau von neuen Gefängnissen und Ausschaffungszentren reichte. Als Folge der repressiven Drogenpolitik änderte sich die Qualität und die Bedeutung des öffentlichen Raumes erheblich, insbesondere im betroffenen Kreis 5: Gitter versperrten Durchgänge und Hinterhöfe, gespenstisches blaues Licht, das die Junkies vom Spritzen abhalten sollte, illuminierte Toiletten und Vorplätze, es kam zu massiven Polizeikontrollen, willkürlichen Verhaftungen und entwürdigenden Leibesvisitationen auf offener Strasse.[12] Die Erfolglosigkeit der rein repressiven Politik führte schliesslich zum Umdenken, und es wurde eine ganze Palette von präventiven und unterstützenden Massnahmen für Junkies eingeführt, unter anderem auch die medizinisch kontrollierte Abgabe von Heroin. Mit dieser Mischung aus Repression und Unterstützung gelang es 1995, die Drogenszene zu regulieren und in eine verdeckte überzuführen.

Obwohl sich die Lage allmählich «normalisierte», hinterliess diese Drogenpolitik ein deutlich verändertes Klima, im Viertel und in der Stadt. Viele der früheren sozialen Netze, die eine gewisse soziale Kohäsion oder zumindest einen gegenseitigen Respekt der verschiedenen sozialen Gruppen geschaffen hatten, waren zerrissen, und es etablierte sich ein ausgrenzender Diskurs, der sich immer stärker auch in das urban-kulturelle Milieu hinein ausbreitete. So markierte die Vertreibung der Drogenszene den Beginn einer Politik, die versucht, das Soziale aus dem öffentlichen Raum zu verbannen und ihn für die «erwünschten» Teile der Bevölkerung zu reservieren. In einer «Kaskade der Ausgrenzung» zielte diese Politik auf immer weitere soziale Gruppen: bestimmte Kategorien von Immigranten und Immigrantinnen, Sexarbeiterinnen (ein grosser Teil davon illegalisierte Flüchtlinge), Obdachlose, Alkoholiker, Auffällige (vgl. Innen!Stadt!Aktion! 1997).[13] Die innerstädtischen Viertel, deren Bevölkerung sich lange dem Prozess der Luxussanierung widersetzt hatte, waren offen für eine «Aufwertung».

Vom Wiederentdecken des Städtischen

Während der obere Teil des Kreis 5 noch im Drogenelend versank, begann sich das Urbane im unteren Teil des Kreis 5, auf dem brachliegenden früheren Industriegebiet westlich der Hardbrücke, zu installieren. In den Achtzigerjahren war dieses Gebiet noch «terra incognita», vom Werkschutz bewachtes «verbotenes» Terrain. Durch die Pattsituation in der Stadtentwicklungspolitik und unter dem Einfluss der Wirtschafts- und Immobilienkrise blieb die Entwicklung jahrelang blockiert.[14] Allmählich wurde diese eindrückliche industrielle Betonlandschaft mit ihren imposanten Hallen und ihrem herben Charme zu einem utopischen Ort, einer Projektionsfläche der Fantasie, einer Verheissung des Möglichen. Eine bald heimliche, bald offene Aneignung und Umnutzung begann. In den leeren Hallen richteten sich kleine, finanzschwache Betriebe ein, illegale oder halblegale Bars und Discos,

Wissenschaftliche Beiträge

Treffpunkte, Ateliers, Projekte aller Art. Zum Zentrum dieses Viertels wurde das Schöllerareal an der Limmat mit seiner ebenso vielfältigen Theater- und Kunstszene. Dieser Aneignungsprozess hatte von Anfang an auch eine martkwirtschaftliche Komponente, wie das Beispiel der früheren Waschpulverfabrik Steinfels in der Nähe des Escher-Wyss-Platzes zeigt, die in den frühen Neunzigerjahren zu einem multifunktionalen Komplex umgebaut wurde.[15] So entstand eine hochurbane Mischung aus Kommerziellem und Ephemerem, die im helvetischen Kontext aussergewöhnlich war.

Die neue Verbindung von Arbeiten, Wohnen und Kultur sowie die unkonventionelle Ambiance des neuen Stadtviertels «Zürich-West» zog die unterschiedlichsten Nutzungen an, von Hotels bis zu internationalen Consultingunternehmen. Eine veritable «Kulturmeile» entstand, mit verschiedenen renommierten Kunst- und Kulturinstitutionen – unter anderen auch die «avantgardistische» Dépendance von Zürichs Schauspielhaus, der «Schiffbau». Im Verlauf der Neunzigerjahre kam es so zu einer Verschiebung der Stadtentwicklung, Zürich-West wurde zum neuen urbanen Zentrum Zürichs. Diesem Wechsel hat sich auch die städtische Planung verschrieben, die innerhalb kurzer Zeit eine ebenso dramatische Umorientierung vollzog wie der Kreis 5. Während die Stadtentwicklungspolitik bis in die Neunzigerjahre darum bemüht war, die «Wohnstadt» gegen die «Arbeitstadt» zu verteidigen und die historisch geschaffenen Strukturen mit ihren alltagsweltlichen Qualitäten zu erhalten, wurde jetzt der Standortwettbewerb ins Zentrum gerückt: Internationale Investoren, globales Kapital und vermögende Bevölkerungsgruppen sollten wieder nach Zürich und im speziellen in das urbane Vorzeigestück Zürich-West gelockt werden. Viele Pionierprojekte aus der «Gründerzeit» sind inzwischen bereits wieder verdrängt worden,[16] während es einigen bemerkenswerten Alternativprojekten gelang, sich noch zu Zeiten tiefer Grundstückpreise ein Terrain zu sichern.[17] Nachdem die Drogenszene im oberen Kreis 5 von der sichtbaren Fläche verschwand, wandelte sich auch die ehemalige «Drogenhölle» zu einem schicken urbanen Viertel, das den staunenden BesucherInnen als helvetisches Greenwich Village präsentiert wird.

Ausgehend von dieser Entwicklung im Kreis 5 breitete sich in Zürich ein neues «urbanes Lebensgefühl» aus: Zu Beginn des 21. Jahrhunderts zeigt sich Zürich clean, kaufkräftig und festfreudig. Die Sommermonate pulsieren im Takt der «Events», von

Sportanlässen bis zur Streetparade. Auf den in einschlägigen Magazinen publizierten Ranglisten der «Trendstädte» Europas erreicht Zürich Spitzenplätze, und stolz verkündet der Verkehrsverein: «Zürich – downtown Switzerland!»

Neue Widersprüche

«Wir wollen die ganze Stadt!»: Dieser Slogan von 1980 hat heute viel von seiner Bedeutung verloren. Es ist nicht mehr möglich, ein «Wir» zu definieren, ein übergreifendes, gemeinsames Ziel, eine einheitliche Definition der Stadt oder des Städtischen. Kämpften damals ökonomisch weitgehend gesicherte, vorwiegend schweizerische Bevölkerungsgruppen gegen eine disziplinierende soziale Ordnung und für eine «andere Stadt», so haben sich in der Zwischenzeit die sozialen Widersprüche verschoben: Die heutige Global City ist durch zunehmende ökonomische Polarisierung und sozio-kulturelle Fragmentierung gekennzeichnet. In diesem Kontext hat der von der Achtziger Bewegung erkämpfte kulturelle und soziale Wandel zwar zu einer kosmopolitischeren Stadt, nicht aber zu einer offenen urbanen Gesellschaft geführt. Die mittlerweile akzeptierten Formen von «urbaner Kultur» oder «Urbanität» zelebrieren die Versöhnung von Widerstand und Kommerz, von Kunst und Konsum, geben sich weltoffen und zahlungskräftig. Die kosmopolitische Fassade verbirgt indessen die Tatsache, dass sozial und ökonomisch schwächere Bevölkerungsgruppen zunehmend isoliert und vom «Recht auf die Stadt» ausgeschlossen werden. Der Prozess der Gentrification, der ökonomischen und sozialen Aufwertung, hat heute bereits weite Teile der innerstädtischen Wohnviertel Zürichs erfasst. Die neue Urbanität droht gerade das zu vernichten, was sie zu schaffen vorgibt: die wirkliche Metropole – als Ort der Offenheit, der Unwägbarkeiten, der Möglichkeiten.

(*) Christian Schmid, Stadtforscher, Mitglied des «International Network for Urban Research and Action» (INURA), lebt und arbeitet in Zürich

Anmerkungen

(1) Geplant waren ein innerstädtisches Expressstrassen-System (das «Expressstrassen-Ypsilon»), eine Umfahrungsautobahn, eine Schnellstrasse rund um die City (der «City-Ring») und mehrere Tangenten (vgl. dazu Blanc 1993 und Kammann 1990).

(2) Einige Beispiele: «Die grünen Kinder» von Kurt Gloor über den Massenwohnungsbau in Volketswil (1971), «Zur Wohnungsfrage 1972» von Hans und Nina Stürm (1972), «Der Bucheggplatz zum Beispiel» von Sebastian C.

Wissenschaftliche Beiträge

Schröder über die Westtangente (1973), «Beton-Fluss» von Hans-Ulrich Schlumpf über den Bau der Sihlhochstrasse (1974).

(3) Zu erwähnen sind in diesem Zusammenhang vor allem die Abstimmungen über das Parkhaus unter dem Hechtplatz (1970) und über die Fortsetzung der Westtangente (Hardplatzvorlage, 1972). Zurückgezogen wurden unter anderem die im Jahre 1971 vom Stadtrat lancierte Idee einer «Waldstadt» auf dem Adlisberg zwischen Witikon und Fluntern und der Vorschlag, in Zürich olympische Winterspiele durchzuführen. Auch die verschiedenen Teilprojekte des «City-Rings» verschwanden zu Beginn der Siebzigerjahre sang- und klanglos in den Schubladen der Stadtverwaltung.

(4) Während die Modernisierungsallianz trotz erheblichen Widerstands verschiedene Grossprojekte und Strassenbauten sowie – im Verbund mit den Verfechtern des öffentlichen Verkehrs – ein milliardenschweres S-Bahn-Projekt durchsetzen konnte, gelang es der Stabilisierungsallianz bereits in den Siebzigerjahren, neue Gesetze zur Erhaltung der bestehenden Stadtstruktur durchzubringen: auf kantonaler Ebene das «Wohnerhaltungsgesetz», das den Abbruch und die Umnutzung von Altbauwohnungen erschwert, auf städtischer Ebene den «Wohnanteilplan», der für jedes Grundstück einen minimalen Wohnanteil festlegt und der bis heute eines der effektivsten Instrumente gegen die weitere City-Expansion darstellt. In die gleiche Richtung zielte auch eine 1982 angenommene Initiative, die den Bau von Hochhäusern in der Zürcher Innenstadt verbietet (vgl. auch Scherr 1986).

(5) Das weitaus wichtigste Gebiet für diese Auslagerung war Zürich-Nord (vgl. dazu Hitz/Schmid/Wolff 1995b, Campi/Bucher/Zardini 2001).

(6) Konkreter Anlass dieser Demonstration war eine Abstimmungsvorlage über einen Beitrag von 60 Millionen Franken zur Sanierung des Opernhauses – während für «Alternativkultur» praktisch keine Mittel bereitgestellt wurden. So hatten die Stadtbehörden auch die Schaffung eines Kulturzentrums in der Roten Fabrik, das 1977 in einer Volksabstimmung bewilligt worden war, immer weiter verzögert. Für zusätzliche Empörung sorgte die Absicht, während des Umbaus des Opernhauses die Rote Fabrik als Kulissenlager zu benützen.

(7) «Wir sind die Kulturleichen der Stadt» lautete der Slogan auf dem Fronttransparent der Opernhaus-Demonstration.

(8) «Diese urbanen Revolten sind keine Revolten gegen die Verstädterung, sondern gegen den Mangel an städtischen Lebensformen in der Stadt. Sie klagen ein Versprechen ein, das die Städte laufend abgeben und laufend brechen. (…) Die alles umgreifende Möglichkeit, Lebensformen frei zu entwerfen, ist zunächst Fiktion. Dass diese Fiktion so wirklich werden könne, wie etwas eben wirklich werden kann, ist der Angelpunkt des urbanen Versprechens. Dass aber die Fiktion in den meisten Fällen vor dem Punkt steckenbleibt, an dem sie als Intensität ohne Einbusse erfahren würde, ist der Zündfunke der urbanen Revolte» (Lüscher/Makropoulos 1984: 123/126).

(9) Dazu gehörten z. B. das Kulturzentrum Rote Fabrik, das unter dem Druck der Bewegung im Herbst 1980 eröffnet wurde, das Quartier- und Kulturzentrum Kanzlei mit dem Sofakino Xenix, das Theaterhaus Gessnerallee, das städtische Filmpodium im Studio 4 (Zürichs kommunales Kino), das Theaterspektakel, das alle Jahre im Spätsommer am See gastiert, der Jazzclub Moods, der nach einer jahrelangen Odyssee 1992 endlich ein definitives Lokal beziehen konnte, bis hin zu einer ganzen Reihe von Kleintheatern, Discos und freien Kulturprojekten.

(10) Global Cities sind durch eine starke ökonomische Polarisierung geprägt: Ein hochqualifizierter Sektor erbringt die Leistungen für die Weltökonomie, und in Abhängigkeit von diesem Sektor entwickelt sich ein Niedriglohnbereich, der die Reproduktion des hoch qualifizierten Sektors garantiert: Reinigungs- und Ladenpersonal, aber auch Hilfskräfte im Gastronomie- und Kulturbereich sowie im Bildungs- und Gesundheitswesen. Ein grosser Teil der Beschäftigten im Billiglohnbereich sind Frauen und MigrantInnen aus ärmeren Weltregionen. Global Cities sind deshalb immer auch «umkämpfte Territorien», auf denen die Widersprüche einer polarisierten Welt aufeinander prallen (Sassen 1996).

(11) Im Stadtparlament ergab sich eine Mehrheit aus Sozialdemokraten, Grünen, Feministinnen und Alternativen. Im Stadtrat bildete sich eine Art Mitte-Links-Koalition aus drei SozialdemokratInnen und zwei Vertretern christlicher

Parteien. Hintergrund dieser Wahlüberraschung war eine nationale politische Krise, ausgelöst durch den Skandal um die Bundesrätin Elisabeth Kopp und die «Fichen-Affäre», die bis auf die Zürcher Lokalpolitik durchschlug. Auf lokaler Ebene kam ein Skandal um die neue Bau- und Zonenordnung hinzu, in den zwei bürgerliche Stadträte verwickelt waren.

(12) Zur Drogenfrage im Zürich der frühen Neunzigerjahre vgl. Heller/Lichtenstein/Nigg 1995. Eine fortlaufende Dokumentation von Polizeiübergriffen findet sich im Bulletin der Gruppe «augenauf».

(13) Die Politik Zürichs zeigte in dieser Beziehung keinen grundlegenden Unterschied zu anderen westeuropäischen Städten. Dies wurde anlässlich der Kampagne Innen!Stadt!Aktion! deutlich, die im Juni 1997 gleichzeitig in 14 deutschen und schweizerischen Städten organisiert wurde, darunter auch Zürich. Diese Kampagne thematisierte nicht nur ausschliessende Politiken, sie erprobte auch Ansätze zu einer stärkeren Verknüpfung von verschiedenen Gruppen innerhalb und zwischen den beteiligten Städten (vgl. auch Grell/Sambale/Veith 1998).

(14) In den späten Achtzigerjahren war der untere Teil des Kreis 5 das umstrittenste Gebiet der Stadtentwicklung Zürichs. Die damalige Bauvorsteherin Ursula Koch widersetzte sich den Forderungen des Finanzplatzes nach einer Öffnung der Industriezonen für Büronutzungen und liess einen Zonenplan ausarbeiten, der eine Umnutzung nur mit dem Mittel des Gestaltungsplanes zuliess und so der Stadt erhebliche Mitsprache sicherte.

(15) Neben der alternativen Zwischennutzung durch Kleinbetriebe, KünstlerInnen und ein Szenencafé («Glacé Garten»), die inzwischen einer zweiten Bauetappe weichen mussten, entstanden in der alten Waschpulverfabrik u. a. ein Multiplexkino («Cinemax»), Studios einer Lokalfernsehstation («Tele Züri») und Luxuswohnungen. Dieses Beispiel zeigt auch die Dramatik des Wandels: Wer hätte sich einige Jahre früher vorstellen können, dass an der verkehrsreichsten Stadtautobahn der Schweiz Luxuswohnungen entstehen könnten, die zu den teuersten der ganzen Stadt zählen?

(16) Auf dem Schoeller-Areal, dem Ausgangspunkt der neuen Entwicklung, steht heute eine neue Wohnüberbauung, die insbesondere unter Architektur- und Medienschaffenden reissenden Absatz gefunden hat. Die Theater- und Kunstszene, die diesen Ort einst belebte, ist heute in alle Winde zerstreut.

(17) Das grösste und bekannteste dieser Projekte ist Kraftwerk 1, ein wegweisendes Projekt für gemeinschaftliches Wohnen und Arbeiten, dessen Ursprünge in den urbanen Milieus der Siebziger- und Achtzigerjahre liegen.

Literatur

Altherr, Christoph/Stemmle, Dieter
> *Die Schliessung eines Lokals wegen Drogenhandel bedeutet immer auch: Verlust eines Treffpunkts.* In: *Tages-Anzeiger-Magazin* 43, 25.9.1980, S. 31–37.

Autorenkollektiv an der Architekturabteilung der ETH Zürich
> *«Göhnerswil» – Wohnungsbau im Kapitalismus.* Zürich 1972.

Blanc, Jean-Daniel
> *Die Stadt – ein Verkehrshindernis? Leitbilder städtischer Verkehrsplanung und Verkehrspolitik in Zürich 1945–1975.* Zürich 1993.

Campi, Mario/Bucher, Franz/Zardini, Mirko
> *Annähernd perfekte Peripherie – Glattalstadt/Greater Zurich Area.* Basel 2001.

Ginsburg, Theo/Hitz, Hansruedi/Schmid, Christian/Wolff, Richard (Hrsg.)
> *Zürich ohne Grenzen.* Zürich 1986.

Grell, Britta/Sambale, Jens/Veith, Dominik
> *Inner!City!Action! – Crowd Control, Interdictory Space and the Fight for Socio-Spatial Justice.* In: *INURA 1998*, S. 208–215.

Hartmann, Roger/Hitz, Hansruedi/Schmid, Christian/Wolff, Richard
> *Die urbane Revolution – Thesen zur Stadtentwicklung Zürichs.* In: *Ginsburg et al.* 1986, S. 150–161.

Wissenschaftliche Beiträge

Heller Martin, Lichtenstein Claude, Nigg Heinz (Hrsg.)
    Letten it be. Eine Stadt und ihr Problem. Zürich 1995.
Hitz, Hansruedi et al. (Hrsg.)
    Capitales Fatales: Urbanisierung und Politik in den Finanzmetropolen Frankfurt und Zürich. Zürich 1995.
Hitz, Hansruedi/Schmid, Christian/Wolff, Richard (1995a)
    Boom, Konflikt und Krise – Zürichs Entwicklung zur Weltmetropole. In: *Hitz et al.* 1995, S. 208–282.
Hitz, Hansruedi/Schmid, Christian/Wolff, Richard (1995b)
    Zur Dialektik der Metropole: Headquarter Economy und urbane Bewegungen. In: *Hitz et al.* 1995, S. 137–156.
INURA (Hrsg.)
    Possible Urban Worlds: Urban Strategies at the End of the 20th Century. Basel/Boston/Berlin 1998.
Hofer, Andreas
    INURA Zurich – Urban Public Space in a Small Global City. In: *INURA 1998,* S. 16–19.
Innen!Stadt!Aktion! Gegen Privatisierung, Sicherheitswahn, Ausgrenzung. Eine Beilage der Innen!Stadt!Aktion! in *Berner Tagwacht, scheinschlag, die tageszeitung, die WochenZeitung.* Berlin, Juni 1997.
Jacobs, Jane
    The Death and Life of Great American Cities. New York 1961.
Kammann, George
    Mit Autobahnen die Städte retten? Städtebauliche Ideen der Expressstrassen-Planung in der Schweiz 1954–1964. Zürich 1990.
Kipfer, Stefan
    Transnationalization, Hegemony, and Local Politics – The Case of Zurich. Master Thesis for the Faculty of Environmental Studies, York University, Toronto 1995.
Klaus, Philipp
    Cities of the World Economy Need Places Like Zentralstrasse 150. In: *INURA 1998,* S. 90–99.
Lefebvre, Henri
    Le droit à la ville. Paris 1968.
Lefebvre Henri
    Die Revolution der Städte. München 1972.
Lehrer, Ute
    Grosstadt Schweiz: Die Architektur des Flexiblen Raumes. In: *Hitz et al.* 1995, S. 188–205.
Lüscher, Rudolf M./Makropoulos, Michael
    Vermutungen zu den Jugendrevolten 1980/81, vor allem zu denen in der Schweiz. In: R.Lüscher: *Einbruch in den gewöhnlichen Ablauf der Ereignisse. Analysen, Kommentare, Berichte 1978–1983,* Zürich 1984, S. 123–141.
Marco, Daniel et al.
    La ville: villes de crise ou crise des villes. Rapport scientifique final pour le «Fonds national suisse de la recherche scientifique», Genève 1996.
Mitscherlich, Alexander
    Die Unwirtlichkeit unserer Städte. Eine Anstiftung zum Unfrieden. Frankfurt/M. 1965.
Sassen, Saskia
    Metropolen des Weltmarktes – Die neue Rolle der Global Cities. Frankfurt/M. 1996
Scherr, Niklaus
    Hütet euch am Stauffacher. In: Ginsburg et al. 1986, S. 18–27.

Schilling, Rudolf (Red.)
: *Zürich plant – plant Zürich? Wegleitung zu einer Ausstellung über Städtebau und Stadtplanung im Kunstgewerbemuseum Zürich.* Zürich 1971.

Schilling, Rudolf
: *Zürich in der Zentralitätsspirale.* In: Ginsburg et al. 1986, S. 48–54

Schmid, Christian
: *Headquarter Economy und territorialer Kompromiss – Überlegungen zum Regulationsansatz am Beispiel Zürich.* In: Zeitschrift für Wirtschaftsgeographie 40/1–2, 1996, S. 28–43.

Schmid, Christian
: *The Dialectics of Urbanisation in Zurich.* In: INURA 1998, S. 216–225.

Stern, Daniel
: *Langzeitschäden im Kreis 5.* In: Die Beute 3, 1994, S. 26–39.

Vogler, Gertrud/Bänziger, Chris
: *Nur sauber gekämmt sind wir frei. Drogen und Politik in Zürich.* Zürich 1990.

Wissenschaftliche Beiträge

Die Massaker von 1932 – und die Folgen. Ein Vergleich des polizeilichen Ordnungsdienstes in Genf und Zürich

*Marco Tackenberg und Dominique Wisler**

«Das Gesetz muss geschützt werden, auch wenn es ein Gesetz der Ungerechtigkeit ist.» Mit dieser Belehrung rechtfertigt das sozialdemokratische «Volksrecht» im April 1932 einen Polizeieinsatz gegen streikende Mieter in Zürich. Vier Jahre zuvor hatte die SP der Stadt Zürich die Regierungsmehrheit errungen. Mit der Wahl von Emil Klöti zum Stadtpräsidenten war das «rote Zürich» Tatsache geworden.

Der Mehrheitswechsel war nicht zuletzt auf die Strategie der Eliten der Zürcher SP zurückzuführen, welche seit dem gescheiterten Generalstreik vom November 1918 eine konsequent reformistische Politik verfolgten. Den Interessen der Arbeiter sollte ausschliesslich über das Instrument des Staats entsprochen werden. Der Kampf gegen linksextremistische Strömungen in und ausserhalb der Partei stellte eine Konstante in der Politik des «Roten Zürich» dar, welches durch diese Bewegungen das neu erworbene Bild der Glaubwürdigkeit der SP gefährdet sah.

Die Zürcher «Blutnacht» vom 15. Juni 1932

Im Monteurstreik von 1932 gelingt es der SP-Stadtregierung nicht mehr, die Arbeiter innerhalb der Strategie des Reformismus zu disziplinieren. Die Heizungsmonteure lehnen einen vom SMUV ausgehandelten Gesamtarbeitsvertrag mit Lohnreduktion ab. Sie legen die Arbeit nieder. Während SMUV und SP diese Kampfmassnahme kritisieren, versucht die lokale KP, die Heizungsmonteure und weitere Berufsgruppen für ihre Interessen zu gewinnen.

Am 15. Juni kommt es zur Konfrontation zwischen streikenden Arbeitern und der «roten» Zürcher Stadtpolizei. Als sich zweitausend Menschen auf dem Helvetiaplatz versammelt haben, interveniert die Polizei und treibt die Menge zu einem Bauplatz, wo die Beamten von den Demonstranten mit einem Steinhagel empfangen werden. Die Stadtpolizei fährt darauf mit «Sturmwagen» in die Menge hinein. Beim nachfolgenden Schusswaffeneinsatz der Polizei kommt ein Arbeiter ums Leben; dreissig Schwerverletzte müssen hospitalisiert werden.

Nun hetzt sowohl die bürgerliche als auch die sozialdemokratische Presse gegen die «Sturmtruppen des bolschewistischen Lagers», welche «die Generalprobe ihres revolutionären Putschprogramms abgehalten» haben (NZZ). Die Polizei, so das SP-«Volksrecht», «konnte nicht anders», als sich «durch Schusswaffen zu wehren». Sie legte dabei eine »wahre Hiobsgeduld» an den Tag. «Ein Lenin und ein Trotzki würden solche Burschen rasch erledigen», hält das Volksrecht am 16. Juni fest. Nur der kommunistische «Kämpfer» äussert heftige Kritik: «Zürich ist röter geworden, mit Arbeiterblut, mit Blut von Kindern und Frauen.»

Die Stadtregierung verbietet neue Demonstrationen. Der «Kämpfer» wird zensiert. Für die Polizei besorgt man Kurzgewehre und Stahlhelme, wobei der sozialdemokratische Polizeiinspektor verheimlicht, dass er auch acht nicht bewilligte Maschinengewehre beschaffen liess. Das «rote Zürich» reagiert mit einem Ausbau der Repression auf die «Blutnacht».

Wahlsieg der SP im September 1933

Während in Genf eine kraftvolle, oppositionelle SP das «Massaker von Plainpalais» vom November 1932 (siehe weiter unten) zu einem Wahlkampfthema machen wird, gibt es in Zürich im selben Jahr keine politisch relevanten Kräfte, welche die Polizeiintervention kritisieren. Im Gegenteil, am 24. September 1933 feiert die SP Zürich einen weiteren Wahlerfolg. Während die Kommunisten vier ihrer sechs Mandate für den Grossen Stadtrat (heute: Gemeinderat) verlieren, verteidigt die SP ihre 63 Sitze. Damit hält sie weiterhin knapp die absolute Mehrheit im 125-köpfigen städtischen Parlament. Auch ihre fünf Stadträte werden deutlich wieder gewählt. Der Niedergang der KP und die eigenen Wahlerfolge bestätigen die sozialdemokratischen Politiker in der Richtigkeit ihrer reformistischen Politik.

Das «Massaker von Plainpalais»

Im Gegensatz zu den Zürcher Sozialdemokraten befindet sich die SP Genf im Vorfeld der Ereignisse vom November 1932 in der Opposition. Die Genfer Regierung setzt sich aus rein bürgerlichen Vertretern zusammen; der Radikale Frédéric Martin steht der Polizei vor. Und im Unterschied zu Zürich, wo der während des Landesstreiks an den Rand gedrängte rechte Flügel der Partei seit den 1920er-Jahren wieder

Wissenschaftliche Beiträge

an Bedeutung gewinnt, sind es vor allem die Sektionen Genf und Lausanne, welche eine stärkere Linksorientierung der SPS fordern (Huber 1986: 281).

Im Jahr der «Blutnacht» von Zürich, am 9. November 1932, organisieren die oppositionellen Genfer Sozialisten und Gewerkschaften eine antifaschistische Demonstration gegen die rechtsextreme Union Nationale und ihren Führer Georges Oltramare. Die bürgerliche Genfer Regierung verbietet die Kundgebung und ordnet den Einsatz der Armee an. Eine Kompanie Rekruten wird von Lausanne in die Stadt befohlen. Dort teilt man ihr mit, in Genf habe die «Revolution begonnen». Die Truppe schiesst auf Weisung ihrer Offiziere mit Maschinengewehren auf die Demonstranten. 13 Menschen kommen ums Leben, mehr als 65 werden verletzt. Die Arbeiterschaft beginnt einen Streik, die ganze Stadt wird durch Militärtruppen besetzt. Zahlreiche sozialistische Aktivisten, unter ihnen der charismatische Chef der Genfer SP, Léon Nicole, werden verhaftet (Kliebès 1992, Torracinta 1978).

Reaktion in der Öffentlichkeit

In der Parlamentsdebatte vom 16. November 1932 bedanken sich die bürgerlichen Vertreter bei Polizei und Armee für das «ruhige und energische Vorgehen» gegen die «revolutionären Umtriebe». Die Presse greift Nicole scharf an: Mit «satanischer Stimme» habe er die Menge aufgehetzt und versucht, durch eine Revolte an die Macht zu kommen. Kritik am Armee-Einsatz äussert die linke Opposition: «Aucune justification n'est possible», erklärt die SP im Parlament.

Wie zuvor das «rote Zürich» glaubt auch die bürgerliche Genfer Regierung, die Gunst der Stunde für einen Ausbau der polizeilichen Repressionsinstrumente nutzen zu können: Eine Verschärfung des Strafgesetzes und die Einschränkung der Demonstrationsfreiheit seien nötig, um künftige Aufruhre zu verhindern. Sofort machen die Genfer Sozialisten die Verschärfung der Repression zum Wahlkampfthema. So benutzen sie die Initialen des bürgerlichen Polizeidirektors Frédéric Martin – F.M. –, um auf den «fusil-mitrailleur» des Massakers anzuspielen.

Erfolgreich ergreifen Sozialisten und Gewerkschaften das Referendum gegen die Gesetzesprojekte. So muss die bürgerliche Regierung mitten im Wahlkampf eine empfindliche Niederlage einstecken. Eine knappe Mehrheit der Genfer Bevölkerung lehnt an der Urne die Verschärfung der Polizeirepression ab.

Historischer Wahlsieg der Sozialisten am 27. November 1933

Zum Eklat kommt es bei den Wahlen vom 27. November 1933. Erstmals in der Geschichte des Kantons gewinnen die Sozialisten die Mehrheit in der Genfer Regierung. Die bürgerliche Wahlniederlage deuten sie als Reaktion des Volkes auf das «Massaker von Plainpalais»: «Les tribunaux ont jugé. Le peuple aussi a jugé.»

Nicole, der erst am 17. Oktober 1933 aus dem Gefängnis St-Antoine entlassen wurde, übernimmt nun ausgerechnet von Frédéric Martin, der ihn ein Jahr zuvor verhaften liess, das Justiz- und Polizeidepartement und wird Präsident des Staatsrats. Ins Offizierskorps der Polizei beruft er umgehend Leute, die am 9. November mit ihm demonstrierten.

Ironischerweise sind es nun die Bürgerlichen in Genf, die zunehmend die «brutale» Repression der Polizei unter Léon Nicole beklagen. Dass Nicole einige Demonstrationen, besonders der lokalen Faschisten, verbieten lässt, stösst auf Kritik bei den Rechten. Insbesondere wird der Polizei des «Genève rouge» «Einseitigkeit» vorgeworfen. Jetzt sind es die Radikalen in Genf, die im Namen «geheiligter Traditionen» die «Gewährung der Versammlungsfreiheit» fordern: «(...) des traditions qui sont sacrées pour nous: la liberté d'opinion, la liberté de pensée et la liberté de réunion». Nicole weist die Vorwürfe zurück und verteidigt seine Ordnungspolitik mit dem Hinweis, dass die Polizei unter ihm unbewaffnet auftrete, ja nicht einmal Schlagstöcke einsetze. Diese Kritik der bürgerlichen Opposition trägt paradoxerweise dazu bei, den Richtungswechsel der Polizei unter Nicole zu fördern. Die Rechte fordert nun nicht mehr wie früher in jedem Fall ein kompromissloses Durchgreifen der Polizei. Mit ihrer Klage über Nicoles «Brutalität» distanziert sich die bürgerliche Opposition selbst schrittweise von einer primär Zwang ausübenden Ordnungspolitik. Damit sind die Grundlagen für einen Konsens um eine tolerantere, unparteiische Ordnungspolitik in Genf grundsätzlich gegeben.

Wissenschaftliche Beiträge

Ähnliche Ereignisse – unterschiedliche Auswirkungen
Zwei ähnliche Ereignisse – der 15. Juni 1932 in Zürich und der 9. November 1932 in Genf – haben den Diskurs über den Ordnungsdienst der Polizei in den beiden Städten unterschiedlich geprägt. Entscheidend für den Lernprozess der bürgerlichen Parteien in Genf im Sinne einer toleranteren Ordnungspolitik war aber nicht die Einsicht, dass am 9. November für Ruhe und Ordnung ein zu hoher Preis bezahlt worden sei. Die demonstrativen Dankesbezeugungen an Polizei und Armee, die harte Repression gegen die angeblichen «Drahtzieher» der Sozialisten sowie die vorgenommene Verschärfung der Gesetze zeugen im Gegenteil von einer zunächst unerschütterlichen, repressiven Haltung der Genfer Bürgerlichen. In den Wochen und Monaten nach den Ereignissen vom November 1932 war es nämlich durchaus offen, ob sich die Vorstellungen der Rechten oder der Linken über die Polizei und über Ordnungsdiensteinsätze auf die Länge durchsetzen würden. Das Bürgertum lernte erst aus der Niederlage ein Jahr später, als eben der verteufelte Nicole an die Spitze der Genfer Regierung gewählt wurde.

Die Rechte wagte es in den folgenden Jahren nicht mehr, mit Rufen nach harter Polizeirepression Wahlkampf zu führen. Als sich der freisinnige Polizeidirektor Henri Schmitt in den späten 1960er- und frühen 1970er-Jahren auf einem repressiveren Terrain zu bewegen versuchte, verspielte er möglicherweise eine Fortsetzung seiner politischen Karriere auf eidgenössischer Ebene. Zu Beginn der Jugendunruhen in den Achtzigerjahren distanzierten sich die Bürgerlichen in Genf von der Scharfmacherei der Freisinnigen und Konservativen in Bern oder Zürich. Der Hinweis auf die «tragischen Ereignisse vom 9. November» diente ihnen jeweils als Beleg für die Richtigkeit einer toleranteren Polizeidoktrin.

In Zürich aber trugen die Sozialdemokraten die Verantwortung für die «Blutnacht» vom Juni 1932. Ihre repressive Politik sahen sie 1933 durch einen weiteren Wahlerfolg belohnt. Die nationalsozialistische Machtergreifung in Deutschland im Frühling 1933 verstärkte nicht nur bei den bürgerlichen Parteien, sondern auch bei den Sozialdemokraten in Zürich die Bereitschaft zur Repression gegen linke, autonome Bewegungen. Im Mai 1934 organisierte die Arbeiterschaft in Zürich eine Demonstration gegen eine Frontenkundgebung. Der sozialdemokratisch dominierte Stadtrat verbot die Gegendemonstration überraschend und ging brutal gegen die Arbeiter vor, die sich über das Verbot hinwegsetzten (König et al. 1994: 324). Eine repressive Linie hatte sich in Zürich routinemässig und dauerhaft durchgesetzt. Die Unterdrückung von Protestbewegungen verfestigte sich so zu einem legalistisch-repressiven Modell, zu einer Habitualisierung im Sinne von Berger und Luckmann (1993: 56). Die polizeiliche Repression von Protestbewegungen wurde in Zürich zur institutionalisierten Routine.

Der Antikommunismus der SP in den 1930er-Jahren trug folglich wesentlich dazu bei, dass drei Jahrzehnte später, im Mai 1968, als die kulturelle Revolte auch in Zürich ausbrach, der Deutungsrahmen «kommunistische Subversion» auf positive Resonanz stiess. Als mit den Globus-Krawallen die Kontroverse um die öffentliche Ordnung erneut aufbrach, fand die Forderung nach mehr Härte der Polizei gegen Demonstranten Zustimmung bis weit in die Reihen der Sozialdemokratie.

Nationalfondsstudie über Ordnungspolitik der Polizei

Die Kämpfe der Arbeiterschaft in den Dreissigerjahren haben die politische Kultur Zürichs und Genfs bis heute geprägt. Eine Studie der Universität Genf (Wisler und Tackenberg) untersucht die Ordnungspolitik und den Diskurs über die Polizei und über Ausschreitungen in drei grossen Schweizer Städten (Zürich, Genf und Bern) zwischen 1965 und 1996. Zu diesem Zweck wurde eine Datenbank mit über 2000 Ordnungseinsätzen eingerichtet, welche auf Angaben der Polizei und der Presse beruht. Interviews mit Polizeioffizieren und Organisatoren von Demonstrationen ergänzen die Untersuchung. Ebenfalls analysiert werden die parlamentarischen Debatten und die Medienberichterstattung zu Polizeieinsätzen.

Die Ergebnisse zeigen, dass die Zürcher Polizei am härtesten vorgeht: In 77 Prozent der Fälle, wo die Beamten Zwang anwenden, setzen sie Gummigeschosse ein. Bern tut dies noch bei 42 Prozent der Einsätze, während Genf Gummischrot nie eingesetzt hat. Die Stadt Zürich fällt auch durch ihren Legalismus auf: 30 Prozent der friedlichen, aber nicht bewilligten Demonstrationen werden durch die Polizei aufgelöst. Dies ist in Bern bei 16 Prozent und in Genf nur bei 9 Prozent der unbewilligten Kundgebungen der Fall.

Während sich die Polizeipraxis in der Deutschschweiz zu Beginn der Achtzigerjahre verschärfte, legten die Beamten in der Rhonestadt ein vorsichtig toleranteres

Wissenschaftliche Beiträge

Verhalten an den Tag. Der Wechsel zu einem liberaleren Modell Mitte der Siebzigerjahre hat zur Folge, dass Krawalle nur noch sporadisch auftreten. Auch hat die Genfer Polizei Ende der Achtzigerjahre ein Team gebildet, welches im regelmässigen Kontakt mit der lokalen Hausbesetzerszene steht. In Zürich fehlen diese Kommunikationskanäle weitgehend. Typischerweise sitzen in der Deutschschweiz die Einsatzleiter bei Demonstrationen im Kommandoraum – direkte Kontakte zu subkulturellen Bewegungen bleiben die Ausnahme.

In Zürich hat das Festhalten an einem autoritären Modell und seine zusätzliche Verschärfung zu Beginn der Achtzigerjahre wesentlich zur Bildung, Anziehungskraft und Radikalisierung einer lokalen Subkultur beigetragen, wie man sie jeweils an der 1. Mai-Nachdemo beobachten kann. Der Radikalisierungseffekt durch eine vorzeitige Intervention ist nämlich der Deutschschweizer Polizei bekannt. Viele Rapporte der frühen Achtzigerjahre enthalten den Satz: «Wir lösten die illegale Demonstration auf, und wie üblich eskalierte das Geschehen in einem gewalttätigen ‹Katz-und-Maus›-Spiel zwischen der Polizei und den Demonstranten.»

Ein Vergleich der Reaktionen auf die 1. Mai-Nachdemo 1998 der Zürcher Autonomen und auf die Genfer WTO-Krawalle im selben Jahr bestätigt das Bild: Während die Bürgerlichen in Zürich vehement eine Rückkehr zum «erfolgreichen Konzept der Einkesselung der Autonomen» verlangten, mahnte in Genf selbst die konservative Presse, eingeschlagene Schaufenster seien das «kleinere Übel», welches – «um ein Blutvergiessen zu verhindern» – zu tolerieren sei. Als die Randale andauerte und die Genfer Polizei mit Knüppeleinsätzen intervenierte, wurden diese Aktionen von der gesamten Presse kritisiert. Der Genfer Staatsrat setzte eine Expertengruppe ein, um die gesellschaftlichen Ursachen der Gewaltbereitschaft der Jugendlichen zu ergründen. In Zürich hingegen ermahnte die FDP die sozialdemokratische Stadträtin Esther Maurer nach dem 1. Mai, sie habe «künftig dafür zu sorgen, dass ihre Polizeikräfte von Anfang an resolut eingreifen, gefährdete Objekte schützen und Gewalttätigkeiten im Keim ersticken».

Drei Jahre später, am 1. Mai 2001, setzte der Zürcher Stadtrat das 1998 von bürgerlicher Seite geforderte «erfolgreiche Konzept der Einkesselung» durch: Die Polizei wurde angewiesen, die Nachdemonstration nicht mehr zu dulden und von Beginn weg dagegen einzuschreiten. Mit einem massiven Aufgebot wurden kurz nach Beginn der Nachdemo über hundert Leute auf der Gessnerallee eingekesselt und verhaftet, wobei die Polizei als Demonstranten getarnte Beamte einsetzte. Bei den nachfolgenden Ausschreitungen wurden mehrere Personen durch Gummigeschosse der Polizei am Auge verletzt. Stadträtin Maurer zog eine positive Bilanz des Polizeieinsatzes: «Was ich gesehen habe, war saubere und hervorragende Polizeiarbeit» (TA, 2.5.2001). Der Stadtrat dankte Stadt- und Kantonspolizei für den «beispielhaften Einsatz». Diesmal lobten auch die Bürgerlichen in Zürich den «Sinneswandel» der Sozialdemokraten: «Endlich durchgegriffen!» hiess es im Titel der Medienmitteilung der städtischen FDP.

Persistenz der Unterschiede

Warum hält Zürich – und im geringeren Masse auch Bern – an einem repressiven Modell fest? Nebst den angesprochenen gegensätzlichen historischen Erfahrungen zeichnet sich Zürich institutionell durch eine weitgehende Autonomie der städtischen Exekutive im Bereich der Ordnungspolitik aus. Das Gemeindegesetz delegiert die Kompetenz in dieser Frage an die Stadtregierung. Damit werden die traditionellen demokratischen Instrumente – Kontrolle der Polizei durch das Parlament und durch die Volksrechte – umgangen. Wo das Demonstrationsrecht auf Verordnungsstufe geregelt wird, bewirkt es einen Machttransfer zum Polizeivorstand, welcher praktisch eine Handlungsvollmacht erhält.

Dieses wenig demokratische Privileg kennt die Genfer Polizei nicht. Umso sensibler reagiert sie auf die öffentliche Meinung und verzichtet folglich auf den Gebrauch umstrittener Einsatzmittel wie Gummischrot. Sie handelt gemäss einer deeskalierenden Politik – dies nicht nur aus einem besseren taktischen Verständnis heraus, sondern weil öffentliche Ordnung in der französischen Schweiz eher als sozialer Friede verstanden wird und nicht wie in der Deutschschweiz als legale, rechtsstaatliche Ordnung. Während man in der Romandie nicht zuletzt unter dem Eindruck der Ereignisse vom November 1932 zur Einsicht kam, dass es nach dem Opportunitätsprinzip zeitweise sinnvoller sein kann, leichte Gesetzesübertretungen zu tolerieren und damit eine Eskalation der Ereignisse zu verhindern, wird in der Deutschschweiz viel häufiger im Namen von Ruhe und Ordnung mit massivem Einsatz der Polizei reagiert.

Wissenschaftliche Beiträge

Diese Unterschiede der politischen Kultur wurden auch in Gesprächen mit Genfer Polizeioffizieren bestätigt. «Wir sind hier in einer lateinischen Kultur, da erträgt man etwas Unruhe eher als in der Deutschschweiz. Diese Geschichte in Zürich hat mich immer verblüfft – gegen eine Demonstration vorzugehen, weil sie nicht bewilligt wurde. Die Repression verschlimmert die Situation nur», erklärte beispielsweise ein Genfer Vertreter. Während ein Berner Beamter bekräftigte, dass das Opportunitätsprinzip bei ihnen keine Rolle spiele, dass also bei Sachbeschädigungen die Polizei eingreifen müsse, erklärt sein Genfer Kollege: «Was uns anbelangt, schreiten wir nicht gleich beim geringsten Verstoss ein. Wir warten da ein wenig zu, bevor wir intervenieren.»

Solch unterschiedliche Auffassungen zeigen sich auch in den Parlamentsdebatten über Demonstrationen. Unter dem Einfluss des Antikommunismus während des Kalten Krieges hielt beispielsweise das «Law and order»-Lager in Bern und Zürich über Jahre hinweg an einem «Manipulationsmodell» fest. Darin wurden zwei Sorten unfriedlicher Demonstrationsteilnehmer unterschieden: Es gab «eine kleine Minderheit» von «Rädelsführern» und «Agitatoren». Sie zeichneten sich durch ihre politische Cleverness aus und manipulierten geschickt die Masse der «unpolitischen Jugendlichen», welche nur auf «Krawall» und «Action» aus waren. Folglich sei der Grund für die Protestaktionen nicht in gesellschaftlichen oder politischen Missständen zu suchen, und es reiche, wenn man die «von Moskau gesteuerten Drahtzieher» mittels Repression und konsequentem Polizeieinsatz isoliere.

Interessant ist auch die Berichterstattung in den Medien. Die Genfer Zeitungen schreiben bei Ausschreitungen kritischer über die Einsätze der Polizei als die Presse in Zürich. Die bürgerlichen Zeitungen in Genf übernehmen seltener einfach die Sicht der Polizei in ihrer Berichterstattung als selbst beispielsweise der Zürcher «Tages-Anzeiger». Bei den Unruhen während des Militärdefilees vom 21. November 1995 in Genf machten auch konservative welsche Zeitungen die Behörden für die Tumulte mitverantwortlich. Diese Tatsache wurde typischerweise von der Neuen Zürcher Zeitung auch postwendend bemäkelt.

Das polizeiliche Distanzkonzept

Eine Schlüsselrolle kommt weiter der Polizeiausrüstung zu. Polizeiliche Gewaltmittel verweisen symbolisch auf die Autorität des Staates. Gerade während der 1968er-

Unruhen wurden sich die Verantwortlichen bewusst, dass die direkte, massive Gewaltanwendung langfristig die wichtigste Ressource der Polizei, nämlich ihre gesellschaftliche Akzeptanz, untergräbt. So wurde nach einer Ausrüstung gesucht, die flexiblere Aktionen erlaubt und gleichzeitig die Beamten im Einsatz wirkungsvoll schützt. Die Einsatzkonzeption der Zürcher Polizei ist vom sogenannten «Distanzkonzept» geprägt. Das Ziel besteht darin, die Störer mittels Gummischrot und Tränengas auf Distanz zu halten und die direkte Konfrontation zu vermeiden. So senkt die Polizei in erster Linie das Risiko, bei Einsätzen selber verletzt zu werden. Das Distanzkonzept trägt aber auch dazu bei, dass die Polizei ihre physischen Gewaltmittel tatsächlich einsetzt. Das Distanzkonzept hat sich in dieser Form in Zürich während der Jugendunruhen der frühen Achtzigerjahre herausgebildet. Die Polizei antwortete damit auf die Taktik der Demonstranten, statt eines grossen Demonstrationszuges zu veranstalten, in kleinen Gruppen gleichzeitig an verschiedenen Orten in der Stadt mit Aktionen präsent zu sein. Die Polizei gab darauf ihr bisheriges Konzept auf, welches darin bestand, mit Grossformationen à 70 Mann den Ordnungsdienst wahrzunehmen. Sie bildete stattdessen kleine mobile Einheiten, um so überall rasch anwesend sein zu können. Diese kleineren Einheiten waren aber auch sehr verletzlich; damit sie effektiv eingesetzt werden konnten, rüstete man praktisch jeden einzelnen Polizisten mit Tränengas und Gummigeschossen aus. Damit wurde speziell in Zürich die Entscheidungskompetenz über den Einsatz dieser polizeilichen Zwangsmittel auf eine niedrige Hierarchiestufe verlegt. Der jeweilige Einsatzleiter ist dafür zuständig. Das kann zum Beispiel eine Streifenwagenbesatzung sein oder auch ein zentraler Einsatzleiter bei einer Grossdemo. Die Auseinandersetzungen haben in Zürich deshalb ein hohes Gewaltniveau (CILIP 1981: 106).

Das Distanzkonzept verstärkt zudem die Tendenz, die Polizei als Politik-Ersatz zu instrumentalisieren. Dies um so mehr, wenn die betroffene Behörde in ihrer Kompetenz zu Verhandlungen mit Aktivistinnen und Aktivisten eingeschränkt ist. Konkret: Sogar wenn die Exekutive erkennt, dass ein legitimes Bedürfnis nach einem Jugendhaus oder Kulturzentrum vorhanden ist und bereit wäre, auf entsprechende Forderungen einzugehen, stösst sie oft auf den Widerstand rechtspopulistischer Kreise. Die Regierung muss dann ihre jugendpolitische Vorlage gegen harten Widerstand in einem polarisierten Abstimmungskampf verteidigen – und unterliegt damit oft. Dieses

Wissenschaftliche Beiträge

Szenario ist sowohl in Bern (Sanierung Reithalle, Hüttendorfzone) wie in Zürich bekannt. In der Folge zieht sich die Behörde oft hinter ein legalistisches Demonstrationsverständnis zurück: Teils unfähig, teils unwillig, den Jugendlichen konkrete Angebote zu unterbreiten, wird die Polizei gegen die «illegale Demo» in den Einsatz geschickt. Diese wiederum, weitgehend geschützt durch die Distanzwaffen, hat den Auftrag auszuführen.

Der gleiche Mechanismus wirkt auch in der Rhonestadt – nur diesmal mit umgekehrten Vorzeichen. Eine bürgerliche Regierung innerhalb eines politischen Systems, in welchem die direkte Demokratie schwächer ausgebaut ist, kann Verhandlungen mit Hausbesetzerinnen und -besetzern aufnehmen und wenn nötig rasch finanzielle Mittel für alternative Projekte freigeben. So beschloss zum Beispiel das Genfer Parlament in eigener Kompetenz über die vier Millionen Franken kostende Renovierung des Kulturzentrums Usine. Als in den Neunzigerjahren die alternative Bewegung namens Artamis für ihre Anliegen mobilisierte und mehr Subventionen forderte, sprach sich der Staatsrat innerhalb weniger Monate unbürokratisch und oppositionslos für die Eröffnung eines neuen kulturellen Zentrums aus (Wisler und Kriesi). Zudem werden in Genf bei Polizeieinsätzen kein Gummischrot und viel seltener als in Zürich Tränengas eingesetzt. Der Kommandant der Genfer Kantonspolizei erklärte in einem Interview: «Am Tag, an dem ich diesen Befehl – Einsatz von Gummischrot – gäbe, wäre ich nicht mehr Polizeichef.»

Die Unterschiede zwischen Genf und Zürich haben also ihre Wurzeln in unterschiedlichen historischen Erfahrungen, die auf die Arbeitskämpfe in den frühen Dreissigerjahren zurückgehen. Aufgrund dieser Erfahrungen hat sich in Genf eine opportunistische Definition der öffentlichen Ordnung durchgesetzt, während in Zürich eine legalistische Definition dominiert. Die Persistenz der gegensätzlichen Ordnungsdienstmodelle ist, wie beschrieben, auch institutionell begründet. In Zürich ist der Verhandlungsspielraum der Regierung durch die Institutionen der direkten Demokratie eingeschränkt. Zudem unterliegt die Zürcher Polizei nur einer unzulänglichen demokratischen Kontrolle durch das Parlament. Umso rascher wird die Polizei aus einem legalistischen Rechtsstaatsverständnis heraus als Politikersatz instrumentalisiert und gegen Protestbewegungen eingesetzt. In seinem «Traktat über die Gewalt» schreibt der Göttinger Soziologe Wolfgang Sofsky: «Aber ist es nicht die Ordnung selbst, die fortwährend die Angst vor dem Chaos schafft, die ihr Feindbild aus sich selbst hervorbringt?»

(*) Marco Tackenberg ist Politologe und als PR-Berater tätig. Dominique Wisler ist ebenfalls Politologe und arbeitet als Forscher beim Schweizerischen Nationalfonds.

Literatur

Berger, Peter L./Luckmann, Thomas
   Die gesellschaftliche Konstruktion der Wirklichkeit. Eine Theorie der Wissenssoziologie. Frankfurt am Main 1993.
CILIP – Civil Liberties and Police. Berlin – Zürich – Amsterdam. Politik, Protest und Polizei. Nr. 9/10. O.O. 1981.
Huber, Peter
   Kommunisten und Sozialdemokraten in der Schweiz 1918–1935. Der Streit um die Einheitsfront in der Zürcher und Basler Arbeiterschaft. Zürich 1986.
Kliebès, Georges
   Un coup ... Tirez bas ... Feu! Genève 9 novembre 1932. Genève 1992.
König, Mario et al
   Klassenkämpfe, Krisen und ein neuer Konsens. Der Kanton Zürich 1918–1945. In: *Geschichte des Kantons Zürich.* 3. Band. 19. und 20. Jahrhundert. Zürich 1994.
Lindig, Steffen
   Der Entscheid fällt an den Urnen. Sozialdemokratie und Arbeiter im Roten Zürich 1928 bis 1938. Zürich 1979.
Tackenberg, Marco/Wisler, Dominique
   Die Massaker von 1932: Protest, Diskurs und Öffentlichkeit. In: *Schweizerische Zeitschrift für politische Wissenschaft 4, 2,* 1998. S. 51–79.
Torracinta, Claude
   Genève 1930–1939. Le temps des passions. Genève 1978.
Wisler, Dominique/Kriesi, Hanspeter
   Public Order, Protest Cycles and Political Process: Two Swiss Cities Compared. In: Della Porta, Donatella/Reiter, Herbert (Hrsg.). *Policing Protest.* Minneapolis 1998. S. 91–116.

Wissenschaftliche Beiträge

Unangemessene Wünsche und männerfreie Zonen
Die autonome Frauenbewegung in Bern

*Caroline Bühler**

Am 2. September 1984 – es ist ein Sonntag – zieht eine Gruppe von Frauen in der Liegenschaft an der Gutenbergstrasse 50 ein. Die erste Hausbesetzung, an der ausschliesslich Frauen beteiligt sind, ist damit Tatsache geworden.[1] Häuser zu besetzen, ist eine der Hauptaktivitäten der «Bewegung».[2] In verschiedenen Stadtteilen, vor allem im Mattenhofquartier, wird Raum für kollektives Wohnen und alternative Kultur gefordert. Für die Frauen vom «autonomen Frauenhaus» an der Gutenbergstrasse steht nicht nur der Häuserkampf im Vordergrund, sondern auch die Absicht, einen Freiraum für Frauen zu schaffen. «Eigentlich waren es die Männer, vor allem die ZAFFis, die provozierten, dass ein Haus nur von Frauen besetzt wurde», heisst es in einem Diskussionspapier über das autonome Frauenhaus.[3] Der Schritt ins «eigene» Haus kommt einem Befreiungsschlag gleich: Endlich haben sich die Frauen, die zuvor im ZAFF[4] wohnten, ihrer Rolle als Sozialarbeiterinnen für alkoholisierte und durchgeknallte Mitbewohner entledigen können. Vorbei sind auch die aufreibenden Montagssitzungen, an denen das Gesprächsverhalten mancher männlicher Aktivisten arg zu wünschen übrig liess. Schon seit einiger Zeit haben sich die Frauen ihren eigenen Montag genommen. Diese Versammlungen, an denen auch Sympathisantinnen teilnehmen, werden im Frauenhaus weitergeführt und als wichtiges Diskussionsforum genutzt.

Die Gruppe der über 50 Frauen, die sich an der Gutenbergstrasse niederlässt, ist sehr heterogen zusammengesetzt. Sie haben sich alle begeistert auf diese Aktion eingelassen. Doch ihre jeweiligen Beweggründe sind unterschiedlich: Der «Bedürfnis-Cocktail»[5] reicht von radikalen politischen Motiven über die relativ spontane Besetzerinnen-Idee bis hin zum Wunsch, sich im kollektiven Rahmen mit der Lebenssituation von Frauen auseinander zu setzen. Viele Frauen erleben die Monate im Frauenhaus als intensive und aufregende Zeit. Doch über die individuellen Unterschiede kann auf lange Sicht auch ein «momentanes, oberflächliches Zusammengehörigkeitsgefühl» nicht hinwegtäuschen. Im Februar 1986 ziehen die letzten vier Besetzerinnen ernüchtert aus: Es ist

nicht möglich, sich dauerhaft über die Ziele der Hausbesetzung zu einigen, «weil wir es nicht geschafft haben (einzeln und/oder kollektiv) herauszufinden, warum wir ursprünglich gekommen sind».[6]

Auch wir wollen alles!

Mit dem autonomen Frauenhaus sind die Frauen in der «Bewegung» erstmals als relativ geschlossene und dauerhafte Gruppe in Erscheinung getreten. Für viele der Beteiligten stellt diese Aktion eine Art Nullpunkt der autonomen Frauenbewegung dar. Doch wann hat «es» wirklich angefangen? Für einige natürlich schon viel früher, Mitte der Siebzigerjahre, mit dem Kampf für den straflosen Schwangerschaftsabbruch.[7] Für andere, mehrheitlich jüngere Frauen, hat das Ganze aber erst später, nämlich 1986 mit der Frauendisco im Altstadtkeller «Das Goldene Boot», begonnen.

Die Übergänge zwischen der «Neuen Frauenbewegung» und der autonomen Frauenbewegung sind fliessend.[8] So gesehen entsprechen die feministischen Aktivistinnen nicht ganz dem Bild der politisch wurzellosen und theoriefeindlichen Achtziger Bewegung.[9] Zwar sind auch sie «Spontis», Macherinnen. Doch oft werden gerade dann, wenn es um feministische Forderungen im Zusammenhang mit Sexualität oder mit dem alltäglichen Umgang in Beziehungen geht, die Reibungsflächen zwischen den bewegten Frauen und Männern manifest. Die Feministinnen verlangen von ihren männlichen Mitstreitern ein nicht-sexistisches Gesprächsverhalten, Selbstreflexion und mehr Verbindlichkeit. Diese Ansprüche führen zu endlosen Auseinandersetzungen und stehen in einem eigentümlichen Widerspruch zum relativ unverbindlichen Wesen der «Bewegung». Ein konkretes Beispiel, wie die Feministinnen ihre Kritik an den Mann bringen, ist der Angriff auf dessen «Coolness». Schwarze Lederjacken und «cooles» Gehabe: Das sind die Markenzeichen der Achtziger Männer. Die Frauen in der «Bewegung» haben genug von der Atmosphäre, die an den gemeinsamen Sitzungen herrscht: Man(n) gibt sich keine Blösse. Frau hingegen äussert sich «übersensibel», trägt «unangebrachte private Angelegenheiten» in die Diskussionen und ist ohnehin immer nur mit ihrem «Frauenkram» beschäftigt.

Wissenschaftliche Beiträge

Von nun an aber thematisieren sie die Verflechtung von Privatem mit dem Politischen erst recht. Den Macho-Habitus und das Image des Mannes als Lonesome Cowboy kommentieren sie mitunter mit vernichtender Kritik. So wird in einer Flugschrift «der Panzer der Coolness» enthüllt[10]: Die Männer seien im Grunde auf Unverbindlichkeit aus und würden sich vor der permanenten Auseinandersetzung mit der Unterdrückung im kapitalistischen System ebenso drücken wie vor einer Konfrontation mit einer ungewollten Schwangerschaft.

Kinder oder keine?

Die Konfliktlinien verlaufen jedoch nicht nur entlang der Geschlechtergrenzen. Die autonome Frauenbewegung erweist sich als heterogen und widersprüchlich. Im Jahr der Frauenhaus-Besetzung entflammt eine Debatte um den «Baby-Boom», der seit der Räumung des ABZ Reithalle im April 1982 zu beobachten ist.[11] Während die Mütter sich beklagen, sie würden ausgegrenzt und politisch nicht mehr ernst genommen, seit sie sich ihren Kindern widmen, drehen die kinderlos gebliebenen Frauen die Argumentation um: «Nicht der Fact, dass ihr Mütter seid, trennt uns, sondern die Tatsache, dass die meisten von euch sich einen Scheissdreck drum kümmern, dass der Angriff der Schweine immer aggressiver wird. (...) Der Fight ist vergessen, statt auf gemeinsamen Forderungen zu beharren, benutzt ihr eure Mutteridentität, um aus allem ein Privatproblem zu machen. Eure Kinder sind zum Vorwand geworden, kleinbürgerliche Interessen durchzuboxen.»[12]

Auch im autonomen Frauenhaus ist die Rolle von Müttern eines der zentralen Diskussionsthemen der wöchentlichen Versammlungen.[13] Während einige der kinderlosen Frauen den illegalen politischen Kampf und die Mutterschaft als nicht vereinbar einstufen, gehören Kinder für andere selbstverständlich mit dazu. Dies zeigt auch die folgende Schilderung einer Mutter: «Ich hatte gerade meine Ausbildung abgeschlossen, als die wilde 80 ihren Anfang nahm. Da war die Möglichkeit zu musizieren, auch ins Ausland zu gehen, neue Wohnformen zu leben, Häuser zu besetzen, mich zu verlieben, schwanger zu werden. (...) ich fühlte mich frei, war kämpferisch, engagierte mich voller Optimismus für eine gerechte Zukunft.»[14] Bei den feministischen Müttern bewirkt die Einsicht, nicht durchwegs auf Verständnis und Solidarität unter Frauen zählen zu können, dass sie sich vermehrt unter sich zu organisieren beginnen.

Sie treffen sich zum Erfahrungsaustausch, koordinieren das Kinderhüten und suchen nach Möglichkeiten, gemeinsam zu wohnen. Solche Aktivitäten führen schliesslich unter anderem 1988 zur Gründung der «Müttergruppe» in der Lorraine. Die Müttergruppe trifft sich während der folgenden zehn Jahre alle drei Wochen für einen Abend bei einer der Frauen zu Hause. Auf dem Programm stehen jeweils intensive persönliche und theoretische Diskussionen: Über die Mutterrolle, den Umgang mit den Vätern, das gemeinsame Wohnen; aber auch über Ängste und Schuldgefühle, Liebe und Sexualität, die Bildung der Kinder, ihre sexuelle Aufklärung, die erste Menstruation der Töchter u. a.[15]

Pionierinnen der Partykultur

Die erste Frauendisco findet am 8. Februar 1985 im autonomen Frauenhaus an der Gutenbergstrasse statt. Dies ist aber nur ein Vorgeschmack. Einstweilen völlig losgelöst von der BesetzerInnen- und Polit-Szene, entschliessen sich vier Frauen, einmal monatlich eine alternative Disco für Frauen zu veranstalten.[16] Die Gründerinnen der Frauendisco im Altstadtkeller «Das goldene Boot» leisten in mehrfacher Hinsicht Pionierarbeit: Erstens schaffen sie den bislang ersten und einzigen regelmässig stattfindenden kulturellen Anlass, an dem Frauen unter sich sind. Zweitens sprechen sie mit diesem «niederschwelligen» Angebot ein neues Publikum an: Die Disco entspricht einem Bedürfnis vieler Lesben und Heteras, die bislang nicht mit der Frauenszene oder mit der Alternativkultur in Berührung gekommen sind.

Die Schwelle kann aus einem weiteren Grund als «niedrig» bezeichnet werden: Die Zusammenhänge der «Bewegung» tragen fast klandestine Züge: EinzelgängerInnen, die niemand kennt, können in den Verdacht geraten, sie seien Spitzelinnen. Im Frauenhaus zum Beispiel ist aus diesem Grund eine Art Patinnen-Regelung gebräuchlich: Neue Frauen werden von eingesessenen «eingeführt». Anders im «Boot»: Hier finden auch unbekannte Gesichter problemlos Einlass. Drittens erobern die Frauen mit der Frauendisco ein Terrain, das bisher weitgehend von Männern beackert wurde. Dank dem «Boot» werden Frauen zu DJanes, legen Plattensammlungen an und beginnen, sich in der Lederjacken-dominierten Welt der Rockmusik auszukennen.

Die drei Trends, die im «Boot» ihren Anfang nehmen, ergeben sich spontan. Das Tanzlokal für Frauen ist nicht eines jener lang und eingehend diskutierten Projekte,

Wissenschaftliche Beiträge

die aus der autonomen Frauenbewegung hervorgehen. Die Idee ist vielmehr durch das alltägliche Bedürfnis nach Begegnung motiviert: Hier wirkt der typische Sponti-Geist der Achtziger – ganz nach dem Motto: «Kultur heisst leben».[17]

In einem unsicheren Hafen gelandet

Der Einzug der Frauendisco in der Reithalle erfolgt in erster Linie aus Platzgründen. Das «Boot» kann nicht mehr alle fassen – bisweilen müssen an der Tür ganze Gruppen von Frauen abgewiesen werden. In der Reithalle nun steht mit dem Dachstock eine geräumige Tanzfläche zur Verfügung. Auch ist die notwendige Infrastruktur vorhanden: Vom Mischpult über die Beleuchtungseinrichtung bis zum Kühlschrank ist alles da. Doch die Frauendisco hat es im Dachstock alles andere als einfach. Der Anlass muss nicht nur verbal verteidigt werden. Die Türsteherinnen müssten bisweilen über die Qualitäten von durchtrainierten Bodyguards verfügen. «In unserer Naivität glaubten wir, dass es in der Reithalle möglich sein würde, unserem polit-erotischen, stöckelbierkenminiseidenstippenliftigen Wollenbast-Feminismus zu frönen. Wir sahen die Reithalle als kulturpolitischen Raum, wo sich Arbeit und Freizeit verbinden lassen würden – ein Raum für Frauen und Männer, ob lesbisch oder schwul oder hetera/o-sexuell, ob AusländerIn, ob Kind oder RentnerIn.» So kommentieren 1991 die ernüchterten Frauen ihre Erfahrungen in der Reithalle in einem Flugblatt.

Der Widerstand gegen die Frauendisco im Dachstock gibt denjenigen Frauen Recht, die gegenüber dem Projekt Reithalle von vornherein skeptisch eingestellt sind. Es sind vor allem zwei Gründe, weshalb sich ein Teil der autonomen Frauenbewegung nicht beteiligen will: Erstens gilt das Kulturzentrum als reformistisches Projekt. Es widerspricht dem radikalen politischen Anspruch, sich einer Vereinnahmung durch staatliche Institutionen konsequent zu widersetzen. Ein Mitmachen in der Reithalle verlangt viel Pragmatismus, da die Auseinandersetzung mit den Stadtbehörden nicht zu vermeiden ist: Man braucht Strom, Gas und Wasser, will Kehrichtberge abbauen und hofft auf eine längerfristige Perspektive.

Zweitens bleiben diejenigen Frauen und Lesben der Reithalle fern, die einen Aktivismus im gemischtgeschlechtlichen Rahmen grundsätzlich ablehnen. Der Gegensatz zwischen den Geschlechtern, so vermuten sie, würde auch in der Reithalle ein Nebenwiderspruch bleiben.

Die Spaltung an der Reithallen-Frage geht jedoch nicht allzu tief: Eine Auseinandersetzung findet weiterhin statt. Sei es in einzelnen themenspezifischen Gruppen wie der Müttergruppe oder einer Gruppe, die sich Ende der Achtzigerjahre intensiv mit der PorNo[18]-Debatte befasst. Erwähnenswert ist zudem der Versuch, einen «Wyberrat» zu etablieren: Eine Plattform für verschiedene Frauenprojekte zwecks Informationsaustausch, Koordination und «Veränderung der heutigen Verhältnisse». Das Unterfangen erweist sich als schwierig – unter anderem deshalb, weil offensichtlich Uneinigkeit darüber besteht, was der Rat leisten sollte. Dies lässt zumindest die folgende Kritik vermuten: «Der Weiberrat muss für uns unbedingt gegen aussen wirken. Selbsterfahrungstrips interessieren uns nicht, wir menstruieren lieber autonom.»[19]

Schliesslich gibt es seit 1986 die «Frauenbrass»: Montags ist die traditionsreichste Berner Szenenbeiz, die Brasserie Lorraine, Frauen vorbehalten.

Die Frauen AG und der Geist der Achtziger Bewegung

Die als eine der ersten Arbeitsgruppe bald nach der Besetzung im Oktober 1987 gegründete FrauenAG nimmt fortan in internen Diskussionen und Aktivitäten eine Schlüsselrolle ein. Die wichtigsten internen Aktionen sind der Kampf um eine zivilisierte Sitzungskultur und eine «De-Eskalationspolitik» bei gewaltsamen Auseinandersetzungen der IKuR-VertreterInnen als BetreiberInnen mit anderen Gruppen, die Anspruch auf Räume in der Reithalle erheben.[20] Es ist weitgehend das Verdienst der FrauenAG, dass die sonntäglichen Zusammenkünfte allmählich zivilisiert werden und die «BrüllaffenVV» endgültig der Vergangenheit angehört.[21]

Auf dem Areal der Reithalle herrscht aber ein zunehmend gewalttätiges Klima. Im Dezember 1992 wird auf dem Vorplatz eine Besucherin der dortigen Bar erschossen. Angesichts dieser Katastrophe sieht sich die IKuR schliesslich vor eine existenzielle Frage gestellt: Wie weiter? Die FrauenAG und andere Frauen plädieren für einen Neuanfang. Doch sie erklären sich nur unter der Bedingung bereit, die Reithalle weiterzutragen, wenn sie einen eigenen, einen grossen, atmosphärisch attraktiven Raum erhalten: den vormaligen «Ausstallungsraum» in der Remise Ost. Einige der restlichen AktivistInnen tun sich schwer mit dieser Forderung. «Viele Männer und auch einige Frauen empfanden es als Affront, einen Raum ‹nur› für Frauen zu wollen. Sie

Wissenschaftliche Beiträge

sahen den Freiraum in der Reithalle verwirklicht, ihr paradiesischer Anspruch hatte sich damit erfüllt», zieht eine der beteiligten Frauen rückblickend Bilanz.

Die FrauenAG kann sich schliesslich durchsetzen. Die Reithalle findet aus der Krise heraus – nicht ohne sich stärker auf die Stadt und die mittlerweile amtierende Rot-Grün-Mitte-Regierung einzulassen. Im Frauenraum finden nun neben den monatlichen Frauendiscos auch Partys, Konzerte und Kurse statt. Es zeigt sich aber bald, dass die neue Aufgabe unermesslich viele Kräfte absorbiert. Zudem macht sich die Krise der Frauenbewegung, die sich seit Anfang der Neunzigerjahre offenbart, auch hier bemerkbar. Innerhalb der FrauenAG zeichnet sich ein Konflikt ab, der sich nie mehr ganz auflösen wird und der vornehmlich – zufällig oder auch nicht – zwischen Heteras und Lesben ausgetragen wird. Letztere gehören tendenziell zu der Fraktion, welche die Diskussionen innerhalb der Reithalle aufreibend und sinnlos findet und sich lieber der kreativen Veranstaltungsarbeit widmen will. Die andere Fraktion stellt den Stellenwert der politischen Arbeit über denjenigen der Kulturveranstaltungen. Einstweilen reagiert die FrauenAG mit einer Aufgabenteilung auf den internen Konflikt. Sie gibt sich eine neue, zweiteilige Struktur, die den polarisierten Interessen Rechnung trägt: Einerseits formiert sich eine politisch agierende Koordinationsgruppe, die sich mit den anderen Arbeitsgruppen in der Reithalle auseinandersetzt; andererseits wird eine Veranstaltungsgruppe gegründet, welche die Anlässe für den Frauenraum organisiert.

Vier Jahre später, 1997, klappt auch diese Arbeitsteilung nicht mehr wunschgemäss: «Frau versteht sich nicht mehr, sprachlich nicht, geschmacklich nicht und gedanklich nicht.»[22] Der Konflikt entzündet sich unter anderem an der Frage, ob das in der Reithalle nach wie vor geltende (aber vermehrt untergrabene und kritisierte) Gebot der nicht-kommerziellen Kultur ignoriert werden dürfe. Soll die Coca-Cola-Prohibition für den Frauenraum fallen? Sollen Löhne ausgezahlt werden? Während die «politischen», mehrheitlich heterosexuellen Frauen den ideologischen Hintergrund der Reithalle – und damit im Grunde den «Geist» der Achtziger Bewegung – verteidigen, geht es den Lesben aus der Veranstaltungsgruppe um etwas anderes: Frauenkultur soll nicht länger gleichbedeutend sein mit unprofessioneller Arbeit, die gratis geleistet wird. In dieser Auseinandersetzung werden zweierlei Feminismen vertreten – es geht um verschiedene politische Standpunkte, aber auch um unterschiedliche

Vorstellungen von Kultur. Differenzen bestehen anfänglich auch hinsichtlich der Frage, ob der Frauenraum eine strikt männerfreie Zone bleiben soll. Doch schliesslich hält die Kultur der Neunzigerjahre, die Queer- und Drag-Queen-Partys allmählich in der Reithalle Einzug.[23]

Die autonome Frauenbewegung ist zwanzig geworden

Die FrauenAG pocht nicht nur in ihren eigenen Reihen darauf, dass die ideologischen Grundsätze der Reithalle respektiert werden. Immer häufiger findet sich manch eine der Frauen in der Rolle der – mittlerweile – älteren Aktivistin wieder, die die Jüngeren ermahnt, Verantwortung für das gesamte Zentrum wahrzunehmen, anstatt sich in «ihren» Raum, hinter «ihr» Mischpult oder in «ihren» Politaktivismus zurückziehen. «Ich habe den Eindruck, dass wir in der Reithalle zu den Konservativen geworden sind, die an alten Werten festhalten, an Ideologien, die zum Teil nicht mehr gefragt sind. Wir mussten uns in letzter Zeit immer wieder die Frage stellen, ob wir nicht zu viel bremsen, blockieren.»[24] Diese Bilanz zieht ein Mitglied der FrauenAG im Februar 2001. Im März dann löst sich die Arbeitsgruppe auf. Weshalb? Weil «es uns nicht mehr braucht», weil «wir den Alltag nicht mehr prägen», weil «mit dem Frauenraum das praktische Standbein weggefallen ist», weil es «nicht mehr nötig ist, dass man sich in der Reithalle ausschliesslich als Frauen organisiert».

Die FrauenAG, die bei der Besetzung der Reithalle 1987 gegründet wurde, gibt es nicht mehr. Aber zwei Frauengruppen sind weiterhin in der Reithalle aktiv: Die «neue» FrauenAG, eine reorganisierte Veranstaltungsgruppe für den Frauenraum, und die FAntifa, eine antifaschistisch arbeitende Gruppe von jüngeren Frauen, die sich 1995 zusammengeschlossen haben, um auf eine Reihe von gewaltsamen Übergriffen auf Frauen in der Reithalle zu reagieren. Die Zukunft hat also schon begonnen.

Was aber ist von der autonomen Frauenbewegung geblieben? Die Achtziger Bewegung steht für ein alternatives und umfassendes Kulturverständnis. Sie hat die Kulturszene geprägt, viele der Ideen sind umgesetzt worden. Daran sind Feministinnen massgeblich beteiligt gewesen. Erfolgreiche Projekte sind auf den Theaterbühnen, im Entertainment zu finden – zum Beispiel der Club 111 oder die Single Belles – sowie im Film- und Video-Bereich. Trotzdem ist das Kulturangebot, das sich an Veranstaltungsorten wie der Reithalle etabliert hat, männerdominiert. Der DJ, der vielfach

Wissenschaftliche Beiträge

Kultstatus geniesst, ist meistens ein Mann; die Konzertveranstaltung ist ein ausgesprochenes Männerbusiness.

Die autonomen Feministinnen haben anderswo tiefere Spuren hinterlassen: Sie kämpfen für die Selbstbestimmung der Frau über ihren Körper und gegen sexuelle Gewalt. Hier liegen ihre Stärken: Dass etwa Frauen in Bern auf professionelle und unbürokratische Hilfe zurückgreifen können, wenn sie ungewollt schwanger werden, ist ein Verdienst von Feministinnen aus der «Bewegung».

Die Reithalle ist der Ort, wo sich seit über zehn Jahren ein Grossteil der aktiven autonomen Feministinnen bewegt. Hier haben sie den Alltag massgeblich mitbestimmt. Im zwischenmenschlichen Umgang, in den Entscheidungsstrukturen und in der Gesprächskultur ist erkennbar, dass hier hartnäckige feministische Arbeit geleistet worden ist.

«Wir lernten zufrieden zu sein, auf uns acht zu geben, zu uns selber zu schauen und uns schön zu finden» heisst es in der Bilanz nach zehn Jahren «Müttergruppe».[25] Diese Mütter und andere Frauen haben die Impulse der Achtzigerjahre weitergetragen und sich bemüht, die «Versprechen» von damals einzulösen. Wohl haben auch einige geheiratet, führen ein «normales» Leben. Gewisse machen Karriere – als Gewerkschafterin, als Psychologin oder als Juristin. Manch eine Biografie aber zeugt vom Drang nach der Freiheit, wie sie die «Bewegung» suchte. Trotzdem sind sie in der Regel keine Aussteigerinnen. Die meisten haben ihre Ausbildungen und Berufswege bloss unterbrochen. Sie haben die «Bewegung» als Denkpause in ihre Biografie eingebaut und für ihre Zukunft fruchtbar gemacht.

(*) Caroline Bühler ist Soziologin und arbeitet als Forschungsassistentin an der Universität Bern. Ihr Interesse gilt den alltagsweltlichen Erfahrungen und Deutungen von Frauen und Männern im Beruf.

(1) Das Haus gehört der Familienbaugenossenschaft Fambau. Die Wohnbaugenossenschaft, an deren Spitze namhafte sozialdemokratische Politiker wie der spätere Stadtpräsident Klaus Baumgartner oder der langjährige Regierungsstatthalter Sebastian Bentz sitzen, versteht sich als gemeinnützige Institution. Sie hat sich jedoch im Zuge der Quartierumstrukturierung im Mattenhofquartier Anfang der Achtzigerjahre einen zweifelhaften Ruf als Spekulantin und Hardlinerin gegenüber BesetzerInnen geschaffen.

(2) Die Berner «Bewegung» gelangt im Sommer 1980 ins öffentliche Bewusstsein, als sie das alte Tramdepot beim Bärengraben besetzt («Tramdepot wird zum Traumdepot») und die Forderung nach «freien autonomen Zentren» erhebt. 1981 gibt der Gemeinderat dem Druck nach: Im Oktober wird die ehemalige Städtische Reithalle als

Autonomes Begegnungszentrum (ABZ) übernommen. Im April 1982 wird das ABZ wegen Uneinigkeiten bezüglich Betriebsführung sowie Problemen im Zusammenhang mit Drogen und Gewalt polizeilich geräumt und danach ein Jahr lang rund um die Uhr bewacht. Vgl. dazu und zu allem, was die Reithalle betrifft: Hansdampf (1998): Reithalle Bern. Autonomie und Kultur im Zentrum, Zürich 1998.

(3) Diskussionspapier zum autonomen Frauenhaus (unsigniert, undatiert, ca. März 1986). Privatarchiv Heidi Ensner.

(4) Das ZAFF im Mattenhofquartier wird im Mai 1984 besetzt und im Juli 1985 durch den Bagger «flachgleit» (vgl. der gleichnamige Song der Berner Mundartband Züri West); dazwischen ist das ZAFF wichtigster Begegnungs- und Veranstaltungsort der «Bewegung», beherbergt aber auch mehrere Wohngemeinschaften. Einige der ehemaligen BewohnerInnen lassen sich im Sommer 1985 im Gaswerkareal an der Aare nieder und rufen das «Freie Land Zaffaraya» aus.

(5) Begriff aus einem schriftlichen Statement zum Diskussionspapier (wie Anm. 3), (unsigniert, undatiert, ca. April 1986). Privatarchiv Heidi Ensner.

(6) Wie Anm. 3.

(7) Die Diskussion über Abtreibung und Fristenlösung ist einer der wichtigen Punkte, in denen die autonome Frauenbewegung an die Inhalte der neuen Frauenbewegung von 1968 anknüpft. Mitte der Siebzigerjahre wird mit Veranstaltungen und Artikeln zu diesem Thema informiert. Auch die Frauenbefreiungsbewegung (FBB) gibt es in Bern bis weit in die Siebzigerjahre. 1976, anlässlich einer Aktion mit dem Titel «Anarchie bricht aus in Bern» hat sie ihren letzten Auftritt. Als Chor besingt sie Themen wie Gynäkologie, Prostitution und Hausfrauenarbeit. Aus der FBB gehen verschiedene Frauengruppen und -projekte hervor, so zum Beispiel die Frauengesundheitsgruppe 1977, eine Selbstuntersuchungsgruppe, der Vorläuferin des 1980 eröffneten Frauengesundheitszentrums (seit 1985 städtisch subventioniert). Auch das Berner Frauenhaus ist als eine Umsetzung der Forderungen der FBB zu werten; Quelle: Heidi Ensner, Privatarchiv und mündlich.

(8) Frauen, die in den Achtzigerjahren Feministinnen werden, sind als Linke politisiert worden und erst später mit der feministischen Theorie und Politik in Berührung gekommen: Sei es über neomarxistische Sozialwissenschaftlerinnen der Siebzigerjahre, die die Funktion der von Frauen geleisteten Hausarbeit und der Reproduktion im kapitalistischen System aufzeigen und kritisieren; sei es durch die Lektüre von Erfahrungsberichten von Frauen – oder durch die Aufsehen erregende Kampagne der Zeitschrift EMMA (1971–76) zum § 218, dem Paragraphen, der in Deutschland den Schwangerschaftsabbruch untersagte. Der Kampf gegen das Abtreibungsverbot Anfang der Siebzigerjahre wird auch als «Auslöser» der Neuen Frauenbewegung bezeichnet. Vgl. dazu: Alice Schwarzer: Ewig zittere das Weib, in: EMMA-Sonderband, September 1990.

(9) Obwohl innerhalb der gemischten «Bewegung» zahlreiche politische Splittergruppen und -grüppchen verschiedenster ideologischer Ausrichtung existieren, wird in der Öffentlichkeit vor allem eine nicht primär durch politische Inhalte gekennzeichnete Verweigerungshaltung wahrgenommen. Diese Haltung stellt denn vermutlich auch den grössten gemeinsamen Nenner der «Berner Bewegung der Unzufriedenen» dar.

(10) Flugschrift (unsigniert, undatiert); Privatarchiv Heidi Ensner.

(11) Das ABZ wurde mit massivem Polizeieinsatz geräumt und mit Nato-Stacheldraht umzäunt. Fast gleichzeitig wurde auch das AJZ in Zürich mit Baggern dem Boden gleichgemacht – für viele Bewegte traumatische Erlebnisse. Diese «Nachbewegungsdepression» führte zur Vereinzelung und trieb einige in die Drogen – oder, im Extremfall, in den Selbstmord. Vgl. dazu: «Die Collage war Ausdruck unseres Lebensgefühls». Interview mit drei Drahtzieher-Redaktoren in: megafon. Zeitung aus der Reithalle Bern, Nr. 174/Mai 1996.

(12) Provinz, 9/September 1984; ins Rollen kommt die Diskussion aufgrund von mehren Beiträgen von Müttern in «Gretel&Gretel» 2/84 (Informationsblatt des Frauengesundheitszentrum, vormals «Knoblauchpresse»).

(13) Vgl. Bericht über die «Mütter»-Diskussion vom 10.9.1984 im Frauenhaus, in: Diskussionspapier zum autonomen Frauenhaus (vgl. dazu Anmerkung 3).

Wissenschaftliche Beiträge

(14) Bernadette, in: Heidi Ensner (1998): 10 Jahre Müttergruppe. Untersuchung der Wirksamkeit einer unterstützenden Gruppe für alleinerziehende Mütter, Bern.
(15) Wie Anm. 14.
(16) Quelle: Marie-Josée Kuhn, mündlich.
(17) «Essen, Wohnen, Arbeiten, Denken, Fühlen, Träumen, zämä sii, zämä rede ... Kultur heisst leben.» Aus dem «Manifest» zur Zeit des «Zaffaraya» 1986; (zitiert nach: Fredi Lerch: Die Kunst, den Aufbruch zu verteidigen, in: Reithalle Bern, S. 22.)
(18) Angeregt wird die Gruppe durch: Dworkin, Andrea: Pornographie : Männer beherrschen Frauen. Mit einem Vorwort von Alice Schwarzer, Köln 1987.
(19) Protokoll Wyberrat vom Mai 1986. Privatarchiv Heidi Ensner.
(20) Die Interessengemeinschaft Kulturraum Reitschule (IKuR) tritt im März 1986 erstmals als Gegenbewegung zur Abbruchforderung aus dem Stadtrat in Erscheinung. Sie will eine Lobby all jener aufbauen, die die Reithalle kulturell nutzen wollen. Zwei weitere Gruppen erheben zeitweilig Anspruch auf Räume in der Reithalle: Im Wohnhaus eskaliert im Frühling 1990 der Konflikt mit den damaligen BewohnerInnen. Streitpunkt ist der Drogendeal, mit dem diese sich privat bereichern. Die IKuR setzt der Auseinandersetzung schliesslich mit dem Rausschmiss ein (vorläufiges) Ende. Später nimmt eine Gruppe von Punks erst das Wohnhaus und später den Vorraum und den Vorplatz in Beschlag. Auch hier folgen endlose, zum Teil handfeste Auseinandersetzungen. Im Mai 1995 werden Vorraum und Vorplatz polizeilich geräumt. Der Vorraum wird mit 40 Tonnen Beton gefüllt.
(21) Zitiert nach Fredi Lerch: («Von der Brüllaffen-VV zum Alternativmanagement») Die Kunst, den Aufbruch zu verteidigen, in: Reithalle Bern. Vgl. auch Johannes Wartenweiler: Jahre, die die Stadt veränderten, in: WoZ 47/1997.
(22) Vgl. Isabelle Jacobi: Milka- oder Bio-Kuh? Eine Momentaufnahme der FrauenAG, in: Reithalle Bern, S. 77.
(23) Von 1991 bis 1995 gab es in der Reithalle eine (gemischte) HomoAG.
(24) «Der Kitt, der die Plättli zusammenhält», in: megafon Nr. 233/März 2001.
(25) Wie Anm. 14.

WO WO WONIGE! – Die Bedeutung des Wohnens für die Zürcher Jugendbewegung
*Thomas Stahel**

1968 begann in Zürich eine kritische Diskussion über Fragen der Stadtentwicklung. Am heftigsten wurde sie 1973 mit der Abstimmungsvorlage über die U-/S-Bahn geführt. Die Kritik richtete sich vor allem gegen den blinden Wachstums- und Fortschrittsglauben der politischen Behörden. Insofern war die Ausgestaltung Zürichs schon in den Siebzigerjahren ein umstrittenes Thema – der Anspruch auf den städtischen Wohnraum wurde aber erst in den Achtzigerjahren richtig laut. Die Wohnungsnot anfangs der Achtzigerjahre förderte die Entstehung einer Häuserkampfbewegung. Gleichzeitig klangen ab Mitte der Siebzigerjahre die klassenkämpferischen Töne in der ausserparlamentarischen Linken ab; die Leute zogen sich wieder in die eigenen vier Wände zurück und entwickelten im Laufe der Achtzigerjahre alternative Wohnprojekte.

Die urbane Revolte der 68er und erste Kollektivhaushalte

Als sich 1968 ein Teil der Zürcher Jugend erhob, war dies in erster Linie ein Ausdruck von Unzufriedenheit mit den allgemeinen gesellschaftlichen Lebensverhältnissen. Der Globus-Krawall entbrannte zwar an der Forderung nach einem autonomen Kulturzentrum, aber im Grunde genommen ging es den damaligen jugendlichen WortführerInnen um eine Kritik am kapitalistischen System und um dessen Umsturz. Die damals sich anbahnende Wohnungsnot war in der Studenten- und Lehrlingsbewegung anfänglich noch kaum ein Thema, obwohl der Leerwohnungsbestand nach 1968 praktisch auf null sank. Die ausserparlamentarische Linke thematisierte nach 1971 diverse Aspekte der urbanen Entwicklung – Verkehrsproblematik und Wohnraumzerstörung. Die Avantgardeorganisationen verfolgten vor allem das Ziel, die Quartierbevölkerung zu politisieren: «Es ging uns eigentlich gar nicht darum, in diesem Quartier konkret etwas zu verändern, sondern wir wollten anhand der Zerstörung dieses Quartiers aufzeigen, dass es nötig ist, gegen das kapitalistische System zu kämpfen.»

Auch wenn es in den Siebzigerjahren zu vereinzelten Häuserbesetzungen kam, ging es also weniger um die Aneignung von günstigem Wohnraum als um die Mobilisierung der Bevölkerung. Auch hinter einer der spektakulärsten Besetzungen,

Wissenschaftliche Beiträge

nämlich derjenigen am Hegibachplatz im Kreis 7, stand die Idee, von dort aus die MieterInnen in der Nachbarschaft über die Wohnfrage zu politisieren. Ein Grossteil der AktivistInnen wohnte nicht einmal selbst in den besetzten Häusern: «Dass die Linken die Arbeit am Hegibachplatz in eine scheinbar ‹technische› und eine ‹politische› unterteilen, wobei letztere mit Versammlungen und Diskussionen gleichgesetzt wurde, an denen immer die gleichen zumeist auswärts wohnenden Gruppensprecher den Hausbewohnern vordozieren, was zu machen sei, führte dann auch zu einem endlosen Streit unter den verschiedenen politischen Gruppen über Aktionen (...), die die Möglichkeiten des Besetzerkollektivs überstiegen (...).» Folgen dieser Auseinandersetzungen waren eine Verschlechterung des Klimas unter den verschiedenen AktivistInnen-Gruppen, Probleme mit «unpolitischen Freaks», die einen immer grösseren Teil der BewohnerInnen ausmachten und eine schwindende Akzeptanz in eben der Quartierbevölkerung, die mit der Besetzung hätte angesprochen werden sollen.

Parallel zu diesen heftig geführten Auseinandersetzungen nahm die Zahl der kollektiven Haushalte im Laufe der Siebzigerjahre stark zu. Entgegen der Entwicklung in anderen Teilen Europas, wo die Kommune in erster Linie als politische Kampfform der Studentenbewegung entstand, waren die Hintergründe der Zürcher Kommunen von Anfang an vielfältiger. Entscheidend war dabei die Frage, wie man sich mit wenig Einkommen über Wasser halten konnte, um seine politischen und kulturellen Ziele möglichst ohne materielle Zwänge zu verfolgen. Das Leben in Wohngemeinschaften entpuppte sich schnell als ökonomische Haushaltsform. Die Tendenz zur WG-Bildung wurde verstärkt durch den Einbruch der Wirtschaftskrise von 1974, in deren Folge viele GastarbeiterInnen das Land verlassen mussten. Plötzlich stand billiger Wohnraum in den ärmeren innerstädtischen Quartieren von Zürich zur Verfügung. Die WGs boomten. Laut einer Schätzung der Quartiergruppe «Luft und Lärm» gab es 1980 allein in den Stadtkreisen 4 und 5 200 bis 300 Wohngemeinschaften.

Die Achtziger Bewegung fordert ein Recht auf Wohnen

In den Zürcher Stadtkreisen 4 und 5 entstand aus dem engmaschigen Netz der Wohngemeinschaften eine lebendige politisch-kulturelle Szene, die auf die weiteren Ereignisse in den Achtzigerjahren Einfluss nehmen sollte. Der durch den zunehmenden City-Druck erneut knapp gewordene Wohnraum veranlasste AktivistInnen dazu,

Selbsthilfeaktionen durchzuführen. Die Quartiergruppe «Luft und Lärm» besetzte in einer durchdachten Aktion mehrere städtische Liegenschaften an der Hellmutstrasse. Durch geschicktes Taktieren gelang es der Gruppe, der Liegenschaftenverwaltung einen Gebrauchsleihvertrag zu günstigen Konditionen abzuringen.

Vor dem Hintergrund der Wohnungsnot und in Anbetracht fehlender kultureller Räume brachen am 30. Mai 1980 die Jugendunruhen aus, die zwei Jahre andauerten und für Zürich in Bezug auf Heftigkeit, Medienecho und Ausbreitung absolut neu waren. Die Jugendbewegung wird zwar vor allem mit dem Kampf um ein autonomes Jugendhaus (AJZ) in Verbindung gebracht, doch auch die Forderung nach günstigem Wohnraum gehörte schon früh zu den zentralen Themen der Bewegung: «Wir wollen wohnen, und zwar so wie es uns passt. Kompromisslos. Das Recht auf Wohnen muss ohne Rücksicht auf das Recht auf Eigentum absolut herbeigeführt werden. Und zwar subito.» Die Achtziger Bewegung forderte urbane Lebens- und Wohnformen von einem Gemeinwesen ein, das sich rühmte, eine Weltstadt von Format zu sein.

Die Szenenblätter der Achtziger Bewegung wie z. B. das «Brächise» berichteten zunehmend über Hausbesetzungen, die stark geprägt waren durch ähnliche Ereignisse in Berlin und Amsterdam (vgl. dazu die Chronologie). Ab März 1981 wurden im Volkshaus jeweils dienstags Besetzer-Vollversammlungen abgehalten, und im AJZ wurde im Mai des gleichen Jahres eine Häuserkampfwoche durchgeführt. Am 1. April 1981, dem Umzugstermin, fand eine erste Offensive von «Enteignungen» statt. Innerhalb von zwei Monaten wurden mehr als zwölf Häuser besetzt, etwa gleich viele wie im Zeitraum von 1971 bis Ende 1978.

Wegen der durch die Jugendunruhen angeheizten Stimmung stiessen die HausbesetzerInnen auf ein für schweizerische Verhältnisse äusserst repressives Klima. Kaum ein Haus konnte länger als zwei Tage gehalten werden, aber die Bewegung liess sich vorerst nicht einschüchtern. Da das Wohnen in besetzten Häusern von den Behörden nicht geduldet wurde, erhielten Hausbesetzungen immer mehr den Charakter einer Manifestation gegen die städtische Wohnpolitik. Erfolgreich waren zu diesem Zeitpunkt vor allem so genannte Scheinbesetzungen und stille Besetzungen. Bei Scheinbesetzungen wurden die Häuser mit Transparenten als besetzt markiert, ohne dass sie tatsächlich von BesetzerInnen bewohnt wurden. Bei stillen Besetzungen kam die Strategie zur Anwendung, ohne die Herstellung von Öffentlichkeit (Transparente,

Wissenschaftliche Beiträge

Flugblätter und Medienmitteilungen) in ein Haus einzudringen und nach dem Modell «Hellmutstrasse» mit den BesitzerInnen einen befristeten Vertrag auszuhandeln.

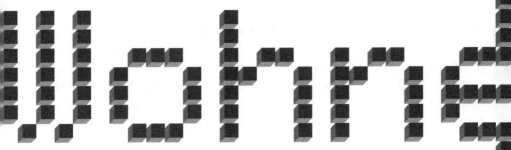

Unabhängiges Aussersihl und alternative Wohnformen

Die Schwächung der Bewegung – u. a. durch die starke Repression – führte dazu, dass die Hausbesetzungen nach Mai 1983 abflauten. Das Interesse des Häuserkampfs konzentrierte sich in der Folge vorwiegend auf das Gebiet um den Stauffacher im Kreis 4, das kurz vor seiner Sanierung stand.

Beim Kampf um den Stauffacher vereinigten sich Gruppen, die sich für ein autonomes Aussersihl engagierten, mit Gruppen aus der Häuserkampfbewegung. Der «Verein unabhängiges Aussersihl» rief auf dadaistische Weise für die versprengten Reste der Achtziger Bewegung die freie Republik «Aussersihl» aus. Gefordert wurde nicht weniger als die Ausgemeindung von Aussersihl aus der Stadt Zürich. Den am Kampf gegen die Zerstörung des Stauffachers beteiligten Kräften ging es aber in erster Linie um die Verhinderung eines Neubauprojekts im Bereich Badener-/Kasernen-/Müllerstrasse («Tor zu Aussersihl»). Der geplante Neubau am Stauffacher stand symbolisch für den Cityboom, das heisst für die Erweiterung der Bürostadt über die Sihl an den Stauffacher und weiter in den Kreis 4 hinein – nach Aussersihl. Die Widerstandsformen am Stauffacher waren äusserst vielfältig und fantasievoll. Doch der Bauherrschaft gelang es, ihr Projekt durchzusetzen, und die besetzten Liegenschaften wurden von der Polizei geräumt. Aufsehen erregten militante Aktionen der anonymen Gruppe «Grober Ernst». Mehrere Sprengstoffanschläge gegen die Wohnhäuser der Bauherren und ein Brandanschlag auf das McDonalds-Restaurant am Stauffacher sollten die Bauherrschaft zum einlenken bewegen. Vergeblich – nachdem sich der Bauunternehmer Kleinert zurückgezogen hatte, wurden dessen Zugeständnisse wieder rückgängig gemacht: Die neue Bauherrin, die Bührle Immobilien AG, verwarf ein redimensioniertes Projekt.

Längerfristig von grosser Bedeutung waren die utopischen Lebensentwürfe, die damals rund um den besetzten Stauffacher ausgeheckt wurden. Dem Schriftsteller P. M. gelang mit dem Büchlein «bolo'bolo» die Ausgestaltung einer urbanen Utopie, die das Gespräch über neue Wohn- und Lebensformen in Zürichs subkultureller Szene in Fahrt brachte. Angestrebt wurden überschaubare Siedlungseinheiten, so genannte Bolos, in der bis zu 500 Menschen wohnen, arbeiten und sich durch Kooperation mit Biobetrieben auf dem Lande selbst versorgen sollten. Der Verein «Karthago» wurde gegründet, um einen ersten dieser Grosshaushalte in Zürich zu realisieren. Auch wenn dieses in den Neunzigerjahren an der Zentralstrasse im Kreis 3 gebaute Projekt und weitere ähnlich gelagerte Projekte wie zum Beispiel das «Kraftwerk 1» in Zürich West weit von den ursprünglichen Entwürfen abweichen, existieren heute in Zürich doch einige gemeinschaftliche Wohnprojekte, die Elemente aus der bolo'bolo - Utopie von P. M. direkt oder indirekt übernommen haben.

Vom Netz zum Wohlgroth

Mitte der Achtzigerjahre erhielt der Häuserkampf neuen Aufschwung. Die AktivistInnen aus verschiedenen besetzten Häuser schlossen sich zum «Netz» zusammen. Gemeinsame spektakuläre Auszugsboykotte fanden an der Schmiede Wiedikon und an der Höschgasse statt. Die Stärke der Aktionen, wie sie sich z. B. bei der Räumung der Häuser an der Schmiede äusserte, konnte aber nicht über innere Spannungen hinwegtäuschen. Während der Besetzung der Annaburg (30.10−6.11.1987) kam es zum grossen Streit: «Wir vom Netz kannten einander gut und hatten schon einiges zusammen unternommen, und so hatte sich eine Rangordnung eingespielt: Denen, die schon lange dabei sind, die gut reden können oder aus starkem Haus kommen, wird besser zugehört. (...) Jüngere und unsichere behalten ihre Einwände zurück und sprechen Ängste nicht aus, um nicht als reaktionär oder feige zu gelten, oder um irgendwann selber in den Stammtisch der Bewunderten aufgenommen zu werden.» Vor allem Frauen wehrten sich gegen hierarchische Tendenzen im «Netz», da sie sich am häufigsten übergangen fühlten. Nach der Räumung der Annaburg war

Wissenschaftliche Beiträge

die Bewegung so zerstritten, dass keine weiteren gemeinsamen Aktionen durchgeführt wurden.

Im Frühjahr 1989 erstarkte die Häuserkampfbewegung erneut, nachdem sich seit Herbst 1988 die Szene wieder zu sammeln begonnen hatte. Von grosser Bedeutung war dabei die vom «Ssenter for Applied Urbanism» (SAU) organisierte Aktionswoche «Città Frontale», eine fantasievolle Erkundung der Brennpunkte in Zürichs Stadtentwicklung. Ein weiterer Grund für das Neuaufleben der Häuserkampfbewegung war die verschärfte Situation auf dem Wohnungsmarkt seit 1988. Unter dem Motto «Wir lassen uns nicht ausMÄRZen» entstand eine Protest-Bewegung, die ab Februar 1989 jeweils am Donnerstagabend in der Innenstadt von Zürich «Aufläufe gegen die Speckis» veranstaltete. Für die Aktionswoche «Wohnen tut Not» im März 1989 schlossen sich verschiedene Organisationen, Parteien und Gruppen zu einem Bündnis zusammen, das vom Mieterverband bis zur POCH, von der Wogeno bis zur IG Kreis 5 reichte.

Weil es beinahe unmöglich war, preisgünstige Wohnungen zu finden, stiess eine neue Welle von Besetzungen von leerstehenden Häusern auch in der Bevölkerung auf Verständnis. Noch vor dem Regierungswechsel zu Mitte-Links (April 1990) musste Stadtpräsident Thomas Wagner (FDP) seine Aussage revidieren, dass jedes Haus sofort geräumt werde. Nach dem Antritt der rot-grünen Regierung stabilisierte sich die Situation zusätzlich. Der Zürcher Häuserkampf hatte seine besten Tage, zeitweise waren mehr als 20 Häuser besetzt.

Ein Höhepunkt war die Besetzung des riesigen Wohlgroth-Areals beim Hauptbahnhof Zürich. Ab Mai 1991 entwickelte sich die ehemalige Fabrik mit mehreren dazugehörenden Wohn- und Verwaltungsgebäuden zu einem für Zürichs Subkultur einzigartigen Treffpunkt. Mit Gratisarbeit wurden die Gebäulichkeiten instand gestellt, eine Beiz und weitere Infrastrukturen aufgebaut und kulturelle Aktivitäten organisiert. Das Wohlgroth ragte wie ein buntes Schiff aus dem unteren Teil des Kreis 5 heraus. Die jungen AktivstInnen bewiesen mehr als zehn Jahre nach dem Abbruch des AJZ an der Limmatstrasse, dass der Traum von einer Insel inmitten von «Zureich» durchaus Wirklichkeit werden konnte: «Denn die Jungen hier verschlingen nicht Bücher, wie ich es in ihrem Alter tat, um dann nur im Kopf von einer menschlichen Welt zu träumen. Sie handeln einfach und ziehen Schlüsse aus ihren Erfahrungen in der Gemeinschaft. Einige bewusst, weil sie nicht unbesehen übernehmen wollen, was

Generationen vor ihnen ‹vorgekaut› und aufbereitet haben, andere, weil aus verschiedenen Gründen sonst kein Raum für sie und ihre Ideen da ist.» Das Besondere am Wohlgroth-Experiment war die Tatsache, dass in Zürich zum ersten Mal auf einem grossen Areal autonom und kollektiv gelebt und gehandelt wurde, ohne dass die sozialen Probleme und ein unkontrollierter Konsum von harten Drogen das Projekt zum Scheitern brachten: «Unsere Lebensweise stand aber in einem radikalen Widerspruch zu den Werten dieser Gesellschaft. Durch unsere andere Organisation des Alltags konnten wir auch aufzeigen, dass was anderes möglich ist.» Festen, an der Sonne liegen und in den Tag leben bestimmten das Leben im Wohlgroth. Es war «nichts anderes als die von den SchweizerInnen in ihrem Land so schmerzlich vermisste Lebenslust und Lebenskultur im eigenen Umfeld. Nicht für eine Kultur am privaten Kaminfeuer, sondern für eine Kultur mitten in ihrer Stadt (...).» Das Wohlgroth entwickelte sich zu einer autonomen Kulturwerkstatt (AKW), die das AJZ von 1980 in Bezug auf Funktionstüchtigkeit und Dauer bei weitem übertraf. Nicht die Politisierung der Jugendlichen stand im Vordergrund, sondern das feste Ziel, einen Raum so zu organisieren, dass Kultur ohne Konsumzwang und ohne kommerzielle Verwertungsabsichten ermöglicht und gelebt werden konnte.

Sie wollte die ganze Stadt – es blieb die WG

Gehörten gesellschaftspolitische Veränderungen 1968 noch zu den zentralen Forderungen der Jugendbewegung, so wurden diese Ansprüche in den Achtziger- und Neunzigerjahren kontinuierlich zurückgenommen. Galt während der Opernhaus-Krawalle noch das Motto «Wir wollen die ganze Stadt», zog man sich später zuerst nach Aussersihl und danach auf einzelne Liegenschaften zurück. Die politische Strategie, diese erkämpften Gebiete zu autonomen Brückenköpfen zu erklären, von denen aus alsbald der Rest der Stadt erobert werden sollte, war nicht zu verwirklichen. Entweder wurden die Kämpfe verloren (Stauffacher, Wohlgroth usw.), oder die Projekte wurden so weit entschärft und den marktwirtschaftlichen Gesetzen angepasst, dass sie mit den ursprünglichen Ideen nur noch wenig gemeinsam hatten (Karthago, Kraftwerk, Hellmutstrasse). Nach der Räumung des Wohlgroths erlahmte auch der Häuserkampf.

Trotz der eher enttäuschenden Resultate führten die Häuser- und Mieterkämpfe der Achtzigerjahre zu einer neuen Einschätzung des Wohnens. Der Trend von Zürich

Wissenschaftliche Beiträge

weg aufs Land wurde durch die Achtziger Bewegung erstmals grundlegend in Frage gestellt. In den Achtzigerjahren setzte eine Auseinandersetzung über das Gleichgewicht zwischen Wohnen und Arbeiten ein, die ihren Höhepunkt mit der Abstimmung über die Bau- und Zonenordnung für Zürich erreichte und mit einem knappen Sieg für die Vorlage von Ursula Koch (SP) endete.

Parallel zur Rückdefinierung der gesellschaftspolitischen Ziele nahm die Akzeptanz von kollektiven Wohnformen nach 1968 stark zu. Anlässlich der Volkszählung von 1990 lebten in der Stadt Zürich 5.3% in einem Kollektivhaushalt. Trotzdem blieb die Verbreitung von WGs bis heute eher gering. Im Besonderen die Gross-WGs nahmen in den letzten dreissig Jahren stark ab, während die Zunahme der in kollektiven Haushalten lebenden Personen durch die zahlreichen kleinen WGs zu erklären ist. Die Wohngemeinschaft übernimmt heute mehr oder weniger die Funktion einer Zweckgemeinschaft für Jugendliche, die sich noch keine eigene Wohnung leisten können.

(*) Thomas Stahel ist Historiker und arbeitet an einer Dissertation über Stadtentwicklung, alternative Wohnformen und linke Wohnungspolitik in Zürich seit 1968.

Literatur

Herzog, Rolf
  Kommunen in der Schweiz. Basel 1972.
Hitz, Hansruedi/Keil, Roger/Lehrer, Ute u. a.
  Capitales Fatales. Urbanisierung und Politik in den Finanzmetropolen Frankfurt und Zürich. Zürich 1995.
Höpflinger, François/Erni-Schneuwyl, Denise (Hrsg.)
  Weichenstellungen. Lebensformen im Wandel und Lebenslage junger Frauen. Bern und Stuttgart 1989.
Kriesi, Hanspeter
  Die Zürcher Bewegung. Bilder, Interaktionen, Zusammenhänge. Frankfurt 1984.
P. M.
  Bolo'bolo. Zürich 1983.
P. M., Wolkenstein, Didymos, Reyneclod
  Stauffacher, Aussersihl. Über die Kräfte der neuen Weltgesellschaft. Zürich 1985.
Siegenthaler, Hansjörg
  Historische Statistik der Schweiz. Zürich 1996.
Ssenter for Applied Urbanism SAU (Hrsg.)
  Zürich ohne Grenzen. Zürich 1986.
Wisler, Dominique
  Drei Gruppen der neuen Linken auf der Suche nach der Revolution. Zürich 1996.

Dienst der Versöhnung – Das Engagement der Kirchen anlässlich der Zürcher Jugendunruhen 1980–82

Werner Kramer*

Mit der Eröffnung des Autonomen Jugendzentrums (AJZ) am 28. Juni 1980 waren in Zürich keineswegs ruhige Zeiten angebrochen. Es brauchte Geld für dringende Renovierungen. Der Betrag von 140 000 Fr., den der Stadtrat beschlossen hatte, war völlig ungenügend. Es wurde weiter demonstriert: gegen die Wohnungsnot, für Freiräume, gegen verschiedene Formen von Unterdrückung. Das AJZ hatte eine schlechte Presse. Es sei ein rechtsfreier Raum, biete Unterschlupf für alle möglichen Verbrecher und polizeilich Ausgeschriebene, es herrsche ein Chaos, die hygienischen Verhältnisse seien ungenügend. Der Stadtrat geriet von bürgerlicher Seite und durch die Staatsanwaltschaft immer mehr unter Druck. Am 4. September kam es zur grossen Razzia im AJZ und zum Eklat. 137 Personen wurden verhaftet. Das AJZ wurde polizeilich geschlossen und mit Stacheldraht abgesperrt. Die fast wöchentlichen Demonstrationen und Zusammenstösse zwischen Polizei und Bewegungsaktivisten wurden von Mal zu Mal härter. Immer mehr Leute wurden verletzt. Die Sachbeschädigungen heizten das Klima noch weiter an. Bürgerwehren wurden gefordert. Die Gewaltspirale drehte sich immer schneller. Nirgends zeigten sich Kräfte und Gruppierungen, die bereit waren, zwischen die Kampfparteien Bewegung auf der einen Seite und politische Behörden, Parteien, Polizei und Teile der Bevölkerung auf der andern Seite zu treten.

Der Kirchenrat des Kantons Zürich war im Herbst 1980 der Meinung, es genüge nicht mehr, nur zu reden, zu erklären und zu deuten. Die Kirchen setzten sich auf unterschiedliche Weise ein: Im Dezember waren es vor allem die Pfarrer und Seelsorgerinnen der reformierten, katholischen und christkatholischen Kirchengemeinden der Stadt Zürich, unter ihnen die Dekane und Pfarrer Ernst Sieber. Sie mobilisierten für die Weihnachtstage viele Helfer und Helferinnen und waren präsent bei der grossen Vollversammlung (VV) der Bewegung am 24. Dezember 1980 am Bürkliplatz und beim anschliessenden Demonstrationszug von ca. 5000 Personen durch die Bahnhofstrasse zum geschlossenen AJZ. Sie trugen zu einem relativ friedlichen Verlauf der Demonstration bei. Lediglich beim AJZ kam es zu Auseinandersetzungen und Scharmützeln, die bis zum folgenden Tag dauerten.

Wissenschaftliche Beiträge

Kirchliche Initiative für eine Trägerschaft fürs AJZ

Die Verantwortlichen des evangelisch-reformierten Kirchenrats des Kantons Zürich, der römisch-katholischen Zentralkommission, des Generalvikariats, des katholischen Stadtverbands und der Pro Juventute kamen überein, dem Stadtrat ihre Bereitschaft für die Übernahme der Trägerschaft für ein AJZ an der Limmatstrasse zu bekunden.[1] Die Bekanntgabe der baldigen Wiedereröffnung des AJZ war eine Sensation. In den Unterlagen zur Medienkonferenz heisst es: «Die kirchlichen Behörden haben sich zu ihrem Einsatz entschlossen, weil es zum Auftrag der christlichen Kirchen gehört, den ‹Dienst der Versöhnung› zu leisten. Sie hoffen gemeinsam mit Pro Juventute, dass es so möglich ist, den Teufelskreis von Gewalt zu durchbrechen. Denn sie lehnen alle Gewaltanwendung gegen Sachen und Menschen ab. Sie setzen sich aber für ein Ernstnehmen der Probleme ein, welche im Zusammenhang mit der Bewegung sichtbar geworden sind.»

Der Vertrag mit der Stadt wurde auf drei Jahre abgeschlossen. Der Stadtrat erklärte sich darin bereit, für die baulichen Einrichtungen des Gebäudes einen Betrag von mindestens einer Million Franken zu sprechen. Die Kirchen und Pro Juventute verpflichteten sich für die Jahre 1981–83 gemeinsam jährlich maximal Fr. 500 000 aufzubringen.

Gratwanderung

So klar die Kirchen und Pro Juventute auch ihre Bereitschaft erklärt hatten, «in Zusammenarbeit mit der Stadt und der Bewegung die Trägerschaft für ein selbstverwaltetes Jugendzentrum im Rahmen der Gesetzgebung, aber ohne zusätzliche Vorschriften, zu übernehmen», so wurde doch von Seiten der Öffentlichkeit, der Parteien und auch der Behörden immer wieder die Erwartung an sie gestellt, sie hätten Führungsverantwortung zu übernehmen und die Bewegungsaktivisten zu disziplinieren. Andererseits standen die Vertreter der Trägerschaft bei den AJZ-Gruppen im Verdacht, verlängerter Arm des Stadtrates oder gar der Polizei zu sein. Da war nach allen Seiten klar zu machen: Wir sind Berater, Vermittler, Fürsprecher und zeigen auf, was noch im Rahmen der Gesetze möglich ist, und welche Konsequenzen beim Überschreiten dieser Grenzen von der Polizei und den Behörden zu erwarten sind. Die Verantwortung liegt bei jedem selber, nicht bei der Trägerschaft.

Angesichts dieser Gratwanderung war Einigkeit, Solidarität und Vertrauen in der Trägerschaft unumgänglich.[2] Es gab auch einen weiteren Kreis von Personen, auf die die Trägerschaft zählen konnte: Besonders wichtig war der Architekt Jakob Schilling. Er war zuständig für die bauliche Sanierung der AJZ-Liegenschaft, stellte den Bauführer zur Verfügung und machte es möglich, dass die AJZ-Leute selber die Arbeiten ausführen konnten und eine bescheidene Entschädigung erhielten.

Schwierigkeiten bereiteten uns hingegen die Verantwortlichen der Kantonalen Finanzdirektion, welche über das Wirten im AJZ zu befinden hatten. Eine Person mit Wirtepatent war jeweils leicht zu finden. Aber die Genehmigung, einen Gastbetrieb – und gar mit Alkoholauschank – zu führen, war während des ganzen AJZ-Jahres ein ungelöstes Problem. In der ersten Phase war es zwar möglich, jeweils am Freitag für das bevorstehende Wochenende eine «Festbewilligung» zu erhalten. Dann aber wurde diese nicht mehr gewährt mit der Begründung, damit würde das ordentliche Bewilligungsverfahren unterlaufen. Das vom Stadtrat offiziell eingereichte Gesuch wurde abgelehnt mit dem Hinweis, dass sich im Umkreis von 300 Metern bereits drei Restaurants mit Recht auf Alkoholausschank befänden. Das Gesetz begrenze die Anzahl Restaurants in einem Quartier aufgrund des Quotienten «Anzahl Einwohner geteilt durch Anzahl Restaurants».[3] In solchen Situationen war es schwierig, nicht bitter zu werden und auf das Einhalten der Rechtsordnung zu pfeifen. Denn im Ernst: Wer konnte sich denn schon ein AJZ ohne Alkoholausschank vorstellen? Die Folgen zeigten sich umgehend: Die Leute schleppten Bierharasse an und liessen sich voll laufen. Dies verursachte Radau und belastete die Stimmung. Oft war es schwierig, an den guten Willen der Amtsinhaber zu glauben.

Schritte voran und Schritte zurück

Die Wiedereröffnung des AJZ sorgte inmitten des Chaos für Aufbruchstimmung. Plötzlich war Geld vorhanden, um die notwendigsten Renovierungen zu realisieren. Teile aus der ehemaligen AJZ-Projektgruppe nahmen unter den nun günstigeren Bedingungen ihre Arbeit wieder auf. Auch die anderen Arbeitsgruppen im AJZ formierten sich neu. Die Stimmung war im Allgemeinen friedlich. An schönen Wochenenden im Frühsommer kamen bis zu 3000 junge Leute ins AJZ, sassen im Schatten, lagen an der Sonne, redeten miteinander und genossen den Tag. Die Arbeitsgruppen waren die

Wissenschaftliche Beiträge

eigentlichen Träger des Betriebs. Sie übernahmen all die Funktionen, die sich in einem Zentrum mit so vielen Menschen ergeben, etwa als «Animatoren», als «Mädchen für alles», als Sozialarbeiterinnen und Sanitäter. Als materiellen Anreiz erhielten die Aktiven der Arbeitsgruppen ein Wochenhonorar von 250 Fr.

Dass das AJZ nicht nur ein Zentrum für Alternativkultur war, zeichnete sich von Anfang an ab. Es war gleichzeitig ein Sozial- und Sozialhilfezentrum und wollte dies auch sein. Alkoholiker, jugendliche Ausreisser, Drogenabhängige und Obdachlose fanden sich in wachsender Zahl ein. Für sie war das AJZ Notschlafstelle und Lebensraum. Sie fühlten sich hier geschützt und akzeptiert. Sie brachten aber auch Probleme mit ins AJZ, die nicht einfach durch repressionsfreie Selbstregulierung gelöst werden konnten. Dies traf in besonderem Masse für die Drogenabhängigen zu. Ihnen gegenüber galt die AJZ-interne Devise «Fixer ja – Dealer nein». Es zeigte sich aber immer deutlicher, dass Fixen und Dealen nicht voneinander zu trennen waren. Dies wurde später ein wichtiger Grund für den Niedergang und das Ende des AJZ.

Trotz gegenteiliger Gerüchte wurde ansonsten niemand am Betreten des AJZ gehindert. Der Eingang war immer offen. Ich selber wurde weder angerempelt noch bedroht, obgleich ich in Bezug auf Alter und Kleidung nicht als typischer «AJZler» daherkam. Auch war ich im AJZ den wenigsten als «einer von der Trägerschaft» bekannt.[4] Trotzdem hielt sich in rechtsbürgerlichen Kreisen und bei anderen Gegnern des AJZ hartnäckig die Redewendung vom «Ärgernis eines rechtsfreien Raumes». Es wurde gerügt, dass die Polizei das AJZ nicht betreten könne. Das stimmte so nicht. Wenn ich selber im AJZ war, sah ich immer wieder athletisch gebaute jüngere Männern in Turnschuhen und Sportjacken paarweise auf dem Areal herumschlendern – jeder ein Bier in der Hand. Wenn sie dann die Bierflaschen halb voll auf ein Fenstersims stellten und das AJZ verliessen, wurde mir klar: Das mussten Polizisten sein.

An unerwarteten Rückschlägen fehlte es nicht. Als ich mich einmal dem AJZ näherte, hörte ich von weitem das Dröhnen eines Kompressors. Ich sah wie ein junger Mann auf dem geteerten Busparkplatz neben dem AJZ bereits einen beträchtlichen Teil des Bodenbelags aufgebrochen hatte. Dieser Busparkplatz war eines der Kampfobjekte der AJZ-Bewohner. Sie beanspruchten ihn als Teil des AJZ. Den geteerten Boden wieder in Naturboden zu verwandeln, galt überdies wohl als kulturelle Tat.

Ich hörte im Geist bereits die Vorwürfe, die bei der nächsten Sitzung mit der Stadtratsdelegation an uns gerichtet werden würden.

Probleme gab es auch immer wieder mit AJZ-Gästen, die sich in benachbarten Restaurants mit Dealern trafen, nicht bezahlten oder durch ihre Anwesenheit die Kundschaft vertrieben. Obwohl die Demonstrationen auf der Strasse und die Sachbeschädigungen seltener geworden waren, hatten sie trotz AJZ und gerade ums AJZ herum nicht völlig aufgehört. Bei all diesen Problemen bestand bei den Behörden und in der Öffentlichkeit die Neigung, diese der Trägerschaft anzulasten. Wir wurden dauernd in Atem gehalten.

Hin und Her mit dem Stadtrat

Der Stadtrat stellte der Trägerschaft eine ständige Delegation und geeignete Personen aus der Verwaltung zur Seite, die sich zusammen mit der Trägerschaft der auftauchenden Probleme annehmen sollten. Die Delegation bestand aus Stadtpräsident Sigmund Widmer, dem Polizeivorstand Stadtrat Hans Frick, der Sozialvorsteherin Stadträtin Emilie Lieberherr und dem jüngsten Stadtrat Thomas Wagner. Mit dieser Delegation traf sich die Trägerschaft während des knappen AJZ-Jahres insgesamt zu 35 Sitzungen, meistens frühmorgens um sieben Uhr. Auch die Stadtratsdelegation musste sich daran gewöhnen, dass ein autonomes Jugendzentrum selbst darüber befindet, was zu tun und zu lassen ist. Im Verlaufe der Zeit wuchs das gegenseitige Vertrauen, und wir fühlten uns als ehrliche Makler akzeptiert.[5]

Aufgrund politischen Drucks und wohl auch wegen polizeiinterner Befürchtungen führte die Polizei im Juni 1981 allgemeine Personenkontrollen im AJZ durch. Alle, die keinen Ausweis bei sich trugen, wurden mit auf die Polizeiwache genommen. Im AJZ entstand grosse Unruhe, Wut und Angst. Auf unseren Rat hin wurde bei der zweiten Kontrolle Ende Juni der mobile Fahndungscomputer mit ins AJZ genommen. Die aus dem Schlaf geweckten Insassen wurden genau informiert, worum es gehe und dann gleich an Ort und Stelle überprüft. So hielten sich Wut, Unsicherheit und Widerstand in Grenzen.[6]

Schlechte Erfahrungen mit der Polizei machte André Eisenstein, ein Mitglied unseres Arbeitsausschusses. Im Gefolge einer gewalttätigen Demonstration drang die Polizei ins AJZ ein. Eisenstein wurde in die Enge getrieben und zusammengeschlagen,

Wissenschaftliche Beiträge

als er sich als Mitglied der Trägerschaft zu erkennen gegeben hatte. Die nachträgliche Untersuchung führte zu keinem Ergebnis.[7]

Kirchensolidarität und Kirchenaustritte

Schon am 17. März 1981, also noch bevor der Vertrag mit dem Stadtrat unter Dach und Fach war, beschloss die Synode die Erhöhung des Kredits für Jugendarbeit und Jugendberatung um 300 000 Fr. An einer späteren Sitzung bewilligte sie für die Jahre 1992 und 1993 nochmals je 300 000 Fr. Auch dem Beitritt zum «Verein für ein selbstverwaltetes Jugendzentrum in der Stadt Zürich» stimmte die Kirchensynode zu. Ebenso positiv verliefen alle kirchlichen Veranstaltungen zum Thema, an denen ich im Herbst/Winter 1981 unser Engagement zu vertreten hatte. Gewiss gab es jedes Mal kritische Einwände, ablehnende Voten und heftige Emotionen.[8] Aber der Grundtenor war in allen Gemeinden positiv. Dass die Kirche nicht nur Solidarität zu spüren bekam, zeigte sich an der Zahl der Kirchenaustritte. Diese schnellten 1981 um 800 auf 2348. Viele begründeten ihren Austritt mit dem landeskirchlichen Engagement im AJZ.

Der Niedergang des AJZ

Der Leitsatz «Fixer ja – Dealer nein» erwies sich zunehmend als unrealistisch. Die Drogen spielten im AJZ eine immer grössere Rolle, vor allem als das für den Umbau und den Betrieb bewilligte Geld knapp wurde. Viele mussten sich ein anderes Auskommen suchen und blieben weg. Auf diese Weise wurden die aktiven Gruppen geschwächt. In das entstandene Vakuum strömten neue, drogenabhängige AJZ-Besucher. Dieser Teufelskreis verstärkte sich bis gegen Ende des Jahres. Die Drogengruppe versuchte einen Fixerraum einzurichten, obwohl solche Institutionen damals noch strikt verboten waren. Im AJZ entbrannte ein heftiger Kampf zwischen Befürwortern und Gegnern eines solchen Raumes, ohne dass sich eine der Parteien durchzusetzen vermochte. So wurde im AJZ weiter offen gedealt. Als ich um die Weihnachtszeit einmal bei Dunkelheit das AJZ betrat, wurde ich bei den Toiletten gefragt: «Ziehsch öppis ie?» Als ich den Kopf schüttelte: «Laasch öppis use?» Als ich wieder verneinte: «Warum bisch dänn da?» Über Weihnachten wurde trotz Widerstand ein Fixerraum eingerichtet. Er bot ein Bild des Elends.

Die Trägerschaft beschloss, vom Vertrag mit der Stadt zurückzutreten, wenn sich die Situation im AJZ rund um die Drogenfrage nicht bis Ende März 1982 entspannen würde. Eine Feuersbrunst im Dachstock führte am 6. Februar 1982 zu grossen Schäden und verstärkte die Endstimmung. Als letzter Versuch wurde um das ganze Areal eine Holzwand errichtet, um das AJZ abzuriegeln und es so gegen den Drogenhandel zu schützen. In der Nacht darauf wurde die Wand niedergerissen und verbrannt. Zwei Tage später, am 17. März 1982, trat die Trägerschaft vom Vertrag mit dem Stadtrat zurück. Die Polizei räumte das Gebäude. Das AJZ war am Ende. In den frühen Morgenstunden liess der Stadtrat die Bagger auffahren und die Gebäude abbrechen. Es regte sich kein Widerstand. Die Bewegung – oder was von ihr übrig geblieben war – hatte das AJZ aufgegeben.

Die Trägerschaft hat in einem Schlussbericht Rechenschaft über ihre Tätigkeit abgelegt und Folgerungen für die Zukunft gezogen. Auf der kulturellen Ebene wurden neben der Roten Fabrik weitere Freiräume für jugendliche Alternativkultur gefordert. Manches davon ist inzwischen realisiert worden, wenn auch oft unter kommerziellen Vorzeichen. Im sozialen Bereich wurde das Hauptaugenmerk auf die Drogenproblematik gerichtet. Gefordert wurden Präventionsmassnahmen, begleitende Präsenz in der Szene, unkomplizierte Auffang- und Entzugsstationen, geschützte Wohn- und Arbeitsmöglichkeiten, das Schaffen der Stelle eines Drogendelegierten sowie unkonventionelle Methoden polizeilicher Präsenz in der Jugendszene. Manches davon ist erst unter dem Druck der offenen Drogenszene ernsthaft in die Hand genommen worden.

(*) Werner Kramer, langjähriger Direktor des Evangelischen Lehrerseminars Zürich-Unterstrass und emeritierter Professor der theologischen Fakultät der Universität Zürich, schildert die Zürcher Jugendunruhen aus dem Blickwinkel eines Beteiligten. Als Vizepräsident des Kirchenrates des Kantons Zürich präsidierte er die Trägerschaft des Autonomen Jugendzentrums (AJZ).

(1) Am 26. Februar überbrachte ich die Bereitschaftserklärung Stadtpräsident Sigmund Widmer. Das dämmrige Licht in seinem Zimmer und das grosse Bild von Hunziker mit dem Schafe hütenden David sind mir noch lebhaft vor Augen. Der Stadtpräsident überflog das Geschriebene und legte die Blätter, wie mir schien, etwas unwillig auf die Seite und sagte: «Wenn die Kirchen dafür sind, können wir nicht dagegen sein.»

(2) Die regelmässige direkte Präsenz im AJZ und damit der in höchstem Masse anspruchsvolle Teil der ganzen Arbeit oblag dem so genannten Arbeitsausschuss. Dazu gehörten Hans Stamm und Urs Boller (vom Kirchenrat zur

Wissenschaftliche Beiträge

Verfügung gestellt), Hansruedi Häusermann und Marc Dinichert (Zentralkommission) und Marianne Schneider, André Eisenstein und Linus Jauslin (Pro Juventute). Von allen diesen Gratwandererinnen und Gratwanderern habe ich viel an Mut und Klarheit gelernt. Der Vorstand des 1981 gebildeten «Vereins für ein selbstverwaltetes Jugendzenrum in der Stadt Zürich» bestand (von Seiten des Kirchenrates) aus der Juristin Dr. Ruth Biedermann, Winterthur, Dr. Werner Kramer (Präsident), Zürich und Hans Stamm (Aktuar); von Seiten der römisch-katholischen Zentralkommission aus Erika Strobel (Vizepräsidentin), Zürich und Hansruedi Häusermann; von Seiten des katholischen Stadtverbandes aus Ernst Zehnder, Zürich (der den Präsidenten des Stadtverbandes in einer rechtlich schwierigen Situation abgelöst hatte); und von Seiten der Pro Juventute aus Heinz Bruni sowie Marianne Schneider. Dann ist der Anwalt Dr. jur. Ullin Streiff, Wetzikon, zu nennen. Er nahm sich entschädigungslos aller rechtlichen Fragen an und bewahrte die Vorstandsmitglieder dank seiner Beherztheit und seinem Sachverstand vor einem gerichtlichen Verfahren. Und schliesslich die beiden Professoren Ambros Uchtenhagen, Sozialpsychiatrie, Zürich, und Hans-Joachim Hoffmann-Nowotny, Soziologie, Zumikon. Sie waren immer bereit, innerhalb 24 Stunden mit uns zusammenzukommen, wenn sich plötzlich die Probleme türmten oder wir das Bedürfnis hatten, eigene Sichtweisen und Entscheidungen mit vertrauten Aussenstehenden kritisch zu durchleuchten. Das Letztere gilt auch für den damaligen Rektor der Universität, Prof. Gerold Hilty. Alle diese trugen dazu bei, dass wir bei der Gratwanderung das Gleichgewicht nie völlig verloren.

(3) Diese Bestimmung war uns wohl bekannt. Nur wussten wir, dass im gleichen Zeitraum ein bis dahin nicht öffentlich wirtendes Zunfthaus am Limmatquai ohne Probleme eine Sonderbewilligung erhalten hatte, obgleich am Limmatquai der «Quotient» noch wesentlich ungünstiger war.

(4) Natürlich war ich nicht in der Lage, zu beurteilen, ob im AJZ, wie draussen immer wieder befürchtet wurde, Schwerverbrecher untergetaucht waren. Auf Anzeichen bin weder ich noch die mit der Situation ungleich besser vertrauten Mitglieder des Arbeitsausschusses gestossen. Eltern, die erregt oder besorgt anriefen, weil sie ihr Kind im AJZ vermuteten, konnte man getrost raten, selbst zu kommen und nachzusehen – ein Mitglied des Arbeitsausschusses werde sie begleiten.

(5) Besonders mit Stadtrat Hans Frick, der als Polizeivorstand den Problemen am nächsten stand, ergab sich mit der Zeit ein sehr gutes gegenseitiges Verhältnis. Ähnliches gilt für den Chef der Kriminalpolizei, während wir uns vom Kommandanten nie ernst genommen fühlten. Er hielt sich an die Schlagworte des Kalten Krieges und blieb bei der Behauptung, Demonstranten würden mit Geldern aus Moskau bezahlt. Nach Indizien oder erhärteten Beispielen befragt, schwieg er unter Berufung auf sein Berufsgeheimnis.

(6) Weitere Personenkontrollen verliefen nach folgendem Muster: Stadtrat Frick rief mich jeweils frühmorgens an und sagte: «Wir beginnen jetzt mit einer Kontrolle im AJZ. Ich melde das, damit Sie kommen und das Ganze beobachten können.» Ich stand dann jeweils rasch auf, setzte mich aufs Velo, fuhr ins AJZ und konnte mich Mal für Mal überzeugen, dass die Polizei überlegt und im Ganzen rücksichtsvoll vorging. Das galt auch für den unangenehmen Fall, dass gewisse Räume verschlossen waren und sich kein Schlüssel auftreiben liess. Jedes Mal gab es auch Verhaftungen, Schwerverbrecher waren aber keine darunter.

(7) Eisenstein konnte den Täter zwar wieder erkennen. Aber der Korpsgeist der Polizeitruppe hielt dicht und «verschob» den Betreffenden für die Tatzeit an einen andern Ort vor dem AJZ.

(8) Die Haltung der kirchlichen Exponenten bei den Jugendunruhen war nicht einheitlich – so hat zum Beispiel die Reformierte Zentralkirchenpflege den Fortbestand des AJZ nicht unterstützt. Dagegen hat sie Hand geboten für andere Projekte wie die Rote Fabrik, den Verein für Jugendwohnungen und ihre eigene Arbeitsstelle Kirche und Jugend. Auch hat sie die Drogenhilfe mit mehreren hunderttausend Franken unterstützt.

Vom unerreichbaren Ort des unerreichbaren Glücks
Die Achtziger Bewegung im Spiegel des Schweizer Spielfilms
*Von Felix Aeppli**

Gemäss weit verbreiteter Interpretation «brachen» die Unruhen von 1980 «aus heiterem Himmel» über Zürich und andere Schweizer Städte «herein». Diese Sicht der Dinge lässt sich jedoch nicht halten: Alle wichtigen Themen, Metaphern, Strategien und Umgangsformen der «Bewegung» finden sich bereits in wichtigen Schweizer Spielfilmen der zweiten Hälfte der Siebzigerjahre. Diese kündigten den bevorstehenden Aufstand unmissverständlich an. Umgekehrt blieben die direkten Auswirkungen der Unruhen auf das einheimische Spielfilmschaffen nach 1980 vergleichsweise gering. Dies erstaunt kaum, weil die Filmschaffenden der «Bewegung» damals vorzugsweise auf das neue Videoformat setzten, welches sich viel besser direkt-interventionistisch für die aktuellen Anliegen einsetzen liess. Die kreativen Formen der «Bewegung» schlugen sich demzufolge kaum im Schweizer Spielfilm nieder. Und über kurz oder lang standen die Produktionen der einstmals «Bewegten» im Zeichen der neuen Innerlichkeit, welche die Neunzigerjahre prägen sollte.

Nur Stämme werden überleben: «Les indiens sont encore loin» (Patricia Moraz, 1977)
Die beiden Gymnasiastinnen Lise und Jenny hängen nach Schulschluss in den Bistros von Lausanne herum. Hier haben sie Guillaume und Matthias kennen gelernt, die etwa zehn Jahre älter sind als die beiden Frauen. Die beiden Männer verklären den Aufbruch von 1968 und schwafeln vom bevorstehenden Endkampf (der nicht kommen wird und den sie vermutlich ohnehin in ihren Mansarden verpennen würden). Lise fühlt sich von den Argumenten trotzdem einigermassen angesprochen, vor allem, was die Funktion der Schule als Sozialisierungsinstrument angeht. Doch sie will sich von den 68ern nicht vereinnahmen lassen. Die sensible Jenny strebt nach mehr. Sie findet auch die Schule nicht dermassen daneben wie ihre Freundin. In der Thomas-Mann-Lektüre sucht sie die Antwort nach dem Absoluten. Doch der Deutschlehrer sieht sein Fach rein akademisch. Jennys Fragen – «Wie lassen sich die Träume und Hoffnungen in dieser Gesellschaft erfüllen?», «Wo kann sich unter dem Diktat des

Wissenschaftliche Beiträge

Mittelmasses Freiheit entwickeln?» – bleiben unbeantwortet. Zuflucht und vorläufigen Bescheid über «den unerreichbaren Ort des unerreichbaren Glücks» findet Jenny beim Betrachten der Fotos der Nambikwara Indianer, die der Ethnologe Claude Levi-Strauss in seinem Buch «Tristes tropiques» zeigt.

Die Probleme des Quartetts sind indes handfester: Konkret geht es um die Frage, wo man sich nach der Polizeistunde – in Lausanne von 1977 bereits um 23 Uhr – noch trifft. Die Vier vertrödeln ihre Zeit zunächst am Bahnhof. Züge fahren durch die Nacht («Les suisses vont à la gare, mais ils ne partent pas», fällt einem dazu unvermittelt ein), schliesslich kommt es zum Bruch: Matthias versucht Lise trotz Gegenwehr zu küssen. Kurz danach – es ist mittlerweile drei Uhr morgens – fordert ein Kellner im Bahnhofbuffet Lise auf, ihre Schuhe vom gepolsterten Stuhl zu nehmen. Der bärtige Guillaume stellt sich auf Seite des Kellners («Bedenk' doch, ein Proletarier, der morgens um 3 Uhr für dich arbeitet»), doch Lise lässt das Argument nicht gelten: Sie entlarvt den 68er als Kleinbürger.

Anfang der Achtzigerjahre wird sie bei «Lôzane bouge» zweifelsohne mit dabei sein. Für Jenny ist das alles zu abstrakt. Doch ihre Indianer sind, wie der Museumswärter Charles Dé (eine hübsche Referenz an Tanners Film «Charles mort ou vif» von 1969) bemerkt, noch weit weg. Zu weit, wie sich herausstellt: Als ihre Freunde nicht zur geplanten Jurawanderung erscheinen, sucht Jenny im Schnee den Tod und erfriert im nahen Stadtwald.

Es wird kalt in Bern: «Kleine frieren auch im Sommer» (Peter von Gunten, 1978)

«Kleine frieren auch im Sommer» ist bei seinem Erscheinen 1978 allzu eng im Zusammenhang mit der Problematik von Drogen und Beschaffungskriminalität gesehen worden. Im Rückblick ging und geht es um mehr. Zunächst einmal bietet der Film das Vergnügen, die späten Siebzigerjahre optisch nochmals quasi live zu erleben: Sei es als Blick in die Restaurantküche mit ihren schudderig-orangefarbenen Gängen und Garderobeschränken, sei es als Blick ins Innere einer WG, wo die Matratze selbstverständlich direkt auf dem Boden liegt, unter dem obligaten Seidentuch aus Indien. Dazu spielt das Kofferradio Mundartrock. Hier ist Platz für (fast) alle: für Max, den arbeitslosen Fixer; für Gérard, der von seinem Vater aus der Vorstadtvilla rausgeschmissen wurde und in dem Max einen potentiellen Stofflieferanten sieht;

für Juliette, die als Einzige in der Gruppe arbeitet und die vor allem deshalb in der WG bleibt, weil sie Max liebt und ihn aus dem Milieu herausholen möchte; schliesslich für Patricia, die aus dem Gefängnis ausgerissen ist, wo sie wegen eines unbedachten Überfalls einsass.

Die vier Jugendlichen – alle unter zwanzig und aus verschiedenen Motiven zusammengekommen – versuchen gemeinsam, durch alternative Lebensweise aus ihrer Isolation auszubrechen und neue Nestwärme zu finden. Ansatzweise befriedigen die Alternativbeizen der Berner Altstadt diese Bedürfnisse. Doch es bleibt beim Ansatz: Die Vermengung von Aussenseitertum und Beschaffungskriminalität treibt die Gruppe immer weiter ins Abseits. Als ein grosser Deal mit geborgtem Geld missglückt, kann der Ausbruch aus der Isolation erst recht nicht mehr gelingen. Max und Gérard kommen ins Gefängnis, Patricia kann flüchten und Juliette wird, da sie schwanger ist, aus der Untersuchungshaft entlassen.

Klimafilm I: «Grauzone» (Fredi M. Murer, 1979)

Kein Film trifft die Vorabendstimmung der Achtziger Unruhen präziser als Fredi M. Murers mysteriöse Abhör- und Epidemiegeschichte «Grauzone», ein Film, der mit seinem körnigen Schwarzweiss den legendären «Züri brännt» (1980) in puncto Anonymität und Bedrohlichkeit bei weitem übertrifft. «Grauzone» steht für vielerlei: für das Wohnen im Niemandsland zwischen Stadt und Nicht-mehr-Stadt; für konturlose Überbauungen, wo bestenfalls noch via Feldstecher «kommuniziert» wird; für eine unwirtliche Architektur mit Autobahnzubringern und endlosen staubigen Trottoirs, die nur durch labyrinthische Tiefgaragen und Fussgängerunterführungen zu erreichen sind. Grauzonen aber auch im sozialen Sinn, etwas «in der Mitte zwischen der unteren Oberschicht und der oberen Unterschicht, also da, wo die überwältigende Mehrheit lebt», in einem Raum der Unauffälligkeit für «die freiwillig schweigende Mehrheit» (Fredi M. Murer).

Wissenschaftliche Beiträge

Grauzonen lähmen, bedrohen und höhlen aus, nichts und niemand ist mehr greifbar. Aber sie bieten auch die Möglichkeit der Tarnung und des subversiven Widerstandes: Mysteriös, ungewöhnlich und bedrohlich irritierend tauchen im Film zunächst die Bilder auf, welche die Abhör- und Schnüffelaktionen des Kleinabhörspezialisten Alfred M. begleiten. Fast auf Nebenwegen kommt er einer Epidemie auf die Spur, die schon seit Monaten wütet, von den Behörden aber geschickt verheimlicht wird. Ein Untergrundradio namens «Eisberg» (!) klärt auf, bevor es vom PTT-Störsender dicht gemacht wird. Doch die UKW Frequenzen sind rasch gewechselt ...

Wir wollen alles, und zwar subito!: «Messidor» (Alain Tanner, 1979)

Messidor war im französischen Revolutionskalender die Bezeichnung für den Erntemonat, und, indem er diesen Namen aufgriff, spielte Alain Tanner auf die Ideale der Alten und Neuen Linken an, welche in der «Schwärze der Zeit versunken sind». Man hat denn auch im Spielfilm selten eine abweisendere Schweiz zu sehen bekommen als in Messidor. Die Landschaft ist nur mehr verwaltete und zugemauerte Natur, die Schweiz durchgehend ein Zeichenwald, in dem noch der hinterste Fleck markiert ist. Über alles zieht sich, wie ein wucherndes Geflecht, die Autobahn mit ihren drögen Insignien, den Strassenschildern, Ortstafeln, Tankstellen und Strassenmarkierungen. Dieser äusseren Wirklichkeit entspricht die innere Befindlichkeit: Alles ist vorgezeichnet, gespurt, eingeschränkt, verwaltet. Die Allgemeinheit reagiert harsch auf jegliche Abweichung von der Norm und straft AussteigerInnen sofort.

«Messidor» nahm den Ablauf der Bewegung von 1980/81 gleichsam vorweg: Spielerischer Aufbruch – lustvoller Widerstand – gewaltsame Flucht – polizeiliche Niederschlagung. Die Geschichte: Beim Autostopp treffen sich Jeanne, die studierende Genfer «Stadtmaus», und Marie, die schüchterne Waadtländer Verkäuferin. Für den Moment ohne Geld und Ziel, wollen die beiden jungen Frauen möglichst lange dem gewohntem Tramp entgehen. Doch bald schon wird aus dem Spiel Ernst. Jeanne entgeht nur knapp einer brutalen Vergewaltigung, Marie wehrt sich für sie, indem sie einen Vergewaltiger mit einem schweren Stein erschlägt. Zufällig finden die Mädchen eine Offizierspistole. Diese gibt ihnen vorderhand die Möglichkeit, sich besser zu verteidigen und sich auch mit kleinen Überfällen oder Zechprellereien über Wasser zu halten. Die Gesellschaft, durch die Eskapaden der jungen Frauen zunehmend herausgefordert, reagiert mit wachsender Feindseligkeit. In Kürze ist ein polizeilicher Grosseinsatz mit TV-Fahndung lanciert. Jeanne und Marie werden in einer Deutschschweizer Beiz gestellt. Doch sie haben ihren Lehrblätz absolviert ...

Schmilzt das Packeis? «E nachtlang Füürland» (Remo Legnazzi & Clemens Klopfenstein, 1981)

Nach Ausbruch der Achtziger Unruhen interessierten sich die Bewegten kaum für das Medium Spielfilm, was nicht erstaunt. Für die interventionistischen Zwecke der «Bewegung» war das neue Videoformat bedeutend zweckmässiger: billiger, handlicher, schneller vorführbereit und vielseitiger einsetzbar. Die Spielfilme mit einem Achtziger Hintergrund wurden demzufolge weiterhin von der «älteren» Generation gedreht.

«E nachtlang Füürland» mischt Realität und Spielhandlung: Der Alt-68er Max (gespielt von Max Rüdlinger, dem künftigen Berner Stadtneurotiker), ist als Reporter für «Radio Schweiz International» unterwegs. Er soll über den Neujahrsempfang im Bundeshaus berichten. Die Eröffnungssequenz des Films ist pure Realsatire: Christdemokratisch und scheinheilig spricht Bundespräsident Furgler davon, dass alle Menschen auf Erden das Recht auf «ein bisschen Glück» hätten, bevor er sich, spitzmündig Champagner sippend, an einen indischen Diplomaten wendet: «Happiness is the most important Ssing», meint er mit Bezug auf eine Hochzeit in der Familie des Diplomaten. Vor dem Bundeshaus wird derweil für ein autonomes Jugendzentrum demonstriert. Die Stimmung ist fröhlich, die Sonne scheint und eine Guggenmusik begleitet die Demo. Auf dem Weg zurück ins Radiostudio trifft Max auf einen alten Genossen und Gefährten früherer Jahre, der sich der «Bewegung» angeschlossen hat. Enthusiastisch rapportiert dieser die neuesten Spray-Inschriften: «Oh du fröhliche, aber subito», «Klirrende Nacht, Packeis kracht, Christkindli lacht, Grönland erwacht». Max bleibt den Demos gegenüber skeptisch: «Syt ihr jetz die ganzi Zyt i dr Schdadt umeglaatschet?»

Die Ideale von Max sind zerbrochen, er ertrinkt sein Elend im Kräuterschnaps auf seinen endlosen Beizentouren. Doch dann reisst ihn Chrige, eine junge Bewegte (Christine Lauterburg), aus der Lethargie: Gemeinsam planen die beiden den grossen Coup, mit dem Max aus seinem «Scheiss-Radio» aussteigen will. Für einmal wenigstens will er wahr über die Demonstrationen berichten und auch die Visionen der Bewegung in

Wissenschaftliche Beiträge

seinen Morgennachrichten verlesen: Das Packeis sei geschmolzen, Frühling sei es geworden, das Bundeshaus sei in Sand zerfallen und in der Berner Innenstadt wüchsen Palmen. Doch am Mikrofon verlässt ihn der neu-revolutionäre Überschwang. Max verlässt das Radiogebäude und demoliert verzweifelt, aber sachte sein Auto.

Klimafilm II: «Winterstadt» (Bernhard Giger, 1981)

Charlie, Schauspieler um die vierzig und seinerzeit in der Stadt (zufällig ist es Bern) hängen geblieben, hat resigniert. Er hört in sich hinein, doch da ist nichts mehr zu vernehmen. Er hockt sein Leben in den Beizen ab, wo sich die alte Szene und die neuen gescheiterten Revolutionäre eingefunden haben. Doch es gibt keine Beziehungen mehr. Bernhard Gigers Schwarz-Weiss-Film ist eine Klimavermessung. Flimmernde Fernsehapparate, leere Telefonkabinen, Selbstgespräche auf Tonband, eine geschwungene Brücke im Nebel signalisieren allenthalben Kommunikationslosigkeit.

Vermutlich hat man das seelische Trauma, das auf die Niederschlagung der Bewegung folgte, unterschätzt, hat man das Klima der Angst sowie die individuellen und kollektiven Depressionen lange nicht wahrgenommen (nicht wahrnehmen können). «Winterstadt» liefert die Bilder zu dieser Befindlichkeit. Der Film ist eine Bestandsaufnahme über das Ende der Hoffnung. Es scheinen keine Geschichten mehr möglich, weder Charlie noch seine zurückgekehrte Ex-Freundin sind fähig, aufeinander einzugehen. Sehr schön nimmt bereits die Eröffnungssequenz des Films das Klima der Vereinsamung und Depression vorweg: ein langes Travelling über die Figuren in einem Restaurant, wo die Akteure alle praktisch reglos und isoliert an der Theke stehen.

Es darf gemüllert werden: «O wie Oblomov» (Sebastian C. Schroeder, 1982)

«Müllern», das spielerisch-anarchistische Unterlaufen von Erwartungen und Strukturen, gehörte zu den Hauptqualitäten der Bewegung und «O wie Oblomov» setzt genau darauf. Nepro («P wie Packeis, O wie Oblomov») ist ein vierzigjähriger Aussteiger, der in Anlehnung an einen russischen Romanhelden («Oblomov» von Ivan Gontscharov, 1858) seine Tage bevorzugt in seinem quadratischen Bett verbringt. Doch, anders als sein literarisches Vorbild, schlägt der neue Oblomov seine Zeit nicht mit Buchlektüre tot, sondern mit dem Visionieren von Filmen. Und da ist im Laufe der Jahre einiges zusammengekommen: Zu einer feierlichen Opernouvertüre erheben sich Eismassen aus der Limmat, flimmern Aufnahmen von abstossenden Tierversuchen über den Monitor, absolviert die hochgerüstete Zürcher Polizei zu Marschmusik ihren nächsten Tränengaseinsatz. Nepro, zumeist nur mit seidenem Bademantel und Pantoffeln bekleidet, träumt selber vom Film. So hat er ein Filmteam engagiert, das seine Tage dokumentarisch festhalten soll. Nicht genug damit: Listig hat er überdies eine karrieresüchtige Fernsehjournalistin eingeladen, die unter dem Titel «Existenzen am Rande unserer Gesellschaft» live für ein Bürgerfernsehen aus seiner Klause berichten soll ...

Sowohl der Regisseur wie auch sein Held haben hieb- und stichfeste Alibis: Schroeder hat den Grossteil seiner Aufnahmen über die 1980/81 Demos mit der Handkamera selbst gedreht und vertont. Seine Aufnahmen von den Adventsdemos mit der Weihnachtsbeleuchtung an der Zürcher Bahnhofstrasse sind von einer beinahe surrealen Qualität. Und Gastgeber Nepro, ein ehemaliger Ingenieur, hat seinen wissenschaftlichen Bettel in einer Chemiefirma schon lange hingeschmissen, nachdem er mit ansehen musste, welche Auswirkungen seine Erfindung (eine Mischdüse für hochgiftige Aerosole) hatte, freilich nicht, ohne sich auf Lebzeiten die Lizenzen seiner Erfindung zu sichern. Fast überflüssig zu erwähnen, dass die Live-TV-Sendung vorzeitig abgebrochen wird. Die Filmaufnahmen, die Nepro bereithält, und die sarkastischen Kommentare dazu sind zu viel für das «Bürgerfernsehen».

Damit endet die Liste der Filme, die bildlich-thematisch unter direktem Einfluss der Achtziger Bewegung standen. Natürlich könnte man hier auch noch Fredi Murers «Höhenfeuer» (1985) erwähnen, denn radikaler hat wohl kein Film den Jugendaufstand formuliert. Die Verbrennung der Väter, in «Züri brännt» im Off gefordert, wird in diesem Film Tatsache: Doch das «Bergheimet» der Jähzornigers ist als Wohnort eine universelle Metapher und hat keinen direkten Bezug zur helvetischen Realität der Achtzigerjahre. Und in Samirs «Eine Ode für Heisenberg» (1985) finden sich tatsächlich zahlreiche anarcho-dadaistische Elemente, die die Kunstproduktionen der «Bewegung» charakterisierten. Aber mit seinen Anspielungen und Verfremdungen steht dieser Film der Postmoderne bedeutend näher als der «Bewegung».

Das Private und das Politische: «Dreissig Jahre» (Christoph Schaub, 1989)

Mit einer Fotogalerie bezog sich der aus dem Videoladen herausgewachsene Christoph Schaub gleich zu Beginn von «Dreissig Jahre» auf 1980/81, auf «die Zeit der

Wissenschaftliche Beiträge

grossen Entschiedenheit», auf die Zeit der tausend Möglichkeiten, so der Filmkommentar weiter, «eine verlockender als die andere». Der Achtziger Geist schwebt über der Geschichte der mittlerweile dreissigjährigen Protagonisten. Sie, die ehemaligen WG-Bewohner und «verschworenen Kämpfer für das andere Leben», stehen nach zehn Jahren noch immer in loser Verbindung: der bildende Künstler und Gelegenheitsarbeiter Franz, der Musiker Nick und der Gehirnforscher Thomas. Wie ist es um die einstigen Ideale, um die Vorstellungen von Politik und Liebe bestellt? Ganz lassen sich «die Gespräche von früher, wo wir die Welt neu entwarfen», nicht wieder fortsetzen, doch die alten Werte von Selbstverwirklichung, Freiraum und Freundschaft gelten weiterhin, und der Nashornballon, der zum Schluss im Himmel über Zürich schwebt, versinnbildlicht zumindest eine neue Erträglichkeit des Seins.

Unter dem Pflaster liegt der Strand: «Lüzzas Walkman» (Christoph Schocher, 1989)

Im selben Jahr liess der Engadiner Christoph Schocher, der bereits 1981 mit «Reisender Krieger» einen Handelsreisenden in Sachen Kosmetika auf eine bewegte und bewegende Reise ins Schweizer Landesinnere geschickt hatte, einen jungen Bergbauernsohn mit einem geborgten Jeep nach Zürich fahren: Durch einen unendlich langen Tunnel gelangt der 18-jährige rockverrückte Lüzza direkt von seinem Bündner Dorf auf den Zürcher Bellevueplatz. Eigentlich vom Wunsch getrieben, die Touristen, für die er jeweils die Skiliftsessel poliert, an ihrem Wohnort kennen zu lernen, erlebt Lüzza die blankgeputzte Bankenstadt aus der Sicht von unten: In langen dokumentarisch-authentischen Sequenzen begegnet er Gestrauchelten und Gestrandeten, selbst ernannten Heilsbringern beiderlei Geschlechts, Freaks und Querschlägern, Pennern und Alkis, Outcasts und Fixern. Sie alle hausen in den Nischen, welche die reiche Grossstadt (Zurich = Turich = Too rich) noch bietet, im Shopville, am Güterbahnhof, in der Roten Fabrik und auf dem Platzspitz. Natürlich finden sich in diesem Kaleidoskop des Zürcher Undergrounds auch Ex-Bewegte, insofern gehört «Lüzzas Walkman» zum Thema dieses Artikels. Doch dieser Film markiert den Endpunkt einer Entwicklung: Genau so gut könnte man darin einen Vorläufer für die politische Ratlosigkeit rund um die Drogenszene am Letten sehen, die Zürich sechs Jahre später abermals in die internationalen Schlagzeilen katapultierte.

Rast- und Ratlosigkeit: «Restlessness» (Thomas Imbach, 1990)

Schon der Titel macht es klar, und tatsächlich wird wohl in keinem anderen Schweizer Film so viel gefahren wie in «Restlessness». Die drei Hauptfiguren, zwei Frauen, ein Mann, sind permanent zwischen Basel, Bern und Zürich unterwegs, finden aber nie zusammen. Ein Film über den «permanenten Aufbuch ohne Ankunft» mit endlosen Bahnfahrten, Ankünften und Abreisen. Fast scheint es, als ob die ehemals Bewegten nun selber getrieben würden. Vielleicht haben sie aber auch nur akzeptiert, dass sie nicht das Zentrum der Erde sind, wie sie Anfang der Achtzigerjahre glaubten. Dennoch: Es ist ein leeres Drehen, alles bewegt sich und nichts rührt sich. Wohl nicht zufällig wandte sich Regisseur Thomas Imbach nach diesem einstündigen Spielfilm der Gattung des Dokumentarfilms zu: «Well Done» (1994) und «Ghetto» (1997) handelten von der harten Realität der Neunzigerjahre, von der hektischen, repetitiven, von Computern beherrschten Welt der New Economy im einen, von den beruflichen Schwierigkeiten einer Abschulklasse an der Zürcher Goldküste im anderen Fall.

(*) Felix Aeppli ist Historiker, Filmwissenschaftler, Erwachsenenbildner und Stonologe (www.mypage.bluewin.ch/aeppli)

Literatur und Quellenangaben

Grundlage für diesen Beitrag waren Videokopien aus der privaten Filmsammlung des Autors (zur Bibliografie siehe Felix Aepplis Web-Seite «Schweizer Film und Film in der Schweiz» http://mypage.bluewin.ch/aeppli/film.html). Dazu wurden Artikel folgender Autorinnen und Autoren beigezogen:

Christen, Ruedi
    E nachtlang Füürland (Cinema 3/81)
Flückiger, Barbara
    Winterstadt (Zoom-Filmberater 16/81)
Jaeggi, Urs
    E nachtlang Füürland (Zoom-Filmberater 16/81)
Messerli, Alfred
    Dreissig Jahre (Cinema Jb. 46, S. 153–165)
Odermatt, Urs
    O wie Oblomov (Zoom-Filmberater 4/82)
Richter, Robert
    Lüzzas Walkman (Zoom 20/89)

Wissenschaftliche Beiträge

Schaub, Martin
    Les indiens sont encore loin (Cinema 3/77) und *Winterstadt* (Cinema 3/81)

Schelbert, Corinne
    Kleine frieren auch im Sommer (Cinema 3/78) und *Messidor* (Cinema 1/79)

Schneider, Urs
    O wie Oblomov (Cinema 1/82)

Silberschmidt, Catherine
    Restlessness (Cinema Jb. 37, S. 176)

Walder, Martin
    Grauzone (Cinema 3/79)

Wenz, Jutta
    Dreissig Jahre (Zoom 5/90)

Um die Verfügbarkeit der Filme für kommerzielle Kinovorführungen abzuklären, wende man sich an das Schweizerische Filmzentrum in Zürich. Einzelne der hier besprochenen Titel sind auch als VHS-Kassetten erhältlich, beispielsweise bei der Filmhandlung Thomas Hitz AG in Zürich.

Chronologie

Basel

Recherchen: Dominik Straumann

April 1980
In der ganzen Stadt tauchen Farbschmierereien auf. Nach einem Fest auf dem Barfüsserplatz werden erste Barrikaden errichtet und 25 Leute verhaftet.

1. Mai 1980
Da die Frauenorganisationen keine Rednerin stellen dürfen, besetzen sie das Rednerpult: Tumult. Nach der 1. Mai-Kundgebung ziehen 150 jugendliche DemonstrantInnen Richtung Areal «Grün 80», wo die englische Königin als offizieller Gast empfangen wird. Ausschreitungen.

20. Juni 1980
700 Personen nehmen an einem Solidaritätsfest und einer Demonstration für das Zürcher AJZ teil.

23. Juni 1980
200 Personen versuchen die Gebäude auf dem Gas- und Wasserwerkareal zu besetzen. Die Polizei verhindert dies: Scharmützel in der Innenstadt. Die Demonstration wird auf der Mittleren Rheinbrücke eingekesselt.

25. Juni 1980
Demonstrationszug von 500 Personen mit der Forderung nach einem Basler AJZ; Vollversammlung (VV) in der Kaserne.

26. Juni 1980
In der Grossratsdebatte über AJZ und Polizeieinsätze wird den Bewegten gestattet, eine Erklärung mit der Forderung nach einem AJZ vorzutragen.

27. Juni 1980
Die Häuser an der Ryffstrasse 19–25 werden besetzt. Das «Aktionskomitee Ryffstrasse», bestehend aus Mitgliedern der PdA und der POB, wird gegründet.

28. Juni 1980
Sachbeschädigungen während einer Demonstration.

18. August 1980
Nachdem die BesetzerInnen die Häuser an der Ryffstrasse termingerecht geräumt haben, werden in der Umgebung Strassenbarrikaden errichtet und private und öffentliche Einrichtungen verwüstet.

20. August 1980
Trauermarsch von der Ryffstrasse in Richtung Gefängnis Lohnhof, wo sich ein Inhaftierter erhängt hat. Unterwegs kommt es zu Sachbeschädigungen und dem bisher massivsten Einsatz der Polizei. 65 Personen werden verhaftet.

23. August 1980
Krawalle nach einer Demonstration für ein Basler AJZ.

31. Januar 1981
Lärm, fliegende Farbbeutel, Eier und Feuerwerk begleiten die Podiumsdiskussion «Ist der Rechtsstaat gefährdet?» im Bernoullianum. Die Diskussion wurde im Zusammenhang mit der Aktionswoche «Unruhe im Rechtsstaat» des Theaters Basel organisiert. Nach tumultartigen Szenen wird die Veranstaltung vorzeitig abgebrochen. Drei Personen werden festgenommen; anschliessend Sachbeschädigungen und Ausschreitungen in der Innenstadt.

14. Februar 1981
Ein ehemaliges Postbetriebsgebäude an der Hochstrasse wird besetzt. Von der Eigentümerin geduldet, bleibt es bis zur Räumung am 5. Mai als AJZ geöffnet.

Chronologie

1. Mai 1981
Trotz Redeerlaubnis für die Bewegten wird das Mikrofon abgeschaltet. Tumult am Rednerpult und eine Demonstration. Massive Sachbeschädigungen (1 Mio. Franken) in der Freien Strasse. Zehn Demonstranten werden festgenommen. Nach einer VV im AJZ eine weitere Demonstration in Richtung Messeplatz.

3. Mai 1981
Auseinandersetzungen mit etwa 100 Rechtsextremen auf der Peter Merian-Brücke vor dem AJZ. Der Basler Polizei wird vorgeworfen, mit den Rechtsextremen zusammenzuarbeiten.

5. Mai 1981
Die Polizei räumt am Morgen das AJZ und verhaftet 141 Personen, welche in die ehemalige Strafanstalt Schällematteli gebracht werden. Ausbruchsversuche werden mit Tränengaseinsätzen verhindert. Die abendliche Solidaritätsdemonstration wird aufgelöst. Sachbeschädigungen beim Rückzug in die Innenstadt.

7. Mai 1981
An der VV auf dem Petersplatz nehmen 300 Personen teil.

9. Mai 1981
AJZ-Grossdemonstration mit 7000 Personen. Die Demonstrierenden stellen der Stadtregierung ein Ultimatum, innerhalb einer Woche ein geeignetes Areal für ein AJZ zur Verfügung zu stellen.

16. Mai 1981
3000 Personen treffen sich auf dem Marktplatz zu einer Demonstration. Die Behörden sind auf das Ultimatum nicht eingegangen. Die ehemalige Andlauerklinik am Petersgraben wird besetzt.

18. Mai 1981
Räumung der Andlauerklinik: Ungefähr 100 Bewegte werden zur Personenkontrolle in den Spiegelhof gebracht. Nach der abendlichen VV auf dem Petersplatz demonstrieren ungefähr 1000 Personen. Sachbeschädigungen in der Innenstadt.

25. Mai 1981
Besetzung von neun leer stehenden Häusern.

30. Mai 1981
Es kommt zu den bisher schwersten Auseinandersetzungen. AJZ-SympathisantInnen versuchen nach einem Fest auf dem Theaterplatz ins Stadttheater einzudringen. Die Polizei interveniert. Strassenbarrikaden am Bankenplatz und Sachbeschädigungen in der Aeschenvorstadt. Nach der VV auf dem Rümelinsplatz formiert sich erneut ein Demonstrationszug in Richtung Barfüsserplatz. Die Demonstrierenden werden nach Mitternacht von der Polizei mit Tränengas und Gummigeschossen gestoppt, nachdem sie zuvor Sachen beschädigt und Steine auf die Polizei geworfen haben. Die Scharmützel dauern bis in die frühen Morgenstunden, insgesamt werden neun Personen verhaftet.

13. Juni 1981
Am Nachmittag ziehen 1000 Personen vom Marktplatz zur Heuwaage, wo versucht wird, das leer stehende Gas- und Wasserwerk zu besetzen. Auseinandersetzungen mit der Polizei und Vertreibung der Demonstrierenden. Nach dem Rückzug auf den Barfüsserplatz und dem Versuch, die dortige Kirche zu besetzen, erneute Auseinandersetzungen mit der Polizei und Auflösung der Demonstration mit Tränengas. Auch der Versuch, die Heckdorn-Villa zu besetzen, scheitert. Die Scharmützel dauern bis gegen Mitternacht an.

1. August 1981
Sabotage der offiziellen 1. August-Feier auf dem Bruderholz: Schlägereien zwischen Mitgliedern

eines Jodlerklubs und AJZ-SympathisantInnen, nachdem der Gesangsvortrag gestört wurde.

15. August 1981
Friedliche Demonstration mit 1000 Personen in Richtung Kleinbasel. Badehappening im Rhein.

3. Oktober 1981
Während der Demonstration «Nix Nuclex» anlässlich der Kerntechnologiemesse «Nuclex» vom 6.–9.10. werden beim Claraplatz Scheiben eingeschlagen. Beim Messeplatz setzt sich eine kleine Gruppe ab: Sachbeschädigungen in der Isteinerstrasse.

6.–9. Oktober 1981
Blockaden und Demonstrationen gegen die «Nuclex».

24. Dezember 1981
200 Demonstrierende versuchen die alte Jugendherberge an der Elisabethenstrasse zu besetzen. Sprayereien und Sachbeschädigungen nach einem Polizeieinsatz und ein Brandanschlag auf ein Modehaus. Insgesamt werden 15 Personen festgenommen.

6. Februar 1982
Demonstration zum Auftakt der «Aktionswoche der Bewegig» (zum Jahrestag der AJZ-Besetzung an der Hochstrasse). Die Demonstrierenden werden auf der Mittleren Rheinbrücke von der Polizei eingekesselt. 70 Leute werden zur Personenkontrolle auf den Polizeiposten gebracht.

14. Februar 1982
200 Personen versammeln sich zu einer Demonstration zum Jubiläum der AJZ-Besetzung an der Hochstrasse.

Ende April 1986
Beginn der legalen Zwischennutzung des Geländes der ehemaligen Basler Stadtgärtnerei.

November 1986
Der Verein «Interessengemeinschaft Alte Stadtgärtnerei» (IGAS) wird als Zusammenschluss der ArealbenützerInnen gegründet. Es wird ein Vertrag für die längerfristige Zwischennutzung bis Ende August 1987 mit der Stadt ausgehandelt.

1. September 1987
Mit dem Ende der legalen Zwischennutzung löst sich die IGAS auf. Einige der IGAS-Mitglieder und weitere Interessierte kümmern sich fortan um die Nutzung des Geländes und entwickeln ab November 1987 einen grossen kulturellen Aktivismus: Die Geburtsstunde der Alten Stadtgärtnerei (ASG). Am ersten Tag der illegalen Nutzung wird die Initiative «Kultur- und Naturpark im St. Johann» eingereicht. ASG-AktivistInnen und Sympathisanten versuchen mit dieser Initiative ihre Aktivitäten zu legalisieren, währenddem sich die Bürgerlichen auf die Grossratsbeschlüsse von 1980 berufen und darauf drängen, den Grünpark endlich zu realisieren, was einem Ende der bisherigen Nutzung gleichkommt.

8. Mai 1988
Die Initiative wird mit 56% Nein-Stimmen abgelehnt.

13. Mai 1988
Eine Demonstration mit 2000 Personen gegen den Abriss der Alten Stadtgärtnerei verläuft friedlich und ohne Zwischenfälle.

6. Juni 1988
Das Gelände der Alten Stadtgärtnerei wird nach Beschluss der VV gewaltfrei besetzt.

Chronologie

21. Juni 1988

Am frühen Morgen wird die Alte Stadtgärtnerei geräumt. Die rund 100 Personen verlassen das Areal. Kurz darauf beginnen die Abbrucharbeiten. Am Abend demonstrieren 2000 Personen in der Innenstadt.

25. Juni 1988

An der friedlichen Solidaritätsdemonstration beteiligen sich über 5000 Personen.

Quellen
Helmy, Mäged u.a. (Hrsg)
 Freii Sicht uff Basel. Zürich 1982.
Honegger, Andreas
 Kleine Chronologie der Ereignisse. In: H. Bütler, Th. Häberling (Hrsg.). *Die neuen Verweigerer. Unruhe in Zürich und anderen Städten*. Zürich 1981.
Tageszeitungen *AZ*, *BaZ* und *NZZ*.

Bern

Recherchen:
David Böhner und Michael Fankhauser

Oktober 1971

Nach langen Verhandlungen überreicht die Stadt Bern dem «Verein Berner Jugendzentrum» die Schlüssel für die zwei Gebäude des sogenannten Gaskessels, die von Jugendlichen autonom betrieben wurden. Die Stadt verzichtet auf die Miete, kommt für die Heizkosten auf und steuert einen einmaligen Beitrag von 800 000 Franken an die Umbaukosten bei.

Juni 1980

Der Abbruch zweier Bauernhäuser in Bern Bümpliz stösst auf massiven Widerstand. Die Gruppe «Erhaltenswertes Bern» kritisiert die Errichtung von Wohnblocks und fordert die Freigabe der Bauernhäuser für kulturelle Zwecke.

20. Juni 1980

Nach den Opernhaus-Krawallen in Zürich wird auch in Bern ein AJZ gefordert. Rund 400 Personen versammeln sich beim Bärengraben, um das alte Tramdepot zu besetzen.

21. Juni 1980

Am Nachmittag findet eine bewilligte Demonstration für die Erhaltung der Bümpliz-Bauernhäuser statt, an der etwa 250 Personen teilnehmen. Auseinandersetzungen zwischen Jugendlichen und der Polizei nach einer unbewilligten Demonstration am Abend.

23. Juni 1980

Die Jugendlichen verlangen vom Stadtrat, bis zum 26.6. zu ihrem Forderungskatalog Stellung zu nehmen. Die Jugendbewegung beansprucht u.a. freie autonome Zentren, keinen Abbruch der Bümpliz-Bauernhäuser und die Nutzung des Tramdepots.

25. Juni 1980

Der Stadtrat stellt fest, dass er bereits an seiner Sitzung vom 18. Juni beschlossen hat, sich für die Schaffung von Quartierjugendzentren einzusetzen. Auf ultimative Forderungen einer bis heute namenlosen Gruppe könne der Gemeinderat nicht eingehen.

26. Juni 1980

Die «Aktion erhaltenswertes Bern» reicht eine Petition für den Erhalt der Bauernhäuser in Bümpliz ein, die von 6200 Personen unterschrieben wurde.

28. Juni 1980

Eine Demonstration von 200 Personen vor dem Stadttheater wird von der Polizei aufgelöst. Der harte Einsatz stösst auf Kritik.

3. Juli 1980

Rund 300 Jugendliche beteiligen sich an einem Trauerzug zum Thema «Beerdigung der Demokratie». Sie protestieren gegen den harten Polizeieinsatz vom 28. Juni.

5. Juli 1980

Die Bewegung mobilisiert für ein Fest der Unzufriedenen auf dem Bundeshausplatz. Bei einer anschliessenden Demonstration kommt es zu Strassenkämpfen mit erheblichen Sachbeschädigungen.

24. Juli 1980

Die Häuser in Bümpliz werden polizeilich geräumt und in einer Blitzaktion abgerissen, nachdem Verhandlungen über den Kauf der Häuser durch die Stadt ergebnislos blieben.

12. August 1980

Die Bewegung der Unzufriedenen fordert in einem Brief an die Polizei und Regierung «die sofortige Abschaffung der Bewilligungspflicht für politische Demonstrationen und Veranstaltungen».

16. August 1980

Friedliche Demonstration für autonome Zentren. Dabei wird den Stadtbehörden eine von 4064 Personen unterschriebene Petition mit der Forderung übergeben, die Reithalle «so schnell wie möglich als freies Kultur- und Begegnungszentrum ohne Auflagen zur Verfügung zu stellen».

28. August 1980

50–60 DemonstrantInnen werden nach heftigen Auseinandersetzungen vorübergehend festgenommen.

18. September 1980

Der Gemeinderat stimmt der Einrichtung eines AJZ in den Stallungen der Reithalle grundsätzlich zu. Weil eine einjährige Kündigungsfrist mit dem bisherigen Mieter besteht, steht die Reithalle erst ab Oktober 1981 als AJZ zur Verfügung.

19. September 1980

An einer Vollversammlung stösst der städtische Vorschlag auf Kritik, es sei für die Reithalle eine verantwortliche Trägerschaft zu bilden. Die Jugendlichen fordern stattdessen volle Autonomie.

2. Oktober 1980

Auseinandersetzungen zwischen Jugendlichen und der Polizei während des Donnerstagabendverkaufs.

20. Oktober 1980

Strassenschlachten während eines von der Stadt finanziell unterstützten klassischen Konzerts.

Chronologie

29. Januar 1981
Rund 40 Leute aus politischen, sozialen und kirchlichen Kreisen formieren sich zur Gruppe «Bürger für d'Bewegig».

5. Februar 1981
Eine Kreditvorlage in der Höhe von 600 000 Franken für die Renovation der Reithallen-Stallungen für das geplante AJZ wird vom Stadtrat angenommen.

21. Februar 1981
Die Taubenstrasse 12 wird besetzt und zum provisorischen Autonomen Jugendzentrum (PAJZ).

April 1981
Das PAJZ erhält einen Vertrag bis Ende September.

September 1981
Der Gemeinderat setzt eine Arbeitsgruppe ein mit dem Auftrag, Vorschläge für eine neue Nutzung des gesamten Reitschul-Areals auszuarbeiten.

1. Oktober 1981
Das PAJZ wird freiwillig verlassen. Die Bewegung nimmt die Reithalle in Beschlag.

16. Oktober 1981
Grosses Eröffnungsfest des «Autonomen Begegnungszentrums» (ABZ) in der Reithalle. Über 100 Bewegte haben am Umbau mitgearbeitet. Es bilden sich verschiedene Arbeitsgruppen wie eine Werkstattgruppe, eine Presse-, Sanitäts- und Drogengruppe.

30. März 1982
Die Behörden haben sich mit den ABZ-BetreiberInnen nicht auf ein Betriebskonzept einigen können und sich geweigert, Subventionen für das ABZ zu sprechen. Der Gemeinderat stellt ein Ultimatum: «Innert einer Woche sind dem Gemeinderat diejenigen Personen bekanntzugeben, die bereit sind, sich während den Öffnungszeiten des ABZ für einen geordneten Betrieb einzusetzen.»

14. April 1982
Das ABZ wird polizeilich geräumt. Strassenschlachten während der Nacht. Die Reithalle wird ein Jahr lang rund um die Uhr polizeilich bewacht.

26. Mai 1982
Der Gemeinderat erklärt, dass die Schliessung bezwecke, die Eskalation der Gewalt im und um das ABZ einzudämmen. Einer Wiedereröffnung der Reithalle als Jugendzentrum stehe der Gemeinderat positiv gegenüber, vorausgesetzt, die «Verantwortlichkeit der Jugendlichen und einzelnen Behörden» seien klar festgelegt.

28. März 1983
Der Gemeinderat der Stadt Bern stellt das von der verwaltungsinternen Kommission erarbeitete Nutzungskonzept für das Areal vor. Es sieht eine gedeckte Allmend mit Kultur- und Begegnungszentrum vor. Kostenpunkt der vorgesehenen Sanierung: 5 800 000 Franken.

18. Mai 1984
Vier besetzte Häuser an der Freiburgstrasse werden geräumt und unter Polizeischutz abgerissen. Am gleichen Tag wird das ZAFF im Berner Mattenhofquartier besetzt.

27. Juni 1984
Der Gemeinderat verabschiedet einen Projektierungskredit von 95 000 Franken zur Sanierung der Reitschule.

13. September 1984
Der bürgerliche Berner Stadtrat lehnt den Projektierungskredit ab. Nach dieser Niederlage sistiert die Kommission ihre Arbeit.

1985
Im Stadtrat werden Motionen und ein Postulat zum Thema Reithalle eingegeben. Die Forderungen reichen von Totalabbruch bis Minimalsanierung.

8. Juli 1985
Der Wohn- und Kulturraum ZAFF wird geräumt. Diverse «Strafbars» und unbewilligte Konzerte, die auf die Zerstörung von billigem Wohnraum und mangelnden Kulturraum hinweisen.

31. Juli 1985
Ehemalige BewohnerInnen des ZAFF lassen sich auf dem Gaswerkareal mit Zelten und Hütten nieder. Das Freie Land Zaffaraya entsteht.

24. Februar 1986
Die Interessengemeinschaft Kulturraum Reitschule (IKuR) tritt mit einem Appell erstmals in Erscheinung. Sie fordert den Stadt- und Gemeinderat auf, die Reithalle zu sanieren und für eine vielfältige, kulturelle Nutzung freizugeben.

4. März 1986
Die IKuR stellt sich vor: Sie tritt als Gegenbewegung zu den Abbruchforderungen im Stadtrat auf und will eine Lobby all jener aufbauen, die die Reithalle kulturell nutzen möchten.

15. März 1986
Vor der Reithalle findet das erste von der IKuR organisierte und von der Stadt erst nach langem Hin und Her bewilligte Kulturfest statt.

11. Juni 1986
Die Nationale Aktion (später: Schweizer Demokraten) lanciert eine Volksinitiative, die den Abbruch der Reithalle fordert und an deren Stelle ein Sportzentrum errichten will.

Sommer 1986
Immer mehr Leute kommen zur IKuR. Verschiedene Arbeitsgruppen entstehen, Struktur- und Organisationsmodelle werden ausgearbeitet.

31. Oktober 1986
Die letzten MieterInnen verlassen die verbliebenen Wohnungen der Reithalle.

26. Januar 1987
Die Nationale Aktion reicht ihre Volksinitiative zum Abbruch der Reithalle mit 6646 gültigen Unterschriften ein.

19. Februar 1987
Stadtratsdebatte über die hängigen Motionen und Interpellationen: Mit 35 zu 33 Stimmen entscheidet sich der Stadtrat für den Abbruch der Reithalle.

8. Mai 1987
Besetzung der Dampfzentrale: Zwei Monate zuvor gab der Gemeinderat grünes Licht für das von Kulturschaffenden eingereichte Projekt «Gaswerk für alle». Etwa 1000 Leute nehmen am Fest teil, mehrere Rockbands treten auf.

Sommer 1987
Mehrere «Strafbars» werden organisiert.

12. August 1987
Ultimatum für das Zaffaraya. Obwohl sich breite Kreise für den Verbleib des Zaffarayas auf dem Gaswerkareal eingesetzt haben, entscheidet der Gemeinderat, dass das Gelände bis zum 15. November geräumt sein müsse.

24. Oktober 1987
«Strafbar» in der Reithalle mit über tausend Leuten und dreizehn Bands. Diese Veranstaltung – erstmals seit fünf Jahren wird die Reithalle wieder kulturell genutzt – bildet den Auftakt zum heissen Herbst 1987.

Chronologie

25. Oktober 1987

Etwa 300 Leute nehmen an einer VV vor der von Polizeigrenadieren abgeriegelten Reithalle teil. Polizeidirektor Albisetti unterbreitet an der VV im Namen des Gemeinderates ein Gesprächsangebot mit einer Delegation der IKuR. Die VV entscheidet sich, darauf einzugehen. Danach wird mit einer Demonstration durch die Stadt den Forderungen nach einem autonomen Zentrum in der Reithalle Nachdruck verliehen. Einige Demonstrierende dringen in das Foyer des Stadttheaters ein, zerstören Teile des Mobiliars und werfen Farbbeutel. In der Stadt gehen mehrere Scheiben in die Brüche. Die Polizei beziffert den entstandenen Sachschaden auf weit über 100 000 Franken und lässt die Reithalle wieder rund um die Uhr bewachen.

28. Oktober 1987

Getragen von einer breiten Solidaritätswelle fordert die IKuR vom Gemeinderat die sofortige Freigabe der Reithalle. Zusammen mit dem neu gegründeten Kulturkartell (KuK), in dem rund zwanzig Kultur-Institutionen aller Sparten vertreten sind, reicht die IKuR ein Gesuch für die Bewilligung eines Festes am kommenden Samstag ein. Unter grossem Druck bewilligt der Gemeinderat das Fest.

31. Oktober 1987

«Kulturstreik» in der Reithalle. Nahezu alle kulturellen Institutionen der Region Bern verlegen ihr Programm für eine Nacht in die Reithalle. Das Fest mit Konzerten, Theater und Filmen wird ein Erfolg: Ca. 10 000 Leute verfolgen die Auftritte von dreizehn Bands, darunter Stephan Eicher, Polo Hofer, Züri West, die Goldenen Zitronen, etc.

1. November 1987

Mehrere hundert Personen fordern an einer VV die Freigabe sämtlicher Räume des Reitschulareals. Sie verlangen uneingeschränkte Selbstverwaltung und verzichten auf jegliche finanzielle Unterstützung der Stadt für den Betrieb. Die Stadt soll ihnen aber Material für die Renovierungsarbeiten zur Verfügung stellen. Die VV erklärt sich solidarisch mit dem von der Räumung bedrohten «Freien Land Zaffaraya».

2. November 1987

Krisensitzung des Gemeinderates: Der bauliche Zustand der Reithalle soll abgeklärt werden. Der Gemeinderat will Verhandlungen über ein Nutzungskonzept für die Übergangsphase aufnehmen. Über die NA-Abbruchinitiative soll bereits am 12. Juni 1988 abgestimmt werden, obwohl die Gültigkeit der Initiative juristisch umstritten ist. Die Grosse Halle wird am selben Tag in gereinigtem Zustand der Stadt übergeben. Andere Räumlichkeiten der Reithalle bleiben jedoch besetzt.

3. November 1987

Die wenigen verbliebenen BesetzerInnen der Reithalle werden von der Polizei kontrolliert und zur Räumung aufgefordert. Einige lassen sich auf dem Vorplatz als «Aktion Hundehütte» nieder.

6. November 1987

Der Gemeinderat bietet den ZaffarayanerInnen eine Neun-Zimmer-Wohnung auf Stadtgebiet an.

13. November 1987

Die SP und ihre beiden GemeinderätInnen Gret Haller und Alfred Neukomm distanzieren sich von der bevorstehenden polizeilichen Räumung des Zaffarayas. Zahlreiche Kulturschaffende und PolitikerInnen solidarisieren sich mit dem Hüttendorf.

14. November 1987

2000 Personen demonstrieren friedlich für die rund 20 Hütten umfassende Siedlung Zaffaraya.

15. November 1987

Das gemeinderätliche Ultimatum verstreicht. Im Zaffaraya nehmen 200 Leute an einem Aktionstag teil. Debattiert wird über Widerstandskultur, Besetzungstaktik, Quartierkämpfe und Koordination der verschiedenen Kämpfe und Bewegungen. Auf dem Gaswerkareal werden Barrikaden errichtet.

17. November 1987

Das Zaffaraya wird trotz massiven Widerstandes der BewohnerInnen und 200 SympathisantInnen polizeilich geräumt. Die errichteten Hütten werden abgebrochen. Demonstrationen und Kundgebungen während des ganzen Tages.

18. November 1987

Rund 2000 SchülerInnen von 30 öffentlichen und privaten Schulen sowie 120 SozialarbeiterInnen aus über 30 sozialen Institutionen treten in einen Protest-Streik.

19. November 1987

«Bern: Jetzt jeden Abend Kampf», titelt der «Blick»: 3000 Personen ziehen am Abend unbehelligt durch die Berner Innenstadt.

20. November 1987

Unter dem Druck massiver Proteste sichert der Gemeinderat der IKuR zu, dass ein Teil der Reithalle spätestens an Weihnachten provisorisch wieder geöffnet werden soll. Eine Expertise der Planungs- und Baudirektion hat ergeben, dass der bauliche Zustand des Gebäudes nicht schlecht ist und dass mit geringem finanziellem Aufwand die nötigen Sicherheitsvorkehrungen getroffen werden können. Auch stellt der Gemeinderat den Leuten von der «Aktion Hundehütte» eine städtische Liegenschaft an der Freiburgstrasse zur Verfügung.

21. November 1987

Grossdemonstration mit 10 000 TeilnehmerInnen, die die Freigabe des Gaswerkareals zum sofortigen Wiederaufbau des Zaffarayas und die sofortige Öffnung des gesamten Reitschulkomplexes als autonomes Kulturzentrum verlangen. Die Studios der Berner Lokalradios «ExtraBern» und «Förderband» werden besetzt. Am Abend findet ein Fest in der besetzten Reithalle statt.

25. November 1987

Der Gemeinderat beschliesst, die Räume des ehemaligen AJZ über Weihnachten zur Verfügung zu stellen – allerdings mit strikten Auflagen (befristete Öffnung, tägliche Schliessung, Jugendamt als Anlaufstelle, Mietzins). Für die provisorische Instandstellung werden 80 000 Franken gesprochen.

26. November 1987

Vor dem Rathaus, wo der Stadtrat über die Räumung des Zaffarayas debattiert, versammeln sich einige hundert Personen. Zum ersten Mal wird die Reithalle-Zeitung «Megaphon» unter die Leute gebracht. DemonstrantInnen besetzen das ehemalige Contact an der Laupenstrasse 49. Ohne Vorwarnung räumt die Polizei das Haus. 102 Personen werden verhaftet, in der Folge kommt es in der Innenstadt zu den heftigsten Auseinandersetzungen seit der Räumung des Zaffarayas.

30. November 1987

Die Konzeptgruppe der IKuR akzeptiert die Auflagen des Gemeinderates zur provisorischen Reithalle-Nutzung nicht. Die Gruppe fordert Autonomie.

3. Dezember 1987

Rund 1000 DemonstrantInnen ziehen durch die Innenstadt. Während Stunden wird der Verkehr blockiert, der Abendverkauf gestört.

Chronologie

12. Dezember 1987
Tausendköpfiger Demonstrationszug durch die Altstadt. Laut eigenen Angaben verzeichnen die Läden im Weihnachtsverkauf wegen der Unruhen eine Umsatzeinbusse von 10–20 Prozent.

16. Dezember 1987
Die Reithalle wird über Weihnachten geöffnet. Die Stadt schliesst mit der «Aktion Hundehütte» ebenfalls einen Vertrag für die Häuser an der Freiburgstrasse ab. Die «Aktion Hundehütte» erklärt sich bereit, ihre Wohnwagen und Zelte auf dem Vorplatz zu räumen. Der Gemeinderat verspricht, ein alternatives Gelände für das Zaffaraya zu suchen.

29. Januar 1988
Der Gemeinderat legt der IKuR einen Nutzungsvertrag für die Reithalle vor.

31. Januar 1988
Die VV beschliesst den Verhandlungsabbruch mit der Stadt.

18. Februar 1988
Der Gemeinderat lehnt die NA-Abbruchinitiative ab und verzichtet entgegen früherer Ankündigungen auf einen Gegenvorschlag. Dem Gemeinderat schwebt auf dem Reitschulareal eine gedeckte Allmend mit einer «multifunktionalen Nutzung» vor.

21. März 1988
Die IKuR stellt ihr Konzept für die Nutzung der Reithalle vor. Dabei betont sie die Einheit der verschiedenen Gebäude auf dem Reitschulareal und den nicht-kommerziellen Anspruch der Veranstaltungen. Die IKuR als Benützerin betreibt die Reithalle in Selbstverwaltung. Die Grosse Halle soll für weitere interessierte Kulturschaffende und -veranstalterInnen zugänglich gemacht werden.

10. August 1990
Die Gespräche zwischen IKuR und Gemeinderat enden ergebnislos. Der Vertragsabschluss wird vertagt.

17. August 1990
Der Gemeinderat veröffentlicht seinen Gegenvorschlag zur NA-Initiative unter dem Titel «Gedeckte Allmend auf der Schützenmatte».

13. September 1990
Der Gegenvorschlag des Gemeinderates findet im Stadtrat keine Mehrheit.

2. Dezember 1990
Überraschend deutliches Plebiszit für die Erhaltung der Reithalle: 57,6 Prozent der Stimmenden lehnen die NA-Abbruchinitiative ab.

18. Dezember 1991
Die zweijährigen Verhandlungen und der vertragslose Zustand der Reithalle nehmen ein Ende: Nachdem die IKuR bereits am 3. November 1991 den Vertragsentwurf der Stadt leicht abgeändert unterzeichnet hat, stimmt nun auch der Gemeinderat zu. Die IKuR verpflichtet sich, die nötigen Bewilligungen und Patente einzuholen. Auch muss sie selbst für die Betriebskosten aufkommen (Strom, Gas und Wasser). Auf Gesuch der IKuR werden diese Kosten jedoch jedes Jahr ins Budget der Stadt Bern aufgenommen.

6. Dezember 1992
Das Mitte-Links-Bündnis verfügt nun in Stadt- und Gemeinderat über die Mehrheit.
Die folgenden Debatten zwischen der Stadt und den BetreiberInnen der Reithalle drehen sich in erster Linie um die notwendigen Patente und Bewilligungen für den Reitschulbetrieb, die Nutzung der Grossen Halle sowie die Finanzierung der nötigsten Renovierungs- und Unterhaltsarbeiten. Immer wieder kommt es zu internen Reibereien, insbesondere zwi-

schen der IKuR und den Vorplatzleuten, die auch der Regierung ein Dorn im Auge sind.

30. Juli 1993

Zum ersten Mal ist im Stadtberner Budget ein Betrag von 60000 Franken für die Reithalle aufgeführt. Damit werden die Kosten für Strom, Gas, Wasser und Kehrichtabfuhr bezahlt.

31. Mai 1995

Die Polizei räumt den Vorplatz und die Grosse Halle.

2. September 1996

Nachdem sich die Vorplatzleute im Vorraum eingerichtet haben und sich die Konflikte nicht entschärfen, wird der Vorraum geräumt. Mitarbeiter des Strasseninspektorats füllen den Vorraum anschliessend mit 1000 m^3 Beton, Sand und Kies und betonieren Fenster und Türen zu.

Quelle
David Böhner und Michael Fankhauser.
> *Was bisher geschah.* In: Hansdampf (Hrsg.). *Reithalle Bern. Autonomie und Kultur im Zentrum.* Bern und Zürich 1998.

Lausanne

Recherchen: Valérie Périllard

26. Juni 1980

Solidaritätsmeeting mit Bewegten aus Zürich an der Uni. Vorführung des von Erziehungsdirektor Alfred Gilgen verbotenen Films.

28. Juni 1980

200 TeilnehmerInnen demonstrieren während der Fête à Lausanne. Die Demonstration beginnt dort, wo das Seifenkistenrennen endet. Vollversammlung mit Vorführung des verbotenen Films aus Zürich. Diverse Forderungen (Autonomes Jugendzentrum usw.).

30. August 1980

50 Bewegte treffen sich, um die nächsten Aktionen zu diskutieren.

27. September 1980

Während der Journées du Comptoir demonstrieren 500 Jugendliche. Sie schlagen Schaufenster ein und beschädigen Busse und Verkehrssignale. Erstmals setzt die Polizei Gummiknüppel und Tränengas ein. Demonstrationsteilnehmer, die mit einem Vertreter der Stadtregierung in einem Café sitzen, werden verhaftet. Gleichzeitig präsentiert die Polizei einen Vorschlag der Stadtregierung: Diese ist bereit, am 6. April eine Delegation der Bewegung zu empfangen.

28. September 1980

DemonstrantInnen verteilen Flugblätter und halten Vollversammlungen ab. Die Bewegung nennt sich «Lôzane bouge».

29. September 1980

Die Stadtregierung bietet den Dialog an. 200 Personen diskutieren mit Stadtregierungsmitgliedern. Der Dialog bringt keine Ergebnisse. Darauf folgt eine erneute Demonstration.

Chronologie

4. Oktober 1980
Ein Unterstützungskomitee wird gebildet. Es verteilt ein Flugblatt mit Ratschlägen im Umgang mit der Justiz. Demonstration mit 500 TeilnehmerInnen. Bei einem Sit-in schlagen Polizisten mit Gummiknüppeln auf Demonstranten ein, was eine Strassenschlacht zur Folge hat.

11. Oktober 1980
Demonstration ohne sichtbare Präsenz der Polizei.

18. Oktober 1980
300 DemonstrantInnen fordern an der Avenue de Cour, in einem Gebäude der EPFL, ein Autonomes Jugendzentrum. Rund fünfzig TeilnehmerInnen dringen in die Liegenschaft ein. Nach der ersten Aufforderung der Polizei verlassen sie das Haus mit erhobenen Händen. Auf der Strasse setzt die Polizei Tränengas ein.

25. Oktober 1980
Lôzane bouge schreibt Stadtpräsident J.P. Delamuraz einen Brief. Die Jugendbewegung fordert ein Autonomes Zentrum für 500 Leute und Amnestie für alle Verhafteten.

26. Oktober 1980
An einem Konzert von Nina Hagen protestiert die Bewegung dagegen, dass «die Konzerte zu teuer sind (…) und dass sich nach den grossen Auftritten der Stars alle blöd vorkommen …»

9. November 1980
Demonstration, die zahlreiche Polemiken zwischen Lôzane bouge und dem Unterstützungskomitee auslöst. Die Jugendlichen halten das Unterstützungskomitee, bestehend aus Eltern von DemonstrantInnen und SympathisantInnen, für zu angepasst. Erneuter heftiger Polizeieinsatz. Zahlreiche ZuschauerInnen werden verhaftet. Die Place de la Palud wird von der Polizei vollständig abgeriegelt : Sogar SpaziergängerInnen und Verkäuferinnen, die das Jelmoli-Geschäft verlassen, werden kontrolliert. Während einiger Stunden macht Lausanne den Eindruck einer belagerten Stadt.

November/Dezember 1980
Die Bewegung driftet auseinander. Aktionen von Einzelnen und von kleinen Gruppen lösen die Massenveranstaltungen ab. Ein Bewegter erklimmt die Kathedrale und die Saint-François-Kirche und plaziert dort Transparente mit der Aufschrift: «Es ist an der Zeit, dass der Mensch den Menschen rettet.»

12. November 1980
Demonstration vor dem Lausanner Gefängnis Bois-Mermet. Die Polizei verbietet den DemonstrantInnen, den Inhaftierten Nachrichten zu überbringen.

18. November 1980
Demonstration «gegen die willkürlichen Verhaftungen» und die Angewohnheit, «die Versammlungen der Jugendlichen als Unruhen zu bezeichnen.»

24. Januar 1981
Demonstration gegen Restaurants, die Jugendliche abweisen.

28. Februar 1981
Lôzane bouge besetzt ein Haus und ruft es zum Autonomen Jugendzentrum aus.

21. März 1981
Meeting mit Jugendlichen aus Zürich, Basel, Bern und Lausanne im Rond-Point de Beaulieu. Im Lauf des Abend erfahren sie, dass in Zürich eine grosse Demonstration stattfindet und die Polizei äusserst brutal vorgeht. Jugendliche versuchen, ein Gebäude in La Palud zu besetzen. Die Polizei räumt es am frühen Morgen.

19. Juni 1981

Razzia im Autonomen Jugendzentrum an der Rue Saint-Martin 14. Die Polizei verhaftet ausgeschriebene Personen und findet Drogen. Die Stadtregierung stellt eine Schliessung des Zentrums in Aussicht.

Oktober 1981

Drei Arbeitsgruppen publizieren ihre Ergebnisse: In Lausanne fanden 15 Demonstrationen statt, bei denen 265 Personen verhaftet wurden. Die Schadenssumme beläuft sich auf rund 120 000 Franken.

Zürich

Recherchen: Sabine Fischer

Vorgeschichte

Juni 1968

Der Stadtrat bewilligt eine zweitägige Veranstaltung im leerstehenden Globus-Provisorium. Mehrere tausend Jugendliche nehmen daran teil. Es wird ein «Provisorisches Aktionskomitee für ein autonomes Jugendzentrum» gewählt. Dem Stadtrat wird ultimativ mit der Globus-Besetzung gedroht, falls den Jugendlichen bis zum 1. Juli kein geeignetes Lokal für Grossveranstaltungen zur Verfügung steht.

29. Juni 1968

Nachdem der Stadtrat im Globus-Provisorium keine weiteren Versammlungen gestattet und auch sonst nicht auf das Ultimatum der Jugendlichen eingeht, versammeln sich rund 2000 DemonstrantInnen auf der Bahnhofbrücke. Die Polizei greift sofort ein. Jugendliche und Polizei liefern sich zwei Tage lang heftige Kämpfe.

Juli 1968

Namhafte Persönlichkeiten veröffentlichen das «Zürcher Manifest», das an der städtischen Jugendpolitik Kritik übt. Die Stadtbehörden bewilligen einen Kredit von 200 000 Franken zur Ausarbeitung einer baureifen Projektvorlage für die Drahtschmidli-Überbauung.

Dezember 1969

Jugendliche aller politischen Richtungen bilden eine Kommission zwecks Gründung eines «Vereins Autonomes Jugendzentrum».

Juli 1970

Im Volkshaus findet eine Vollversammlung (VV) statt. Rund 600 Personen nehmen daran teil. Das städtische Bunker-Angebot wird gutgeheissen.

Chronologie

30. Oktober 1970
Der Lindenhof-Bunker wird eröffnet.

November 1970
Die zunehmende Konzentration von Drogenfällen im Bunker erfordert den Einsatz mehrerer SozialarbeiterInnen, die jedoch von der städtischen Behörde nicht zur Verfügung gestellt werden. Das Komitee hält sich in der Folge nur noch beschränkt an die behördlichen Auflagen und lässt Übernachtungen im Bunker zu.

14. Dezember 1970
Der Stadtrat stellt dem Bunker-Komitee ein Ultimatum zur Wiederherstellung der vereinbarten Ordnung binnen drei Wochen, andernfalls werde der Bunker geschlossen.

28. Dezember 1970
An einer VV beschliesst die Mehrheit der über 500 Teilnehmenden, auf das Ultimatum der Stadt nicht einzugehen und für die Autonomie des Bunkers zu kämpfen.

31. Dezember 1970
Gründung der «Autonomen Republik Bunker» als Zwergstaat.

6. Januar 1971
Im Volkshaus findet eine VV mit Stadtpräsident Widmer statt. Das städtische Ultimatum wird, trotz des Angebots einer städtischen Notschlafstelle für 30 Personen abgelehnt. Der Bunker, in welchem sich eine «Sozialistische Kampfgruppe» zur Verhinderung einer polizeilichen Besetzung eingeschlossen hat, wird von der Polizei umstellt. Nach 68 Tagen wird das Bunker-Experiment abgebrochen.

18. Dezember 1972
Das wiedereröffnete Drahtschmidli wird nach einer vorübergehenden Besetzung durch Jugendliche polizeilich geräumt.

30. Juni 1974
Die Stimmberechtigten lehnen das Drahtschmidli-Gemeinschaftsprojekt ab. Selbst die Jugendlichen wenden sich gegen die Vorlage, da sie nicht ihrer Forderung nach Autonomie entspricht.

27. September 1977
Die Stimmberechtigten beschliessen die Umwandlung der Roten Fabrik in ein Begegnungs- und Kulturzentrum.

12. November 1977
Eröffnung des Schindlerguts (Schigu), als Ersatz für das Drahtschmidli, das im Herbst 1981 abgebrochen werden soll.

16. November 1977
Die erste VV im Schigu lehnt ein Delegiertensystem ab. Die BenützerInnen fordern die Vollversammlung als oberstes, beschlussfassendes Organ.

24. Mai 1978
Die VV spaltet sich aufgrund von Meinungsverschiedenheiten die Bewilligung von Übernachtungen im Schigu betreffend. Es wird über die Besetzung des Schigus bei etwaiger Schliessung diskutiert.

29. Mai 1978
Das Schigu wird von rund 150 Jugendlichen besetzt.

6. Juni 1978
Das Schigu wird durch die Polizei geräumt.

Herbst 1979
Die Arbeitsgemeinschaft «Rock als Revolte» (RAR) formiert sich. Ihr Anliegen ist es, die Musikszene in Zürich zu verbessern, d.h. eine Alternative zu kommerzialisierten Konzerten zu schaffen sowie Räumlichkeiten für Musikertreffen, Feste und Diskussionen zu beschaffen.

Dezember 1979
Im Polyfoyer treffen sich rund 600 Jugendliche. Sie protestieren gegen die einseitige Verteilung der Kulturgelder sowie die hohen Preise für Rockkonzerte, und sie beanstanden den Mangel an geeigneten Räumlichkeiten.

Januar 1980
Zu den öffentlichen VVs im Januar 1980 erscheinen jeweils rund 50 Personen. Immer mehr Jugendliche sind bereit, sich zu engagieren.

23. Januar 1980
Die «Interessengemeinschaft Rote Fabrik» (IGRF) wird aktiv.

Februar 1980
Die «Aktionsgruppe Rote Fabrik» (ARF) wird gegründet. Sie besteht aus verschiedenen Einzelpersonen, aus den Gruppen RAR, «Kommunistischer Jugendverband», «Jungsozialisten», «Freaks am Friitig» etc. Zum Semesterende wird der ARF mitgeteilt, dass ihr das Polyfoyer nicht mehr zur Benutzung offen steht. Wegen der hohen Eintrittspreise werden kommerzielle Konzerte gestört.

12. März 1980
Jugendliche wollen mit dem Stadtrat direkt verhandeln und fordern eine grosse Halle für Konzerte und Versammlungen.

26. März 1980
Die Antwort des Stadtrates ist negativ.

Ende März 1980
Die ARF verfasst einen Brief, in welchem abermals gefordert wird, den Jugendlichen Räumlichkeiten zur Verfügung zu stellen.

April 1980
Während des Sechseläutens besetzt die Gruppe «Luft & Lärm» die Unterführung an der Langstr.

8./9. Mai 1980
Nach einem Konzert veranstaltet ein Teil der BesucherInnen in der Roten Fabrik ein illegales Fest. Jugendliche stellen dabei fest, dass sich kommerzielle Firmen in der Roten Fabrik eingemietet haben, worauf das Warenlager eines Kleidergeschäfts geplündert wird.

17./18. Mai 1980
An einem Protestfest in der Roten Fabrik diskutieren Jugendliche, wie sie ihren Forderungen nach Räumen für ihre Kultur Ausdruck geben sollen. Für den 30. Mai wird eine Demonstration gegen die Opernhausvorlage angekündigt.

Auseinandersetzungen um die Eröffnung eines Autonomen Jugendzentrums

30. Mai 1980
Am Abend des 30. Mai demonstrieren – organisiert durch die ARF – rund 200 Personen vor dem Opernhaus für die Förderung alternativer Kultur in der Stadt Zürich. Sie wollen die OpernhausbesucherInnen im Vorfeld der städtischen Abstimmung über den 60-Millionen-Kredit für den geplanten Opernhausumbau auf die Bedürfnisse eines alternativen Zürcher Kulturbetriebs aufmerksam machen. Die Demonstration beginnt friedlich. 30 Polizisten in Kampfausrüstung fordern die DemonstrantInnen auf, den Platz innert 15 Minuten zu räumen. Der Platz wird jedoch nicht geräumt. Erste Scharmützel. Am späteren Abend entwickeln sich die Scharmützel zu einem eigentlichen Krawall, als die BesucherInnen des Bob Marley-Konzerts in die Innenstadt strömen. Am Bellevue werden Barrikaden errichtet. Die Auseinandersetzungen zwischen Polizei und Demonstrierenden dauern bis in die frühen Morgenstunden.

Chronologie

31. Mai 1980
Die Szenen vom Vorabend wiederholen sich.

1. Juni 1980
Das zu Public Relations-Zwecken für die kommende Abstimmung vor dem Opernhaus aufgestellte Festzelt wird von rund 2000 Personen besetzt. Eine VV wird abgehalten. Die Ereignisse der Vortage werden diskutiert und neue Forderungen an die Stadtregierung gestellt: Rückzug der Strafanträge gegen alle Verhafteten; keine weitere Verwendung von CB-Tränengas und Gummigeschossen; die Teilinbetriebnahme der Roten Fabrik als Kultur- und Jugendzentrum ab Herbst 1980, was bedingt, dass dem Opernhaus die Verträge zur Benützung der Roten Fabrik als Lager- und Probelokal gekündigt werden; die leerstehende Fabrikhalle an der Limmatstrasse 18–20 als Autonomes Jugendzentrum ab 8. Juni, 12.00h.
Abends setzt sich ein Demonstrationszug in Richtung Bezirksgefängnis in Bewegung, in dem sich die verhafteten Personen befinden.

3. Juni 1980
Nach einer Kundgebung der Jugendlichen auf dem Hirschenplatz Demonstration zur kantonalen Polizeikaserne und zum Bezirksgebäude

4. Juni 1980
Stadtpräsident Widmer und Stadträtin Lieberherr nehmen – zusammen mit rund 2000 Jugendlichen – an einer VV im Volkshaus teil. Sie hören sich die Forderungen der Jugendlichen an: In Bezug auf das Geschehen in der Roten Fabrik verweisen Widmer und Lieberherr auf die IGRF als Gesprächspartnerin; in Bezug auf das geforderte Jugendzentrum zeigen sie sich gesprächsbereit – unter der Bedingung, dass keine weiteren Ausschreitungen stattfinden. Sie fordern die Versammelten auf, eine Delegation zu bilden, welche die anstehenden Verhandlungen führen soll. Die VV ist nicht bereit, auf diesen Vorschlag einzugehen, sie beharrt auf Verhandlungen mit der VV. Es wird ein Videofilm einer Gruppe von EthnologiestudentInnen über den Opernhauskrawall gezeigt.

6. Juni 1980
Der kantonale Erziehungsdirektor, Regierungsrat Gilgen, lässt den Videofilm über den Opernhauskrawall wegen politischer Agitation mit wissenschaftlichem Material konfiszieren.
Eine Untersuchung über die Verantwortlichkeit der Leitung des Ethnologischen Seminars wird eingeleitet.

7. Juni 1980
Auf dem Platzspitz findet eine VV statt die Nutzung der Räumlichkeiten an der Limmatstrasse 18–20 betreffend. Die Jugendlichen sind unschlüssig, wie sie auf die Vorschläge der Stadt reagieren sollen. Man beschliesst, die neuen Lokalitäten zuerst einmal zu besichtigen. Ein Demonstrationszug von mehreren hundert Personen zieht an die Limmatstrasse 18–20 und von dort via Bezirksgebäude und Polizeikaserne zum Bellevue, wo über das weitere Vorgehen beraten wird. Die Mehrheit stimmt dem Vorschlag zu, sich in die Rote Fabrik zu begeben, um dort weiter zu diskutieren.

8. Juni 1980
Die Volksabstimmung zum Opernhaus-Kredit wird knapp angenommen. Eine weitere VV in der Roten Fabrik entscheidet, nicht auf die Bedingungen des Stadtrats einzugehen. Es werden erste Arbeitsgruppen gegründet.

9. Juni 1980
Vor der Universität Zürich findet eine Manifestation statt. Der sofortige Rücktritt von Regierungsrat Gilgen wird gefordert. Demonstration nach der Protestversammlung: Am Central wird der Verkehr blockiert. Man zieht weiter zum Gebäude der Neuen Zürcher Zeitung

(NZZ). Ein Polizeieinsatz setzt der Verhinderung der Auslieferung der NZZ ein Ende. Nach diesem Vorfall kündigt der Stadtrat eine härtere Linie an.

11. Juni 1980
Die VV im Volkshaus erklärt sich bereit, die Verhandlungen mit dem Stadtrat fortzuführen, weigert sich jedoch weiterhin, eine Delegation zu bestimmen.

12. Juni 1980
An der Universität führen 2000 StudentInnen einen Protesttag durch, in dessen Verlauf sich der Rektor an die Versammelten wendet.

14. Juni 1980
In einer auf dem Platzspitz abgehaltenen VV wird beschlossen, am 21. Juni eine Grossdemonstration zu veranstalten, um den Forderungen der Bewegten Gehör zu verschaffen. Nacktdemonstration durch die Zürcher Altstadt.

17. Juni 1980
Demonstration nach einer Protestkundgebung an der Universität zum Gebäude der Erziehungsdirektion.

18. Juni 1980
Demonstrierende versammeln sich vor dem Rathaus: Sie fordern den Gemeinderat zu einer Diskussion auf. Der Gemeinderat verweigert das Gespräch. Die Demonstrierenden harren aus, worauf die Polizei eingreift. Sachbeschädigungen in der Innenstadt.

19. Juni 1980
Ausserordentliche Delegiertenversammlung der SP Stadt Zürich. Sie protestiert gegen das Demonstrationsverbot des Stadtrats für den 21. Juni und beauftragt die Geschäftsleitung, mit dem Stadtrat und den Jugendlichen in Kontakt zu treten.

20. Juni 1980
Sogenannte «Rädelsführer» werden in Präventivhaft genommen. Die Geschäftsleitung der SP bietet dem Stadtrat an, die Trägerschaft für ein autonomes Jugendzentrum zu übernehmen. Die Arbeitsgruppen der Bewegung beschliessen, die für den 21. Juni geplante Grossdemonstration abzusagen und stattdessen auf dem Helvetiaplatz, wo bereits ein Fest der POCH stattfinden darf, eine VV abzuhalten.

21. Juni 1980
Nachdem die rund 5000 bis 6000 auf dem Helvetiaplatz Versammelten von den Präventiv-Verhaftungen vom Freitag erfahren, beschliesst eine Mehrheit, die Diskussion um die von der SP unterbreiteten Vorschläge bezüglich Trägerschaft zu vertagen und stattdessen sofort zu demonstrieren. Auf der Quaibrücke treffen die DemonstrantInnen auf die Polizei, die sich dann aber zurückzieht, worauf die Demonstration friedlich zu Ende geht.

25. Juni 1980
Im Volkshaus findet eine VV statt. Sie beschliesst den Vermittlungsvorschlag der SP anzunehmen, unter der Bedingung, dass das Haus autonom geführt und am 28. Juni geöffnet werden kann.

27. Juni 1980
Am späten Freitagabend bereinigt der Stadtrat den Vertrag über die Trägerschaft des Versammlungszentrums an der Limmatstrasse 18–20 mit der SP: Es wird festgehalten, dass das Versammlungszentrum mit möglichst grosser Selbstverwaltung betrieben werden soll, dass die Gebrauchsleihe innerhalb einer Frist von vier Tagen gekündigt werden kann, dass die Lokalitäten voraussichtlich ab 1. April 1981 durch die Stadt für eigene Zwecke benötigt werden, dass die Gebäude renoviert werden müssen und dass die Entlehnerin sich für einen ordnungsgemässen Betrieb einsetzen muss.

Chronologie

Von der Eröffnung bis zur ersten Schliessung des Autonomen Jugendzentrums

28. Juni 1980

Mit einer Vollversammlung und einem Fest wird das autonome Jugendhaus an der Limmatstrasse 18–20 eröffnet. Die dringendsten Renovierungsarbeiten wurden bereits am Vormittag erledigt.

2. Juli 1980

In der Fernsehsendung «Telebühne» soll darüber diskutiert werden, in welchen Fällen Widerstand gegen die Staatsgewalt legitim ist. TeilnehmerInnen sind PolitikerInnen verschiedener Parteien sowie VertreterInnen der wenige Wochen alten Jugendbewegung. Die 10 Jugendlichen machen sich durch fastnächtliche Kostüme bemerkbar sowie durch Johlen, Klatschen, Pfeifen, Seifenblasen und Luftballons. Damit hindern sie vor allem die Repräsentant-Innen der Rechten am Reden. Die «Telebühne» wird vorzeitig abgebrochen.

12. Juli 1980

Vor dem AJZ versammeln sich rund 200 Personen, um für die Einstellung der Strafverfahren zu demonstrieren. Der unbewillte Demonstrationszug wird von der Polizei aufgelöst: Massive Auseinandersetzungen zwischen den Bewegten und der Polizei, die bis am Sonntagmorgen andauern. Mehr als hundert Personen werden verhaftet. In der folgenden Woche wird in den Medien über das polizeiliche Vorgehen heftig diskutiert.

15. Juli 1980

Zu einem Rundtischgespräch am Schweizer Fernsehen DRS mit VertreterInnen des Stadtrats, der Polizei und der SP delegiert die Bewegung zwei VertreterInnen, die sich als Anna und Hans Müller präsentierten. Anstatt, wie erwartet, den Bewegungsstandpunkt zu vertreten, nehmen diese im Verlaufe des Gesprächs den ins Absurde übersteigerten Gegenstandpunkt eines Durchschnittbürgers aus der «Schweigenden Mehrheit» ein.

17. Juli 1980

Zehn in bekannter Müllerscher Manier aufgemachte Jugendliche laden zu einer Pressekonferenz ins Jugendzentrum – und sagen nichts.

19. Juli 1980

Auf dem Hirschenplatz findet eine behördlich bewilligte Demonstration statt. Die Bewegten protestieren gegen das Vorgehen der Polizei am 12. Juli.

1. August 1980

Das Thema «Einstellung der Strafverfahren» wird von neuem aufgegriffen: Grossdemonstration mit rund 4000 Personen.

9. August 1980

Mit einem «Aktionstag für die Pressefreiheit» protestieren die Gruppe TV Zürich des Syndikats Schweizerischer Medienschaffender (SSM) und die Schweizerische Journalisten-Union (SJU) gegen die Druckversuche, die von PolitikerInnen und Wirtschaftskreisen in letzter Zeit auf die Medien ausgeübt werden.

23. August 1980

Von SympathisantInnen der Bewegung wird der «Verein pro AJZ» gegründet, mit dem Ziel, die Zürcher Bewegung finanziell und ideell zu unterstützen.

29. August 1980

Wohnungen der städtischen Siedlung Rebhügel werden besetzt. Noch am selben Tag räumt die Polizei die Häuser.

30. August 1980

Ausschreitungen mit Plünderungen, Sachbeschädigungen und einer Brandstiftung im Raum

Bellevue im Anschluss an eine unbewilligte Demonstration von rund 1000 Jugendlichen.

4. September 1980

Um 5.15 Uhr nimmt die Kantons- und Stadtpolizei aufgrund eines Hausdurchsuchungsbefehls der Bezirksanwaltschaft Zürich eine gemeinsame Razzia im Jugendhaus (AJZ) an der Limmatstrasse 18–20 vor. 137 Personen, davon 66 AusländerInnen, werden ins Kripo-Gebäude gebracht. Die Polizei stellt Diebesgut, Betäubungsmittel und Waffen sicher. Die Ergebnisse der Razzia werden als Grund für die sofortige Schliessung des AJZ genannt. Die folgende VV will zwar die Schliessung nicht hinnehmen; über das Vorgehen ist sie aber gespalten: Während eine Mehrheit der rund 1500 Anwesenden sich gegen sofortige Auseinandersetzungen ausspricht und für eine Grossdemonstration am Samstag plädiert, ist eine militante Minderheit von etwa 200 an der VV nicht erschienen und kämpft vor dem AJZ mit Steinen und Flaschen gegen die sich im AJZ verschanzte Polizei. Heftige Auseinandersetzungen in der Gegend der Bahnhof- und Löwenstrasse.

Der Kampf um die Wiedereröffnung

5. September 1980

In einer ausserordentlichen Sitzung erklärt der Stadtrat, dass er an einer neuen Trägerschaft interessiert ist. Er formuliert neue, restriktivere Bedingungen für eine Wiedereröffnung des AJZ. Der Stadtrat fordert einen Restaurationsbetrieb mit entsprechendem kantonalem Patent und Betriebszeiten, die dem kantonalen Wirtschaftsgesetz entsprechen; eine Schliessung von morgens 2 bis 5 Uhr; den Verzicht auf eine Notschlafstelle im Haus.

6. September 1980

Für den Samstag ruft die Bewegung zu einer Grossdemonstration auf: «Für die sofortige Wiedereröffnung des AJZ, aber subito, susch tätschts!» Die Menschenansammlung wird von der Polizei aufgelöst. Am frühen Abend versammeln sich rund 2000 Demonstrierende auf dem Hirschenplatz. Sie beschliessen, eine unbewilligte Demonstration zur Platzspitzanlage durchzuführen und dort eine VV abzuhalten. Auseinandersetzungen zwischen den Demonstrierenden und der Polizei bis in die frühen Morgenstunden. Mehrere hundert Personen werden verhaftet.

10. September 1980

Die Bewegung diskutiert das weitere Vorgehen an einer VV im Limmathaus. Rund 2500 Bewegte sowie MedienvertreterInnen aus aller Welt sind anwesend. Man diskutiert über das Thema «neue Trägerschaft», nachdem die SP über das Scheitern der Verhandlungen mit dem Stadtrat berichtet hat. Die SP war nicht bereit gewesen, auf die restriktiveren Bedingungen einzugehen. Für die Bewegten ist klar, dass eine fremde Trägerschaft nur dann akzeptiert wird, wenn diese die Autonomie weiterhin gewährleisten kann. An dieser VV informieren Arbeitsgruppen, die am AJZ-Betrieb beteiligt waren, über ihre konkreten Erfahrungen und leiten daraus Forderungen ab, die für einen zukünftigen reibungslosen Betrieb erfüllt sein müssen: Sie bestehen auf weitere Mittel für zusätzliche Renovierungen und legen einen Arbeitsplan mit 15 Stellen vor.

20. September 1980

Eine bewilligte Demonstration, an der neben Bewegten auch Mitglieder der PDA, SAP und POCH teilnehmen, wird mit rund 8000 TeilnehmerInnen zum eindrücklichen und friedlichen Beweis der anhaltenden Mobilisierungsfähigkeit der Bewegung.

Chronologie

24. September 1980
Die VV der Bewegung fordert in einem Ultimatum die Wiedereröffnung des AJZ für den 1. Oktober.

27. September 1980
Von Seiten der Rechten wird auf dem Münsterhof eine «Landsgemeinde für Recht und Ordnung» organisiert: Von den rund 1000 TeilnehmerInnen gehört ein grosser Teil der Bewegung an.

1. Oktober 1980
Um 20 Uhr läuft das Ultimatum ab, in dem die Zürcher Jugendbewegung den Stadtrat aufgefordert hat, das Autonome Jugendzentrum bedingungslos wieder zu öffnen. An einer VV in der Predigerkirche diskutieren rund 2000 Jugendliche, wie sie ihrer Forderung Nachdruck verleihen könnten. Die strittigen Punkte dieser nun schon seit Wochen dauernden Verhandlungsrunden sind nach wie vor die Notschlafstelle und die Öffnungszeiten. Die Jugendlichen beauftragten den Verein Pro AJZ nur weiterzuverhandeln, wenn zugesichert wird, dass das AJZ 24 Stunden geöffnet bleibt.

2. Oktober 1980
Rund 200 AnhängerInnen der Zürcher Bewegung für eine Autonomes Jugendzentrum verbrennen während des Abendverkaufs vor dem Globus Zürcher Tageszeitungen, schiessen Feuerwerkskörper ab und deponieren im Parterre des Globus eine Stinkbombe. In der Nacht auf den 3. Oktober wird das Holzlager einer Baufirma in Brand gesteckt.

4. Oktober 1980
Mehrere hundert Bewegte demonstrieren vor dem Globus und am Bellevue. Während der Nacht weitere Aktionen mit Sachschaden. 77 Personen werden verhaftet.

5. Oktober 1980
Die Fraumünsterkirche wird von Bewegten besetzt und darauf von der Polizei geräumt.
Die bürgerlichen Parteien nehmen die militanten Aktionen vom ersten Oktoberwochenende zum Anlass, den Abbruch der Verhandlungen zu verlangen. Im Zusammenhang mit den Zürcher Unruhen sind von der Bezirksanwaltschaft Zürich (BAZ) in der Zeit vom 30. Mai bis 5. Oktober rund 440 Personen in Strafuntersuchungen einbezogen worden. Die BAZ rechnet mit weiteren 100 Verfahren, die sich gegenwärtig im Stadium polizeilicher Ermittlungen befinden. Hinzu kommen 550 Anzeigen gegen unbekannte Täter. Zu diesen rund 1100 Strafverfahren sind über 100 Untersuchungen hinzuzuzählen, welche die Jugendanwaltschaft eingeleitet hat.

11. Oktober 1980
Auf der Pestalozziwiese findet eine Informationsaktion statt. Die Stadtpolizei lässt die dialogbereiten AJZ-AnhängerInnen, die mit fingierten Auseinandersetzungen ein spontanes Strassentheater mit gemimten PolizistInnen inszenieren, nicht gewähren und verhaftet 144 Personen.
Nachdem diese Aktion durch die neue Einkreistaktik der Polizei verhindert worden ist, machen sich in den gemässigten Kreisen der Bewegung Resignation, Enttäuschung und Verzweiflung breit.

14. Oktober 1980
Bewegte verüben einen Brandanschlag auf eine Baufirma. Es entsteht ein Sachschaden von 2 Millionen Franken.

15. Oktober 1980
An der VV in der Roten Fabrik distanziert sich ein Teil der Bewegten von Gewaltakten, andere sind der Ansicht, dass es keine andere Wahl gäbe. Die Zahl der TeilnehmerInnen an den VVs hat stark abgenommen. Waren im September

jeweils weit über tausend Personen anwesend, so sanken die Teilnehmerzahlen im Oktober kontinuierlich und erreichten Ende Oktober kaum noch 500 Beteiligte.

24. Oktober 1980
Die erste Ausgabe einer zweiten Bewegungszeitung – «Eisbrecher» – erscheint in einer Auflage von 10 000 Exemplaren.

25. Oktober 1980
Teileröffnung der Roten Fabrik: Aus dem bewilligten Demonstrationszug vom Münsterhof zur Roten Fabrik werden deren zwei: Während sich ein kleiner Teil der Jugendlichen an die bewilligte Route über das General-Guisan-Quai hält, wählen etwa 500 DemonstrantInnen einen Umweg, der vorerst zum Bezirksgebäude und anschliessend durch das Engequartier führt; es werden Scheiben eingeschlagen und ein Polizeiauto beschädigt.

31. Oktober 1980
VertreterInnen der vier Organisationen, die in den letzten Wochen mit dem Stadtrat über die Bildung einer neuen Trägerschaft für das AJZ gerungen haben, erklären den Verhandlungsstopp.

1. November 1980
Sachbeschädigungen und Plünderungen in der Zürcher Innenstadt im Anschluss an die Filmpremiere von «Züri brännt» in der Roten Fabrik.

12. November 1980
Militante Anhänger der Zürcher Jugendbewegung schlagen in der Zürcher Innenstadt wahllos Scheiben zahlreicher Geschäftshäuser ein. Ein Aktivist wird von der Polizei verhaftet. Zu den Sachbeschädigungen kam es im Anschluss an die bereits traditionelle Mittwochabend-Vollversammlung der Jugendlichen, die in der Roten Fabrik abgehalten wurde.

15. November 1980
An einem gesamtschweizerischen Aktionstag machen Jugendliche mit Demonstrationen auf ihre Anliegen aufmerksam. In Zürich nehmen etwa 400 Personen in den Anlagen beim Bürkliplatz an einer bewilligten Veranstaltung teil zum Thema «Zürcher Jugendliche und ihre Anliegen». Schon bald zieht eine Demonstration durch die Bahnhofstrasse zum Paradeplatz, wobei mitgebrachter Kehricht verstreut und der Verkehr teilweise behindert wird. In einem Einsatz ohne Tränengas drängen Polizeigrenadiere die Demonstranten in den Raum Bellevue/Limmatquai ab, wo sich erneut stundenlange Krawalle abspielen.

17. November 1980
Auf die Autos von vier Bezirksanwälten werden Brandanschläge verübt.

19. November 1980
Der Stadtrat beschliesst die Schliessung der Aktionshalle in der Roten Fabrik. In einem Communiqué weist er darauf hin, dass die Halle für Vollversammlungen verwendet wird, nach denen es jeweils zu Ausschreitungen oder massiven Sachbeschädigungen gekommen sei. Rund 300 Jugendliche treffen sich am Abend im Limmathaus, wo sie das Gastrecht einer Versammlung der Gewerkschaft Druck und Papier erhalten.

25. November 1980
Auf das Ferienhaus von Stadträtin Lieberherr wird ein Brandanschlag verübt.

26. November 1980
Der Stadtrat kündigt eine restriktivere Praxis bezüglich der Bewilligung von Demonstrationen an.

28. November 1980
Bewegte stören den ETH-Jubiläums-Fackelzug.

Chronologie

2. Dezember 1980
Erster Krawallprozess: Ein Polizist wird vom Vorwurf der Tätlichkeiten und des Amtsmissbrauchs freigesprochen.

3. Dezember 1980
Rund 100 Jugendliche folgen einem Aufruf, im Kongresshaus eine VV abzuhalten, wo um 20.30 Uhr ein Konzert der «Kinks» beginnen soll. Die Polizei kreist die DemonstrantInnen ein und nimmt knapp die Hälfte der Anwesenden fest. Es kommt zu einer schweren Augenverletzung.

11. Dezember 1980
2000 Personen folgen dem Aufruf des «Eisbrechers», an einer VV im Volkshaus teilzunehmen. Die Ausgangslage für dieses Treffen ist klar: Die Redaktion des «Eisbrechers» hat in der Ausgabe vom 6. Dezember einen Aufruf an «alle Menschen mit gutem Willen» veröffentlicht. Hauptinhalte sind die Forderung nach Öffnung des AJZ für den 24. Dezember sowie die Wiederaufnahme von Verhandlungen des Stadtrats mit einer potentiellen Trägerschaft des AJZ im Januar. Der Stadtrat fühlt sich erpresst und stellt stattdessen über die Vermittlung von KirchenvertreterInnen am 24. Dezember die Roten Fabrik für ein Weihnachtsfest zur Verfügung.

12. Dezember 1980
Silvia Z. übergiesst sich am Bellevue mit Benzin und stirbt später an den schweren Brandverletzungen.

13. Dezember 1980
Zwischen 100 und 150 Jugendliche sprengen die Eröffnung der «Kunstszene Zürich 1980». Als Stadtpräsident Sigmund Widmer das Wort ergreifen will, skandieren sie «AJZ, AJZ».

15. Dezember 1980
Die Jungbürgerfeier im Kongresshaus wird von der Bewegung gestört.

17. Dezember 1980
Die VV der Zürcher Jugendbewegung lehnt das Angebot aus kirchlichen Kreisen ab, am 24. Dezember in der Roten Fabrik ein Weihnachtsfest zu organisieren. Die Bewegung beschliesst, am 24. Dezember eine Demonstration unter dem Motto «No AJZ – No Wiehnacht» durchzuführen.

24. Dezember 1980
Es kommt erneut zu schweren Zusammenstössen zwischen DemonstrantInnen und der Polizei, nachdem Jugendliche versuchten, sich Zugang zum geschlossenen AJZ zu verschaffen.

29. Dezember 1980
Rund 400 Personen versammeln sich an der Beerdigung der 23-jährigen Silvia Z. auf dem Friedhof Manegg. Nach der Beisetzung ziehen rund 300 Personen in einem Schweigemarsch in Richtung Bellevue.

31. Dezember 1980
Etwa 200 KundgebungsteilnehmerInnen versammeln sich gegen 19 Uhr beim Drahtschmidli, um gegen den Teilabbruch des Jugendhauses zu demonstrieren.

14. Januar 1981
Jugendliche der Bewegung kommen an einem SVP-Parteitag zum Thema «Krawalle» zu Wort.

16. Januar 1981
Die Gruppe, welche die Zeitung «Eisbrecher» produziert hat, stellt deren Erscheinen ein. Der «Eisbrecher», der mit seiner zehnten und letzten Nummer eine Auflage von über 20000 Exemplaren erreichte, hat die Anliegen der Bewegung in eine breitere Öffentlichkeit getragen

und war in der kurzen Zeitspanne seines Erscheinens zum Begriff geworden. Der «Eisbrecher» wird sofort von einer neuen Zeitung, dem «Brächise», abgelöst.

21. Januar 1981
Leute aus der Bewegung besetzen zwei leerstehende Häuser am Limmatquai und an der Brandschenkestrasse. Diese werden noch am selben Tag geräumt.

24. Januar 1981
Rund 400 Personen lancieren eine Flugblattaktion, nachdem die vom «Komitee für ein repressionsfreies Zürich» geplante Demonstration vom Stadtrat nicht bewilligt wurde.

28. Januar 1981
Der Stadtrat bildet eine neue Verhandlungsdelegation, bestehend aus den Stadträten Wagner, Kaufmann, Koller und Bryner.

30. Januar 1981
Mit der Begründung, sie enthalte unzüchtige Bilder und rufe zu gesetzeswidrigen Handlungen auf, wird die zweite Nummer des «Brächise» – noch bevor sie in den Verkauf gelangt – von der Polizei beschlagnahmt.

31. Januar 1981
Die TeilnehmerInnen einer unbewilligten Grossdemonstration gegen die Justiz und die laufenden Prozesse werden beim Landesmuseum von der Polizei eingekesselt. Rund 700 Personen müssen sich einer Personenkontrolle unterziehen.

4. Februar 1981
Im Volkshaus findet eine grosse VV mit rund 2000 TeilnehmerInnen statt, an der man versucht, sich über die Taktik des weiteren Vorgehens einig zu werden. Die neue Verhandlungsdelegation des Stadtrats wird aufgefordert, direkte Gespräche mit der VV zu führen.

12.–14. Februar 1981
Der Verein Pro AJZ organisiert im Volkshaus ein «Zürcher Tribunal», an dem massive Vorwürfe gegen die Behörden und die Polizei erhoben werden.

18. Februar 1981
Die VV diskutiert die Verhandlungsstrategie. Die einen wollen überhaupt keine Delegation, den andern ist es egal, wie das Jugendhaus «hereingenommen» wird, solange es autonom ist und zu den Bedingungen der Bewegung geöffnet wird. Der Stadtrat erklärt sich bereit, die Liegenschaft Limmatstrasse 18–20 wieder als Versammlungszentrum zu öffnen, falls sich eine geeignete Trägerschaft finden lasse.

Ende Februar 1981
Die Landeskirchen und die Pro Juventute erklären offiziell ihre Bereitschaft, sich an der Schaffung eines zweiten Autonomen Jugendzentrums zu beteiligen.

Anfang März 1981
Der Stadtrat beantragt dem Gemeinderat einen Kredit von 1.8 Mio. Franken zur Instandstellung der Liegenschaft Limmatstrasse 18–20. Damit errichtet der Stadtrat eine zweifache Hürde für die Eröffnung eines zweiten AJZ: Nicht nur muss eine derartige Kreditvorlage vom Gemeinderat beraten und akzeptiert werden, sondern sie ist auch dem Referendum unterworfen.

5. März 1981
In der VV, an der wieder über 1000 TeilnehmerInnen anwesend sind, ist man sich einig, dass es mit den Verhandlungen nicht weitergehen kann wie bisher. Die Stimmung ist aggressiv und unnachgiebig. Eine Grossdemonstration soll die Forderung nach der Wiedereröffnung untermauern. Nach der VV zieht ein Teil der Versammelten zur Delegiertenversammlung der Stadtzürcher SP, um von

Chronologie

den SP-Stadträten Auskunft über die mit der neuen Kreditvorlage verbundenen Absichten zu bekommen.

7. März 1981
Bewegte stören das nächtliche Fastnachtstreiben: Sachbeschädigungen und Plünderungen, Verkehrsbehinderungen und Beschädigungen an öffentlichen Verkehrsmitteln. Gegen das Modehaus Modissa wird ein Brandanschlag verübt.

18. März 1981
Das Schigu wird von Bewegten besetzt und zum «provisorischen AJZ» erklärt.

21. März 1981
An der bewilligten «Frühlingsdemonstration» nehmen rund 8000 Personen teil. Als der Zug das AJZ erreicht, dringen Tausende in das Areal des AJZ ein, während ein Teil des Zuges seinen Weg Richtung Helvetiaplatz fortsetzt. Am Abend räumt die Polizei das Gelände des AJZ: Gewalttätige Auseinandersetzungen und Sachbeschädigungen in der Gegend des Hauptbahnhofs.

22. März 1981
Das AJZ wird von Bewegten besetzt.

23. März 1981
Die Polizei räumt das Areal ein zweites Mal. VV von rund 100 Bewegten mit anschliessendem Protestzug durch die Innenstadt: massive Zerstörungen.

29. März 1981
Der Stadtrat orientiert über den Vertrag, der mit den Landeskirchen und der Pro Juventute, welche die Trägerschaft für ein Jugendzentrum an der Limmatstrasse 18–20 übernehmen, abgeschlossen wurde.

31. März 1981
Jene Leute in der Bewegung, die sich mit dem Wohnungsproblem befassen, organisieren sich verstärkt und führen eine erste «Wohnungsbesetzer-VV» durch, an der rund 300 Personen teilnehmen. Es werden zwei Häuser besetzt, die umgehend von der Polizei geräumt werden.

1. April 1981
Die «Aktion gegen Wohnungsnot» hält eine Pressekonferenz ab, an der Auszugs-Boykotte angekündigt werden.

2. April 1981
Um ein Referendum über den Beitrag der Stadt zum Umbau des AJZ zu vermeiden, wird die Weisung mit dem Kredit von 1.8 Mio. Franken vom Gemeinderat an den Stadtrat zurückgewiesen.

Von der zweiten Eröffnung bis zur autonomen Schliessung des AJZ

3. April 1981
Das AJZ wird mit einer VV und einem Fest ein zweites Mal eröffnet.

17. April 1981
In den Parkanlagen am rechten Zürichseeufer werden Baracken errichtet. Die Siedlung Chaotikon soll auf die Wohnungsnot aufmerksam machen. Während einer Woche leben dort 50 bis 100 Bewegte.

24. April 1981
Das Chaotikon wird durch das Gartenbauamt und die Polizei geräumt: Vergeltungsaktionen auf der Strasse.

27. April 1981
Nur dank massivem Polizeischutz kann das Zürcher Sechseläuten in der gewohnten Form durchgeführt werden. Die Bewegung hat schon

seit der Wiedereröffnung des AJZ in ihren Publikationen mit der Störung des Festes gedroht, falls keine Amnestie für alle Angeklagten erlassen werde. Immer wieder versuchen maskierte Jugendliche, den Umzug zu stören und werfen Knall- und Rauchpetarden gegen Pferde und UmzugsteilnehmerInnen.

31. April 1981

Bewegte beginnen mit dem Bau von Neu-Chaotikon auf einer Insel in der Sihl in unmittelbarer Nähe des wiedereröffneten AJZ.

1. Mai 1981

Am Tag der Arbeit stören Bewegte den Umzug der Gewerkschaften. Die abschliessende Kundgebung auf dem Münsterhof muss vorzeitig abgebrochen werden, da es zu tätlichen Auseinandersetzungen zwischen Gewerkschaftern und Bewegten kommt. Eine Nachdemonstration von rund 500 Bewegten wird von der Polizei aufgelöst.

6. Mai 1981

An der von rund 600 Personen besuchten VV wird versucht, die Ereignisse vom 1. Mai zu verarbeiten, wobei militante Bewegte kritisiert werden. Nach der VV bauen einzelne Bewegte Barrikaden an der Limmatstrasse, andere Bewegungsleute brechen diese sofort wieder ab. Am Abend kommt es zu Handgreiflichkeiten unter den Leuten aus der Bewegung.

Mitte Mai 1981

Die Zeitschrift «Brächise» stellt nach internen Streitigkeiten ihr Erscheinen ein.

19. Mai 1981

Die Polizei räumt Neu-Chaotikon. Aus Protest gegen die Räumung beginnen Bewegte am Abend, den Belag des Busparkplatzes neben dem AJZ mit Pressluftbohrern aufzureissen. Die Polizei greift ein.

23. Mai 1981

Die Bewegung schliesst vorübergehend das AJZ: Einerseits als Protest gegen die Inhaftierung von Bewegungsmitgliedern ohne jegliche Rechtsgrundlage, aus Protest gegen die verschärfte Justizrepression und als nachdrückliche Forderung für die sofortige Einstellung aller Strafverfahren; andererseits aber auch als Signal für jene AJZ-BenützerInnen, die das AJZ als «Konsumtempel» und «Obdachlosenasyl» betrachten.

26. Mai 1981

Die VV beschliesst, den Betrieb im AJZ besser zu strukturieren und mit Hilfe der Verstärkung der Nachtwache einen Ordnungsdienst zu schaffen, der vor allem gegen HändlerInnen von harten Drogen auftreten kann.

30. Mai 1981

Am Jahrestag des Opernhauskrawalls wird eine «Jubiläums-Demonstration» vor dem durch die Polizei abgeschirmten Opernhaus veranstaltet. 150 Bewegte nehmen teil. Das anschliessend stattfindende Jubiläumsfest im AJZ wird ein Publikumserfolg: Rund 2000 Personen besuchen das Fest. Am Abend beschädigen einige Bewegte Gebäude, Fahrzeuge und öffentliche Einrichtungen, worauf die Polizei eingreift. In der gleichen Nacht erfolgen verschiedene Brandstiftungen – unter anderem in einer Lagerhalle einer Baufirma. Schadenssumme: eine Million Franken.

3. Juni 1981

An der VV werden die militanten Bewegten wegen ihrer provokativen Demonstration vom 30. Mai vor dem Opernhaus vehement angegriffen. Eine Aussprache führt nicht zur Einigung. Etwa 50 Mitglieder der Bewegung ziehen nach der VV vors Rathaus, wo sich der Gemeinderat zu einer Nachtsitzung versammelt hat. Danach werden die ParlamentarierInnen mit Schmährufen und Tätlichkeiten empfangen.

Chronologie

11. Juni 1981
Die Polizei räumt das seit dem 18. März besetzte Schigu.

15. Juni 1981
Die Polizei führt im Zürcher AJZ eine Personenkontrolle durch. 12 steckbrieflich gesuchte Personen werden festgenommen.

25. Juni 1981
Bei einer zweiten Personenkontrolle im AJZ werden 107 Personen, die sich nicht ausreichend ausweisen konnten, überprüft. 23 Leuten werden Diebstähle, Betrugsdelikte oder Drohung gegen Beamte vorgeworfen.

26. Juni 1981
Die VV protestiert gegen die Razzien und betont, dass Personenkontrollen dieser Art in Zukunft nicht mehr einfach so hingenommen werden.

9. Juli 1981
Auf die dritte Razzia reagiert die Bewegung mit einer kleinen Demonstration und erheblichen Sachbeschädigungen. Das AJZ wird völlig mit Tränengas eingenebelt.

10. Juli 1981
Scharmützel zwischen Bewegten und der Polizei. Es folgt eine Serie von Brandanschlägen, die grossen Sachschaden verursachen.

1. August 1981
Bewegte versuchen, die offizielle 1. August-Feier zu stören. Sachschäden in der Zürcher Innenstadt.

Ende August 1981
Die verbliebenen politischen AktivistInnen wollen weg von der Hängerszene und der resignierten Atmosphäre im AJZ. Die VV wird in die Rote Fabrik verlegt. Bis Ende August 1981 sind insgesamt fast 4000 Personen im Zusammenhang mit den Jugendunruhen verhaftet und rund 1000 Strafverfahren eingeleitet worden.

Anfang September 1981
Der Arbeitsgruppe «Bau» im AJZ geht das Geld aus. Anfang September steigt die Zahl der obdachlosen Hänger, der Alkohol- und Drogensüchtigen im AJZ erneut sprunghaft an. Aus dem Selbstverwaltungsexperiment wurde ein Sozialasyl, freilich ohne die hierfür erforderlichen Einrichtungen.

8. September 1981
Im AJZ wird die vierte Razzia durchgeführt. Die Bewegten reagieren jedoch kaum darauf.

Herbst 1981
Der Wahlkampf für die Stadt- und Gemeinderatswahlen vom 7. März 1982 beginnt.

1. Oktober 1981
Nach der fünften (und letzten) Razzia im AJZ kommt es zu Auseinandersetzungen mit der Polizei rund um das AJZ sowie zu verschiedenen Brandanschlägen.

Das Ende des AJZ und der Bewegung

12. Oktober 1981
Eine von rund 400 Leuten besuchte VV hat Verständnis für die bedrängten Arbeitsgruppen und stimmt mit grossem Mehr einer «Entrümpelungs- und Entgiftungsaktion» zu. Das AJZ wird dazu geschlossen. Die Stimmung ist schlecht. An eine umgehende Wiedereröffnung des AJZ denkt niemand mehr, man will sich Zeit lassen.

Anfang November 1981
Leute aus den AJZ-Arbeitsgruppen treffen sich im Beisein der Trägerschaft mit VertreterInnen

des Stadtrates und sprechen über das Drogenproblem, die externe Notschlafstelle und Fragen zu den Finanzen.

21. November 1981
Eine von verschiedenen mit der Bewegung sympathisierenden Organisationen angekündigte Demonstration gegen die Repression in Zürich wird verboten und durch die Polizei bereits im Ansatz verhindert.

Dezember 1981
Ein Bewegter, der sich als vierter Kandidat für das Stadtpräsidium beworben hat, stellt zusammen mit seiner Partei «Das nackte Chaos» das Wahlprogramm vor.

Mitte Dezember 1981
Eine VV in der Roten Fabrik beschliesst, das AJZ ab Weihnachten für 14 Tage zu öffnen.

24. Dezember 1981
Die Demonstration an Weihnachten, zu der ein Verein «Demonstration am 24. Dezember 1981» aufgerufen hat, wird nicht bewilligt. Sie findet nicht statt. Stattdessen: Scharmützel zwischen Bewegten und der Polizei. Das AJZ wird mit einer VV und einem Fest für 14 Tage geöffnet. Rund 600 Leute nehmen an der Wiedereröffnung teil.

Ende Dezember 1981
Die Blockierungstaktik der Stadt hat zur Folge, dass den Arbeitsgruppen Ende des Jahres praktisch keine finanziellen Mittel mehr zur Verfügung stehen. Für das kommende Jahr sieht das von der Trägerschaft und den Arbeitsgruppen ausgearbeitete Budget zudem ein hohes Defizit voraus.

Anfang Januar 1982
Der Stadtrat unterbreitet eine Vorlage über 15 Millionen Franken für den Ausbau und Umbau des Jugendhauses Drahtschmidli. Damit soll aus dem 22-jährigen Provisorium Drahtschmidli endlich ein definitives Jugendhaus werden.

Anfang Januar 1982
Nach der 14-tägigen provisorischen Wiedereröffnung diskutieren rund 300 Bewegte an einer VV, ob das AJZ weiterhin geöffnet bleiben soll: Die Fixer und Hänger setzen sich vehement gegen eine Schliessung zur Wehr; die meisten Arbeitsgruppen plädieren für die Einstellung des Betriebs.

18. Januar 1982
Eine Wahlveranstaltung des Bürgerblocks im Limmathaus, an der die Probleme im Kreis 5 zur Sprache kommen sollen, wird von Bewegten gestört.

Ende Januar 1982
Die Arbeitsgruppe «Drogen» führt im AJZ eine «Drogenwoche» durch, die viele Interessierte anzieht.

Anfang Februar 1982
Die Trägerschaft fordert vom Stadtrat einen externen Fixer-Raum, für den die «Vereinigung unabhängiger Ärzte» die Verantwortung übernehmen und die Betreuung organisieren soll. Das Sozialamt verspricht, das Projekt zu prüfen – es geschieht jedoch nichts mehr in dieser Angelegenheit.

5. Februar 1982
Im Dachstock des AJZ wird Feuer gelegt. Verschiedene Räumlichkeiten werden zerstört.

Ende Februar 1982
Die Arbeitsgruppe «Drogen» beschliesst, das AJZ nur noch freitags, samstags und sonntags zu öffnen. An den übrigen Tagen wird das AJZ mit einem Maschendraht umzäunt und bewacht. Drogensüchtige und DealerInnen verunmöglichen jedoch, diesen Beschluss durchzusetzen.

Chronologie

7. März 1982

Die Bürgerlichen gewinnen die Stadtratswahlen. Alle fünf Kandidaten der bürgerlichen Koalition werden gewählt, Stadtpräsident wird Thomas Wagner (FdP). Die Antwort militanter Gruppen: Das Rathaus wird mit Farbe beschmiert, an drei verschiedenen Orten in der Innenstadt wird Feuer gelegt und der Handel an der Börse durch eine Rauchpetarde lahmgelegt.

Mitte März 1982

Die Trägerschaft beschliesst, das AJZ vorübergehend zu schliessen. Das Vorhaben lässt sich jedoch nicht durchsetzen.

17. März 1982

Die Trägerschaft gibt auf. Sie löst den Vertrag mit der Stadt Zürich per sofort auf und gibt die Schlüssel für die Gebäude an der Limmatstrasse 18–20 zurück. Noch am selben Tag lässt der Stadtrat das Areal räumen, wobei 118 Personen, die sich noch im AJZ befinden, festgenommen werden.

Zur selben Zeit finden in Winterthur die ersten Geschworenengerichtsprozesse gegen Angeklagte aus der Bewegung statt. Während die Justiz mit aller Härte gegen die Angeklagten aus der Bewegung vorgeht, verlaufen die meisten der rund 180 Strafverfahren gegen Polizeibeamte im Sande oder enden mit einem Freispruch.

23. März 1982

Das AJZ wird abgebrochen. Nur noch militante Gruppen reagieren: Ausschreitungen und Sachbeschädigungen in der näheren Umgebung des ehemaligen AJZ.

28. März 1982

Eine Demonstration von rund 1000 Bewegten gegen den Abbruch wird mit Tränengas aufgelöst.

Die Achtzigerjahre

1982 bis 1990

Unter der Administration Wagner von 1982 bis 1990 wird das Budget für alternative und freie Kulturformen von knapp 1 Million auf gut 11 Millionen erhöht (inklusive Rote Fabrik, Gessnerallee, Kanzleizentrum, Rock- und Popkredit, Koprod etc.).

25. April 1982

Die Vorlage für ein Zürcher Jugendhaus im «Drahtschmidli» wird von den StimmbürgerInnen der Stadt Zürich gutgeheissen. Das Projekt stösst bei der Achtziger Bewegung mehrheitlich auf Ablehnung.

30. Dezember 1983 und 14./15. Januar 1984

Das neue Jugendhaus wird von oppositionellen Jugendlichen besetzt. Der Drogenumschlagplatz rund um das Jugendhaus und auf dem Platzspitz verunmöglicht zunehmend einen geregelten Jugendhausbetrieb.

1. September 1984

Eröffnung des Quartier- und Kulturzentrums Kanzlei.

Ende 1987

Mandatsniederlegung der Vereins Jugendhaus Drahtschmidli. Die Stadt lässt ein Konzept für ein Jugendkulturhaus erstellen.

1. Januar 1988

Nach einer siebenjährigen Versuchsphase kann das Kulturzentrum Rote Fabrik – vom Souverän abgesegnet – seinen definitiven Betrieb aufnehmen.

März 1988

Das Jugendhaus Drahtschmidli wird unter dem Namen «Dynamo» neu gestartet und in mehreren Etappen eröffnet. Es entsteht eine Kulturwerkstatt für Jugendliche mit Übungsräumen für MusikerInnen, Tonstudio, Grafikatelier, Clubraum, Fotolabor, Tanzräumen u.a.

1989/1990

Das Drahtschmidli ist nur teilweise auch noch 1989/90 in Betrieb.

22./23. September 1990

Das Zürcher Stimmvolk spricht sich ganz knapp für die Schliessung des Quartier- und Kulturzentrums Kanzlei aus.

März 1991

Das Kanzlei wird wiedereröffnet, nachdem das Präsidialdepartement eine gemeinderätliche Kommission und die Pro Juventute – als neue Trägerschaft – ein Betriebskonzept erarbeitet haben.

8. Dezember 1991

Das Zürcher Stimmvolk spricht sich für die definitive Schliessung des Kanzlei aus.

1992

Nach einer vierjährigen Pilotphase wird das Jugendkulturhaus «Dynamo» durch eine städtische Volksabstimmung zu einer festen Einrichtung des Sozialdepartments der Stadt Zürich.

Quellen

Chronologie der Zürcher Unruhen vom 30. Mai bis 31. Dezember 1980. In: Heussler, Olivia/Muralt, Malou/Oswald Dieter/Schäublin, Daniel/Zai, Andi. *Zürcher Bewegung.* Band 32. Zürich 1981. S. 120.

Kriesi, Hanspeter
Die Zürcher Bewegung. Bilder, Interaktionen, Zusammenhänge. Frankfurt am Main 1984.

Honegger, Andreas
Kleine Chronologie der Ereignisse. In: Bütler, Hugo und Häberling, Thomas (Hrsg.). *Die neuen Verweigerer. Unruhe in Zürich und anderen Städten.* Zürich 1981. S. 288–295.

Sozialdemokratische Partei der Stadt Zürich. (Hrsg.)
Eine Stadt in Bewegung. Materialien zu den Zürcher Unruhen. Zürich 1980. S. 11–235.

Schmid, Max
Die Leidensgeschichte des Zürcher Jugendhauses 1945–1980. In: *Sozialdemokratische Partei der Stadt Zürich. Eine Stadt in Bewegung.* Zürich 1981. S. 271–274

Vereinzelte Quellen aus dem Stadtarchiv Zürich.

Chronologie

Übrige Schweiz

Recherchen: Claudia Graf

4. Juli 1980
Bülach. Demonstration für ein Jugendhaus. Die Bezirksanwaltschaft Bülach erhebt Strafanklage gegen acht Personen wegen Behinderung des öffentlichen Verkehrs und Teilnahme an einer nichtbewilligten Demonstration.

29. Juli 1980
St. Gallen. Seit drei Wochen treffen sich etwa 100 Leute regelmässig, um ihre Situation zu diskutieren und sich «gegen Isolation, Kaputtsanierung von Lebensräumen und den allgegenwärtigen Konsumzwang» zu wehren.

5. Oktober 1980
Zug. 200 Jugendliche stimmen an einer VV einer Resolution zu, welche die Zuger Jugendbewegung zu einer gewaltlosen erklärt. Die Zuger Jugend nimmt ein Verhandlungsangebot der Stadt an und schickt 6 Delegierte.

18. Oktober 1980
Winterthur. Am Rande einer bewilligten Demonstration von 600 bis 1000 DemonstrantInnen gegen den «Atomexport der Firma Sulzer» kommt es zu einer Schlägerei zwischen Jugendlichen und PolizistInnen.

8. November 1980
Luzern. Jugendliche treffen sich im Jugendhaus Wärchhof zu einer VV, gründen Arbeitsgruppen und diskutieren Aktionen.

15. November 1980
Luzern. 300 Personen demonstrieren gegen «herrschende Missstände im Ausbildungswesen und im Kulturbereich» sowie gegen das «Umfunktionieren günstiger Wohnhäuser in Büro- und Luxusappartementsilos».

20. Dezember 1980
St. Gallen. Nachdem eine VV im dafür vorgesehenen Lokal nicht abgehalten werden konnte, formiert sich eine Demo auf der Suche nach Örtlichkeiten für ein AJZ.

24. Dezember 1980
Burgdorf. Der Burgdorfer Stadtrat erhält Besuch von der unzufriedenen Jugend und wird durch ein Flugblatt aufgefordert, ein Jugendhaus bereitzustellen.

1. Januar 1981
Zug. Etwa 20 Jugendliche treten in einen Hungerstreik, da trotz Versprechungen kein Jugendzentrum zur Verfügung gestellt worden ist.

13. Januar 1981
St. Gallen. Der Stadtrat verkündet an einer Versammlung der Unzufriedenen, die Stadt wolle ein Lokal für ein AJZ zur Verfügung stellen. Die Trägerschaft sei frei zu wählen, der Ort dürfe aber kein rechtsfreier Raum werden und zu Klagen Anlass geben.

9. Februar 1981
Wetzikon. Auf die Druckerei des «Zürcher Oberländer» werden Farbbeutel geworfen und der Spruch «Wer nicht hören will, muss fühlen» gesprayt. Die Zeitung hat eine Woche zuvor das Foto einer Demonstrantin in Zürich publiziert, die durch ein Gummigeschoss am Auge schwer verletzt worden war. Das Foto war mit eben dieser Bildlegende versehen worden.

13. März 1981
St. Gallen. Die Jugendbewegung erhält von den Stadtbehörden ein Abbruchobjekt als AJZ. Die Übergabe wird schnell und unbürokratisch abgewickelt. Allerdings wird das Gebäude im Herbst bereits wieder abgerissen. Das AJZ wird rasch zu einem Treffpunkt mit eigener Bar, zum Veranstaltungsort für Konzerte und Filmvor-

führungen, sowie zum Zentrum politischer Diskussionen.

28. März 1981
Wohlen. 40 Personen besetzen ein Haus, werden aber von einer nicht genauer beschriebenen «Gruppe Jugendlicher» wieder hinausgeworfen.

30. März 1981
Wohlen. Das Haus wird von den BesetzerInnen zurückerobert. Die Erbengemeinschaft, der das Objekt gehört, stellt es während vier Wochen probeweise zur Verfügung. Die Gemeinde Wohlen befürchtet, dass Hausbesetzungen Schule machen könnten.

4. April 1981
Thun. 20 Leute ziehen durch Thun und verteilen Flugblätter. Sie protestieren gegen die Jugendhauspolitik der Stadt Thun.

18. April 1981
Baden, Aarau, Lenzburg. In Baden werden Häuser besetzt, in Aarau protestieren junge Leute gegen Häuserabbrüche und den Bau von Expressstrassen, und in Lenzburg fordern Jugendliche ein Jugendhaus.

Mai 1981
St.Gallen. Besetzung einer Reihe dem Abbruch geweihter Arbeiterhäuser und eine heftige politische Kontroverse über Wohnungsnot. Nach einem Monat werden die besetzten Häuser geräumt.

10. Juni 1981
Bülach. Zwei Männer werden wegen eines am 4.7.1980 durchgeführten unbewilligten Sit-ins für ein Jugendhaus zu bedingten Gefängnisstrafen verurteilt.

12./13. Juni 1981
Luzern. Im Abbruchquartier Buobenmatt kommt es zu Auseinandersetzungen mit der Polizei wegen Nachtruhestörung. In Luzern finden fast jedes Wochenende Demonstrationen statt.

Oktober 1981
St. Gallen. Im AJZ häufen sich die Probleme mit Rockergangs und NachbarInnen. Überdies fehlen die Finanzen. Das Haus brennt völlig aus – kurz bevor der Mietvertrag ausläuft. Die St. Galler Bewegung erhält die Grabenhalle als alternatives Kulturzentrum.

Quellen
Zeitungsausschnitte über die Jugendunruhen, gesammelt im Schweizerischen Sozialarchiv in Zürich. Karton: Achtziger Bewegung «Übrige Schweiz».
Verlag Saiten (Hrsg.)
Saiten: Ostschweizer Kulturmagazin. Februar 2000.

Chronologie

Deutschland
Recherchen: Thomas Stahel

Berlin

3. Februar 1979

Im Kreuzberger Stadtteil SO 36 wird von der Bürgerinitiative SO 36 Kritik an der städtischen Sanierungspolitik und Wohnungsbaupraxis geübt: Ein Haus wird besetzt. Flächensanierungen, der Abriss von Altbauwohnvierteln und die Erstellung von Wohnhochhäusern sind Merkmale einer Stadtentwicklungspolitik, die ganze Stadtteile in ihrer baulichen und sozialen Struktur verändern. Gleichzeitig bleiben Tausende Wohnungen wegen der Spekulation leer. Die Besetzung wird in kurzer Zeit durch Mietverträge mit der senatseigenen Wohnungsbaugenossenschaft legalisiert und führt zur Wiedervermietung von rund 40 leerstehenden Wohnungen.

November 1979

Der Bürgerinitiative SO 36 nahe stehende Personen besetzen weitere Gebäude. Die BesetzerInnen werden zwar nicht als legale MieterInnen anerkannt, doch von nun an werden Hausbesetzungen halbwegs geduldet.

28. März 1980

Erstes Treffen der Berliner Besetzerszene und Gründung des «Besetzerrates»

12. Dezember 1980

Die erste gewaltsame Konfrontation um besetzte Häuser am Fraenkelufer: Kurz vor einem geplanten Gespräch zwischen Senatsbeauftragten und BesetzerInnen nimmt die Polizei Leute fest, die versuchen, ein Haus zu besetzen. Nach Gerüchten über weitere geplante Räumungen versammeln sich die mobilisierten BesetzerInnen vor dem Haus Admiralstrasse 20 und beginnen Barrikaden zu errichten. Die Situation eskaliert ähnlich wie in Zürich. Bei der ersten Strassenschlacht werden 270 Personen verletzt, davon 70 Polizisten und 200 Zivilpersonen.

16. Dezember 1980

Bei einer Demonstration von rund 3000 Jugendlichen gegen das Verhalten der Polizei bei der Räumung besetzter Häuser werden 50 TeilnehmerInnen festgenommen. Die Demonstration endet mit demolierten Polizei- und Privatwagen und zahllosen Verletzten.

20. Dezember 1980

Eine Solidaritätsdemonstration von ca. 20 000 Leuten fordert die Freilassung der Verhafteten; es kommt zu einer breiten Solidarisierung bis in bürgerlich-liberale Kreise.

15. Januar 1981

Unter dem Druck der Hausbesetzungen und mehrerer Skandale muss der Stobbe-Senat zurücktreten.

23. Januar 1981

Nach dem Amtsantritt des neuen Senats unter Hans-Jochen Vogel (SPD) beginnt ein Besetzungs-Boom. Der Senat verkündet die sogenannte «Berliner Linie der Vernunft», die Hausbesetzungen vorrangig als politisches und dann erst als polizeiliches Problem bewertet und blossen Hausfriedensbruch nicht mehr verfolgen will. Die Zahl der besetzten Häuser steigt bis März 1981 auf ca. 170 Objekte.

7. Februar 1981

10 000 Personen demonstrieren in Berlin unter dem Motto «Amnestie jetzt!». Etwa 60 Häuser sind inzwischen besetzt worden.

29. März 1981

Der Senat schlägt ein Modell vor, das die Verwaltung aller besetzen Häuser durch eine Treuhandgesellschaft vorsieht, die aus Mitgliedern von Mieterinitiativen bestehen soll. Der Besetzerrat ist gespalten, ob man sich bis zur Freilassung aller Inhaftierten jeder politischen Lösung weiterhin widersetzen soll.

7. April 1981
Polizeiliche Grossaktion in Berlin-Kreuzberg, bei der u.a. die 138 Personen des Besetzerrates vorläufig festgenommen werden.

11. April 1981
Rund 30 000 Personen demonstrieren friedlich gegen Polizeiübergriffe und Sanierungspolitik.

10. Mai 1981
Nach den Neuwahlen zum Berliner Senat übernimmt die CDU die Regierung. Die «Berliner Linie» soll zwar laut dem neuen Bürgermeister Richard von Weizsäcker offiziell weitergeführt werden, doch wird schärfer gegen Hausbesetzer vorgegangen. Waren im Frühjahr 1981 noch ca. 170 Häuser besetzt, so lässt der neue Innensenator Lummer durch eine harte Räumungspolitik und durch nachträgliche Legalisierungen über Nutzungsverträge die Zahl der besetzten Häuser reduzieren. Gleichzeitig werden HausbesetzerInnen kriminalisiert, was die Polarisierung in der Szene in «Radikale» und «Verhandler» verstärkt.

25. Juni 1981
Während das Berliner Abgeordnetenhaus über den von der «Alternativen Liste» (seit den Wahlen mit neun Abgeordneten im Parlament) eingebrachten Antrag auf Amnestie für Hausbesetzer debattiert, demonstrieren 15 000 Menschen für ihre Freilassung. Fast 1000 Militante versuchen, die Bannmeile um das Rathaus Schöneberg zu durchbrechen und liefern sich harte Konfrontationen mit der Polizei.

12. Juli 1981
Unter dem Motto «Demonstrationen besuchen Spekulanten» ziehen 5000 Personen zum Berliner Villenviertel Grunewald, vor die Haustüren bekannter SpekulantInnen. Dabei gehen Fensterscheiben in Brüche, und ein Zivilbeamter der Polizei wird vertrieben. Die Berliner Presse vergleicht demonstrierende «Chaoten» mit «SA-Horden».

Juli 1981
Persönlichkeiten des öffentlichen Lebens übernehmen Patenschaften für besetzte Häuser, die von der Räumung bedroht sind.

1. August 1981
Nach Ankündigung des Bausenators bald neun besetzte Häuser räumen zu lassen, lädt der Besetzerrat Ende August zu einem vierwöchigen TUWAT-Spektakel ein. Um den TUWAT-Aufruf, der einen «heissen Herbst» ankündigt, gibt es in der Öffentlichkeit einigen Wirbel.

24. August 1981
Gründung einer für Ruhe und Ordnung eintretenden «Bürgeraktion gegen das Chaos» mit der auch Innensenator Lummer sympathisiert.

27. August 1981
Im Wedding treffen rund 100 zum Teil bewaffnete «Teds» und Rockergruppen auf einen Fackelzug des «TUWAT-Spektakels». Die Polizei trennt die beiden feindseligen Gruppen.

22. September 1981
Räumung von acht Häusern. Während eines Einsatzes der Polizei stirbt der Demonstrant K.J. Rattay als Folge einer Verkettung von unglücklichen Umständen. Die Nachricht aus Berlin führt zu Solidaritätsdemonstrationen in anderen Städten im In- und Ausland. Am Abend nehmen über 12 000 Personen an ei-

Chronologie

nem Schweigemarsch durch die Innenstadt teil. Danach werden Barrikaden errichtet und angezündet, ganze Strassenzüge verwüstet und 25 Brandanschläge verübt.

Die Bewegung hat durch die Unterstützung des gesamten Spektrums der städtischen Linken und der linksliberalen Öffentlichkeit ihre grösstmögliche Mobilisierung erreicht. Sie sieht sich vor die Wahl gestellt, zu verhandeln oder Haus um Haus zu verlieren. Ungefähr 5000 Menschen sind von Ermittlungsverfahren betroffen, unzählige sind bereits zu teilweise hohen Strafen verurteilt worden. Die Polizei geht zudem nicht mehr wahllos gegen alle BesetzerInnen vor, sondern kriminalisiert gezielt NichtverhandlerInnen und fördert damit den Zerfall der Bewegung. Die Verhandlerfraktion gewinnt die Oberhand.

Ende 1981

Die Häuserkampfbewegung beginnt sich aufzulösen. Den planmässig aus allen anderen Stadtteilen «hinausgeräumten» BesetzerInnen wird vom West-Berliner Senat faktisch ein Schlupfloch in Kreuzberg gelassen, wo weit zurückhaltender geräumt und intensiver legalisiert wurde.

Mitte 1983

Von den ehemals 165 besetzten Häusern sind 56 noch besetzt, 47 wurden polizeilich geräumt, 45 über Verträge legalisiert und 19 von den HausbesetzerInnen freiwillig geräumt.

November 1984

Das letzte besetzte Haus schliesst einen Vertrag ab. Insgesamt bleiben damit 78 legalisierte Häuser mit Miet-, Kauf- und Pachtverträgen. Ehemalige besetzte Liegenschaften werden zu wichtigen alternativen Kulturzentren der Berliner Szene. Der Häuserkampf zwang die Stadtbehörden dazu, Massnahmen gegen die Spekulation zu ergreifen und Renovierungsprojekte finanziell zu unterstützen.

Freiburg i. Br.

Juni 1977

Dreisameck heissen fünf Häuser an der Ecke Kaiser-Joseph-/Schreiberstrasse. Während die Bewohner für vier davon einen Vertrag haben, wird das fünfte im Juni 1977 besetzt. Nach Verhandlungen erhalten die BesetzerInnen Mietverträge.

1979

Als der Eigentümer Konkurs geht, werden die Häuser weiterverkauft. Der neue Besitzer plant einen Neubau und kündigt die Mietverträge.

17./18. März 1980

Besetzung von drei weiteren Häusern des Dreisamecks als Protest gegen den drohenden Abriss. Wie in Berlin steht der Widerstand in Freiburg im direkten Zusammenhang mit der Wohnungs- und Sanierungsproblematik.

8. Juni 1980

1200 Polizisten räumen das besetzte Dreisameck.

9. Juni 1980

10000 Personen demonstrieren gegen die Räumung.

13. Juni 1980

Die Vollversammlung der Universität Freiburg hat zu einer weiteren Demo gegen die Sanierungspolitik und die Strafverfahren im Zusammenhang mit der Hausbesetzerbewegung aufgerufen. Während der Demo wird der Schwarzwaldhof am Rande der Innenstadt besetzt. Im Gebäude entsteht Wohn-, Arbeits- und Kulturraum, der Platz für etwa 100 Personen bietet.

1. Juli 1980
Der kurzfristige Bedarf an Wohnungen wird an der Gemeinderatssitzung auf ca. 2500 Wohneinheiten beziffert, der längerfristige Bedarf von 1980–90 auf ca. 9000 Wohneinheiten.

17. Oktober 1980
Nach einer Demo gegen die Wohnraumpolitik in Freiburg mit ca. 3000 TeilnehmerInnen kommt es zur ersten Razzia im Schwarzwaldhof.

5. Dezember 1980
Obwohl sich der Gemeinderat am 11.11. mehrheitlich für den Abriss der Gebäude entschieden hatte, bietet die Stadt Verhandlungen an, die jedoch ohne Ergebnis abgebrochen werden.

4. März 1981
Das am 3.3. an der Moltkestrasse besetzte Haus wird von der Polizei geräumt. Am Abend demonstrieren etwa 700 Personen vor dem Rathaus der Stadt, wobei etliche Scheiben zu Bruch gehen. In der Nacht kommt es in der Innenstadt zu schweren Auseinandersetzungen mit hohem Sachschaden.

6. März 1981
Bei der Räumung des Schwarzwaldhofes werden 70 Personen festgenommen. Die Polizei sichert den Gebäudekomplex, um eine erneute Besetzung zu verhindern; 4000 Polizisten sind im Einsatz.

13. März 1981
15000 Personen demonstrieren gegen die Polizeieinsätze. Unter dem Motto «Bürger beschäftigen die Polizei» finden im gesamten Bundesgebiet dezentrale Aktionen von HausbesetzerInnen statt.

12. Mai 1981
Der Schwarzwaldhof wird abgerissen. Eine Demonstration gegen den Abriss verläuft friedlich.

Nürnberg

5. März 1981
Im Kommunikationszentrum (KOMM) wird ein Film über die «Kraaker» von Amsterdam gezeigt. Während einer Spontandemonstration durch die Nürnberger Innenstadt gehen einige Scheiben zu Bruch (Sachschaden rund 20000 DM). Als die TeilnehmerInnen ins KOMM zurückkehren, riegelt die Polizei das Gebäude ab und verhaftet 141 BesucherInnen. Ein Teil der Verhafteten hat nicht an der Demonstration teilgenommen.

6. März 1981
Bundesweit verschiedene Protestkundgebungen mit zehntausenden Menschen gegen die Ereignisse in Nürnberg. Gleichzeitig löst die grösste Massenverhaftung seit Bestehen der BRD eine heftige politische Auseinandersetzung um die Verhältnismässigkeit polizeilicher Mittel aus.

7. März 1981
Etwa 2000 Personen demonstrieren für die Freilassung der Inhaftierten.

10. März 1981
Etwa 5000 Personen protestieren unter dem Motto «Für Reform – gegen Gewalt – für Demokratie – gegen Polizeistaat» in der Fussgängerzone gegen die Massenverhaftung.

11. März 1981
In einer nicht angemeldeten Demonstration ziehen zwischen 500 und 600 Personen durch die Würzburger Innenstadt, nachdem bekannt geworden ist, dass einige der in Nürnberg inhaftierten Jugendlichen in die Justizvollzugsanstalt in Würzburg gebracht worden waren.

Chronologie

Hamburg

31. Dezember 1981

Ab Silvester 1981 werden die Häuser an der Hafenstrasse nach und nach still besetzt.

23. Februar 1982

Die «schleichenden» Besetzungen werden öffentlich gemacht, da sich die BesetzerInnen kurz vor den Wahlen stark genug fühlen, die Auseinandersetzung um Mietverträge zu führen. Die Eigentümerin der Häuser an der Hafenstrasse 108–126 und der Bernhard-Nocht-Strasse 16–24, die städtische Wohnungsbaugesellschaft SAGA, stellt sofort Strafantrag, und die Häuser werden von der Polizei geräumt. Die Wohnungen werden unmittelbar danach wieder besetzt.

19. Oktober 1982

Erst nach einem von Bausenator Lange in Auftrag gegebenen Gutachten, das den guten baulichen Zustand aller Häuser bescheinigt, beschliesst der Senat neun der insgesamt zwölf Häuser zu erhalten.

27. Februar 1983

Die Polizei nimmt anlässlich der dritten Hausdurchsuchung 31 BesetzerInnen fest. Diese Taktik der polizeilichen «Nadelstiche» – Hausdurchsuchungen, Teilräumungen, Zerstörungen von Inventar etc. – gehört von nun an für ein Jahrzehnt zum Alltag von HausbesetzerInnen.

29. Juli 1983

Der Senat stellt sein erstes Ultimatum: Wenn bis zum Jahresende keine «eindeutigen Rechtsverhältnisse» geschaffen seien (Abschluss von Verträgen), werde geräumt. Meinungsverschiedenheiten bestehen jedoch bei der vom Senat geforderten vollständigen Namensliste aller BewohnerInnen, was die BesetzerInnen ablehnen.

Sie stimmen schliesslich befristeten Mietverträgen bis Ende 1986 zu.

1985

Die Stadt plant, die gesamte Hafengegend bis zu den Feierlichkeiten zum 800. Hafengeburtstag 1989 umzugestalten. Teil der Planungen ist der Abriss der besetzten Häuser. Ab 1985 verstärken Senat und SAGA ihre Bemühungen, die Unbewohnbarkeit der Häuser festzustellen und damit den Abriss zu rechtfertigen.

28. März 1985

Die Bauprüfer der SAGA dringen unter Polizeischutz in die drei Häuser ein, ohne jedoch die Unbewohnbarkeit/Baufälligkeit der Gebäude feststellen zu können. PolizistInnen zerstören Treppengeländer und Elektroinstallationen.

28. Oktober 1986

500 Polizisten räumen 13 Wohnungen. Eine Solidaritätsdemonstration mit über 3000 TeilnehmerInnen, die versucht, zu den Häusern zu gelangen, wird von der Polizei gestoppt.

Nach den Räumungen machen die HausbesetzerInnen mit mehreren militanten Aktionen im gesamten Hamburger Stadtgebiet deutlich, dass eine Räumung der gesamten Hafenstrasse Folgen für die Hamburger Banken- und Geschäftswelt haben würde.

20. Dezember 1986

Die Hafenstrassen-BewohnerInnen gründen am 15. Dezember den «Initiativkreis für den Erhalt der Hafenstrasse», der für den 20. Dezember zu einer Solidaritätsdemonstration aufruft. An dieser Demonstration, auf der es zu heftigen Auseinandersetzungen mit der Polizei kommt, nehmen 10000 Menschen teil. Es gelingt den BewohnerInnen, ihre Isolation mit einem Bündnis mit linksliberal-bürgerlichen Kreisen zu durchbrechen.

1987

Prominente UnterstützerInnen der Hafenstrasse versuchen mehrmals, zwischen Senat und BewohnerInnen zu vermitteln. Bekanntestes Beispiel ist das Angebot des Millionenerben Jan Philipp Reemtsma, die Häuser zu kaufen und einer GmbH zu überschreiben. Der Senat begrüsst diese Angebote, erklärt aber gleichzeitig, dass er wegen laufender Koalitionsverhandlungen nicht entscheidungsfähig sei. Reemtsma zieht sein Angebot wieder zurück.

19. Juli 1987

Die im vergangenen Herbst geräumten Wohnungen werden wieder besetzt. Die Räumung aller Häuser scheint nun unmittelbar bevorzustehen.

August 1987

Mehrere prominente HamburgerInnen reisen nach Sylt, wo Bürgermeister v. Dohnanyi seinen Urlaub verbringt, und versuchen, ihn von einer Räumung abzubringen. Tatsächlich werden die Häuser nicht geräumt, und v. Dohnanyi legt am 9. August seinen Vertragsentwurf vor. Die BewohnerInnen stimmen zu, werden allerdings bald darauf mit neuen, wesentlich restriktiveren Verträgen konfrontiert, die die «Hardliner»-Fraktion im Senat mittlerweile durchsetzen konnte.

Ende 1987

Auf einem Plenum der Hafenstrassen-BewohnerInnen spricht sich die Mehrheit für eine militante Verteidigung aus. An einer grossen Demonstration zum Erhalt der Hafenstrasse am 31. Oktober beteiligen sich Tausende von Menschen aus dem gesamten Bundesgebiet, etliche davon in schwarz, ausgerüstet mit Sturmhauben oder Helmen.

Dass es dennoch nicht zu einer Eskalation kommt, hat viel mit der Person v. Dohnanyis zu tun, der durch eine persönliche Garantieerklärung in letzter Minute dafür sorgt, dass die Hafenstrassen-BewohnerInnen die vor und an den Häusern errichteten Barrikaden und Befestigungen abbauen. Die Räumung erfolgt nicht, und ein «Verein Hafenstrasse» schliesst Pachtverträge ab. Kurz danach tritt v. Dohnanyi als Bürgermeister zurück. Sein Nachfolger wird Henning Voscherau – ein erklärter Gegner der Hafenstrasse. In den folgenden drei Jahren kommt es trotz Verträgen immer wieder zu Auseinandersetzungen mit der Stadt und der Polizei.

Bremen

6. Mai 1980

Im Weserstadion werden Bundeswehrsoldaten mit einer Zeremonie öffentlich vereidigt. Es kommt zu Auseinandersetzungen zwischen Jugendlichen und Polizisten. Während sich Generäle und PolitikerInnen mit Hubschraubern aus dem Stadion ausfliegen lassen, müssen die Rekruten bis Mitternacht warten: Erst dann hat die Polizei die Lage unter Kontrolle.

Hannover

11. November 1980

1250 Rekruten treten zum Bundeswehrgelöbnis an. Das Niedersachsenstadion wird von ca. 1000 PolizistInnen bewacht. Gleichzeitig kommt es in der Innenstadt zu Krawallen: Scheiben werden eingeworfen und Polizeiautos umgekippt.

Göttingen

Mitte Oktober 1980

Etwa 100 StudentInnen besetzen leerstehende Kliniken der Göttinger Universität – zunächst die Augenklinik, im November die ehemalige Chirurgie.

31. Dezember 1980

Am Silvesterabend werden Scheiben von zwei Geschäften eingeschlagen, deren Besitzer in der Szene als rassistisch und frauenfeindlich gelten.

Chronologie

Strassenschlachten, als die Polizei die Steinewerfer verhaften will.

4./5. Februar 81
Demonstration von 2000 TeilnehmerInnen nach der Räumung zweier besetzter Häuser: Mehrere Scheiben werden eingeschlagen. Später wird der Mitteltrakt des «Alten Klinikums» besetzt und gegen die Polizei verteidigt.

12. März 1981
Räumung der besetzten Kliniken.

Frankfurt

11. April 1981
Besetzung des ehemaligen Bundesbahnausbesserungswerks in Frankfurt-Nied. Die Besetzer sind isoliert in einer Stadt, die einst Zentrum des Häuserkampfes war.

28. Juli 1981
Die Räumung erfolgt ohne grossen Widerstand.

Bochum

26. Juni 1981
Der Versuch einer Fabrikbesetzung wird von der Polizei verhindert.

27. Juni 1981
Eine zweite Besetzung wird geduldet. Im besetzten Areal wird ein Kultur- und Kommunikationszentrum eingerichtet.

Quellen

Aust, Stefan und Rosenbladt, Sabine (Hrsg.)
Hausbesetzer. Wofür sie kämpfen, wie sie leben und wie sie leben wollen. Hamburg 1981.

Brand, Karl-Werner u.a.
Aufbruch in eine andere Gesellschaft. Neue soziale Bewegungen in der Bundesrepublik. Frankfurt a.M./New York 1984.

Brandes, Volkhard/Schön, Berhard (Hrsg.)
Wer sind die Instandbesetzer? Selbstzeugnisse, Dokumente, Analysen. Ein Lesebuch. Bensheim 1981.

Halter, Hans
«*Niemand hat das Recht». Über die Bewegung der Hausbesetzer in Berlin.* In: Haller, Michael (Hrsg.). Aussteigen oder rebellieren. Jugendliche gegen Staat und Gesellschaft. Hamburg 1981, S. 99–113.

Lindner, Werner
Jugendprotest seit den fünfziger Jahren. Dissens und kultureller Eigensinn. Opladen 1996.

Orlowsky, Werner
Die Berliner Hausbesetzer. In: Breyvogel, Wilfried (Hrsg.). Autonomie und Widerstand. Zur Theorie und Geschichte des Jugendprotestes. Essen 1983, S. 13–22.

Rekittke, Volker/Becker, Klaus Martin
Politische Aktionen gegen Wohnungsnot und Umstrukturierung und die HausbesetzerInnenbewegung in Düsseldorf von 1972 bis heute. Düsseldorf 1995. Diplomarbeit

Seipel, Hubert
Offene Feindschaften. Über die Jugendrebellion in Hannover, Bremen, Göttingen. In: Haller, Michael (Hrsg.). Aussteigen oder rebellieren. Jugendliche gegen Staat und Gesellschaft. Hamburg 1981, S. 71–84.

Willems, Helmut
Jugendunruhen und Protestbewegungen. Eine Studie zur Dynamik innergesellschaftlicher Konflikte in vier europäischen Ländern. Opladen 1997.

Niederlande

Recherchen: Thomas Stahel

1978–1980

Tausende von Häusern sind in Amsterdam besetzt. Wegen der grossen Wohnungsnot profitieren die HausbesetzerInnen (Kraaker) und 2500 illegale HausbootbewohnerInnen auf Amsterdams Wasseradern von der Bereitschaft der Stadtbehörden, nur dann einzuschreiten, wenn begründete Interessen tangiert werden.

1979

Die Konflikte verschärfen sich: Eigentümer beginnen, sich mit Schlägertrupps zu wehren, und die Polizei geht bei Räumungen härter vor.

Herbst 1979

In einem Zivilverfahren erzwingt die Baugesellschaft OGEM einen Räumungsbefehl des «Groote Keyser». Die HausbesetzerInnen beginnen, sich zu verbarrikadieren.

19. Dezember 1979

Eine Gruppe von Kraakern dringt in die Sitzung des Gemeinderates ein. Die Störaktion findet ein breites, aber meist negatives Echo in den Medien.

Januar/Februar 1980

Der Bürgermeister gerät zunehmend unter Druck: Linksliberale Teile der Öffentlichkeit wehren sich gegen die Räumung des Spekulationsobjektes in der Amsterdamer Innenstadt, während die Polizeiführung die Räumung des «rechtsfreien Raumes» fordert.
Die Behörden reagieren härter auf neue Hausbesetzungen. Gleichzeitig kauft die Stadt sechs besetzte Häuser, u.a. das «Groote Keyser».

24. Februar 1980

Als die Polizei ein besetztes Haus nach einer 24-Stunden-Frist räumt, geht das Gentlemen's Agreement in die Brüche. Dieses Alarmzeichen wird in Kraakerkreisen sofort als Beginn einer neuen Entwicklung verstanden. Sie machen mobil.

29. Februar 1980

Das Haus wird zurückerobert, und die Polizisten ziehen ab. Um das besetzte Haus zusätzlich zu schützen, bauen die Kraaker Barrikaden. Hunderte von SympathisantInnen bringen Esswaren, Helme, Geld und Blumen.

3. März 1980

Die Polizei baut die Barrikaden ab. Das Haus bleibt besetzt. Etwa 10 000 DemonstrantInnen protestieren in der Innenstadt gegen den Polizeieinsatz.

30. April 1980

Anlässlich der Krönung von Prinzessin Beatrix gehen Tausende auf die Strasse und demonstrieren gegen die Wohnungsnot unter dem Motto «70 Millionen für Trix, für 35 000 Wohnungssuchende nix». Auf einem Plakat ist zu lesen: «Nehmen sich die Behörden die Anliegen des Volkes zu Herzen? Nein! In den letzten zehn Jahren hatten die politisch Verantwortlichen nur Geld für Prestigeobjekte: Metro: 2 Milliarden (20 000 Wohnungen); Stadthaus und Oper: 360 Millionen aus der Kasse für Hausinvestitionen (3600 Wohnungen); Umbau Schloss Huis ten Bosch: 80 Millionen (800 Wohnungen); Krönung: 56 Millionen (560 Häuser). Einzig die Grossunternehmer verdienen an dieser Art Projekte.» Strassenschlachten mit 205 Verletzten. Danach rüstet die Polizei stark auf.

Chronologie

3. Juli 1980
Der «Vogelstruys» wird geräumt, obwohl die Polizei Leerstand festgestellt hatte (d.h. kein Grund zur Räumung). Noch am selben Tag wird das Haus wieder besetzt und verbarrikadiert. 180 Beamte räumen erneut.

19. August 1980
Während der Räumung des Hauses Prins Henderikkade sind 1300 PolizistInnen im Einsatz. Vier Scharfschützen – hochgehoben von Kranwagen in Hängekörben – decken die vorrückenden Räumungstrupps. Ein Spezialkommando zur Terrorismusbekämpfung wird aufs Dach gehievt und durchkämmt Wohnung für Wohnung. Die meisten Kraaker haben sich durch einen unterirdischen Fluchtweg zurückgezogen. Bei Auseinandersetzungen mit Demonstranten greift die Polizei energisch durch.

9. Oktober 1980
Für die offizielle Einweihung der Metro-Linie wird zu Protestaktionen aufgerufen. Sechs MitarbeiterInnen des Anwaltskollektivs Noord, die den Aufruf im Fenster ihres Büros aufgehängt haben, werden verhaftet. Noch am selben Abend demonstrieren 400 Personen.

10. Oktober 1980
An einer Demonstration werden 163 Personen festgenommen.

11. Oktober 1980
1000 Personen demonstrieren unter dem Motto «Lasst die Leute frei».

1./2. Dezember 1980
Harte Auseinandersetzungen nach einer Räumung. Trotz des Einsatzes von rund 200 zivilen PolizistInnen werden relativ wenige Leute verhaftet. Einige Demonstranten werden verprügelt. In der Folge weicht der militante Teil der Kraaker-Bewegung der direkten Konfrontation mit der Polizei aus. Es kommt vermehrt zu Anschlägen.

Ende 1980
Innerhalb der Kraaker-Bewegung werden die Spannungen immer grösser. Ein Teil der HausbesetzerInnen widmet sich vermehrt der Arbeit im Quartier.

1981
Die Situation entschärft sich zunehmend. Die Kraaker geniessen in der Bevölkerung viele Sympathien.
Im Frühjahr wird ein neues Leerstandsgesetz diskutiert, das weitere Hausbesetzungen erschwert. Hausbesetzungen können dadurch aber nicht verhindert werden. Der Bewegung gelingt es, eine ganze Reihe von besetzten Häusern zu halten. Zum Teil kauft die Stadt die besetzten Häuser auf und vermietet sie an die BesetzerInnen.

Quellen
Michel-Alder, Elisabeth
   «*Nimm Dein Recht in die eigene Hand!*» *Über Vertreter eines besseren Lebens in Amsterdam, zum Beispiel Häuserbesetzer, Demonstranten und Autonome.* In: *Tages-Anzeiger-Magazin* Nr. 27. 5. Juli 1980.
Narr, W.-D. (Hrsg.)
   Berlin – Zürich – Amsterdam. Politik, Protest und Polizei. Eine vergleichende Untersuchung. In: *CILIP Civil liberties and police. Informationsdienst: Bürgerrechte und Polizei.* Nr. 9/10. Berlin 1981.

Italien 1976/77

Rechechen: Thomas Stahel

1975–1977

In einer ersten Phase wendet sich die Jugendbewegung vor allem gegen die Erwachsenenwelt und ist bereit für den Kampf für eigene Freiräume. In dieser fröhlichen Phase der Jugendbewegung sind die «indiani metropolitani» (Stadtindianer) tonangebend. Kulturelle Veranstaltungen werden gestürmt und Läden geplündert («spesa proletaria», proletarischer Einkauf).

1975

Stürmung des Lou Reed-Konzertes in Rom.

22. Februar 1976

Am «Festa di Ballo» in Mailand treffen sich 13 Jugendgruppen.

21. März 1976

Die Stadtindianer – ein Haufen buntmaskierter und grell bemalter Jugendlicher und ihr Häuptling Bifo – fordern Freiräume für die Phantasien der heimatlosen Grossstadtkinder.

Herbst 1976

In den Grossstädten des reichen Nordens, in Mailand, Turin und Bologna, aber bald auch in Rom findet die Jugendbewegung grossen Zulauf. Man überfällt Kinos und verlangt gratis Einlass oder plündert die Lebensmittelabteilungen der Kaufhäuser, stürmt Kaffeehäuser.

7. Dezember 1976

Nachdem einige Wochen erfolgreich die Kinos gestürmt wurden, kommt es zur grossen Machtprobe bei der Premiere des «Othello» in der Mailänder Scala. Mehrere Tausend Jugendliche ziehen von verschiedenen Punkten der Stadt zur Scala, die jedoch von der Polizei abgeriegelt ist (offiziell 4500 PolizistInnen). Als klar wird, dass die Scala nicht zu stürmen ist, kommt es zum «spesa proletaria»: Verschiedene Luxusgeschäfte in der Innenstadt werden geplündert.

Ende Januar 1977

In einem Dekret verfügt der Erziehungsminister Franco Maria Malfatti, dass künftig die Wiederholung eines Universitätsexamen im selben Fach nicht mehr möglich sei.

1. Februar 1977

Ein Jungfaschisten-Kommando überfällt die Vollversammlung in einer römischen Universität und erschiesst den linken Studenten Guido Bellachioma.

2. Februar 1977

Tausende marschieren zum Parteilokal der faschistischen Jugendbewegung «Fronte della Gioventù». Auf der Piazza Indipendenza wird der Demonstrationszug von der Polizei mit Schüssen aus Pistolen und Maschinenpistolen angegriffen. Erstmals machen Demonstranten von der Schusswaffe Gebrauch. Zwei Studierende und ein Zivilpolizist tragen schwere Verletzungen davon.

Februar, März 1977

Nach und nach werden fast alle Universitäten und Hochschulen Italiens besetzt.

9. Februar 1977

Das Besetzungskomitee der Uni Rom organisiert eine Grossdemonstration. 30 000 Studierende und Jugendliche aus den Randbezirken der Stadt ziehen friedlich durch Rom, wobei auch zum bewaffneten Kampf aufgerufen wird.

10. Februar 1977

Gegenkundgebung der Jugendorganisationen der politischen Parteien. Wiederum demonstrieren ca. 30 000 Studierende, die teilweise

Chronologie

von der PCI mit Bussen aus der umliegenden Provinz nach Rom gefahren werden.

Am Nachmittag findet ein grosses Fest der «indiani metropolitani» auf dem Uni-Gelände statt. Unter den Anwesenden wird der PCI-Journalist Trombadori erkannt. Die laufenden Veranstaltungen werden unterbrochen, um Trombadori wegen seiner angeblich falschen und tendenziösen Berichte über die Bewegung den Prozess zu machen; er hatte in der «Unità» die Bewegung als «ein paar Dutzend Besetzer» und als «Provokateure» bezeichnet.

17. Februar 1977

Der kommunistische Gewerkschaftsführer Luciano Lama möchte an der besetzten Uni eine Rede halten. 3000–4000 mobilisierte GewerkschafterInnen sollen den nötigen Schutz bieten. Dem Ordnungsdienst von Lama stehen die Stadtindianer in Kriegsbemalung mit ihren Parolen, Gummi-Streitäxten, Luftschlangen und Konfetti gegenüber. Als einige wassergefüllte Plastikbeutel nach dem Ordnungsdienst geworfen werden, kommt es zu einer Massenschlägerei. Lama liest seine Rede, ehe er von den StudentInnen aus dem Uni-Viertel vertrieben wird. Rektor Ruberti lässt am selben Nachmittag die besetzte Uni räumen und ruft den Belagerungszustand aus.

19. Februar 1977

50 000 Jugendliche demonstrieren auf der Piazza Navona gegen die Aktion von Lama, Rektor Ruberti und die Räumung.

26./27. Februar 1977

An der nationalen Versammlung streikender Studenten nehmen rund 5000 TeilnehmerInnen teil und erzählen über die Erfahrungen aus den verschiedenen Städten. In den zwei Tagen kommen deutlicher als je zuvor die Differenzen innerhalb der Bewegung zum Ausdruck. Während die traditionalistischen Gruppen von der Bewegung immer weiter an den Rand gedrängt werden, kommt es gleichzeitig zum offenen Konflikt innerhalb der Gruppierungen, die in ihren Positionen mehr oder weniger die Hochschulrevolte repräsentieren: auf der einen Seite die organisierten Gruppen der Autonomia Operaia – auf der anderen Seite der sogenannte «kreative Flügel», die Spontis (die «indiani», die «Maodadaisten» etc.) und die Frauen (die allerdings stets ihre Autonomie als feministische Bewegung betonen).

11. März 1977

Bei einem Polizeieinsatz im Uni-Viertel in Bologna wird der Student Francesco Lorusso von einem Carabiniere erschossen. Wie von zahlreichen Augenzeugen bestätigt wird, handelte es sich dabei um eine Exekution. Die Nachricht verbreitet sich – vor allem über Radio Alice – wie ein Lauffeuer; an der Uni werden Barrikaden errichtet; wenige Stunden später formiert sich ein Demonstrationszug von rund 8000 Personen. In den Prachtstrassen der Innenstadt gehen Schaufensterscheiben der Banken zu Bruch, Luxusgeschäfte werden durch Molotow-Cocktails in Brand gesetzt, da und dort wird eine «spesa proletaria» gemacht. Bei den Konfrontationen verteidigen sich einige Demonstranten mit Schusswaffen. In einer Versammlung am späten Abend sind sich praktisch alle darüber einig, dass die von der Bewegung praktizierte Militanz die angemessene Antwort auf die Provokation der Polizei war. Die PCI hatte sich darauf beschränkt, das brutale Vorgehen der Polizei zu kritisieren, den Tod des Studenten zu bedauern und zu fordern, dass die Verantwortlichen zur Rechenschaft gezogen werden. Gleichzeitig verurteilte sie die «Provokation» der Linksradikalen. In der Nacht werden zahlreiche Verhaftungen und Hausdurchsuchungen vorgenommen.

12. März 1977

Bologna: Am Nachmittag versucht die Polizei, die Uni zu räumen. Es kommt zu einer heissen Barrikadenschlacht; die BesetzerInnen lassen sich nicht vertreiben. Gegen Abend bricht eine Gruppe von Autonomen ein Waffengeschäft in der Nähe der Uni auf und schleppt einige Dutzend Gewehre und Pistolen ab. Die Spannung in der Stadt ist inzwischen so gestiegen, dass sich kaum noch jemand auf die Strasse wagt. Innenminister Cossiga droht, über Bologna den Ausnahmezustand zu verhängen.

Rom: Nationale Demonstration, an der mehr als 50000 Personen teilnehmen: gegen die technokratische Hochschulreform, gegen die Opfer-Politik der grossen Koalition DC-PCI. Die Ermordung Francesco Lorussos am Vortag in Bologna treibt das Klima auf den Siedepunkt. Die Gruppen der Autonomia praktizieren das von ihnen propagierte «neue Niveau der Auseinandersetzung», die bewaffnete Aktion. Das DC-Büro, Polizeikasernen, Büros von FaschistInnen werden angegriffen, Enteignungsaktionen durchgeführt, zwei Waffengeschäfte ausgeraubt. Viele der Demonstrationsteilnehmerinnen fühlen sich durch diese Art von Militanz überrumpelt und instrumentalisiert; dies umso mehr, als der Grossteil der Masse dem militärischen Auftreten der Polizei und deren Racheaktionen nach Ende der Demonstration relativ unvorbereitet und hilflos gegenübersteht.

13. März 1977

In Bologna wird das Uni-Viertel durch die Polizei besetzt. Ca. 3000 PolizistInnen und Carabinieri rücken im Morgengrauen mit Panzerwagen an, versperren sämtliche Zufahrtswege, durchsuchen alles, aber finden niemanden. In der Innenstadt wird jede Menschenansammlung sofort von der Polizei auseinandergetrieben. Bologna ist praktisch eine militärisch besetzte Stadt.

14. März 1977

Beerdigung von Francesco Lorusso, eine «chilenische» Beerdigung: Der als Demonstration geplante Trauerzug wird vom Polizeipräfekten nur auf den letzten 300 Metern vor dem Friedhof erlaubt.

16. März 1977

Bologna: Die grosse Koalition lässt die schweigende Mehrheit gegen die revoltierenden DissidentInnen aufmarschieren. Unter der Parole «Nein zur Gewalt» werden auf gemeinsame Initiative aller staatstragenden Parteien 200000 Leute auf der Piazza Maggiore zusammengetrommelt.

18. März 1977

Haftbefehl gegen den Bolognesen Franco Berardi (genannt Bifo) wegen «subversiver Vereinigung» und anderer politischer Straftaten. Es beginnt damit die Repressionskampagne, die die Revolte als «Komplott gegen den demokratischen Staat» zu kriminalisieren versucht, als eine von langer Hand vorbereitete, konspirativ organisierte, von ausländischen TerroristInnen und/oder GeheimagentInnen unterstützte und von der linken Basispresse publizistisch angeheizte Verschwörung. Bifo selbst gelingt es, sich der Verhaftung zu entziehen.

21. April 1977

Rom: Auf einer studentischen Vollversammlung wird als Reaktion darauf die Wieder-Besetzung einiger Fakultäten beschlossen und umgesetzt. Zwei Stunden später rückt die vom Rektor gerufene Polizei mit Panzerwagen an und räumt das gesamte Uni-Viertel. Strassenschlachten. Als einige Polizisten beginnen, scharf zu schiessen, schiesst der harte Kern der Autonomi zurück. Während der Ausschreitungen wird der Polizeischüler Settimio Passamonti erschossen, ein anderer Polizist durch

Chronologie

Kopfschuss schwer verletzt.

12. Mai 1977
Rom: Zum dritten Jahrestag des Referendums für die Ehescheidung und zur Unterstützung der laufenden Kampagne wollen die die Kampagne tragenden Gruppen eine Kundgebung auf der Piazza Navona abhalten. Bereits vor Beginn der Veranstaltung schreitet die Polizei ein, indem sie den ganzen Platz abriegelt und die VeranstalterInnen mit Knüppeln traktiert: Während der folgenden Strassenschlachten setzt die Polizei Schusswaffen ein. Alle staatstragenden Parteien, einschliesslich der PCI, stellen sich hinter den Polizeieinsatz.

14. Mai 1977
Mailand: Im Verlauf einer Demonstration gegen den Polizeieinsatz in Rom und gegen die Verhaftung der Mailänder Anwälte Spazzali und Cappelli, greift eine Gruppe bewaffneter Jugendlicher die Polizei an. Bei dem Gefecht wird ein Polizist durch einen Pistolenschuss getötet. Der Vorfall löst innerhalb der Mailänder Linken wütende Reaktionen aus. Mitglieder der MLS betreiben nach Bekanntwerden der Nachricht eine regelrechte Jagd auf Genossen der Autonomia Operaia, von denen einige krankenhausreif geschlagen werden. Die Gruppen der Autonomia Operaia distanzieren sich von der Aktion.

Ende 1977
Als nach jahrelangen Versprechungen und permanenten Regierungskrisen auch der grosse PCI-Sieg ohne politische Folgen bleibt, weichen die Hoffnungen der Enttäuschung, v. a. über die sich den Christdemokraten immer mehr anbiedernden KommunistInnen. In der Folge kommt es zu einer Eskalation der Gewalt sowohl von Seiten des Staates, als auch zunehmend vonseiten der militanten Bewegung. Das Fazit des Jahres 1977: 2128 Attentate, zehn Tote, 45 Verletzte.

Ende 1978
Die militanten Autonomia-SympathisantInnen werden auf 100 000 geschätzt.

Quellen
Huhn, Jens
  Die Stadtindianer auf Kriegspfad. In: Kraushaar, Wolfgang (Hrsg.). *Autonomie oder Ghetto. Kontroversen über die Alternativbewegung.* Frankfurt 1978. S. 129–147.
  «Indianer und P 38». Italien: ein neues 68 mit anderen Waffen. München 1978.
Kraatz, Birgit
  Der Traum vom Paradies. Über die Stadtindianer und Autonomie in Italien. In: Haller, Michael (Hrsg.). *Aussteigen oder rebellieren. Jugendliche gegen Staat und Gesellschaft.* Hamburg 1981, S. 35–48.
Silj, Alessandro
  Verbrechen, Politik, Demokratie in Italien. Aus dem Italienischen von Ulrich Hausmann. Frankfurt am Main 1998.

Materialien

....

Website www.sozialarchiv.ch/80

Übersicht

Die Dokumentation von sozialen Bewegungen gehört zu den wichtigsten Aufgaben des Schweizerischen Sozialarchivs in Zürich. Zur Jugendbewegung der Achtzigerjahre besitzt das Sozialarchiv eine Sammlung von Materialien, die nicht nur die Aktivitäten, das Lebensgefühl und die politischen Strömungen in der Jugendbewegung dokumentieren, sondern auch die Folgeprobleme: Berufsverbote, Prozesse, staatliche Überwachung. Ergänzt werden diese Materialien durch das Videoarchiv «Stadt in Bewegung», eine Schenkung der Vereinigung Memoriav.

Die Website www.sozialarchiv.ch/80 enthält neben Selbstzeugnissen und Zuschriften von ehemals Bewegten und SympathisantInnen eine Reihe von Beispielen aus der Dokumentensammlung des Sozialarchivs: Kurze Ausschnitte aus dem Videorachiv «Stadt in Bewegung», Ausschnitte aus Tonbandaufnahmen von Vollversammlungen der Bewegung in Zürich und aus Sendungen von Piratenradios, Flugblätter aus Basel, Bern und Zürich, Artikel aus Bewegungszeitungen sowie eine Übersicht über die im Sozialarchiv vorhandenen Bücher, Zeitschriften, Periodika, eine Zeitungsausschnittsammlung und verschiedene Kleinschriften. Die Website funktioniert als Ergänzung zum Buch und zur DVD. Die «WochenZeitung» hat in Zusammenarbeit mit FotografInnen aus der ganzen Schweiz Bilder zusammengetragen und veröffentlicht, die auf eindrückliche Weise die damalige Stimmung zum Ausdruck bringen. Zu finden sind sie auf der Website unter der Rubrik «Dokumente/Fotos» Auch die in dieser Buchpublikation abgedruckten Porträts aus der WoZ-Serie wurden mit Fotos bebildert und können ebenfalls auf der Website eingesehen werden unter der Rubrik «Porträts». Unter der Rubrik «Chronologie» kommen die Ereignisse im Zusammenhang mit den Jugendunruhen und deren Folgen zur Darstellung.

Die Website www.sozialarchiv.ch/80:

Chronologie der Ereignisse: Nach Städten
Porträts: Interviews mit ehemals Bewegten
Mails: Zuschriften mit Erinnerungstexten und Kommentaren
Dokumente: Videos, Fotos, Audios, Flugblätter und Bewegungszeitungen
Bibliografie: Archivbestand des Schweizerischen Sozialarchivs

Materialien

Zwischen Persönlichkeitsschutz und Recht auf freie Information

Der Zugang zu Akten und Sammlungen von neuen sozialen Bewegungen am Beispiel des Schweizerischen Sozialarchivs
Urs Kälin

Das Schweizerische Sozialarchiv versteht sich seit seiner Gründung im Jahre 1906 als Instrument der gesellschaftlichen Selbstwahrnehmung in einem lokalen, regionalen und überregionalen Kontext. Das Sozialarchiv dokumentiert den Strukturwandel der Gesellschaft mit seinen Konsequenzen für die Lebensverhältnisse der Bevölkerung. Spezielles Gewicht haben dabei die sozialen und politischen Ereignisse, Zustände und Ideen. Im Vordergrund stehen insbesondere die sozialen Bewegungen, welche die strukturellen und kulturellen Veränderungen seit Mitte des 19. Jahrhunderts wesentlich mitgeprägt haben, namentlich die Arbeiterbewegung, die Frauen- und Jugendbewegung oder die Neuen sozialen Bewegungen (Friedensbewegung, Ökologiebewegung, Schwulenbewegung u. a.). Die Sammlung von politischen, literarischen und künstlerischen Archivmaterialien dieser Bewegungen umfasst Dokumente unterschiedlichster Art: Bücher, Zeitungen, Zeitschriften, «graue» Literatur, Flugschriften, Plakate, grafische Darstellungen, Fotografien, audiovisuelle Medien (Videos, Tonaufzeichnungen). Für das Sammeln, Erschliessen und Vermitteln dieses Quellenmaterials sind im Sozialarchiv zwei Zielsetzungen wegleitend: eine benutzerfreundliche Arbeitsweise und die Sicherstellung eines breiten, unkomplizierten Zugangs zum Wissen über unsere Gesellschaft. Das Recht auf freie Information ist in den letzten Jahren unter Druck geraten, nicht zuletzt als Folge der sogenannten Fichenaffäre von 1990. Es gibt einen offenkundigen Konflikt zwischen dem Recht auf freie Information einerseits, Datenschutz, Urheberschutz und Persönlichkeitsrecht andererseits. Wie bewegt sich das Schweizerische Sozialarchiv in diesem Spannungsfeld?

Neue soziale Bewegungen und ihre Archive

Ein Kennzeichen der Neuen sozialen Bewegungen war (und ist) eine schwache Institutionalisierung. Dies gilt in besonderem Masse auch für die Jugendbewegungen. Obwohl auch sie nicht ohne ein Minimum an Organisation, Koordination und Planung auskamen, kannten sie oft keine geregelten Hierarchien und Zuständigkeiten. Ferner waren und sind sie auf wandelbare Zielsetzungen ausgerichtet und unterliegen selbst natürlich auch dem Wandel. Eine Generation jugendbewegter Aktivistinnen und Aktivisten erreicht ihr Ziel oder sie erreicht es nicht, verwandelt sich in eine andere Bewegung oder löst sich auf. Gerade Jugendbewegungen sind besonders schnelllebig. Was vor wenigen Jahren noch aktuell war und heiss debattiert wurde, ist heute unbekannt und vergessen. Dieser besondere Charakter von Neuen sozialen Bewegungen wie der Achtziger Jugendbewegung ist der Erinnerungsarbeit und der Überlieferungsbildung nicht eben förderlich. Ein kollektives Gedächtnis kann sich nur in Ausnahmefällen ausbilden. Die Vermittlung historischer Ereignisse wird bestenfalls von ehemaligen Aktivistinnen und Aktivisten betrieben und ist vielfach das Resultat persönlicher Zufälle. Nicht besser ist es um die von solchen Bewegungen produzierten und veröffentlichten Materialien bestellt. Zwar gibt es in ihrem Umfeld vielfach reiche Privat- und Gruppensammlungen. Solche Sammlungen sind aber fast immer akut gefährdet. Vieles wird weggeworfen und verschwindet. Hinzu kommt, dass die Besitzer solcher Sammlungen den etablierten Archiven und Dokumentationsstellen gegenüber oft skeptisch eingestellt sind. Ein solches Misstrauen als unmittelbare Folge persönlicher Erfahrungen ist in Einzelfällen durchaus nachvollziehbar. Es lässt sich aber durch geeignete vertrauensbildende Massnahmen vonseiten der Archive abbauen.

Vertrauen schaffen

Das Schweizerische Sozialarchiv hat den freien Zugang zum Wissen über unsere Gesellschaft in sein Leitbild aufgenommen. Das Sozialarchiv gewährt deshalb einen eher liberalen, pragmatischen Zugang zu seinen Akten- und Sammlungsbeständen: In aller Regel sind solche Materialien im Lesesaal des Sozialarchivs frei benutzbar. Im Gegensatz zu den staatlichen Archiven (Staatsarchiv, Stadtarchiv u. a.) unterliegt das Sozialarchiv keinem Archivgesetz und kann deshalb im Rahmen der Privatautonomie einen grösseren Spielraum gewähren. Grundsätzlich gibt es für uns keine Materialien, die so «heikel» wären, dass sie nicht übernommen werden könnten. Ebenso unmissverständlich gilt allerdings auch, dass Unterlagen, wenn sie einmal zu uns gelangen, nicht in jedem Fall frei zugänglich sein können. Jede Benützerin und

Materialien

jeder Benützer wird verstehen, dass es keinen freien, allgemeinen Zugang zu brisanten Gerichtsakten, zu Kopien von Staatsschutzakten mit personenbezogenen Informationen oder zu Unterlagen, die Angaben zu sexuellen Neigungen enthalten, geben kann. Der Datenschutz, ein Begriff, der in der Schweiz seit Ende der Sechzigerjahre geläufig ist, hat die Sorgfalt beim Umgang mit «sensiblen» Informationen erhöht. Die Bestimmungen des Datenschutzgesetzes gelten auch für das Sozialarchiv, dem Sorgfaltspflichten gegenüber dem Datenschutz beziehungsweise Persönlichkeitsschutz gegenüber dem Urheberrecht obliegen.

Was heisst Sorgfaltspflicht?

Das Schweizerische Sozialarchiv versucht, diesen Sorgfaltspflichten gerecht zu werden. Dabei stehen drei Elemente im Vordergrund:

a) der Archivvertrag,
b) das Benutzungsreglement und
c) die Festlegung von Schutzfristen.

a) Archivvertrag: Der Archivvertrag wird zwischen der abliefernden Person oder Organisation und dem Archiv abgeschlossen. Er regelt die Übergabe, Aufbewahrung und Benutzung der abgelieferten Dokumente, in Einzelfällen auch die Übertragung von Urheberrechten, die Erschliessungsleistungen des Sozialarchivs und ähnliches. Im Archivvertrag werden auch die Benutzungsbedingungen und etwaige Benutzungsbeschränkungen festgehalten. Bei seiner inhaltlichen Ausgestaltung besteht ein grosser Spielraum. In der Regel wird vereinbart, dass das übliche, d. h. liberale, Benutzungsreglement des Sozialarchivs angewendet wird. Es liegt ja in unserem Interesse, die übernommenen Dokumente zugänglich zu machen und nicht für Jahrzehnte wegzusperren. Wo ein begründetes Bedürfnis nach Benutzungsbeschränkungen besteht, akzeptiert das Sozialarchiv Sonderregelungen. Dies gilt beispielsweise für das «Archiv Schnüffelstaat Schweiz», das rund 450 Dossiers mit Kopien von Staatsschutzakten enthält, oder für das «schwulenarchiv schweiz». Diese Archive, beziehungsweise einzelne Aktengruppen davon, können nur eingesehen werden, wenn der Antragsteller ein berechtigtes Interesse geltend machen kann. Als solches gilt in der Regel wissenschaftliches oder publizistisches Interesse sowie die Wahrnehmung persönlicher Belange.

b) Benutzungsreglement: Für jede Benutzung von Archivbeständen im Schweizerischen Sozialarchiv wird die Unterzeichnung einer Benutzungserklärung verlangt. Dieser Erklärung liegt ein Auszug aus dem Datenschutzgesetz bei. Mit ihrer Unterschrift bezeugen die Benützerinnen und Benützer, die personenschutzrechtlichen Bestimmungen des Datenschutzgesetzes zur Kenntnis genommen zu haben. Ferner verpflichten sie sich, die Persönlichkeitsrechte der Betroffenen nicht zu verletzen. Es versteht sich von selbst, dass der Persönlichkeitsschutz im Einzelfall gegen die Freiheit der Wissenschaft bzw. die Meinungsäusserungsfreiheit abzuwägen ist. Wie weit der Autor oder die Autorin einer geschichtlichen Abhandlung in den privaten Bereich eindringen darf, hängt von den Umständen des Einzelfalles, vom Zweck und von der Fragestellung der Arbeit ab. So darf bei Personen, welche am öffentlichen Leben teilgenommen haben, in der Regel weiter gegangen werden als bei solchen, die in der Öffentlichkeit nicht aufgetreten sind. In Bezug auf die Verletzung von Persönlichkeitsrechten sind Publikationen (Druck, Ausstrahlung, WorldWideWeb) besonders heikel. Wird Archivgut für Publikationen verwendet, trägt der Benützer alleine die Verantwortung. Zur Sorgfaltspflicht des Archivs gehört es hingegen, dafür zu sorgen, dass die Bestimmungen der Archivverträge und insbesondere etwaige Schutzfristen eingehalten werden.

c) Schutzfristen: Schutzfristen sind der wichtigste und sichtbarste Ausdruck der Bestrebungen der Archive, Daten- und Persönlichkeitsschutz zu gewährleisten. Das Schweizerische Sozialarchiv ist aus den bereits erwähnten Gründen daran interessiert, dass in den Archivverträgen möglichst keine Schutzfristen festgelegt werden. Vertrauliche oder besonders heikle Dokumente wie beispielsweise die Rechtsschutzakten von Gewerkschaften, deren Ausleihe nicht erwünscht ist, können von der abliefernden Organisation zurückbehalten und zu einem späteren Zeitpunkt nachgeliefert werden. Wo dennoch Schutzfristen bestehen, sind meist auch Ausnahmen vorgesehen. Solche Ausnahmen sind immer an ein konkretes Forschungsvorhaben gebunden. Wird die Ausnahme bewilligt, so verpflichtet sich die Benützerin oder der Benützer, die entsprechenden Auflagen einzuhalten. Zu diesen Auflagen gehören etwa die Verpflichtung zur Anonymisierung von Personennamen oder die Unterbreitung des Manuskripts vor der Drucklegung, vor allem wenn es um Fallstudien

Materialien

geht, für die der Name der betroffenen Person keine Rolle spielt. Anonymisierung bedeutet, dass sämtliche Angaben, die Rückschlüsse auf die Identität einer Person beinhalten oder ermöglichen könnten, unterbleiben müssen. Von der zweiten Massnahme, der Unterbreitung des Manuskripts, hat das Schweizerische Sozialarchiv bisher Abstand genommen, da sie allzu sehr nach Zensur riecht.

Die Erforschung Neuer sozialer Bewegungen ist heute eine etablierte wissenschaftliche Disziplin. Was an publizierten und unpublizierten Quellen über diese Bewegungen vorhanden ist, bleibt trotz grosser Anstrengungen allerdings vielfach lückenhaft und zufällig. Noch immer geht sehr viel Material verloren. Wie man aber sieht, gibt es in unseren Archiven und Dokumentationsstellen durchaus Möglichkeiten, einen Mittelweg zwischen Persönlichkeitsschutz und allgemeinen Informationsinteressen zu finden.

Materialien

Videoarchiv «Stadt in Bewegung»

Übersicht

Memoriav – die Vereinigung zur Erhaltung des audiovisuellen Kulturgutes in der Schweiz – ermöglichte es, Videos aus Basel, Bern und Zürich vor dem Zerfall zu retten. Zusammengetragen wurden mehr als hundert Videobänder, die Bezug nehmen auf die kulturelle Aufbruchstimmung der Achtziger Bewegung sowie deren Auswirkungen bis in die frühen Neunzigerjahre. Die Gesamtlänge der geretteten Kostbarkeiten beträgt 44 Stunden. Die Bänder wurden gereinigt, wenn nötig restauriert und auf Beta Digital transferiert. Die Sicherungsmasters lagern im Bundesarchiv in Bern, wo sie auch eingesehen werden können. Das Schweizerische Sozialarchiv in Zürich, das den Sammelbestand von «Stadt in Bewegung» der Öffentlichkeit zugänglich macht, verfügt über Beta-Submasters, von denen nach Bedarf Kopien für die Ausleihe gezogen werden können.

Die für europäische Verhältnisse einzigartige Sammlung, die eine lückenlose Erforschung des audiovisuellen Ausdrucks einer sozialen Bewegung erlaubt, wurde nach inhaltlichen und formalen Kriterien katalogisiert. Die Datenbank wurde vom Schweizerischen Sozialarchiv auf ihre Website gebracht.

Zu finden über
www.sozialarchiv.ch/80; Rubrik «Dokumente/Videos»

Materialien

«Express yourself»

Über das Videoschaffen in der Jugendbewegung der Achtzigerjahre*
Heinz Nigg

1969 kam ein tragbares, batteriebetriebenes Aufnahmegerät mit dem merkwürdigen Namen «Portapack» auf den Markt. Dieses Portapack ermöglichte es, Ton und Bild zusammen auf ein Magnetband aufzuzeichnen und schon unmittelbar nach der Aufnahme oder zu einem beliebigen späteren Zeitpunkt wiederzugeben. Das Portapack bestand aus einem Aufnahmegerät (Recorder) und einer leichten, elektronischen Kamera mit einer Bildröhre.

Aus diesem ersten tragbaren Bild/Ton-Aufzeichnungsgerät entwickelte sich später der Heimvideorekorder (VCR). Das Portapack war aber auch das magische technische Novum, das am Anfang der Videobewegung, des Alternativen oder Anderen Videos stand und einen neuen, partizipatorischen Umgang mit Bildern und Tönen versprach.

L'imagination au pouvoir

In den USA, Kanada und Grossbritannien interessierten sich sofort KünstlerInnen, StudentInnen, Hippies, kreative «Tüftler» und politisch Engagierte aus dem Umfeld der 68er-Bewegung für das Portapack. In New York etablierte sich eine erste Videoszene, deren Aktivitäten ab 1970 im Magazin «Radical Software» dokumentiert wurden. «Radical Software» enthielt eine Fülle von technischen Informationen, Erfahrungsberichten und neuen Ideen für Videoeinsätze: in der Stadtteilarbeit, in der Arbeit mit Kindern und Jugendlichen und in Protestbewegungen. «Die alternative Fernsehbewegung» lautete der Untertitel der ersten Nummer, und im Editorial hiess es programmatisch: «Macht wird nicht mehr nur in Form von Boden, Arbeit oder Kapital gemessen, sondern durch den Zugang zu Informationen und zu den Mitteln, diese zu verbreiten. So lange die wirksamsten Werkzeuge in den Händen derer sind, die Informationen horten, kann keine alternative kulturelle Utopie (‹vision›) erfolgreich sein. Wenn wir nicht alternative Informationsstrukturen entwerfen und ausprobieren, welche die bisher existierenden durchbrechen und umbilden, werden andere alternative Lebensstile nichts weiteres sein als ein Produkt des schon Existierenden.» [1]

Im Vergleich zum 16mm-Film war Video relativ billig. Mit den mehrmals überspielbaren Zwanzigminuten-Bändern konnten die teuren Filmmaterial- und Entwicklungskosten eingespart werden. Die gedrehten Aufnahmen mussten nicht mehr zur Entwicklung ins Labor geschickt, sondern konnten sofort angeschaut werden. Kamera und Rekorder waren nach einer kurzen Einführung in die Handhabung der Geräte leicht zu bedienen. In Versammlungsräumen, in Restaurants, auf der Strasse oder im privaten Rahmen einer Wohnung – überall war es möglich, die Videoaufnahmen zu zeigen. Diese Eigenschaften machten das neue Medium auch für Filmlaien und Gruppen attraktiv. Die Arbeit an der Kamera konnte von andern mitverfolgt, kommentiert und mitgestaltet werden. Video hatte den Charakter eines Werkzeugs, das ohne grossen Aufwand, ohne überhöhten Kunstanspruch und ohne die Aura des Kinofilms für die verschiedensten Zwecke im soziokulturellen und politischen Alltag benutzt wurde.

Sturm und Drang: Bewegungsvideo

Während der Jugendunruhen der Achtzigerjahre in der Schweiz, aber auch in Deutschland und in den Niederlanden spielte das Medium Video eine wichtige Rolle. Die Achtziger Bewegung war, ähnlich wie die 68er-Bewegung, ein internationales Phänomen. Der Austausch von Informationen, Solidaritätsbotschaften und Erfahrungsberichten erfolgte schnell und wirkungsvoll. Die Bewegung schuf sich ihren Ausdruck selbst, und Video erwies sich als geeignetes Kommunikationsmittel. Alle bedeutenden Anlässe, Demos, Ereignisse und Happenings wurden von Videogruppen festgehalten. Wie wichtig dabei die politische Unabhängigkeit der Videogruppen und ihre internationale Vernetzung wurde, schildert Wilhelm Roth in seinem Buch über den Dokumentarfilm seit 1960:

«Während die Filmemacher des Mai 68 wegen des teuren 16-mm Materials oft innerhalb von Institutionen produzierten (Filmhochschulen, Gewerkschaften), sind die Dokumentaristen der ‹neuen› Jugendbewegung dank der billigen Medien Super-8 und Video weitgehend unabhängig. Dank der Schnelligkeit von Video können sie zum ersten Mal auch wirklich in die Vorgänge eingreifen, nicht nur am Ort, sondern überregional. Dadurch entsteht Solidarität, Bewusstsein von Gemeinsamkeit und Stärke: Kontakte werden geknüpft von Zürich nach Freiburg i.Br., von Freiburg nach

Materialien

Berlin, von Berlin nach Amsterdam usw. Natürlich tragen dazu auch die konventionellen Medien bei, Zeitungen (die alternative ‹Tageszeitung – taz›), Flugblätter, Broschüren. Aber ohne die Infrastruktur der Medienwerkstätten, Jugendzentren, Kneipen und Kinos in besetzten Häusern (in Berlin 1981 etwa ein halbes Dutzend), wäre der Zusammenhalt der ‹Szene› viel lockerer, gefährdeter, bedrohter von den Ordnungsmächten.»[2] Mit den Achtziger Unruhen wurde das unabhängige Videoschaffen in einer breiteren Öffentlichkeit erstmals zu einem Thema gemacht.

Die Unruhen begannen in Zürich mit dem sogenannten «Opernhauskrawall» am 30. Mai 1980. Mit grossem persönlichen Einsatz und frei von jeglichen institutionellen Verpflichtungen filmten die AktivistInnen aus dem «Videoladen Zürich» die Bewegung sozusagen aus dem Innern heraus. Aus dem vielfältigen Material entstand Ende 1980 «Züri brännt». In der Schweiz, aber auch in Deutschland und Österreich, wurde «Züri brännt» wegen seiner unkonventionellen subjektiven Montage, die den ganzen politischen «Power» der «Bewegung» zum Ausdruck brachte, zum Inbegriff von Bewegungsvideo der Achtzigerjahre.

«Von hundert Stunden Bildmaterial auf neunzig Minuten konzentriert, dank eines Trickmischers mit allen technischen Raffinessen spielend (Überblendungen, Doppelbelichtungen, Solarisationen, Zwischentitel, Sprechblasen usw.), wird ‹Züri brännt› zu einem Pamphlet, das Dokumentarisches und Satirisches, Lyrik und Musik zu einer völlig neuen Mischung zusammenzwingt, in dem nur die Aufnahmen selbst zum Teil noch in einer konventionellen TV-Ästhetik verharren. Aber diese Bilder sind nur ein Bestandteil des Werks, sie sind verfremdet, in neue Zusammenhänge gebracht. Ganz entscheidend ist dabei der Text, der den Untergrund nach oben spült gegen die peinlich sauberen Betonwüsten: ‹Doch unten, wo der Verputz zu bröckeln beginnt, wo verschämte Rinnsale Kleenex-sauberer Menschenärsche zu stinkenden Kloaken zusammenfliessen, da leben die Ratten, wild wuchernd und fröhlich, schon lange. Sie sprechen eine neue Sprache. Und wenn diese Sprache durchbricht, ans Tageslicht stösst, wird gesagt nicht mehr getan sein, schwarz auf weiss nicht mehr klipp und klar sein, alt und neu wird ein Ding sein› (Kommentar in ‹Züri brännt›, HN). ‹Züri brännt› ist sicher das virtuoseste, in seiner formalen Radikalität ungewöhnlichste Videoband in der bisherigen politischen Videopraxis, vergleichbar eher experimentellen Bändern. Gerade dadurch aber bringt es die anarchistische Fantasie, die weit über die konkrete Kritik an einzelnen Erscheinungen der Gesellschaft hinausgreift, vollendet zum Ausdruck.»[3]

In den folgenden Jahren wurde das unabhängige Videoschaffen vom Lebensgefühl der «Bewegten» geprägt, vom unmittelbaren Zusammenhang zwischen Leben und Politik. Fast alle, die sich in dieser Zeit dem politischen Video verschrieben hatten, waren AutodidaktInnen.

Die sich rasch entwickelnde Videotechnik und die damit einhergehende Erwartungshaltung an die Videoästhetik bedeutete für die jungen AutorInnen eine grosse Herausforderung, experimentelle, dokumentarische und videospezifische Formen zu suchen und dabei weiterhin den eigenen gesellschaftskritischen Ansprüchen zu genügen. Dazu die «Medienwerkstatt Freiburg»: «Eingreifender Dokumentarfilm muss über die Ebene blosser Dokumentation, Information und Propagierung von Ideen hinauskommen, er muss den eigenen Reflexionsstand kritisch verarbeiten, thematisch in laufende Diskussionen eingreifen, Materialien, Provokationen und Bilder liefern, die Standpunkte nicht bestätigen, sondern die Diskussion und die Veränderung in Richtung gesellschaftlicher Emanzipation vorantreiben. Dass das nicht nur eine Frage des Kommentars, sondern der Ausdruckskraft von Bildern und Montagen, mithin auch der handwerklichen Qualifikation ist, wurde uns sehr schnell bewusst.»[4]

Machten im Bewegungsvideo noch alle alles, setzte nun die Spezialisierung und Arbeitsteilung ein. Aus BewegungsvideastInnen wurden professionelle AutorInnen von Dokumentar- und Spielfilmen, die sich immer mehr von den ursprünglichen Zielsetzungen des Bewegungsvideos und der operativen, eingreifenden Videoarbeit entfernten.

Schon bald wurde eine jüngere Generation aktiv, die am Bewegungsvideo und an den Experimenten der «alten» Gruppen anknüpfte und bis in die frühen Neunzigerjahre ihre eigenen Projektideen realisierte.

Die Bewegung im Archiv

Je vielfältiger das audiovisuelle Sammlungsgut über eine soziale oder politische Bewegung, desto grösser die Chance, etwas über deren utopischen und widersprüchlichen Charakter zu erfahren. Die Gesamtsicht auf die Videobänder der Achtziger Bewegung erlaubt heute eine Neuinterpretation aus zeitlicher Distanz. Welche poli-

Materialien

tischen Inhalte und Stimmungen spiegeln sich in den gesammelten Videos? Wie kommen in ihnen Ideologie, Sprache und Outlook der Bewegung zum Ausdruck? Aber auch der urbane Charakter der Achtziger Bewegung kann nun einer genaueren Analyse unterzogen werden: Was sagen die Videodokumente über den städtischen Raum als einen Ort der Verdichtung aus, wo in und durch eine politische Bewegung «alles» zusammenkommt, sich findet und streitet, um dann wieder auseinander zu streben? Wie wurde der urbane Raum von den «Bewegten» wahrgenommen: als Bedrohung («Paranoia City», «Babylon», «Zureich») und/oder als Ort des Aufstands und der Utopie (Underground, Rock als Revolte, Keine Macht für niemand)? Was sagen die Dokumente aus über Autonomiebestrebungen von selbsttätigen Gruppen und was über gesellschaftliches Kommunikationsverhalten, vor allem von Staat, Medien, Kultur, Polizei und Justiz?

(*) Dieser Artikel beruht auf: Nigg, Heinz. *Lieber Video in der Hand als Film im Kopf.* In: Bürer, Margrit/Nigg, Heinz. *VIDEO. Praktische Videoarbeit mit Kindern und Jugendlichen.* Zürich 1990.
(1) Das Magazin «Radical Software» wurde von der «Raindance Corporation» herausgegeben. Einer der Exponenten dieser Gruppe, Michael Shamberg, publizierte 1971 das Buch «Guerilla Television», welches mit seiner anarchistischen Tendenz die wachsende Videoszene inspirierte.
(2) Roth, Wilhelm. *Der Dokumentarfilm seit 1960.* München und Luzern 1982. S. 203. Und weiter scheibt Roth: «Als zum Beispiel bei den Schweizer Filmtagen in Solothurn im Januar 1981 die Filmfassung von ‹Züri brännt› (Videoladen Zürich) uraufgeführt wurde, war das Videoband längst über die Schweiz hinaus bekannt. Als die Polizei am 8. März 1981 den Schwarzwaldhof in Freiburg räumte, konnte die Medienwerkstatt der Stadt einen Videofilm über das Ereignis bereits einen Tag später vorführen, wenige Tage später kursierten 20 Kopien in der Bundesrepublik. Als es am 25. Juni 1981 zur grossen Konfrontation zwischen Demonstranten und Polizei vor dem Schöneberger Rathaus in Berlin kam, wurde schon kurze Zeit später das Videoband ‹Es lummert› in den Kulturzentren und Kneipen der Szene gezeigt.» (Roth, S. 203)
(3) Roth, S. 203/204
(4) Videofront. Verleihkatalog der Medienwerkstatt Freiburg. Freiburg i. Breisgau 1987. S. 8

Katalogübersicht

Titel	Jahr	AutorInnen
1 Lovesong	1984	Videoladen Zürich (Gemeinschaftsproduktion Thomas Krempke, Christoph Schaub)
5 Kulturprojekte in der Alten Kaserne	1982	Reinhard Manz, F. Schnyder
Aktion Hellmutstrasse	1980	Community Medien
Alte Stadt ohne Gärtnerei	1988	Martin Streckeisen
Alternativ ist nur der Lohn	1980	Reinhard Manz, Claude Gaçon, Renatus Zürcher
Anarchie & Disneyland	1982	BewohnerInnen der Universitätsstrase 89, Zürich
Bäcki bleibt	1991	Verein der Freundinnen für Punst und Kolitik
Barcelette	1994	Reno Sami
Besetzt die Idylle! Nachrichten von der Hüttisstrasse Zürich/Oerlikon	1989	Heinz Nigg
Breitsch-Träff	1982	Container TV
CBS-Action	1981	Videoladen Zürich
Dampf dezentral	1987	Ikur, OHM-8, Hans Dampf, Video-Stadt
Denken Sie an Harry?	1986	Tom Skapoda und Video-Stadt Bern
Der letzte Mieter	1987	Stefan Jung
Der Rest ist Risiko	1987	Sus Zwick
Diary	1986	Christine Hunold, Yegia Arman

Materialien

Originalformat	Länge	Farbangabe
Beta	0:15:00	farbig
1/2-Zoll Japan Standard 1	0:50:00	s/w und farbig
U-Matic	0:43:00	s/w
U-Matic LB	0:39:00	farbig
1/2-Zoll Japan Standard 1	0:18:30	s/w
U-Matic	1:09:30	s/w und farbig
S-VHS	0:57:00	farbig
Beta	0:03:24	farbig
U-Matic HB	0:12:00	farbig
1/2-Zoll	0:29:00	s/w
Beta (überspielt von VHS)	0:05:50	farbig
U-Matic LB / DUB auf Beta SP	0:28:00	farbig
U-Matic LB von Super 8	0:10:00	farbig
Beta	0:15:15	s/w
U-Matic LB	0:25:00	farbig
U-matic LB	0:20:00	farbig

Titel	Jahr	AutorInnen
Eisbrecher	1981	Urs Wäckerli
Entschriftung der Greifengasse	1983	Reinhard Manz
Es herrscht wieder Frieden im Land	1981	Kollektiv
Fabrikwerbespot	1988	Erica Burgauer, Theresa Mandola, Rahel Winteler, Ueli Kern
Feuer und Eis	1985	Tom Skapoda
Fluchtkanal (Sendung 1 vom 6.6.88) «Bruchpunkt Zürich» Junifestwochen und Wirklichkeit im Kreis 5	1988	Fluchtkanal-Team
Fluchtkanal (Sendung 2 vom 13.6.88) Fluchtwelten Vom Platzspitz bis zur Oper	1988	Fluchtkanal-Team
Fluchtkanal (Sendung 3 vom 20.6.88) Fluchtpunkt Paradeplatz Eintreffen edler Asylanten	1988	Fluchtkanal-Team
Fluchtkanal (Sendung 4 vom 27.6.88) Die Abreise / Wo die Zürcher Kultur stattfindet	1988	Fluchtkanal-Team
Fluchtkanal (Sendung 5 vom 4.7.88/1. Teil) Und jetzt Abhauen und Ankommen	1988	Fluchtkanal-Team
Freeze Dokumentation einer Geschichte Videoladen 1976–85.	1986	Videoladen Zürich

Materialien

Originalformat	Länge	Farbangabe
U-Matic	0:10:00	farbig
U-Matic LB	0:05:45	farbig
1/2-Zoll Japan Standard 1	0:30:00	s/w
U-Matic HB SP	0:20:00	farbig
U-Matic LB / DUB auf Beta SP	0:09:00	farbig
U-Matic HB SP	1:00:00	farbig
U-Matic HB SP	1:00:00	farbig
U-Matic HB SP	1:00:00	farbig
U-Matic HB SP	1:00:00	farbig
U-Matic HB SP	1:00:00	farbig
U-Matic (zweiteilig)	3:00:00	s/w und farbig

Titel	Jahr	AutorInnen
Frei Wild – Wilde Freiheit Wochenschau Wohlgroth «Red Fox Underground»	1992	Videogruppe Wohlgroth
Friedensdemo	ca. 1983	Container TV
Froue – jetz langt's	1976/1977	Container TV (Die Videohexen)
Gend-en-es	1982	Thomas Krempke
Günz, Riss, Mündel & Würm	1986	Isabell Meier, Sissi Wiegiehser, Lukas Ganter, Ralph Eichenberger, Alfons Fischer, Werner Schweizer
Gwalt	1981	Godzilla & Co
Honigkuchenpferd (Zuckerguss als Sachzwang)	1983	Reinhard Manz, Torsten Seibt
Hyper TV	1982	Container TV
In der Roten Fabrik war der Teufel los – Fest vom 9. März 1980	1980	Community Medien
Interview mit Stadtrat Koller (Rohmaterial)	1980	Community Medien
Italo Konsulat Action	1981	Videoladen Zürich
Jumps	1981	Jürg Egli
Keine Zeiten sich auszuruhn	1981	Christoph Schaub, Thomas Krempke
Kokon	1985	Samir, Christoph Schaub, Werner Schweizer, Helena Vagnières

Materialien

Originalformat	Länge	Farbangabe
U-Matic	0:16:28	farbig
1/2-Zoll	0:22:00	s/w
1/2-Zoll	0:35:00	s/w
U-Matic	0:15:00	farbig
U-Matic	0:45:00	farbig
U-Matic	0:32:00	s/w
U-Matic LB	0:53:00	farbig
1/2-Zoll	0:55:00	s/w
U-Matic	0:29:00	s/w
U-Matic	0:52:00	s/w
Beta (überspielt von 1/2-Zoll)	0:04:30	farbig
U-Matic LB	0:14:00	s/w und farbig
Beta (überspielt ab U-Matic)	0:37:00	farbig
Beta	0:11:00	farbig

Titel	Jahr	AutorInnen
Kultur fürs Volk/Rote Fabrik/ Thearena (Ausschnitt)	1978	Videoladen Zürich
Le jour se lève	1992	Pierre Mennel
Leben in die tote Fabrik	1980	Community Medien
Moonshine Baby	1988	Baby Jail, Videoladen Zürich, Videowerkstatt Zürich
Morlove	1987	Samir
Müllers neue Wohnung	1994	Mick Dellers
Nachwuchs – Zürcher Teddyszene	1981	Christoph Schaub, Marcel Müller
Ogoblera	1983	Barbara Weber
Opernhaus-Krawall	1980	Community Medien
Quartierzentrum Kanzlei/ Kanzleispot	1990	Felix Schaad
Red	1987	Andrea Caprez, Manu Hophan
Rote Fabrik	1982	Barbara Weber
Sarah Röben	1985	Barbara Weber, René Baumann
Schiefkörper	1984	Samir
Schwimmdemo	1981	Videoladen Zürich
Sobern Teil 1 und 2	1980	Container TV
Spitz	ca. 1977	Container TV
Stauffacher Tribunal, Mai '84	1988	Videoladen Zürich/SAU

Materialien

Originalformat	Länge	Farbangabe
U-Matic (Ausschnitt)	0:08:00	s/w
Beta	0:03:00	farbig
U-Matic	0:42:00	s/w
U-Matic	0:03:00	farbig
1 Zoll (bzw. U-Matic HB)	1:11:00	farbig
Beta	0:14:00	farbig
U-Matic	0:45:00	farbig
U-Matic	0:57:00	farbig
U-Matic	0:09:00	s/w
Beta	0:01:00	farbig
U-Matic	0:04:00	farbig
U-Matic LB	0:37:00	farbig
U-Matic	0:04:00	farbig
U-Matic LB	0:09:00	farbig
Beta (überspielt von U-Matic)	0:07:40	farbig
1/2-Zoll	0:58:00	s/w
1/2-Zoll	0:24:00	s/w
U-Matic	0:22:00	farbig

Titel	Jahr	AutorInnen
The Flies are looking for a silent place	o. D.	Yegya Arman, Christine Hunold
Tiny People	1988	Andrea Caprez, Manu Hophan
Transportgesichter	1980	Reinhard Manz
Uni-Streik	1978	Container TV
Unsere Rosenau	1987	Claude Gaçon
Vage die Sau sich lümmelt	1992	Reno Sami
Video uf de Gass	1979	Werner Schweizer, Thomas Krempke, Martin Witz
Videocittà	1988	Giuseppe Palmieri, Paolo Poloni
Visualisierungsprojekt Strecke A--B Berlin	1982	Jürg Egli
Weg-Beschreibung	1979	Reinhard Manz
Wir haben keine Chance	ca. 1980/81	Videogruppe des Jugendtreffs Wabern
Wochenschau Le Patron, le garçon, le client	1990	Videowerkstatt Zürich
Wochenschau Space Shuttle (VWS1)	1987	Videowerkstatt Zürich
Wochenschau Neulich am Hafen	1988	Videowerkstatt Zürich
Wochenschau Damenball in Ö (VWS1)	1987	Videowerkstatt Zürich

Materialien

Originalformat	Länge	Farbangabe
S-VHS	0:06:00	farbig
U-Matic	0:04:00	farbig
1/2-Zoll Japan Standard 1	0:03:30	s/w
1/2-Zoll	0:26:00	s/w
U-Matic HB	0:20:00	farbig
Beta	0:06:32	farbig
U-Matic	0:23:00	s/w
U-Matic HB SP	0:11:00	farbig
U-Matic	0:03:00	farbig
1/4-Zoll Akai, U-Matic LB	0:09:50	farbig
1/2-Zoll	0:53:00	s/w
Beta	0:02:00	farbig
Beta	0:02:00	farbig
Beta	0:03:00	s/w
Beta	0:04:00	farbig

Titel	Jahr	AutorInnen
Wochenschau Ach Tannenbaum (VWS1)	1987	Videowerkstatt Zürich
Wochenschau ENC (Demo Genf) (VWS1)	1986	Videowerkstatt Zürich
Wochenschau Sportschau (VWS2)	1987	Videowerkstatt Zürich
Wochenschau Bank (VWS2)	1987	Videowerkstatt Zürich
Wochenschau Live aus Pretoria (VWS2)	1987	Videowerkstatt Zürich
Wochenschau Karthago (VWS2)	1987	Videowerkstatt Zürich
Wochenschau New Year (VWS1)	1986	Kollektiv Videowerkstatt
Wochenschau Kunsthaus «Örlikon» (VWS1)	1997	Videowerkstatt Zürich
Wochenschau Zürich küsst Wien (VWS2)	1986	Videowerkstatt Zürich
Wochenschau Videowerkstatt stellt sich vor (VWS2)	1987	Videowerkstatt Zürich

Materialien

Originalformat	Länge	Farbangabe
Beta	0:04:00	farbig
Beta	0:04:00	farbig
Beta	0:04:00	farbig
Beta	0:04:00	farbig
Beta	0:04:00	farbig
Beta	0:04:00	farbig
Beta	0:04:00	farbig
Beta	0:04:30	farbig
Beta	0:05:00	farbig
Beta	0:06:00	farbig

Titel	Jahr	AutorInnen
Wochenschau Verschönerungsverein (VWS2)	1987	Videowerkstatt Zürich
Wochenschau Der 1. und der 3. Mai (VWS1)	1986	Videowerkstatt Zürich
Wochenschau Ballenberg-Aktion (VWS2)	1987	Videowerkstatt Zürich
Wochenschau Anaburg (VWS1)	1987	Videowerkstatt Zürich
Wochenschau Das Netz	1987	Videowerkstatt Zürich
Wochenschau Turnhalle zu und Beton-Prozession (VWS2)	1986	Videowerkstatt Zürich
Wochenschau Tomahawk, Tschernobyl, Atomarer Sonnenstich (Mai 1986)	1986	Videowerkstatt Zürich
Wochenschau Saxerriet (VWS2)	1987	Videowerkstatt Zürich
Wochenschau Schmiede Wiedikon – it's a pity (VWS2)	1987	Videowerkstatt Zürich
Wochenschau Moskau (VWS1)	1987	Videowerkstatt Zürich

Materialien

Originalformat	Länge	Farbangabe
Beta	0:08:00	farbig
Beta	0:09:00	farbig
Beta	0:09:00	farbig
Beta	0:10:00	farbig
Beta	0:10:00	farbig
Beta	0:10:00	farbig
Beta	0:14:00	farbig
Beta	0:15:00	farbig
Beta	0:16:00	farbig
Beta	0:16:00	farbig

Titel	Jahr	AutorInnen
Wochenschau Karthago-Projekt (VWS2)	1987	Videowerkstatt Zürich
Wochenschau Enthnologinnentreffen (VWS1)	1986	Videowerkstatt Zürich
Wochenschau Nr. 24 Hungerstreik-Isolationshaft «Isolation, Hungerstreik»	1987	Videowerkstatt Zürich
Wochenschau Nr.1 Kleine Grosse Tagträume	1986	Maya Hauser, Thomas Krempke, René A. Zumbühl
Wochenschau1987 (XXX Drinnen und draussen)	1987	Videowerkstatt Zürich
Wohnsalat	ca. 1981	Schutt-Produktion (Container TV)
Wurmband	ca. 1981	ohne Angabe (Container TV)
Z.B. Ryffstrasse	1980	HausbesetzerInnen-Kollektiv
Zeit-Fragen	1987	Reinhard Manz
Zivis	1989	Videogruppe Wohlgroth
Zum Beispiel Neudorfstrasse 22 – Die Geschichte eines Abbruchs	1981	Autorengruppe BITON
Zureich	1992	Videogruppe Wohlgroth Red Fox Underground
Züri brännt	1980	Ronnie Wahli, Marcel Müller, Thomas Krempke, Markus Sieber
Zürich, Mai 1980 – Kompilation	1980	Community Medien

Materialien

Originalformat	Länge	Farbangabe
Beta	0:20:00	farbig
Beta	0:15:00	farbig
Beta	0:11:00	farbig
Beta	0:14:00	farbig
Beta	0:05:00	farbig
1/2-Zoll	0:29:00	s/w
1/2-Zoll	0:30:00	s/w
1/2-Zoll Japan Standard 1	0:34:00	s/w
U-Matic HB SP	0:16:00	farbig
U-Matic HB SP	0:02:07	s/w und farbig
U-Matic	0:42:00	s/w
U-Matic	0:14:15	farbig
Beta (wurde überspielt ab High-Band). Ursprünglich 1/2-Zoll Japan Standard 1	1:40:00	s/w
U-Matic	0:31:00	s/w und farbig

Register

Sachregister

Abstimmungskampagne
Achtziger Bewegung
Aktion Selbstschutz Basel
Aktionsforschung
Aktionskunst
Alte Kaserne Basel
Alternative Medien
Alternative Wohnformen
Alternativkultur
Andere Wohnformen
Antiatom-Bewegung
Atomenergie
Autonomes Jugendzentrum (AJZ)

Basel
Berlin
Bern
Berufsverbot
Bildungspolitik
BürgerInnen-Initiative

Chemische Industrie
Cincera

Dada
Dampf-Zentrale
Demonstration
Drogen

Entfremdung
Ethnologie

Feminismus
Fernseh- und Medienkritik
Film
Finanzplatz
Folter
Frauen
Freie Theater
Friedensbewegung

Geopolitik
Geschichtsbewusstsein
Geschlechterrollen
Gesellschaftskritik
Gewerkschaften
Giorgio Bellini
Gösgen

Hafenstrasse
Hamburg
Happening
Hausbesetzung
Häuserkampf
Hearing

Islam
Isolationshaft

Jugendbewegung
Jugendhaus
Jugendkultur
Justiz

Kalter Krieg
Karthago
Karthago-Projekt
Kinder
Kommunalwahlen
Krawall
Kulturarbeit
Kulturförderung
Kulturpolitik
Kulturzentrum
Kulturzentrum Rote Fabrik
Kunst
Kunstaktion
Kunsthappening

Mai (1. Mai)
Malerei
Medienkritik
Medium Video
Migration
Moskau

Neujahr
New York

Öffentlicher Raum
Paris
Parodie
Parteien
Politaktion
Polithappening
Politik der Behörden
Politischer Widerstand
Polizei
Popmusik
Populärkultur
Punk

Quartierzentrum Kanzlei

Reisen
Repression
Revolte
Rock- und Popmusik
Rote Fabrik

Schweizerhalle
Selbstverwaltung
Solidaritätsaktion
Sozialer Wohnungsbau
Stadtentwicklung
Stadtfilm
Stadtimpressionen
Stadtpoesie
Stadtporträt
Stadtzerstörung
Strafvollzug

Materialien

Register der formalen Gestaltungsmittel

Strassentheater	Abstimmungsfilm	Musik
StudentInnenpolitik	Absurdismus	Musik-Clip
Subventionspolitik	Agitprop	Musik-Clip-Ästhetik
Südafrika	Anarcho-Komödie	
Szenenbands	Animation	Off-Kommentar
Szenenfilm	Animation mit Live-Action	
Szenenkunst	Animationsfilm	Parodie
Szenenvideo	Anti-Werbefilm	Parodistische Gestaltungselemente
Teddy-Szene		Politkomödie
Tschernobyl	Bildzitate	Porträts
Umweltkatastrophe	Collage	Reden
Umweltverschmutzung	Comic-Elemente	Reportage
Universität		
Urbanethnologie	Dokumentarfilm	Selbstdarstellung
USA	Dokumentation	Selbstreflexion (auf das Filmema-
Utopien	Essayfilm	chen)
	Experimentalfilm	Spielfilm
Verkehr	Experimentelle Dokumentation	Subjektive Kamera
Videogenossenschaft Basel	Experimentelle Reportage	
Videokonsum	Experimentelle Spielfilmelemente	Text-Kommentar
Videoladen Zürich	Experimenteller Dokumentarfilm	Travelogue
Videoszene	Experimenteller Spielfilm	TV-Magazin mit Moderation
Videowerkstatt Zürich	Experimentelles Dokumentarvideo	TV-Parodie
Video-Wochenschau		TV-Zitate
	Fernsehparodie	
Wackersdorf	Film/Video-Zitate	Versteckte Kamera
Wädenswil	Filmisches Essay	Video/Film- und TV-Zitate
Wahlen	Filmzitate	Video-Clip-Ästhetik
Weihnachten		Videocomics
Werbung	Geräusche	Videoeffekte
Widerstandsformen		Videoessay
Wien	Interview	Videogedicht
Winterthur		Video-Performance
Wohlgroth	Kampagnefilm	Videozitate
Wohnungsnot	Kommentar	
	Kompilationsfilm	Zeichentrickfilm
Zaffaraya	Konzeptfilm	Zitat von TV-Material
Zeit	Kunstvideo	
Zürich		

Materialien

Kompilationsvideo «Stadt in Bewegung»
Ausschnitte aus Bewegungsvideos
CH 1980 bis 1994

Um das Videoarchiv «Stadt in Bewegung» einer weiteren Öffentlichkeit bekannt zu machen, wurde mit Unterstützung von Memoriav ein 45-min. Kompilationstape produziert, das einen Überblick über die «Bewegungsvideos» aus Basel, Bern und Zürich ermöglicht. Als DVD ist das Tape dieser Buchpublikation beigelegt. Es kann auch gratis direkt vom Schweizerischen Sozialarchiv ausgeliehen werden.

Leben in die tote Fabrik

0:42:00, 1980, s/w

Community Medien
AutorInnen: Community Medien
Originalformat: U-Matic

Stichworte
Kulturzentrum Rote Fabrik
Achtziger Bewegung
Zürich

Opernhaus-Krawall

0:09:00, 1980, s/w

Community Medien
AutorInnen: Community Medien
Originalformat: U-Matic

Stichworte
Achtziger Bewegung
Demonstration
Happening
Krawall
Revolte
Urbanethnologie
Aktionsforschung
Zürich

Materialien

Inhalt
Zwei rauschende Nächte in der Roten Fabrik in Zürich (17./18. Mai 1980), die erste grosse Vollversammlung (VV), an der die Demo vor dem Opernhaus beschlossen wurde. Auftakt zum Opernhaus-Krawall und zur Achtziger Bewegung. Vgl. dazu auch «In der Roten Fabrik war der Teufel los – Fest vom 9. März 1980», «Opernhaus-Krawall» und «Zürich, Mai 1980 – Kompilation».

Form
Dokumentation
Reden
Musik
Interview

Inhalt
Video von EthnologiestudentInnen (Projektgruppe Community Medien) über die Demo vom 30. Mai 1980 vor dem Opernhaus. Der sogenannte Opernhaus-Krawall war der Auftakt zu den «Zürcher Unruhen». Das Tape wurde einige Tage nach der Demo an einer Vollversammlung (VV) im Volkshaus gezeigt und darauf vom damaligen Zürcher Erziehungsdirektor Alfred Gilgen mit einem Vorführverbot belegt, was in der Folge für einigen Wirbel an der Universität sorgte. Ausschnitte davon wurden in «Züri brännt» und in verschiedenen anderen Produktionen verwendet.

Form
Dokumentation
Interviews

Züri brännt

1:40:00, 1980, s/w

Videoladen Zürich
Autoren: Ronnie Wahli, Marcel Müller,
Thomas Krempke, Markus Sieber
Originalformat: Beta (wurde überspielt
ab High-Band). Ursprünglich 1/2-Zoll
Japan Standard 1

Stichworte
Achtziger Bewegung
Jugendbewegung
Revolte
Happening
Politaktion
Häuserkampf
Autonomes Jugendzentrum (AJZ)
Politischer Widerstand
Zürich

Sobern Teil 1 und 2

0:58:00, 1980, s/w

Container TV
AutorInnen: Container TV
Originalformat: 1/2-Zoll

Stichworte
Achtziger Bewegung
Demonstration
Politischer Widerstand
Repression
Polizei
Bern

Materialien

Inhalt

«Entstanden ist ein streckenweise hervorragend gemachtes Pamphlet, das unübersehbar an Vorbilder des revolutionären russischen Kinos anknüpft. Seine expressionistische Emphase und dadaistische Bürgerschrecksattitüde sind jedoch nicht im geringsten an auch nur einigermassen objektiver Informationsvermittlung über Vorgänge im Verlauf des letzten Sommers interessiert.» (Neue Zürcher Zeitung, 31.1.1981)

Form
Experimenteller Dokumentarfilm
Essayfilm
Agitprop
Off-Kommentar
Text-Kommentar
Video/Film- und TV-Zitate
Bildzitate (Fotos, Flugblätter)
Videoeffekte
Musik

Inhalt
Anfänge der Jugendbewegung in Bern. Chronologie der Ereignisse in Bild und Ton, praktisch ohne Kommentar. Auf der Strasse wird der Forderung nach dem Berner Tramdepot und der Reithalle Bern Ausdruck gegeben.

Form
Dokumentarfilm
Agitprop

Es herrscht wieder Frieden im Land

0:30:00, 1981, s/w

point de vue/Videogenossenschaft Basel
AutorInnen: Kollektiv
Originalformat: 1/2-Zoll Japan Standard 1

Stichworte
Autonomes Jugendzentum (AJZ)
Achtziger Bewegung
Jugendkultur
Basel

Gwalt

0:32:00, 1981, s/w

Community Medien
AutorInnen: Godzilla & Co
Originalformat: U-Matic

Stichworte
Achtziger Bewegung
Demonstration
Polizei
Repression
Zürich

Materialien

Inhalt
Dokumentation der Räumung des Autonomen Jugendzentrums (AJZ) Basel. Aufnahmen von der Räumungsaktion durch die Polizei. Im letzten Teil werden Konflikte zwischen den verschiedenen Jugendszenen (Bewegte – Rocker) aufgezeigt.

Form
Dokumentarfilm
Interviews
Off-Kommentar
Text-Kommentar
Film/Video-Zitate

Inhalt
Dokumentation von brutalen Polizeieinsätzen und von Verletzungen von Demonstranten durch Gummigeschosse und Polizeiknüppel, produziert für das «Tribunal» vom Januar 1981 im Volkshaus Zürich. Auf Verlangen der Betroffenen wurde dieses Tape nach der ersten Aufführung im Volkshaus nicht mehr öffentlich vorgeführt. Das Interview mit Max im Film «Dani, Michi, Renato und Max» von Richard Dindo stammt aus diesem Video.

Form
Dokumentation
Musik
Geräusche (Schreien)

Keine Zeiten
sich auszuruhn

0:37:00, 1981, farbig

Videoladen Zürich
Autoren: Christoph Schaub,
Thomas Krempke,
Originalformat: Beta
(überspielt ab U-Matic)

Stichworte
Autonomes Jugendzentrum (AJZ)
Achtziger Bewegung
Drogen
Geschichtsbewusstsein
Frauen
Zürich

Schwimmdemo

0:07:40, 1981, farbig

Videoladen Zürich
AutorInnen: Videoladen Zürich
Originalformat: Beta
(überspielt von U-Matic)

Stichworte
Achtziger Bewegung
Demonstration
Happening
Polizei
Zürich

Materialien

Inhalt
Momentaufnahme der Zürcher Jugendbewegung nach dem Abklingen der ersten Aufbruchseuphorie (Demos, Arbeiten im AJZ, Vollversammlung, Entrümpelungsaktionen). Katerstimmung macht sich breit. Im Off-Kommentar wird aufgerufen, sich gegen die schleichende Resignation zur Wehr zu setzen.

Form
Dokumentarfilm
Agitprop
Off-Kommentar
Musik

Inhalt
Schwimmdemo von der Zürcher Quaibrücke bis zum Platzspitz. Der öffentliche Raum wird ausserhalb der gängigen Konventionen in Beschlag genommen. Kamerateams, Polizei und Bevölkerung schauen staunend zu.

Form
Dokumentation
Text-Kommentar
Musik

1 Lovesong

0:15:00, 1984, farbig

Videoladen Zürich
AutorInnen: Videoladen Zürich (Gemeinschaftsproduktion Thomas Krempke, Christoph Schaub)
Originalformat: Beta

Stichworte
Wohnungsnot
Hausbesetzung
Häuserkampf
Alternative Wohnformen
Demonstration
Happening
Politaktion
Dada
Stadtpoesie
Achtziger Bewegung
Zürich

Kokon

0:11:00, 1985, farbig

Videoladen Zürich
AutorInnen: Samir, Christoph Schaub, Werner Schweizer, Helena Vagnières
Originalformat: Beta

Stichworte
Quartierzentrum Kanzlei
Kulturzentrum
Alternativkultur
Happening
Politaktion
Demonstration
Zürich

Materialien

Inhalt
«Werbefilm» zur Besetzung des «Tor zu Aussersihl» (Stauffacher) in Zürich. Problematik, Forderungen, Poesie.

Form
Dokumentarfilm
Agitprop
Kommentar

Inhalt
Auseinandersetzung um die leerstehende Turnhalle auf dem Gelände des Zürcher Quartierzentrums Kanzlei. In einer Politaktion wird die Halle symbolisch eingepackt. Aus dem Kokon schlüpft ...

Form
Dokumentarfilm
Agitprop
Musik

Dampf dezentral

0:28:00, 1987, farbig

Video-Stadt Bern
AutorInnen: Ikur, OHM-8, Hans Dampf, Video-Stadt
Originalformat: U-Matic LB/DUB auf Beta SP

Stichworte
Dampf-Zentrale
Kulturzentrum
Hausbesetzung
Szenenbands
Demonstration
Zaffaraya
Popmusik
Kulturpolitik
Alternativkultur
Wohnungsnot
Bern

Alte Stadt ohne Gärtnerei

0:39:00, 1988, farbig

AutorInnen: Martin Streckeisen
Originalformat: U-Matic LB

Stichworte
Kulturzentrum
Kulturpolitik
Alternativkultur
Politischer Widerstand
Hausbesetzung
Demonstration
Abstimmungskampagne
Politik der Behörden
Polizei
Basel

Materialien

Inhalt
Besetzung der Berner Dampf-Zentrale mit der Forderung, nicht nur etablierter Kunst Räume zuzugestehen. Besetzung der Berner Reithalle vom 24. Oktober 1987. Auftritt von acht Rockbands. Diskussion mit Polizeivorstand Albisetti. Demo durch die Innenstadt. Kulturstreik vom 31. Oktober. Tagebuch der Vertreibung der Alternativkultur aus Bern.

Form
Dokumentarfilm
Musik

Inhalt
Tagebuch der Auseinandersetzung um die Alte Stadtgärtnerei Basel. Von der Volksabstimmung über die Besetzung, die Vertreibung der BesetzerInnen bis zum Abbruch. Interviews mit PassantInnen, BenützerInnen und den Behörden.

Form
Dokumentarfilm
Text-Kommentar
Musik

Wochenschau Nr.1
Kleine Grosse Tagträume

0:14:00, 1986, farbig

Videowerkstatt Zürich
AutorInnen: Maya Hauser, Thomas
Krempke, René A. Zumbühl
Originalformat: Beta

Stichworte
Video-Wochenschau
Quartierzentrum Kanzlei
Kinder
Utopien
Zürich

Quartierzentrum
Kanzlei/Kanzleispot

0:01:00, 1990, farbig

Videowerkstatt Zürich
Autor: Felix Schaad
Originalformat: Beta

Stichworte
Quartierzentrum Kanzlei
Kulturzentrum
Alternativkultur
Abstimmungskampagne
Zürich

Materialien

Inhalt
Kinder geben über ihre Zukunftswünsche Auskunft (Schweizerdeutsch, deutsch untertitelt).

Form
Reportage
Interviews
Text-Kommentar
Musik

Inhalt
Werbespot für das Zürcher Quartierzentrum Kanzlei anlässlich der Abstimmungskampagne im Jahr 1990.

Form
Selbstdarstellung
Abstimmungsfilm
Musik-Clip-Ästhetik

Bäcki bleibt

0:57:00, 1991, farbig

Autorinnen: Verein der Freundinnen für Punst und Kolitik
Originalformat: S-VHS

Stichworte
Wohnungsnot
Hausbesetzung
Häuserkampf
Happening
Alternative Wohnformen
Zürich

Barcelette

0:03:24, 1994, farbig

Autor: Reno Sami
Originalformat: Beta

Stichworte
Wohlgroth
Häuserkampf
Alternativkultur
Zürich

Materialien

Inhalt
Aus der Sicht der Betroffenen wird die Geschichte des Kampfes um die Häuser an der Zürcher Bäckerstrasse aufgezeigt. Bilder eines Happenings der BewohnerInnen der «Bäcki» (Balkontheater, Strassenfest) werden ergänzt durch eine Dokumentation der Geschichte von Wohnungsnot, Wohnpolitik und Widerstand in der Stadt Zürich seit den Dreissigerjahren.

Form
Dokumentarfilm
Agitprop
Off-Kommentar
Text-Kommentar
Bildzitate (Fotos)

Inhalt
Ein zeitgenössischer Münchhausen fliegt auf seinem Klo durch die besetzte Kulturfabrik Wohlgroth in Zürich.

Form
Experimentalfilm
Kunstvideo
Filmzitate
Animation

Anhang

Bildnachweis

Bibliografie

Bildnachweis

Die Achtziger Bewegung in Dokumenten: Flugblätter

Siehe Miniaturen S. 140–148.

S. 136 Lavabo. Zürich o.D.
S. 149 Heee! Zürich o.D.

Die Achtziger Bewegung in Dokumenten: Zeitungen

S. 258 Brächise. Nr. 12. Zürich 1981, S. 1.
S. 260 Drahtzieher. Nr. 14. Bern 1981, S. 1.
S. 264 Drahtzieher. Nr. 19. Bern 1982, S. 16.
S. 266 Drahtzieher. Nr. 21. Bern, 1982, S. 1.
S. 268 Bürger-Blatt. Nr. 5. Aarau 1982, S. 1.
S. 269 Bürger-Blatt. Nr. 5. Aarau 1982, S. 8.
S. 274 Stilett. Nr. 51. Zürich 1979, S. 8.
S. 276 Stilett. Nr. 51. Zürich 1979, S. 1.
S. 278 Stilett. Zürich o.D.
S. 279 Stilett. Nr. 55. Zürich 1980, S. 25.
S. 280 Eisbrecher. Nr. 1. Zürich 1980.
S. 282 Eisbrecher. Nr. 1. Zürich 1980.
S. 284 Eisbrecher. Zürich o.D.
S. 292 Lavabo. Zürich o.D.
S. 294 Hurrania. Nr. 4. Zürich 1981, S. 16.
S. 295 Hurrania. Nr. 2. Zürich 1981, S. 1.
S. 298 Zürcher Nachtanzeiger. Nr. 8. Zürich 1981, S. 1.
S. 299 Zürcher Nachtanzeiger. Nr. 5. Zürich 1981, S. 1.
S. 300 Faltprospekt des «Hilflos-Spunten». Zürich 1983.
S. 302 Al K. Seltser
        Spielarten einer Vertreibung. Zur Endlösung der Zürcher Jugendfrage. Zürich 1983, S. 95.
S. 302 Al K. Seltser
        Spielarten einer Vertreibung. Zur Endlösung der Zürcher Jugendfrage. Zürich 1983, S. 97.

Anhang

JEDEM SEIN JUGENDHAUS

AUTO 13

Bibliografie

Ausgewählte Forschungsliteratur über neue soziale Bewegungen

Anonyme Publikationen
> *Das war der Zürcher Krawall-Dezember.* Zürich o.D.

Anonyme Publikationen
> *Packeis. Zum Inhalt und den Ausdrucksformen der Bewegung.* Zürich o.D.

Anonyme Publikationen
> *Winterthur – 20.11.84.* Ohne Ortsangabe und o.D.

Bader, Veit-Michael
> *Kollektives Handeln. Pro-Theorie sozialer Ungleichheit und kollektiven Handelns.* Band 2. Opladen 1991.

Brand, Karl-Werner/Büsser, Detlef/Rucht, Dieter
> *Aufbruch in eine andere Gesellschaft:. Neue soziale Bewegungen in der Bundesrepublik.* Frankfurt a.M./New York 1984.

Bock, Marlene u.a.
> *Zwischen Resignation und Gewalt. Jugendprotest in den Achtzigerjahren.* Opladen 1989.

Breyvogel, Wilfried (Hrsg.)
> *Autonomie und Widerstand. Zur Theorie und Geschichte des Jugendprotestes.* Essen 1983.

Dahinden, Martin (Hrsg.)
> *Neue soziale Bewegungen – und ihre gesellschaftlichen Wirkungen.* Zürcher Hochschulforum Band 10. Zürich 1987.

Gilcher-Holtey, Ingrid (Hrsg.)
> *1968. Vom Ereignis zum Gegenstand der Geschichtswissenschaft.* Göttingen 1998.

Hall, Stuart/Jefferson, Tony (Hrsg.)
> *Resistance Through Rituals. Youth Sub-Cultures in Post-War Britain.* London 1976.

Inglehart, Ronald
> *Kultureller Umbruch. Wertwandel in der westlichen Welt.* Frankfurt a. Main/New York 1989.

Klein, Ansgar/Legrand, Hans-Josef/Leif, Thomas (Hrsg.)
> *Neue Soziale Bewegungen. Impulse, Bilanzen und Perspektiven.* Opladen/Wiesbaden 1999.

Kriesi, Hans-Peter/Koopmans, Ruud/Duyvendak, Jan Willem/Giugni, Marco G.
> *New Social Movements in Western Europe. A comparative Analysis.* Minneapolis 1995.

Lindner, Werner
> *Jugendprotest seit den fünfziger Jahren. Dissens und kultureller Eigensinn.* Opladen 1996.

Manrique, Matthias
> *Marginalisierung und Militanz. Jugendliche Bewegungsmilieus im Aufruhr.* Frankfurt a.M./New York 1992.

McAdam, Doug/McCarthy, John D./Zald, Mayer N.
> *Comparative perspectives on social movements: political opportunities, mobilizing structures, and cultural framings.* Cambridge University Press 1996.

Melucci, Alberto
> *Challenging codes: collective action in the information age.* Cambridge University Press 1996.

Raschke, Joachim
> *Soziale Bewegungen: ein historisch-systematischer Grundriss.* Frankfurt/New York 1985.

Rucht, Dieter
> *Modernisierung und neue soziale Bewegungen: Deutschland, Frankreich und USA im Vergleich.* Frankfurt/Main 1994.

Siegenthaler, Hansjörg
> *Regelvertrauen, Prosperität und Krisen. Die Ungleichmäßigkeit wirtschaftlicher und sozialer Entwicklung als Ergebnis individuellen Handelns und sozialen Lernens.* Tübingen 1993.

Anhang

Snow, David A./Benford, Robert D.
   Ideology, Frame Resonance, and Participant Mobilization. In: Klandermans, Bert (Ed.). *International Social Movement Research.* Vol. 1. 1988. S. 197–217.

Stamm, Karl-Heinz.
   Alternative Öffentlichkeit. Die Erfahrungsproduktion neuer sozialer Bewegungen. Frankfurt/Main 1988.

Tanner, Jakob
   «*The Times They Are A-Changin*» – *Zur subkulturellen Dynamik der 68er Bewegungen.* In: Gilcher-Holtey, Ingrid (Hrsg.). *1968. Vom Ereignis zum Gegenstand der Geschichtswissenschaft.* Göttingen 1998. S. 207f.

Willems, Helmut
   Jugendunruhen und Protestbewegungen. Eine Studie zur Dynamik innergesellschaftlicher Konflikte in vier europäischen Ländern. Opladen 1997.

Wisler, Dominique/Tackenberg, Marco
   The Role of the Police. Image or Reality? In: Bessel, Richard/Emsley, Clive. *Patterns of Provocation. Police and Public Disorder.* New York und Oxford 2000. S. 121–143.

Die Achtziger Jugendunruhen in der Schweiz: Vorgeschichte, Ereignisse und Folgen

AG Renovation, AG Beiz u. a. (Hrsg.)
   Speisewagengesellschaft. Die Zeitung von vis-à-vis. Zürich 1981.

Aktion Neue Kulturpolitik (Hrsg.).
   Weissbuch 2. Stadtzürcherische Kulturpolitik. Berichte, Fakten, Bedingungen, Netzwerk KulturtäterInnen. Zürich 1984.

Al K. Selser (Hrsg.)
   Spielarten einer Vertreibung. Zur Endlösung der Zürcher Jugendfrage 1982–84. Schaffhausen 1983.

Anwaltskollektiv Zürich (Hrsg.)
   aha! Handbuch für Schüler-Lehrlinge-Jugendliche. Zürich 1981.

Anz, Philipp/Stoffel, Talin
   Zürich im Juni 1968 – der Bruch in der Idylle. Historische Proseminararbeit. Zürich 1992.

Amendt, Günter
   Leichte Krawallerie. In: Konkret, Nr. 8, 1980, S. 17–21.

Arbeitsgruppe «Aktives Jugendhaus» (Hrsg.)
   Zürcher Jugendhaus ohne Jugend? Entwicklung 1961–71. Zürich 1972.

Arbeitsgruppe Freund und Helfer (Hrsg.)
   Gemeinsam für Sicherheit. Zürich 1981.

Arnold, P./Bassand M./Crettaz, B./Kellerhals, J.
   Jeunesse et Société. Lausanne 1971.

Autonome Sanität (Hrsg.)
   Dokumentation Tränengas, Selbsthilfe Patientenrechte. Zürich 1981.

Bänziger, Kathri
   Dani, Michi, Renato und Max. Zürich 1988.

Bauert, Rolf
   Tagesablauf im autonomen Jugendzentrum. In: Pro Juventute. Schweizer Monatszeitschrift für Jugendliche. Nr. 10/11/12, 1980.

Benthall, Jonathan
   The Attack on Professor Loeffler. In: RAIN, Royal Anthropological Institute News. Nr. 43. April 1981. S. 1 ff.

Bichsel, Peter
   Das Ende der Schweizer Unschuld. In: Spiegel Nr. 1–2, 1981.

Blancpain, R./Häuselmann, E.
Zur Unrast der Jugend. Eine soziologische Untersuchung über Einstellungen, politische Verhaltensweisen und ihre gesellschaftliche Determinanten. Frauenfeld 1974.

Boller, Hans
Jugendradikalisierung und Neue Linke in der Schweiz. Dissertation. Zürich 1976.

Bopp, J.
Trauer-Power. Zur Jugendrevolte 1981. In: *Kursbuch 65 (1981)*, S. 151–168.

Born, Jürg u. a.
Berner Jugendbewegung im Rückblick. Chronologie, Berichte und Erfahrungen. Bern 1985.

Bühler, Caroline
Von Nische zu Nische. Ein Übriggebliebener aus der Achtziger Bewegung. In: Honegger, Claudia/Rychner, Marianne (Hrsg.). *Das Ende der Gemütlichkeit. Strukturelles Unglück und mentales Leid in der Schweiz.* Zürich 1998. S. 179f.

Bütler, Hugo/Häberling, Thomas (Hrsg.)
Die neuen Verweigerer. Unruhe in Zürich und anderen Städten. Zürich 1981.

Canetta, Maurizio
Zürich gegen Zürich (Bilder und Text.). Zürich 1981.

Casetti, Guido
Die Revolte der Jungen. Studie einer Arbeitsgruppe von Stagiaires des Eidgenössischen Politischen Departements. SAD Arbeitsheft W5. Bern 1969.

Casparis, Christian (Hrsg.)
Wer bist du? Weg bist du. Zürich 1982.

Chavane, C./Jenny, C.
Lôzane bouge. Il était une fois. Autonomie – Repression. Lausanne 1985.

Cinéma. Ruhestörung
Arbeit mit Video/Zürich, Sommer 1980. Unabhängige schweizerische Filmzeitschrift. Nr. 3/80. Zürich 1980.

Deriaz, Armand u. a.
Schweiz in Bewegung. Bilder von Volksbewegungen 1970–80. Lausanne 1981.

De Roulet, Daniel
Double. Ein Bericht. Zürich 1998.

Dindo, Richard
«Dani, Michi, Renato & Max». Ein Dokumentationsprojekt. Dokumentation zum gleichnamigen Film. Zürich o.D.

Dischner, Gisela
Kampf dem Staat = Wurstsalat. Kunst-Krawall-Karnewall in Zürich und anderswo. In: *Konkursbuch Nr. 7*, 1981.

Eidgenössische Kommission für Jugendfragen (Hrsg.)
Thesen zu den Jugendunruhen 1980. Bern 1980.

Freisinnig-Demokratische Partei der Stadt Zürich (Hrsg.)
Die FDP zu den Zürcher Unruhen 1980/81. Zürich 1981.

Friedrich, Rudolf
Gibt es in der Demokratie ein Widerstandsrecht? Separatdruck aus der *NZZ Nr. 213* vom 13./14. September 1980.

Fröhlich, W. (Hrsg.)
Das Recht ... der freien Meinungs-Äusserung! Winterthur 1980.

Geerk, Frank
Die Räumung: Bericht über die Geschehnisse nach der Zerstörung des alternativen Kulturzentrums «Alte Stadtgärtnerei» Basel. Basel 1988.

Anhang

Geschichtsladen, Lehrlingstreff und Videoladen (Hrsg.)
  Günz, Mindel & Würm. Zur Geschichte des Jugendprotests in der Schweiz 1916–1980. Dokumentation zum gleichnamigen Videofilm. Zürich 1987.
Gewerkschaft Kultur Erziehung und Wissenschaft (Hrsg.)
  Mit dem verbotenen TAM von Reto Hänny. GKEW info Nr. 3. Zürich 1980.
Giesecke, H
  «*Wir wollen alles, und zwar subito!*». In: *Deutsche Jugend 29* (1981) Heft 6.
Ginsburg, Theo/Hitz, Hansruedi/Schmid, Christian/Wolff, Richard (Hrsg.)
  Zürich ohne Grenzen. Zürich 1986.
Gruppe Olten (Hrsg.)
  Die Zürcher Unruhen. Band 1. Zürich 1980.
Gruppe Olten (Hrsg.)
  Die Zürcher Unruhen. Band 2. Analysen, Reportagen, Berichte. Zürich 1980.
Günter, Paul/Golowin, Sergius (Hrsg.)
  1980 – Jugend in Bewegung. Oberländer Dokumentation Nr. 4. Interlaken 1980.
Häberli, Heinz
  Die Zürcher Jugendunruhen 1980 im Erklärungshorizont von Theorien der Jugendarbeit. Pädagogische Seminararbeit. Zürich 1980.
Haefelfinger, Roslind/Strub, Marianne
  Das autonome Jugendzentrum Basel. 1. März 1972–31. März 1973: Versuch einer Darstellung der Vorgeschichte, des Ablaufes und der sozialen Beziehungen zur Umwelt. Basel 1974.
Hänny, Reto
  Zürich, Anfang September. Frankfurt a.M. 1981.
Häsler, Alfred A.
  Der Aufstand der Söhne. Die Schweiz und ihre Unruhigen. Zürich 1969.
Häsler, Alfred A.
  Das Ende der Revolte. Aufbruch der Jugend 1968 und die Jahre danach. Zürich 1976.
Haldemann, Samuel
  Freiraum Autonomes Jugendzentrum. Gedanken über ein autonomes Jugendzentrum anhand Erfahrungen selbstverwalteter Jugend- und Kulturzentren in Deutschland. Horgen 1980.
Haller, Michael (Hrsg.)
  Aussteigen oder rebellieren. Jugendliche gegen Staat und Gesellschaft. Hamburg 1981.
Haller, Michael/Isler, Vera
  Die Kunst der Verweigerung. Wandmalereien in den Autonomen Jugendzentren der Schweiz. Zürich 1982.
Hansdampf (Hrsg.)
  Reithalle Bern. Autonomie und Kultur im Zentrum. Bern/Zürich 1998.
Heller, Martin/Marendaz, Alain
  Anschläge. Plakatsprache in Zürich: 1978–88. Zürich 1988.
Heller Martin, Lichtenstein Claude, Nigg Heinz (Hrsg.)
  Letten it be. Eine Stadt und ihr Problem. Zürich 1995.
Helmy, Mäged/Wüthrich, Andy (Hrsg.)
  Freii Sicht uff Basel. Basel 1982.
Hersch, Jeanne
  Der Feind heisst Nihilismus. Antithesen zu den «Thesen zu den Jugendunruhen 1980» der Eidgenössischen Kommission für Jugendfragen. Übersetzt von Stefan W. Berther. Schaffhausen 1982.

Herzka, H.
   Die Zürcher Unruhe 1980 – Episode der Kulturreformation. In: Psychosozial 4 (1981), Heft 1 (Februar 1981), S. 127–142.
Herzog, Rolf
   Kommunen in der Schweiz. Basel 1972.
Heussler, Olivia u.a. (Hrsg.)
   Zürcher Bewegung. Bildband. Zürich 1981.
Hitzig, Daniel/Kenner, Markus/Lütscher, Michael
   Definitiv. Zürich 1976 bis 1986. Booklet zur Doppel-LP Definitiv. Zürich 1986.
Hornung, René
   Der Geist der 80er-Bewegung. Von der «Posthalle» zum «Bavaria» – Chronologie der St. Galler Hausbesetzungen. In: Saiten. Ostschweizer Kulturmagazin. Februar 2000. S. 24f.
Howald, Regula u.a.
   Die Angst der Mächtigen vor der Autonomie. Aufgezeigt am Beispiel Zürich. Horgen 1981.
IGAS
   Selbstdarstellung der Interessengemeinschaft «Alte Stadtgärtnerei» Basel. Basel o. D.
Jaquillard, Claude/Sonnay, Jean-François
   Zürich Graffiti. Les desperados de l'état social. Lausanne 1980.
Konzeptbüro Rote Fabrik u.a. (Hrsg.)
   Militante Politik in der Schweiz von 1970 bis 1997. Eine unvollständige Chronologie. Zürich 1997.
Kriesi, Hanspeter u.a.
   Politische Aktivierung in der Schweiz 1945–1978. Diessenhofen 1981.
Kriesi, Hanspeter
   Die Zürcher Bewegung. Bilder, Interaktionen, Zusammenhänge. Frankfurt am Main 1984.
Landmann, Salcia
   Jugendunruhen: Ursachen und Folgen. «Schweizerzeit» Schriftenreihe Nr. 1. Flaach 1982.
Leuzinger, Hansueli
   Das Heroin. Unsere entsetzliche Angst. Und wohin wir unsere Angst abdrängen. In: Tages-Anzeiger»-Magazin Nr. 46, 1981, S. 39–42.
Levy, René/Duvanel, Laurant
   Politik von unten. Bürgerprotest in der Nachkriegsschweiz. Basel 1984.
Lindt, Nicolas
   Nur tote Fische schwimmen gegen den Strom. 12 bewegte Portraits aus Zürich. Zürich 1981.
Löffler, Lorenz G
   Das Zürcher Video-Experiment. In: Heide Nixdorf/Thomas Hauschild (Hrsg). Europäische Ethnologie. Theorie- und Methodendiskussion aus ethnologischer und volkskundlicher Sicht. S. 245–257. Berlin 1982.
Lüscher, Rudolf M./Makropoulos, Michael
   Vermutungen zu den Jugendrevolten 1980/81, vor allem zu denen in der Schweiz. In: Lüscher, Rudolf. Einbruch in den gewöhnlichen Ablauf der Ereignisse. Zürich 1984, S.123–141.
Lüscher, Rudolf M.
   Einbruch in den gewöhnlichen Ablauf der Ereignisse. Analysen, Kommentare, Berichte 1978–1983. Zürich 1984.
Luthiger, Benno
   Die Zürcher Bewegung. Kultureller Wandel und subkulturelle Differenzierung. Arbeit im Rahmen des Seminars Institutionen, Ideologie und Wirtschaftswachstum in der Schweiz: 1968 bis zur Gegenwart. Zürich 1995. Unveröffentlichtes Manuskript.
Mehr, Mariella.
   Silvia Z. Ein Requiem. Zürich 1986.

Anhang

Menétrey, Anne-Catherine et le «Collectif de défense»
   La vie ... vite. Lôzane Bouge 1980–1981: une chronique. Editions d'en bas. Lausanne 1982.

Messerli, Alfred/Morgenthaler, Marco
   «Als Spitzel bist du autonomer». In: *Kursbuch 65. Der grosse Bruch – Revolte 81.* Berlin 1981, S. 63–74.

Mietergruppe Blockweg/Cäcilienstrasse (Hrsg.)
   Dokumentation Abbruch Cäcilienstrasse 9 Blockweg 8 Blockweg 6. Basel 1981.

MieterInnen-Laden Basel (Hrsg.)
   MieterInnen-Broschüre Wohn-Not, Gegen-Wehr, Miet-Wut. Zur Geschichte der Wohnungsnot, von Spekulantentum und Hausbesetzungen von 1971–1991 in Basel. Basel 1991.

Modena, Emilio
   Risse im Packeis. In: *Gruppe Olten. Die Zürcher Unruhen. Band 2.* Zürich 1981. S. 7f.

Müller, Hans-Peter/Gerold, Lotmar
   Der Bunker von Zürich. Jugend zwischen Rückzug und Revolte. Ein Modellfall. Olten 1972.

Muschg, Adolf.
   Die Macht der Fantasie. Über die Ästhetik des Jugendprotests am Beispiel der Zürcher Bewegung. In: Haller, Michael (Hrsg.). *Aussteigen oder rebellieren. Jugendliche gegen Staat und Gesellschaft.* Hamburg 1981, S. 179–194.

Narr, W.-D. (Hrsg.)
   Berlin – Zürich – Amsterdam. Politik, Protest und Polizei. Eine vergleichende Untersuchung. In: *CILIP Civil liberties and police. Informationsdienst: Bürgerrechte und Polizei.* Nr. 9/10. Berlin 1981.

Nenning, Günther
   Die Jugendrevolte – Protest oder reale Utopie? Zürich 1970.

Nigg, Heinz
   Lieber Video in der Hand als Film im Kopf. Eine Geschichte vom Anderen Video. In: Bürer, Margrit/Nigg, Heinz. *VIDEO. Praktische Videoarbeit mit Kindern und Jugendlichen.* Zürich 1990.

Nigg, Heinz (Hrsg.)
   Wir wollen alles, und zwar subito! Die Jugendunruhen in der Schweiz und ihre Folgen. Zürich 2001.

Parin, Paul
   Brief aus Grönland. In: *Kursbuch 65. Der grosse Bruch – Revolte 81.* Berlin 1981, S. 75–90.

Parin. Paul
   «Befreit Grönland vom Packeis». In: Aust, Stefan/Rosenbladt, Sabine (Hrsg.). *Hausbesetzer. Wofür sie kämpfen, wie sie leben und wie sie leben wollen.* Hamburg 1981, S. 222–233.

PdA Zürich (Hrsg.)
   Berichterstattung des «Vorwärts» zur Jugendbewegung. Zürich 1981.

Pinkus, Theo
   Die Zürcher Jugendrevolte. In: Breyvogel, Wilfried (Hrsg.). *Autonomie und Widerstand. Zur Theorie und Geschichte des Jugendprotestes.* Essen 1983, S. 41–49.

P.M.
   Bolo'bolo. Zürich 1983.

P.M., Wolkenstein, Didymos, Reyneclod. Stauffacher, Aussersihl
   Über die Kräfte der neuen Weltgesellschaft. Zürich 1985.

POCH (Hrsg.)
   Bewegig is Parlamänt und id'Partei. Zürich 1980.

Praxmarer, Fritz
   ... ohne Illusi... Ein Volksstück über die Jugendbewegung in Zürich und anderswo ... Zürich 1982.

Pressegruppe der Bewegung (Hrsg.)
Materialien zur Zürcher Krawalljustiz. Vom Gummigeschoss zum Gummiparagraphen. Zürich 1981.

Referendumskomitee gegen die Opernhaus-Zusatz-Millionen und Aktion neue Kulturpolitik für Zürich (Hrsg.)
Weissbuch über stadtzürcherische Kultur-Politik. Zürich 1983.

Renggli, F.
«*Wir haben Grund zum Weinen, auch ohne Euer Tränengas!» Anmerkungen zu den Jugendunruhen in Zürich.* In: Psychosozial 4 (1981), Heft 3 (August 1981), S. 130–136.

Roth, Wilhelm
Der Dokumentarfilm seit 1960. München und Luzern 1982.

Rothschild, B.
Der Bunker – eine verpasste Chance. In: Müller, H.P./Lotmar, G. (Hrsg.). *Der Bunker von Zürich.* Zürich 1972. S. 79f.

Sager, Peter
Jugendkrawalle – Symptom einer Fehlerziehung. Tatsachen und Meinungen Band 43. Bern 1980.

Schell, Peter
Packeis. Zum Inhalt und den Ausdrucksformen der Bewegung. Zürich o.D.

Scherr, Niklaus
Hütet euch am Stauffacher. In: Ginsburg et al. 1986, S. 18–27.

Schmid, Erich
Verhör und Tod in Winterthur. Eine Reportage. Zürich 1986.

Schmid, Max
Demokratie von Fall zu Fall. Repression in der Schweiz. Zürich 1976.

Schmid, Max
Die Leidensgeschichte des Zürcher Jugendhauses 1945–1980. In: Sozialdemokratische Partei der Stadt Zürich. Eine Stadt in Bewegung. Zürich 1981. S. 271–274.

Schneider, Peter
Unrecht für Ruhe und Ordnung. Ein Lehrbuch. Zürich 1982.

Schweizerische Gesellschaft für praktische Sozialforschung (Hrsg.)
Gruppenbild mit Echo – ein Begleitdokument zur Untersuchung CH-81. Zürich 1982.

Schweizerische Journalisten-Union SJU (Hrsg.)
Maulkorb? Nein danke! Dokumentation der SJU/SSM-Kundgebung vom 9. August 1980.

Seelhofer, Ueli / Weber, Markus
Projektbericht «Mir wänn e Jugendhuus in Rynach». Basel 1982.

Sozialdemokratische Partei des Kantons Zürich (Hrsg.)
Die Jungen wolle ernst genommen werden. Unterlagen zur Tagung Jugendunruhen/Jugendbewegung 80 vom Samstag, den 25. Oktober 1980.

Sozialdemokratische Partei der Stadt Zürich (Hrsg.)
Eine Stadt in Bewegung. Material zu den Zürcher Unruhen. Zürich 1980.

Stauffer, Veit
Feifi. Halbweiss. Autobiografie 1975–1977. Zürich 1983.

Stibler, Linda
En heisse Summer – subito! Die Jugendunruhen in der Schweiz. In: Müller-Münch u. a. (Hrsg.). *Besetzung – weil das Wünschen nicht geholfen hat. Köln, Feiburg, Gorleben, Zürich und Berlin.* Reinbeck 1981.

Straumann, Dominik
Stadt in Bewegung: 80er-Jahre Jugendbewegung in Basel. Lizenziatsarbeit. Basel 2000.

Anhang

Studentenschaft der Uni Bern (Hrsg.)
: *«Wir haben lange genug gewartet».* Bern 1981.

Stückelberger, Christoph/Hofstetter, Viktor (Hrsg.)
: *Die Jugendunruhen: Herausforderung an die Kirchen.* Basel 1981.

Theus, Balz
: *Spiel mit dem Feuer. Ein Jahr Jugendbewegung in Zürich.* In: Haller, Michael (Hrsg.). *Aussteigen oder rebellieren. Jugendliche gegen Staat und Gesellschaft.* Hamburg 1981, S. 49–70.

Thut, Rolf/Bislin, Claudia
: *Aufrüstung gegen das Volk. Staat und Staatsschutz in der Schweiz.* Zürich 1976.

Tschopp, Alois
: *Datenhandbuch über politische Aktivierungsversuche in der Schweiz, 1945–1978. Berichte aus der Interdisziplinären Konfliktforschung,* Nr. 7, Zürich 1981.

Verband der Industriellen von Baselland (Hrsg.)
: *1981 – ein «bewegtes» Jahr. Gedanken zur Jugend- und Friedensbewegung.* Muttenz 1982.

Verein betroffener Eltern (Hrsg.)
: *Dokumentation.* Zürich Dezember 1981.

Verein für ein selbstverwaltetes Jugendzentrum in der Stadt Zürich (Hrsg.)
: *Schlussbericht über Einsatz und Erfahrungen im Zürcher «AJZ».* Zürich 1982.

Verein pro AJZ (Hrsg.)
: *Stadt Zürich. 24. Dez. 80.* Winterthur 1981.

Videoladen Zürich (Hrsg.)
: *Züri brännt. Das Buch zum Film.* Zürich 1981.

Vögeli, Robert (Hrsg.)
: *Die Jugendunruhen und ihr gesellschaftspolitischer Stellenwert. IPZ Information. Dokumente/Zitate/Analysen/Kommentare.* Nr. G/4 April/Mai 1982.

Vogler, Gertrud/Bänziger, Chris
: *Nur sauber gekämmt sind wir frei. Drogen und Politik in Zürich.* Zürich 1990.

Weidmann, Didi
: *Der Archipel Turicum. Tagebuch eines Flüchtlings.* Wettingen 1980.

Weber, Daniel
: *Amore e Anarchia. Kultur und Lebensgefühl der jugendlich-alternativen Widerstandsbewegungen in der Schweiz 1980–82.* Lizenziatsarbeit am Historischen Institut der Universität Bern, Manuskript. Bern 1996.

Weber, Daniel
: *Jugendbewegung 1980: Das AJZ als ein Stück Utopie.* In: Stapferhaus Lenzburg (Hrsg.). *A walk on the wild side. Jugendszenen der Schweiz von den 30er-Jahren bis heute.* Zürich 1997.

Willener, Alfred
: *L'avenir instantanés. Mouvement des jeunes à Zurich.* Lausanne 1984.

Wisler, Dominique
: *Violence politique et mouvements sociaux : étude sur les radicalisations sociales en Suisse durant la période 1969–1990.* Genève 1994.

Wisler, Dominique
: *Drei Gruppen der Neuen Linken auf der Suche nach der Revolution.* Zürich 1996.

Wolff, Richard
: *A star is born. Rote Fabrik Cultural Centre.* In: INURA (Hrsg.). *Possible Urban Worlds. Urban strategies at the end of the 20th century.* Basel 1998.

Zanolari, O.
  Plädoyer für ein Autonomes Jugendhaus. In: *Arbeitsmaterialien für die Jugendarbeit in der Stadt Zürich.* Sozialamt der Stadt Zürich. Zürich 1979. S. 21f.
Zorn, Fritz
  Mars. Zürich 1977.
Züfle, Manfred/Jürgmeier
  Paranoia City oder Zürich ist überall. Hamburg 1982.

Zeitschriften

Alcaselzer. Zürich.
Aufblick. Zeitung des Verein besorgter Eltern. Zürich.
Bärner Telefonzüüttig. Bern.
Bürger-Blatt. Kritisches Magazin für den Aargau. 6 Nummern. 1980–82. Aarau.
Brecheisen/Brächise. 17 Nummern. Zürich 1981.
Bulwar. Zürich.
Drahtzieher. 40 Nummern. Bern 1980–83.
Eisbrecher. 10 Nummern. Zürich 1980–81.
Ethno. Eine Zeitschrift von EthnologInnen in Zürich. Sondernummer Ethnologie und Politik. Zürich Oktober 1980.
Fläschepost. Nr. 1. Basel 1981.
Gasseblatt/Gasseblues. Stadtzeitung für Zürich-Basel und für den Knast Regensdorf-Schälehuus. 12 Nummern. Zürich, Basel 1976–79.
Getto. 1 Nummer. Zürich o.D.
Heee. 1 Nummer. Ohne Ortsangabe und o.D.
Hurrania – Verantwortliches Machwerk der Verantwortungslosigkeit. 4 Nummern. Zürich 1981.
Intimspray. 1 Nummer. Zürich 1981.
Kamikaze. 1 Nummer. Zürich 1980
Lavabo. 1 Nummer. Ohne Ortsangabe und o.D.
Megafon. Die Bewegte Zeitung. Bern 1987 bis heute.
Modeblatt. Zwei Nummern. Zürich.
Motz. Zürich.
Neuer Zürcher Zunder. Zeitschrift des Kommunistischen Jugendverbands Zürich. 10 Nummern. Zürich 1979–82.
Querschläger. 1 Nummer. Basel 1981.
Spaltpilz. 1 Nummer. Zürich 1981.
Stilett. Organ für Kultur, Kontakt und Nahkampf. 9 Nummern. Zürich 1979–81.
Subito. Bewegungsabhängige Bewegungszeitung – für d'Bewegig – vo de Bewegig. 3 Nummern. Zürich 1980.
Telefonzüütig. Texte. 2630 Skripte. Zürich 1975–83.
Todes Anzeiger. Plus Jahresprogramm 1981. 1 Nummer. Zürich 1981.
Zürcher Nachtanzeiger. 11 Nummern. Zürich 1981.
Zürcher Tauchsüüder. Verein pro AJZ. 2 Nummern. Zürich 1981–82.

Videos

Vgl. Katalog des Videoarchivs «Stadt in Bewegung» auf S. 480 und www.sozialarchiv.ch/80 unter der Rubrik «Dokumente/Videos»

Anhang

Filme

Aarburg, Daniel von/Huonder, Silvio
    Camenisch – Mit dem Kopf durch die Wand. 60 Min. Chur 2001.
Berger, Andreas
    Berner Beben. 115 Min. Bern 1990.
Dindo, Richard
    Dani, Mich, Renato und Max. 144 Min. Zürich 1987.
Giger, Bernhard
    Winterstadt. 77 Min. Bern 1981.
Gisiger, Sabine und Marcel Zwingli
    Do it. 97 Min. Zürich 2000.
Gunten, Peter von
    Kleine frieren auch im Sommer. 101 Min. Bern 1978.
Imbach, Thomas
    Restlessness. 58 Min. Zürich 1990.
Jung, Stefan
    Der letzte Mieter. 18 Min. Zürich 1987.
Krieg, Peter
    Packeis-Syndrom. 63 Min. Deutschland 1982.
Legnazzi, R. und C. Klopfenstein
    E nachtlang Füürland. 99 Min. Bern 1981.
Liebi, Erich und Anne Cuneo
    Wenn die City kommt. 46 Min. Zürich 1980.
Mettler, Peter
    Scissere. 83 Min. Kanada 1982.
Moraz, Patricia
    Les indiens sont encore loin. 99 Min. Lausanne 1977.
Morger, Pius
    Zwischen Betonfahrten. 120 Min. Zürich 1981.
Morger, Pius
    Windplätze aufgerissen. 103 Min. Zürich 1981.
Murer, Fredi M.
    Grauzone. 103 Min. Zürich 1979.
Nick, Bruno
    Dr Tscharniblues. 25 Min. Bern 1980..
Schaub, Christoph
    Wendel. 60 Min. Zürich 1987.
Schaub, Christoph
    Dreissig Jahre. 91 Min. Zürich 1989.
Schocher, Christian
    Reisender Krieger. 203 Min. 1981.
Schocher, Christian
    Lüzzas Walkman. 197 Min. 1989.
Schroeder, Sebastian C.
    O wie Oblomov. 89 Min. Zürich 1982.

Solari, Francesca
Addio Lugano Bella. 70 Min. CH 2000.
Videoladen
Züri brännt / Zurich brûle / Zurigo brucia. 101 Min. Zürich 1980.

Jugendprotest und HausbesetzerInnen-Bewegung in Deutschland, Italien und in den Niederlanden
Aust, Stefan / Rosenbladt, Sabine (Hrsg.)
Hausbesetzer. Wofür sie kämpfen, wie sie leben und wie sie leben wollen. Hamburg 1981.
Bacia, Jürgen / Scherer, Klaus-Jürgen
Passt bloß auf! Was will die neue Jugendbewegung? Berlin 1981.
«Berliner Linie» gegen Instandbesetzer.
Die «Vernunft» schlägt immer wieder zu! Dokumentation der Ereignisse vom 3.2.79 bis 1.8.81. Berlin 1981.
Böseke, Harry / Richter, Wolfgang
Ein Dach, vier Wände, viele Hände. Lieber instandbesetzen als kaputtbesitzen. Dortmund 1981.
Brandes, Volkhard / Schön, Bernhard (Hrsg.)
Wer sind die Instandbesetzer? Selbstzeugnisse, Dokumente, Analysen. Ein Lesebuch. Bensheim 1981.
Deutscher Bundestag u. a. (Hrsg.)
Jugendprotest im demokratischen Staat (II). Schlußbericht 1983 der Enquete-Kommission des 9. Deutschen Bundestages. Bonn 1983.
Duivenvoorden, Eric
Een voet tussen de deur. Geschiedenis van de kraakbeweging 1964–1999. Amsterdam 2000.
Glaser, Hermann (Hrsg.)
Die Nürnberger Massenverhaftung. Dokumente und Analysen. Reinbek 1981.
Gsella, Peter.
Hausbesetzer im Rentenalter. Die Besetzung und Räumung in Gelsenkrichen-Auguststraße. In: Breyvogel, Wilfried (Hrsg.). *Autonomie und Widerstand. Zur Theorie und Geschichte des Jugendprotestes*. Essen 1983, S. 23–29.
Halter, Hans
«Niemand hat das Recht». Über die Bewegung der Hausbesetzer in Berlin. In: Haller, Michael (Hrsg.). *Aussteigen oder rebellieren. Jugendliche gegen Staat und Gesellschaft*. Hamburg 1981, S. 99–113.
Herrmann, Klaus / Glöde, Harald
Aufstieg und Niedergang der Hausbesetzerbewegung in Berlin. Berlin 1985.
Hospelt, Charlotte
Die Presseberichterstattung zum Thema Jugendprotest in der Bundesrepublik Deutschland. Eine inhaltsanalytische Untersuchung von Zeitungsartikeln aus den Jahren 1956 bis 1983. Köln 1994.
Huhn, Jens
Die Stadtindianer auf Kriegspfad. In: Kraushaar, Wolfgang (Hrsg.). *Autonomie oder Getto. Kontroversen über die Alternativbewegung*. Frankfurt 1978. S. 129–147.
«Indianer und P 38»
Italien: ein neues 68 mit anderen Waffen. München 1978.
Kraatz, Birgit
Der Traum vom Paradies. Über die Stadtindianer und Autonomie in Italien. In: Haller, Michael (Hrsg.). *Aussteigen oder rebellieren. Jugendliche gegen Staat und Gesellschaft*. Hamburg 1981, S. 35–48.
Laurisch, B.
Kein Abriß unter dieser Nummer. 2 Jahre Instandbesetzung in der Cuvrystraße in Berlin-Kreuzberg. Giessen 1981.

Anhang

Mamadouh, V.
: *De stad in eigen hand – Provo's, Kabouters en krakers als stedelijke sociale beweging.* Amsterdam 1992.

Manrique, Matthias.
: *Marginalisierung und Militanz.* Frankfurt am Main 1992.

Michel-Alder, Elisabeth
: «*Nimm dein Recht in die eigene Hand!*» *Über Vertreter eines besseren Lebens in Amsterdam, zum Beispiel Häuserbesetzer, Demonstranten und Autonome. Tages-Anzeiger-Magazin Nr. 27.* 5. Juli 1980.

Müller-Münch u. a. (Hrsg.)
: *Besetzung – weil das Wünschen nicht geholfen hat.* Köln, Feiburg, Gorleben, Zürich und Berlin. Reineck 1981.

Orlowsky, Werner
: *Die Berliner Hausbesetzer.* In: Breyvogel, Wilfried (Hrsg.). *Autonomie und Widerstand. Zur Theorie und Geschichte des Jugendprotestes.* Essen 1983, S. 13–22.

Rekittke, Volker/Becker, Klaus Martin
: *Politische Aktionen gegen Wohnungsnot und Umstrukturierung und die HausbesetzerInnenbewegung in Düsseldorf von 1972 bis heute.* Düsseldorf 1995. Diplomarbeit.

Silj, Alessandro
: *Verbrechen, Politik, Demokratie in Italien.* Aus dem Italienischen von Ulrich Hausmann. Frankfurt am Main 1998.

Tauber, Walter
: *Der vergoldete Kuhfuß: Über die Kraaker-Bewegung in Amsterdam.* In: Haller, Michael (Hrsg.). *Aussteigen oder rebellieren. Jugendliche gegen Staat und Gesellschaft.* Hamburg 1981. S. 114–134.

Der Herausgeber

Heinz Nigg, geboren 1949 in Zürich. Studium der Sozialwissenschaften, Dr. phil. I. Arbeitet freiberuflich als Videoschaffender, Ausstellungsmacher und Lehrbeauftrager für Ethnologie und Cultural Studies. Ebenfalls im Limmat Verlag erschienen ist sein Buch «Da und fort. Leben in zwei Welten. Immigration und Binnenwanderung in der Schweiz.» (Zürich 1999)